云南生态年鉴

2010

★ 荣获第四届全国年鉴编纂出版质量评比综合一等奖

★ 云南省第八届年鉴评比（2008）综合特等奖

云南生态年鉴

Annual of Yunnan Ecology 2010

主编　何　宣　杨士吉　许太琴

云南民族出版社

图书在版编目（CIP）数据

云南生态年鉴 / 云南生态文明研究会编. -- 昆明：云南民族出版社, 2010

ISBN 978-7-5367-4880-4

Ⅰ.①云… Ⅱ.①云… Ⅲ.①生态环境－环境保护－云南省－年鉴 Ⅳ.①X321.274-54

中国版本图书馆CIP数据核字(2010)第248598号

主管主办	云南省生态文明建设研究会
协　　办	云南省生态经济学会
主　　编	何　宣　杨士吉　许太琴
责任编辑	唐志刚
出版发行	云南民族出版社
	地址　昆明市环城西路170号云南民族大厦5楼
	邮编　650032
	邮箱　ynbook@vip.163.com
印　　刷	深圳彩美印刷有限公司
开　　本	889mm × 1194 mm　1/16
印　　张	25
字　　数	850千字
版　　次	2010年12月第一版　2010年12月第一次印刷
印　　数	0001-2000册
定　　价	380.00册

ISBN 978-7-5367-4880-4

若发现印装错误，请与承印厂联系。

云南生态年鉴编辑委员会

云南生态年鉴（2010）撰稿人

（以姓名首字笔画为序）

丁　生　于　坚　马才国　马义明　王学仁　王　静
王　坚　王建华　王君正　王廷尧　王　灿　王邱华
王逸之　孔垂柱　车光杰　方玉红　尹朝平　丰林祥
白恩培　刘　红　刘　畅　刘仕荣　刘庆博　付雪晖
龙　舟　田逢春　田昌维　卢明强　龙　蔚　江　云
江继武　庄俊华　许晓蕾　孙　伟　安孟勤　李　培
李焱昆　李志明　李昌莉　李竞立　李秀春　李汉勇
李银奎　李秋明　李国瑾　李　倩　李建新　李云艳
李　犁　李春旭　李银发　李启昌　李　井　李晓媛
李万辉　李　元　李庆雷　李铮友　沈培平　吴卫平
陈艳萍　吴兆录　吴清泉　邹　静　陆春旺　余　红
吕　瑾　陈正才　肖　华　佘文琴　陈海燕　陈　英
邱家荣　严胜波　沈浩玲韬　罗正富　杨福生　杨宇明
杨成礼　杨建军　杨基月　杨红川　杨崇云　杨立鑫
杨桂红　罗　江　和光亚　周永源　周海芬　尚旭东
明庆忠　孟端星　周国星　施　铭　张　锐　张　鑫
张雪英　张肖虎　张谦舵　赵兴国　赵俊权　赵秀元
赵元刚　段培灿　段怡敏　秦光荣　秦　硕　晏友琼
高福英　浦美玲　崔永红　唐　馨　唐祖发　晋立红
钱智林　黄　峻　黄喆春　章尚武　常娅玲　谢　炜
黄　桦　董仲生　程汝青　普显森　蒋贵友　谭雅竹
熊　明　颜文平　潘发生　潘玉君　潘政扬　魏家骏

编辑说明

一、《云南生态年鉴》(原《云南生态经济年鉴》),是一部以生态建设为中心内容的主题年鉴。全面系统收载云南省生态文明建设、生态经济发展等方面的重要资料信息,旨在为社会各界人士了解云南省的资源环境状况、生态经济发展、生态文明建设进程提供一个窗口,为宣传生态文明,提高公民的生态环境意识服务;为推动云南生态立省、环境优先发展战略服务;为构建生态云南、和谐云南服务。

二、《云南生态年鉴》以中国特色社会主义理论体系为指导,践行科学发展观,坚持解放思想、实事求是的原则,结合云南资源环境优势和建设环境友好型社会的需要,客观真实地承载年度生态文明建设、生态经济发展的新情况、新成就;力求体现主题年鉴的科学性、权威性、学术性和实用性。

三、《云南生态年鉴》(首卷)于2008年6月创刊,为了更好地贯彻党中央关于建设生态文明的决定和云南省委、省政府“生态立省“的部署,2010年更名为《云南生态年鉴》。本卷为第三卷,主要收录2009年内生态建设情况。为保持资料的完整性,适当追溯历史,并收录一些相关链接资料。此外,在“要闻简辑”中以图片新闻的形式,收录了少量2010年内生态建设要闻。本卷由特载、专文、概况、生态文明建设、七彩云南保护行动、环境状况、自然保护与建设、年度经济、年度荣誉、年度人物、生态建设研究、大事记、附录、索引等栏目组成。

四、《云南生态年鉴》(2010)采用条目体和文章相结合、以条目体为主的编纂方式。特载、专文、生态建设研究、附录等采用文章体,其他均为条目体。

五、《云南生态年鉴》资料主要来自云南省生态、环保等领域的领导机关及研究人员,统计数据来自相关统计部门。部分文献资料来自省内权威机关、传媒,具有较强的权威性和较高的参考价值。

六、为方便读者检索使用,本年鉴在卷首设有目录,卷末附有“索引”,并增设英文要目。“索引”按主题分析法编制,以汉语拼音音序排列,读者可从主题入手,查找所需资料。

七、《云南生态年鉴》由云南省生态文明建设研究会主管主办,云南生态经济学会协办。

八、《云南生态年鉴》在编纂过程中,得到有关领导、相关单位和社会各界人士的鼓励、支持、帮助,谨此致以深深的谢意!

《云南生态年鉴》编委会

2010年12月

云南生态经济年鉴（2010）协办单位

（排名不分先后）

普洱市人民政府
昭通市人民政府
中国市政工程中南设计研究院
丽江市建设局
云南城市建设投资有限公司
德宏州人民政府

云南省生态文明建设研究会部分理事、会员单位

（排名不分先后）

昆明雅昌图文信息技术有限公司
昆明新时光信息服务有限公司
贵研铂业股份有限公司
西山区人民政府
景东彝族自治县人民政府
云南旅游世博控股集团有限公司
嵩明县人民政府
新平县人民政府
永善县人民政府
永善县环境保护局
华能澜沧江水电有限公司
云南省工商年鉴编辑部
安宁市史志办公室
华坪县地方志办公室

要闻简辑

抗旱救灾

▲2010年3月30日，秦光荣省长在曲靖市调研考察抗旱及春耕生产情况 （黄喆春　摄）

▲2010年2月10日，禄劝县转龙镇鲁白露村的村民在大旱之时饮上了解放军送上山的清洁水 （王俊星　摄）

▲2010年3月26日，齐心抗旱救灾，捐助爱心清泉大型公益活动在昆明东风广场举行，部队抗旱送水车出发 （高红萍　摄）

环境治理

▲2010年3月24日，秦光荣省长到滇池流域实地考察高原湖泊水污染综合防治情况
（黄喆春　摄）

▲昆明市官渡区万名志愿者正在清理河道淤泥
（杜文蕾　摄）

▲2009年8月21日，云南绿A生物产业园区废水循环利用工程在丽江市永胜县启动实施
（徐雁　摄）

▲2009年8月21日，省委副书记、省长秦光荣，副省长和段琪，省九湖治理督导组组长牛绍尧在丽江程海流域综合治理启动仪式上

▲为程海流域综合治理工程奠基

▲程海流域农村环境综合治理启动仪式现场

（本版图片摄影　徐雁）

经济建设

▲2010年8月25日，常务副省长罗正富（左二）出席全国水电装机突破2亿千瓦标志燃机组揭牌仪式 （黄喆春 摄）

▲2010年8月25日，常务副省长罗正富（左二）在小湾电站考察 （黄喆春 摄）

▲2009年11月27日，副省长李江（右二）率调查组检查雪兰牛奶厂等生态企业安全生产 （周明佳 摄）

▲2009年3月6日，昆明市篆塘公园“工行林”揭碑 （周明佳 摄）

▲2009年12月11日，清水海二期隧洞工程开工，云南省委常委、昆明市委书记仇和等领导出席开工仪式 （周明佳 摄）

▲新建的呈贡县七甸污水处理厂 （唐荣华 摄）

▲2009年6月6日，第十七届昆交会暨第二届南亚国家商品展开幕

▲2009年10月21日，昆明首份环境责任险签字仪式

▲2009年6月5日，云南省生物产业发展论坛在昆明举行

▲2009年12月18日，第三届昆明海鸥节开幕

▲2009年12月20日，鸟协和大学生统计海鸥数量

（本版图片摄影　周明佳）

和谐云南

“争当生态文明建设排头兵”暨《云南生态经济年鉴》（2009）出版座谈会在昆明召开

▲云南省人大常委会原副主任吴光范出席会议并作重要讲话

云南省生态文明建设研究会于2009年7月16日在昆明组织召开了“争当生态文明建设排头兵”暨《云南生态经济年鉴》（2009）出版座谈会。

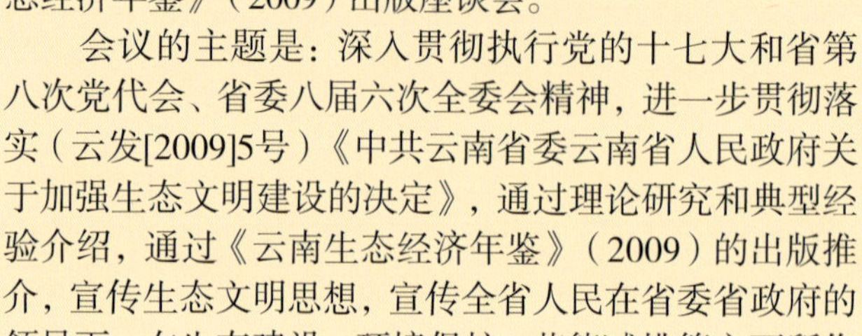

会议的主题是：深入贯彻执行党的十七大和省第八次党代会、省委八届六次全委会精神，进一步贯彻落实（云发[2009]5号）《中共云南省委云南省人民政府关于加强生态文明建设的决定》，通过理论研究和典型经验介绍，通过《云南生态经济年鉴》（2009）的出版推介，宣传生态文明思想，宣传全省人民在省委省政府的领导下，在生态建设、环境保护、节能减排等方面所作的不懈努力，为云南努力争当全国生态文明建设排头兵提供理论指导和技术支持。

云南省人大常委会原副主任吴光范（云南省生态文明建设研究会顾问、《云南生态经济年鉴》编委会顾问）、云南省人大农业委员会原主任潘政扬（《云南生态经济年鉴》编委会主任）、云南省社会科学联合会副主席江克（《云南生态经济年鉴》编委会副主任）、云南农垦集团公司副总经理王信用、云南省农科院纪委书记周智敏等领导出席会议并作了重要发言。

云南省人大常委会原副主任吴光范在讲话中指出，要抓住机遇，在“争当生态文明建设排头兵”活动中有所作为。一是要努力学习，提高学习贯彻《关于加强生态文明建设的决定》重要性的认识。二是要发挥社团组织的优势，聚沙成塔，形成合力。三是要抓住重点，认真探索，力争理论研究有所创新。四是要努力实践，推出典型，共同努力，多做贡献。

吴光范指出，《云南生态经济年鉴》（2009）的定位准确，特色鲜明，内容丰富，时效性、学术性、实用性较强，突出了云南省在生态建设、环境保护、节能减排等方面所作的不懈努力，体现了云南生态文明建

▲云南省人大农业委员会原主任潘政扬出席会议并讲话

▲云南省政府参事、云南省生态文明建设研究会会长何宣在大会上讲话

▲云南省社科联副主席江克出席会议并讲话

▲云南农垦集团公司副总经理王信用出席会议并讲话

▲云南省农科院纪委书记周智敏出席会议并讲话

▲云南省生态文明建设研究会副会长、省政府研究室发展研究处处长杨烨就生态补偿问题作典型发言

▲大会会场

设和环境保护的特点，和云南省委省政府团结带领全省人民争当生态文明建设排头兵的信心。同时，也表明云南省生态文明建设研究会学习科学发展观，在促进云南生态文明建设战略举措中，思想是前瞻的，研究是切合省情的，行动是积极的。尤其是编辑出版《云南生态经济年鉴》（2009），宣传推介云南省在生态建设、环境保护等方面的典型经验和理论研究成果，为全省生态文明建设做出了积极的贡献，精神可嘉。

围绕会议主题，云南省人民政府研究室发展研究处处长杨烨、云南师范大学旅游与地理科学学院院长明庆忠、大理州环境保护局副局长沈兵、昆明市环境保护局副县级督导员傅维平、昆明市公安局环境保护分局副局长王中明分别就生态补偿、旅游产业生态化、洱海治理保护、城市环境管理、环保行政执法等方面作了专题发言。

会议由云南省政府参事、云南省生态文明建设研究会会长、《云南生态经济年鉴》主编何宣主持。省生物资源开发创新办公室、省农业厅科技处、省林业厅造林绿化处、省环保厅九湖办、省国土资源厅、省社科联学会部、省出版工作者协会等部门领导、专家、学者和实际工作者，省市部份媒体、企业代表共计71人参加了会议。

▲座谈会一角

▲大理州环保局副局长沈兵就洱海治理保护作典型发言

▲云南师范大学旅游与地理学院院长明庆忠教授就旅游产业生态化问题作典型发言

▲昆明市公安局环保分局副局长王中明就环境执法问题作典型发言

▲昆明市环保局副县级督导员傅维平就城市环境管理问题作典型发言

宜居城市——昆明

▲翠湖之春 （许太琴 摄）

▲翠湖公园夜景 （周明佳 摄）

▲昆明东风广场 （陆江涛 摄）

▲昆明金殿公园 （杨长福 摄）

▲石林 （刘建明 摄）

▲昆明圆通寺 （许太琴 摄）

▲昆明大观公园 （杨长福　摄）

▲昆明植物园秋色 （许太琴　摄）

▲昆明呈贡新区 （刘建明　摄）

▲昆明金马碧鸡坊 （许太琴　摄）

新农村建设

汉麻织出新产业

青山新雨后，勐海县勐宋乡蚌岗村委会的王培大和王小白夫妇在自家的田里忙着收割汉麻。丈夫王培大高兴地算着账：家里种的5亩汉麻，以每千克11元的收购价计算，仅此一项就能给家带来5 000元到6 000元的收入。如今，汉麻已经成为西双版纳傣族自治州农民增收、财政增长、企业增效的六大支柱产业之一。该州于2004年开始有选择地在3市县的部分地区进行汉麻引种试验。截至2008年，全州已经种植汉麻1.24万亩，产量达515.4吨。

小竹子大产业

勐海县勐海镇曼短村解放前曾是一个贫穷凋敝的小寨子。如今这个寨子发生了翻天覆地的变化，成了当地小有名气的新农村示范村。村民岩嫩说："这些竹子现在变成了我家的发财林。"岩嫩家房前屋后的200多根成竹1年就有3 000多元的收入。

勐海县林业局竹产业管理站站长牛毅说，像岩嫩这样的种竹大户在勐海县现在是越来越多。勐海现有260多个竹种，其中，大龙竹和龙竹分布广泛，存量大，亩产量可达4吨以上。同时，研究实验表明，西双版纳傣族自治州竹种纤维细长，是替代针叶木浆的良好制浆造纸原料。勐海县委、政府充分认识到这一优势，将竹产业列为重点发展的8大产业，并出台鼓励措施。现在，勐海县竹子种植总数已达15万亩，以现在的市场价算，仅卖竹材收入就可实现增收160多万元。

（本版摄影报道　徐雁）

东桑西移富姚安

楚雄彝族自治州姚安县栽桑养蚕的历史比较悠久，由于缺乏一个有效的产业发展机制，蚕桑产业的发展经历了艰难历程。近年来，该县把蚕桑业列为一项重点骨干产业加以培植发展，创办了姚安县蛉腾丝业有限公司为龙头的企业，建立蚕桑基地村，加强桑水配套设施建设和小蚕共育室建设，加大扶持力度，使姚安蚕桑产业取得了突破性进展。该县按照“一乡一业、一村一品”的发展思路，把光禄、栋川、弥兴、官屯、前场、适中、大河口7个乡作为蚕桑发展重点，择优筛选了20个村作为原料基地；健全了县、乡 、村、社、共育户五级蚕桑技术服务网络体系，使广大蚕农能得到方便有效的技术指导服务，减轻蚕桑生产劳动强度，提高劳动生产效率。目前，全县累计桑园面积达2.063万亩，有桑农户9 220户，从业人员3.2万人，年养蚕1.25万张，产茧431.9吨，产值817.4万元。产销生丝70吨，销售收入1 400万元，蚕丝业总产值2 217.4万元。

咖啡种植户喜笑颜开

满山遍野的白花凋谢后，一颗颗绿色的豆子缀满枝头。正在田间给咖啡除草的咖啡种植大户陈光云喜笑颜开，他家种植的40亩咖啡一年能给他家带来10多万元的收入。

陈光云所在的思茅区南屏镇大开河村几年前还是一个贫困村，人均年收入只有800多元。自普洱市开展扶贫攻坚计划以来，全村209户人家看到了希望。针对田地少、山地多的实际，在思茅区和南屏镇两级定点扶贫单位的指导下于1998年引进咖啡开始试种。在当地政府支持下，大开河村成立了以种植户为主的咖啡协会，从科技培训、规范生态种植到病虫害防治再到加工管理和新品种引进，均由协会协调服务，形成了协会围绕农户转的局面。咖啡种植户只需一门心思种植咖啡，他们不再为市场发愁。生态咖啡为大开河村赢得了市场也成了他们村的支柱产业，人均年收入达到5 000元。咖啡协会远近闻名，已发展会员350家。目前，他们与美国雀巢咖啡签定了长期供货协议，农民种植的高品质小粒种咖啡豆供不应求，大开河村的咖啡豆成为雀巢咖啡可靠的原料供应基地，种植户在这片充满活力的土地上撒下汗水的同时也收获着希望。

（本版摄影报道　徐雁）

怒江风情

▲怒族家庭 （刘建明　摄）

▲贡山独龙族纹面妇女织独龙毯 （刘建明　摄）

▲傈僳族村民过溜索 （刘建明　摄）

▲怒江傈僳族农民合唱团  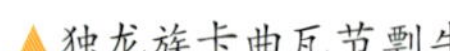（刘建明　摄）

▲独龙族卡曲瓦节剽牛 （吴世平　摄）

▲贡山怒族村寨 （刘建明　摄）

▲怒江大拐弯

▲独龙江秋色

▲行进在贡山丙中洛乡的马帮

▲独龙江神田

（本版图片摄影 许太琴）

生态云南

▲竹叶兰（叶德平　摄）

云南自然条件复杂、多样、独特，气候垂直变化显著。尤其是独特的地理位置使云南成为中国生物多样性最为丰富的地区之一。

云南是兰花王国。广义的兰花是兰科植物的统称，属被子植物大类；它是有花植物中最大的家族之一。从目前的现状看，兰科植物有直线上升的趋势。云南兰花之多样性，堪称生物界的一个奇迹。

现已知世界兰科植物约800属，2 000余种；中国约有190属，约1 500种；云南约1 000种。因此可以说，云南是中国乃至世界兰科植物最为丰富的地区之一，也是世界兰科植物分布中心。

云南兰科植物

▲飘带兜兰　（叶德平　摄）

▲独占春　（徐志辉　摄）

▲镰萼虾脊兰

▲叉唇虾脊兰

▲大花万代兰

▲长瓣兜兰

（徐志辉　摄）

▲管花兰 （叶德平 摄）

▲盾柄兰 （叶德平 摄）

▲狭叶耳唇兰 （徐志辉 摄）

▲丽江杓兰 （蒋宏 摄）

▲钻喙兰 （徐志辉 摄）

▲滇南鸢尾兰 （李剑武 摄）

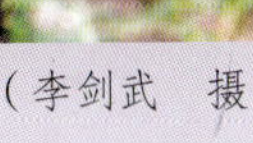

▼异形兰 （徐志辉 摄）

▲叉枝牛角兰 （徐志辉 摄）

云南位于北回归线附近，气候条件多样，兼有寒、温、热三带气候类型；地形复杂，山地面积占总面积的94%，境内海拔最高点与最低点的高差悬殊达6 663.6米，即使在同一山脉也常因谷底与峰顶海拔高度的差异而形成不同的气候带。这种独特地形地貌和复杂多变的气候为野生动物的生存和分化提供了得天独厚的自然条件，为各种动植物的生存、繁衍提供了生存环境，因而动植物种类之多在全国居于首位。故云南享有“动植物王国”之美誉。

◀金钱豹　国家Ⅰ级保护动物（徐志辉　摄）

云南野生珍稀保护动物

▲小熊猫　国家Ⅱ级保护动物　（徐志辉　摄）

▲鼋　国家Ⅰ级保护动物　（张词祖　摄）

▲云南文山大鲵　国家Ⅱ级保护动物　（徐志辉　摄）

▲白腹锦鸡　国家Ⅱ级保护动物　（徐志辉　摄）

▲鹰雕　国家Ⅱ级保护动物　（徐志辉　摄）

▲红腹锦鸡　国家Ⅱ级保护动物　（徐志辉　摄）

▲白眉长臂猿　国家Ⅰ级保护动物　（张词祖　摄）

YESHENGZHENXIBAOHUDONGWU

▲豚尾猴　国家Ⅰ级保护动物　（祁云　摄）

▲猕猴　国家Ⅱ级保护动物　（徐志辉　摄）

云南特殊的地形地貌，多种多样的森林类型，土壤种类以及得天独厚的立体气候条件，孕育了丰富的野生菌资源。野生菌分面广泛，遍及云南的129个县市，滇南地区种类多，滇中、滇西地区产量大，现已成为当地财政及农民经济收入的重要来源。其中，云南珍稀食用菌种类繁多，种质丰富，有35个科，96个属，是全国乃至全球野生食用菌最多的区域之一。全世界已知食用菌种类约2 000种以上，中国约800多种，云南约600多种，占世界食用菌的30%，占中国食用菌种类的75%以上。

◀红托竹荪　（顾建新　摄）

云南珍稀野生菌

▲橙盖鹅膏　（弓力伟　摄）

▲毛嘴地星　（弓力伟　摄）

▲黄鳞鹅膏　（弓力伟　摄）

▲远东疣柄牛肝菌（黄癞头）（顾建新　摄）

▲绿菇（青头菌）（顾建新　摄）

▲淡红枝瑚菌　（张陶　摄）

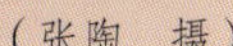

▲柯奇枝瑚菌　（弓力伟　摄）

▲松茸　（刘蓓　摄）

▲松果菇　（弓力伟　摄）

▲干巴菌　（张陶　摄）

▶金耳（顾建新　摄）

▲灵芝　（顾建新　摄）

再造宝象湿地

昆明市官渡区在治理滇池的过程中积极开展沿湖生态修复工程，并建设湖滨湿地与湖滨林带，恢复陡岸带植被，已经取得一定成效。截至目前已经完成5 500亩湿地建设，逐步恢复湖内的水生植被及生物多样性，提高了湖泊的自净能力和环境容量。2009年1月9日，在官渡区官渡镇海东湾的湿地修复点，施工人员正在抓紧时间做最后的收尾工作。昆明市官渡区滇池管理局执法队杨春云介绍，在退耕、退塘，还林、还湿的“两退两还”工作中，尽管工作量比较大，但是他们依然不折不扣地按照工作计划，采取分区分片进行湿地恢复工作。目前宝象河东侧已建成湿地1 700亩。

（徐雁　摄影报道）

警示录

▲2009年10月22日，牛栏江水污染事件，弥勒东山镇河段3千米范围内分布有556个网箱

▲牛栏江水污染事件使养殖户白美祥的网箱被死鱼漂白

（周明佳　摄影报道）

风光掠影

▲罗平九龙瀑布 （许太琴 摄）

▲建水风景名胜区 （刘建明 摄）

▲丽江——大盈江风景名胜区 （刘建明 摄）

▲西双版纳风景名胜区 （刘建明 摄）

▲丽江古城夜景 （许太琴 摄）

元阳梯田

元阳县位于云南省南部，地处东经102° 27′ —103° 13′ ，北纬22° 49′ —23° 19′ 之间，距省城昆明273千米。

元阳县境内山高谷深，沟壑纵横，全县地形可概括为“两山两谷三面坡，一江一河万级田”。土地全为山地，无一平川，最低海拔144米，最高海拔2 939.6米，相对高差2 795.6米。元阳县是云南热带水果和云雾茶及黄金的重要产地之一。以哈尼族和万亩梯田为主体的六大文化景点，构成了一幅气势磅礴、秀美壮观的画卷，形成了元阳旅游业的优势和特色。

▲曙光初照

▲彩链

（本版图片摄影　许太琴）

▲律动的田野

▲岁月流金

▲梯田鸟瞰

▲云雾中的梯田

（本版图片摄影　许太琴）

香格里拉

▲圣洁的梅里雪山

▲梅里雪山远眺

▲飘动的经幡

▲属都湖的春天

▲雨后属都湖

（本版图片摄影　许人琴）

▲普达措国家公园湿地

▲依拉草原秋色

▲松赞林寺

▲碧塔海秋色

▲中甸草原上的狼毒花

（本版图片摄影　许太琴）

束河古镇

▲古老的驿道

▲束河小四方街

▲休闲的纳西族妇女

束河古镇曾是"茶马古道"上的一个重要驿站。

束河古镇位于丽江市区北面4千米处，北靠聚宝、龙泉、莲花三山，镇内环绕青龙河、九鼎河、疏河三条清澈见底的河流，形成三山共三水的图画。束河古镇内有一个"束河四方街"，其格局与大研镇的四方街相似：水源方便，背风向阳，石板铺路；以广场为中心，四周店铺环绕。除纳西族外，镇中还居住着汉、藏、彝、白等民族。

束河古镇的房屋依山就势而建，传统民居与古镇的整体格局保留完好，房屋比邻相接、错落有致。束河古镇的道路与水流相依相融，水领着路走，镇绕着水转。给人一种路、水、桥、房相融，人与自然和谐共存的美好感觉。

▲被水环绕的店铺

（本版图片摄影　许太琴）

目　录

特　载

专　文

概　况

生态文明建设

环境状况

七彩云南保护行动

自然保护与建设

年度经济

年度荣誉

年度人物

州市概况

生态建设研究

大事记

政策法规选辑

附　　录

索　　引

彩色插页

The English Catalogue

Special Articles

Feature Articles

Overview

Ecological Civilization Construction

Environmental Conditions

Initiation to Protect the Colorful Yunnan Province

Natural Protection and Construction

Annual Economy

Annual Awards

Annual Characters

The Overview of Yunnan Prefectures

Ecological Construction Study

Important Events

Selected Works of Policy and Regulation

Appendix

Index

ANNUAL OF YUNNAN ECOLOGY

云南生态年鉴

2010

倡导绿色和谐
促进生态文明

云南省生态文明建设研究会

ANNUAL OF YUNNAN ECOLOGY

云南生态年鉴

2010

倡导绿色和谐　促进生态文明

特　载　SPECIAL ARTICLES

政府工作报告（节选）

——2010年1月22日在云南省第十一届人民代表大会第三次会议上

中共云南省委副书记、云南省人民政府省长　秦光荣

一、坚定信心、攻坚克难，全省经济社会发展取得明显成绩

2009年，我省经济社会发展经历了重大挑战和考验。面对严峻形势，我们坚决贯彻落实党中央、国务院和省委的决策部署，准确判断、沉着应对、迎难而上、共克时艰，努力化挑战为机遇，变压力为动力，在我省发展历程中留下了浓墨重彩的一页。

这是困难较多的一年。我省产业结构单一、资源型产业比重大、产业发展层次低，尤其是支撑全省经济增长的有色、钢铁、化工等产业，其产品价格均与国际市场接轨，导致金融危机对我省的实体经济冲击十分深重，保增长、保民生、保稳定遇到了前所未有的压力。一季度全省生产总值增速出现了多年来的新低，工业增加值同比仅增长1.1个百分点；全省财政地方一般预算收入下降4.8%，财政增收遇到很大困难；进出口贸易遭受重创，外贸总额下降50.3%，降幅居全国之首；企业利润总额同比下降58.5%，比全国多降21.1个百分点，企业亏损面接近一半，停产、半停产规模以上工业企业最高时达30%；民生保障压力剧增，150万农民工返乡，23万大中专毕业生面临就业，部分职工失去工作，全省就业矛盾异常尖锐。

这是奋力拼搏的一年。在严重困难面前，全省人民不畏难、不退缩，坚定信心，勤奋工作。我们坚决把保持经济平稳较快发展作为首要任务，及时调整完善工作思路，加强组织、协调和督促，全力落实中央扩大内需的各项政策；注重结合云南实际，大胆创新，切实破解发展中的突出矛盾和问题，不断丰富、完善应对国际金融危机的一揽子计划，先后研究出台了11个方面共350多条政策措施；注重把当年增长与长期发展相结合，突出重点，统筹兼顾，对基础设施、产业发展、社会事业、生态环保、民生保障等作出了一系列重要部署。

这是硕果累累的一年。全省保增长成效明显，保民生力度空前，保稳定措施扎实。经济运行逐季改善，经历了止跌、回暖、企稳到快速回升的明显变化。民生措施的密集出台和落实，保障了困难群众的基本生活，确保了城乡人民生活水平稳步提高；随着各项工作扎实推进，我省经济发展、民族团结、边疆稳定、社会和谐的大好局面更加巩固。全省生产总值完成6 168亿元，增长12.1%；财政总收入1 490.8亿元，增加130.6亿元，增长9.6%，地方财政一般预算收入698.3亿元，增加84.2亿元，增长13.7%，地方财政一般预算支出1 949.8亿元，增加479.6亿元，增长32.6%；全社会固定资产投资完成4 527亿元，增加1 000亿元，增长31.7%；实现社会消费品零售总额2 051亿元，增长19.3%；外贸进出口总额80.2亿美元，负增长16.5%；城镇居民人均可支配收入14 424元，实际增长8.3%，农民人均纯收入3 369元，实际增长9.8%；城镇登记失业率控制在4.3%以内；人口自然增长率6.37‰；居民消费价格总水平上涨0.4%；单位生产总值能耗下降4.5%以上。除外贸进出口总额外，省十一届人大二次会议确定的主要宏观调控预期目标均超额完成。

（一）扩内需取得突出成效

我们始终把握扩大内需的重大机遇，积极主动争取中央支持，想方设法筹措配套资金，实现了新增投资规模的重大突破。在中央四批扩大内需资金中共争取到158亿元，争取到中央代发地方债券84亿元。金融机构

存贷款余额分别跃上10 000亿元、8 000亿元台阶，新增贷款突破2 000亿元大关，比上年翻了一番；金融直接融资220亿元，保险业快速发展，投资公司投融资功能进一步显现，为支撑全省固定资产投资增长发挥了重要作用。省级财政尽力筹集60亿元基本建设资金，投入重点项目建设。全省公路建设完成投资373亿元，大理至丽江、昆明绕城西北段等高速公路开工，启动52条二级干线公路建设，新改建农村公路2.5万千米。铁路建设完成投资84亿元，大丽铁路建成通车，新开工云桂、丽香等5个铁路建设项目，在建铁路项目达11个。机场建设完成投资76亿元，腾冲机场正式通航，大理、香格里拉机场完成改扩建并投入使用，昆明新机场建设进度加快。电力建设完成投资702亿元，景洪水电站全部机组投产，小湾水电站实现三台机组发电，中国首座正负800千伏超高压直流输电工程竣工，溪洛渡、向家坝电站建设进展顺利。水利建设投资突破100亿元，陇川麻栗坝、楚雄青山嘴两座大型水库和18件中型水库下闸蓄水，“润滇工程”项目全部开工，建成“五小水利”工程25万件。昆明—大理成品油管道投入运行。

扩大城乡消费取得实效。认真落实鼓励消费政策，组织家电、汽车和摩托车下乡，向农民兑付财政补贴资金7亿元，带动销售额70亿元。

旅游“二次创业”和改革发展取得重要进展，国家发展改革委批复了《云南省旅游产业发展和改革规划纲要》，国家旅游局把云南确定为全国旅游产业改革发展试点省，启动实施了腾冲、抚仙湖、洱海等旅游综合改革发展先行试验。引进一批国际知名酒店管理公司，推进160个旅游重大项目建设，完成一批旅游小镇和50个旅游特色村的改造，启动了西双版纳热带雨林、丽江老君山国家公园和元阳哈尼梯田景区建设。全省第三产业增加值实现2 524亿元，增长13.4%。全年接待海内外游客超过1.2亿人次，旅游行业总收入810亿元。

（二）“三农”工作再创新佳绩

我们始终重视打牢农业基础，大幅度增加“三农”投入，出台一系列强农惠农措施，保持了农业农村稳定发展，农民持续增收。全省财政农林水事务支出达265亿元，比上年增长48.9%，对农民的直接补贴126亿元，人均获得补贴348元。新增涉农贷款突破800亿元，累计发放“惠农卡”159万张。推动实施了中低产田地改造、百亿斤粮食增产计划、农民收入翻番计划等一大批事关农业长远发展的重大工程。完成中低产田地改造230万亩。现代烟草农业建设、新烟区建设和特色优质烟叶开发不断推进。突出抓好生物产业发展，优势生物种植面积达8 500万亩，引进加拿大天辰集团、北京中信集团、天津天士力集团等一批战略合作伙伴，到位资金20多亿元。山区综合开发步伐加快，全省特色经济作物、经济林种植面积大幅增加，完成以核桃为主的木本油料基地建设450万亩。农业产业化进程加快，农产品出口逆势上扬。农村生产生活条件进一步改善，完成1 500个新农村示范村建设和500个自然村的村容村貌整治，解决了210万农村人口饮水安全问题。新建农村户用沼气池35万口，节柴改灶18万户，农村电网改造使49万户农民受益。推行“一事一议”财政奖补政策，建成了一大批公益事业项目。贫困乡整乡推进试点、贫困自然村整村推进、贫困人口易地扶贫搬迁等工作顺利开展，解决和巩固了60万贫困人口的温饱。全省第一产业增加值实现1 064亿元，增长5.2%。粮食总产量达到1 634万吨，实现连续七年增产。肉、奶、蛋、蔬菜等农产品产销两旺，对促进农民增收发挥了重要作用。

（三）工业经济运行走出困境

我们始终把稳工业作为应对国际金融危机的关键，确立了“稳运行、抓项目、调结构、扶中小、促合作、降能耗、保就业、强管理”的工作思路，采取了一系列超常规措施，帮助企业渡难关。果断实施特殊电价扶持，有色等10个行业受惠企业超过160户。在全国率先实行重要商品收储，全年动态收储有色金属63万多吨、化肥50万吨。对1 141种省产工业品发放促销补贴。全面落实扶持中小企业发展的14条措施，全省新增中小企业贷款突破700亿元。坚持“一厂一策”，扶持困难企业抓好生产组织，规模以上停产、半停产企业已下降到6%左右。大力推进结构调整，制定并实施了12个工业行业发展行动计划。在冶金、机电、轻工、化工、医药等重点行业组织推广20项关键共性技术，新增认定国家级企业技术中心1家、省级25家，4个部省联合共建工程研究中心获得批准。烟草对工业增长发挥重要支撑作用，全年实现利税785亿元。在一系列综合措施的作用下，全省工业经济逐步好转，除电力外的工业完成投资820亿元。全省第二产业增加值实现2 580亿元，增长13.6%，其中工业增加值完成2 088亿元，增长11.2%，有力促进了我省经济增长。

（四）生态建设迈出新步伐

我们始终把深入推进“七彩云南保护行动”作为生态文明建设的基础工作，结合扩大内需实施了一批环境保护和生态治理重点项目。坚持“一湖一策”抓好九大高原湖泊水污染综合防治。牛栏江—滇池补水和滇池截污两个关键性工程取得重要进展。积极推进阳宗海砷污染治理。累计开工建设168个城镇生活污水和垃圾处理设施，新增污水日处理能力80万吨。加强农村环境综合整治，启动实施了全省生态文明建设规划、滇西北生物多样性保护规划。对建设“森林云南”进行了部署，完成营造林1 031万亩，启动实施4 730万亩省级公益林生态效益补偿，治理水土流失面积3 200平方千米，实施保护面积5 000平方千米。大力推广运用新技术，组织实施100项重点节能示范项目，淘汰一批小炼铁、小焦炭、小水泥等落后产能。国家下达我省化学需氧量和二氧化硫排放量分别削减2%和1.99%的任务可望完成。

（五）改革开放实现新突破

我们始终把完善体制机制、拓展发展空间作为保增长的强大动力，深入推进改革开放。启动了新一轮政府机构改革，省政府机构改革已经完成，州市县政府机构改革正在有序开展。实施了昆明市、红河州综合改革试点。深化国有企业改革，加强国有资产监管工作，国有资产实现保值增值。扩权强县改革试点扎实推进，文化体制改革取得突破性进展。制定了深化农垦改革方案，华侨农（林）场改革和集体林权制度配套改革稳步推进，水务体制改革全面展开，供销社改革和投融资、行政审批、财税、金融改革继续深化。

开放云南建设取得新成效。组织开展了把云南建设成为我国面向西南开放桥头堡的初步规划方案研究。与“昆交会”同期举办了第二届南亚国家商品展、大湄公河次区域经济走廊活动周、第四届中国—南亚商务论坛、第七届东盟华商投资西南项目推介会暨亚太华商论坛等系列重大活动，提升了办会层次和水平。加快了口岸通关便利化建设。招商引资成效明显，引进外资9.1亿美元，省外企业在滇投资超过1 000亿元。

（六）社会事业全面协调发展

我们始终重视社会建设，把加快社会事业发展作为扩内需、增投资的重要内容，进一步完善了相关政策和工作支撑体系。

坚持优先发展教育。全力抓好鲁甸、镇雄、澜沧3个县的“两基”攻坚工作，全省按规划如期实现“普九”目标。切实落实“两免一补”政策，提高农村学校公用经费补助标准，免除了640多万名城市和农村学生的学杂费并免费提供教科书，向208万名家庭贫困寄宿学生发放生活补助。筹措投入45亿元推进校舍安全工程，超额完成原定150万平方米的危房改造任务。大力发展中等职业教育，新组建7个省级职教集团，中等职业学校与普通高中在校生比例提高到0.92∶1。加快高等教育改革发展，新增本科高校2所，呈贡新区已有6所高校新校区投入使用，累计入住学生约4万人。加强毕业生就业指导和服务，全省应届高校毕业生年终就业率达93%。加大对贫困学生的资助力度，多渠道筹集投入助困资金13.86亿元，资助范围覆盖了35%以上的普通高校在校生和100%的中职学校一、二年级学生。

加快科技创新步伐。全面实施标准化发展战略，进一步提升了我省产品和产业的综合竞争能力。继续深入实施创新型云南行动计划，组织实施49项重大科技项目、20项重大装备及关键部件研发项目，突破了71项关键核心技术，推广应用34项突破产业技术瓶颈的共性技术，开发出60个具有自主知识产权的重大新产品。组建了云南省应用技术研究院，云南科技创新园建设进展顺利。科普工作全面推进。

大力推进医药卫生事业改革发展。制订了我省医药卫生体制改革的基本框架和三年实施方案。坚持“大办卫生、多办医院”，重点推进全省农村卫生服务体系、城市社区卫生服务中心及重点中医院的基础设施及设备能力建设，又有5个省级医院项目开工建设。新型农村合作医疗参合率提高到93%，参合人数达3 293.5万人，新增71.5万人，年人均筹资标准提高到100元，参合农民住院报销比例平均提高10%。积极有效防控甲型H1N1流感疫情，加大力度抓好血吸虫病等传染性疾病的控制工作。人口和计划生育工作不断加强，食品药品安全监管工作取得新进展。

积极发展文化体育事业。在全国首创并建成407所农民素质教育网络培训学校，完成200个乡镇综合文化站建设。启动了4万多个村的广播电视“村村通”工程建设，全省广播和电视人口覆盖率分别提高到93.35%和94.66%。省博物馆新馆、云南文化艺术中心等项目进展顺利，一批州市县文化项目开工建设。体育事业健康发展。圆满承办了国际人类学与民族学第16次大会。

（七）民生得到进一步改善

我们始终把改善民生作为保增长的出发点和落脚点，出台了一大批力度空前的惠民利民措施，确保了人民群众生活水平持续提高。

大力促进就业。创新思路，实施促进就业20条措施和“贷免扶补”政策，省财政补贴困难企业2亿元，稳定25.7万个就业岗位；安排2亿元开发公益性岗位，帮助9.3万名失业人员就业；安排1亿元专项资金鼓励创业，帮助2万人实现创业并带动12万人就业。新增23.5万个城镇就业岗位。因国际金融危机返乡的150万农民工有148万实现再就业。培训农村富余劳动力123万人次，新增转移就业55万人。

着力保障困难群众生活。省财政投入城乡低保经费41亿元，比上年增长77.8%，全省429万城乡贫困人口纳入最低生活保障范围；省财政投入5.5亿元，资助516.3万名特殊困难群众参加新型农村合作医疗和城镇居民基本医疗保险，并对城乡困难群众实施住院和门诊救助46.5万人次。22.1万农村五保供养对象实现应保尽保，44万名高龄老人和长寿老人享受到生活补贴。双拥优抚安置工作投入15亿元，比上年增长31%，全省28.9万名优抚对象享受到抚恤补助政策。

努力提高社保水平。城镇职工养老、医疗、失业、工伤、生育保险参保量达到1 600万人次，新增125万人次。城镇居民基本医疗保障制度实现全省覆盖，城镇职工参加医保人数达到750万人。企业职工失业保险、工伤保险、生育保险以及企业退休人员养老待遇标准提高10%。妥善解决了22.4万关闭破产和国有、集体困难企业退休人员参加城镇职工基本医疗保险的历史遗留问题。在全省16个县市启动新型农村社会养老保险试点工作。筹资43.34亿元，全部兑现了129个县的中小学在职教师绩效工资，对退休人员也相应增加了生活补贴。对其他事业单位在职职工和退休人员，自去年10月1日起，每人每月增发300元临时补贴。

全面加快保障性住房建设。下决心用3年时间建设150万套保障性住房，改善城乡困难群众住房条件。去年整合补助资金100亿元，建设保障性住房50万套，其中城镇15万套、农村35万套。加大农村建房支持力度，农村危房改造及地震安居工程中拆除重建户补助标准提高到每户1万元。

持续推进边疆民族地区加快发展。实施新三年“兴边富民工程”，落实专项资金8亿元，整合资金40.3亿元，建设了一批基础设施和民生项目。出台了扶持少数民族加快发展的政策措施。及时有效组织抗灾救灾。省财政投入救灾资金13.1亿元，救济灾民552.4万人，保障了灾区群众基本生活，保持了灾区社会稳定。筹集近45亿元资金，加快推进防震减灾十大能力建设。

（八）和谐安定的社会局面不断巩固

我们始终把促进社会和谐作为全省工作的重大任务，努力为人民群众营造安居乐业的良好环境。

认真抓好精神文明建设。在全社会广泛开展了社会公德、职业道德、家庭美德和个人品德教育，不断提高全民思想道德水平。重视互联网文化建设。统计调查、气象、文史、档案、测绘、地方史志等工作不断加强，新闻出版、广播影视、文学艺术、哲学社会科学更加繁荣。密切与各人民团体的联系，工会、妇女、儿童、青少年、老龄、红十字、慈善、残疾人等事业健康发展。

切实维护社会安宁。高度重视信访工作，开展领导干部大下访、大接访活动，推进矛盾纠纷排查调处工作常态化、规范化。及时有效处置突发性事件。发挥爱国宗教团体的桥梁和纽带作用，确保了全省宗教领域的和谐。成功维护了新中国成立六十周年等重大节庆期间的社会稳定。加强社会治安综合治理，深入开展打黑除恶等系列专项活动。高度重视边境安全，及时有效处置了缅甸果敢事件对我省边境的影响。监狱、劳教工作继续加强，禁毒防艾工作取得新成绩。扎实开展“安全生产年”活动，尾矿库专项整治和重大隐患排查治理取得实效，应急能力得到提高，生产安全事故总量下降。巩固和发展了军政军民团结的良好局面。

（九）政府自身建设进一步加强

我们始终把加强政府自身建设作为应对危机、推动扩大内需各项政策措施全面落实的重要保障，努力改进工作，提高各级政府的能力和水平。

深入推进依法行政。自觉接受省人大及其常委会的法律和工作监督，依法执行人大决定决议，支持省政协履行职能。认真办理人大代表建议和政协提案，全年提请省人大常委会审议地方性法规草案15件，制订、修改和废止了一批政府规章。坚持推进基层民主，居民自治、村民自治、厂务公开、村务公开等工作深入开展。行政复议、人民调解、法律援助工作得到加强，深入开展法制宣传教育，推进执法监督。审计、监察等部门和新闻媒体的监督职能进一步发挥。圆满完成了第二次全国经济普查。

健全完善政府管理体制。开展了新一轮行政事业性收费的清理工作，全省共减少行政事业性收费项目91项。积极稳妥地推进省级行政事业单位经营性国有资产管理改革。政府系统反腐倡廉建设取得新成效。

重视抓好政府制度建设。在全省县以上政府机关全面推行“阳光政府”四项制度，在全国率先建成覆盖全省的政务信息电话查询系统，开通了“96128”政务查询专线，主动公开政府信息85万多条，政府行政行为的透明度进一步提高。继续推进法制政府、责任政府建设，全年共问责1 525人次。

各位代表！在严峻挑战面前，我省出手快、措施实，牢牢把握了工作的主动权，经济社会发展取得了明显成效。应对国际金融危机的冲击使我们经历了一场重大考验。在这场重大考验中，全省人民的开拓进取精神进一步得到激发，战胜困难的决心和信心更加坚定；在这场重大考验中，云南的发展条件得到改善，发展基础更加坚实；在这场重大考验中，我们对科学发展观内涵的认识和理解得到深化，调整结构促进发展方式转变的自觉性更加增强；在这场重大考验中，各级各部门在复杂形势下驾驭市场经济的能力得到提高，抢机遇、谋发展的意识更加强烈。实践充分证明，只要凝聚起全省各族人民的意志和力量，就没有什么克服不了的困难。

各位代表！去年成绩的取得，是党中央、国务院科学应对、坚强领导的结果；是省委、省政府贯彻中央各项部署，全面分析、果断决策的结果；是人大、政协和社会各界齐心协力、艰苦细致工作的结果；是全省各族人民团结拼搏、合力攻坚的结果。在此，我代表省人民政府，向全省各族人民致以崇高的敬意和衷心的感谢！向人大代表、政协委员，向各民主党派、工商联、无党派人士、各人民团体和各界朋友，向驻滇人民解放军、武警部队官兵和公安政法干警，向中央各部门各单位、兄弟省区市，向关心支持云南建设的港澳同胞、台湾同胞、海外侨胞和国际友人，致以崇高的敬意和衷心的感谢！

在看到成绩的同时，我们更清醒地认识到，云南的发展与科学发展观的要求还有差距，支撑全省经济持续增长的基础还不牢固，调整经济结构，转变发展方式的任务十分艰巨，财政增收、生态建设、民生保障等方面压力很大，进出口形势依然严峻，城乡居民收入还比较低，一些涉及人民群众切身利益的问题还没有得到很好解决，完善体制机制任重道远，政府职能转变也还需要不断推进。我们将认真重视这些困难和矛盾，不断破解难题，努力把今后的工作做得更好。

二、创新思路、大胆开拓，努力促进经济社会又好又快发展

今年是实施“十一五”规划的最后一年，保持全省经济社会平稳较快发展的任务仍然艰巨而繁重。我们要进一步增强发展信心，把握发展机遇，完善发展措施，化解发展中的困难，大胆开拓，锐意进取，在促进科学发展、维护社会和谐的进程中迈出更加坚实的步伐。

根据省委八届八次全委会的精神，今年政府工作的总体要求是：全面贯彻党的十七大、十七届四中全会、中央经济工作会议和胡锦涛总书记考察云南时重要讲话精神，紧紧围绕建设绿色经济强省、民族文化强省和我国面向西南开放的桥头堡，增投资、扩消费，转方式、调结构，重民生、建和谐，快发展、上水平，进一步坚定信心、振奋精神，进一步解放思想、开拓创新，进一步求真务实、真抓实干，全面完成“十一五”规划的各项目标任务，努力推动全省经济平稳较快发展和促进社会和谐稳定。

全省经济社会发展的主要预期目标建议为：生产总值增长9%以上，全社会固定资产投资增长20%以上，地方财政一般预算收入增长10%以上，社会消费品零售总额增长16%以上，居民消费价格总水平涨幅控制在3%左右，城镇居民人均可支配收入增长8%左右，农民人均纯收入增长8%以上，城镇登记失业率控制在4.6%以内，人口自然增长率控制在6.52‰以内，单位生产总值能耗降低3.67%，外贸进出口额实现恢复性增长。

实现今年经济社会发展目标，必须牢牢把握以下6个着力点：

一是稳定政策、灵活调控，保持较快发展。实现经济平稳较快发展，是推进我省全面建设小康社会的客观需要。要进一步巩固和增强经济回升向好势头，切实保持宏观政策的连续性和稳定性，保持促进经济发展的信心、决心和力度不减；要认真把握政策的针对性和灵活性，增强预见性，进一步丰富和完善应对危机的一揽子政策措施，保持全省经济快速增长，防止出现大的起落。

二是优化结构、转变方式，促进转型发展。加快经济发展方式转变，是我们贯彻落实科学发展观的重要目标和战略举措，是我省进一步适应国内外发展形势，增强发展实力和竞争力的现实选择。要深刻认识调整优化经济结构的极端重要性，坚定不移调结构，脚踏实地促转变，在转变发展方式上取得实质性进展。要加快传统产业优化升级，着力提升重化工业精细化发展水平；大力培育战略性新兴产业，创造新的经济增长点；高度重视科技创新，增强科技支撑能力；进一步完善体制机制，凝聚各方面力量，齐心协力推进发展方式转变。

三是增加投资、扩大消费，促进内需发展。扩大内需是我国应对国际金融危机的重要战略措施，也是我省增加投资、扩大消费的重大机遇。我们要高度重视投资对拉动经济增长、夯实发展基础的重要作用，加大工作力度，继续保持投资较快增长。要着力增强消费对经济增长的拉动作用，加大国民收入分配调整力度，增加城乡劳动者劳动报酬，提高居民特别是低收入群众消费能力；要不断引导消费结构升级，改善消费预期，为人民群众创造更好的消费环境。

四是统筹城乡、扶贫攻坚，推进协调发展。不断缩小城乡、区域差距，是全省人民的迫切愿望。我们要把推进工业化、城镇化和农业现代化有机结合起来，逐步形成城乡经济社会协调发展的新格局。要扎实推进社会主义新农村建设，稳步扩大农村需求，巩固和发展农业农村好形势。要促进城镇化与新农村建设良性互动，探索形成具有云南特色的城镇发展道路。要大力扶持边疆、民族、贫困地区和革命老区加快发展，更加关注困难群众生活，更加重视扶贫开发，确保全省各族人民共享发展成果。

五是重视生态、保护环境，推动绿色发展。良好的生态是云南最重要的资源，最大的生产力。我们要坚持生态立省，环境优先，积极推进生态文明建设，大力发展绿色经济，培育低消耗、高效益、少污染产业，倡导更加文明的生活方式，加快建设资源节约型、环境友好型社会，让“七彩云南”在新的时代更加亮丽夺目。

六是拓展空间、发挥优势，促进开放发展。把云南建成我国面向西南开放的桥头堡，是我国完善对外开放格局的重要部署，也是云南进一步增强发展动力和活力，推进全面、协调发展的重大机遇。我们要充分利用独特区位，把服务国家周边外交大局与建设国际大通道结合起来，加强对外沟通、交流及合作，实现优势互补，互利共赢，努力开创对外开放新局面。

三、突出重点、抓住关键，扎实做好今年各项工作

今年全省经济社会发展，要坚持促进经济平稳较快发展和调整优化经济结构并重，坚持改善民生与扩大内需有机结合，坚持发展质量、速度和效益相统一，突出抓好10个方面的重点工作：

（一）保持投资较快增长

国家继续实施积极的财政政策和适度宽松的货币政策，为我省进一步加强基础设施建设提供了良好条件。要努力保持投资适度增长，确保全社会固定资产投资再增加1 000亿元，实现“十一五”投资总规模达到1.8万亿元的目标。

着力推进重大项目建设。继续抓好工业、电力、综

合交通、水利、通信、教育、房地产等行业重大项目，确保重点行业完成投资3 200亿元以上。推进11个铁路在建工程，争取新开工沪昆客运专线等铁路项目。加快推进大理至丽江、保山至腾冲等9条高速公路建设；全力推进52条二级干线公路建设，力争明年上半年全面完成建设任务。加快昆明新机场建设，争取开工泸沽湖、红河机场。力争全面开工牛栏江——滇池补水工程，抓紧“润滇工程”35个在建项目，全部完成在建病险水库除险加固任务。继续抓好重大水电项目建设，积极推进生物质能、风能等新能源发展，不断优化能源结构。

着力优化投融资结构。继续增加对“三农”、保障性安居工程、教育卫生等民生领域，以及产业建设、节能环保、技术创新等的投入。鼓励金融机构加大对经济结构调整、新兴产业培育等领域的信贷投放力度，缓解农业和中小企业融资困难。积极向中央争取发行地方债额度，扩大企业债发行规模，设立新兴产业创业投资基金，增强企业投融资能力。努力消除民间投资进入障碍，支持民间资本参股、控股国有竞争性企业。

着力做好项目前期工作。编制好重点建设项目计划，加强项目审批服务，补充完善重大项目储备库。在坚决执行最严格的耕地保护政策和最严格的节约、集约用地制度的基础上，全力保障重点建设项目用地。

（二）切实促进农业稳定发展和农民持续增收

按照稳粮保供给、增收惠民生、改革促统筹、强基增后劲的基本思路，毫不松懈抓好“三农”工作。力争第一产业增加值达到1 100亿元，增长5%，粮食总产量增加40万吨。

巩固粮食等主要农产品的保障供给能力。继续推进百亿斤粮食增产计划，落实对种粮农民的补贴政策和科技增粮措施，确保全省粮食种植面积稳定在6 500万亩。加快建设一批种养殖业标准示范园区，加强农业装备能力建设，抓好农村基层科技推广体系、农业农村信息化服务体系建设，努力提高现代农业发展水平。以生物农业、生物林业、生物医药和生物能源为重点，加快生物产业发展。推进特色林产业基地建设，确保完成以核桃、油茶为重点的木本油料种植面积450万亩以上。

多渠道增加农民收入。全面落实各项强农惠农政策，扩大涉农补贴范围和规模，提高主要粮食品种最低收购价格。省级重点扶持500户龙头企业和200户农民专业合作组织，努力提高农业产业化发展水平，扩大农村二、三产业增收空间，实施“品牌兴农”战略，发展生态农业，加强农产品质量安全监管，推动农产品出口迈上10亿美元新台阶。对农民创业给予金融和财税支持，努力促进农民就业创业。加强农民工职业技能培训，全年新增培训农村劳动力100万人，新增转移就业50万人，力争农民收入有较大增加。

努力改善农村生产生活条件。启动实施我省“兴地睦边”农田整治重大工程，继续推进中低产田地改造，全年完成改造250万亩以上。完成200万亩中低产林的改造任务，推进中低产桑园和茶园建设。继续组织实施好现代烟草农业项目，加大力度推进农村水利设施建设，建设1 000千米干支渠防渗工程，解决200万以上农村人口饮水安全问题。新建和改建农村公路1.5万千米，新建农村户用沼气池20万口，完成节柴改灶10万户。高度重视扶贫工作，对“三江一线”重点贫困地区的扶贫开发进行总体部署，打一场解决深度贫困人群温饱的攻坚战。全年新增解决和巩固60万贫困人口的温饱。

继续深化农村改革。稳定和完善农村基本经营制度，推进农村土地管理制度改革，发展多种形式的适度规模经营。推进集体林权制度配套改革，启动国有林场、国有林权改革试点。深化供销社改革，加大农村信用社改革步伐，启动国有农垦体制改革。

（三）提升工业经济发展的质量和水平

推进发展方式转变，增强我省经济竞争力，必须高度重视工业经济发展。要坚持走新型工业化道路，努力提升工业经济发展的质量和水平。力争第二产业增加值达到2 975亿元，增长9.2%，其中全部工业增加值达到2 400亿元，增长8%以上。

完善和落实扶持政策，增强工业发展活力。继续抓好工业品促销，完善促销目录和内容。灵活执行重要工业品收储政策，搞好化肥淡季收储工作。强化运行调节，制定新的电价扶持政策，抓好煤电油运等要素保障，稳定工业经济运行。

突出抓好结构调整，壮大工业优势产业。大力发展轻工业，继续巩固烟草产业竞争优势，积极发展特色鲜明、市场广阔、吸纳就业人员多的食品、药品、生活用品、工艺品加工等产业。优化提升重工业，以延伸产业链、发展精深加工、提高附加值为方向，推进有色、冶金、化工等产业升级；振兴装备制造业，支持物流设备、大型铁路养护设备、精密机床等产业规模化发展。加快培育战略性新兴产业，科学制定规划，明确发展重点，突破核心技术，强化政策支持，促进生物、光电子、新材料、新能源、节能环保等产业发展壮大。统筹发展配套产业，为我省特色优势产业发展提供配套产品和服务。实施大企业、大集团战略，支持企业开展联合重组，引进战略合作伙伴，增强竞争力。继续重视抓好各类开发区建设，促进工业聚集发展，力争全省工业园区实现工业增加值增长25%以上。加大力度推进循环经济试点，初步形成工业循环经济体系。

进一步优化中小企业和非公有制经济发展环境。落实好中小企业、非公有制经济税费优惠政策。支持中小企业技术改造和技术进步，鼓励走“专、精、特、新”和与大企业协作配套路子。加快中小企业信用体系建设，建立中小企业贷款风险补偿基金，积极引导信贷资金投向中小企业，力争全年新增中小企业贷款600亿元以上。继续清理乱收费、乱罚款，禁止各种摊派，切实减轻企业负担。力争全年非公有制经济实现增加值占全省生产总值的40%以上。

增强科技进步对工业发展的支撑作用。打造技术创新平台，引导创新要素向企业集聚，再遴选20户左右企业开展创新型企业试点，新认定20个以上省级重点实验室或省级工程技术研究中心。强化关键技术研发，重点组织实施30项重大科技攻关项目，突破50项关键核心技术，研究开发50个具有自主知识产权的重大新产品，新认定80户高新技术企业。认真落实研发投入抵扣所得税等政策，优化技术创新环境。促进工业化与信息化融合。深入推进标准化战略，启动实施“质量兴省”和知识产权战略，抓好企业质量管理，切实提高产品、工程和服务质量。

（四）加快发展服务业

服务业是扩大消费的重要增长点，也是结构调整的重要着力点。要努力促进服务业拓宽领域、增强功能、优化结构，提高供给能力和水平。力争第三产业增加值达到2 820亿元，增长10%以上。

全面推进旅游“二次创业”。认真落实《云南省旅游产业发展和改革规划纲要》，加快改革发展步伐，促使旅游业转型升级、提质增效。大力改造提升现有景区景点，建设好一批休闲度假重大项目，引进一批国际品牌企业到我省投资开发和经营管理，培育一批有较强投资和开发能力的大型旅游企业。促进文化产业与旅游产业良性互动，加快开发文化旅游产品。力争全年接待海内外游客新增1 000万人次，实现旅游总收入突破900亿元。

加快发展面向生产的服务业。进一步重视金融业发展，促使形成银行、证券、保险业共同发展的格局。加强地方金融和农村金融工作，切实防范金融风险。加快发展现代物流业，培育一批现代物流中心和物流企业。重视民航产业发展，进一步发挥民航业对经济社会发展的促进作用。选择发展具有我省特色的服务外包业。

大力发展面向农村的服务业。继续组织实施好“万村千乡”工程，培育大型涉农商贸企业，发展生产生活资料连锁经营，完善产销、科技、信息和金融等农村社会化服务体系，为扩大农村消费创造更好条件。

拓展面向民生的服务业。适应群众生活多样化、个性化的需要，努力扩大消费空间，大力发展文化娱乐、体育健身、休闲旅游、教育培训、家政服务等服务业。健全社区服务体系，不断完善社区服务功能。继续落实鼓励家电、摩托车、汽车下乡的各项政策，稳定和促进大宗商品消费。加快实施餐饮业品牌工程，扩大滇菜知名度和影响力。

（五）积极推进城镇化进程

稳步推进城镇化是扩大内需、调整结构的重要抓手。要坚持城镇化与新农村建设良性互动，不断提高我省城镇发展水平，力争全省城镇化率达到36%左右。

促进大中小城市和小城镇协调发展。按照统筹规划、合理布局、完善功能、以大带小的原则，加快提升现代新昆明建设发展水平，积极推进区域中心城市建设，形成辐射作用大的城市群。高度重视中小城市和小城镇发展，加快推进60个旅游小镇建设，培育一批特色鲜明的现代农业小镇、手工业小镇、商贸小镇、生态园林小镇和边境口岸小镇。大力改善城镇交通、供排水、污染治理、通信网络等基础设施和医院、学校、文化、体育等公共设施建设。创新城镇管理手段，开展综合管理试点。

切实帮助进城农民逐步融入城镇。有计划有步骤地解决农民工在城镇的就业和生活问题，吸纳有条件的农民工特别是新生代农民工转为城镇居民。推进户籍制度改革，放宽中小城镇落户条件。探索农民工参加社会保险的有效途径，切实解决好农民工子女就学等突出问题。

促进房地产业健康发展。认真落实国家相关政策措施，加大保障性住房建设力度，完善房地产市场调控，控制房价过快上涨。加快中低价位、中小户型普通商品住房建设，满足居民自住和改善型住房需求。加快建筑业发展。

（六）进一步深化改革扩大开放

把深化改革与促进发展结合起来，全面提升经济发展的内生动力。进一步深化国有企业改革，切实推动国有资产战略重组，逐步实现国有经营性资产监管全覆盖。改革污水、垃圾处理收费制度。扎实推进省直管县财政改革和扩权强县试点。深化收入分配制度改革，组织实施好公共医疗卫生机构绩效工资改革，根据国家统一部署，稳步推动其他事业单位绩效工资改革。进一步搞好昆明市、红河州综合改革试点。分类组织实施省级行政事业单位经营性国有资产管理改革。

积极推动中国面向西南开放的桥头堡建设各项准备工作。抓紧完善规划方案，加强汇报衔接，争取把“桥头堡”建设纳入国家发展规划并尽早启动实施。继续配合做好连接周边国家通道建设专项研究，加快云南境内综合交通运输体系建设，推进开辟西向贸易通道。全力支持中缅油气管道及炼化基地项目开工建设。推进通关便利化进程，推动解决昆曼大通道“通而不畅”的问题。充分发挥各类展会的合作平台作用，深化与东南亚、南亚国家的交流合作，积极开展孟中印缅地区经济合作。

抓住中国—东盟自由贸易区建成的有利时机，不断拓展对外开放的深度和广度。进一步优化出口商品结构，着力培育新的外贸增长点，提高出口产品附加值。重视建设出口商品基地，推动中缅、中越、中老跨境经济合作区建设取得明显进展。扩大先进技术和关键零部件进口。完善和创新招商引资方式。鼓励和支持有条件的企业对外投资，开展境外资源合作开发。重视与港、澳、台的经贸往来，加强泛珠三角区域合作。加大金融开放合作力度，推进跨境贸易人民币结算试点。做好上海世博会的参展工作。

（七）深入开展生态建设和环境保护

加强生态建设和环境保护，事关全省各族人民的切身利益和经济社会的可持续发展。我们要全面深入推进“七彩云南保护行动”，促进人与自然和谐发展。

推进“森林云南”建设。继续实施重点防护林、天然林保护等工程，不断巩固退耕还林成果。继续抓好滇西北生物多样性保护，重视滇西南生物多样性保护。大力培育商品林基地，完善森林产业体系。加强森林管护，完成营造林650万亩，进一步增强云南森林碳汇能力。

加强九大高原湖泊和江河流域水污染综合治理。以削减入湖主要污染物为核心，以改善水环境质量为重点，坚决推进滇池治理，全力落实滇池治理“十一五”规划项目。巩固洱海、抚仙湖污染治理成果，加快治理星云湖、杞麓湖和异龙湖，继续抓好阳宗海砷污染治理。重视金沙江、南盘江等流域的水污染防治，严格控制重点流域内危险化学品、有毒有害物资生产、运输和储存等经营活动。

全面完成“十一五”节能减排目标任务。强化节能减排目标考核，继续加大力度推进企业节能技术改造。坚决淘汰落后产能，有效遏制高投入、高消耗和高排放。进一步强化对火电脱硫、糖厂化学需氧量减排等项目的建设和运行监管。加快城镇污水处理厂和生活垃圾处理设施建设，年内所有项目都要开工，确保91个项目建成并投入运行。

积极发展循环经济和低碳经济。按照减量化、再利用和资源化的原则，创建一批循环经济企业和生态产业园区，进一步建立和完善清洁生产机制，抓好一批清洁能源示范县。抓好曲靖市、玉溪市节水型社会建设试点。制定云南低碳经济发展纲要，争取列为国家低碳经济试点省。进一步优化能源结构，积极开发利用新能源和可再生能源。

（八）大力发展各项社会事业

继续加强教育事业。合理调整中小学校区域布局，促进办学条件标准化，稳步提升办学质量和水平，巩固和提高“普九”成果。全面实施中小学校舍安全工程，完成200万平方米危房改造。加快发展高中阶段教育。继续加大中等职业教育，力争在校生达到60万人。进一步推进高等教育改革发展，加强重点学科、科研平台建设，基本完成9所高校呈贡新区建设任务。扶持发展民办教育，加快发展学前教育，高度重视特殊教育。注重各类人才培养，为经济社会发展提供有力支撑。

继续深化医药卫生体制改革。加快建立健全城镇职工基本医疗保险、城镇居民基本医疗保险、新型农村合作医疗，以及贫困人群医疗救助、基本医疗商业保险“三网两补充”体系，推进全省基本医疗保障全覆盖、医疗卫生事业大发展、医疗服务水平新提高，切实缓解群众“看病难、看病贵”问题。探索城镇职工、城镇居民、新农合并网互联和“医疗信息网”与“医保信息网”并网互联，推动实现医药卫生“一网通”。争取全省医疗机构信息共享，实现患者就医“一本通”。逐步建立城镇职工、城镇居民、参合农民异地持卡就医联网结算制度，实施参保人员异地就医“一卡通”工程。继续推进省级医疗机构建设，支持县医院、乡镇卫生院和村卫生室逐步配齐医疗设备。进一步巩固完善新型农村合作医疗制度，适当扩大报销范围，提高报销比例，稳步提高参合率。增强传染性疾病防治和突发公共卫生事件的处置能力，抓好甲型H1N1流感防控。实施食品药品安全专项整治工作。全面推进25个边境县“少生快富”工程，加强人口计划生育工作。做好第六次人口普查。广泛开展全民健身运动，争取我省运动员在第16届亚运会上取得好成绩。

继续实施文化惠民工程。加快建立覆盖城乡的公共文化服务体系，推进乡镇综合文化站、广播电视“村村通”工程和农家书屋建设，加快建设重大标志性文化设施，认真实施文化产业振兴行动计划。加强文化遗产保护，支持元阳哈尼梯田申报世界文化遗产，保护利用好滇越铁路和茶马古道。

（九）全力保障和改善民生

改善民生是经济社会发展的最终目的，是衡量政府工作的根本标准。我们要坚持以人为本，动真感情、下真功夫，多办一些顺民意、解民忧、惠民生的实事，给人民群众更多的实惠。

确保就业形势基本稳定。继续实施更加积极的就业政策，对已经到期的各项促进就业的扶持政策再延长一年。加大对零就业家庭、低保对象、破产企业失业职工和就业困难的普通高校毕业生的就业指导和援助，重点扶持3万人自主创业，实现新增城镇就业岗位22万个，帮助6万名以上就业困难人员实现就业，确保零就业家庭至少有1人就业。

完善社会保障体系。全力做好社会保险提标扩面工作，力争享有各类保险的城镇职工达1 730万人次。推进城镇企业职工基本养老保险省级统筹和新型农村社会养老保险试点。继续提高企业退休人员基本养老金、失业、工伤保险待遇标准。启动城镇职工基本医疗保险州市统筹。

切实改善困难群众生活。多方筹集资金，确保全年新建50万套保障性住房，尤其要实施好城市廉租住房、农村危房改造及地震安居工程、华侨农（林）场危房改造及林区、垦区、游牧民定居、城镇和国有工矿企业棚户区改造等专项工程。继续落实好防震减灾十大能力建设规划，健全灾害应急机制，实现灾害应急预案覆盖到乡镇。全面完成姚安、宾川等地震灾区民房恢复重建。对全省农村低保、“五保”对象和25个边境县以行政村为单位的农民个人缴纳的参合资金给予全额补助。加快发展以养老服务为重点的社会福利事业。

进一步重视少数民族和民族地区经济社会发展。牢牢把握各民族共同团结奋斗、共同繁荣发展的民族工作主题，努力改善边境地区群众的生产生活条件，确保新三年“兴边富民工程”圆满完成。大力推进藏区、人口较少民族地区、特困民族地区发展。从今年开始，为25个世居少数民族设立传统文化抢救保护专项经费，省级少数民族发展资金、民族机动金、散居民族工作经费每年按10%的比例增加。全面贯彻党的宗教政策，依法加强宗教事务管理，积极引导宗教与社会主义社会相适应。

（十）认真抓好精神文明和民主法制建设

加强精神文明建设。继续深入开展学习实践科学发展观活动。进一步加强社会主义核心价值体系建设，着力深化群众性精神文明创建活动。依法打击利用互联网、手机传播有害信息的行为，净化社会文化环境。

推进民主法制建设。自觉接受人大和政协的监督，提高办理人大代表建议和政协提案的效率和水平。广泛听取各民主党派、工商联、无党派人士的意见和建议，积极支持工会、共青团、妇联等人民团体的工作。强化依法行政，不断完善行政监督。继续搞好“六五”普法教育。

维护社会和谐稳定。建立健全社会治安防控体系，加强社会治安综合治理，依法防范和严厉打击各类违法犯罪活动，增强人民群众的安全感。加强社会矛盾纠纷排查调处和预警体系建设，高度重视预防和妥善处置群体性事件、突发公共事件。确保全面完成新一轮禁毒和防艾人民战争的目标任务。

高度重视安全生产。全面推进安全生产责任制，强化煤矿、非煤矿山和尾矿库、危险化学品、烟花爆竹、建筑施工、道路和水上交通、消防等重点行业和领域的安全生产专项整治工作，加大力度排查治理安全隐患，努力保障人民群众生命财产安全。

各位代表！明年是实施“十二五”规划的第一年。编制好“十二五”规划，是今年各级政府的一项重要任务。我们要按照科学发展观的要求，准确把握发展形势，深入研究全省经济社会发展和改革开放的重大问题，广泛吸纳社会各界的意见和建议，认真编制好“十二五”经济社会发展规划，为云南又好又快发展描绘更加宏伟的蓝图。

云南省人民代表大会常务委员会工作报告（节选）

——2010年1月24日在云南省第十一届人民代表大会第三次会议上

云南省人民代表大会常务委员会常务副主任　晏友琼

2009年的主要工作

2009年是新中国成立60周年和地方人大设立常委会30周年，也是进入新世纪以来我省应对国际金融危机冲击、经济发展最为困难的一年。省人大常委会在中共云南省委的正确领导下，高举中国特色社会主义伟大旗帜，以邓小平理论和“三个代表”重要思想为指导，深入贯彻落实科学发展观，全面贯彻党的十七大和十七届三中、四中全会精神，始终把推动和促进保增长、保民生、保稳定作为首要任务，紧紧围绕完成省十一届人大二次会议确定的目标任务，认真履行宪法和法律赋予的职能，各项工作取得了新进展，为保持全省经济平稳较快发展与社会和谐稳定作出了积极贡献。

面对严峻形势和艰巨任务，常委会明确提出人大履职必须坚持正确的政治方向、坚定信念，坚持以人为本、关注民生，坚持围绕中心、服务大局，坚持依法履职、开拓创新，坚持潜心学习、用心工作，认真制定年度工作计划、立法计划和监督计划，创造性地开展工作。一年来，制定地方性法规6件、废止1件；批准昆明市法规4件、修订1件、废止2件；批准民族自治地方单行条例5件、修订5件；初次审议法规草案4件。听取和审议“一府两院”专项工作报告15项，作出决议和决定5项，开展执法检查5项，组织视察5次，组织专题调研9次，接待和受理群众来信来访6 049件（次）。

一、围绕中心，依法履职促增长

常委会牢牢抓住应对国际金融危机冲击、保持全省经济平稳较快发展这一主线，强化法制保障，加大监督力度。

（一）加强对宏观经济运行情况的监督

适时分析和把握全省经济形势，认真督促落实2009年度经济社会发展计划和财政预算。一是强化对年度计划执行情况的监督。加强经济工作调研，多次听取省人民政府有关部门的报告和汇报。7月上旬，对丽江、大理、迪庆、临沧四个州市上半年经济社会发展情况进行调研，及时向省委提出建议措施。在深入了解2009年上半年全省经济运行情况和省委下半年工作重点的基础上，听取和审议了省人民政府关于2009年1至7月国民经济和社会发展计划执行情况的报告，督促继续抓好扩大内需项目的开工和建设、抓好经济结构调整和产业培育、加大对外开放力度、继续实施投资拉动战略。二是强化对年度财政预算执行情况的监督。要求严格按法定时限批复省本级部门预算和单位预算，并跟踪检查落实情况。进一步规范预算调整，细化预算编制，硬化预算约束，审查批准了省人民政府关于2009年1至7月地方财政预算执行情况和年度财政预算调整方案的报告。三是强化对财政资金使用效益的监督。对省本级部门决算情况和审计部门开展部门决算审签、绩效评价、编制国有资本经营预算情况进行调研，审查批准了省人民政府2008年省本级财政决算报告。听取和审议了2008年度省本级预算执行和其他财政收支的审计工作报告，跟踪检查落实审议意见，督促财政资金规范、安全运行，提高资金使用效益。

（二）加强对保增长重大举措落实情况的监督

抓大事、抓重点，努力保障中央和省委保增长重大举措的落实，积极推进重点工作。一是保证及时发行地方政府债券。认真贯彻中央应对国际金融危机代理发行地方债券的重大举措，专门增开常委会第十次会议，审查批准2009年省本级财政专项预算调整方案，保证了我省84亿元地方债券的及时发行。二是关注工业经济和固定资产投资。认真落实省委关于加快工业经济增长和加大固定资产投资力度的决策部署，及时组织对我省重点支柱产业和公路等重大项目建设情况的视察，要求省人民政府巩固和发展固定资产投资快速增长的势头，千方百计实现工业增长目标，坚定不移地推进现代烟草农业建设，采取有力措施确保22项重大建设项目的顺利实施。三是促进落实强农惠农政策。组织视察全省集体林权制度改革工作，组织检查农产品质量安全法实施情况，跟踪督促落实2008年省人大常委会关于全省主要农产品供给情况、关于边疆民族地区扶贫开发工作的视察报告及其审议意见。制定了《云南省花卉产业发展条例》，贯彻绿色经济强省战略，促进特色产业发展。四是促进交通运输和中小企业发展。及时制定新的道路运输条例，有针对性地促进解决云南道路运输出现的新情况和新问题。认真贯彻加快中小企业发展的决策，深入玉溪市、红河州实地检查中小企业促进条例的实施情况，并委托各州市人大常委会在本地进行检查。五是促进昆明中心城市发展。及时审查批准昆明市城市供水用水管理条例、地下水保护条例、预防职务犯罪工作条例等有关法规，多次组织对昆明市相关工作的执法检查、视察和调研，积极支持中心城市发展。六是促进民族地区经济社会发展。坚决贯彻中央和省委关于加强民族工作的重大决策，加强民族立法，先后审议批准制定和修订文山州三七发展条例、大理州苍山保护管理条例、西双版纳州旅游条例、红河州气象条例等10件单行条例，有力推动了民族地区经济社会发展。

二、突出重点，以人为本保民生

常委会把促进改善民生作为保增长的出发点和落脚点，坚决维护群众切身利益，积极推动社会事业发展和生态文明建设。

（一）高度关注就业和社会保障

围绕促进稳定就业形势，听取和审议了省人民政府关于就业情况的专项工作报告，参与就业政策落实专项督查调研，并组织调研农村劳动力就业转移培训情况，督促落实中央和我省促进就业的一系列政策措施。围绕促进加强社会保障，全面调研我省城乡社会保障体系建设情况，就加大宣传力度、建立省级基础数据平台、探索统一的基层服务平台等提出意见和建议，督促和支持政府抓住中央加强城乡社会保障体系建设的机遇，采取有力措施落实惠民政策。

（二）高度关注社会事业发展

以城镇廉租房建设、农村危旧房改造、归难侨危房改造为重点，对全省保障性住房建设进行专题调研，提出努力争取提高补助标准、加强队伍建设和资金监管等建议，支持省人民政府及相关部门大力推进保障性住房建设工作，促进落实惠民举措。听取和审议省人民政府关于我省实施中小学校舍安全工程情况的报告，督促认真落实党中央、国务院对全国中小学校舍安全工程的部署要求，保障师生的生命安全。制定《云南省职业病防治条例》，强化政府职责，保护劳动者合法权益。视察防震减灾工作，跟踪落实审议意见，制定《云南省建设工程勘察设计管理条例》，保护人民群众生命财产安全。组织执法检查，跟踪督促食品安全工作，强化地方政府负总责的意识，引导企业和社会树立正确的食品安全意识。视察全省职业教育工作，促进教育与经济社会协调发展。同时，听取和审议了省人民政府关于我省非物质文化遗产保护和利用工作情况的报告，听取了省人民政府有关部门关于医药卫生体制改革工作的专题汇报。

（三）高度关注节能减排和生态文明建设

对城镇污水处理和生活垃圾处理设施建设情况进行专题调研，促进政府加快融资平台搭建和价格体系建立、优化项目建设方式、强化质量监管，改善城乡居民生活环境。在深入玉溪市、曲靖市、文山州实地调研的基础上，听取和审议省人民政府关于我省节能减排工作情况的报告，促进按期完成“十一五”节能减排约束性指标。开展了以“你我携手，保护生物多样性”为主题的云南环保世纪行活动，促进加大生物多样性保护力度。积极配合中华环保世纪行采访团赴滇采访，宣传我省改革开放30年来水土保持的工作成就。对抚仙湖保护条例、星云湖保护条例实施情况进行执法检查，加强高原湖泊保护工作，推进生态文明建设。

三、服务大局，尽职尽责维稳定

常委会把促进社会和谐稳定作为保增长、保民生的基础，认真履行职责，全力维护社会和谐稳定。

（一）着力促进民族宗教、侨务和边疆工作

以增进民族团结、社会和谐、边疆稳定为重点，进一步加大工作力度。认真贯彻党的民族宗教政策，着力加强法制建设，维护民族团结，批准民族自治地方单行条例数量为历年最多，并在全国率先出台迪庆州藏传佛教寺院管理条例。组织了民族乡工作条例的执法检查，督促政府以落实民族乡政权建设和扶持政策有关规定为重点，研究制定具体贯彻措施和办法。根据省委要求，对民族立法、云南宗教界代表人士培养等问题进行调研。配合全国人大民族委员会在云南边境民族地区开展专题调研。跟踪检查2008年视察侨场报告及审议意见的办理情况，配合全国人大常委会跟踪落实归侨侨眷权益保护法的执法检查意见，促进全省侨场的改革发展稳定。听取和审议省人民政府关于我省边境外事工作情况报告，跟踪督办审议意见，进一步巩固边疆和谐安宁。

（二）着力促进人民调解和社会治安工作

积极促进人民调解工作和加强社会治安，推进平安云南建设。听取和审议了省人民政府关于我省开展人民调解工作情况的报告，深入玉溪、红河、楚雄、曲靖4州市及8个县（市、区）进行实地调研，督促筑牢维护社会稳定的“第一道防线”。着眼于稳基层安大局，听取和审议了省人民政府关于开展公安“三基”（抓基层、打基础、苦练基本功）工程建设情况的报告，深入部分州县公安机关进行专题调研，促进加强基层基础工作。针对废旧金属收购引发治安问题日趋突出的情况，制定了《云南省废旧金属收购治安管理条例》，着力保障公共安全，维护社会稳定。

（三）着力促进涉法涉诉信访工作

高度重视涉法涉诉信访工作，深入省法检“两院”及部分州市进行专题调研，并分别听取和审议了省高级人民法院、省人民检察院关于涉法涉诉信访专项工作情况的报告，督促加强宣传教育，进一步畅通渠道，健全工作机制，加强沟通协调，认真做好工作。一年来，常委会按照“属地管理、分级负责，谁主管、谁负责”的原则，认真办理来信来访，密切与群众的联系，促进司法公正，维护公民合法权益。

四、加强代表工作，进一步发挥代表作用

常委会始终把发挥代表作用作为做好人大工作的基础和保证，努力改进服务保障工作，充分发挥代表作用。一是改进培训代表的方式。根据代表履职的实际需要，举办专题培训班，组织部分在基层工作的省人大代表进行省内异地考察，委托各州（市）人大常委会组织省人大代表进行调研和视察，进一步提高代表的履职能力。二是加强与代表的联系。完善邀请省人大代表列席常委会会议的制度，组织代表参加常委会调研、视察、执法检查等活动，邀请相关行业的省人大代表参加各委员会的活动，扩大代表对常委会和委员会活动的参与。坚持在省人代会前召开基层人大代表座谈会，由主任和副主任面对面听取意见，安排“一府两院”相关部门负责人到会，帮助解决实际困难和问题。三是保障代表的知情知政权。坚持向代表寄送人大工作信息，订送《中国人大》和《云南人大》及相关资料，书面通报常委会会议审议情况。督促“一府两院”及时向代表通报重要工作情况，支持有关部门邀请部分代表参加学习实践科学发展观活动评价、行风评议、工作检查等活动，进一步深化代表对“一府两院”工作的了解。四是增强办理代表议案和建议的实效。及时落实议案办理部门，要求认真研究审议，严格按时限、按要求答复。及时召开代表建议交办会，确定9件重点建议，责成相关委员会跟踪督办。主动加强与建议承办单位的沟通协商，及时了解答复情况，对代表不满意的答复督促重新办理，并组织部分代表对省民委等9个部门办理建议的情况进行视察。省十一届人大二次会议主席团交付审议和研究的3件议案，代表提出的801件建议、批评和意见，已全部办结并作了答复。

此外，常委会还组织部分在滇全国人大代表参加全国人大常委会举办的专题培训和工作视察，并对扩大内需项目建设情况、项目资金监管情况，以及促进高校毕业生、农民工和困难群体就业政策落实情况进行了专题调研。

中国人民政治协商会议云南省第十届委员会常务委员会工作报告（节选）

——2010年1月20日在政协云南省第十届委员会第三次会议上

中国人民政治协商会议云南省委员会主席　王学仁

2009年工作回顾

2009年是我省全力应对国际金融危机，保增长、保民生、保稳定，实现经济平稳较快发展、社会和谐稳定的一年。在中共云南省委的坚强领导下，省政协常委会坚持以邓小平理论和“三个代表”重要思想为指导，深入贯彻落实科学发展观，认真学习贯彻中共十七大、十七届三中、四中全会、中央经济工作会议和胡锦涛总书记在庆祝人民政协成立60周年大会上的重要讲话精神，按照中共云南省委的统一部署，切实把保持云南经济平稳较快发展作为履行职能的首要任务，把保障和改善民生作为开展工作的重要内容，把促进社会和谐稳定作为义不容辞的责任，认真履行政治协商、民主监督、参政议政职能，为促进我省经济社会又好又快发展作出了重要贡献。

（一）围绕中心，立足“三保”，为有效应对国际金融危机献计出力

面对国际金融危机给我省经济社会发展带来的影响和冲击，常委会紧紧围绕省委、省政府应对国际金融危机的一系列决策部署开展工作，努力在促进经济增长、改善民生和维护社会和谐稳定中发挥作用。

坚定信心保增长，为保持经济平稳较快发展建言献策。结合国内外宏观经济形势的变化，坚持把协助党委政府有效应对金融危机，保持经济平稳较快发展作为履行职能的第一要务，围绕保增长、扩内需、调结构的重大问题，深入调研视察，积极协商议政，提出了许多高质量的意见建议。以会议活动为平台，广集各方智慧，共建保增长之策，同谋促发展之计。召开和举办常委会专题协商会、企业家论坛“百人百计恳谈会”、海促会，围绕贯彻落实中央和我省应对金融危机的一揽子计划和政策措施、云南企业如何应对国际金融危机的影响、增强云南同海内外的经济交流合作等主题，组织各党派、各团体、各阶层、各界人士，深入探讨、建言献策，为党委政府决策提供了有益参考。通过调研视察，及时把握全省经济社会发展态势，深入研究我省在应对金融危机中面临的复杂、突出和深层次问题，建睿智之言，献务实之策，出有用之力，为我省保持经济平稳较快发展起到了积极的促进作用。针对企业受到金融危机的冲击最大、影响最直接、最明显的情况，组织政协委员和专家深入企业和州市县调研，对我省企业如何有效应对国际金融危机，提出了许多在谋划发展上有科学性、解决问题上有针对性、对策措施上有实效性的思路和建议。为促进我省扩大内需政策措施的落实，组织部分委员对我省交通基础设施建设情况进行重点视察，深入了解我省公路、铁路、机场等基础设施建设的情况，提出了积极争取中央支持、千方百计筹措建设资金、完善工作机制、实现建设与发展有机结合等建议。根据省委扩大对外开放的总体部署，就建设我省面向东南亚、南亚的国际大通道问题进行了重点调研，形成了《关于加快国际大通道建设，把云南建成中国向西南开放的桥头堡的建议案》，同时积极争取全国政协对大通道建设的关心和支持，全国政协召开了专题研讨会，并组织调研组到云南调研，对将国际大通道建设提升到国家对外开放的全局来谋划和推进起到了积极促进的作用。

以人为本保民生，为保障和改善民生履职尽责。紧

紧围绕人民群众最关心的民生问题，精心组织论坛活动，深入开展调研视察，切实做好扶贫济困工作，有力促进了以改善民生为重点的社会建设。举办以促进就业为主题的第二届民生论坛，邀请政协委员、专家学者和省有关部门负责人250多人参加活动，征集论文191篇。围绕就业与经济发展、就业与社会稳定、促进返乡农民工与大学生就业等重点难点问题共同探讨对策思路，提出意见建议600多条，得到党委政府及有关部门的重视，引起了社会各界的广泛关注。抓住昆明城中村改造这一重要的民生问题，组织委员深入现场进行视察，与昆明市委、市政府领导共商对策，推动了工作的开展。为改善人民群众生活环境，对全省129个县市区的109个城镇污水和生活垃圾处理在建项目进行了专题视察，对存在问题提出意见建议。组织委员就扩大就业、基层医疗卫生事业发展、农村和小城镇环境治理、饮用水源地保护等关系群众切身利益的问题提出提案，并加大提案督办力度，促进了有关问题的解决。动员各方力量筹集资金3 000多万元用于开展智力支边和扶贫救灾工作。积极帮助沧源、双江、华坪3县争取到4个综合扶贫开发项目，第一批项目资金已到位532万元。在姚安等县地震灾情发生后，迅速组织人员赴灾区察看灾情，慰问群众，并通过多种渠道筹集了价值200多万元的物资，及时送往灾区支持抗震救灾。政协委员、海促会理事为贫困县乡捐款1 300多万元，用于资助贫困生、援建校舍和培训教师等支教项目。发挥联系广泛、智力密集的优势，组织医疗和农科专家赴贫困县乡为当地群众进行义诊，开展以农业科技、疾病防治为主的综合培训。

加强团结保稳定，在维护社会和谐稳定大局中发挥作用。坚持把发扬民主、增进团结、协调关系、化解矛盾作为履行职能的着力点，以协商座谈、调研走访、联络联谊等方式，积极推动各党派团体和各族各界人士的大团结大联合，努力为保持经济平稳较快发展营造宽松和谐的社会氛围。组织委员对我省四个特困少数民族脱贫发展情况进行重点调研，积极配合全国政协专题调研组就民族文化遗产保护、民族政策的贯彻实施和加快民族自治地区发展等情况进行调研，推动了国家扶持民族地区发展的有关政策在我省的贯彻落实，促进各民族共同团结奋斗，共同繁荣发展。对我省宗教人士培养和管理工作情况进行视察，针对云南宗教界代表人士培养周期长，流失现象严重，宗教院校建设困难多等问题提出意见建议。积极协调有关方面，促成了真庆观等宗教房产历史遗留问题的解决。注重发挥政协优势，推动委员广泛联系各界别群众，及时宣传党的方针政策和重大决策部署，了解和反映社会不同阶层的愿望和要求，积极做好稳定人心、凝聚力量的工作。充分运用例会、对口协商、咨询论证、专项监督、民意反馈、信息报送等形式，收集反映社情民意信息2 000多条，处理来信来访1 602件（次），促成了一些人民群众关注的热点难点问题的解决。

（二）把握主题，突出特色，扎实有效推进政协履行职能的各项工作

过去的一年，常委会根据省政协十届二次会议提出的工作任务，牢牢把握团结民主两大主题，注重发挥政协优势，着力推进重点工作，认真完成经常性任务，精心组织重要会议和活动，为有效履行职能奠定了坚实基础。

调研视察工作取得明显成效。着眼全省发展大局，以党委政府的中心工作、关系国计民生的重大问题和关系全省经济社会发展的重大项目建设作为开展调研视察工作的主要内容，一年来，就加快国际大通道建设、企业应对金融危机影响、就业情况、自然保护区建设与管理、特困少数民族脱贫发展、加强小城镇和农村环境治理、加快农业科技成果转化应用、加快石产业发展和百年米轨滇越铁路文化遗产保护与利用等9个专题开展重点调研，就“滇中调水”近期工程实施、中小学校舍安全工程、交通基础设施建设、昆明市城中村改造等4个专题进行重点视察，取得了一批质量高、有影响的成果。委员们对牛栏江—滇池补水工程和清水海引水工程进行视察后，提出了要把确保水质作为第一目标，通过多种手段切实做好流域水环境监控和保护工作，确保水质满足滇池补水需要，提高滇池水环境承载能力等建议，得到省市有关部门的积极采纳。抓住我省具有资源优势和巨大发展潜力的石产业进行专题调研，提出了把珠宝玉石、建筑石材、观赏石“三石合一”，打造云南特色优势产业和新兴支柱产业的建议，并经主席会议研究，形成省政协建议案。省政府对建议案高度重视，召开了专题会议，研究了推动石产业发展的政策措施。各专委会还根据各自工作实际，先后就云南五大文化工程、医药卫生体制改革、中等职业教育发展、农民体育健身、生态文明建设、农村计划生育工作等开展了调研视察，提出了意见建议，推动了有关工作。

提案工作质量进一步提高。坚持把提高质量作为提案工作的立足点，引导委员从大局出发、从小处入手，在深入调查、切实发挥自身优势的基础上，提出立意高、反映问题准、建议可行的提案。支持党派、团体立足自身优势，选择重大主题，提出多层次、多角度的系列化提案。着力提高办理质量。加强与承办单位的联系、沟通，主动了解办理情况，及时协调解决问题，确保提案办理工作的质量。

立法协商、文史、联谊工作扎实推进。创新方式，突出特色，积极开展立法协商活动，组织部分政协委员和党派团体成员，对《中华人民共和国人民调解法》、《云南省农村医疗卫生条例》等51件（次）法律、法规草案和规范性文件进行协商讨论，提出意见建议400多条，有关部门对意见建议进行了认真研究和吸纳，促进了立法的科学化

和民主化。在继承和创新中进一步做好文史工作，召开纪念省政协文史委成立50周年座谈会，全面总结文史工作经验，提出了新形势下开展政协文史工作的总体思路和工作重点。认真做好重要文献的编纂工作，出版了《云南省政协志》、《云南政协年鉴》、《云南省政协文史志》，征编了《云南名人故居》、《云南独有民族百年实录》等重要文献书籍。就如何有效保护并充分利用好百年米轨滇越铁路的历史价值和经济价值提出了建议，引起全国政协及有关方面的关注。注重多层次、多渠道地开展海外联谊，密切与海外华侨、华人的联系，保持和发展了与华人社团和侨领的友好关系。重视发挥港澳委员的作用，引导他们为云南经济社会发展和港澳地区的繁荣稳定多作贡献。热情接待台湾同胞来访，关心台资企业发展，不断推动海峡两岸的交流与人员往来，促进了滇台经济、文化交流与合作。全年共接待国外和港澳台地区访问考察团10余批300多人次，组织12个考察团出访多个国家和地区，积极扩大对外交往的范围和领域。

（三）强化基础，激发活力，不断提高政协工作的整体水平

常委会以庆祝中华人民共和国和人民政协成立60周年为契机，积极推进思想理论建设，充分发挥党派团体、界别、政协委员、专委会和机关的作用，不断充实工作内容、增强工作活力、提高工作成效，为政协有效履行职能提供了有力保障。

隆重庆祝人民政协成立60周年。按照省委的统一部署，及时组织广大委员和政协机关干部认真学习胡锦涛总书记在庆祝大会上的重要讲话精神，举办全省庆祝人民政协成立60周年座谈会，开展纪念征文活动，出版纪念文集，举办“云岭和风”书画摄影作品展。庆祝活动全面回顾了人民政协的伟大历程，广泛宣传了人民政协在新世纪新阶段的地位和作用，充分展示了政协组织履行职能的重要成果，进一步增强了政协委员和政协工作者做好政协工作的责任感和使命感，加深了社会各界对人民政协性质、地位和作用的认识，扩大了人民政协的影响。

自身建设取得新进展。充分发挥各民主党派、工商联和无党派人士在政协中的重要作用，邀请各民主党派、工商联和无党派人士参加政协组织的重大调研视察和重要活动，积极为党派团体和无党派人士参政议政创造条件、搭建平台。突出界别特色，创新活动方式，完善工作制度，组织委员广泛联系本界别群众，了解和反映社会不同阶层的愿望和要求。重视委员队伍建设，建立委员履职情况统计制度，积极为委员更好地履行职责创造条件。着力提高专委会组成人员的政治和业务素质，增强专委会之间的协作配合，切实增强工作实效，进一步发挥专委会在政协工作中的基础性作用。深入学习实践科学发展观，认真开展“一面旗、一团火、一盘棋”主题实践活动，机关干部实践科学发展观的主动性不断提高，模范带头作用进一步发挥，大局意识明显增强。制定和完善了59项规章制度，进一步推进了机关工作的制度化、规范化和程序化建设。开展系列专题讲座，举办全省政协系统处级干部研修班、新进公务员培训班，着力提升机关干部综合素质，进一步规范机关干部的选拔任用工作，不断优化干部队伍结构，机关干部的业务素质和服务水平不断提高。

联系协作工作进一步加强。主动向省委汇报工作，加强同党委政府部门的联系，邀请政府及有关部门的领导到政协通报情况、听取意见，及时准确把握党委政府的工作重点。努力争取全国政协支持和指导，与全国政协有关专委会联合开展3次重大调研视察活动，积极向党中央、国务院和全国政协反映我省的情况和意见，推动我省重点工程、重大项目的建设。承办全国或区域性政协工作联系会4次，多次组织委员和机关干部到兄弟省区市考察学习，加强了相互间的交流与合作。召开全省政协系统秘书长、办公室主任联席会议等各种形式的座谈会，与州市县政协开展联合调研，帮助基层政协解决工作中的实际困难和问题，积极为基层政协开展工作创造条件，密切了全省各级政协组织的联系。

新闻宣传和理论研究工作有新发展。加强对政协新闻宣传工作的领导，注重统筹策划，拓宽宣传领域，突出宣传重点，创新宣传形式，充分发挥《人民政协报》和省内各新闻媒体作用，召开政协系统新闻宣传工作会议，采取切实有效措施，努力办好《云南政协报》、《政协理论与实践》和云南政协网站，使人民政协的宣传报道形成了有利于政协事业发展的良好氛围。开展好人民政协的理论研究工作，不断探索政协履行职能的新形式和新途径。

各位委员，上述成绩的取得，是在中共云南省委的坚强领导下，在全国政协的指导下，在省人大、省政府、驻滇人民解放军和武装警察部队以及各有关方面的大力支持下，全体委员和省政协各组成单位团结协作、共同奋斗的结果。在此，我谨代表省政协常委会，向所有关心、支持省政协工作的领导和同志们表示衷心的感谢并致以崇高的敬意！

各位委员，在总结成绩的同时，也要看到我们的工作还有许多不足，还有许多有待加强的薄弱环节，与省委的要求、与社会各界对人民政协的期望还有差距。如怎样把科学发展观贯彻落实到政协工作各个环节的能力还需进一步增强，政治协商的制度还需进一步完善，民主监督的职能还需进一步加强，参政议政的形式还需进一步创新，发挥委员主体作用和界别纽带作用的方法和途径有待进一步丰富，专委会的基础性作用有待进一步发挥，机关工作水平有待进一步提高。这些都需要我们在今后的工作中认真研究并切实加以改进。

关于云南省2009年国民经济和社会发展计划执行情况与2010年国民经济和社会发展计划草案的报告

——2010年1月22日在云南省第十一届人民代表大会第三次会议上

云南省发展和改革委员会

一、2009年国民经济和社会发展计划执行情况

2009年是新世纪以来我省经济发展受到冲击最大、面临困难最多的一年。面对十分严峻复杂的经济形势，省委、省政府团结带领全省各族人民坚决贯彻落实党中央、国务院的各项方针政策，见事早、行动快，结合云南实际，及时研究出台了一系列应对危机的政策措施，积极有效应对危机冲击，较快地扭转了经济增速下滑势头，回升向好趋势不断巩固，国民经济平稳较快增长，各项改革不断深化，社会事业全面进步，民生得到进一步改善，生态建设和环境保护得到加强，全省民族团结、边疆稳定、社会和谐。在不平常之年取得经济社会又好又快发展的良好成效。

除外贸进出口总额指标外，可完成或超额完成省十一届人大二次会议审议通过的宏观调控主要预期目标。其中，全省生产总值增长12.1%；全社会固定资产投资增长31.7%；地方财政一般预算收入增长13.7%；社会消费品零售总额增长19.3%；居民消费价格涨幅为0.4%；城镇居民人均可支配收入实际增长8.3%；农民人均纯收入实际增长9.8%；城镇登记失业率控制在4.3%以内；人口自然增长率控制在6.37‰以内；单位生产总值能耗下降4.5%；受金融危机影响，外贸进出口总额增长-16.5%。

全省经济社会发展成效显著，主要体现在以下十个方面：

（一）国民经济保持平稳较快增长

全年实现生产总值6 168.23亿元，增长12.1%。其中，第一产业完成1 063.96亿元，增长5.2%；第二产业完成2 580.34亿元，增长13.6%；第三产业完成2 523.93亿元，增长13.4%。

（二）农业农村经济稳定发展

共争取国家新增农林水预算内投资近45亿元，全省财政支农资金达223亿元，对农民的直接补贴资金126亿元，新增涉农贷款超过800亿元。农业生产再获丰收。全年粮食总产量1 634万吨；经济作物种植面积4 600万亩，增长6.5%。农产品出口额9.5亿美元，增长20%，成为第一大出口产品。完成中低产田地改造230万亩。新增有效灌溉面积40万亩和节水灌溉面积50万亩。

（三）工业经济企稳回升

全年完成工业增加值2 088.3亿元，增长11.2%，规模以上工业完成增加值1 904.38亿元，增长11.2%，其中：重工业增长9.8%；轻工业增长13%。

（四）固定资产投资快速增长

全省完成全社会固定资产投资4 527.02亿元，增长31.7%。从2008～2009年，通过积极申报项目和主动汇报，共争取到中央投资234.1亿元。其中，2008年正常中央预算内投资70.06亿元，2008年四季度以来中央投资164.04亿元。昆明新机场、云桂铁路、大丽高速公路等一批重大项目通过国家审批。

（五）消费需求平稳较快增长

投入1625万元用于农产品批发市场技术改造和功能提升，争取到国家物流业调整和振兴项目14个。狠抓扩大就业、提高城乡居民收入、提高养老金标准、扩大社保覆盖面等重点工作，增强居民消费能力。研究制定全省保障性住房三年规划，改善住房消费环境，促进住房消费。积极落实国家扩大消费政策，有效促进了农村消费。旅游改革和发展实验示范全面启动，国内外旅游保持快速增长，旅游业总收入达810.7亿元。全年社会消费品零售总额实现2 051亿元。

（六）节能减排和生态环保取得新成绩

坚持把节能减排作为转变经济发展方式的重要抓手。全省累计淘汰了一批落后产能。积极推动首批20个循环经济试点工作，启动了第二批循环经济试点。生态建设和环境保护建设得到加强。深入开展“七彩云南保护行动”，滇池治理工作全面提速，“八湖”治理重点

工程建设进展顺利，三峡库区及上游地区水污染治理项目有序开展，滇西北生物多样性保护工作深入推进，天然林保护、退耕还林等重点生态工程稳步推进。

（七）城乡居民生活进一步改善

全年实现城镇新增就业人数23.5万人，新增农村劳动力转移就业55万人。城镇参加基本养老保险人数增长2.48%。新型农村社会养老保险试点启动实施。实施了城镇廉租房、农村保障性安居工程、华侨农场、农垦垦区、煤炭棚户区改造建设，总计50万套。开展了9 000个自然村整村推进和村容村貌整治，解决和巩固60万贫困人口的温饱问题，山区综合开发建设全面加快，新三年“兴边富民工程”扎实推进。全省城镇人均可支配收入14 424元，实际增长8.3%，农民人均纯收入3 369元，实际增长9.8%。

（八）各项社会事业不断进步

义务教育经费保障机制改革继续推进，“普九”目标全面实现。累计安排中央扩大内需项目资金和省级配套教育工程资金11.1亿元，比上年增加4.94亿元。呈贡新区9所高校搬迁建设项目顺利推进。高等教育大众化水平进一步提高，高等教育毛入学率达17.57%。基本医疗保障制度建设、基本公共卫生服务、基层医疗卫生服务体系建设、国家基本药物制度启动实施。城镇职工和城镇居民医保参保人数新增101.8万人；新农合参保人数新增71.5万人。甲型H1N1流感防控工作有序开展。文化等各项事业积极推进。云南亚广影视传媒中心、省博物馆新馆等重大标志性文化建设项目顺利推进。文化事业单位转企改制步伐加快，新闻出版体制改革全面推开。

（九）产业结构调整积极推进

组织一批符合国家重点产业调整和振兴规划支持方向、有利于产业结构升级的项目，加大资金投入。积极推进技术创新、淘汰落后及节能减排工作，促进产业发展方式转变。昆明国家生物产业基地、光电子基地、冶金和有色金属新材料、磷化工、煤化工、装备制造业、新能源和中药现代化等产业化创新基地建设步伐加快。在巩固提升烟草、矿产、电力三个主导产业的基础上，积极推进生物产业、装备制造业、光电子、新能源、新材料及现代服务业等新兴特色产业发展。

（十）改革开放不断深化

推行阳光政府四项制度，完成了省级机关机构改革，取消了81项行政事业收费项目，实施成品油价税费改革。推进医疗卫生体制改革，编制了《云南省医药卫生体制改革三年实施方案（2009－2011）》。收入分配、资源性产品价格、财政金融、国有企业、农村、集体林权制度等方面的改革稳步推进。昆明、红河综合改革、扩权强县、统筹城乡发展试点工作有序展开。旅游业发展改革试点获国家发改委批准。开放力度进一步加大，招商引资成效显著，通关便利化和口岸综合服务能力明显提高。

二、2010年经济社会发展的主要任务和措施

国民经济和社会发展宏观调控主要预期目标建议为：全省生产总值增长9%以上；全社会固定资产投资增长20%以上；地方财政一般预算收入增长10%以上；社会消费品零售总额增长16%以上；居民消费价格总水平涨幅控制在3%左右；城镇居民人均可支配收入增长8%左右；农民人均纯收入增长8%以上；城镇登记失业率控制在4.6%以内；人口自然增长率控制在6.52‰以内；单位生产总值能耗降低3.67%；外贸进出口总额实现恢复性增长。

为实现上述目标，重点抓好九个方面的工作：

（一）着力促进经济平稳较快增长

一是继续抓住机遇，保持固定资产投资持续稳定增长。密切把握国家政策走向，抓紧有利时机，抢抓实干，早计划、早安排，按照中央投资项目资金安排的方向和重点，有针对性地积极组织一大批大项目和好项目上报国家。加强协调配合，尽快落实项目开工条件，争取年初尽快开工建设一批项目。继续坚持和完善固定资产投资责任制。对重点前期工作项目实施动态管理。积极引导社会民间投资。支持和鼓励企业开展直接融资。强化投资管理服务。进一步加大项目监督检查力度，确保工程质量和资金依规使用。推进交通、能源等基础设施项目、自主创新和产业结构调整项目、以及一批改善民生、发展社会事业的项目建设。

二是积极促进消费，有效扩大消费需求。增强城乡居民特别是低收入群体消费能力。进一步拓展消费空间。继续优化消费环境。扩大消费信贷，支持流通、商贸服务业重点项目建设，继续大力推进“万村千乡”、“双百市场工程”，加快农产品批发市场、农村商业网点连锁经营、农资连锁配送等项目建设，促进工业品下乡和农产品进城的便捷化和高效化。

三是搞好经济运行调节，做好煤电油运保障工作。加强动态监测和综合分析，准确把握全省经济运行态势。充分发挥煤电油运保障工作协调机制的作用，做好重点时段、重点地区、重点行业的保障供应工作，确保居民生活用电用气。

（二）进一步转变经济发展方式

加快推进农业产业化进程，实现种植业向种、加、贸一体化转变。扩大增量与优化存量相结合，积极引导和鼓励新增产业投资向有利于传统产业优化升级、延伸产业链、发展精深加工方面聚集，向有利于装备制造、新能源、光电子、生物制药等加快发展的低碳高效产业领域聚集。按国家产业政策要求进一步加快淘汰落后产能，有效促进节能减排和现有产业的转型升级。培育生

物、商贸物流、旅游文化、装备制造、光电子、节能环保新能源等能耗低、污染小、附加值高、质量效益好的新兴产业。研究出台高耗能产能控制办法，落实结构性减税等政策，推动产业结构调整。加大结构调整资金支持力度。积极支持鼓励非公经济的发展。

（三）扎实推进农村经济发展

认真组织和抓好粮食直补、良种补贴、农机购置补贴、农资综合补贴和政策性农业保险等政策的落实。加大对农业农村投入力度。加强农田水利基础设施建设。继续推进“百亿斤粮食增产计划”、“中低产田地改造”等工程。实施五大科技工程，进一步提高粮食综合生产能力。大力发展现代特色农业。加大山区综合开发力度，加快木本油料等特色经济林的发展。积极引进大企业大集团推进优势农产品加工和产业化经营。着力抓好重大科技成果的推广应用。

（四）全力促进工业经济增长

加强工业经济运行保障。完善地产品促销政策。优化工业经济结构。巩固提升烟草工业。提高资源保障程度，推进矿电结合，加大淘汰落后产能力度，强化自主创新和技术进步，大力发展精深加工，全面提升资源综合利用和清洁生产水平。推进工业重大项目建设。

（五）更加注重改善民生

积极组织申报一批改善民生项目，争取国家支持。实施好中小学校舍安全工程，完成中小学危房改造200万平方米。推进中等职业教育发展行动计划的实施。继续推进呈贡新区高校搬迁建设。加快卫生、文化事业发展。完善社会保障制度。切实推进“兴边富民工程”。创新扶贫开发机制。加大对革命老区、民族地区、边境地区和贫困地区的扶持力度。

（六）深化改革扩大开放

推进各项改革。认真制定并落实年度改革意见，确保年度改革任务圆满完成。加快推进昆明市、红河州综合改革试点。深入贯彻落实旅游产业发展改革试点具体实施方案和促进改革的政策措施。深化医药卫生体制改革，促进基本公共卫生服务逐步均等化。继续抓好集体林权制度改革，抓紧落实扩权强县试点各项工作。推动资源性产品和以县级城市为重点的污水、垃圾处理等价格改革。

扩大对外开放。抓紧区域战略和规划研究，深化同东南亚、南亚和大湄公河次区域的交流合作，提升沿边开放水平。积极争取中央各方面的支持，把云南建成我国面向西南开放的桥头堡上升到国家战略层面。积极利用国外贷款。加强“泛珠三角”区域合作，推进“长三角”和西南各省区市的合作。

（七）努力保持价格总水平的基本稳定并合理回升

进一步强化价格监测预警机制，加强重要农产品成本调查和成本监审工作，建立健全覆盖生产、流通、销售、库存等各个环节的实时价格监测体系。完善和建立省级重要商品储备制度。积极稳妥地推进价格改革，注重运用价格杠杆促进经济结构调整。规范价格收费秩序。加大力度维护市场价格秩序。

（八）狠抓节能减排和生态环保工作

继续深入推进“七彩云南保护行动”。争取牛栏江－滇池补水工程全面开工，继续推进工业污染防治和重金属污染综合整治。做好三峡库区上游污水、垃圾和工业水污染防治项目的申报。加快城镇污水处理和垃圾处理设施建设。在钢铁、化工、水泥、煤炭、有色、电力等重点行业组织实施“6大节能工程”。实行淘汰落后产能工作进展情况定期报告和检查制度，建立政府污染减排工作问责制。加大力度推动我省循环经济试点。积极推进低碳经济工作。

（九）科学编制发展规划

认真开展好“十二五”规划的编制工作，编制一个体现科学发展观要求、符合云南实际、反映广大人民群众愿望的规划，指导我省未来五年的经济社会更好更快发展。

关于云南省2009年地方财政预算执行情况和2010年地方财政预算草案的报告

——2010年1月22日在云南省第十一届人民代表大会第三次会议上

云南省财政厅

一、2009年地方财政预算执行情况

2009年，面对严峻复杂的经济形势，在省委的正确领导和省人大及其常委会的依法监督下，全省各级财税部门深入贯彻落实科学发展观，认真落实积极的财政政策，努力克服减收增支困难，积极应对国际金融危机的影响，全力以赴“保增长、保民生、保稳定”，在全省经济企稳向好的形势下，财政收支平稳运行，超额完成了省十一届人大二次会议确定的财政收支目标任务。

（一）全省财政收支预算执行情况

2009年，全省地方财政一般预算收入完成698.3亿元，比2008年决算数增加84.2亿元，增长13.7%。其中：税收收入完成548.1亿元，比2008年决算数增长13.6%；非税收入完成150.1亿元，比2008年决算数增长14%。全省地方财政一般预算支出完成1 949.8亿元，比2008年决算数增支479.6亿元，增长32.6%，财政支出年度增加额首次突破400亿元，财政收支均超额完成省十一届人大二次会议确定的目标任务。

（二）省本级财政收支预算执行情况

2009年，省本级财政一般预算收入完成150.5亿元，比2008年决算数增加14.1亿元，增长10.3%；一般预算支出完成513亿元，比2008年决算数增支172亿元，增长50.5%。

二、2009年全省财税工作情况

2009年，全省财税部门认真落实中央和省委应对国际金融危机的一揽子措施，坚定信心保增长、坚持不懈保民生、坚定不移保稳定，财政收入增长由负转正、止跌回升，财政支出实现历史性突破，促进了全省经济平稳较快发展和社会和谐稳定。一是攻坚克难，财政收入保持较快增长。加强税收收入分析，强化税收专项检查和税收稽查，加大清理欠税工作力度，确保依法征税、堵塞漏洞、应收尽收。强化非税收入征管，加强财政票据管理，确保各项非税收入及时足额征缴入库。抓住中央实施积极财政政策的机遇，积极争取中央补助资金1 134.5亿元，比上年增长33.7%，并争取中央代发84亿元地方债券，有效缓解了财政支出压力。二是迎接挑战，千方百计促进经济增长。全省经济建设支出完成540亿元，比上年增长109.7%。在积极争取到中央扩大内需资金158亿元的基础上，多渠道筹措扩大内需配套资金30.7亿元，确保了中央扩大内需项目的顺利实施。安排专项资金11.6亿元，认真落实“家电下乡”、“汽车摩托车下乡”和工业产品促销、重要商品储备政策，以消费拉动内需取得突出成绩。省财政年初预算统筹安排基本建设资金60亿元，多渠道引导社会资金投入，支持了一大批重点建设项目，以大项目带动投资增长取得明显成效。积极支持实施创新型云南行动计划，扶持提升了一批创新型企业和高新技术企业，实施了一批科技成果转化及产业化项目。加大财政资金投入，认真贯彻执行国家结构性减税政策，积极支持我省企业改革与发展。深入推进“七彩云南保护行动”计划，积极支持滇池水污染治理、牛栏江—滇池补水工程和城镇污水垃圾处理设施等重大项目建设，大力支持节能减排、淘汰落后产能、推广使用节能产品、开发利用可再生能源，实施天然林保护等工程。三是支持“三农”，着力夯实农业农村发展基础。全省农林水事务支出完成264.7亿元，比上年增长48.9%。省财政筹集整合资金51.8亿元，支持加快农业农村基础设施建设，农业农村发展条件持续改善。筹集资金126亿元，认真落实各项惠农补贴政策，充分调动了农民发展生产的积极性。筹集资金2.5亿元开展农业保险试点，着力扶持生猪、奶牛等产业发展。筹集安排资金14亿元，大力支持实施优势生物产业发展计划，发展现代农业。筹集安排扶贫资金23.6亿元，重点实施了贫困乡整乡推进试点、贫困自然村整村推进和易地扶贫搬迁等工程，解决和巩固了60万贫困人口的温饱。多渠道筹集农业综合开发资金13.1亿元，实施了281个农业综合开发项目。及时下达农村税费改革转移支付资金27.01亿元，深入推进农村综合改革。省财政安排资金3.97亿元，实施村级公益事业

建设“一事一议”财政奖补试点。筹集安排资金1.17亿元，重点支持贫困地区农村信用社网点建设。四是保障民生，促进社会事业全面协调发展。全省用于民生方面的支出达到1 286亿元，比上年增加336亿元，增长35%，占全省地方一般预算支出的比重达66%。全省教育支出完成307.4亿元，比上年增长27.1%，进一步完善农村义务教育经费保障机制，全面实现“普九”目标任务，超额完成150万平方米的中小学校舍D级危房改造任务，积极支持职业教育和高等教育发展，大中专院校家庭经济困难学生资助体系进一步完善。全省社会保障和就业支出完成303.2亿元，比上年增长30.4%，全面落实促进创业就业的各项政策措施，完善最低生活保障制度，及时足额发放企业退休职工基本养老金，启动新型农村社会养老保险试点，进一步扩大城镇职工基本医疗保险范围，城乡医疗救助、临时救助体系进一步完善，认真兑现抚恤补助政策，大力支持社会公益事业建设。全省医疗卫生支出完成151.4亿元，比上年增长40.5%，积极推进医药卫生体制改革，开展城镇居民基本医疗保险试点，进一步完善新型农村合作医疗制度，健全农村和城市社区医疗卫生服务体系，大力支持新一轮防治艾滋病人民战争，做好甲型H1N1流感疫情和重大传染性疾病防控工作，认真落实计划生育各项政策。全省文化体育与传媒支出完成32.3亿元，比上年增长15.5%，积极支持公共文化服务体系建设，开展全民体育健身活动。省财政多渠道筹集资金44.9亿元，支持50万套保障性住房建设，及时发放廉租住房租赁补贴，切实缓解低收入群众住房困难。五是维护稳定，巩固安定团结的大好局面。积极推进政法经费保障体制改革，稳步推进监狱布局调整。筹措安排补助资金9亿元，保障工商“两费”停征后工商系统的正常运转。安排资金1.1亿元，大力支持加强食品药品安全监管。安排禁毒专项经费3.1亿元、境外罂粟替代种植项目资金8 141万元，积极支持开展新一轮禁毒人民战争。安排专项资金2.6亿元，积极支持做好民族、宗教、维护稳定等工作。及时拨付抗灾救灾和灾后恢复重建资金13.1亿元，保障灾区群众基本生活，帮助灾区恢复重建。积极支持防震减灾十大能力建设。六是倾斜基层，提高基层政府公共服务保障能力。积极调整支出结构，进一步加大对基层财政的补助。省财政共安排均衡性转移支付及缓解县乡财政困难奖补资金77亿元，比上年增长23.2%，各级财政的保障能力明显增强；安排工资性转移支付资金101.3亿元，另增加安排义务教育教师绩效工资16.5亿元，确保了公务员工资发放和义务教育教师绩效工资改革顺利实施；安排民族地区转移支付资金15.1亿元，支持民族地区增强自我发展能力。七是深化改革，财政管理全面加强。部门预算改革进一步深化，“省直管县”财政改革试点顺利实施，乡镇财政预算管理方式改革稳步推进，财政国库集中支付制度进一步完善，省级行政事业单位经营性国有资产管理改革稳妥推进，政府采购制度更加完善，财政资金监管全面加强，财政资金管理使用更加安全、规范、高效。

三、2010年地方财政预算草案

2010年我省财政预算编制工作的总体思路是：全面贯彻党的十七大、十七届四中全会、中央经济工作会和省委八届八次全会精神，继续实施积极的财政政策，深入推进财税制度改革，优化财政支出结构，促进经济结构调整和发展方式转变，全力保障和改善民生。加强财政科学化、精细化管理，厉行节约，从严控制一般性支出，不断提高财政资金效益，全面完成“十一五”规划的各项目标任务，努力推动全省经济平稳较快发展和促进社会和谐稳定。

（一）全省地方财政收支预算草案

2010年，全省地方财政一般预算收入安排768.1亿元，比2009年快报数增长10%；地方财政一般预算支出安排2 183.8亿元，比2009年快报数增长12%。

（二）省本级财政收支预算草案

2010年，省本级财政一般预算收入安排147.7亿元，比2009年年初预算增加12.5亿元，增长9.2%；一般预算支出安排373亿元，比2009年年初预算增长24.3%。

四、2010年主要财政工作及措施

2010年，我们将按照中央经济工作会和省委八届八次全会的部署和要求，认真贯彻落实积极的财政政策，进一步坚定信心、深化财政改革，加强财政管理，着力增投资、扩消费，转方式、调结构，重民生、建和谐，快发展、上水平，支持巩固经济回升基础，努力推动全省经济平稳较快发展和促进社会和谐稳定。一是狠抓财政增收节支，进一步增强财政保障能力。在继续落实结构性减税政策的基础上，依法加强税收征管，努力提高税收征管效率。加大各项非税收入的收缴力度，确保依法征收、应收尽收。抓住中央实施积极的财政政策和对西部地区加大政策支持的契机，积极争取中央增加对我省的补助。积极推行行政成本控制制度，将会议、庆典、论坛、出省考察经费压缩20%，因公出国（境）经费、公务用车购置经费在2009年基础上实行零增长，严控新建楼堂管所，推进效能政府建设。二是保持公共投资力度，促进经济结构调整和发展方式转变。省级财政拟安排各类基本建设资金60亿元，保持基本建设投资力度，着力巩固和加强经济回升基础，提高经济发展质量和效益。落实和完善企业扶持政策，保持企业扶持政策的稳定性和连续性，积极支持产业结构调整，推进工业结构优化升级。继续支持各类工业园区建设，促进工业聚集发展。认真落实完善财税扶持政策措施，支持中小企业和非公经济发展。继续支持旅游“二次创业”，扶持发展面向生产、面向农村、面向民生的服务业。积极支持科技创新，不断提高科技进步对经济发展和财政增收的贡献。继续实施森林生态效益补偿，支持节能减排，加强九大高原湖泊和江河流域水污染综合治理，修改完善《生态功能区财政转移支付办法》，着力推进低碳经济和循环经济发展，增强可持续发展能力。三是加大财政支农投入，进一步夯实“三农”发展基础。省级财政拟安排农林水事务支出35.9亿元，比上年年初预算增长25.9%。认真落实各项强农惠农政策，扩大涉农补贴范围和规模，不断提高粮食综合生产能力。大力支持农业农村基础设施建设，发展现代农业，加大扶贫开发工作力度。深入推进农村综合改革，建立健全农业保险制度，鼓励县域金融机构增加对“三农”的信贷投入，做好村级公益事业建设“一事一议”财政奖补试点工作，进一步完善农村社会化服务体系。继续完善家电下乡、汽车摩托车下乡政策。四是保障和改善民生，让人民群众共享改革发展成果。省级财政拟安排教育支出33.6亿元，同口径比上年年初预算增长15%，进一步完善农村义务教育经费保障机制，继续实施中小学校舍安全工程，加快发展高中阶段教育，不断完善困难家庭学生资助体系，大力支持高等教育改革和发展。省级财政拟安排社会保障与就业支出49.5亿元，比上年年初预算增长3.9%，继续实施更加积极的就业政策，进一步扩大社会保险覆盖面，制定实施养老保险关系转移接续办法，抓好新型农村社会养老保险试点，扩大基本医疗保险异地持卡就医试点范围，全面推进城镇居民基本医疗保险，完善城乡临时救助制度，加快发展以养老服务为重点的社会福利事业。省级财政拟安排医疗卫生支出35.4亿元，比上年年初预算增长31.1%，积极推进医药卫生体制改革，加快推进基本医疗保障制度建设，贯彻落实国家基本药物制度，健全基层医疗卫生服务体系，推进基本公共卫生服务均等化，稳步推进公立医院改革试点，支持疾病预防体系建设，做好食品药品安全监管工作。省级财政拟安排文化体育与传媒支出4.9亿元，同口径比上年年初预算增长20.1%，支持加快建立覆盖城乡的公共文化服务体系，继续推进广播电视“村村通”工程，支持广泛开展全民健身运动。继续支持新建50万套保障性住房，切实解决城乡低收入家庭的住房困难问题。五是深化财政改革，不断提高为民理财的能力和水平。科学制定我省“十二五”财政体制方案，稳步推进“省直管县”财政改革试点，进一步完善均衡性转移支付办法和生态功能区转移支付办法以及民族地区的政策性转移支付制度。2010年，省级财政拟安排省对下均衡性转移支付和缓解县乡财政困难奖补资金87.3亿元，比上年增长13.4%。深化预算管理改革，狠抓预算执行管理，完善专项资金整合办法，提高财政科学化、精细化管理水平。推进省级行政事业单位经营性国有资产管理、国库管理制度和政府采购制度改革，切实加强地方政府性债务管理，进一步提高财政资金监管水平。

省人大常委会副主任程映萱（左三）等领导听取省财政厅厅长陈秋生（右二）作2009年省本级财政预算调整方案和1月~7月地方财政预算执行情况汇报

2010年是实施“十一五”规划的最后一年，也是为启动“十二五”规划打基础的重要之年，我们将深入学习实践科学发展观，坚决贯彻落实党中央、国务院和省委的决策部署，按照省十一届人大三次会议确定的目标任务，坚定信心，锐意进取，扎实工作，为全面实现富民强省的宏伟目标作出应有的贡献。

ANNUAL OF YUNNAN ECOLOGY

云南生态年鉴

2010

倡导绿色和谐　促进生态文明

专　文　FEATURE ARTICLES

培育壮大生物产业　推动云南科学发展

中共云南省委副书记、云南省人民政府省长　秦光荣

省长秦光荣在云南省生物产业发展大会上作重要讲话

一、培育壮大生物产业是实现云南科学发展的重大战略

云南生物资源种类多样、分布广泛、特色鲜明，千百年来一直为人民生活和经济发展提供了重要的保障。云南特色经济发展的过程，很大程度上就是开发生物资源优势、发展生物产业的过程。多年来，我们先后成功开发了“云烟”、“云茶”、“云花”、“云菜”、“云药”、“云果”，以及蔗糖、橡胶等生物资源产品，使我省特色经济在全国有地位，在世界有影响。但是，生物产业发展不充分、产业链短、附加值不高等问题还没有得到很好的解决，生物产业总体实力与生物资源优势不相称的状况仍然没有得到根本改变。在当前国际金融危机冲击继续扩散蔓延，我省经济面临严峻形势的情况下，加快发展生物产业意义尤为重大。

（一）加快生物产业发展是开发我省优势资源的重要选择。特殊的地理环境和气候条件使我省成为自然资源的宝库，其中生物资源是云南最具特色、最具优势的资源之一。全省生物资源禀赋具有三个明显特征：一是种类多样。我省物种居全国第一位，其中脊椎动物、高等植物和花卉的种类都占全国的50%以上，微生物更是包揽国内外已发现的所有种类。仅在滇西北地区，就汇集了全国1/3以上的高等植物和动物种数，包含了大量具有重大经济价值的物种和种质资源。二是分布广泛。云南“一山分四季，十里不同天”，具有七种气候类型，不仅是最适宜生物生长的地方，而且全境都具有生物资源开发的良好条件。三是地位重要。我省国土面积占全国的4%，却拥有全国63%的高等植物、70%的中药材、59%的脊椎动物等物种资源。同时，我们还有一批植物、动物、医学、微生物等国家级、省级科研机构和重点实验室；全省9名院士中有4名从事生物领域的研究开发工作。可以说，云南是我国发展生物产业的一个“富矿”，具有创造生物产业全国领先优势、赶上国际生物产业发展步伐的良好资源条件。加快发展生物产业，充分发挥生物资源丰富的比较优势，将为我省科学发展增强活力，增添动力。

（二）加快生物产业发展具备良好的产业基础和广阔的市场空间。经过多年培育，生物产业已发展成为我省的支柱产业，产业增加值占全省生产总值的34%，产业门类涉及12个工业行业、约占38个行业的1/3。一是发展了多个在全国占据领先优势的行业，尤其是烟草、鲜切花、咖啡、核桃、野生食用菌的产量位居全国第一；二是兴起了一批规模以上生物产品加工企业，数量由2002年的223户增加到2008年的1 100多户，产品加工率由45%提高到48%，其中，云南白药、景谷林业、绿大地等企业先后在国内证券交易所上市；三是建设了一批生物原料种植基地，全省核桃种植面积已达1 800万亩，蔬菜、马铃薯、烟叶、橡胶等10多个作物种植面积已都超过百万亩；四是打造了一批名牌产品，目前全省9件“中国驰名商标”全部出自生物产业领域，50%的“云南著名商标”来自生物产业领域。

当今世界，生物技术的重大突破正在农业、医药、能源等领域孕育和催生新的产业革命，生物技术发展已开始进入大规模产业化发展阶段，正在形成充满活力的生物产业群，并展现出越来越广阔的发展前景和市场空间。近年来，全球生物产品销售额几乎每5年翻一番，是世界经济平均增长率的近10倍，已成为全球增长最快的经济领域。据有关国际机构预测，到2020年生物医药占全球药品的比重将超过1/3，生物质能源占世界能源消费的比重将达到5%左右，生物材料将替代10%至20%的化学材料；而未来20年，全球生物经济带来的效益预计将超过信息经济的10倍，是带动新一轮科

技产业革命的引擎。我国也把生物科技作为高技术产业发展的重点，不断加大培育力度，预计到2010年全国生物产业增加值将达5 000亿元，2020年将突破2万亿元。全国各省区也纷纷采取措施推动生物产业发展，据国家科技部初步统计，各省区（市）未来5年用于支持生物与医药产业的经费将超过200亿元。因此，无论是从发挥产业优势，还是从跟上世界产业发展步伐的角度考虑，也无论在应对当前经济危机的特殊时期，还是从长远可持续发展的战略考虑，加快发展生物产业，始终是我省必须高度重视、重点把握的一项重大战略。

（三）*加快生物产业发展是我省调整优化产业结构，培育产业核心竞争力的重要举措*。我省产业结构不合理，尤其是工业结构畸轻畸重的问题突出，全省重化工业比例高达55%，除烟草外的其他轻工业比例仅为10%左右，这样的产业结构使得全省实体经济抗风险的能力非常弱，一旦重化工业或烟草产业出现波动，整个经济就会产生很大波动。这就是我省经济外向度只有12%，却也受到国际金融危机严重冲击的症结所在。产业结构不合理已经成为影响我省经济平稳持续增长的深层次问题。加快产业结构调整是我省下一阶段经济发展的战略任务，一般来说，优化产业结构主要有淘汰落后产能、改造传统产业和培育新兴产业三种方式。近年来，我们在三个方面都做了许多努力，也取得不小成效，但相对而言，培育新兴产业的进展还不尽如人意。生物产业是我省加快产业结构调整的主导产业，这主要取决于四个方面：一是生物产业符合全球产业结构调整和产业发展的方向。由于生物产业具有科技含量高、能源消耗低、环境压力小、带动效益强的突出特点，已成为继信息产业后全球新的经济增长点。目前，国际生物产业正处于起步成长阶段，垄断格局尚未形成，产业壁垒相对较弱，是我国、我省与国外差距最小、最有希望实现跨越发展的科技领域和经济领域，依托良好的资源优势，云南最有潜力通过加快发展抢占生物经济制高点，让生物产业成为引领全省经济持续发展的重要力量。二是生物产业主要是轻工业，大力发展生物产业有利于调整我省工业内部结构，改变目前我省工业发展重的太重、轻的太轻的不合理结构，促进轻重工业协调发展。三是生物产业关联性强、带动效益显著。生物产业兴于一产、盛于二产、延伸到三产，发展壮大生物产业对于推进农业现代化，改造传统加工业，拓展新兴工业等，都将产生积极作用，有助于调优一产，调强二产，调快三产，实现三次产业协调发展。四是生物产业可减轻节能减排压力。生物产业作为21世纪新经济体制下催生的新兴高技术产业，不仅本身具有低能耗、污染少的特点，而且发展生物产业的过程实质上也是保护环境、建设生态、扩大环境容量的过程，反过来又为发展重化工业提供了更大的环境空间。

（四）*加快生物产业发展是我省统筹城乡、增加就业和助农增收的有效途径*。生物产业一头牵着农村、一头连着城市，在全省加工产业中吸纳就业最多，是统筹城乡发展的重要产业，也是确保农民稳定增收的主导产业。第一，加快生物产业发展，对于促进全省城乡统筹具有重要意义。与其他省区相比，通过培育产业促进城乡经济一体化发展，是我省近年来探索出的一条独特经验和做法。这些年来，我们通过旅游二次创业，重点加快60个旅游小镇建设，极大地促进了城乡融合。加快生物产业发展，也将对构建工农结合、城乡互融的良性发展机制产生重要推动。第二，生物产品加工业的繁荣，也将有效带动种植产品的加工升值，增加群众收入，并吸纳大批农村劳动力就业，推动农业人口向二、三产业转移，有效缓解当前严峻的就业形势。第三，生物产业是农民增收的重要渠道。目前，我省农民人均纯收入构成中，从事生物资源开发所得占到65%左右。大力发展生物产业，对于有效开发利用山地资源，拓宽山区和农村发展空间，扩大群众增收渠道具有不可替代的作用。

综上所述，发展生物产业能够最大限度地实现经济增长的质量、速度与效益的统一，经济发展与生态保护、社会进步的统一，经济社会发展与人的全面发展的统一，培育壮大生物产业是我省贯彻落实科学发展观，实现科学发展的重大战略。

二、理清思路，突出重点，全面推进云南生物产业上台阶、上水平

为加快发展生物产业，总的要求是坚持在开发中保护、在保护中开发，沿着特色化、规模化、集约化、标准化、产业化、国际化的发展道路，全面推进以烟草、畜牧、蔬菜、茶叶、薯类、生物药、蔗糖、花卉、木本油料、橡胶、水果、木竹加工及浆纸为重点的12类优势生物产业发展，争取把云南建成全国重要的生物产业基地，力争到2012年12类重点生物产业总产值突破4 000亿元，加工产值突破2 400亿元，分别占全省生物产业总产值的85%以上、加工产值的90%以上；2020年总产值达到1万亿元左右，年均增速达12%以上。重点发展生物医药、生物能源、生物农业和生物林业四个方面：

一是生物医药。云南药材种质资源居全国之首，在全国查清登记的6 000多种药用植物中，云南就有5 000多种，是全国中药材主产区之一。全省已经形成了规模化的三七、天麻、灯盏花等特色药材基地，生物药种植面积达到200多万亩。我省发展生物医药的关键，是要把丰富的生物药资源与现代生物技术相结合，积极发展具有显著疗效的生物技术药物、现代中药，积极开发具有新疗效的地方传统名药新剂型和民族药新品种，深度

挖掘具有显著疗效的复方中药以及彝药、傣药和藏药为重点的名药名方。全力推进生物疫苗、白药、三七、天麻、灯盏花系列产品进行深度开发和优势产品的二次开发创新，形成一批拥有自主知识产权的创新药物，培育具有较强创新能力和国际竞争力的龙头企业和名牌产品，打造“云药体系”和“云药知名品牌”。力争到2012年生物医药实现总产值250亿元，2020年达到1 400亿元左右。

二是生物农业。生物农业是目前我省在全国领先的产业。全省已形成烟草种植564万亩、糖料种植460万亩、蔬菜900万亩、茶叶500万亩、薯类1 000万亩、花卉60万亩、水果450万亩、蚕桑120万亩、油菜350万亩、咖啡40万亩、大牲畜3 800多万头的规模。要充分发挥我省动物、植物、微生物资源和生态环境优势，利用生物转基因技术和生物工程技术，重点发展优质、高产、高效、多抗的农业新品种和野生动植物繁育种源，不断提升烟草、畜牧、蔬菜、花卉、水果、制糖、制茶等产业发展水平。加快生物技术在农业领域的应用步伐，大力发展生物饲料及饲料添加剂、生物肥料、植物生长调节剂、动物疫苗、微生物全降解薄膜等绿色农用生物制品，促进绿色高效农业发展，加快传统农业向现代农业转变，加大优质产品开发力度，开发更多具有广阔市场前景的终端消费品。力争到2012年生物农业实现总产值3 320亿元，2020年达到7 000亿元以上。

三是生物能源。云南适合种植多种类型的能源作物，从目前的条件看，适合大规模种植制取乙醇的非粮能源作物主要有木薯、甘薯、甘蔗等，适合大规模种植制取生物柴油的能源植物主要有膏桐、橡胶籽、油桐、香叶树、乌桕和红花油茶等。要按照早认识、早起步、早见效的要求，坚持“不与人争粮，不与粮争地，不与传统行业争利”三个前提，努力突破规模化种植、生产加工和综合利用中的关键性技术难题，积极争取把我省生物能源产业纳入国家可再生能源的战略规划，大力发展燃料乙醇和生物柴油产业。力争到2012年生物能源有个较好的产业发展基础，2020年总产值达到400亿元以上。

四是生物林业。我省94%的国土面积是山区、半山区，困难在山，希望在山，出路在林。云南是全国四大林区之一，林业用地面积达3.57亿亩，活立木总蓄积量达14亿立方米；此外，全省核桃种植面积超过1 800万亩、橡胶达600万亩、竹林有500多万亩。要充分发挥这些优势，大力实施生态林产业培育工程，发展深加工与整合初加工双向推进，构建适应市场需求的橡胶加工体系。大力培育以核桃、油茶等木本油料为主的食用植物油加工业。规模化发展速生丰产林、珍贵用材林和笋竹两用竹林，积极发展林（竹）浆纸一体化产业，发展壮大以生物技术为基础的其他林木加工产品。力争到2012年生物林业实现总产值680亿元，2020年达到1 800亿元以上。

三、强化措施，精心组织，全面加快云南生物产业发展步伐

为加快发展生物产业，实现上述目标任务，要着重做好以下六个方面的工作：

（一）着力发展壮大龙头企业，打造云南生物产业发展的排头兵。任何一个产业的发展，最终都要依靠企业的成长壮大来支撑，没有强大的企业就没有产业的核心竞争力。目前，全省生物企业总体上呈现数量多、规模小、分布散的局面。比如，全省有茶叶加工初制所5 000多家、精制茶厂500多家，野生食用菌贸易和加工企业340家，初具规模的大小畜产品加工企业200多家，造纸企业157家，天然橡胶初加工厂145家，各领域企业数量都很多，但上规模、上水平，能真正在全省有影响力、发挥龙头带动作用的企业非常少。因此，要把发展壮大企业作为全省生物产业发展的主要着力点，从政策、工作各个方面加大扶持力度，当前要突出三个方面的工作：一是扶持龙头企业。制定省级生物产业基地及重点企业认定标准和运行监测管理办法，对认定为省级重点生物产品生产企业，给予贷款贴息、建设用地等方面的优惠政策扶持。按照“扶优、扶强、扶特”的原则，深入实施大企业、大项目带动战略，鼓励生物企业加强资本运作，通过收购、兼并、控股、联合等多种方式做强做大；鼓励龙头企业加强研发能力建设，积极开展技术引进，推动生物企业间、生物企业与科研机构间的合作与重组，增强企业实力。二是加快民营和中小企业发展。要全面落实好非公有制经济和中小企业发展的各项扶持政策，支持各州市建立生物产业孵化器和创业服务中心，并引导民营企业、中小企业与龙头企业实现协调发展。三是加强企业间的联合协作。通过统筹规划，推动产业内各大、中、小企业的联合，形成企业协作配套关系，既有效实现各方面力量的整合，又能实现各自在基地、技术、营销等方面优势的互补，迅速做大做强。

（二）着力推进原料基地建设，提升规模化标准化水平。壮大我省生物产业，必须高度重视有基地无规模、有规模无标准的问题。加强原料基地建设，一要确保两个“满足”，既要能够满足企业加工需求，又要满足市场供应需求。二要明确基地建设的主体是企业，尤其是龙头企业。要鼓励企业以“公司+基地+农户”、“公司+专业合作组织+基地+农户”等产业化经营模式，与农民建立稳定的购销关系和合理的利益分配机制，保证优质专用原料的有效供给。三要把握好“四要素”。首先是水、路、电设施成龙配套，做到原料基地建设到哪里，各项基础设施就配套到哪里。其次是规模

化种植和养殖，确保原料基地成片建设、规模发展，改变我省生物产业发展中资源样样有，但形不成规模的困境。第三是技术的标准化，大力推广标准化生产技术，加强重大动植物疫病防控和产品质量检验检测，建立标准化生产示范区和无公害生产示范基地。第四是良种产业化，要围绕我省优势和特色农作物、林草、畜禽等，建立原原种、原种、生产种等多级良种快繁体系，培育具有竞争力的种子企业，并通过良种推广，不断提高良种覆盖率，提高原料基地的土地产出率、资源利用率和劳动生产率。

（三）着力加强科技创新，增强生物科技支撑能力。生物产业领域是我省加强自主创新的重点。全省140个科研机构中有76个从事生物资源研发工作、研究人员达3 700多人，其中有4名院士。全省已建成国家重点实验室1个，在建国家工程技术中心1个，建设和认定省部级重点实验室14个，占省级重点实验室总数的70%，在全国有较大影响的植物病理重点实验室、工业微生物发酵工程重点实验室等已成为生物产业研发基地。生物科技是我省科技力量中的最强力量，但是在科技成果的转化和应用上还存在科研机构与企业脱节、科研人员与市场脱节等问题。要发挥生物科技对生物产业的支撑引领作用，必须做好五个方面的工作。一要攻克一批生物产业共性、关键性技术科技专项，重点推进普洱茶关键技术，野生食用菌、野生中药材人工促繁及规模化发展，生物质能源高效转化和深加工等重大关键技术攻关。二要抓好一批生物科技成果的转化和推广应用。重点加强专用型马铃薯、双高甘蔗新品种推广应用、专用茶新品种选育、优良菌种培育、畜禽良种培育等方面的工作，尤其要下功夫解决科研院所的研究成果转化为生产力的问题。采取优惠政策推动省内的生物科技成果就地转化，避免“墙内开花墙外香”的现象发生。三要搭建一批生物产业创新平台。支持中央在滇科研机构、高等院校和大型企业，联合建设国家级、省级生物工程技术中心和实验室，搭建高层次高起点的技术、资金、人才互动的公共研发创新平台。此外，除抓紧建设昆明国家生物产业基地外，重点支持基础条件好、创业环境优良的州市，建设生物产业科技园区。昆明石林台湾农民创业园、曲靖现代农业科技示范园、红河现代农业科技园，以及玉溪、楚雄等地与生物产业相关的科技园区建设要加快推进。四要培育一批高素质的人才队伍。加大省内科研院所生物类学科专业建设力度，支持科研机构、企业和高校联合建立生物技术人才培养基地，加强产业创新型人才和高级实用型人才培养。支持职业院校加快培养生物产业发展急需的技能型人才。以丰富的资源、优良的创业环境，吸引国内、海外优秀人才到云南从事生物技术研究和生物产业开发。

（四）着力加大国内外市场开拓力度，建立覆盖广泛、便捷高效的流通网络。长期以来，我们对如何将资源优势转化为经济优势研究不够。要针对目前我省生物产品质优价低、销售路子窄、市场占有率不高的实际，把营销网络建设和市场开拓放在更加重要的位置。一要找准市场定位。以花卉、茶叶、食用菌、蔬菜、水果、咖啡等传统优势出口产品为重点，进一步巩固广州、香港、澳门等我省生物产品外销的主渠道，积极开拓东南亚、南亚、欧美、日韩等国际市场和北京、上海、成都、重庆等国内大城市的市场空间。二要完善市场体系。按照区域化、规模化、专业化的要求，引导有实力的企业在生物资源主产地、集散地和边境地区建设一批专业批发市场和仓储设施，形成以大型批发市场为节点，以中小型市场和城乡集贸市场为基础，产销地批发市场、集贸市场、零售市场相结合，建立多层次、多形式、多功能的生物产品市场体系。三要积极发展新型营销和物流方式。鼓励企业在大中城市建立展销、批发网点和配送中心，发展连锁经营、直供直销、代理配送、网上交易等新型交易方式，促进生物企业与国内外生物产品市场营销网络的充分对接，构建起集信息流、资金流、技术流、产品流为一体的现代化生物资源产品物流体系。四要着力打造品牌。品牌对于生物产业的发展尤为重要，要增强品牌意识，努力打造一批具有自主知识产权和较强市场竞争力的名牌产品，以名牌产品带动产业发展，拉长产业链，增加附加值。对获得驰名商标、名牌产品称号和境外注册商标的企业，要以适当方式给予奖励支持，并积极发挥行业协会作用，推动地理标志产品保护和地理标志证明商标的申报、管理工作，发展一批在国内外具有影响力的品牌产品。五要完善生物产业系列标准。加强从原料到最终产品各环节的全过程质量监督和控制，提高农产品生产、加工、流通各环节标准技术水平，建立和完善以农产品为主体的质量标准体系。加强食品安全标准化建设，以农产品质量安全标准为重点，完善食品安全检测技术标准体系。鼓励生物企业开展质量管理体系、环境管理体系、绿色食品、有机食品等各类认证，确保产品质量安全。

云南省生物产业发展大会在昆明隆重召开（杨之辉　摄）

（五）着力创新投融资机制，努力破解生物产业发展资金难题。生物产业是资金密集型产业，要创新思路、拓宽渠道，加快形成以政府投入为导向、企业投入为主体、社会资本广泛参与的多元化投入机制，为加快产业发展建立稳定的资金保障。一是做好“加法”，就是加大投资的力度。省级财政生物产业发展专项资金自2008年开始已经增加到5 000万元，以后还将根据财力增长逐步增加。同时，抓好生物产业相关项目资金的整合，重点支持生物产业基地建设、精深加工、品牌培育、市场开拓和科技成果转化、关键技术研发等方面的工作。各州市也要加大对生物产业发展的支持力度，根据本地情况设立一定的专项资金。二是做好“减法”，就是减少企业的负担。生物企业为开发新技术、新工艺、新产品发生的研发费用，未形成无形资产计入当期损益的，在按照规定据实扣除的基础上，再按照研发费用的50%加计扣除；形成无形资产的，按照无形资产成本的150%摊销，对被认定为高新技术企业的生物企业，按照规定减按15%的税率征收企业所得税。对国家需要重点扶持和鼓励发展的生物农业、生物医药、生物能源、生物林业等生产企业，根据现代生物产业高投入、高风险、高收益、长周期等特点，有关部门要结合国家税收政策方向进一步研究制定税收优惠政策。三是做好“乘法”，就是发挥好财政资金“四两拨千斤”的引导作用，撬动更多的信贷资本和民间资本投向生物产业。要建立和发展资本市场，鼓励、支持和培育符合条件的生物企业在境内外上市融资，或通过联合发行债券融资，提高直接融资比重。鼓励各级政府设立生物产业融资担保机构，完善生物产业融资担保体系，支持企业以专利技术等无形资产作为担保向银行贷款，加大对生物产业发展的资金支持。

（六）着力扩大生物产业开放合作，创造我省对外贸易和招商引资的新亮点。当前，已经进入一个产业大整合、大融合的新阶段，开放合作成为推动产业发展的重要途径和手段。生物产业作为我省外向度高、吸引外资潜力大的新领域，一定要在开放合作上有所作为。一方面，要积极引进战略合作伙伴。针对我省优势生物产业的特点，设计和包装一批带动面大、关联性强、有吸引力的大项目，争取全省每个优势生物产业都有一家以上世界知名企业参与合作开发，借助这些企业在资金、技术、人才、市场营销等方面的雄厚实力，推动优势生物产业开发。另一方面，要实施好专项合作。以昆明高新技术开发区等现有园区为重点，充分发挥其产业聚集效应，促进全省生物产业在更宽领域、更高层次上融入全球分工与合作，积极组织参与重大国际合作计划，提升我省生物产业的技术创新能力和国际化水平。要以境外替代示范项目为基础，进一步抓好中老、中缅边境地区示范工程建设，提升合作水平，提高我省生物产业在东盟区域经济合作中的影响力。

大力发展低碳经济 建设绿色经济强省

中共云南省委常委、常务副省长 罗正富

常务副省长罗正富在牟定县凤屯风电场开工仪式现场作重要讲话

当前，发展绿色经济、降低碳排放已经成为重要的国际潮流，低碳技术和低碳产业已经成为国际科技经济竞争的新领域。我国正处于城镇化、工业化加快发展的关键时期，正确处理"发展排放"问题将始终伴随我国"十二五"经济社会发展的全过程。党中央、国务院高度重视节能减排工作，并庄严向国际社会承诺到2020年控制温室气体排放的行动目标。党的十七届五中全会进一步明确提出：要树立绿色、低碳发展理念，以节能减排为重点，健全激励和约束机制，加快构建资源节约、环境友好的生产方式和消费模式，有效控制温室气体排放。今年8月，国家把云南省确定为全国首批低碳试点省，这既是国家对我省的信任和鞭策，也是我们抓住机遇、发挥优势、加快发展的一次重大机遇。我们必须从贯彻落实十七届五中全会精神的高度，从实现全省经济社会可持续发展的角度，认真抓好试点工作，大力发展低碳经济，促进绿色经济强省建设。

一、统一思想，发挥优势，坚持把发展低碳经济作为转变经济发展方式、建设绿色经济强省的重要抓手

发展低碳经济，就是要探索通过控制温室气体排放促进发展方式转变，促进经济结构调整、促进能源资源节约和能效提高、促进清洁能源发展的有效途径，切实增强经济社会可持续发展能力。近年来，我省同全国一样，经济社会发展实现了又好又快发展，但粗放型的发展方式并没有发生根本性的转变。如果我们延续粗放型发展方式和传统工业化道路来推进现代化，不但能源资源环境支撑不住，经济发展也将难以持续，也与国际潮流和中央的要求背道而驰。我省地处祖国西南边疆，资源丰富，基础条件较好，完全能够通过发挥优势，大力发展低碳经济，促进经济发展方式的转变，促进绿色经济强省的建设。

第一，"生态立省"思想更加统一，发展低碳经济初见成效。近年来，在党中央、国务院的正确领导下，省委、省政府高度重视发展低碳经济，紧紧围绕建设绿色经济强省的目标，按照"争当全国生态文明建设排头兵"的要求，着力实施"生态立省、环境优先"的战略，全面启动和实施了"七彩云南保护行动"和"滇西北生物多样性保护行动"，坚持把发展低碳经济作为实现可持续发展的重要途径，作为云南新一轮发展的重大机遇来抓，非化石能源发展迅速，节能降耗进展顺利，科学发展、和谐发展的思想日益深入人心，加强生态建设和环境保护，让云南的山更青、水更绿、天更蓝，正在成为广大干部群众的自觉行动。

第二，能源品种丰富，非化石能源开发利用前景广阔。云南水能资源理论蕴藏量1亿多千瓦，经济可开发装机容量0.98亿千瓦，居全国第二位；太阳能优势明显，每年接受的太阳辐射能量相当于730多亿吨标准煤；风能资源总储量为1亿多千瓦，可利用区面积占全省总面积的11.5%左右，可开发资源储量2 832万千瓦。近年来，全省水电、风能、太阳能利用速度明显加快，昆明石林166兆瓦太阳能光伏试验示范电站一期项目并网发电。截至2009年底，全省电力装机达到3 195万千瓦，其中水电装机2 113万千瓦，新能源装机12万千瓦。农村户用沼气池保有量达到252.32万户，位居全国前列。但从总体上看，非化石能源开发利用程度还较低，开发的空间还很大。

第三，资源种类多样，以结构调整促进低碳经济发展的空间较大。全省五大支柱产业中的烟草、生物资源、旅游产业属于低碳产业，电力主要以水电和风电、太阳能等新能源为主，也属于低碳产业。矿产部分行业和企业节能减排的技术在全国领先，有的处于世界先进

水平。全国电解铝能耗平均1.4万千瓦时/吨，我省平均为1.36万千瓦时/吨；电解铝产生二氧化硫的国家标准是不高于850毫克/立方米，我省铝业仅为250毫克/立方米。随着科学技术的迅猛发展，矿产开发利用节能减排还有较大空间。

第四，生态环境良好，林业碳汇能力强。我省是我国四大林区之一，林业用地面积达3.71亿亩，占全省土地面积的60.4%，居全国第二位；森林覆盖率达到52.93%；活木蓄积量17亿立方米；森林碳汇贮量为31.3亿吨，仅次于黑龙江省，居全国第二位。同时，我省与青海、西藏还是我国仅有的三个碳汇高于碳源的省区。“十一五”期间，全省天然林保护和退耕还林还草工程稳步实施，造林力度明显加大，截至2009年底，全省共完成营造林2 541万亩，中低产林改造全面推进，林产业快速发展，森林资源明显增长。

以上这些特点，决定了我省在发展低碳经济方面具有广阔的空间和巨大的潜力。为此，必须紧紧抓住国家将我省列入全国首批低碳试点省的重要机遇，坚持把发展低碳经济作为转变经济发展方式的重要抓手，牢固树立绿色发展、低碳发展的理念，统筹兼顾、综合规划，勇于改革、大胆创新，大力开发、引进和推广利用低碳技术，积极发展低碳产品，逐步增加低碳能源在能源生产和消费中的比重，加快构建以低碳排放为特征的产业体系和消费方式，大力推进绿色经济强省建设，努力探索出一条具有云南特色的低碳经济发展道路。

二、突出重点，抓住关键，加快推进低碳经济发展

发展低碳经济，涉及经济社会发展的方方面面。当前重点是要在降低碳排放强度、调整产业结构、优化能源结构和消费结构上下功夫，见成效。

第一，要着力构建以绿色产业为核心的低碳产业体系。建设绿色经济强省既是我省三大奋斗目标之一，更是党中央、国务院赋予我们的重要使命，也是全省各族干部群众的共同愿望。建设绿色经济强省，关键是要构建绿色产业。要紧紧围绕这一目标，继续按照“调优、调强、调轻”的原则，推进产业结构优化升级。调优，就是要优化工业内部结构，逐步降低烟草产业和重化工业在工业增加值中所占的比重，培育和壮大战略性新兴产业，重点发展生物医药、光电子、新材料、新能源、环保产业和先进制造业。调强，就是要依靠自主创新提高企业的盈利能力和核心竞争力，提高产品的技术水平和附加值。调轻，就是要延长重化工业的产业链，促进重化工产品向精细化、新型化方向发展，大力发展与最终消费市场相衔接的日用轻工产品。同时，要坚持以旅游产业与文化产业为两大龙头，带动现代物流业、金融服务业、信息服务业、公共服务业等现代服务业的发展，使第三产业在GDP中的比重不断提高。

第二，要不断优化能源生产和消费结构。低碳能源是低碳经济发展的基本保证，清洁生产是低碳经济的关键环节。一要大力发展清洁能源。充分发挥我省清洁能源丰富的优势，调整优化能源生产结构，控制火电，积极开发水电，有序发展太阳能、风能、生物质能和核电等非化石能源，提高优势能源的利用效率，逐步提高非化石能源在能源生产中的比重。二要调整能源消费结构。在满足经济发展需要的前提下逐步降低能源消耗增速，逐步减少并严格控制燃煤总量，大幅度提高电力、天然气等优质能源的消费比重；鼓励发展低能耗、高附加值的产业，坚决遏制高耗能、低能效行业过快增长，加快淘汰落后产能；加快低碳技术推广应用，积极发展循环经济和清洁生产技术，不断提高能源使用效率、降低能耗。三要尽快扭转云南以公路为主的运输能耗大、物流成本高的状况。继续加快发展综合交通运输体系，大幅度增加铁路营运里程和提高铁路运输量占全省运输总量的比重，加快建设城市轨道交通和城际高速铁路，最大限度地降低交通运输综合能耗。

第三，要持续不断提高碳汇能力。坚持把森林碳汇放到与工业减排同等重要的位置，将全省林业建设作为发展低碳经济的一项重要内容，继续深入实施“七彩云南”保护行动计划，加快“森林云南”建设，多渠道增加造林和森林经营的投入，大力推进中低产林改造，不断增强森林碳汇能力。积极引进和运用林业建设、管理方面的先进技术，着力提升碳汇林业科技水平，提高碳汇林业技术创新能力，强化碳汇林业的科技支撑。要充分发挥第一产业在发展低碳经济中的作用，坚持“质量、产量、结构、效益、安全”相统一的原则，加快农业先进实用技术的推广，用先进科学技术支撑农业发展的各个环节，稳步提高粮油综合生产能力，大力发展核桃、蚕桑、天然药材、蔬菜、花卉等优势产业，着力提高农业产业化经营水平，推动传统农业向现代农业转变，不断挖掘第一产业在增加碳汇能力和节能减排方面的潜力。

第四，要积极倡导低碳绿色生活方式和消费模式。低碳既是一种经济发展方式，也是一种生活方式。要采取有效的宣传推广手段，在城乡倡导低碳生活方式，养成文明、节俭的绿色生活方式和习惯。在城市要重点加大节能灯具的推广，推进可再生能源建筑应用示范工程，深入开展公共机构及交通节能。在农村要重点推广沼气使用和节柴改灶，稳步推进太阳能光伏利用、秸秆优质化能源利用，改善农村能源结构，减少化石能源和薪柴消费。

三、强化措施，完善政策，增强低碳经济发展的保障力度

发展低碳经济是一项新兴事物，也是一项极具挑战

性工作，必须切实进一步加强组织领导，完善相关体制机制，加大政策扶持力度。

第一，要切实将发展低碳经济纳入“十二五”规划。各级、各部门要坚持把发展低碳经济作为贯彻落实科学发展观的重要抓手，摆在重要议事日程上，成立主要领导负责抓总的工作机制，明确责任，分解落实重点工作任务，加大资金投入。要根据党的十七届五中全会精神，坚持把发展低碳经济作为“十二五”的重要任务来抓，进一步修改完善《云南省国民经济和社会发展第十二个五年规划纲要》和《云南发展低碳经济规划纲要》，切实将发展低碳经济的目标、任务、措施落实到全省国民经济和社会发展“十二五”规划以及土地利用、城乡建设、产业发展、能源开发等各个专业规划之中。

第二，要创新发展低碳经济的模式。发展低碳经济，必须根据本地区的实际情况，充分发挥比较优势，围绕影响和制约本地区发展低碳经济的若干重大问题，大胆探索，寻求突破，增强工作的针对性、有效性，防止脱离实际。要加快建立温室气体排放统计、核算体系，尽快完成温室气体排放清单编制工作，摸清底数，认真搞好控排指标，科学确定一个力争上游、符合实际的控排指标。要积极探索通过政府引导、政策支持、资金投入降低碳排放强度的有效方式，积极探索通过经济手段和市场机制推动低碳绿色发展的创新办法，当前要重点研究制定碳交易排放制度，通过制度促进各地发展低碳经济的积极性。

第三，要建立和完善发展低碳经济的机制。进一步提高全省各级领导干部对发展低碳经济的认识，建立健全发展低碳经济的领导体制、协调机制和考核机制，强有力地推进节能减排工作，推动全省经济转型升级。利用低碳经济试点，在逐步试行排污权和水权交易的基础上，综合考虑各方因素，探索区域碳排放额度逐年递减和减排量交易机制。设定更加严格的行业、企业能耗和碳排放限额，配套出台优惠政策措施，加大检查、监督和执法力度，增强企业降低碳排放的自觉性。坚持以引进、消化吸收和再创新为重点，加快先进实用的低碳技术推广利用，并针对云南的资源和产业特点，加大对太阳能光热光伏、生物质能和有色、冶金、磷化工、火电领域的低碳经济关键技术和共性技术的科技攻关力度，并力争取得突破。

常务副省长罗正富在牟定县凤屯风电场开工奠基现场

第四，要建立和完善发展低碳经济的考评体系。结合深入贯彻落实科学发展观，逐步将发展低碳经济工作目标、重点任务完成情况特别是碳强度、能源强度有关反映低碳发展水平的指标纳入经济社会发展的考评内容，并定期对这些指标开展跟踪分析和评估，研究采取相应的政策措施，完善奖惩机制，形成各级干部自觉推动低碳绿色发展的良好氛围。有关部门要密切跟踪各地发展低碳经济的进展情况，加强工作指导，加大政策支持力度，帮助协调解决发展低碳经济中的普遍性和苗头性问题，组织开展交流研讨合作，推进各地间的信息和经验交流，及时总结先进经验和成功做法，在全省加以示范推广，努力实现生产发展、生活富裕、生态良好的内在统一。

倡导绿色和谐　促进生态文明

ANNUAL OF YUNNAN ECOLOGY

云南生态年鉴

2010

概　况 OVERVIEW

行政区划

位置面积

云南省位于祖国西南边陲。地跨东经97°31′~106°11′，北纬21°8′~29°15′，之间，北回归线贯穿南部，属低纬度内陆省份。东与贵州省及广西壮族自治区接壤，北与四川省相连，西北隅紧倚西藏自治区，西与缅甸交界，南与老挝、越南毗邻。东西横跨846.9千米，南北纵距990千米，总幅员39.4万平方千米，占全国总面积的4.1%．位居全国第8位。全省山区、半山区面积占94%，耕地总资源9 349.28万亩，其中常用耕地6 882.6万亩，临时性耕地2 225.9万亩(其中25°以上的陡坡地1 198万亩)。云南自古就是中国连接东南亚各国的陆路通道，国境线长达4 060千米。其中：中缅边界1 997千米，中老边界710千米，中越边界1 353千米。有8个州（市）25个县（市）与缅甸、老挝、越南3国的6个省（邦）32县（市、镇）接壤。其中11个县（市）与邻国隔江（界）相望。国境线上有13个国家级口岸、7个省级口岸、83个边境主要通道和边民互市点。

云南省行政区划表

全省	8个地级市　8个自治州　9个县级市　79个县　29个自治县　12个市辖区	州市辖县区
昆明市	盘龙区　五华区　官渡区　西山区　东川区　呈贡县　晋宁县　富民县　宜良县　石林县　嵩明县　禄劝县　寻甸县　安宁市	5个市辖区　1个市　8个县
曲靖市	麒麟区　马龙县　陆良县　师宗县　罗平县　富源县　会泽县　沾益县　宣威市	1个市辖区　1个市　7个县
玉溪市	红塔区　江川县　澄江县　通海县　华宁县　易门县　峨山县　新平县　元江县	1个市辖区　8个县
保山市	隆阳区　施甸县　腾冲县　龙陵县　昌宁县	1个市辖区　4个县
昭通市	昭阳区　鲁甸县　巧家县　盐津县　大关县　永善县　绥江县　镇雄县　彝良县　威信县　水富县	1个市辖区　10个县
丽江市	古城区　玉龙县　永胜县　华坪县　宁蒗县	1个市辖区　4个县
普洱市	思茅区　宁洱县　墨江县　景东县　景谷县　镇沅县　江城县　孟连县　澜沧县　西盟县	1个市辖区　9个县
临沧市	临翔区　凤庆县　云县　永德县　镇康县　双江县　耿马县　沧源县	1个市辖区　7个县
楚雄州	楚雄市　双柏县　牟定县　南华县　姚安县　大姚县　永仁县　元谋县　武定县　禄丰县	1个市　9个县
红河州	个旧市　开远市　蒙自县　屏边县　建水县　石屏县　弥勒县　泸西县　元阳县　红河县　金平县　绿春县　河口县	2个市　11个县
文山州	文山县　砚山县　西畴县　麻栗坡县　马关县　丘北县　广南县　富宁县	8个县
西双版纳州	景洪市　勐海县　勐腊县	1个市　2个县
大理州	大理市　漾濞县　祥云县　宾川县　弥渡县　南涧县　巍山县　永平县　云龙县　洱源县　剑川县　鹤庆县	1个市　11个县
德宏州	瑞丽市　潞西市　梁河县　盈江县　陇川县	2个市　3个县
怒江州	泸水县　福贡县　贡山县　兰坪县	4个县
迪庆州	香格里拉县　德钦县　维西县	3个县

历史沿革

云南简称“云”或“滇”，是东方人类的发祥地之一。早在170万年前元谋猿人就在这里生息繁衍。夏商周时期为中国九州之一的梁州的一部分。历史上古滇国、南诏国、大理国都曾建在这块土地上。云南之名始于西汉。公元1276年，元朝设云南行省，为全国10个行省之一。从此，云南正式作为全国省级行政区划的名称。公元1381（明洪武十四年），明朝在云南设“三司”（即承宣布政使司、提刑按察使司和都指挥使司），辖府、州、县。清朝沿袭明制，设承宣布政使司，下辖道、府、州、县。民国初年“废府改县”。1950年2月24日云南全境解放，3月云南省人民政府成立。2009年，云南省设有8个省辖市，8个民族自治州，129个县（市、区）。其中：县级市9个、县79个、民族自治县29个、市辖区12个。

人口民族

2009年末，全省总人口4 571万人，与上年相比，净增人口29万人，人口自然增长率为6.08‰，比上年下降0.24个千分点。年末全省城镇化水平达34.0%，城镇人口1 554万人，乡村人口3 017万人。少数民族人口约占总人口的1/3。云南是一个多民族的省份，少数民族人口仅次于广西壮族自治区，居全国第2位。除汉族外，人口在5 000人以上并有一定聚居区域的少数民族有25个。其中：白族、哈尼族、傣族、傈僳族、佤族、拉祜族、纳西族、景颇族、布朗族、阿昌族、普米族、德昂族、怒族、基诺族、独龙族等15个民族为云南省特有少数民族，是特有民族最多的省份。少数民族人口超过100万的有彝族、白族、哈尼族、傣族、壮族、苗族6个；超过10万不到100万的有傈僳族、回族、拉祜族、佤族、纳西族、瑶族、景颇族、藏族、布朗族9个；1～10万的有布依族、普米族、阿昌族、怒族、基诺族、蒙古族、德昂族、满族、水族9个；超过1 000不到1万的有独龙族、仡佬族、土家族、侗族等共4.58万人。云南少数民族分布为大杂居与小聚居交错，多居住在山区和边疆地区，全省没有一个县是单一民族自治县。云南各族人民世代和睦相处，安居乐业，在漫长的历史进程中创造了丰富多彩、独具特色的民族文化，有古滇文化、滇东爨文化、大理南诏文化以及纳西东巴文化、傣族贝叶文化、彝族大阳历文化、哈尼梯田文化、迪庆康巴文化及泸沽湖摩梭文化等，在国内外均有较大影响。众多民族、多种语言、多种民俗、多姿服饰，构成绚丽多彩的民族风情，为云南增添了神秘色彩。

自然概貌

概述

云南属山地高原地形，境内高山峡谷交错，高原波浪起伏，盆地湖泊星罗棋布，山川河流纵横，山地高原约占全省面积的94%左右。东部为滇东、滇中高原，系云贵高原西缘部分，平均海拔2 000米左右；西部高山峡谷相间，地形险峻，山岭和峡谷相对高差超过1 000米。北部海拔一般在3 000～4 000米左右，南部在1 500～2 000米左右，西南部边境在800～1 000米左右，地势由西北向西南缓降，河谷逐渐宽广。在5 000米以上的高山顶部，常年积雪，形成奇异、雄伟的山岳冰川地貌。全省海拔高低差异较大，最高点是滇藏交界的德饮县梅里雪山主峰卡格博峰，海拔6 740米；最低点在与越南交界的河口县境内南溪河与红河汇合处，海拔76.4米，南北相差6 663.6米。全省海拔在2 500米以上的山峰有30余座，主要山系有：滇西北的横断山，滇东北的乌蒙山，滇南的哀牢山与无量山等。境内大小河流600多条。其中：重要河流180多条，分别属于伊洛瓦底江、怒江、澜沧江、金沙江（长江）、元江（红河）和南盘江（珠江）六大水系。除红河、珠江发源于云南境内，其余为过境河。除金沙江、南盘江外，均为跨国河流，分别流人南中国海和印度洋。全省有高原湖泊40多个，多数为断陷湖泊，湖泊面积约1 100平方千米。滇池为全省最大湖泊，面积约306平方千米；洱海次之，面积约250平方千米。抚仙湖为全国第二深水湖，最深处150多米；泸沽湖最深处约90米。

云南地处低纬度高原，立体气候，冬无严寒夏无酷署。最热7月，月均温度在19℃～20℃之间，最冷1月，月均温度在6℃～8℃以上，年温差一般只有10℃～12℃。从一天的温度变化看，早晚较凉，中午较热，尤其是冬、春两季，日温差可达12℃～20℃。全省大部分地区降水量在1 000毫米以上，85%的降雨量集中在5～10月。光照条件好，每年每平方厘米为90～150千卡，仅次于西藏、青海和内蒙古。

云南自然资源十分丰富，素有“植物王国”、“动物王国”、“有色金属王国”、“花卉之乡”、“药材之乡”和“生物资源基因库”的美誉。全省森林面积1 287.32万公顷，活立木总蓄积量14.24亿立方米，水面面积27.9万公顷，水力资源蕴藏量1.04亿千瓦，磷矿石保有储量38.38亿吨。在全国3万种高等植物中，云南就占60%以上。动物各类为全国之冠，有国家一类保护动物46种，国家二类保护动物154种。云南是全国得天独厚的矿藏资源宝地，有50多个矿种保有储量居全国第10位。其中：铅、锌、锡、磷、铜、银等矿产储量居全国前3位。水能资源理论储量居全国第3位，可开发装机容量居全国第2位。煤炭资源探明储量263.41亿吨，居全国第9位。水能资源的82.5%蕴藏在金沙江、澜沧江、怒江三大水系，以金沙江最大，占全省储量的38.9%，理论储量居全国第3位，可开装机容量居全国第2位。此外，地热能、光能、风能、核能、生物能也有较好的开发前景。

土壤资源可划分为16个土类，占全国土类的1/4。其中红壤占50%以上，故有“红土高原”、“红土地”之称。

土地资源

项　目	面积（万亩）	占总面积（%）
土地总面积	57 477.95	
耕　地	9 349.28	16.27
园　地	2 480.31	4.32
林　地	34 592.15	60.18
草　地	4 563.26	7.94
城镇村及工矿用地	1 167.59	2.03
交通运输用地	514.09	0.89
水　域	1 005.25	1.75
其　他	3 806.02	6.62

注：2009年全省土地＝调汇总资料

主要湖泊

名称	所属水系	湖面面积（平方千米）	最大水深（米）	平无水源（米）	平均水位（位）	总容水量（亿立方米）
滇　池	金沙江	306.3	8	5	1 885	15.70
洱　海	澜沧江	250	23	10.5	1 974	30.00
抚仙湖	南盘江	212	151.5	87	1 720	185.00
阳宗海	南盘江	31	30	20	1 770	6.02
星云湖	南盘江	39	12	9	1 723	2.30
程　海	金沙江	78.8	36.9	15	1 503	27.00
泸沽湖	金沙江	51.8	73.2	40	2 685	20.72
异龙湖	泸　江	31	6.6	2.8	1 413	1.27
杞麓湖	南盘江	37.3	6.8	4	1 792	1.68

主要山峰

名称	标高（米）	所属州市	名称	标高（米）	所属州市
高黎贡山	3 374	保山	无量山	3 291	大理　普洱
碧罗雪山	4 141	怒江	哀牢山	2 940	普洱　玉溪　红河
梅里雪山（卡格博峰）	6 740	迪庆	五莲峰	2 561	昭通
玉龙雪山（扇子陡峰）	5 596	丽江	棋王山	3 677	昆明
点苍山（马龙峰）	4 122	大理	梁王山	2 833	昆明　玉溪
大雪山	3 504	临沧			

主要河流

名称	境内河长（千米）	集水面积（平方千米）	名称	境内河长（千米）	集水面积（平方千米）
大盈江	196	5 859	金沙江	1 560	105 614
瑞丽江	370	9 743	元　江	680	37 455
怒　江	618	33 366	南盘江	677	43 342
澜沧江	1 227	88 574			

经济发展

概述

2009年，在云南发展史上是一个难忘之年。云南经济社会遇到进入新世纪以来最为严酷的考验和挑战。面对严峻的形势，省委、省政府坚决贯彻党中央、国务院决策部署，沉着应战、知难而上、共克时艰、大胆创新，切实破解经济社会发展中的突出矛盾和问题，不断丰富、完善应对国际金融危机一揽事计划，出台了一系列的政策措施；以科学发展统领，突出重点，统筹兼顾，注重当年增长与长期发展相结合，对基础设施、产业发展、社会事业、生态环境、民生保障等作出了重要部署；紧紧抓住保增长、保民生、保稳定这一主题，使全省经济运行逐步改善，经历了止跌、回暖、企稳到快速回升的明显变化；随着各项工作扎实推进，全年全省经济发展、民族团结、边疆稳定、社会和谐的大好局面更加巩固。全年全省生产总值完成6 168.23亿元，比上年增长12.1%；财政总收入1 490.82亿元，增加130.6亿元，增长9.6%；地方财政一般预算收入698.26亿元，增长13.7%；地方财政一般预算支出1 952.34亿元，增长32.8%。全社会固定资产投资完成4 527.02亿元，增加1 000亿元，增长31.7%；实现社会消费品零售总额2 051亿元，增长19.3%；外贸进出口总额80.19亿美元，负增长16.5%。城镇居民人均可支配收入1.44万元，实际增长8.3%；农民人均纯收入3 369元，实际增长9.8%。人口自然增长率6.08‰；居民消费价格总水平上涨0.4%；单位生产总值能耗下降4.5%以上。

扩大内需

2009年，全省实现新增投资规模的重大突破。争取扩大内需资金158亿元，中央代发地方债券84亿；金融机构贷款8 000亿元，新增贷款突破2 000亿元，比上年翻了一番；金融直接融资220亿元；省级财政筹集60亿元投入重点项目建设，完成公路建设投资373亿元，铁路建设投资84亿元，机场建设投资76亿元，水利建设投资100亿元，电力建设投资702亿元。扩大城乡消费，组织家电、汽车下乡，向农民兑付财政补贴资金7亿元，带动销售额70亿元。第三产业增加值2 524亿元，增长13.4%。全年接待国内游客超过1.2亿人次，旅游行业总收入810亿元。

“三农”工作

2009年，全省出台一系列惠农措施，确保农业农村稳定发展，农民持续增收。全省财政农林水支出达265亿元，比上年增长48.9%；新增惠农贷款突破800亿元，累计发放“惠农卡”159万张；完成中低产田地230万亩，解决210万农村人口饮水安全，农村电网改造使49万户农民受益，解决巩固了60万贫困人口的温饱。全省第一产业增加值1 064亿元，增长5.2%；粮食总产1634万吨，连续7年增产；肉、奶、蛋、蔬菜等农副产品购销两旺。

工业经济

2009年，全省为应对国际金融危机冲击，采取了一系列超常规措施，帮助企业渡过难关。实施特殊电价扶持，有色金属等10个行业受惠企业达160户；动态收储有色金属63万余吨，化肥50万吨；对1 141种省产工业品发放补贴，新增中小企业贷款700亿元；烟草企业实现利税785亿元，对工业增长发挥了支撑作用。全省第二产业实现增加值2 580亿元，增长16.3%。其中：工业增加值2 088.3亿元，增长11.2%，有力地促进了全省经济增长。

改革开放

2009年，全省继续推进改革开放，启动新一轮政府机构改革；深化国企改革，加强国有资产监管，国有资产实现保值增值；文化体制改革取得突破性进展；华侨农场、供销社、投融资、水务、行政审批、财税、金融等改革继续深化。对外开放进一步实施，面向西南开放的“桥头堡”建设初步规划，加快口岸通关便利化建设，招商引资成效明显，引进外资9.1亿美元，省外企业在滇投资超过1 000亿元。

社会事业

2009年，全省继续坚持优先发展教育，基本实现“普九”目标，落实“两免一补”政策，免除640多万名城市和农村学生学杂费，并免费提供教科书，向208名家庭贫困寄宿学生发放生活补贴。全省中等职业学校与普通高中在校生比例提高到0.92:1。高校毕业生年终就业率达93%。

加快科技创新步伐，组织实施重大科技项目49项，重大装备及关键部件研发项目20项，突破71项关键核心技术，开发具有自主知识产权的重大新产品60个。医药卫生改革不断推进，新型农村合作医疗参合率达93%，参合人数3 293.5万人，年人均筹资标准提高到100元，参合农民住院报销比例平均提高10%。积极发展文化体育事业，在全国首创并建成农民素质教育网络培训学校407所，完成乡镇文化站建设200个，广播、电视覆盖率分别提高到93.35%和94.66%。

民生改善

2009年，全省大力促进就业，出台政策惠民生。稳定25.7万个就业岗位，帮助9.3万失业人员就业，帮助2万人实现创业并带动12万人就业，新增城镇就业岗位23.5万个，150万返乡农民工中有148万人实现再就业。全省429万城乡贫困人员纳入最低生活保障范围，22.1万农村五保供养对象实现应保尽保。44万名高龄老人和长寿老人享受到生活补贴，城镇职工养老、医疗、失业、工伤、生育保险参保量达1 600万人。在全省16个县（市）启动新型农村社会养老保险试点工作。实施新三年“兴边富民”工程持续推进边疆民族地区加快发展。筹资和整合资金40亿元，建成一批基础设施和民生项目。全面加强保障性住房建设，全年整合补助资金100亿元，建设保障性住房50万套，其中城镇15万套，农村35万套。

生态建设

2009年，全省进一步推进“七彩云南保护”，坚持抓好九大高原湖泊水污染综合防治；牛栏江—滇池补水和滇池截污工程取得重要进展；累计开工建设168个城镇生活污水和垃圾处理设施，新增污水处理能力80万吨。开展“森林云南”建设，完成营造林1 031万亩，启动实施4 730万亩省级公益林生态效益补贴，治理水土流失面积3 200平方千米，实施保护面积5 000平方千米。组织实施100项重点节能示范项目，淘汰一批小炼铁、小焦炭、小水泥等落后产能，节能减排目标基本完成。

边境口岸

概述

云南具有独特的区位优势。有5个边境州（市）的25个边境县（市）与缅甸、老挝、越南接壤，边境线长4 060千米。至2009年6月，全省共开放口岸20个。其中：经国家批准开放一类口岸13个（空港2个、水港2个、铁路口岸1个、公路口岸8个）；经省批准开放二类口岸7个（均为公路口岸）。

昆明航空口岸

位于昆明东南3.9千米的巫家坝，属国家一级机场，是中国五大航空港之一。1955年经国务院批准开放，翌年正式设立昆明边防检查站。从昆明机场飞往国内北京、上海、广州等大中城市航线40余条，并已开通昆明至日本大坂、韩国首尔、缅甸仰光、泰国曼谷、老挝万象、越南河内、柬埔寨金边、新加坡、吉隆坡等国际航线23条。

西双版纳航空口岸

位于西双版纳傣族自治州首府景洪市西南5千米，1990年建成通航，属国家一类口岸。1995年12月经国务院批准设立西双版纳航空口岸，1997年正式开放。已开通景洪至昆明、广州、成都、重庆等国内航线5线，开通景洪至泰国清迈、曼谷和老挝万象等国际航线3条。

思茅港水运口岸

位于普洱市西南88千米的澜沧江东岸，距昆明510千米，属国家一类口岸。1993年7月24日国务院批准设立思茅港水运口岸。2001年4月26日正式批准外籍船舶开放。思茅港1996年开工建设，2002年竣工，建成客运、货运码头2个泊位。年设计客运吞吐量10万人次，货运吞吐量30万吨。

景洪港水运口岸

位于西双版纳傣族自治州府景洪市澜沧江东岸。1993年7月24日国务院批准设立景洪港为国家一类口岸。2001年6月26日正式对外籍船舶开放。景洪港占地10万平方米，1994年开工建设，2001年竣工，客运吞吐能力40万人次。景洪港是中国连接澜沧江—湄公河上6个国家的主要港口，是澜沧江—湄公河国际航运大通道的重要水陆中转枢纽，也是云南省乃至西南地区面向东南亚的开放前沿。

天保公路口岸

位于文山壮族苗族自治州麻栗坡县城南38千米的天保镇。1993年2月6日正式开放。该口岸与越南清水河口岸对接，距越南河江省省会河江25千米、越南首都河内220千米、海防港440千米。天保口岸是云南省进入越南北部及港口的重要通道。

河口铁路（公路）口岸

位于红河州河口县城南端，与越南老街口岸对接。1956年国务院批准为国家级口岸，1978年12月关闭。1992年10月19日恢复为国家一类口岸。翌年5月18日正式恢复开放。滇越铁路从昆明北站经河口口岸、越南老街口岸、越南首都河内直达海防港，全长864千米。2000年8月15日，中越公路大桥通车，是云南集铁路、公路口岸为一体的口岸。

金水河公路口岸

位于红河州金平苗族瑶族傣族自治县城西南38千米的金水河镇。1954年12月17日正式开放为边民互市口岸，1978年12月关闭。1993年2月25日国务院批准设立国家一类口岸，当年11月10日正式对外开放。该口岸与越南马鹿塘对接。金水河口岸距越南莱州省会封土25千米、河内590千米、老挝边境230千米。

磨憨公路口岸

位于西双版纳傣族自治州勐腊县城南58千米的磨憨经济开发区。1992年3月3日国务院批准为一类口岸，翌年12月22日正式开放。磨憨口岸与老挝磨丁口岸对接，是中老两国唯一的国家一类口岸。口岸距老挝南塔省会南塔60千米、北本码头240千米、首都万象700千米。是云南省建立国际大通道昆明—曼谷通道上的重要口岸。从磨憨口岸出境经老挝可直达泰国、越南、柬埔寨等国，是中国通往东南亚各国最大的陆路通道。

打洛公路口岸

位于西双版纳傣族自治州勐海县城西南70千米的打洛镇。1991年8月10日，云南省人民政府批准开放打洛为二级口岸。2007年11月13日国务院批准为国家一类口岸。口岸距缅甸景栋80千米、距泰国北部重镇清迈550千米，是云南省建立国际大通道中路出口的重要口岸之一。

孟定清水河公路口岸

位于临沧市耿马县孟定镇西南33千米的清水河。1991年8月10日云南省人民政府批准为二类口岸。2004年10月14日国务院批准为国家一类口岸，2007年11月8日正式对外开放，它与缅甸清水河口岸对接。

畹町公路口岸

位于德宏傣族景颇族自治州瑞丽市畹町经济开发区。1952年国务院批准开放，为国家一类口岸，是新中国成立后云南省最早开放的陆路口岸。

瑞丽公路口岸

位于德宏州瑞丽市姐告经济开发区。1978年12月12日国务院批准开放。口岸与缅甸木姐口岸对接。距云南省会昆明750千米、距缅甸木姐市4千米、腊戍160千米、缅甸首都仰光900千米。它是中缅铁路通道（昆明—大理—瑞丽—腊戍—曼德勒—印度洋）、中缅公路通道（昆明—瑞丽—仰光）和中缅陆水联运大通道（昆明—瑞丽—八莫港）上的重要口岸。

腾冲猴桥口岸

位于保山市腾冲县猴桥镇西北12千米的槟榔江畔。1991年8月10日云南省人民政府批准开放为国家二类口岸。2000年4月7日国务院批准为国家一类口岸，2003年1月15日正式对外开放。该口岸与缅甸甘拜地口岸对接，距缅甸甘拜地4千米、距缅北重镇密支那120千米、距印度雷多520千米。是云南省建立国际大通道通往南亚、昆明—腾冲—密支那—印度雷多通道上的重要口岸。

（车光杰　整理）

地形地貌

概述

云南以山地和高原地形为主。山地和高原占全省总面积的94%，坝子占6%。北依青藏高原，南向中印半岛（包括东南向两广丘陵）倾斜，属青藏高原的南延部分。地势西北高，东南低，呈阶梯状逐级下降。最高点是滇西北与西藏交界处的太子雪山主峰卡咯博峰，海拔6 740米：最低点在滇东南河口县南部南溪河与红河交汇处，海拔76.4米。两地直线距离约900余千米，高差6 663.6米。以元江河谷和大理－剑川宽谷一线为界，划分为两大地形区。东部为滇东高原或称云南高原，西部为横断山纵谷区或称三江地区。云南地形大致有以下基本特征。

一、以山脉为骨架呈掌状分布。全省地势总趋势北高南低。从北到南，坡降为6‰，平均每千米下降6米。其中西北部最高，平均海拔在4 000米以上。山地像张开的手指，由西北顺着地势分别向东、东南、南、西南和西5个方向伸展，相对凹陷的地方，由河谷和陷落盆地组成。降至边缘地带，残余高原面或破碎的低山的海拔仍在1 000米以上，河谷谷底、陷落的盆地则在1 000米以下。

二、地势呈阶梯状递降。云南准平原在第三纪末和第四纪中，不断遭到差异抬升，形成全省地势自西北向东南倾斜，但倾斜不均匀，存在着时陡时缓的多级阶梯。全省可分为4级阶梯。奔子栏至格咱一线以北为第一级阶梯，平均海拔4 500米左右，山峰海拔多在5 000米以上。高山顶部终年积雪，山势陡峻。这一级阶梯被河流切割得支离破碎，特征已不太明显。残留夷平面的海拔多为4 600～4 700米和4 200～4 400米，盆地的海拔基本上在3 500米以上。第二级阶梯为奔子栏—格咱一线以南至永平—下关—宾川以北。平均海拔3 500米左右。山峰海拔多在4 000米左右，少数山峰超过5 000米。残留夷平面海拔为3 500～3 600米和3 100～3 200米。盆地海拔多为2 400～2 600米。第三级阶梯以滇东高原为主体，是残留的古夷平面，平均海拔2 400米左右，山峰高度绝大部分降到3 000米以下，盆地海拔在1 700～2 000米之间。最低一级阶梯在省境南部、东南部和西南部的边缘一带，由海拔1 200～1 400米的低山和海拔不到1 000米的河谷、盆地组成。每一梯层内的地形都十分复杂，两级梯层之间常由陡坡相连接，在短距离内下降数百米。在河谷纵剖面上，流经梯层内的一段河谷，水流平缓，曲流和河漫滩发育；流经陡坡区的一段河谷，谷深坡陡，河床狭窄，比降大，多急流和瀑布。云南海拔高度呈阶梯状下降的方向与纬度降低的方向基本一致，非地带性因素加剧了南北地带性差异，对云南的自然环境影响很大。

三、高原山地东西并列。云南东部为高原地形，属云贵高原的西部。高原内部起伏和缓，古夷平面形态特征比较典型，坝子分布广泛，坝子的四周是一些起伏和缓的丘状山地，喀斯特地形发育，边缘受河流切割成中山山地。西部属横断山南段，高原已基本解体，主要由中高山地组成，是云南省重要的山地集中地带。

四、山高谷深。云南自第三纪末以来，地面大幅度被抬升，受到河流的强烈切割。西部被抬升，侵蚀的活度大，高原解体，形成南北走向的陡峻山地和幽深狭窄的峡谷并列的地貌景观。谷底与分水岭的高差可达1 000米以上，横断了东西交通，所以称横断山地。东部高原边缘地带或内部受大河切割地区，地表起伏极大，相对高差亦可达1 000米以上。山高谷深，形成了气候带和自然带的垂直地带性变化。云南农业的立体特征，就是在此基础上形成的。

五、小型盆地广布。云南无大型平原，小型山间盆地很多。这种山间盆地，西南三省称“坝子”。坝子有的成群成带分布，有的孤立散布在山地和高原之中。全省面积在1平方千米（包括1平方千米）以上的坝子约1 445个。滇东高原上坝子较多，面积也较大，多为断陷型和湖积冲积型。滇西横断山纵谷区，坝子数量较少，面积也不大，多为沿河谷展布的河谷冲积坝。坝子内地势平坦，土壤层较肥厚，常有河流蜿蜒其中，是城镇所在地和工农业生产基地。

六、地貌类型复杂。云南各地自然条件差异很大。南部、中部和西部以流水侵蚀的砂页岩和变质岩山地为主；东部、东南部和西南部的部分地区，以喀斯特地形占优势，地表崎岖缺水。西北部、东北部和一些高山区，以寒冻风化、冰川作用形成的地形为主。在众多的高原湖泊（包括历史上曾有过成湖期，现已干涸的古湖盆）内，发育了一厚层红色古风化壳，在不同的外力作用下，形成不同的地貌类型。在一些高山和河谷坡麓地带，滑坡、崩塌和泥石流发育。在不同的地区，地貌以一至两种类型为主，其他地貌类型与其相互渗透，互相穿插，形成一种规律性不强的复合体，造就了云南地貌景观复杂多样的格局。

山地

山地是云南省分布面积最大的一种地貌类型，各种类型的山地约占全省总面积的84%。山地主要集中分布在西部地区。云南西部位于北起青藏高原，南抵中印半岛的巨型反S构造体系的中段，由压缩比较紧密的山地组成。在宽约150千米的地方，相间排列着高黎贡山、怒江，怒山，澜沧江、云岭、金沙江等几组巨大的山脉和大河。“三江”相距最近处在北纬27°30′附近，直线距离65千米。“三江”江面海拔高相差很大，金沙江，澜沧江和怒江江面，自东而西呈阶梯上升，海拔依次为1 600米、1 900米和2 100米。“三江”江面狭窄，两岸陡峻，属典型的“V”型深切峡谷，地势西北高，东南低。北部山峰海拔一般在4 000～5 000米甚至以上，河谷海拔在2 000米以下。南部山体稍低矮，间距较大，海拔在1 500～2 500米左右，河谷海拔在1 000米以下。滇东高原上的一些残余山地，与川西高原上的山地相互连接，只是中间被金沙江切开，这些山地主要分布在高原边缘的河流强烈切割区以及断陷盆地周围，海拔一般为2 000～3 500米。

云南的山体按海拔高度，划分为3类。

一、低山。海拔在1 000米以下的山地。面积3万余平方千米，约占山地总面积的10%。主要分布在西双版纳傣族自治州的南部、东南部，文山壮族苗族自治州的东部、东南部，红河哈尼族彝族自治州的南部至德宏傣族景颇族自治州的西南部。地势较低，起伏较和缓，谷地浅而开阔，气温高，降水丰富，原始植被覆盖较好，土层肥厚，农业耕作条件好。

二、中山。海拔为1 000～3 500米的山地。面积25万余平方千米，约占山地总面积的77%。主要分布在云南北部、西北部高山区与南部低山区之间，还有一部分分布在高原边缘峡谷地带。北部山体较高，海拔一般在3 000米以上，南部山体较低，但海拔一般也都在1 000米以上，中山区河流切割强烈，地貌类型复杂，局部地区有一些坡度和缓的山地和河面宽阔的宽谷河段。水土流失比较严重。

三、高山。海拔3 500米以上的山地。多分布在云南的西北部，滇东北东川的小江流域至巧家的东北部一带，也有一片高山山地。在丽江地区北部、中甸县、德钦县的一些山地中，分布有海拔超过5 000米的极高山。高山和极高山的面积约5.8万平方千米，约占山地总面积的13%。这里山高谷深，山坡陡峻，土层薄，气温低，一般不适宜耕作业，是云南省主要林区和重要的畜牧业区，动植物资源丰富。

横断山脉纵谷区

一、担当力卡山

担当力卡山是云南最西部的滇缅界山，位于北纬27°40′~28°10′、东经98°03′~98°20′之间。担当力卡山是舒伯拉岭向南的一个分支或称高黎贡山西支，山地走向南北，北起滇缅交界处，南抵独龙江深谷，纵贯贡山独龙族怒族自治县西部，隔独龙江与高黎贡山相望。山地海拔一般均在3 500米以上，主峰南代旺腊卡，海拔4 964米。担当力卡山是恩梅开江的支流独龙江和套祖干河（缅甸境内）的分水岭，相对高差一般都在2 000米以上，最大可达3 000余米。山体由古老的变质岩系组成，受冰川作用的影响明显，山顶有残存的高原面。担当力卡山一带交通不便，是云南经济比较落后的地区，原始森林没有遭到破坏，动植物资源十分丰富。

二、高黎贡山

高黎贡山位于云南省西部和西南部，是横断山脉中最西部的一列山地，为念青唐古拉山的南延部分。高黎贡山在西藏藏族自治区境内叫舒伯拉岭，山体走向西北—东南，从贡山县西北部进入云南，改称高黎贡山，山体走向渐渐变为南北向。山体北段在怒江傈僳族自治州境内，中段为中缅界山，南段从保山地区和德宏州交界处通过，高度和宽度均比怒山和云岭小。它是横断山脉中最狭窄、高度最低的一列山地。山体平均海拔约3 500米，其中北段最高，平均海拔在4 000米左右，最高峰嘎嘎娃嘎普峰，海拔5 128米。山顶终年积雪，广泛发育冰斗、刀脊、角峰、槽谷和冰蚀湖等冰川地貌。中段高度降低，平均海拔约3 000米。南段山体海拔高度一般在2 000米以上，个别山峰达3 000余米。南段在泸水县与腾冲县交界处分为两支。东支仍叫高黎贡山，呈南北走向继续南行，经腾冲县、龙陵县与潞西县的东部，山峰高度逐渐降低，最后进入缅甸。最高峰为大脑子，海拔3 780米。西支以走向东北—西南方向展布在中缅边界上，改称姊妹山和尖高山，山地海拔一般在2 500米以上，主峰耶牙山，海拔3 741米。尖高山向西南延伸过程中，又产生了槟榔山等近南北走向和东北—西南走向的几列山地，这些山地构成德宏州地表的基本骨架。尖高山向南，高度逐渐降低，在中缅边界（瑞丽、盈江一带）附近，海拔下降到1 000~1 500米，山势低矮，山坡坡度平缓，以台地形式逐渐向国境线方向展布，在倾斜的缓坡上，河流沿着断裂带侵蚀成由多级阶地组成的宽谷与相对隆起的中低山山地。这里处于迎风坡上，降水丰沛，气温高，是云南省水热条件较好的地区之一，是重要的亚热带经济作物区。

高黎贡山是一列断块侵蚀山地，主要由古生代深变质岩组成，是怒江和伊洛瓦底江的分水岭。东坡受怒江深切，谷底江面最低处海拔约700米，谷底到山顶的相对高差达2 000~2 500米；西坡切割较浅，谷底到山顶的相对高差在1 500米以上，山体陡峻险要。腾冲境内的高黎贡山西坡上，有第四纪火山群分布，地热异常集中，目前地壳活动仍比较剧烈。山体的坡麓地带，滑坡、崩塌和泥石流比较发育。

三、怒山

怒山是云南西部中间的一列山地，为唐古拉山脉的南延部分。地势高耸，也较宽大，北段在西藏昌都地区境内，称他念他翁山，至西藏东南部改称阿东格尼山，走向东北—西南；由藏东南进入云南省德钦县境内后，改称怒山或碧罗雪山。怒山分为3段。最北一段称四蟒大雪山，由梅里雪山和太子雪山组成，是滇藏界山，山峰海拔一般均在5 000米以上，有10余座海拔在6 000米以上的雪峰，雪峰上广泛发育冰川地貌，太子雪山主南定河、怒江支流勐通河和永康河的分水岭，老别山是云南南部海拔最高的一列山地，山峰海拔一般都在2 500米以上，最高峰为永德大雪山主峰，海拔3 504米。山地的岩石组成十分复杂，北部主要由时代较老的变质岩、沉积岩和少量花岗岩组成；南部由上古生界、中生界的石灰岩、玄武岩和砂页岩组成。老别山是在第三纪末被抬升后，受怒江、澜沧江及其支流勐通河、南定河的切割而成。山地高差较大，垂直带谱发育。

邦马山

邦马山是怒山余脉，滇西南重要的山地，位于临沧县西部、双江县西部，耿马傣族佤族自治县和沧源佤族自治县中部，隔南定河与老别山相望。山地由两支组成。东支走向近南北，主要山峰有双江大雪山、榨房山、石排坡、大亮山和邦睦后山等，主峰双江大雪山，海拔3 233米，山地由时代较老的变质岩和花岗岩等组成；西支走向东北—西南，山体高度略低于东支，主要山峰有回汉山、耿马大山和窝坝大山等，最高峰为回汉山主峰，海拔2 799米，山地主要由古生界的石灰岩和中生界的砂页岩组成，有部分变质岩和花岗岩。两支山地间有一些断陷盆地，如勐撒盆地和耿马盆地等。邦马山是由第三纪末被抬升的高原，受南定河、南碧河和勐通河的切割而成，矿产资源和生物资源丰富。山地大部分已开辟成轮歇性耕地。

四、云岭

云岭是中国西南部重要的山脉，它是横断山脉中宽度最大、分布面积最广的一列山地。北段在四川省和西藏自治区境内，由两列山地和一块起伏和缓的残余高原组成，金沙江从中间流过，西侧的一列称大雪山，又称宁静山；东侧的一列称沙鲁里山。山体由中甸、德钦两县北部进入云南，两列山地合称云岭。地势北高南低，北部山地平均海拔约5 000米，有许多海拔超过5 000米的著名山峰，如纳么那卡山（海拔5 183米）、白马（茫）雪山（5 429米）、甲午雪山（5 404米），察里雪山（5 534米），哈巴雪山（5 396米）、玉龙雪山扇子陡峰（5 596米）等。南部山峰高度逐渐降低，海拔在4 500米以下，著名山峰有老君山（海拔4 500米）、点苍山马龙峰（4 122米）、雪盘山（4 295米）等。云岭从德钦县东南部开始，山体由2支变为3支。西支基本上按南北方向展布，西侧紧贴澜沧江，东侧以巴支洛河河谷，罗普河河谷，通甸，马登宽谷，以及槽涧、漾濞谷地为界。这支山地北窄南宽，海拔一般在3 000米左右，主要山地有白马雪山、清水郎山和雪盘山等，最高峰是白马雪山主峰，海拔5 429米。山地内分布有断陷坝子，如云龙坝、兰坪坝、维西坝等。中支东界约北起金沙江谷地，向南经石鼓镇、剑川宽谷到大理附近，包括丽江地区西部及大理白族自治州中西部的山地。主要山地有察里雪山、甲午雪山、老君山、罗坪山和点苍山等。最高峰是察里雪山主峰，海拔5 534米。山地内的坝子主要有石鼓坝、洱源坝和剑川坝等。东支在中支以东，向东渐渐与滇中红色高原相接。北部地势高耸，山地海拔一般均在4 000米以上，有的山峰海拔超过5 000米，向南逐渐降低高度。主要山地有哈巴雪山、玉龙雪山等，最高峰是玉龙雪山扇子陡峰，海拔5 596米。金沙江在东支山地中有一个近“N”型的弯转，把山地切成几段。山地的北部，面积较宽，河流在外围穿过，切割深，山峰顶部起伏和缓，残余高原面保存完整。在石灰岩分布区，喀斯特地貌比较发育。高原面上分布有面积较大的断陷坝和湖泊，如大小中甸坝、宁蒗坝、永宁坝和泸沽湖、碧塔海、拉市湖等。云岭山地的西支和中支延伸到巍山、弥渡以南，山体逐渐变宽变矮，海拔一般都低于3 000米，习惯上称这一带的山地为云岭余脉。云岭余脉由两支山地组成，东支哀牢山，西支无量山。

云岭是澜沧江与金沙江的分水岭，受到澜沧江和金沙江及其支流的强烈切割，垂直高差很大，北部一般1 500～2 500米，南部为1 000～2 000米，最大的超过4 000米。山体高大挺拔，气候和生物群落的垂直变化比较大，有明显的垂直带谱。北部山顶为暖温带、温带或寒带气候，河谷为中亚热带、北亚热带气候。南部山顶为山地季雨林和亚热带常绿阔叶林，谷地为北热带季风气候和雨林。云岭是云南滇西北的重要林区，有不少珍稀动植物和高山花卉。

（一）白马（茫）雪山

白马雪山位于德钦县东南部，在北纬27°47′～28°30′、东经98°53′～99°21′之间，澜沧江和金沙江及其支流支巴洛河的分水岭。它是云岭西支北部的高大山地，海拔一般在5 000米以上，主峰拉扎雀尼，海拔5 429米。走向北西—南东。由三迭系砂页岩为主的地层构成，为典型的构造侵蚀山地。山顶终年积雪，冰川地貌发育。动植物资源丰富。

（二）雪盘山

雪盘山在云龙县和兰坪县西部，位于北纬25°35′～26°29′、东经99°05′～99°25′之间。是云岭西支南部的一列山地，澜沧江和澜沧江支流沘江的分水岭，隔沘江与东面的清水郎山相望，走向南北。山地平均海拔在2 500米以上，最高峰位于兰坪县拉井镇南部，海拔3 695米。受澜沧江及其支流的深切，相对高差较大，一般在1 000～2 000米之间。是由三迭系砂页岩组成的褶皱断块侵蚀山地。

（三）清水郎山

清水郎山在云龙县和兰坪县东部，位于北纬25°35′～26°45′、东经99°20′～99°50′之间，是云岭西支南部的一列山地，澜沧江支流沘江和漾濞江的分水岭，隔沘江与雪盘山相望，走向南北。平均海拔超过3 000米，最高峰为雪邦山，海拔4 295.3米。受沘江和漾濞江的深切，相对高差很大，一般在1 200～2 200米之间。从谷底到山顶，由亚热带气候变为寒温带气候，垂直带谱发育。山地是由三迭系砂页岩组成的褶皱断块侵蚀山地。坡麓地带，滑坡、崩塌和泥石流比较发育。

（四）察里雪山

德钦县北部的滇藏界山，位于北纬28°26′～29°03′、东经98°45′～99°00′之间。云岭中支最北的一列山地，北连宁静山，南接甲午雪山，南北走向。山峰高耸，山峰海拔均在5 000米以上，主峰位于德钦县羊拉乡境内，海拔5 534米。察里雪山是金沙江与澜沧江的分水岭，是由石灰岩为主构成的侵蚀构造山地。山顶终年积雪，广泛发育了冰川地貌。垂直带谱发育。海拔4 500米以上地区为积雪带，以下是以暗针叶林为主的原始森林带，河谷地带为高山牧场。盛产珍稀动物和名贵药材。

（五）甲午雪山

甲午雪山在德钦县北部，在北纬28°42′～28°50′、东经98°56′～99°01′之间。北连察里雪山，南接压塞雪山，甲午雪山山体高大，山峰高度均在4 800米以上，中峰海拔5 220米。澜沧江与金沙江的分水岭，走向南北，是由古生界石灰岩和三迭系砂页岩、浅变质岩构成的构造侵蚀山地。山顶终年积雪，冰川地貌发育。垂直带谱发育。坡麓地带有大片原始森林和大面积草场分布。

（六）老君山

老君山是云岭中支南部的一列山地，绵亘于剑川、丽江、兰坪、洱源等县。位于北纬26°10′~26°40′、东经99°30′~99°59′之间。老君山平面上呈倒三角形，面积约1 900平方千米。海拔一般在2 500~3 500米之间，主峰老君山，海拔4 241.2米。漾濞江的两条支流弥沙河和黑惠江的分水岭，是由岩浆岩和三迭系砂页岩等构成的构造侵蚀山地。山中多温泉，森林覆盖率达70%。矿产资源丰富，主要有煤、铁、铜、铅，锌、盐和砂金等。南延支脉石宝山和东延支脉金华山上有许多石刻珍品，山间有"九十九龙潭"和"君山十景"等奇观。

（七）罗坪山

罗坪山是云岭中支南部的一列山地。在洱源县中部，位于北纬25°50′~26°01′、东经99°47′~99°57′之间。山地走向南北，山势呈弧形，北起剑川县华从山，南接大理点苍山，长约80余千米。山势巍峨，群峰突兀，沿山脊有30多座峰，著名的有16峰，海拔一般均在3 000米以上，主峰大松峰（中罗坪），海拔3 657米，罗坪山是弥茨河和黑惠江的分水岭，是由片麻岩、石灰岩、大理岩和砂页岩组成的褶皱断块侵蚀山地。罗坪山中的鸟吊山是候鸟迁途必经之地，每年农历七、八、九3个月，成千上万的鸟云集于此。垂直带谱发育。

（八）点苍山

点苍山俗称苍山，古称"灵鹫山"，南诏封为中岳山。点苍山原名"玷苍山"，点苍山是云岭中支最南部的一列山地。在大理市西部，位于北纬25°35′~25°50′、东经99°50′~100°12′之间，隔漾濞江与清水郎山相望，南北走向。从北向南，屏列着十九座山峰，北起上关云弄峰，南抵下关斜阳峰，绵延近50千米，宽约20千米。山峰海拔都在3 000米以上，最高峰马龙峰，海拔4 122米。山地中每两峰夹一谷，构成著名的"苍山十八溪"，相对高差超过千米。溪水流经大理坝注入洱海。山地是由以变质岩为主的岩石构成的断块侵蚀山地。垂直带谱发育，植物资源丰富，花卉繁多，以山茶和木本杜鹃为魁。盛产大理石。有洗马潭、黑龙潭、清碧溪、感通寺、龙眼、凤眼洞等名胜古迹。夏秋之交"玉带云"和冬春"望夫云"是特有云景。入冬之时，苍山负雪，构成"玉洱银苍"奇观。

（九）哈巴雪山

哈巴雪山是云岭东支中的主要山地，在中甸县中心镇东南75千米处，位于北纬27°10′~27°22′、东经100°02′~100°14′之间，有一别名叫"直欧鲁"（纳西语）。山地东西宽12千米，南北长16千米，走向西北—东南，隔虎跳峡与玉龙雪山对峙。主峰海拔5 396米，相对高差达3 800米。在海拔3 200~4 000米的地带，地势平坦，有许多山间小盆地，有黑海、黄海、湾海等冰碛湖泊。哈巴雪山是金沙江和金沙江支流硕多岗河的分水岭，是由下古生界的砂页岩、石灰岩和玄武岩组成。经金沙江及其支流强烈切割而成的断块侵蚀山地。矿产资源和动植物资源丰富。

（十）玉龙雪山

玉龙雪山是云岭中最高的一列山地，属云岭的东支。在丽江纳西族自治县县城西部和西南部，在北纬26°54′~27°18′、东经101°03′~101°15′之间。走向东北—西南，东西宽约20千米，南北长约43千米，因山形似一条白色的玉龙而得名。玉龙雪山又名寒波雪山。玉龙雪山由13座陡峻高耸的山峰组成，多数山峰海拔在5 000米以上，山顶终年积雪，主峰扇子陡峰，海拔5 596米。山脚的金沙江水面海拔为1 590米，相对高差最大达4 006米。山麓上有冰水汇集而成的玉龙湖。在玉龙雪山西北部，金沙江沿断裂带深切，形成著名的虎跳峡大峡谷。玉龙雪山植被保存较好，垂直带谱发育。是中国纬度最低的海洋性冰川所在地。

（十一）哀牢山

哀牢山是云岭余脉的东支，位于北纬22°35′~25°00′，东经100°35′~103°35′之间。北起大理州南部，南抵红河州南部，绵延数百千米，走向西北—东南，是元江和阿墨江、把边江的分水岭。哀牢山是滇东高原和横断山纵谷区两大地貌单元的分界线，也是一条重要的地理分界线，哀牢山是一列经过大幅度断块抬升和河流强烈下切而形成的深切割中山山地，由衷牢山变质岩系组成。东坡陡峻，相对高差可达2 000余米，西坡相对较缓。山地顶部有残存的平坦高原面，平均海拔2 000米以上。主峰位于大雪锅山（海拔3 137米）以北，海拔3 165.9米。山体北部较狭窄，南部较宽阔。宽阔的山顶面被河流切割成3列平行的山地，即金平县、河口瑶族自治县境内的大围山、分水岭和五台山3列山地。在山地的中段和东南段，元江及其支流流经的地区，分布有一些断陷河谷坝，如漠沙坝、元江坝、金平坝等。山地垂直带谱发育，从山麓到山顶，依次为北热带、南亚热带、中亚热带、北亚热带相暖温带气候。矿产资源和动植物资源丰富。

（十二）无量山

无量山是云岭余脉的西支。位于北纬22°30′~24°42′、东经100°20′~101°40′之间。走向西北—东南。北起大理州的巍山彝族回族自治县和南涧彝族自治县南部，向东南经思茅地区东部和中部，抵西双版纳州南部，绵延500余千米，是把边江与澜沧江的分水岭。山体北段狭窄高峻，海拔一般在2 500米以上；南段开阔低矮，海拔一般在1 500米左右。主峰大屯子山，海拔3 291米。南段保存有一定面积的残余高原面。山地东坡陡，西坡缓。西坡上有阶梯状分布的盆地群，如普洱坝（海拔1 362米），思茅坝（海拔1 267米）、普文坝（海拔854米）、小勐养坝（海拔735米）、景洪坝（海拔535米）等，海拔由1 362米下降到535米的澜沧江边，这些坝子是滇西重要的农业区。山地由中生界红色湖相砂页岩、泥岩等地层组成，有少量岩浆岩侵入体，是一列断块侵蚀山地。无量山气候带和自热带变化较大，从水平方向看，南部为北热带、南亚热带高原季风气候，中部为中亚热带高原季风气候，北部为中亚热带、北亚热带高原季风气候，垂直带谱发育，动植物资源丰富。

滇东高原区

一、乌蒙山

乌蒙山是云南东北部的重要山地，跨越滇黔两省边缘地带，位于北纬25°20′～27°45′、东经103°10′～105°30′之间，走向东北—西南。北起昭通地区的镇雄县和贵州省的毕节县，向西南经贵州省的赫章县和威宁县，在云南省的鲁甸县与宣威县交界处再次进入云南，抵宣威县、会泽县和曲靖市一带。乌蒙山是金沙江和珠江支流南、北盘江的分水岭，由3列山地组成。地势西南高，东北低，山地海拔一般在2 000米左右。西列山地最高，平均海拔高于2 100米，最高峰大牯牛寨山，海拔4 016米，中列山峰海拔一般在2 000米以上，东列山地海拔最低，山峰海拔一般低于2 000米，最高峰海拔约2 500米。山地由古生界的石灰岩等组成。乌蒙山原为云贵高原上的残留高地，经不等量差异抬升，相对隆起，中间被几组断陷盆地分割成3列山地。山地顶部起伏和缓，为残留的高原面。断陷盆地的坡麓地带，坡度较大。在山体的边缘地区，受小江、牛栏江及南、北盘江等河流的切割，比较破碎，相对高差可达1 000米。坡麓地带，泥石流十分发育。山地中喀斯特地貌发育。乌蒙山资源丰富，是云南开发较早的山区之一。

二、五莲峰

五莲峰是滇东北规模仅次于乌蒙山的一列山地。在昭通地区的西北部，位于北纬27°00′～28°12′、东经103°10′～103°55′之间。东依滇东北山原，西隔金沙江深切峡谷与四川的大凉山相望。走向东北—西南，跨越昭通、鲁甸和永善3县（市）。地势西高东低，山峰海拔一般在2 500米左右，最高峰裸车梁子，海拔3 362米。面临金沙江的西坡，山坡陡峭，相对高差超过2 000米。山地东北部起伏较和缓，地势向东南逐级下降，到达洒鱼河时，受河流的深切而陡降。山地主要由二迭系的峨眉山玄武岩组成，是一列褶皱断块侵蚀山地。垂直带谱比较发育。

三、拱王山

拱王山为东川市西部的一列山地。位于北纬25°35′～26°30′、东经102°40′～103°08′之间。横亘于东川市、寻甸回族彝族自治县和禄劝县境内，是滇东高原最高的一列山地。山地海拔一般均在3 000米以上，主峰雪峰，海拔4 247米。南北走向。拱王山夹于小江深大断裂和普渡河深断裂之间，是金沙江的支流小江和普渡河的分水岭，东隔小江与乌蒙山和梁王山相望，西隔普渡河与三台山对峙。山地北高南低，北部地势陡峻，相对高差达2 000余米；南部山势较和缓，山地中有一些小型断陷盆地。山地是主要由寒武系白云岩地层组成的断块侵蚀山地。蕴藏有丰富的铜、铁、银、铅、锌、磷等矿藏，是中国著名的铜矿产地之一。坡麓地带，滑坡、崩塌和泥石流十分发育。

四、三台山

三台山位于滇中湖盆区北面，北纬25°25′～26°22′、东经101°55′～102°45′之间，在禄劝、武定和元谋3县境内。山地南临3江（金沙江、元江和南盘江）分水岭，北界金沙江深谷，隔江与川西的鲁南山相望，是金沙江支流普渡河和龙川江的分水岭。走向北东—南西。山地内部受金沙江支流勐果河的切割，形成几组走向为北东—南西的箱状山地。山地北高南低，河谷纵向坡降与山脊线方向相反，南高北低。山地海拔一般在2 300米左右，最高峰为天岔口山，海拔为2 983米。山地顶部地形比较平坦。岩石以中生界的砂页岩、泥岩为主，东部有古生界的石灰岩、砂页岩和峨眉山玄武岩分布。坡麓地带，泥石流、滑坡和崩塌比较发育。

五、大白草岭

大白草岭是滇中北部最高的一列山地。在大姚县金碧镇北部45千米处，位于北纬26°04′～26°12′、东经101°08′～101°14′之间，广义的大白草岭指万马河与渔泡江之间山地，包括顶栋山、大白草岭、昙华山、龙顶山和小白草岭等山地；狭义的大白草岭指中部最高一带的山地，面积约25平方千米，是金沙江支流多底河和谷底河的分水岭，金沙江从北部边缘流过。山地平均海拔约3 000米，主峰冒台山，海拔3 657米，为楚雄彝族自治州的最高峰。山地由中生界的紫色砂页岩组成，夹有少量的花岗斑岩和正长岩等。它是由金沙江及其支流强烈切割而成的断块侵蚀山地。

六、梁王山

梁王山是呈贡县东南部与澄江县交界处的一列山地。走向东北—西南，东北起澄江县境，西南到晋宁县界，与黑汶山、美汝山相连，山地长约15千米，宽约5千米。由寒武系砂页岩、石灰系和二迭系石灰岩组成，主峰海拔2 820米，为滇池周围山峰之冠。登上主峰，滇池、抚仙湖和阳宗海尽收眼底。

在嵩明县西北部，有一列山地也叫梁王山，山地位于北纬25°20′～25°27′、东经102°52′～103°05′之间。走向东北—西南。山地顶部平坦，为残余高原面，溶蚀洼地和漏斗广布，主峰白竜山，海拔2 833米。

地貌区划

一、滇东盆地山原区

位于元江河谷和大理坝—玉龙雪山一线以东，根据山地、高原和坝子所占比重，分为滇西北中山山原亚区。滇东北中山山原亚区、滇中红色（层）高原亚区、滇中湖盆喀斯特高原亚区、滇东喀斯特高原亚区、滇东南喀斯特盆地高原亚区、富宁喀斯特低山峡谷亚区等7个亚区。

（一）滇西北中山山原亚区

宁蒗、永胜、华坪3个县基本上位于该地貌区内。亚区是金沙江与金沙江的主要支流之一雅砻江的分水岭，是滇西横断山纵谷向滇东高原过渡的地带。内部起伏较和缓，平均海拔2 000米左右。西部和南部靠近金沙江一带，地形起伏很大，相对高差1 500米左右。主要坝子有永宁坝、宁蒗坝、期纳坝、金官坝和永胜坝等。湖泊有程海。

（二）滇东北中山山原亚区

昭通市、绥江、永善、大关、鲁甸、巧家、会泽等县，盐津县西部，东川市东部等基本上位于该地貌亚区内。亚区是以莲花峰山地为骨架的中山山原峡谷区。地势北部较低，向金沙江谷地倾斜。平均海拔1 800～2 500米，最高峰药山，海拔4 040米。亚区内金沙江及其支流切割强烈，形成岸陡流急的峡谷，相对高差可达2 400米。在分水岭上，地势起伏和缓，分布有较大面积的残留高原面，上面有大面积的草场和旱地。山原上分布着一些大小不等的断陷坝子、河谷平原和阶地。主要坝子有昭鲁坝，会泽坝、者海坝、永善坝、巧家坝、鹧鸡街坝、新酒房—龙村街坝和大桥—杨梅山坝等，其中昭鲁坝最大。

（三）滇中红色（层）高原亚区

楚雄州、宾川、祥云、弥渡、鹤庆、大理等县(市)、丽江县东部、新平彝族傣族自治县、元江哈尼族傣族自治县东北部、峨山彝族自治县西部，基本上位于该地貌亚区内。亚区位于金沙江与元江的分水岭上，主要山地有大白草岭、鸡足山、三台山等。最高降是大白草岭主峰冒台山，海拔3 657米。地势北高南低，平均海拔2 000米左右。以残留高原地貌为主。高原面比较平坦，广泛分布有中新生代红色地层，坝子星罗棋布，面积也较大，是云南省坝子最集中的地区之一。主要坝子有宾川坝、洱海坝、鹤庆坝，祥云坝、弥渡坝、丽江坝、元谋坝、楚雄坝、碧城坝、巍山坝、姚安坝、南华坝，禄丰坝、武定坝、禄劝坝、易门坝、双柏坝、牟定坝和新平坝等，其中洱海坝最大。湖泊有洱海。

（四）滇中湖盆喀斯特高原亚区

昆明市，玉溪市、嵩明、富民、呈贡、安宁、晋宁、澄江、江川、华宁、通海等县，寻甸县西部，建水、石屏县北部，开远市西部，峨山县东部等基本上位于该地貌亚区内。亚区位于金沙江、元江、南盘江3江分水岭上，主要山地有拱王山和梁王山，最高峰为拱王山主峰雪峰，海拔4 247米。地势北高南低，山北向南微微倾斜。平均海拔1 900～2 400米。以高原地貌为主，大部分高原面保存较为完整。地形起伏和缓，其中镶嵌着由一系列南北向构造控制的断陷湖泊盆地。这些坝子面积大且肥沃，主要坝子有昆明坝、澄江坝、江川坝、嵩明坝、玉溪坝、通海坝，寻甸坝、建水坝、宜良坝、安宁坝、石屏坝、开远坝等。多数坝子海拔低于1 950米，高原面和坝子的相对高差一般为400～500米。主要湖泊有滇池、抚仙湖、阳宗海、杞麓湖，星云湖、异龙湖等，是云南省湖泊最集中的地区。昆明坝、江川坝、澄江坝、通海坝、石屏坝等属断陷湖盆坝，上有山间河流流入，下有湖泊，水资源丰富。亚区内石灰岩广布，喀斯特地貌发育，高原面上地表缺水。

（五）喀斯特高原亚区

曲靖地区，威信，镇雄、彝良、弥勒、泸西、路南县，盐津县、东川市、宜良县东部基本上位于该地貌亚区内。主要山地是乌蒙山，最高峰为乌蒙山西支主峰大牯牛寨山，海拔4 016米。地势北高南低，平均海拔1 800～2 500米，地表起伏和缓，石灰岩广布，崎岖不平，是云南省喀斯特最发育的地区之一，广泛分布有峰林、峰丛、石芽、暗河，溶蚀洼地、盲谷等。著名的石林就在亚区内。南盘江从亚区中部流过。亚区内大坝子较多，主要坝子有曲沾坝、陆良坝、宣威坝、师宗坝，罗平坝、大无浪坝、者黑—爵册坝、路南坝、弥勒坝、竹园坝、泸西坝、菱角塘坝、雄壁坝、炎方坝、撒马依坝等。大部分坝子的海拔在1 950米以下，高原面和坝子的相对高差一般在500米左右。

（六）滇东南喀斯特盆地高原亚区

文山州的中部和南部基本上位于该地貌亚区内。亚区位于元江和南盘江的分水岭地带，地势西北高，东南低，最高处为薄竹山，海拔2 991.2米，最低点在盘龙河下游，海拔107米。西部和北部为海拔2 000米左右的喀斯特高原，中部是海拔1 600～1 800米的喀斯特山原和海拔1 400～1 600米的喀斯特中山。石灰岩广布，峰林，峰丛、石芽、漏斗，溶洞、溶蚀洼地，地下河等喀斯特地貌发育，是云南省主要的喀斯特发育区之一。亚区内地表水多转入地下，地表缺水。主要坝子有平远街坝、丘北坝，砚山坝、红舍克坝、树皮坝、文山坝等。坝子与周围山地的相对高差在200米左右。

（七）富宁喀斯特低山峡谷亚区

富宁县北部、中部，广南县东北部基本上位于该地貌亚区内。地势西高东低，向东北倾斜，与广西喀斯特地貌区连成一片。亚区内河流溯源侵蚀没到达的地区，残留有部分起伏相缓、地表崎岖的喀斯特高原面。东南部受洋江、剥隘河等的切割，高原地形已被破坏，形成低中山和丘状地形，河谷具有峡谷特点。亚区内山峰海拔都在1 750米以下，最高峰在龙牙寨北部，海拔1 741米，最低处在罗村口附近的谷拉河与右江交汇处，海拔165米。亚区内平均海拔1 300～1 500米，相对高差在200～450米之间。石灰岩广布，喀斯特地貌发育，其中以圆锥状峰林、塔状峰林、溶蚀洼地等为主。地下河十分发育，小割溶蚀盆地很多，最大的坝子为广南坝。

二、横断山北段高山峡谷区

本区由高山峡谷组成。根据山地、河流的分布，分为怒山高黎贡山高山峡谷亚区、云岭高山山原亚区两个亚区。

（一）怒山高黎贡山高山峡谷亚区

贡山、泸水、福贡县，德钦，维西、兰坪县的西部基本上位于该地貌亚区内。地势由北向南逐渐降低，最高峰为卡格博峰，海拔 6 740 米。最低处位于怒江河谷石头寨附近，海拔 823 米，平均海拔 3 500 ~ 4 200 米。高黎贡山、怒江、怒山、澜沧江构成山川相间的高山峡谷，谷坡最大坡度可达 50 ~ 60 度，谷底到山顶的相对高差一般为 1 000 ~ 2 500 米。高原面已被破坏，坝子少且面积小。

（二）云岭高山山原亚区

德钦、维西、兰坪县东部，丽江县西部，大理州的西北部和中甸县基本上位于该地貌亚区内。地势由北向南逐渐下降，最高峰为玉龙雪山主峰扇子陡峰，海拔 5 596 米，平均海拔 3 500 ~ 4 500 米。西部是澜沧江与金沙江的分水岭，西北部与川西高原相连，金沙江从中穿过。分水岭地带残留大片高原面，主要分布在中甸县境内。谷坡地带地形陡峻，谷底到山顶的相对高差一般为 1 000 ~ 2 000 米，其中玉龙雪山与虎跳峡峡谷谷底差 4 006 米。坝子海拔在 2 000 米以上。主要坝子有中甸坝、小中甸坝、洱源坝、剑川坝等。

三、横断山南段中山峡谷区

属横断山余脉区。西部山地走问以北东—南西为主，东部山地以西北—东南为主，向南水系间距逐渐增大，具有帚状水系特征，将山地切割成梁状和箱状。有较多的坝子分布。根据山地、盆地的分布情况，分为滇西中低山宽谷盆地亚区、腾冲火山地貌亚区、滇西南中山宽谷盆地亚区、无量山中山山原亚区、哀牢山中山峡谷亚区等 5 个亚区。

（一）滇西中低山宽谷盆地亚区

潞西、瑞丽、陇川、盈江，畹町等县（市）基本上位于该地貌亚区内。地势北高南低，最高峰是北部的尖高山主峰瑯玡山，海拔 3 741 米。大部分山地海拔低于 1 500 米，低中山绵延，河谷呈树枝状伸入其间，沿河分布着串珠状的宽谷盆地，以及宽窄不等的河漫滩平原和河流阶地。主要坝子有芒市坝、遮放坝、瑞丽坝、陇川坝、盈江坝等。坝子的海拔都在 1 000 米以下，地势开阔，水热丰富。

（二）腾冲火山地貌亚区

腾冲县以及梁河县的绝大部分基本位于该亚区内。山地走向以南北向为主，山峰海拔一般在 1 700 ~ 2 000 米左右，最高峰是腾冲县西北部的大白草坡，海拔 3 202 米。亚区内分布着由 70 余座死火山组成的第四纪火山群，以及比较平坦的火山熔岩台地。其中打鹰山海拔最高，为 2 595 米，是中国著名的火山地貌区之一。地热资源丰富。主要坝子有腾冲坝、梁河坝、固尔坝、界头街坝等，坝子海拔都在 1 700 米以下。火山喷发溢流物，经风化后，土壤肥沃。熔岩台地岩石多孔隙，渗水强烈，地表干旱。

（三）滇西南中山宽谷盆地亚区

保山、龙陵，施甸、昌宁、西盟、澜沧、勐连、勐海、景洪县（市）和临沧地区，基本上位于该地貌亚区内。亚区内山谷相间，河谷间距开阔，山峰海拔较低，大部分低于 1 500 米，中低山绵延，最高峰为永德大雪山，海拔 3 504 米。主要山地有老别山和邦马山。亚区内坝子很多，主要有勐遮坝、保山坝、龙陵坝，施甸坝、耿马坝，昌宁坝、勐定坝、老城坝、芒宽坝、勐撒坝、勐海坝等。坝子的海拔在 465 ~ 1 650 米之间。

（四）无量山山原亚区

大理州西南部、思茅地区北部、勐腊县基本上位于该地貌亚区内。无量山构成亚区地貌的骨架，平均海拔 1 500 ~ 2 100 米，最高峰是无量山主峰大屯子山，海拔 3 291 米。山地顶部残留有一定面积的高原面，地势北高南低。水系发育，地表切割强烈，相对高差较大。沿河谷地带有坝子分布，坝子的海拔一般在 500 ~ 1 400 米之间。主要坝子有景谷坝、勐罕坝、景东坝、勐戛坝等。

（五）哀牢山中山峡谷亚区

思茅地区东北部和红河州西南部基本上位于该地貌亚区内。哀牢山构成了地表的基本骨架。山地平均海拔 1 700 ~ 2 200 米，最高峰是哀牢山主峰，海拔 3 165.9 米。地势西北高，东南低，向东南地势愈趋和缓。水系发育，地表切割强烈。主要坝子有红河坝、元江坝、绿春坝、金平坝，墨江坝等。坝子面积较小，海拔和纬度较低，热量条件较好。

（秦硕　整理）

河　流

概述

云南省有金沙江、珠江、红河（元江）、澜沧江、怒江、伊洛瓦底江六大水系。流域面积在100平方千米以上的河流有669条。金沙江流域面积最大，支流最多，有181条。伊洛瓦底江流域面积最小，支流最少，仅47条。各流域的支流数与流域面积成正比。流域面积在1 000平方千米以上的河流有109条，占总数的16.3%；其中，干流5条，一级支流56条，二级支流47条，三级支流1条，全省以小河居多，流域面积小于500平方千米的小河496条，占总数74.1%；大于10 000平方千米的大河仅有10条（包括5条干流和金沙江3条支流、红河2条支流），仅占1.5%。

六大水系中，除珠江、红河（元江）发源于本省外，其他各河分别发源于青藏高原东侧、东南侧。省内有两条重要分水线：一为西北—东南向的云岭—点苍山—无量山，是金沙江、红河与滇西三江的分界；二为东西向的下关—楚雄—昆明—沾益一线，是金沙江与珠江、红河的分水岭。省内水系与流域特征深受地质构造影响，干流主要沿深大断裂发育，上游段呈南北向排列，中下游段分别向东、向南、向西呈扫帚状展开，帚柄集中于滇西北高原，在北纬28°附近由西向东为：独龙江、高黎贡山、怒江、碧罗雪山、澜沧江、云岭、金沙江，三山四水的水平距离仅108千米。各水系的大支流也与区域构造线一致，与干流组成平行状水系。小支流多分布在上、中游河段两侧，呈羽毛状汇入干流。六大水系中，金沙江和珠江出省境后流入川、黔、桂3省，其他4河均属“一级国际河流”（一级国际河流：是指来源于自然的水〈雨水、地下水、冰雪融水〉，最终出口与海洋〈或内陆湖泊〉直接相连的、超越两个以上国家的河流），出境后分别进入缅甸、老挝和越南；其中，伊洛瓦底江和怒江流入印度洋，其他水系汇注太平洋。一个省区有六大水系又分别汇注两大洋，在全国其他省区中是罕见的。

云南河流的天然落差大，常达1 000～2 000米，多数中小河流的平均坡降达5～7‰。在落差集中处形成很多大瀑布，如巧家彪水岩瀑布高差150米，绥江县的山河坝瀑布高差132米。部分河谷具有反常现象，即上游谷开阔，阶地、河漫滩发育，下游河谷深切。如南盘江及其支流、金沙江一级支流、澜沧江支流黑惠江、沘江以及滇西的龙川江、大盈江等都具有这种特征。

云南省河流主要由降雨及地下水补给，金沙江、澜沧江、怒江的上游河段，于每年春季还有一定数量的冰雪融水补给。

金沙江（长江水系）

金沙江为长江上游干流，长江正源叫沱沱河，源于青海唐古拉山北麓格拉丹东雪山群的西南侧。沱沱河先后与南支当曲、北支楚玛尔河汇合后称通天河。从青海玉树县的直门达站至四川岷江汇合口的河段称金沙江。全长2 308千米，流域面积485 409平方千米。岷江汇合口以下称长江。

金沙江由德钦县的德拉村进入云南省境，向东南流，至石鼓折向东北，形成著名的“长江第一湾”。下行35千米，贯穿在玉龙雪山和哈巴雪山之间，河流深切，形成坡陡谷深的大峡谷——虎跳涧峡谷。虎跳涧峡谷全长16千米，落差210米，多年平均流量1 360立方米/秒，水能理论蕴藏量290万千瓦。后沿川、滇省界东流，至横江汇口处入四川省。流经德散、中甸、维西、丽江、宁蒗、永胜、鹤庆、宾川、华坪、永仁、元谋、武定、禄劝、东川、巧家、永善、绥江、水富等县，省内河长1 560千米、流域面积109 026平方千米，分别占金沙江流域的67.6%和22.5%，平均比降为1.29‰，流域内山区面积占总面积97%，盆地、湖泊面积占3%。习惯上以雅砻江汇合口为界分为上、下两段，威信、盐津县的南广河属长江上游干流水系，流域面积2 661平方千米。

金沙江在省境内流域面积大于1 500平方千米的一级支流共14条。左岸有翁水河、多岗河和五郎河3条。右岸共有11条，其中大于5 000平方千米的有：龙川江、普渡江、牛栏江和横江；介于1 500～5 000平方千米之间的有周巴洛河、漾弓江、达旦河、鱼泡江、勐果河、小江和以礼河。右岸河流多发源于盆地周围山地或高原湖泊，由南向北流。上游河谷开阔，下游河段落差集中，为典型的下泄河流。

金沙江流域干支流水能理论蕴藏量为4 025.05万千瓦，占全省40%，可能开发的水能资源3 543.3万千瓦，80年代初已开发40.76万千瓦，占可开发的水能资源1.15%。金沙江下游有108千米航程可全年通航，1983年水富开辟了水富到上海的内河航线，路经重庆、武汉、南京等长江沿岸港口，不仅可使川、滇、黔3省的煤、磷、硫外运，也增强了云南与沿海各省的联系。水富港已成为云南物资进出的北大门。

珠　江

珠江在云南省境内的流域面积58 303平方千米，占珠江全流面积的13%。共分3支，以干流南盘江最大，占云南境流域面积的74.3%；右江占16.6%；北盘江最小，占9.1%。

一、南盘江

南盘江是珠江正源，发源于云南省曲靖市马雄山东麓水洞处，海拔2 200米。流经曲靖、陆良、宜良、开远、弥勒等县，于罗平县境汇合黄泥河后流出省境，至贵州蔗香与北盘江汇合，在广西桂平、梧州先后接纳右江、桂江后称为西江。

南盘江主要支流

河名	发源地	岸别	流域面积（平方千米）	河长（千米）	落差（米）	平均坡降	流量（立方米/秒）	水能理论蕴藏量（万千瓦）	水能可开发量（万千瓦）万千瓦	水能可开发量 亿度
海口河[①]	梁王山关岭	右	1121	16	385	24.1	3.6	1.4	34.6	8.82
巴盘江	路南石林山神庙	左	1261	71.5	660	9.2	14.6	4.1	3.12	1.77
曲江	九溪关文村	右	3472	208.2	804	3.9	25.6	16.4	2.27	1.16
泸江	石屏县宝秀湖	右	4455	144.4	382	2.7	16.8	2.5		
甸溪河	梁河及雄壁	左	2905	215.7	735	3.4	22.9	12.9	5.00	2.47
法白河	砚山县听湖	右	3859	166.5	1173	7.0	50.3	22.5		
黄泥河	白水潘家洞	左	7416	220.0	1287	5.8	172	85.0	73.25	2.26

注：海口河为抚仙湖出口河流，抚仙湖为抽水蓄能电站，其可开发量包括抚仙湖蓄水能量。

南盘江在云南省境内流域面积43 311平方千米，河长651千米，落差1 414米，平均坡降2.17‰，多年平均流量为546立方米/秒。以宜良高古马铁路桥与泸江汇合口为界，将南盘江分为上、中、下游3段。上游：由河源至宜良高古马铁路桥，河长265千米，落差623米，平均坡降2.35‰，流域面积6 301平方千米。河流流行在曲、陆、宜三大盆地之中，耕地连片，是省内主要商品粮基地。中游：高古马铁路桥以下至开远泸江汇合口，河长173千米，落差488米，平均坡降2.8‰，河道强烈下切，岸坡达30°～60°，河谷底宽20～40米。下游：自开远泸江口至三江口，河长213千米，落差488米，平均坡降1.42‰，河道穿行于高山峡谷之间，水能资源丰富。南盘江流域石灰岩面积占1/2，喀斯特地貌发育，明、暗河交替，湖泊较多，抚仙湖、星云湖、阳宗海、杞麓湖均属南盘江水系。

南盘江在省境内流域面积大于1 000平方千米的一级支流有7条，于左右两岸相间汇入干流。

二、北盘江

北盘江发源于曲靖市马雄山的东北部，海拔2 400余米，经宣威县向东进入峡谷称格香河，先后有拖长河、可渡河汇入始称北盘江。省境内流域面积5 321平方千米，多年平均流量70立方米/秒，主要支流有拖长江、可渡河。

三、右江

右江主源为驮娘江，发源于广南九龙山麓，于治里出省境入桂，后又于富宁县那马村讲入云南省，最后于富宁县罗村口进入广西百色后称右江。右江在云南境内的流域总面积9 671平方千米，多年平均流量149平方米/秒。主要支流有西洋江、普厅河、剥益河。

珠江流域位于云南省东南部，流域降雨800～1 500毫米，平均降雨1 040毫米，降雨总量606.4亿立方米，汛期占75%～86%，枯季占14%～25%。降雨量变差系数0.15～0.25。流域平均陆面蒸发631.8毫米，径流模数40.8万平方米/平方千米，总产水量238亿立方米，汛期占75%～85%，枯季占15%～25%，变差系数为0.3～0.45。是全省地表径流模数最小、地下径流比重最大的流域。珠江入境水量少而分散，仅有22亿立方米，出境水量共253.4亿立方米。还原水量6.6亿立方米。

珠江水能理论蕴藏量346.43万千瓦，南盘江占92.4%，北盘江占7.6%。南盘江的水能资源60%集中于支流。黄泥河是南盘江的最大支流，平均坡降为5.8‰，下游落差集中，80年代初在此河段进行梯级开发，总装机容量97万千瓦，鲁布革电站是整个梯级开发的核心。南盘江上游河段水流平稳，经整治后可通行木船，宜良至开远段，滩多流急，无法通航。开远小龙潭以下，可与水电结合，建立梯级航道，可望与珠江航线联网。

红河（元江）

红河在云南省境内流域面积74 822平方千米，占红河全流域面积62.3%，有干流元江与西支李仙江、东支盘龙河组成，干流元江流域面积最大，占50.9%；李仙江占31.3%；盘龙河最小，占17.8%。干、支流间分水岭狭窄，山水相间，平行南下，分别于河口、江城、麻栗坡3县出境流入越南。

元江是红河正源，发源于巍山县境哀牢山东麓，上游称礼社江，在太和以南与绿汁江汇合后称元江。流经南涧、双柏、新平、元江，红河、元阳等县，红河县以下河段始称红河。

云南境内的红河（元江）河长692千米，平均坡降1.8‰，流域面积38 095平方千米，多年平均流量514立方米/秒；河道蜿蜒在峡谷之中，岭谷高差大，岸坡30°~70°，水面宽仅60~80余米。沿河大小险滩213处，平均3千米一处，每到枯水季节，水位降低，险滩出露，河槽弯曲；洪水期水流湍急，山洪携带大量泥沙和飘浮物而下，对航运极为不利。红河（元江）在省境内流域面积大于1 000平方千米的一级支流有7条。现将未在云南省境内汇入干流的西支李仙江与东支盘龙河的特征简述如下。

一、李仙江

李仙江为红河右岸最大支流，发源于南涧县宝华山地，海拔2 300米。上源称川河，出景东县后称把边江，于江城县北柯庄附近纳入阿墨江（上游称布固江）后，始称李仙江。由江城县西南部出境入越南，与藤条江（在越南境内叫南那河）汇合后叫黑水江。李仙江在云南境内河长472千米，平均坡降4.2‰，流域面积23 399平方千米，多年平均流量713立方米/秒。上游河谷开阔，谷地与小盆地相间分布。在云南省境流域面积大于1 000平方千米、直接汇入李仙江的支流有阿墨江与勐野江两条。

二、盘龙河

盘龙河为红河左岸第一大支流，发源于砚山平远街山地，海拔1 500米。文山县以北叫稼依河，文山县以南叫盘龙河，至麻栗坡县船头以下出境，进入越南后称明江。盘龙河在云南省境内长235千米，平均坡降5.8‰，流域面积13 328平方千米，多年平均流量269立方米/秒。文山县龙潭寨以上为上游，河谷束放相间；龙潭寨水文站至迷洒为中游，河谷纵坡平缓，平均坡降1.7‰，河道曲折；迷洒以下为下游，岸坡30°~60°，最大处达70°，山地高出水面150~400米，水面宽15~40米，多瀑布、急滩，大白石崖跌水高差达80米。其他支流集中分布于左岸。

红河（元江）流域主要支流特征表

河名	发源地	岸别	流域面积（平方千米）	河长（千米）	落差（米）	平均坡降（‰）	流量（立方米/秒）	水能理论蕴藏量（万千瓦）	水能可开发量（万千瓦）	
									万千瓦	亿度
弥渡河	弥渡县竹园及祥云县清华洞	左	1 350	55.0	1 327	24.0	11.2	4.7		
马龙河	南华县五街山地	左	1 978	138.0	1 681	12.0	11.4	7.9		
绿汁江	禄丰县罗茨山地	左	8 657	324.0	1 534	4.7	52.1	32.7	3.0	15
小河底河	玉溪市红星	左	2 585	170.0	1 623	9.5	18.9	18.9		
南溪河	屏边、文山交界老街寨	左	3 378	161.0	1 920	11.9	92.8	32.1	4.8	3.3
李仙江	南涧县宝华山地	右	23 399	472.0	1 980	4.2	713	205.2	83.8	50.5
盘龙河	砚山县平远街山地	左	13 328	235.0	1 354	5.8	269	71.0	63.0	34

红河（元江）流域位于哀牢山东侧，东南气流辖送方向与哀牢山脉走向一致，虽利于气流长驱直入，但对气流的抬升增雨作用不显著。流域降雨700~2 000毫米，流域平均降雨1 305毫米，降雨总量976.4亿立方米，汛期占75~85%，枯季占15~25%，变差系数为0.12~0.23。流域平均蒸发687.5毫米，径流模数61.8万立方米/平方千米，径流总量462亿立方米，汛期占60~80%，枯季占20~40%，红河（元江）流域在中、越边界附近由越南入境的水量31.8亿立方米，流入越南境内的水量达472.0亿立方米。其中李仙江占47.7%，元江占34.3%，盘龙河占18%。还原水量4.9亿立方米。

红河（元江）水能资源理论蕴藏量980万千瓦，可开发的水能资源装机容理337.5万千瓦。元江与李仙江河谷狭窄，河道无集中落差，开发利用价值小，左岸支流马龙河、绿汁江、小河底河、南溪河等河道不长，落差集中，具有发展小水电的优越条件。元江及其支流主要流经在狭谷中，滩多流急，航运价值不高。

澜沧江

澜沧江发源于青海唐古拉山东北麓，至昌都与昂曲汇合，经西藏察稚、芝康，于布依进入云南德钦，流经维西、兰坪、云龙、永平、昌宁，凤庆、云县、临沧、景谷、双江、思茅、景洪等县，于南腊河汇合口出境。进入老挝后称湄公河，经缅甸、泰国、柬埔寨，至越南西贡汇入南海。干流全长4 180千米，流域面积811 000平方千米，河口区流量4 200立方米/秒，为亚洲第七大河，是世界上最典型的南北流向的河流，并属国际一级河流。

云南省境的澜沧江夹峙在怒山与云岭之间，干流全长1 170千米，平均坡降1.64‰，流域面积88 655平方千米，是省内第二大河。澜沧江可分上，中、下游。上游：由布依至营盘街。中游：由营盘街至临江桥。下游：由临江桥至南腊河口汇合处。

澜沧江流域纵贯云南西部，由北到南直线距离850千米，山地与西南气流斜交，迎风坡气流抬升，增雨作用显著，降雨量700～1 800毫米，由北向南、由河谷沿山坡递增。流域平均降雨1 352毫米，降雨总量1 198.6亿立方米，是全省总产水量最多的流域。澜沧江为过境河流，入境水量258亿立方米，上游来自西藏，占总入境量的92.3%；下游来自缅甸和老挝，占7.7%；出境水量分别流向缅甸与老挝，合计754.5亿立方米。还原水量3.5亿立方米。

澜沧江主要支流

河名	发源地	岸别	流域面积（平方千米）	河长（千米）	落差（米）	平均坡降（‰）	流量（立方米/秒）	水能理论蕴藏量（万千瓦）	水能可开发量（万千瓦）	
									万千瓦	亿度
通甸河	兰坪县通甸南部山地	左	1 411	91.0	1 506	16.5	25.9	8.1	0.26	0.13
沘江	兰坪县雪邦山西侧	左	2 652	174	1 700	9.8	34.3	25.4	2.91	1.94
永平河	永平县龙门李子树	左	1 472	86.5	1 400	16.2	15.2	9.1		
黑惠河	右支：丽江罗风山 左支：剑川老君山	左	12 190	334	1 402	4.2	112	82.5	29.7	
罗甸河	保山昌宁大尖山	右	3 243	200	1 726	8.6	65.2	34.8	3.6	1.8
勐戛河	景谷永平黄草岭	左	1 097	103	600	5.8	21.6	18.5		
黑江	临沧县太平掌	右	5 553	175	1 894	10.8	117	43.4	1.16	0.58
小黑江	镇沅景谷县界麻箕村	左	8 485	290	1 700	5.9	164	78.0	60.4	29.7
黑河	澜沧县东北雪林	右	2 086	138	1 470	10.6	53.6	16.7		
南安河	澜沧县营盘	右	1 033	86	1 496	17.4	22.4	8.8		
流沙河	勐海西定山地	右	1 244	110	1 410	12.8	20.6	19.5	1.45	0.73
补远江	普洱县磨黑山地	左	7 420	282	1 245	4.4	181	57.7	15.6	7.8
南木阿河	大勐龙布朗山	右	1 243	128	1 015	7.9	22.4	8.2		
南腊河	勐腊北部山地	左	3 914	172	755	4.4	64.6	14.5	0.62	0.31
南拉河	澜沧竹塘	右	1 955	87	921	10.6	51.0	13.8		

澜沧江的水能理论蕴藏量2 530.9万千瓦，占全省25.5%，可能开发的水能资源装机容量为1 968.3万千瓦，其中89.5%集中于干流。1986年已在中游开始兴建曼湾电站。澜沧江上游河谷狭窄，比降大，险滩多，不易通航；下游江宽水深，小橄榄坝至63号界桩188千米长的河道，枯水期已可通行50～140吨级机船，中水期可通行300～500吨级机船。澜沧江下游有洪水威胁，应注意防洪。

怒江

怒江发源于西藏唐古拉山南麓，至贡山县境的茶畦陇进入云南，夹峙在高黎贡山与怒山之间，由北向南流经福贡、碧江、泸水、保山、施甸、龙陵、永德、镇康等县，于潞西县境纳南信河后出境。入缅甸称萨尔温江，经缅甸毛淡棉注入印度洋的安达曼海。干流全长2 816千米，流域面积324 000平方千米，入海流量10 000立方米/秒，属一级国际河流。

云南省境内的怒江干流长621千米，平均坡降1.79‰，流域面积33 484平方千米。以泸水县跃进桥与保山县惠通桥为界，将怒江分为上、中、下游。上游：自贡山县的茶畦陇至泸水县的跃进桥。驰名中外的“怒江大峡谷”分布于此。中游：自泸水跃进桥至保山惠通桥，是怒江流域的主要产粮区和经济作物区。下游：惠通桥至国界线，较大支流主要分布在下游河段。

怒江在省境内流域面积大于1 000平方千米的一级支流有：猛波罗河、南汀河、南卡江，3河均位于怒江左岸，猛波罗河在省境内汇入怒江，其他两河出省境后汇入萨尔温江。

怒江流域主要支流

河名	发源地	岸别	流域面积（平方千米）	河长（千米）	落差（米）	平均坡降（‰）	流量（立方米/秒）	水能理论蕴藏量（万千瓦）	水能可开发量（万千瓦）	
									万千瓦	亿度
猛波罗河	保山县沙坝山地	左	6 616	182	2 222	12.2	83.0	29.0	3.9	2.0
南汀河	临沧县那招	左	8 284	265	1 988	7.5	222	60.0		
南卡河	西盟县中梁北部山地	左	2 326	106	1 502	14.2	90.4	38.5		

怒江流域的北部，降雨呈双峰型，年雨量 1 500 ~ 1 700 毫米；中部河谷及盆地区降雨少，仅 700 ~ 800 毫米；流域的西南部，水汽丰沛的西南气流朔河而上，年降雨达 1 800 ~ 2 000 毫米。流域平均降雨 1 366 毫米，降雨总量 457.4 亿立方米。

怒江流域水能理论蕴藏量总计 1 974 万千瓦，其中干流占 86.6%，支流占 13.4%；可开发水能资源装机容量 1 030.9 万千瓦，97% 集中于干流。

伊洛瓦底江

伊洛瓦底江属一级国际河流，发源于我国西藏境内，上游恩梅开江在缅甸密支那与迈立开江汇合后称伊洛瓦底江，于缅甸南部注入印度洋的安达曼海。全长 2 090 千米，流域面积 409 000 平方千米。伊洛瓦底江水系在云南境内主要有 3 条江。

一、独龙江

发源于西藏南部竹瓦根山地。由贡山县西北部入境，于贡山西南部的马库入缅甸后称恩梅开江。属伊洛瓦底江的上游干流。云南省境内的独龙江纵贯贡山县境西部，夹峙在担当力卡山与高黎贡山之间，河长 80 千米，落差 980 米，流域面积 1 958 平方千米，岸坡 35° ~ 45°。贡山县雨季呈双峰型，年雨量达 2 555 毫米，2 ~ 4 月雨量占年雨量的 23%，河流除受降雨、地下水补给外，尚有四周山顶的融雪水补给。径流模数高达 197 万立方米/平方千米。河川径流总量 38.5 亿立方米。水能资源理论蕴藏量 70 万千瓦，至今尚未开发。

二、大盈江

大盈江上源分左、右两支。左支南底河源于腾冲县打苴区，上游叫叠水河，经腾冲、梁河进入盈江县。右支槟榔江为大盈江正源，发源于腾冲县的尖锋山，上源叫胆扎河。两河于盈江县下拉线汇合后称大盈江。

云南境内的大盈江，干流全长 194.3 千米，落差 1 885 米，流域面积 5 784 平方千米。沿河两岸盆地、峡谷交替出现，全河穿行于支那、盏西、粱河、盈江四大盆地之间，灌溉着近 30 万亩农田。大盈江主要支流南底河是有名的浑水沟，当地有“槟梅江的水，南底河的沙”之说，每当暴雨过后，大规模泥石流倾注江中，下拉线水文站历年断面最大含沙量达 39.2 千克/立方米。

三、龙川江

发源于腾冲县高黎贡山西侧界头附近诸山溪，上源由 3 支组成。左支龙川江为干流上源。右支西沙河与中支磨龙河（上源称明光河）在腾冲固东区汇合，向东南流，于曲石附近汇入龙川江，沿高黎贡山西麓由北向南流，先后接纳了罗卜坝河、芒市河、畹町河，至弄岛又与右岸支流南宛河汇合，出境进入缅甸后称瑞丽江。

省境内的龙川江河长 322 千米，流域面积为 8 470 平方千米，下游河段及其支流罗卜坝河、芒市河、南宛河等流经蛮东、勐养、芒市、遮放和陇川盆地，耕地集中，具有灌溉和工业供水之利。但因雨量集中，流域调节能力差，枯季缺水严重，有些河段滑坡崩塌，多年平均含沙量 0.3 ~ 0.4 千克/立方米，南宛河麻栗坡水文站历年断面最大含沙量达 15.5 千克/立方米，水土流失严重，芒市河河口由于龙川江的顶托，常泛滥成灾。

大盈江、龙川江位于高黎贡山以西，西南气流沿坡而上，降水丰沛。全流域多年平均降雨 2 076 毫米，降雨总量 390.1 亿立方米，两江的水能理论蕴藏量 338.7 万千瓦，其中 86.4% 信息量在龙川江。可能开发的装机容量 29.5 万千瓦，仅占理论蕴藏量的 8.7%，至 80 年代中期，绝大部分尚未开发。

伊洛瓦底江的流域面积仅占全省面积的 5%，但年径流量可占全省 12%。伊洛瓦底江的入境水量 69.6 亿立方米，其中西藏占 32.8%，缅甸占 67.2%。出境水量 330 亿立方米，主要向缅甸输送。伊洛瓦底江水资源开发利用率为 0.9%，稍高于怒江流域。

湖泊

概述

全省湖面积1 164平方千米，约占全国1平方千米以上湖面积的8.3%，平均湖泊率为0.3%，湖泊汇水面积9 000平方千米，总蓄水量290亿立方米。其中以滇池湖水面积最大，抚仙湖最深、湖水容积最大、补给系数最小。

云南省湖泊多在断裂陷落基础上，经溶蚀、流水侵蚀或冰川作用等外力影响下形成的。

云南省内湖泊大多数分布在海拔1 280~3 266米的高原盆地之中。由降雨和地下水补给，有些山溪以坡面漫流汇入湖泊，入湖径流少，湖面蒸发常高于湖面降雨。多数湖泊仅有一条出湖河流，有的靠暗河排泄，个别湖泊由于水位逐年下降，已演变为封闭的内陆湖。

主要湖泊有滇池、洱海、抚仙湖、星云湖、杞麓湖、异龙湖、阳宗海、清水湖、程海、泸沽湖。

滇池

滇池古名滇南泽，又称昆明湖，属金沙江水系。形如弓弦，湖北部有3.5千米长的海埂将湖泊分为两部分，北部为草海，南部为外海。

滇池属断层陷落构造湖。新生代中新世后，云南高原发生多次间隙性的不等量上升，北部上升强烈，南部上升较弱，形成向南倾斜的高原面，同时发生了南北山的西山大断裂，西盘上升，东盘下降，形成古滇池的雏形。北起松华坝，南迄晋宁十里铺，湖面积约1 000平方千米，最大水深100米。昆明盆地中的地下草煤，就是古滇池内的水草沉积演变而成。由于昆明盆地处于新构造运动的上升区，螳螂川向源侵蚀加强，海口河被加深，湖水大量流出，滇池不断变浅缩小。13世纪、15世纪、16世纪又相继数次疏挖海口河，进一步加大了出流，加上河流携带泥沙入湖沉积，使湖盆迅速缩小变浅。

汇入滇池的较大河流共有10条，即：昆明的盘龙江、东白沙河、西白沙河、宝象河，呈贡的马料河、洛龙河、呈贡大河、梁王河，晋宁的柴河、东大河，构成了滇池水系，主要分布在滇池的北、东、南三岸，西部紧邻西山，仅有细小沟溪注入滇池。海口以上集水面积约3 050平方千米（《滇池地区生态环境与经济综合考察报告》12页，云南科技出版社。），其中，以流经昆明市区的盘龙江最大，为847平方千米，占入湖河流总面积的30.8%，入湖水量2.52亿立方米，占河川径流量的40%。盘龙江上游于1958年兴建松华坝水库，主要担负昆明地区防洪和工业、生活供水，其次是灌溉和发电。

海口河又名螳螂川，是滇池的唯一出湖河流，多年平均出湖径流4.64亿立方米，河长63千米，河流坡大流急，蕴藏了丰富的水能资源。1901年在此建起了国内第一座水电站石龙坝水电站，装机容量6 000千瓦。富民以下称普渡河，长约277千米，至东川市落雪水注入金沙江。清道光十六年（公元1836年）在海口河修建了中滩闸，控制、调节滇池水位，使滇池成为一座天然蓄水库。

洱海

洱海古称叶榆泽，因湖泊外貌形似人耳，故名洱海。位于云南省西部大理白族自治州内，属澜沧江水系。

洱海位于中甸、大理、弥渡深大断裂带中部，湖盆北起邓川的江尾村，南至下关市，与点苍山十九峰平行。第三纪中新世以来，西岸苍山强烈上升，海拔高程达3 074~4 122米，东部盆地下降，湖积、冲积、洪积物厚度达1 000~2 000米。湖岸断层、岩壁经侵蚀后形成一些断崖，湖岸港湾曲折，湖内有四洲、三岛、五湖、九曲之胜。四洲为赤鼻洲、大贤洲、鸳鸯洲和马廉洲，三岛为金梭岛、赤文岛和玉儿岛，五湖为太平湖、莲花湖、星湖、神湖和潴湖，九曲则多分布在湖泊东岸。70年代中期以来，由于洱海水位大幅度下降，喜洲的海心亭已成为田心亭，九曲胜景部分已成荒滩，金梭岛因大量采石，破坏严重。

汇入洱海的河流，北面有弥苴河、罗汁江、永安河，东岸有挖色河，南面有菠罗江（又名穿心江），西岸有苍山18溪，汇流面积2 785平方千米。东西两岸河流短小，南北两端源远流长，以北岸的弥苴河最大，流域面积1 388平方千米，占总汇水面积的50%。洱海的水源补给除河川径流、地下水和湖面降雨外，还有点苍山的积雪融水。

西洱河位于洱海西南岸，是洱海唯一出湖河流。经下关向西南流，至漾濞县平坡村注入漾濞江（黑惠江中段），全长23千米，落差610米，平均坡降26.5‰，多年平均流量26.2立方米/秒，折合径流总量8.26亿立方米，水能理论蕴藏量26.9万千瓦，可开发的水能资源25.5万千瓦。1946年开始建成玉龙小水电站，发电能力200千瓦。1980年已发展为四级开发，总装机容量25.5万千瓦，占理论蕴藏量94.8%。电站建成后，洱海发电供水量逐年增大，70年代中期~80年代初，又遇连续干旱，来水量少，湖水位连续下降。1982年6月6日水位降到最低，仅1 970.66米，不但减少了湖区工农业生产及人民生活供水，还引起了水生植物资源量减少、种群变化、湖岸冲刷、地下水位下降等生态环境问题。

洱海的鱼类资源丰富。大理裂腹鱼又名弓鱼，体形瘦长，鳞肉细嫩，美味可口，有“鱼魁”之称，目前已频临绝迹。其他尚有杞麓鱼，大头鱼、厚唇鲤和细鳞鱼等。

苍山洱海风光秀丽，素有“风、花、雪、月”四大奇景的美称，并有“玉洱银苍”的盛誉。全国闻名的蝴蝶泉位于洱海之畔，国务院已批准大理地区为国家44个重点风景名胜区之一。

抚仙湖

抚仙湖又名澄江海，位于澄江、江川和华宁3县之间，湖盆外貌形如长葫芦，属南盘江水系。

抚仙湖为南北向断层陷落湖。湖的南北两端由第四系冲积、洪积松散岩类组成，东西两岸由石碳二迭系、泥盆系等的石灰岩、砂页岩组成，湖岸陡峭，断层痕迹依然可见。抚仙湖南部江川县水域内有一小岛，名孤山，又名瀛海山，离湖岸最近处约800多米。元、明时期，岛上建有铜塔，结构奇巧精妙，明末曾被焚烧。清康熙十七年（公元1678年）又重建寺庙。1980年，岛上建成动物研究所猴饲养基地，所以又名猴岛。

抚仙湖位于滇中湖群五大湖泊的中心区域。在五大湖泊中，抚仙湖水位最低（海拔1 721米），与滇池、杞麓湖、阳宗海的水平距离分别为17、18、27千米，南部有2.5千米长的隔河与星云湖相通。抚仙湖湖水容积占全省湖泊容积的65%，是目前国内已知的第二大深水湖泊。

抚仙湖群山环抱，周围湖积平原狭窄。入湖河流有：西大河、东大河、梁王河和尖山大河等30余条，除西大河流域面积大于50平方千米外，其余多在30平方千米以下，约有1/2以上的河流流域面积不超过10平方千米。流域面积不超过10平方千米的河流，河长多在20千米以内，河床比降达10～100‰，常以坡面漫流和细小沟溪直接汇入湖泊，河水暴涨暴落，枯季断流，河川径流的调节性极差。湖岸周围有地下水补给，如西岸的老鹰地溶洞、猪嘴山溶洞群、禄充大洞、甸朵大洞，北岸的西龙潭和东岸的大湾、小船尖落水洞、热水塘等。

海口河是抚仙湖唯一出口明河，多年平均流量3.7立方米/秒，海口河从海口村起向东北流约14.5千米汇入南盘江，落差385米，水能理沦蕴藏量1.4万千瓦。

抚仙湖多年平均水位海拔1 722.1米，历年最高水位为海拔1 723.06米，出现于1956年9月16日；历年最低水位海拔1 720.91米，出现于1969年6月1日，高低水位差2.15米。一年中的最高水位多出现在9～12月，个别年分推迟至翌年1月。最低水位一般出现在5月或6月。抚仙湖湖水清澈，水色呈蓝绿色，透明度2～3米，水质良好，湖内盛产鱇鲌鱼，其他还有鲤鱼，花色、青鱼、草鱼、金线鱼等。

星云湖

星云湖位于江川盆地内，又叫江川海，与抚仙湖有隔河相通，湖泊外貌呈椭圆形，属南盘江水系。

星云湖为断层陷落湖，古星云湖占据整个江川盆地，后逐渐缩小变浅，现在星云湖面积仅为古湖盆的1/3。

湖岸的北，西、南三面较缓，为第三、四系冲、洪积松散岩类组成，东岸较陡，由石碳二叠纪的石灰岩组成，湖底平坦，沉积物以泥岩及腐殖质为主，河口处有不少砂质沉积物。汇入星云湖的较大支流有：北岸的沙河和石寨河，西岸的渔村大河，东岸的螺蛳铺河，其他尚有小街河、大街河、东河、西河等10多条小溪，总汇水面积326千米，补给系数9.16。

隔河为星云湖的出口河流，与抚仙湖相通，河中屹立一石笋，高数丈，上镌“界鱼石”3字，两湖水深悬殊，湖泊生活环境不同，两湖鱼类以此为界，互不往来，“界鱼石”之名由此而得，隔河宽15～20米，7～11月为丰水期，12～6月为枯水期，多年平均流量1.4立方米/秒，湖滨耕地集中，灌溉效益显著。

星云湖水呈绿色，微浑，透明度1.5米，湖中浮游动物多，饵料丰富，水质肥，湖水温10～20℃，有利于鱼类生长，除原有的土著鱼类外，尚有放养的鲤鱼、青鱼、草鱼、鲢鱼等，星云湖是省内放养鱼种、实行人工繁殖和管理保护、渔业生产最早的湖泊之一，也是全省渔业单产最高的湖泊。

杞麓湖

杞麓湖以位于杞麓山（又名秀山）畔而得名。因南距通海县城1.5千米，又名通海。属南盘江水系。

杞麓湖属断层陷落湖，湖泊长轴呈东西向，古杞麓湖占据了整个通海盆地，湖面高程达海拔2 000米，经过漫长的历史演变，水位下降，湖面缩小，东南部罗家冲明出水口如今已变为陆地。镇海岳家营的落水洞是杞麓湖唯一的排洪口。

杞麓湖周围有大小河溪8条，西岸长沙河最大，长24千米，其次为南岸的大新河，长1千米，其余均为10千米以下的季节性沟溪，以坡面漫流汇入杞麓湖。沿湖还有兴义岩子、兴龙潭、石毕大龙潭、甲宝井龙潭等36处泉水补给，水量不大，但较稳定。杞麓湖没有明河出口，仅有伏流通过东岸落水洞外泄。1966年在落水洞建有2.5×2.5米的两孔闸门，根据雨情、水情控制水位。湖区周围有9.5万亩农田需湖水灌溉。

杞麓湖水呈黄绿色，微浑，透明度由50年代的2米，降至80年代的0.5～1.0米。湖中鱼类以杞麓鲤、大头鱼为多，其次为鲤鱼、鲫鱼、云南鲤、小白鱼等共10多种土著鱼类。

异龙湖

异龙湖由彝语“邑罗黑”演变而来，意为龙吐水形成的海，因地处石屏县内，又名石屏海。原属南盘江水系。1971 年后，异龙湖出口经青鱼湾隧洞注入红河。

异龙湖为断层陷落湖，湖北岸为乾阳山，由石碳、二迭纪灰岩组成，岩性坚硬，基岩裸露，湖岸平直陡峻，局部湖岸有断层陡壁保存。南岸为五爪山，由昆阳群板岩、砂页岩组成。

异龙湖西岸有城河、城南河汇入，城河发源旧城附近山溪，向东南流经宝秀湖（又名赤瑞湖）（宝秀湖已干涸，大部分已垦为农田），至石屏县城附近与城北河汇合注入异龙湖，河长 18 千米，流域面积 102 平方千米。城南河长 10 千米，其他均为山地小溪，以坡面漫流直接入湖，属季节性补给。湖泊北岸有泉水出露点 22 处，直接入湖的水量约 0.32 亿立方米。东岸的海河原为异龙湖出口明河，1971 年打通青鱼湾隧洞后，湖水改由表鱼湾隧洞向红河中支流五郎河排泄。

异龙湖水呈绿色，微浑，透明度 0.5～1.0 米，适于农业灌溉用水和养殖。湖中以鲤鱼、鲫鱼、青鱼、鲢鱼为多。1959 年开始放养武昌鱼、高背鲫鱼、尼罗罗非鱼等鱼苗。

异龙湖开发历史较早，1698 年以前湖水位曾达海拔 1 418 米，湖面积为 60 多平方千米，湖泊容积 3 亿立方米。明、清年间为减轻湖区涝灾，曾数次疏挖海河，增加出流，1952、1953 年再次对海河加深拓宽，至 1960 年湖水位降到海拔 1 411.4 米，湖面积为 36 平方千米，湖泊容积为 0.76 亿立方米。60 年代中期，降雨较多，水位回升到海拔 1 412.75 米，湖泊容积 1.3 亿立方米，1971 年打通青鱼湾隧洞，水位又开始下降，1981 年 4、5 月间曾出现持续 20 天的全湖干涸状况，80 年代中期已恢复到 60 年代中期的状况。

阳宗海

阳宗海又名“明湖”，位于呈贡、宜良、澄江 3 县交界处，属南盘江水系。长轴呈南北向，为断层陷落湖。东西两岸平直陡峻，南北两端有耕地分布。

阳宗海的水源由周围山地沟溪与地下水补给，较大河流分布在湖泊南岸，有新街河、左卫营河等，湖岸附近还有部分龙潭泉水直接注入湖内。

汤池河位于湖泊东北岸，是阳宗海的唯一出口河流，至汤池镇以下入摆夷河，在宜良县城西汇入南盘江。宜良盆地是云南省重要的商品粮基地。阳宗海水位高于宜良盆地 250 米，又有汤池河流过，对宜良县的农田灌溉起着重要作用。70 年代以来，为保证农田灌溉曾多次挖深出口，水位有下降趋势。

阳宗海为一深水湖泊，湖水清澈，呈蓝绿色，透明度 3～4 米，湖内浮游生物少，渔业不发达，有“穷湖”之称。

清水海

清水海又名“车湖”，位于寻甸县境内，为小江上源湖泊，属金沙江水系。

清水海属构造湖盆，湖深岸陡，湖盆南北长，东西窄，略呈蚕蛹状，湖底平坦，东西两岸平直陡峻，湖滨狭窄，南北两端有较大村庄和耕地分布。

清水海地表汇水面积仅 34.5 平方千米，入湖径流 0.14 亿立方米。周围山地多为石灰岩组成，喀斯特地貌发育，漏斗、溶洞、暗河互相沟通，地下水补给面积可达 200 平方千米。湖岸周围有龙潭 20 多处，以南岸海尾村附近的小村龙潭最大，出口处流量达 0.5 立方米/秒，各龙潭年产水量 0.46 亿立方米，但湖泊东部、东北部渗漏严重，湖泊可供水量不大。北端海尾村附近的海尾河是清水海出口河流，最后汇入小江。

1949 年前，清水海的水资源没有开发，尚保持自然状态。1949 年后，陆续修建了水利工程 10 多处。1956 年在海尾村修建了闸门，控制清水海的出流量。1969 年从麦冲箐开挖了 3 000 多米长的隧洞，可灌溉羊街、金所盆地 10 万亩农田。

程海

程海又名“乌海”，位于永胜县城西南 20 千米处。据永胜县志记载：300 多年前，湖水由海口河汇入金沙江，由于气候干旱，湖水蒸发，加上湖底渗漏，水位逐年下降，从 1690 年起，演变为内陆湖泊。湖水碱化，渐向苏打湖演化。

程海属断层陷落湖，长轴呈南北向。东岸主要为砂页岩分布，岩性较软，湖岸平缓，沟溪较多。东北部青草湾至仁义一带，有部分灰岩，喀斯特发育，有小型溶洞。西岸为黑色坚硬的玄武岩，湖岸陡峭。

注入程海的河流有季官、团山两河，河长均不足 10 千米，其中团山河为季节性河流，其他为湖岸周围沟溪，以坡面漫流直接汇入湖体。程海无出海河流，主要以湖面蒸发和湖底渗漏方式排泄，为滇西北高原上典型的封闭型湖泊。

程海除有渔业生产、灌溉农田及少量航运之利外，1987 年中国科学院武汉植物研究所发现程海盛产拟鱼腥藻（螺旋藻），是世界 3 个产天然藻类蛋白的湖泊之一。蛋白质平均含量占 50% 以上，还含有 8 种以上人体需要的氨基酸。1990 年，云南施普瑞制药厂研制成功螺旋藻新药——施普瑞。

泸沽湖

泸沽湖位于云南省宁蒗与四川省盐源两县交界处，为小金河上源，出口在盐源县境内，经雅砻江汇注金沙江。

泸沽湖属构造湖盆，水深岸陡，最大水深达93.5米，是云南省第二深水湖泊，当湖水水位为海拔2 690.7米时，湖面积48.5平方千米。多年平均入湖径流约0.8亿立方米，还有少量地下水补给。

湖内有一小岛，明、清时建有庙宇，湖周围群山环抱，林木繁茂，山青水秀。湖中盛产小白鱼，还有鲤鱼、鲫鱼、细鳞鱼等，是省内生态环境保护较好的湖泊。1986年建立泸沽湖自然保护区，面积8.127公顷，主要保护高山针叶林、高原湖泊和水禽栖息地。

冰川

概述

云南省是一个高原省份。横断山脉屹立在滇西北高原，太子雪山、哈巴雪山、玉龙雪山、白马雪山海拔高程达5 300～6 740米，远远超过了横断山区的雪线高度(4 600～5 100米)，山顶形成千年积雪。如丽江的玉龙雪山，当地纳西族人民称它为“吉乌鲁”，意为云间银峰，指山峰上具有终年不化的积雪。这些积雪在重力、压力作用下重新结晶，孕育出了形形色色的山岳冰川。

据不完整资料统计，境内冰川覆盖面积约100平方千米，其中太子雪山的冰川面积最大，达73.5平方千米，玉龙雪山约20平方千米，哈巴雪山不足10平方千米。太子雪山从格里石至永支长达50千米，包括奶诺戈汝、森林堡两个山谷冰川以及德钦县西部的明永恰冰川。明永恰冰川长约8千米，宽500米，尾端位于北纬28°27′、东经98°46′。顶部有扇形冰斗群，中部有高差巨大的冰瀑布，末端有直立80余米的冰壁，冰舌沿卡格博峰东侧山谷发育，由西向东，向下伸入林带，进入森林达10千米，末端可达海拔2 700～2 800米处，是全国冰川海拔最低的地区之一。冰舌附近的冰融洞是明永隆曲河的源头，该河最后汇入澜沧江。在丽江境内的玉龙雪山，海拔5 000米以上的山顶，发育有冰斗冰川，末端可向下沿伸至海拔4 000米以下，它是青藏高原范围内最边远的，发育有海洋性冰川的高山，地理纬度位置为北纬27°，是我国境内纬度最低的现代冰川作用地域。在山腰一带，尚有古冰斗、冰碛龙岗的分布，山麓洪积扇顶部有冰积湖遗迹，由于后遭流水切穿，湖水泄尽已干涸，当地人们称之为“干海子”。哈巴雪山的冰川面积最小，但在消融期对当地小河具有补给作用。

云南省冰川的物理性质属低纬度、高海拔、海洋性现代冰川，具有气温偏高（约－2～－4℃)、水量丰沛、降雪量丰富、消融强烈、冰川融水径流模数大、所补给的河流均属外流河水系的特点。由于这种冰川物质平衡水平高，底层又常处于融点状态，所以运动速度快，进退幅度大。冰川融水对金沙江、澜沧江、怒江3江上游河段及其支流具有补给作用。按横断山区冰川融水径流模数1 000万立方米/平方千米计算，太子雪山冰川年融水量约7亿立方米，玉龙雪山约2亿立方米，哈巴雪山约1亿立方米，全省冰川融水总计约10亿立方米。

土壤

概述

云南是高原山区省份，地貌类型复杂，生境多样，土壤类型多。根据全省第二次土壤普查资料，幅员面积383 278平方千米，折合为57 491.7万亩，扣除水域、道路、村镇和部分石山裸岩外，土壤总面积52 843万亩，分为7个土纲、14个亚纲、19个土类、34个亚类。其中铁铝土纲（砖红壤、赤红壤、红壤、黄壤）占土壤总面积的55.32%；淋溶土纲（黄棕壤、棕壤、暗棕壤、棕色针叶林土）占19.72%，半淋溶土纲（燥红土、褐土）占1.43%；初育土纲（紫色土、石灰（岩）土、火山灰土、新积土）占18.17%；水成土纲（沼泽土）占0.02%，高山土纲（亚高山草甸土、高山草甸土、高山寒漠土）占1.92%；人为土纲（水稻土）占3.87%。

土壤分布

云南幅员辽阔，南北跨8个纬度，东西跨9个经度，属低纬度高海拔的山区省份。由于地貌类型复杂和不同生物气候带的错综分布，以及母质和岩石的多样，导致土壤类型多，在分布上既有水平地带性，又有垂直地带性和地域性。

一、水平分布。云南地热北高南低，从西北向东南呈阶梯状倾斜，土壤水平地带分布与生物气候带基本吻合。自南而北大体可分为4个土壤带。

（一）砖红壤带：集中分布于北纬23度以南、哀牢山以东海拔400米以下、以西海拔800米以下的地区。植被类型为热带雨林或季雨林。本带气候湿热，属北热带气候，年平均气温>20℃，≥10℃积温7 300 ~ 8 300℃，年雨量1 200 ~ 1 800毫米。成土母质以泥质岩风化物为主，占砖红壤面积的65.8%；花岗岩、片麻岩占13.3%，石灰岩占8.4%老冲积物、紫色岩、玄武岩、石英质岩共占12.5%。砖红壤是宝贵的热区土壤资源，是发展橡胶的生产基地。

（二）赤红壤带：集中分布在北纬23°~24°之间，在哀牢山以西海拔800~1 500米、以东400~1 300米的地带。植被为南亚热带季风常绿阔叶林和思茅松林。属南亚热带气候，年平均温18℃以上，≥10℃积温6 000 ~ 7 500℃，年雨量1 000 ~ 1 700毫米。成土母质以泥质岩风化物为主，占赤红壤面积的46.0%；紫色岩占18.2%；花岗岩占15.4%；石英质岩占9.4%：石灰岩占7.6%；老冲积物和玄武岩分别占2.0%与1.4%。本带水热条件好，是双季稻、杂交稻、陆稻、甘蔗、茶叶、紫胶、芒果等的主要产地。

（三）红壤带：主要分布在北纬24°~27°之间，海拔2 500米以下的广大地区。主要植被为亚热带常绿阔叶林、云南松林和灌丛草地。属中亚热带、北亚热带气候，年平均气温14~17℃，≥10℃积温4 200~6 000℃，年雨量1 000毫米左右。本带中部和东部为云贵高原，成土母质主要是深厚的古红土发育的山原红壤。西部为横断山脉，山高谷深，成土母质主要是页岩、片岩等泥质岩、石英质岩、花岗岩、片麻岩等发育的山地红壤。东部和西部偏南多雨区和迎风坡还分布有黄壤。红壤带开发较早，是云南粮、烟、油、果的主产区。

（四）棕壤带：分布在北纬27°以北，海拔2 500米以上。本地带分布着黄棕壤、棕壤、暗棕壤等棕壤系列为主的土壤带，其次还分布有亚高山草甸土、高山草甸土和高山寒漠土等高山土壤。植被主要为云南松林、硬叶常绿阔叶林、针阔叶混交林及高山针叶林和高山灌丛草甸。年平均气温5~13℃，≥10℃积温650~3 800℃，年降水量为620~1 100毫米。成土母质（包括淋溶土纲和高山土纲）以花岗岩、片麻岩等酸性结晶岩的坡积、残积物为主，占23.4%；碳酸盐岩占19.1%；紫色岩占14.8%；泥质岩占14.5%；玄武岩为主的基性岩占10.8%；老冲积物占6.1%；其它占11.3%。本带以森林为主，高山草场广阔，是云南林、牧、药材生产基地。

二、垂直分布。云南土壤的垂直分布十分明显，在全省范围内，从低到高，土壤的垂直分布大体是：

砖红壤：滇南分布在海拔800米以下、滇西（德宏）海拔600米以下、滇东南（文山）海拔400米以下的地区。

赤红壤：集中分布在北纬24度以南、海拔800 ~ 1 500米的地区。

燥红土：主要分布在元江、金沙江、怒江等封闭河谷，海拔1 000米（或1 300米）以下的地段，是在干旱少雨，高温燥热的特殊环境下形成的独特土壤。

红壤：是云南的主要土壤资源，广泛分布于海拔2 500米以下的地区。

黄棕壤：滇西分布在海拔2 500~2 700米、滇中海拔2 300~2 600米、滇南海拔1 900~2 200米的山体上。

棕壤：滇西分布在海拔2 600~3 200米，滇中分布在海拔2 400~3 300米，滇南分布在海拔2 200~3 000米的山体上。

暗棕壤：滇西分布在海拔3 200 ~ 3 500米，滇中拱王山分布在海拔3 300 ~ 3 700米，滇南文山薄竹山分布在海拔2 500 ~ 2 991米的山体上。

棕色针叶林土：滇西分布在海拔3 500 ~ 3 800米，滇中拱王山分布在海拔3 700 ~ 4 000米的山体上。

亚高山草甸土：滇西分布在海拔3 800 ~ 4 200米，滇南无量山分布在海拔2 900 ~ 3 379米的山体上。

高山草甸土：仅分布在滇西海拔3 500 ~ 4 400米的山体上。

高山寒漠土：仅滇西海拔4 200米以上的高山上有零星分布。

云南土壤垂直分布既受经度地带性的影响，又受纬度（水平）地带性的制约。全省地势西北高，东南低，从西北至东南，大致经度东移1度，纬度南移1度，其相应的地带性土壤分布海拔上限分别下降100~200米。

山体高度不同，土壤垂直带谱也有差异。山体越高，高差越大，土壤类型越多，垂直带谱也越齐全。如地处滇西纵谷的老君山，山脚海拔2 400米，主峰海拔4 247米，基带土壤为红壤，向上依次分布着黄棕壤—棕壤—暗棕壤—棕色针叶林土—石质土。

同一山体，不同坡向，水热条件各异，其土壤类型和分布海拔上限也有差异。同一土壤类型的分布海拔高度，西坡比东坡要高100~200米。

三、地域性分布。云南土壤除有规律性的水平分布和垂直颁布外，还受地形、水文、成土母质等因素的影响，而成地域性分布：南部边缘低山河谷的砖红壤区；滇南帚状山地的赤红壤区；滇东高原古红土发育的山原红壤区；滇西山地红壤区；滇中以楚雄州为中心的紫色土区；滇东南岩溶地貌发育，为石灰（岩）土区；滇东北为黄壤、黄棕壤土区；滇西北为高山土区；元江、怒江、金沙江等燥热河谷有燥红土、褐红土呈条带状分布；红河沿岸阶地和冲洪积扇（裙）有新积土（冲积土）分布。

（江云　整理）

矿产资源

概述

云南省有丰富的矿产资源，素称有色金属王国。目前世界上已知的140多种有用矿产中，云南发现112种矿产，并探明其中80多种的储量，提供了886处矿产地。截至1984年底，有50个矿种的储量居全国前10名之列（见表12—1），其中有色金属9种，贵金属2种，稀有金属12种，黑色金属4种，建材原料，化工原料和能源矿产等28种。云南省矿产资源分布广，矿种全，富矿比例大，伴生矿多，利用价值高。

云南省居全国前十位矿产统计表

位次	种数	矿种名称
一	6	铅、锌、镉、锗、锶、铊
二	6	锡、锆、铟、铂族、钾盐、岩盐
三	8	铜、镍、磷、芒硝、砷、萤石、兰石棉、长石
四	7	铋、敏、汞、磷钇矿、蛇纹石、玻璃用白云岩、铸石用玄武岩
五	6	锰、锑、银、独居石、硫铁矿、石棉
六	5	钛、钴、硫（伴生）、压电水晶、高岭土
七	3	钨、电石灰岩、云母
八	4	熔炼水晶、滑石、大理石、水泥混合材料
九	5	铁、铝土矿、石膏、砖瓦粘土、煤
十	2	镓、水泥配料

资料来源：《云南矿业发展战略研究》

有色金属矿产

有色金属矿是云南最大的优势矿产，储量丰富，品种齐全。截至1984年底，铜、铅、锌，锡、钨、锑、铝、镍、钼、汞10种矿产分布在全省108个县市，除铝土矿外，其它9种金属保有金属储量占全国相同金属总储量的17.32%，铅、锌、锡，铜、镍、锑、汞的产量居全国前列。在西南4省中，铅锌锡钨居第一，铜锑镍钼居第二。主要以共生矿产出，经济价值高。

铅锌矿。云南省铅锌矿是有色金属中最为丰富的优势矿种，储量名列全国第一。铅金属保有储量占全国铅总储量的18.63%，锌占25.06%。共有产地50处，包括铅锌矿山33个，伴生共生矿产地17处，其中铅锌保有储量大于1 000万吨和100万吨的产地各1处，大于50万吨的产地2处，10～50万吨的产地16处，小于10万吨的产地30处。昭通、会泽、兰坪、德宏、澜沧、个旧6地为主要分布区，占全省总量90%以上。兰坪金顶铅锌矿是目前世界上10大铅锌矿之一，占全省总量70%。

云南省铅锌矿床地质品位高，且以锌为主，铅锌比为1:3.27，平均铅品位8.20，居全国第一，大多数是多金属矿床，综合利用价值高。云南虽有丰富的铅锌资源，但开发程度低，仅占保有储量的15.32%，为全国平均利用率（36.36%）的42.15%。

锡矿。云南省是全国目前最大的产锡基地，保有储量占全国的30.45%，居全国第二位。现有40余处锡矿点，集中分布在3个地区：第一是个旧矿区，有产地18处，保有储量占全省36.91%，素有“锡都”之称，其中云锡公司占个旧矿区产量的90%以上。其次为文山地区，即分布在马关县及麻栗坡县境内的20余处矿点，均以老君山花岗岩体为中心。第三为滇西区，在北起泸水石缸河，南至西盟大黑山范围内，已发现锡矿床13处，是重要远景区。上述各矿区正在加紧勘探，必将提供出新的锡矿基地。

云南现保有锡矿以硫化物型原生脉锡矿为主，共生伴生的有价组分达27种，有较高的综合利用价值。

铜矿。云南省铜矿资源遍及全省，保有储量占全国11.86%，居第三位。其中含铜品位高于1%的富矿居全国第二位，占全省保有储量的41.55%。现有产地137处，主要集中在东川（占全省总储量35.61%）、滇中（占19.39%）、个旧（占13.10%）、新平（占11%）、中甸（占3.4%），其中大型矿床3处（占保有储量35.64%）、中型矿床25处（占保有储量48.88%），小型矿床38处（占保有储量8.76%），小型分散矿床（铜储量一般小于1万吨）71处（占保有储量6.72%）。其中单一铜矿床（伴生银）储量占全省铜储量的77.07%，东川易门式沉积变质层状铜矿和滇中砂岩型铜矿均属此类。其次为火山岩铁铜矿床和矽卡岩多金属矿床，储量占全省铜储量的19.84%，余下3.09%为伴生铜。矿石类型以硫化矿和混合矿为主，约占全省铜储量的70%以上，氧化矿不足30%。

镍矿。云南省镍矿资源仅占全国总储量8%，但居全国第三位。全省计有产地16处，主要分布在金沙江—哀牢山构造带和康滇地轴西缘断裂带中，集中产在墨江、元江、金平3处，占全省总储量91.4%。其它产地滇西3处，滇中5处，滇南2处，滇东3处。主要为风化壳硅酸镍矿床，占全国同类矿床储量的98.4%，占全省镍储量的83.3%，与国外同类型矿床相比则规模小，品位低，属难选冶矿石。墨江元江镍矿是全国最大的硅酸镍矿床，占省内同类矿床储量的80%。其次为岩浆熔离硫化铜镍矿床，规模最大者数金平白马寨铜镍矿，占省内同类储量的91%，含镍品位也最高，平均1.23，硫仁矿的共生伴生有益组分较多。

锑矿。云南省锑矿资源较丰富，但勘探程度甚低。截至1984年底，在全省有工业远景的9个矿点中，只有4个矿点进行过勘探和计算储量，保有锑金属储量占全国总量9.3%，居全国第五位。上述保有储量的80.77%集中在广南木利和大理巍山，此外漾濞、富源等地亦有分布，以上地区均有较大远景。

汞矿。汞矿保有储量约占全国4%，居第四位。产地7处，以丘北、巍山、保山等地分布较多。

钨矿。云南省钨矿资源不算丰富，保有储量占全国钨总储量3.6%，居第七位，大部分赋存于矽卡岩锡钨多金属矿床或铜钨多金属矿床中，综合利用价值高。全省有13处钨矿产地，其中8处在个旧矿区矽卡岩多金属矿床中，形成锡钨共生矿体或单独钨矿体，占全省钨矿资源近3/4。

钼矿。保有钼金属储量仅占全国1.0%，居第11位，产地9处，以大理马厂细脉浸染型铜钼矿床最大。

铝土矿：云南省铝土矿资源不多，探明储量居全国第九位，有产地17处，主要分布在昆明及其周围的安宁、呈贡、富民等地，矿床规模较小，矿石铝硅比低。

黑色金属和冶金辅助原料矿产

云南省黑色金屑有铁、锰，钛、铬，钒5种，冶金辅助原料为熔剂石灰石、熔剂云石、耐火粘土和萤石等。

云南省黑色金属分布很不平衡，铁、钛集中在滇中、锰集中滇南，焦煤集中于滇东部。

铁矿。云南省铁矿床点共207处，保有储量约占全国储量的13.37%。其中大型（>1亿吨）铁矿6处，中型（1 000万~1亿吨）23处，小型矿点（<50万吨）91处。公元2000年前可开发利用的工业矿床39处，占全省总量的42.96%。云南省富铁矿比例大，尤其高炉、平炉富矿居全国第一。但总的来说还是贫矿多富矿少，且保有储量中有近1/3是难选的鲕状赤铁矿和菱铁矿。从地区来看，玉溪地区铁矿储量占第一位，楚堆州，思茅地区、昆明市分别居二、三、四位，丽江地区、怒江州、德宏州、临沧地区铁矿资源贫乏。

锰矿。云南省锰矿资源在全国占有明显优势，保有矿石储量占全国35.63%，居第五位，其中富锰矿占全国富锰储量的一半，是保有富锰储量最多的省份。已发现锰点14处，其中大型1处，中型3处，小型2处。锰矿分布比较集中，红河州和文山州总储量80%以上。

钛矿。钛矿是云南省黑色金属中除钛、锰之外居第三位的重要矿种，保有矿储量占全国储量的6.73%，居第六位，其中符合工业指标的只占全省总储量的4.04%探明储量的产地有3处，其中中型矿床1处，小型2处，均为砂矿，主要分布在保山、勐海及富民等地。此外，武定狮山的初步地质工作认为，其钛矿的储量和品位均可超过富民。

铬铁矿。云南省铬铁矿点多，矿体规模小，主要分布于哀牢山北段和滇西北德钦地区。全省有资料的矿点9处，其中7处已探明储量。云南省铬矿占全国储量甚微，目前仍是较短缺的矿产。

钒矿。也是云南省较短缺矿产，目前仅会泽1处伴生钒矿，储量占全国钒金属保有储量的0.42%。

白金辅助原料矿产。主要为熔剂石灰岩、熔剂白云岩、耐火粘土、硅石和萤石，云南省储量均很丰富，分布甚广，能够满足生产需要。

贵金属矿

云南省贵金属成矿条件较好，历史上是产金产银的主要省份，近10年来在铂族金属方面也有很大进展。

金。云南省已探明18个金矿产地，其中大型1处，中型3处，小型14处，相对集中的产地在哀牢山地区。其中，岩金占保有储量的41.1%，伴生金占57.7%，砂金只占1.2%。矿床品位低，贫矿多，富矿少。所有金矿均伴生有3~5种有益元素，可综合回收利用。云南省人均占有金量为2克/人。近年来滇西北和滇西南已发现较多的金矿点，展现了良好的找矿前景。

白银。云南省银矿储量比金矿丰富，目前已探明58处银矿产地，其中大型6处，中型11处。所有银矿均伴生于有色金属矿产中，保有银储量居全国第四位，平均品位31.49克/吨。全省人均占有银300克/人。

铂族金属。云南省铂族金属储量居全国第二位。现已发现矿床（点）22处，其中10处进行了详细勘查，主要集中在楚雄州和大理州。大多数为独立的铂钯矿床，但品位低，均属贫矿。人均占有量2.5克/人。

稀有金属矿产

云南省发现的稀有金属种类较多，其中锗、镉、铊、锶储量居全国第一位，锆、铟居第二位。除铍有单独成矿外，其它多与有色金属伴生，是开采冶炼有色金属的重要副产品。具体储量及产地分布如下：

锗矿。主要伴生于铅锌矿等矿床中。现探明产地10处，主要分布在会泽、马关、罗平等地，此外，滇西临沧等地的褐煤含锗也高。以上含锗总量目前居全国之冠。

铟矿。保有储量居全国第二位，现有产地7处，主要伴生在马关、兰坪、个旧等地有色金属矿床中，可在冶炼厂综合回收。

锆英石矿。保有储量居全国第二位，现有产地5处。

磷钇矿。保有储量居全国第四位，现有产地2处。

独居石矿。保有储量居全国第五位，现有产地2处。

非金属矿产

非金属矿作为化肥化工原料，是云南省又一优势矿产资源，种类多，储量丰富，分布较广，很有发展前景。现已探明的主要矿种有：磷、硫铁矿、岩盐、钾盐、芒硝、砷、电石用石灰岩等。

磷矿。云南省是中国五大磷矿产地之一，年产磷矿石占全国1/3左右。保有储量居全国第三位，且富矿占全省储量的15%，比全国7%的富矿比例高出一倍多，质量居全国首位。探明产地19处，其中大型5处，中型2处，小型12处，主要分布于昆明、玉溪、曲靖、昭通等地，均为产于寒武系底部沉积层状磷块岩矿床，品位高，埋藏浅，大部分可露天开采，且交通方便，是国内开发利用最优的磷资源产地。

钾盐。主要用来制造钾肥。云南省保有氯化钾储量居全国第二位。目前只开采出1个固体钾盐矿床——江城钾盐矿床，为一古盐湖沉积的氯化物型岩盐和钾盐共生矿床，分布面积4平方千米，是一大型钾盐矿床。其它为一些伴生的氯化钾成分或者含钾岩石，但钾的含量低，只能综合利用回收。尤其是含钾岩石，在目前技术条件下提钾制肥工艺较复杂。

岩盐。云南省岩盐保有氯化钠储量居全国第二位。已探明岩盐产地12处，主要分布在思茅、楚雄、西双版纳、大理4个地州。其中思茅地区占全省储量90%以上，但因交通不便难以大规模开采。近来在昆明市安宁已找到大型岩盐矿。

琉铁矿。包括黄铁矿、白铁矿和磁黄铁矿，是生产硫磺、硫酸的原料。探明产地15处，保有矿石储量居全国第五位，主要分布在曲靖、昭通、文山3个地州，其中82%的储量集中在曲靖、富源。贫矿多富矿少，总平均品位仅12%左右。

芒硝。芒硝可以制取硫酸钠、硫酸铵、元明粉、硫化碱等化工原料。保有矿石储量居全国第三位，现有产地5处，有2处单独成矿，即禄劝的硝井和武定的小井芒硝矿，其它3处伴生在一平浪的3个岩盐矿中。此外，安宁盐矿的钙芒硝储量居全国前列。

砷矿。主要矿物为毒砂、雄黄、雌黄，是生产砒霜的原料。保有储量居全国第三位，现有产地5处，主要分布在楚雄、大理、文山、个旧等地，大部分伴生于有色金属矿产中，矿石易选易炼，很有潜力。

电石用石灰岩。目前仅对昆明、曲靖两地的3处矿点进行勘探，就获得丰富储量。保有矿石储量列居全国第七位。

特种非金属矿产

水晶。水晶按其特征和用途可分为压电水晶、熔炼水晶、光学水晶和工艺水晶。云南省压电水晶和熔炼水晶储量有一定规模，两种水晶常共生一处，主要分布于滇东南和滇西。据不完全统计，保有储量压电水晶居全国第六位，熔炼水晶居第八位。

云母。云南省主要分布在滇西北部，为中低温伟晶岩型云母矿床，呈脉状和透镜状产出，矿床规模较大，探明的保有储量居全国第七位。

蓝石棉。又称角闪石石棉。云南省蓝石棉资源较丰富，保有储量居全国第三位。矿床类型为角闪石石棉矿床，呈大规模层状产出，开采价值大。

建筑材料和其它非金属矿产

石棉。指蛇纹石石棉，也叫温石棉。蛇纹石石棉矿床经常产于超基性岩中，呈脉状和透镜状，大型则呈层状。现已探明产地5处，保有储量居全国第五位，主要分布在武定、墨江、德钦等地，但多为低品级矿，只有德钦是主要的长棉产地。

水泥用石灰岩。遍布全省，开采条件好，尤以滇东、滇东北和滇东南最丰富，已探明矿床26个，主要产于石炭系和二叠系地层中。

石膏。云南省石膏储量丰富，探明的石膏矿10余处，以沉积类型矿床为主，保有储量居全国第五位。分布面广且储量集中，但多分布于边远地区，交通不便，目前开采量少。

玻璃石英砂岩。云南省玻璃用砂主要产于昆明市及其周围。昆明市西山区一处砂矿就可满足全省玻璃原料的需要，它的石英砂矿呈星层状产出。面积约0.6平方千米，平均厚度45米，二氧化硅含量达98%，且各种品级矿石都有，可露天开采。据初步调查，这个矿区外围还有极丰富的蕴藏量。

石墨。云南省石墨矿主要分布在元阳，为变质型鳞片状晶质石墨矿床，大小矿体17个，呈层状或类层状产出，长150~1 300米，厚0.5~5米不等，选矿性能良好。最近在元谋也发现石墨矿。

滑石。云南省滑石矿主要产于丽江石鼓一带，为热液交代型矿床，位于前奥陶系石鼓片岩中，储量规模较大。

高岭土。即瓷土，云南省较大的高岭上矿点有7处，主要分布于永胜、个旧、建水等地，为沉积型和风化残积型两类矿床。云南省生产一般陶瓷的瓷土资源较丰富，而生产高级陶瓷的优质瓷土原料较缺乏。

长石。云南省现唯有一个开采长石的矿山——个旧白马寨长石矿，为大型长石矿。这个长石矿产干花岗岩中，含量50~70%，经过磁选和电磁选，年产精矿近万吨。

除此之外，云南省还发现重晶石、刚玉、菱镁矿等矿产。云南省宝石、玉石和彩石成矿条件好，有一定储量，大部分分布于哀牢山、苍山、高黎贡山变质带和三叠纪玄武岩区，目前地质工作程度很低。

综上所述，铅，锌，锡，磷是云南省矿产资源中四大优势矿种，其它金属和非金属矿产各具特色。建材原料丰富，发展水泥，玻璃，陶瓷工业的潜力很大。

能源矿产

云南省能源矿产资源，除石油和天然气尚未探明工业储量外，煤炭，核能等蕴藏丰富，煤炭居全国第九位。

煤炭资源。煤炭资源是云南省能源的主要构成部分。全省煤炭储量占全国总储量3%左右，居全国第九位，在南方省区中仅次于贵州省居第二位。煤种齐全，开采条件优越，有煤产地183个，大部分分布在滇东北，其中储量在1亿吨以上的矿床24处。全省现已探明的储量中，褐煤储量占全省煤炭总储量76.5%，位居全国第四。褐煤矿区全省皆有，滇东的昭通、曲靖，滇中昆明、楚雄、玉溪、开远、滇西保山、思茅等地区均有大中型褐煤矿。

烟煤占全省煤炭总储量21.6%，其中炼焦煤占烟煤储量的92.5%，气煤和肥煤极少。大中型矿主要分布在滇东宣威、富源、曲靖、师宗一带。无烟煤储量占全省煤炭总储量的1.9%，主要分布在镇雄、富源、峨山等地，预测远景较好。

云南省煤炭资源的主要特点：一是资源分布不平衡，88%的储量集中在滇东北和滇东的昭通、曲靖，红河3个地州。二是各煤种储量不平衡，褐煤比重大，烟煤和无烟煤比重偏小。三是煤层埋藏较浅，大部分保有储量在垂深300米内。四是露天开采产量大，远远超过全国平均水平，且以小型矿为主，集体所有制企业产煤量几乎与国营企业并重。

泥炭。又叫泥煤或草煤，云南省资源丰富，主要分布于现代坝区或湖泊沼泽边缘，但开发起步较晚。目前发现6个泥炭储量丰富的地区，其中，滇池周围和腾冲、石屏、陆良等地的泥炭层厚度均在10米上，且埋藏浅，易于开采。今后随着工作的进一步展开，泥炭将会成为我省煤化工的又一资源优势。

石油和天然气。云南省尚未找到工业油气田，现石油和天然气主要靠省外提供。目前仅滇西的维西发现一定储量的油页岩，但因交通不便尚难开发利用。此外，最近在滇中西部发现有油和天然气，但尚来探明储量。

铀矿。云南省铀矿资源有一定储量，目前工作尚不全面，其利用还未提到议事日程上，铀矿的远景区大致可分为3片：滇东北片，以沉积型铀矿为主；滇中片，以生铀矿和沉积变质型铀矿为主；滇西片，类型较多，分布较广。铀矿经常伴生在煤矿地层中。

植 物 资 源

用材树种

云南是我国的主要木材生产基地，森林面积1.38亿亩，占中国林地面积的7.98%。林木蓄积13.2亿立方米（根据1980年森林资源清查统计），占全国林木蓄积量的12.88%。

一、木材蓄积量大（指林木蓄积量大于1 000万立方米的）的种类

云南松（*Pinus yunnanensis*）林木蓄积量2.83亿立方米，占全省林木蓄积量的21.4%。

栎类即壳斗科栲属、石栎属、青冈属和栎属中组成森林优势种的总属，林木蓄积量2.43亿立方米，占全省林木蓄积量的18.4%。

冷杉以长苞冷杉（*Abies georgei*）和大理冷杉（*A. dolavayi*）为主。林木蓄积量1.52亿立方米，占全省林木蓄积量的11.5%。

思茅松（*Pinus kesiya var. langbianensis*）林木蓄积量0.88亿立方米，占全省林森蓄积量的6.7%。

云杉以丽江云杉（*Picea likiangensis*）为主，林木蓄积量0.84亿立方米，占全省林木蓄积量的6.4%。

旱冬瓜（*Alnus nepalensis*）林木蓄积量0.33亿立方米，占全省林木蓄积量的2.5%。

铁杉（*Tsnga dumsa*）林木蓄积量0.24亿立方米，占全省林木蓄积量的1.8%。

高山松（*Pinu densata*）林木蓄积量0.22亿立方米，占全省林木蓄积量的1.7%。

华山松（*Pinus armandi*）林木蓄积量0.16亿立方米，占全省林木蓄积量的1.2%。

桦木主要为红桦（*Betula albo - sinensis*）和白桦（*B. platyphylla*）林木蓄积量0.14亿立方米，占全省林木蓄积量的1.1%。

滇油杉（*Keteleeria evelyniana*）林水蓄积量0.12亿立方米，占全省林木蓄积量的0.9%。

二、珍贵用材树种

云南石梓（*Gmelina arborea*）、柚木（*Tectona*）、非洲桃花心木（*Khaya senegalensis*）、红椿（*Toona oilia-*

ta)、梾木（*Burretlodendron esquirolii*）、望天树（*Parashorea chinensis*）、云南龙脑香（*Dipterocarpus tonkinensis*）、版纳青梅（*Vaticashi shuaungbanaensis*）、黑黄檀（*Dalhergia fusca*）、紫檀（*Pterocarpu indicus*）、铁力木（*Mesua nagassarium*）、格木（*Erythrophloeum fordii*）、番龙眼（*Pometia tomentosa*）、香须树（*Albizia odoratissima*）、肥荚红豆（*Ormosia fordiana*）、花榈木（*O. henryi*）、千果榄仁（*Terminalia myriocarpa*）、毛麻楝（*Chukrasia tabularia var. velutina*）、青香木（*Pistacia weinmannifolia*）、滇木花生（*Madhuca pusquieri*）、帽蕊木（*Mitragyne brunonis*）、思茅豆腐柴（*Premna szemaoensis*）、山白兰（*Paramichelia baillonii*）、拟单性木兰（*Parakmeria yunnanensis*）、香木莲（*Manglietia aromatica*）、红花木莲（*M. insignis*）、楠木（*Phoebe nanmu*）、滇润楠（*Machilus yunnanensis*）、香樟（*Cinnamonum camphora*）、云南樟（*C. glandulifurum*）、榉树（*Zelkova schneidertana*）、半枫荷（*Pterospermum lanceaefolium*）、细青皮（*Altingia excelsa*）、黄棉木（*Metadina trichotoma*）、红木荷（*Schima wallichii*）、核桃（*Juglans regia*）、顶果木（*Acrocarpus fraxinifolius*）、浆果乌桕（*Sapium baccatum*）、福建柏（*Fokienia hodginsii*）、侧柏（*Platycladus orientalis*）、秃杉（*Taiwania flousiana*）、翠柏（*Calocedrus macrolepis*）、鸡毛松（*Podocarpus imbricatus*）等。

三、速生用材树种。

团花（*Anthocephalus chinensis*）、川楝（*Melis toosendan*）、泡桐（*Paulow fortunei*）、合欢（*Albizia chinensis*）、铁刀木（*Cassia siamea*）、银合欢（*Leucae leucocephala*）、轻木（*Ochroma lagopus*）、八宝树（*Duabanga grandiflora*）、翅果刺桐（*Erythrina lithosperma*）、喜树（*Camptotheca acuminate*）、南酸枣（*Choerospona axillaris*）、攀枝花（*Bombax malabarica*）、梅树（*Broussonetia papyrifera*）、常绿臭椿（*Ailanthus fordii*）、山黄麻（*Trema orientalis*）、旱冬瓜（*Alnus nepalensis*）、蒙自桦（*Betula alnoides*）、重阳木（*Bischofia javanica*）、麻楝（*Chukrasia tabularia*）、按桉（直干桉：*Eucalyptus maideni*）、赤桉（*Eu. camaldulensis*）、柠檬桉（*Eu. citriodora*）、蓝桉（*Eu. globulus*）、滇杨（*Populus yunnanensis*）、毛白杨（*P. tomentosa*）、圣诞树（*Acacia decurrens var. dealbata*）、杉木（*Cunninghamia lanceolata*）、柳杉（*Cryptomeria fortunei*）、水杉（*Metasequoia glyptostroboides*）等。

淀粉植物

富含淀粉的植物种类很多，可供利用的有桫椤（*Cyathea spinulosa*）、金毛狗（*Cibotium barometz*）、菜蕨（*Callipteris esculenta*）、滇南槲蕨（*Drynaria fortunei*）、篦齿苏铁（*Cycas pectinata*）、木薯（*Manihot esculenta*）、木豆（*Cajanus cajan*）、洋刀豆（*Canayalia ensiformis*）、甘葛（*Pueraria edulia*）、豆腐渣果（*Helicia nilagirica*）、羊仔屎（*H. cochinchinensis*）、山白果（*Corylus chinensis*）、橡子（壳斗科植物的坚果），可供食用的如板栗（*Castanea mollissima*）、茅栗（*C. seguinii*）。栲属中大部分种类的种子淀粉可供食用，如高山栲（*Castanopsis delavayi*）、元江栲（*C. orthacantha*）、印度栲（*C. indica*）、红栲（*C. hystrix*）、桂林栲（*C. chinensis*）等；可供酿酒、饲料用的如滇石栎（*Lithoearpus dealbatus*）、大叶石栎（*L. megalophyllus*）、截头石栎（*L. truncatus*）、犁耙石栎（*L. silvicolarum*）、硬斗石栎（*L. hancei*）、鳞叶石栎（*L. kontumensis*）、滇青冈（*Cyclobalanopsis glaucoides*）、青冈（*C. gluca*）、扁果青冈（*C. chapensis*）、薄片青冈（*C. lamellosa*）、麻栎（*Quercus acutissima*）、栓皮栎（*Q. variabilis*）、槲栎（*Q. aliena*）、大叶栎（*Q. griffithii*）等，树波萝（*Artocarpus heterophyllus*）、豆腐果（*Buchanania latifolia*）、人参果（*Potentilla anserina*）、苍术（*Atractylodes lancea*）、菊芋（*Helianthus tuberosus*）、番薯（*Ipomoea batatas*）、五爪金龙（*I. cairica*）、鹅抱蛋（*Ampelopsis japonica*）、土茯苓（*Smilex glabra*）、薯蓣（*Dioscorea opposita*）、翅茎薯蓣（*D. alata*）、黄独（*D. bulbifera*）、粘山药（*D. hemsleyi*）、五叶薯蓣（*D. pentaphylla*）、魔芋（*Amorphophallus rivieri*）、海芋（*Alocasia macrorrhiza*）、大野芋（*Colocasia gigantea*）、桄榔（*Arenga pinnata*）、槿棕（*Caryota urens*）、鱼尾葵（*C. ochlandra*）、野燕麦（*Avena fatua*）、薏苡（*Coix lanchryma-jobi*）、野稻（*Oryza meyeriana ssp. granulata*）、棕叶狗尾草（*Setaria palmifolia*）、光高粱（*Sorghum nitidum*）等。

油料作物

全省的油料植物资源约有600多种，近半数的种类有开发利用价值。

一、食用油植物

油茶（*Camellia oleifera*）、红花油茶（*C. reticulata*）、油棕（*Elaeis guineensis*）、椰子（*Cocos nucifera*）、核桃、野核桃（*Juglans cathayensis*）、油橄榄（*Olea europaea*）、小葵子（*Guizotia abyssinica*）、向日葵（*Helianthus annuus*）、油瓜（*Hodgsonia macrocarpa*）、华山松、乌榄（*Canarium pimela*）、越榄（*C. tonkinense*）、滇木花生、具嘴荷包果（*Xantolis boniana var. rostrata*）、狭萼荷包果（*X. stenopetala*）、山枯子（*Garcinia multiflora*）、腰果（*Anacardium occidentale*）、油梨（*Persea americana*）、马蛋果（*Gynocardia odorata*）、落花生（*Arachis hypogaea*）、油菜（*Brasica campestris var. oleifera*）、萝卜（*Raphanus sativus*）、芝麻（*Sesamum orientale*）、大豆（*Glycine max*）、瓜栗（*Paohira macrocarpa*）、树棉（*Gossypium ar-

boreum)、红兰花(*Carthamus tinctorius*)、花椒(*Zanthoxylum bungeanum*)、三叶橡胶(*Hevea brassiliensis*)(三叶橡胶的种子油经处理后可食用)。

二、工业用油植物

油桐(*Vernicia fordii*)、山桐(*V. montana*)、蓖麻(*Ricinus communis*)、膏桐(*Jatropha curcas*)、石栗(*Aleurites moluccana*)、乌桕(*Sapium sebiferum*)、山乌桕(*S. discolor*)、神仙对座(*Euphorbia lathyris*)、蝴蝶果(*Cleidiocarpon cavaleriei*)、叶轮木(*Ostodes paniculata*)、薄叶野桐(*Mallotus tenuifolius*)、粗糠柴(*M. philippinensis*)、白背叶(*M. apelta*)、巴豆(*Croton tiglium*)、重阳木、人面子(*Dracontomelon duperreanum*)、野漆(*Toxicodendron succedaneum*)、黄连木(*Pistaeia chinensis*)、茶条木(*Delavaya yunnanensis*)、梭子果(*Eberhardtia tonkinensis*)、香面叶(*Lindera caudata*)、香叶树(*L. communis*)、团香果(*L. latifolia*)、黑壳楠(*L. megaphylla*)、三股筋香(*L. thomsonii*)、山鸡椒(*Litsea cubeba*)、潺槁树(*L. glutinso*)、木姜子(*L. pungens*)、香花木姜子(*L. panamonja*)、清香木姜子(*L. euosma*)、大果木姜子(*L. lancilimba*)、五桠果叶木姜子(*L. dilleniifolia*)、黄丹木姜子(*L. elongata*)、云南樟、香樟、黄樟(*Cinnamomum porrectum*)、清新樟(*Neocinnamomum caudatum*)、琴叶风叶楠(*Horsfieldia pandurifolia*)、滇南风吹楠(*H. tetratepala*)、风吹楠(*H. glabra*)、红光树(*Knema furfuracea*)、狭叶杜英(*Elaeocarpus lanceaefolius*)、青刺尖(*Prinsepia utilis*)、细柄花椒(*Zanthoxylum esquirolii*)、臭椿(*Ailanthus altissima*)、鸦胆子(*Brucea javanica*)、方榄(*Canarium bengalense*)、滇榄(*C. strictum*)、大叶山楝(*Aphanamixis grandifolia*)、山楝(*A. polystachya*)、麻楝(*Chukrasia tabularis*)、滇南溪桫(*Chisocheton siamensis*)、楝树(*Melia azedarach*)、非洲桃花心木、细子龙(*Amesiodendron chinense*)、老虎楝(*Trichilia connaroides*)、皮哨子(*Sapindus deavayi*)、无患子(*S. mukorossi*)、山核桃(*Carya tonkinensis*)、毛八角枫(*Alangium kurzii*)、油葫芦(*Pyrularia edulis*)、湄公硬核(*Seleropyrum wallichianum*)、鼬瓣花(*Galeopsis bifida*)、白檀(*Symplocos paniculata*)、云南梧桐(*Firmiana major*)、黄花夹竹桃(*Thevetia peruviana*)、攀枝花、白皮乌口树(*Tarenna depauperata*)、接骨木(*Sambuc williamsii*)、水红木(*Viburnum cylindricum*)、苍耳(*Xarenna sibiricum*)、破布木(*Cordia dichotoma*)、油榄仁(*Terminalia bellirrica*)、榄仁(*T. catappa*)、刺楸(*Kalopanax septemlobus*)、野山茶(*Camellia pitardii*)、马蛋果、山桐子(*Idesia polycarpa*)、粉叶南蛇藤(*Celastrus glaucophylla*)、大花卫矛(*Evonymus grandiflorus*)、白杜(*E. bungeanus*)、脉瓣卫矛(*E. tingens*)、流苏木(*Chionanthus retusus*)、牛蒡(*Arctium lappa*)、云南油杉等食油量均在30%以上。

香料植物

云南的香料植物约300多种,下列种类均有开发利用价值:黄樟、柴桂(*Cinnamomum tamala*)、香桂(*C. subavenium*)、肉桂(*C. cassia*)、毛叶樟(*C. mollifolium*)、猴樟(*C. bodinieri*)、云南樟、香叶子(*Lindera fragrans*)、香面叶、香叶树、团香果、黑壳楠、三股筋香、杨叶木姜子(*Litsea populifolia*)、山鸡椒、木姜子、清香木姜子、滇润楠、长柄润楠(*Machilus longipedicellata*)、新樟(*Neocinnamomum delavayi*)、滇新樟、团花新木姜子(*Neolitsea homilantha*)、檫木(*Sassafras tzumu*)、依兰(*Cananga odorata*)、鹰爪花(*Artabotrys hexapetalus*)、香鹰爪(*A. fragrans*)、白缅桂(*Michelia alba*)、黄缅桂(*M. chamoaca*)、峨眉含笑(*M. martinii*)、皮袋香(*M. yunnanensis*)、八角(*Iuicium verum*)、野八角(*I. simonsii*)、红木香(*Kadsura longipedunculata*)、香叶天兰藤(*Pelargonium graveolens*)、麝香秋葵(*Abelmoschus moschatus*)、兰桉、直干桉、柠檬桉、黄牛木(*Cratoxylon cochinchinensis*)、玫瑰(*Rosa rugosa*)、木香(*R. banksiae*)、月季(*R. chinensis*)、蜡梅(*Chimonathus praecox*)、金合欢(*Acacia farnesiana*)、刺槐(*Robinia pseudoacacia*)、沙针(*Osyris wightiana*)、甜橙(*Aurantium sinense*)、柚(*Cephalocitrus grandis*)、桔(*Citrus madurensis*)、香橼(*C. medica*)、九里香(*Murraya piniculata*)、千支眼(*M. tetramera*)、降真香(*Acronychia pedunculata*)、花椒、竹叶椒(*Zanthoxyum armatum*)、米子兰(*Aglaia odorata*)、香椿(*Toona sinensis*)、青香木、当归(*Angelica sinensis*)、地檀香(*Gaultheria forrestii*)、透骨草(*G. leucocarpa*)、滇白株(*G. yunnanensis*)、黄花杜鹃(*Rhododendron lutescens*)、驳骨丹(*Buddleja asiatica*)、蒙花(*B. officinalis*)、素馨(*Jasminum officinale f. grandiflorum*)、野素馨(*J. polyanthum*)、茉莉花(*J. sambae*)、桂花(*Osmanthus fragrans*)、鸡蛋花(*Plumeria rubra*)、华南夜来香(*Telosma cathayensis*)、栀子(*Gardenia jasminoides*)、滇丁香(*Syringa yunnanensis*)、金银花(*Lonicera japonica*)、金银忍冬(*L. maackii*)、甘松香(*Nardostachys chinensis*)、匙叶甘松香(*N. jatamansi*)、大花甘松香(*N. grandiflora*)、云木香(*Aucklandia lappa*)、蓍(*Achillea alpina*)、香蒿(*Artemisia apiacea*)、灵香草(*Lysimach foenumgraecum*)、老鸦烟筒花(*Millingtonia hortensis*)、藿香(*Agastache rugosa*)、吉龙草(*Elsholtzia communis*)、扫把茶(*E. blanda*)、头花香薷(*E. capituligera*)、野苏子(*E. flava*)、野拔子(*E. rugulosa*)、白香薷(*E. winitiana*)、皱叶留兰香(*Mentha cripata*)、薄荷(*M. haplocalyx*)、留兰香(*M. spicata*)、拟荆芥(*Nepeta cataria*)、紫苏(*Perilla frutescens*)、薰衣

草（*Lavandula angustifolia*）、姜味草（*Micromeria biflore*）、草果（*Amomum tsao-ko*）、姜（*Zingiber officinale*）、阳荷（*Z. striolatum*）、晚香玉（*Polianthes tuberosa*）、香茅（*Hierochloe odorata*）、白术（*Atractylodes macrocephala*）等，还有云南松和思茅松生产的松节油含大量的α－蒎烯和β－蒎烯，它们是合成单萜类香料的原料。

纤维植物

云南的纤维植物资源十分丰富，能为纺织、造纸、编织、粘胶纤维和医药工业提供大量原料，有的种类已有传统利用的商品性质。下列植物为纤维含量较大的种类：豆麻（*Linum perenne*）、亚麻（*L. usitatissimum*）、一担柴（*Colona foribunda*）、假黄麻（*Corchorus aestuans*）、黄麻（*C. capsularis*），长蒴黄麻（*C. olitorius*）、扁担杆（*Grewia biloba*）、商麻叶扁担杆（*G. abutilifolia*）、毛果扁担杆（*G. eriocarpa*）、镰叶扁担杆（*G. falcata*）、南扁担杆（*G. henryi*），澜沧扁担杆（*G. lantsangensis*）、破布叶（*Microcos panticulata*）、华椴（*Tilia chinensis*）、千层皮（*T. tuan var. chinensis*）、滇椴（*T. yunnanensis*）光黐头婆（*Triumfetta annua*）、黐头婆（*T. rhomboides*）、毛黐头婆（*T. tomentosa*）、鬼棉花（*Ambroma augusta*）、刺果藤（*Byttneria grandifolia*）、山麻树（*Commersonia bartramia*）、火绳树（*Eriolaena spectabilis*）、云南梧桐、山芝麻（*Helicteres angusti folia*）、火索麻（*H. isora*）、粘毛山芝麻（*H. viscida*）、马松子（*Melhania corchorifolia*）、梭罗树（*Reevesia pubescens*）、假苹婆（*Sterculia lanceolata*）、家麻树（*S. pexa*）、蛇婆子（*Watheria indica*）、攀枝花、长果木棉（*Bombax insigne*），爪哇木棉（*Ceiba pentandra*）、轻木、苘麻（*Abutilon theophrasti*）、磨盘草（*A. indicum*）、海岛棉（*Gossypium barbadense*）、陆地棉（*G. hirsutum*）、木槿（*Hibiscus syriacus*）、大叶木槿（*H. macrophyllus*）、美芙蓉（*H. indicus*）、翅果麻（*Kydia calycina*）、黄花稔（*Sida acuta*）、拔毒散（*S. szechuensis*）、榛叶黄花稔（*S. subcordata*）、白脚桐棉（*Thespesia lampas*）、地桃花（*Urena lobata*）、山麻杆（*Alchornea davidii*）、水柳仔（*Homonoia riparia*）、野桐（*Mallotus nepalensis*）、白背桐（*M. paniculatns*）、蓖麻、山皮条（*Daphne feddei*）、鼠皮树（*Rhamnoneuron vubriflorum*）、决明（*Cassia tora*）、垂红紫荆（*Cercis racemosa*）、丽江金合欢（*Acacia delavayi*）、山合欢（*Albizia kalkora*）、榼藤子（*Entada phaseoloides*）、紫穗槐（*Amorpha fruticosa*）、太阳麻（*Crotalaria juncea*）、筐柳（*Salix cheilophila*）、狭叶山黄麻（*Trema angustifolia*）、光叶山黄麻（*T. levigata*）、山黄麻（*T. tomentosa*）、构树（*Broussonetia papyrifera*）、楮（*B. kaempferi*）、长叶苎麻（*Boehmeria mcrophylla*）、苎麻（*B. nivea*）、水麻（*Debregeasia edulis*）、长叶水麻（*D. longifolia*）、三元麻（*Maoutia puya*）、糯米团（*Memorialis hirta*），紫麻（*Oreocnide frutescens*）、全缘叶紫麻（*O. integrifolia*）、狭叶荨麻（*Urtica angustifolia*）、小花荨麻（*U. ardens*）、麻叶荨麻（*U. cannabina*）、齿叶荨麻（*U. dentata*）、荨麻（*U. fissa*）、粗根荨麻（*U. mcrorrhiza*）、南蛇藤（*Celastrus angulatus*）、大芽南蛇藤（*C. gemmatus*）、少果南蛇藤（*C. rosthornianus*）、棉花藤（*C. vaniotii*）、昆明山海棠（*Tripterygium hypoglaucum*）、青钱柳（*Cyclocarya paliurus*）、黄杞（*Engelhardtia roxberghiana*）、云南黄杞（*E. spicata*）、野核桃、化香（*Platycarya strobilacea*）、茶条果（*Symplocos lucida*）、小蜡（*Ligustrum sinense*）、腰骨藤（*Ichnocarpus frutescens*）、木倒吊笔（*Wrightia arborea*）、倒吊笔（*W. pubescens*）、毛倒吊笔（*W. tomentosa*）、卖麻藤（*Gnetum montanum*）、小叶卖麻藤（*G. parvifolium*）、牛角瓜（*calotropis gigantea*）、钉头果（*Gomphocarpus fruticosus*），纤冠藤（*Gongronema napalense*）、青蛇藤（*Periploca calophylla*）、北越水杨梅（*Adina pilurifera*）、玉叶金花（*Mussaenda pubescens*）、鸡矢藤（*Paederia scandens*）、金银忍冬、破布木、滇厚朴（*Ehretia corylifolia*）、桄榔（*Arenga pinnata*）、椰子（*Cocosnucifera*）、省藤（*Calamus platyacanthoides*）、黄藤（*Daemonorops margaritae*）、棕榈（*Trachycarpus fortunei*）、拟金茅（*Eulaliopsis binata*）、羊茅（*Festuca ovina*）、黄茅（*Heteropogon contortus*）、白茅（*Imperata cylindica*）、刚莠竹（*Microstegium ciliatum*）、粟草（*Milium effusum*）、五节芒（*Miscanthus brevipilus*）、类芦（*Neyraudia neyraudiana*）、芦苇（*Phragmifes australis*）、竹类等。

药用植物

药用植物包括传统中药、民间草药和药物制品原料，云南约4000余种，在我国目前收购的中药材中，云南的种类几乎占半数。常用种类有：三七（*Panax notoginseng*）、珠子参（*P. japonicus var. major*）、当归（*Angelica sinensis*），刺五加（*Acanthopanax gracilistylus*）、柴胡（*Bupleurum tenue*）、积雪草（*Centella asiatica*）、白芷（*Heracleum candicans*）、防风（*Seseli yunnanense*）、白果（*Ginkgo biloba*）、侧柏、三尖杉（*Cephalotaxus fortunei*）、厚朴（*Magnolia officinalis*）、鸡血藤（*Kadsura intericr*）、五味子（*Schisandra propinqua*）、肉桂、紫桂、乌头（*Aconitum carmichaeli*）、穿心莲（*A. sinomontanum*）、大黄连（*Mahonia mairei*）、大血藤（*Sargentodoxa cuneata*）、锡生藤（*Cissampalos pareira*）、地不容（*Stephania delavayi*）、罂粟（*Papaver somniferum*）、岩白菜（*Bergenia purpurascens*）、金荞麦（*Polygonum cymosum*）、何首乌（*P. multiflorum*）、虎杖（*P. cuspidatum*）、草血竭（*P. paleaceum*）、大黄（*Rheum officinale*）、牛膝（*Achyranthes bidentata*）、绞股兰（*Gynostemma pentaphyllum*）、

罗锅底（*Hemsleya macrosperma*）、金铁锁（*Psammosilene tunicoides*）、使君子（*Quisqualis indica*）、巴豆（*Croton tiglium*）、毛尾叶巴豆（*Cr. cardatus*）、山楂（*Crataegus scabrifolia*）、枇杷（*Eriobotrya japonica*）、苏木（*Caesalpinia sappan*）、杜仲（*Eucommia ulmoides*）、美登木（*Maytenus hookeri*）、蛇菰（*Balanophora harlandii*）、枣（*Zizyphus satiga*）、云木香、降香、桔、吴茱萸（*Evodia rutaecarpa*）、枳壳（*Poncitrus trifoliata*）、茵芋（*Skimmia arborescens*）、两面针（*Zanthoxytum nitidum*）、鸦胆子（*Brucea javanica*）、橄榄、川楝、龙眼（*Dimocarpus longan*）、荔枝（*Litchi chinensis*）、烂泥树（*Toricellia angulata var. intermedia*）、地檀香、走马胎（*Ardisia gigantifolia*）、驳骨丹、断肠草（*Gelsemium elegans*）、马钱子（*Stychnosnitida*）、萝芙木（*Rauwolfia verticillata*）、金鸡纳（*Cinchona ledgeriana*）、钩藤（*Uncaria rhynchophylla*）、金银花、细绒忍冬（*Lonicera similis*）、接骨木（*Sambucus williamsii*）、藿香蓟（*Ageratum conyzoides*）、叶下花（*Ainsliaea pertyoides*）、牛蒡、白术（*Atractylodes macrocephala*）、藏红花（*Carthamus tinctorius*）、万丈深（*Crepis phoenix*）、臭灵丹（*Laggera pterodnata*）、千里光（*Senecio scandens*）、苍耳、龙胆（*Gentiana cephalantha*）、金不换（*Veratrilla baillonii*）、兰花参（*Wahlenbergia marginata*）、沙参（*Adenophora bulleyana*）、鸡蛋参（*Codnopsis convolvalacea*）、兰边莲（*Lobelia chinensis*）、三分三（*Anisodus acutangulus*）、颠茄（*Atropa belladonna*）、曼陀罗（*Datura stramomum*）、枸杞（*Lycium chinense*）、鞭打绣球（*Hemiphragma heterophyllum*）、野甘草（*Scopara dulcis*）、列当（*Orobanche caerulescens*）、灵枝草（*Rhinacanthus nasutus*）、滇常山（*Clerodendrum yunnanense*）、马鞭草（*Verbena officinalis*）、藿香、广防风（*Epimeredi indica*）、益母草（*Leomurus japonicus*）、紫苏（*Perilla frutescens*）、黄岑（*Scutellaria amoena Var. cinerea*）、砂仁（*Amomum villosum*）、麦冬（*Ophiopogon japonicus*）、重楼（*Paris polyphylla*）半夏（*Pinellia ternata*）、天麻（*Gastrodia elata*）等。

观赏植物

云南的野生花卉约有2000多种，久享盛名的如杜鹃花，杜鹃花为杜鹃花属（*Rhododendrom*）植物的木本花卉，全国约400多种，云南拥有250多种。横断山脉的高山和亚高山地带是杜鹃花的现代分布中心，这里形成天然的杜鹃花王国。山茶花为茶属（*Camellia*）的木本花卉，约近百种，都有观赏价值。以南山茶（*C. reticulata*）、金茶花（*C. chrysantha*）、白洋茶（*C. japonica*）和茶梅（*C. sasanqua*）为广泛栽培观赏对象。木兰为木兰科的木本花卉，以花大芳香美丽闻名，滇东南是木兰科植物的现代分布中心。传统栽培观赏的如木兰属（*Magnolia*）的白玉兰（*M. denudata*）、紫玉兰（*M. liliiflora*）、硃砂玉兰（*M. soulangeana*）、荷花玉兰（*M. grandiflora*）、山玉兰（*M. delavayi*），含笑属（*Michelia*）的白缅桂（*M. alba*）、黄缅桂（*M. champaca*）。其它属的虽有观赏价值，但多为野生，如木莲属的红花木莲（*Manglietia insignis*）、香木莲（*M. aromatica*），含笑属的皮袋香（*M. yunnanensis*）、多花含笑（*M. floribunda*），鹅掌楸属的鹅掌楸（*Liriodendron chinense*）。报春花为报春花属（*Primula*）的草本花卉，全国约有300种，云南的种数约占一半，分布于海拔2500米以上的高山和亚高山地区，通过引种培育出许多更富观赏价值的新品种。兰花约2000种，我国约有1000多种，云南400种以上，传统栽培观赏的兰花为兰属（*Cymbidium*）的墨兰（*C. sinense*）、建兰（*C. ensifolium*）、朵朵香兰（*C. goeringii*）和蕙兰（*C. faberi*）等。陆生兰中种类最多的是玉凤花属（*Habenaria*）约600种，我国70种，云南44种左右。附生兰即热带兰，种类最多的是石斛属（*Dendrobium*）约1400种，我国60种，云南近50种。百合花主要为百合属（*Lilium*）植物，约80种，云南近30种。龙胆花为龙胆属（*Gentiana*）植物，有名的高山花卉，约500余种，我国约230种以上，云南有130种，主要分布于滇西北横断山脉高海拔区。绿绒蒿为罂粟科绿绒蒿属（*Meconopsis*）植物，约45种，我国38种，云南17种，也是高山花卉，主要分布于滇西北横断山脉的高海拔区。海棠花为秋海棠科秋海棠属（*Begonia*）植物，约900种，我国90多种，云南近50种，大多数种类的花、叶均具观赏价值。蔷薇科玫瑰属（*Rosa*）和樱属（*Prunus*）以及苹果属（*Malus*）等有观赏价值的植物，云南的种质资源不少。其它比较著名的如：珙硐（*Davidia involucrata*）、凤凰木（*Delonix regxa*），羊蹄甲（*Bauhinia variegata*）、腊肠树（*Cassia fistula*）、无忧花（*Saraca griffithiana*）、红仙丹花（*Ixoracoccinea*）。

鞣料植物

树皮或果壳含单宁量在10%、纯度在50%以上的种类才具利用价值。主要有：厚皮香（*Ternstroemia gymnanthera*）、余甘子（*Phyllanthus emblica*）、黑荆树（*Acacia decurrens var. dealbata*）、羊蹄甲、云实（*Caesalpinia decapetala*）果壳、栓皮栎（*Quercus variabitis blume*）壳斗、麻栎（*Q. acutissima*）壳斗和树皮、山合欢、楹树、滇合欢（*Albizia simearis harms*）、香须树、毛杨梅（*Myrica esculenta*）、矮杨梅（*M. nana*）、旱冬瓜、蒙白桦、板栗壳斗、杯状栲、高山栲、小果栲（*Castanopsis fleuryi*）、鹿角栲（*C. lamontii*）、短刺栲（*C. echidnocarpa*）、栲树（*C. fargesii*）、犁蒴栲（*C. fissa*）、黄毛青冈、青冈、滇石栎、粗穗石栎（*Lithocarpus grandifolius*）、刺斗石栎

(*L. echinotholus*)、猴耳环(*Pithecollohium clypearia*)、逼迫子(*Bridelia balansae*)、土密树(*B. tomentosa*)、圆果算盘子(*Glochidion sphaerogynum*)、石楠(*Photinia serrulata*)、火把果(*Pyracantha angustifolia*)、红果树(*Stravaesia davidiana*)、黄泡(*Rubus obcardatus*)、山黄麻、山枇杷(*Ficus henryi*)、大果冬青(*Ilex macrocarpa*)、苦楝、川楝、红椿、大头茶(*Gordonia axillaris*)、茶梨(*Anneslea fragrans*)、柃木(*Eurya groffii*),石榴(*Punica granatum*)、大叶桉(*Eucalyptus robusta*)、阔叶蒲桃(*Syzygium latilimbum*)、诃子(*Terminalia chebula*)、南酸枣、厚皮树(*Lannea coromandelica*)、盐肤木(*Rhus chinensis*)、五倍子、马尾树(*Rhoipetelea chiliantha*)、槭(*Acer*)、果、黄杞(*Engelhardtia aceriflora*)、云南黄杞、克雷木(*Craibiodendron henryi*)、厚皮克雷木(*C. stellatum*),小铁仔(*Myrsine africana*)、密花树(*Rapanea yunnanensis*)、化香(*Platycarya sfrobilacea*)、枫杨(*Pterocarya tonkinensis*)、株木(*Cornus macrophylla*)、刺秋(*Kalopanax septemlobus*)、山杜英(*Elaeccarpa sylvestris*)、萝卜叶(*Geum aleppicum*)、人参果(*Potentilla anserina*),翻白叶(*P. fulgens*),野蔷薇(*Rosa multiflora*)、缫丝花(*R. roxburghii*)、和尚头刺藤(*R. ruhus*)、三叶薫(*Rubus delavayi*)、四川莓(*R. setchuenensis*)、地榆(*Sanguisorba officinalis*)、金合欢(*Acacia farnesiana*)、台湾相思(*A. richii*)、藤金合欢(*A. rugata*)、抽柴(*Linociera ramiflora*)、狭叶荨麻(*Urtica angustifolia*)、米饭花(*Lyonia ovalifolia*)、杉木、云南松等。

野生动物资源

动物种类

云南野生动物种类繁多,资源丰富,位居全国第一。据统计,脊椎动物中,鱼类约有366种,占全国淡水鱼类种数45.7%,比邻近省四川多148种,比广西多166种,比贵州多255种。两栖类云南有92种,占全国总数39.8%,比四川省多8种,比广西多29种,比贵州多37种。爬行纲动物143种,占全国种数37.1%,比四川多64种,比广西多8种,比广东多22种,比贵州多44种。鸟类782种,占全国的65.9%,比四川多210种,比贵州多389种,比广西多286种,比西藏多309种。兽类也居全国首位,远多于邻省,云南兽类有274种,占全国种数的53.3%,比四川多89种,比贵州多144种,比广西多143种,比西藏多148种。此外,昆虫全省有近400科、12 377种,全国约育600多科、43 126种,云南种数占全国28.7%。

珍稀保护动物种类

云南是全国珍稀保护动物种类最多的省份。陆栖脊椎动物被列入国家重点保护野生动物名录的,云南占一半以上,以南部热带、亚热带种类为多。兽类著名的有滇金丝猴、长臂猿、懒猴、叶猴、马来熊、熊狸、虎、云豹、豹、亚洲象、麋鹿、野牛、赤斑羚、牛羚等50种,其中Ⅰ级保护动物23种,占全国兽纲Ⅰ级保护动物名录种数的57.5%。Ⅱ级保护动物有27种,占全国兽纲Ⅱ级保护动物名录61.4%。鸟类著名的珍稀保护种类有绿孔雀、孔雀雉、赤颈鹤、黑颈鹤、黑颈长尾雉、白冠长尾雉、藏马鸡、犀鸟、雉鹑等124种,其中Ⅰ级14种,占全国鸟纲Ⅰ级保护种数的34.1%;Ⅱ级110种,占全国Ⅱ级种数的61.5%。爬行类有巨蜥、蟒、大壁虎、凹爪陆龟等7种,其中Ⅰ级3种,占全国爬行纲保护名录种数50%;Ⅱ级4种,占全国Ⅱ级种数的36.4%。两栖纲如大鲵、虎纹蛙,红瘰疣螈等3种,占全国两栖纲保护名录种数42.9%。

云南野生动物已经绝迹的例子首推犀鸟,最后一头犀鸟于1936~1937年在西权版纳勐腊消亡。滇金丝猴全

云南省脊椎动物和昆虫数量与全国种数的比较

类别	云南			全国			占全国百分比(%)
	科	属	种	科	属	种	
鱼类(淡水)	26	132	366	41	203	800	45.7
两栖	10	27	92	11	36	231	39.8
爬行	16	64	143	23	107	385	37.1
鸟类	68	297	782	81	392	1 186	65.9
兽类	35	129	274	54	210	514	533
昆虫	近400		12 377	600多		43 126	28.7

省总数约500~600只，有330只分布在白马雪山保护区。亚洲象西双版纳保护区有179头，南滚河保护区14头，江城县土卡河也有一群。白颊长臂猿只分布于西双版纳，有18群74只。白掌长臂猿，1974年在孟连县腊福采到标本以后，1981年林勘四大队在南滚河保护区也有发现。南滚河保护区有孟加拉虎4只，西双版纳有印支虎21只，印度野牛（白袜子）西双版纳有518头，思茅县境内有14“头”（杨穗华、张存杰：《西双版纳珍稀兽类数量分布及其保护》，《西双版纳自然保护区综合考察报告集》，1987，云南科技出版社），这些均是近年考察已经摸清的地区和数量。目前全省已建立30个森林生态系统自然保护区，使珍稀动物种群得到有效保护。

云南保护动物种数与全国种数的比较

类别	云南		全国		占全国比例（%）
	Ⅰ类	Ⅱ类	Ⅰ类	Ⅱ类	
兽纲	23	27	40	44	56.9
鸟纲	14	110	41	179	56.4
爬行纲	3	4	6	11	41.2
两栖纲		3		7	42.9
鱼纲	4	5	5	11	56.3

革用兽类

云南常用皮革兽类约有15种，其中以麂皮最多，1950年以来，平均年产20万张左右，占全国总收购量的70%以上。其中德宏州、思茅地区和西双版纳州产量最高，超过全省一半。云南麂皮在外贸上称“云贵路”，张幅人、皮板壮实、韧性强、色泽好，主要为赤麂的皮。过去都以原料皮外销，80年代开始已解决了精加工技术，逐步以皮革成品出口。除麂皮外，革用皮尚有野猪、苏门羚、斑羚、毛冠鹿、水鹿的皮。除兽类皮外，云南南部为国内蟒蛇皮的主产区，年产蟒蛇皮2 000平方米左右。

附：云南省主要资源兽类和国家保护动物名录（商品名、地方名）

1. 树鼩 Tupaia belangeri
2. 懒猴 Nycticebus coucang（蜂猴）
3. 猕猴 Macaca mulatta（黄猴、广西猴）
4. 熊猴 Macaca assamensis（大青猴）
5. 豚尾猴 Macaca nemestrina（平顶猴）
6. 短尾猴 Macaca arctoides（红面猴）
7. 藏猕猴 Macaca thibetana（四川猴）
8. 滇金丝猴 Rhinopithecus bieti（黑金丝猴）
9. 戴帽叶猴 Presbytis pileatus
10. 灰叶猴 Presbytis phayrei（菲氏叶猴）
11. 白眉长臂猿皮 Hylobates hoolock
12. 白掌长臂猿 Hylobates lar
13. 黑长臂猿 Hylobates concolor
14. 穿山甲 Manis pentadactyla
15. 印度穿山甲 Manis crassicaudata
16. 狼 Canis lupus
17. 狐 Vulpes vulpes（西狐、赤狐）
18. 豺 Cuon alpinus
19. 貉 Nyctereutes procyonoides
20. 黑熊 Selemarctes thibetanus（狗熊）
21. 棕熊 Ursus arctos（马熊）
22. 马来熊 Helarctos malayanus
23. 小熊猫 Ailurus fulgens（火狐、九节狼）
24. 石貂 Martes foina
25. 青鼬 Martes flavigula（黄猺）
26. 黄鼬 Mustela sibirica（黄狼）
27. 香鼬 Mustela kathiah（香菇狼）
28. 纹鼬 Mustela strigidorsa
29. 鼬獾 Melogale moschata（猸子）
30. 狗獾 Meles meles（獾）
31. 猪獾 Arotonyx collaris（獾）
32. 水獭 Lutra lutra（水獭）
33. 江獭 Lutra perspicillata（水獭）
34. 小爪水獭 Aonyx cinerea（水獭）
35. 大灵猫 Viverra zibetha（九江狸）
36. 大斑灵猫 Viverra megaspila
37. 小灵猫 Viverricula indica（香狸）
38. 斑灵猫 Prionodon pardicolor（彪、刁猫）
39. 椰子猫 Paradoxurus hermaphroditus
40. 花里狸 Paguma larvata（青猺、果子狸）
41. 熊狸 Arctictis binturong
42. 小齿狸 Arctogalidia trivirgata
43. 横斑狸 Chrotogale owatoni（八卦猫）
44. 食蟹狸 Herpestes urva（石獾）
45. 红脸獴 Herpestes auropunctatus
46. 金猫 Felia temmincki（红春豹、芝麻豹）
47. 豹猫 Felia bengalensis（狸子）
48. 小云猫 Felis marmorata（豹皮）
49. 云豹 Neofelis nebulosa（豹皮）
50. 金钱豹 Panthera pardus（豹皮）
51. 印支虎 Panthera tigris corbetti）
52. 云南兔 Lepus comus（草兔）
53. 鼯鼠 Petaurista spp.（4种）（飞鼠）
54. 丽松鼠 Callosciurus spp.（4种）（松鼠皮）
55. 花松鼠 Tamiops spp.（2种）（松鼠皮）
56. 长吻松鼠 Dremomys spp.（4种）（松鼠皮）
57. 岩松鼠 Sciurotamias forresti（松鼠皮）

58. 巨松鼠 Ratufa macroura（松鼠皮）
59. 线松鼠 Menetes berdmorei（松鼠皮）
60. 竹鼠 Rhizomys spp（4 种）（竹鼬）
61. 豪猪 Hystrix spp.（2 种）（箭猪）
62. 亚州象 Elephas maxinus（大象）
63. 野猪 Sus scrofa
64. 鼷鹿 Tragulus javanisus
65. 豚鹿 Axis porcinus
66. 林麝 Moschus berezevskii（獐子）
67. 马麝 Moschus sifanicus（獐子）
68. 黑麝 Moschus fuscus（獐子）
69. 赤麂 Muntiacus muntjak（麂子）
70. 小麂 Muntiacus reevesi（麂子）
71. 林麂 Muntiacus feae（麂子）
72. 毛冠鹿 Elaphodus cephalophus（黑鹿）
73. 水鹿 Cervus unicolor（马鹿）
74. 野牛 Bos gaurus（白袜子）
75. 羚牛 Budorcas taxicolor（野牛）
76. 鬣羚 Capricornis sumatraensis（山驴）
77. 斑羚 Naemorphedus goral（青羊岩羊）
78. 赤斑羚 Naemorhedu cranbrooki（红岩羊）
79. 岩羊 Pseudovis nayaur

毛皮兽类

可供毛皮利用的兽类大约有 50 余种，价值较高的豹猫、狐、花面狸以及水獭等。收购量最多的是松鼠皮，年收购量达 26 万张。以红河州收购量最多，每年可达 8 万 ~9 万张。鼬獾商品名叫猸子皮，在毛皮兽产量中居第二位，年产量达 13 万余张，文山、红河两州产量超过全省一半以上。近年野兔皮年收购量不断增长，已达 4 万 ~5 万张。野兔和松鼠全省资源量大，不属于保护对象，全省都有分布，今后应增加它们在毛皮兽类中的比重，以逐渐替代受保护动物的毛皮商品量。

药用动物

云南动物药种类包括民间广泛采用的种数达 80 余种，动物药种类中最著名的是麝香、灵猫香、鹿茸、熊胆、獭肝、虎骨、豹骨、猴骨、穿山甲、五灵脂、夜明砂（各种蝙蝠类）、望月砂（野兔粪）、草灵脂（鼠兔粪）、大象皮、龟板鳖甲、蛤蚧、蟾酥、金线白花蛇（银环蛇幼体干制品）、乌蛇干、蛇胆、蛇蜕、蛇毒、天龙（各种壁虎干制品）等。

云南是国内麝香三大产地之一（四川、西藏、云南），云南产麝香的麝有 3 种，即林麝、马麝、黑麝。林麝全省各地都有分布，以迪庆州、怒江州最多。马麝和黑麝只分布于迪庆、怒江两州，两州的麝香产量占全省的 80% 以上。云南的鹿茸主要是黑鹿（水鹿）所产，1964 年 4 月曾建盈江养鹿场，另外思茅林场也曾建立养鹿基地采割鹿茸。

实验动物

在医学和科学研究上常用的野生实验动物主要是猕猴和树鼩，全国每年需上万只猕猴，云南省内也需要数千只。猕猴属国家二类重点保护动物，国际上对灵长类动物作实验已提出严格限制。树鼩是近年新发展起来的一种小型实验兽，最初被用来替代猕猴提取小儿麻痹疫苗，目前在医学（药物学）、免疫学、病毒学、生理学和生物学研究中应用越来越广。树鼩全省资源丰富，容易训养，滇中、滇南特别多，可以替代猕猴满足国内需要。

观赏鸟类

传统观赏鸟有画眉、红嘴相思鸟、八哥、鹦鹉、朱雀、金雀、绣眼等种类。红河、文山等地州的一些地方，有捕捉画眉的丰富经验。丽江及思茅等地，也有捕捉训养鹦鹉、朱雀的经验。

附：云南省主要笼养观赏鸟类名录

1. 大绯胸鹦鹉 Psittacula derbiana*
2. 绯胸鹦鹉 Psittacula alexandri*
3. 灰头鹦鹉 Psittacula himalayana*
4. 家八哥 Acridotheres tristis
5. 林八哥 Acridotheres grandis
6. 八哥 Acridotheres cristatellus
7. 鹩哥 Gracula religiosa
8. 画眉 Garrulax canorus
9. 红嘴相思鸟 Leiothrix lutea
10. 银耳相思鸟 Leiothrix argentauris
11. 朱雀 Carpodacus erythrinus
12. 金翅 Carduelis sinica
13. 绣眼鸟 Zosterops japonica
14. 红胁绣眼鸟 Zosterops erythropleura
15. 灰腹绣眼鸟 Zosterops palpebrosa
16. 黄腰太阳鸟 Aethoyga siparaja**
17. 蓝喉太阳鸟 Aethopyga gouldiae**
18. 绿喉太阳鸟 Aethopyga nipalensis**

*国家保护鸟类，**有人用蜂密实验饲养过。

两栖、爬行动物

列为全国经济两栖爬行动物的 29 个种类中，云南出产的约有 21 种，约占 72.4%；未被列入此名单的，云南还有相当多的种类有开发利用价值。根据传统利用情况，云南 30 种主要的经济两栖、爬行动物的名称和产地列表如下。

云南经济两栖爬行动物种类、商品名、地方名

两栖类

山溪鲵 *Batrachuperus pinchonii*（*Dacid*）（羌活鱼、杉木鱼、雪鱼）

红瘰疣螈 *Tylototriton uerrucosus Anderson*（红蛤蚧、水蛤蚧、娃娃蛇）

大蟾蜍华西亚种 *Bufo bufo andrewsi Schneider*（癞蛤蟆、癞疙疱、老癞）

黑眶蟾蜍 *Bufo melanostictus Schneider*（蟾蜍、癞浆疱）

双团棘胸蛙 *Rana phrymoides Boulenger*（石梆、抱子鸡）

虎纹蛙 *Rana tigrina rugulosa Wiegmann*（田鸡、青蛙）

花姬蛙 *Microhyla pulchra*（*Hallowell*）（犁头拐）

爬行类

平胸龟 *Platysternon megacephalun Gray*（大头龟、鹰咀龟）

鳖 *Trionyx sinensis Wiegmann*（甲鱼、团鱼）

棕背树蜥 *Calotes emma Gray*（箭宗马、四脚蛇）

白唇树蜥 *C. mystaceus Dumeril et Bibron*（四脚蛇、马宗蛇）

大壁虎 *Gekko gecko*（*Linnacus*）（蛤蚧）

细蛇蜥 *Ophisaurus gracilis*（*Gray*）（脆蛇）

巨蜥 *Varanus saluator*（*Laurenti*）（大四脚蛇）

蟒蛇 *Phthon molurus biuittatus Schlegel*（南蛇、琴蛇、大麻蛇）

王锦蛇 *Elaphe carinata*（*Guenther*）（王蛇、菜花蛇）

三索锦蛇 *E. radiata*（*Schlegel*）（索蛇、三索蛇）

黑眉锦蛇 *E. taeniura Cope*（花广蛇、眉蛇）

灰鼠蛇 *Ptyas korros*（*Schlegel*）（过树蛇）

滑鼠蛇 *P. mucosus*（*Linnaeus*）（水律蛇、长标蛇）

乌梢蛇 *Zaocys dhummnades*（*Cantor*）（乌蛇、乌风蛇）

黑线乌梢蛇 *Z. nigromarginatus*（*Blyth*）（金脊乌风蛇、青竹标）

金环蛇 *Bungarus fasciatus*（*Schneider*）（金包铁、金甲带）

银环蛇云南亚种 *B. multicinctus wanghaotingii Pope*（银包铁、称杆蛇）

眼镜蛇孟加拉亚种 *Naja naja Kaothta Lesson*（万蛇、吹风蛇、蚂蚁堆蛇）

眼镜王蛇 *Ophiophagus hannah*（*Cantor*）（山万蛇、大眼镜蛇、扁颈蛇）

白唇竹叶青 *Trimeresurus alboiabris Gray*（青竹蛇、青竹标）

菜花烙铁头 *T. jerdontt Guenther*（花麻蛇）

山烙铁头指名亚种 *T. monttcola monticola Guenther*（龟壳花、笋壳斑）

竹叶青云南亚种 *T. stejnegeri yunnanensis Schmidt*（青竹标）

鱼类

云南鱼类特有率高，在全国独一无二，共有5个特有科，占总科数19%；40个特有属，占总属数30.3%；249个特有种，占总种数的68%。澜沧江水系集中了4个特有科、25个特有属，占特有科数80%，特有属数70%。西双版纳是特有种类最集中的地区，有4个特有科、18个特有属、75个特有种。另一个特有科分布在伊洛瓦底江水系。

历史上的鱼产量是：1942年1 362吨，1952年960吨，1968年8 000吨，1966年超过万吨，1975年15 700吨，1979年为14 027吨。80年代以来，随着水产养殖业发展，年产量在2万吨以上。

地方名特产鱼类，著名的有滇池的金线鱼、石屏的竿条鱼、大理弓鱼、江川大头鲤、澄江鱇鲌鱼、云南青鱼（云南倒刺鲃）、通海乌鳢、程海红鲌等。

云南可供观赏的鱼类约有21种。

云南产的珍稀鱼类20种，名称与产地如下表。

云南珍稀鱼类表

科名	名称	产地
鲟　科	长江鲟 *Acipenser dabryanus Dumeril*	金沙江永善—绥江段
鲤　科	大鳍鱼 *Macrochirichthys macrochirius*（*Cuvier et Valenciennes*）	景洪
	短吻鱼 *Albulichthys stejnegeri*（*Smith*）	景洪
	袋唇鱼 *Balantiocheilus hekouensis Wu*	河口
	角鱼 *Epalzeorhynchus bicornis Wu*	六库
	裸腹盲鲃 *Typhlobarbus nudiventris Chu et Chen*	建水羊街坝
	鲃鲤 *Puntioplites proctozysron*（*Bleeker*）	勐仑、勐罕
	爪哇鲃鲤 *Puntioplites waandersi*（*Bleeker*）	勐仑
双科鱼科	双孔鱼 *Gyrinocheilus aymonieri*（*Tirant*）	景洪
鳅　科	拟长鳅 *Acanthopsoides gracilis Fowler*	勐罕
	猪吻长鳅 *Acanthopsis choirorhynchos*（*Bleeker*）	景洪
	个旧盲条鳅 *Nemachilus gejuensis Chu et Chen*	个旧
	滨河缺鳍鲇 *Kryptopterus deignanı Fowler*	勐腊
	湄南缺鳍鲇 *Kryptopterus moorei Smith*	景洪
鮡　科	黑鮡 *Gagata cenia*（*Hamilton*）	保山道街坝子
	凿齿鮡 *Glaridoglanis andersonii*（*Day*）	泸水县古浪

续表

科名	名称	产地
鲶科	长丝鲶*Pangasius samitwangsei Smith*	勐仑
鲀科	黑尾鲀*Liobagrus nigricauda Regan*	滇池
鲀科	网纹单孔鲀*Tetraodon palerabangensis Bleeker*	勐腊
	斑腰单孔鲀*Tetraodon leiurus Bleeker*	勐腊

土地资源

概述

根据云南省第二次土壤普查资料，云南省土地总面积383 278平方千米，折合57 491.7万亩。其中耕地6 941.21万亩，占全省土地总面积的12.07%；园地436.49万亩，占0.76%、森林16 029.46万亩，占27.88%；疏林、幼林、灌木林和经济林16 261.63万亩，占28.29%；荒草地11 851.85万亩，占20.62%；水域812.46万亩，占1.41%；城乡用地703.71万亩，占1.22%；交通用地282.31万亩，占0.49%；田地沟埂1 621.24万亩，占2.82%；石山裸岩、冲沟、河漫滩等难利用土地2 362.42万亩，占4.11%；其它用地188.92万亩，占0.33%。

全省人均占有土地16.64亩，略高于全国人均14.75亩的水平。但地区间很不平衡，高于全省人均水平的有楚雄、文山、思茅、西双版纳、德宏、临沧、丽江、怒江、迪庆9个地州，尤以迪庆、怒江和西双版纳3个州人均占有土地面积最多，分别为118.0亩、53.7亩和40.64亩，其余8个地州市人均占有土地均低于全省人均水平，其中昆明、昭通、曲靖3市人均土地面积在10亩以下。

全省普查耕地面积为6 941.21万亩，垦殖率12.07%（比1986年年报耕地面积大66.7%），人均占有耕地2.01亩，远低于世界人均耕地4.52亩的水平。全省126个农业县市（含东川）中，垦殖率高于全省平均水平的有65个，最高的镇雄县为40.1%；低于全省平均水平的有61个，最低的德钦、贡山和中甸，分别为0.7%、1.3%和1.5%。人均耕地高于全省人均水平的有61个县，多数都集中在边疆地区，最高的西盟、澜沧，人均耕地分别为10.1亩和5.8亩；低于全省人均水平的有65个县市，主要集中在内地人口集中的城郊，如官渡区、西山区、呈贡县、玉溪市、大理市，人均耕地均不足1亩。

在现有耕地中，地多田少，旱地4 893.58万亩，占耕地总面积的70%，水田2 047.63万亩，占30%。旱地中轮歇地面积大，占旱地1/5以上。中低产田地面积大，约占总耕地面积的86%，高产田地只占14%，耕地后备资源不足，全省仅有宜农荒地624万亩，人均0.18亩，且集中分布在边疆地多人少地区。

土壤类型多，红壤面积大。全省共有19个土类，占全国土类总数的31.7%，以铁铝土纲的砖虹壤、赤红壤、红壤、黄壤等红壤系列为主，面积共29 230.56万亩，占全省土壤面积的55.32%；淋溶土纲，半淋溶土纲、初育土纲、水浅土纲、高山土纲和人为土纲共23 612.44万亩，占44.68%。丰富的土壤资源，为农林牧业的发展提供了基础条件。

全省土地资源中，按坡度划分：8度以下的占8.27%；8~15度的占13.7%；15~25度的占37.42%；25~35度的占28.74%；大于35度的占10.54%；主要水域占0.72%。坡度大于25度的陡坡耕地1127万亩，占普查旱地面积的23%，水土流失严重，不宜农耕，应逐步退耕还林还牧。

全省土地资源中，按气候带与坡度划分：北热带占1.23%，其中坡度小于和等于8度的占本带土地面积的19.76%；8~15度的14.50%；15~25度的占35.19%；25~35度的占25.61%；大于35度的占4.85%。北热带是发展橡胶、胡椒、柚木、轻木等热带林木的宝地。

南亚热带占全省土地面积的19.29%。其中坡度小于和等于8度的占本带土地面积的6.68%；8~15度的占9.06%；15~25度的占42.32%；25~35度的占31.92%；大于35度的占10.02%。本带可一年三熟，是甘蔗、茶叶、芒果、紫胶等的最适宜发展区。

中亚热带占全省土地面积的16.19%，其中坡度小于和等于8度的占本带土地面积的9.19%；8~15度的占9.01%；15~25度的占38.55%；25~35度的占31.06%；大于35度的占11.65%。本带农作物可二年五熟，适宜种植烤烟、茶叶、花生、油桐等。

北亚热带占全省土地面积的20.81%。其中坡度小于和等于8度的占本带土地面积的12.11%；8~15度的占15.06%；15~25度的占37.88%；25~35度的占26.28%；大于35度的占8.67%。本带年可大小春两熟，适宜种植油菜、烤烟、核桃、苹果、桃、李等经济作物和果木。

暖温带占全省土地面积的16.36%，其中坡度小于和等于8度的占本带土地面积的13.17%；8~15度的占18.66%；15~25度的占38.56%；25~35度的占22.25%；大于35度的占7.16%。本带适宜种植苹果、核桃、梨、漆树等经济林木。

寒温带占全省土地面积的8.51%。其中坡度小于和等于8度的占本带土地面积的2.26%；8~15度的占9.60%；15~25度的占27.83%；25~35度的占39.21%；大于35度的占21.10%。本带农耕地少，只能种植青稞、燕麦等耐寒作物，适宜发展牦牛，绵羊等畜牧业。盛产虫草、藏红花、贝母、秦归等名贵药材。（主要水域占全省土地面积的0.72%，未列入各气候带。土地资源按坡度、气候带划分根据云南省农业区划办公室资料整理。）

气候资源

太阳辐射资源

总辐射。云南地处低纬度地带，太阳高度角大，辐射资源丰富，年辐射量3 620 ~ 6 680兆焦耳/平方米，次于青藏高原和西北地区，为全国太阳辐射资源高值区之一。全省年总辐射的分布，一般是滇中、滇西较高，滇东北、滇西北、滇南较低，多数地区为5 000兆焦耳/平方米·年左右。最高的是永仁，年总辐射量6 682兆焦耳/平方米。滇东北较少，最少的是盐津，为3 624兆焦耳/平方米。

1月，全省多数地区月总辐射在300兆焦耳/平方米以上，大理州、德宏州、保山市、西双版纳州部分地区在400兆焦耳/平方米以上，宾川最高，为485兆焦耳/平方米；滇东北地区月总辐射较少，盐津最少，为157兆焦耳/平方米。

4月，为一年中月辐射量最大的一个月。全省多数地区月总辐射在500兆焦耳/平方米以上，楚雄州、大理州部分地区在600兆焦耳/千方米以上，永仁最多，为694兆焦耳/平方米；怒江州、昭通地区部分地区低于500兆焦耳/平方米，贡山最少，月总辐射量346兆焦耳/平方米。

7月，全省多数地区月总辐射在400兆焦耳/平方米以上，大理州部分地区、昭通地区部分地区在500兆焦耳/平方米以上，永仁最大，为596兆焦耳/平方米；滇西南部分地区低于400兆焦耳/平方米，西盟最少，为346兆焦耳/平方米。

10月，全省多数地区低于300兆焦耳/平方米，玉溪部分地区、楚雄州部分地区和保山部分地区在400兆焦耳/平方米以上，宾川最大，月总辐射为491兆焦耳/平方米；盐津最少，为235兆焦耳/平方米。

直接辐射。全省年总直接辐射在2 500兆焦耳/平方米以上。大理州、楚雄州、保山地区、临沧地区在3 000兆焦耳/平方米以上；少数地区超过4 000兆焦耳/平方米。最多是永仁，为4 376兆焦耳/平方米。思茅地区、红河州、文山州、昭通地区、曲靖部分地区低于3 000兆焦耳/平方米，昭通和怒江部分地区低于2 000兆焦耳/平方米，盐津最少，年总直接辐射为1 179兆焦耳/平方米。

散射辐射。全省各地散射辐射悬殊不大，在2 200 ~ 2 600兆焦耳/平方米·年左右，滇南、滇东北部分地区在2 500兆焦耳/平方米·年以上，金平最大，为2 740兆焦耳/平方米·年，滇中部分地区、楚雄州部分地区在2 300兆焦耳/平方米·年以下，牟定最少，为2 211兆焦耳/平方米·年。

降水资源

云南降水丰沛，但地区分布不均。全省多年平均降雨1 230.8毫米、为全国平均降雨（650毫米）的1.89倍，降雨总量4 715亿立方米，占全国降雨总量的7.6%。降雨的空间分布350 ~ 3 000毫米，分布规律是滇西多于滇东，滇南高于滇北，河谷低于盆地，盆地少于山地。从各地区来看，滇东罗平等地，滇南的金平、绿春、江城，滇西南的西盟、沧源等地，以及滇西的贡山、龙陵等，年降水量在1 500毫米以上，西盟最多，为2 748毫米。滇西北的迪庆等地、金沙江河谷，元江河谷地区降水较少、一般在1 000毫米以下，宾川最少，为593毫米。有些地区，水平距离很近的两地，降水悬殊很大。墨江（23°26′N）年降水1 354毫米，与之相距50千米的元江（23°26′N）年降水量805毫米；大理（25°42′N，100°11′E）年降水1 103毫米，宾川（25°30′N，100°34′E）年降水593毫米；屏边（22°59′N，103°41′E）降水1 621毫米，蒙自（23°23′N，103°E）年降水834毫米，龙陵（24°36′N，98°4′E）年降水2 086毫米，潞江坝（24°58′N，98°53′E）年降水751毫米。垂直海拔高度不同的两地，降水差别也比较大，如下表。

不同海拔高度降水量比较表

地名	经度	纬度	海拔（米）	年降水量（毫米）
新村	103°10′	26°06′	1 254.1	685
汤丹	103°04′	26°11′	2 252.4	838
落雪	103°00′	26°14′	3 227.4	1 170
景洪	100°48′	22°00′	552.7	1 217
勐海	100°25′	21°55′	1 176.3	1 353

云南处于典型的西南季风区，夏秋多雨。雨季降雨一般占年降雨量的80～90%，干旱河谷区占95%。滇东北、滇西北、楚雄州部分地区雨季降雨占年降雨量的90%以上，彝良占91%，丽江占94%，最多是华坪、鹤庆，占96%。干季降雨一般占年降雨量的10～20%，华坪、鹤庆低达4%。

风能资源

就风能资源而言，一般年平均风速需大于或等于3米/秒。云南省风能资源与全国相比，属风能资源贫乏区，有部分地区的年平均风速超过3米/秒，有一定的利用潜力。风能是一种廉价的、取之不尽、没有污染的再生能源，云南的部分地区春季风速较大，可作为冬春枯水位水力发电的补充，具有一定的开发前景。

水　资　源

概述

云南省水资源有4个特点。

一、地区分布不均，水与人、土的组合不相称

人少水丰的滇西、滇南一带的福贡、泸水、金平、勐腊、江城等县，人均水量2万～4万立方米，为世界平均水平的1.8～3.6倍。昆明、呈贡、通海、陆良等地的人均水量700～800立方米，为全国水平的27～30%，仅占世界平均水平的6.4～7.3%。滇东高原的金沙江、珠江、红河（元江）三大流壤耕地面积占全省70%，径流量占全省53%，亩均水量3 888立方米，滇西横断山区的澜沧江、怒江、伊洛瓦底江流域的耕地面积占全省30%，径流量占47%，亩均水量8 051立方米，是滇东三大流域的2.1倍。省内山区、坝区的水、土组合更不相称，全省坝区面积占全省土地面积6%，坝区耕地占全省耕地34%，而坝子多分布在各河支流上游，汇水面积小，坝内降雨少于周围山区，蒸发大于山区，产水量少。金沙江、珠江、红河（元江）三大流域坝子耕地的亩均水量1 214立方米，低于长江、珠江流域的平均水平，也低于全国平均水平。南盘江上游的陆良坝，亩均水量仅817立方米，金沙江流域的宾川坝，亩均水量仅500立方米。省内大部分坝子缺水严重。

二、时程分配不均，供需之间不相适应

全省降雨深受季风影响，河川径流的年内，年际变化很大。春末夏初，雨季尚未来临，降雨少，风速大，气温升高快，蒸发强烈，河水、地下水消退迅速，这时正值人春栽插、小春生长旺盛之际，对水的需求量很大，不少地区4、5月间农田灌溉用水可占年灌溉量的70%。一旦雨季采临，水汽丰沛，降雨集中，主汛期6～8月雨量可占年雨量的50%以上。一些河流往往是供水不足与洪水泛滥相继发生。

三、部分河、湖水体受污染，水质恶化

全省多数河、湖水pH值7.2～8.8，矿化度17～355毫克/升，总硬度35～181毫克/升，地下水pH值6.5～8.5，矿化度25～500毫克/升，总硬度3～160毫克/升，从以上三项指标看，天然水质良好，属中性或弱碱性的中、低矿化水。在城镇和工业集中区，大量未经处理的污废水排入水体，使水质恶化。金沙江支流龙川江、普渡河、小江以及滇池等水体，流经南华、楚雄、昆明、东川等工农业发达区，每年接纳污、废水两亿多吨，成为金沙江水系的主要污染河流。南盘江的污染源分布在曲靖、红河两个地州，20世纪80年代初期曲靖环保部门统计，仅曲靖一地向南盘江的日排污量即达3.2万吨。此外来自个旧云锡公司下属各厂矿、开远煤矿、解放军化肥厂、易门铜矿等地的污染源，不仅污染了南盘江中、上游河段，对红河支沉尤其是盘龙河、绿汁江的污染也较严重，澜沧江的污染源来自大理等地的造纸、人造纤维、化肥、橡胶等企业，西洱河及黑惠江羊庄坪段污染严重。怒江，伊洛瓦底江大多数河段水质良好，仅个别河段有轻度污染，主要是受保山、腾冲等地的中、小型企业和露天矿的污染。

四、不合理的开发利用，人为的加剧了水资源的紧缺状况

60年代以来，人口急剧增长，工农业发展较快，对水资源的需求量日益增多。在开发利用水资源的过程中，往往缺乏综合观点和统一规划，仅从单一目标考虑，缺乏全面论证，出现了一系列不合理开发的事例。如在开发湖泊资源过程中，一度出现了围湖造田、放干垦殖，过度放水发电，片面追求单方面效益，使一些湖

泊湖水面缩小，湖盆变浅，水质恶化，渔业减产，生态环境遭受严重破坏。在缺水的城镇附近，超采地下水，降落漏斗面积不断扩大，地面沉陷，建筑物受到破坏。在水源地，乱砍滥伐现象严重，森林资源日益减少，使一些山地逆向退化，水土流失，水源涵养能力下降，昆明松花坝水库以上流域已出现了水少沙多的恶化迹象。

水能资源

云南省水能资源理论蕴藏量达1万千瓦以上河流有300条，连同蕴藏量在1万千瓦以下的河流共600余条，全省理论蕴藏量10 367.3万千瓦，占全国15.3%，次于西藏与四川，居全国第三位。可能开发的装机容量7 116.8万千瓦，可建大、中型水电站458座，年发电量3 944.5亿度，占全国20.4%，次于四川，居全国第二位。

水能资源主要分布在金沙江、澜沧江与怒江三大流域，三江水能理论蕴藏量8 522.4万千瓦，占全省82.5%，其中干流6 310万千瓦，占全省60%。红河（元江）、珠江和伊洛瓦底江3流域的理论蕴藏量占全省17.5%，这3流域主要集中在支江上。

从地区分布看，主要集中在滇西、滇北，其次为滇东、滇南，滇中最少。

云南省可开发水能资源，单位土地面积拥有185.78千瓦，人均占有2.033千瓦，分别为全国平均水平的4.7倍与3.0倍，其中人均占有量为美国的2.2倍，法国的5.2倍。

云南省河流多位于峡谷区，开发水能的有利因素是：库区淹没损失少，综合利用简单，电站出力大，发电量多，效益显著。不利因素是：地理位置闭塞，交通不便，往往成为水能开发中的限制性因素。20世纪80年代开始有所改善。

云南省水能资源的开发利用状况，20世纪50年代在金沙江支流以礼河上修建了二级水槽子电站（会泽县境），在南盘江支流六郎河修建了中国第一座地下水电站（邱北县境），20世纪60～70年代初，在以礼河上又续建了三级盐水沟电站、四级小江电站及一级毛家村电站，以礼河已实现四级开发，装机容量达6.23万千瓦，共发电10亿度。在红河支流绿水河上修建了绿水河电站（蒙自县境），装机容量5.75万千瓦，发电8.3亿度。在澜沧江支江西洱河上修建了四级电站，后又相继修建了一级、二级电站，总装机容量20.5万千瓦，发电8.95亿度。在南盘江支流黄泥河上修建了大寨电站（罗平县境），装机容量4万千瓦，年发电量2.41亿度。20世纪80年代以来，已建或正在兴建的大电站有：西洱河三级电站、黄泥河鲁布革电站和澜沧江漫湾电站。

云南省各流域水能资源统计表

流域	蕴藏量大于1万千瓦的河流（条）	理论蕴藏量		可能开发量		可开发年发电量占理论年发电量%
		万千瓦	亿度	万千瓦	亿度	
金沙江	89	4 028.25	3 528.7	3 543.53	1 954.91	55.4
珠江	23	424.65	372	187.02	92.83	25.0
红河（元江）	60	980.00	858.5	357.51	201.24	23.4
澜沧江	96	2 550.09	2 233.9	1 986.90	1 063.30	47.6
怒江	17	1 974.01	1 729.2	1 030.93	610.05	35.6
伊洛瓦底江	15	410.20	359.3	29.50	17.20	4.8
全省	300	1.367.30	9 081.6	7 116.79	3 944.53	43.4

地　热　资　源

概述

云南省温泉多，分布广，地热资源丰富。据不完全统计，全省各种温泉有700多处，热水钻孔近100个，124个县有温泉。其中低温泉（水温25～40℃）占51%，中温泉（40～60℃）占33%，中高温泉（60～80℃），高温热泉（80～95℃），过热泉（大于95℃），占16%。每年从温泉中流出的热水约3.6亿立方米，仅次于西藏，居全国第二位。云南省地热资源的分布，有一定的规律性，大致以中甸—下关—个旧一线为界分为滇西、滇东两区。滇西区的水热活动具有水温高但流量小的特点，称为滇西高温热水活动区；滇东区的水热活动具有水温低而流量较大的特点，称为滇东中低温水热活动区。全省共分2个区、10个亚区、21个热水带。

云南省地热资源分布

区	亚区	热水带	主要温泉
滇西高温水热活动区（Ⅰ）	高黎贡山区—腾冲亚区（I_1）	腾冲—梁河过热水—高温热水带（I_1-A）	黄瓜箐、瑞滇、石墙、五合、硝塘、囊宋热水塘
		盈江—陇川高温热水带（I_1-B）	苍棒
		龙陵—瑞丽过热水—高温热水带（I_1-C）	大塘子、姐勒、法帕、遮放
	保山—孟连亚区（I_2）	保山—施甸中温热水带（I_2-A）	中元
		昌宁—镇康中高温热水带（I_2-B）	株山鸡飞澡塘
		澜沧—孟连中温热水带（I_2-C）	
	临沧—景洪亚区（I_3）	云县—临沧过热水—中高温热水带（I_3-A）	联泉热水塘、大平掌热水塘、大困乒热水塘、小定西热水塘
		景洪—勐海高温热水—过热水带（I_3-B）	勐满、小街热水村
	兰坪—思茅亚区（I_4）	兰坪—景东中温热水带（I_4-A）	
		景谷—江城中温热水带（I_4-B）	
	剑川—下关—金平亚区（I_2）	剑川—弥渡高温热水带（I_5-A）	右所、牛街、九气台、塘子铺
		元江——金平高温热水带（I_5-B）	桥头街热泉、沙底热泉、果统热泉、凡纳热泉
滇东中低温水热活动区（Ⅱ）	中甸—宾川亚区（II_1）	中甸—丽江中温热水带（II_1-A）	瓦拉片
		鹤庆—宾川中温热水带（II_1-B）	王营热水塘、河西温泉
	华坪—双柏亚区（II_2）	永仁—元谋低温热水带（II_2-A）	元谋热水塘
	禄劝—石屏亚区（II_3）	武定—玉溪中—低温热水带（II_3-A）	禄丰宝泉村、洗澡塘、安宁温泉、晋宁牛恋村、沙郎、洪家营
		新平—建水中温—低温热水带（II_3-B）	
	昭通—开远亚区（II_4）5	昭通—东川中温—低温热水带（II_4-A）	大寨温泉、新塘温泉
		嵩明—开远中温—低温热水带（II_4-B）	
		师宗—弥勒低温热水带（II_4-C）	瓦草热泉、梅花温泉
	丘北—文山亚区（II_5）	砚山—文山低温热水带（II_5-A）	以革勒温泉、六柴冲温泉

（江云　整理）

ANNUAL OF YUNNAN ECOLOGY

云南生态年鉴

2010

倡导绿色和谐　促进生态文明

生态文明建设 ECOLOGICAL CIVILIZATION CONSTRUCTION

生态文明建设大家谈

中共云南省委书记白恩培：如果生态环境被破坏云南将一无所有

2009年3月6日，全国人大代表、中共云南省委书记、省人大常委会主任白恩培在北京接受《光明日报》记者采访时指出：云南对生态文明建设一直高度重视。云南地处多条大江大河上游，是国家的重要生态屏障，我们有责任搞好环境保护，良好的生态也是云南发展的潜力所在。如果认识不到这一点，在城镇化、工业化过程中破坏了生态环境，那么云南将一无所有。云南的领导干部一定要有这样的认识，同时还要动员全社会力量，关注生态文明建设。有一点非常重要，那就是要把生态建设的想法变为具体行动。比如，坚决守住公益生态林不能动的红线，而对集体所有的商品林，通过集体林权制度改革，调动林农种树的积极性，实现经济、生态和社会效益共赢。集体林权制度改革后，我下基层调研，林农告诉我，现在树苗的价格涨了。我问，为什么涨呀？回答令人高兴：如今愿意栽树的人多了。云南已经启动了“七彩云南保护行动”，成效正在显现。2008年，习近平同志到云南视察时要求，云南要争做全国生态文明建设的排头兵，我想通过不懈努力，这个目标一定能实现。

云南省人民政府省长秦光荣：保护生态建设生态再现怒江峡谷青山绿水

2009年8月6日至7日，省政府在六库召开加快怒江发展专题工作会议。省委副书记、省长秦光荣强调，当前和今后一段时期，怒江州要围绕“抓生态、重民生、促发展、保稳定”四大重点开展工作，努力恢复生态、保护生态、建设生态，再现怒江的青山绿水；要着力关注民生，改善民生，加强民生，实现各项民生保障措施在怒江州的全覆盖，推动经济发展与环境保护相互促进，努力提高全州各族人民的生活水平。

秦光荣强调，加快怒江发展，要重点抓好四方面工作：一要抓生态，始终把保护好怒江的生态环境放在首位。要着力抓好怒江流域生态恢复，继续实施“天保”工程、退耕还林工程，总结好州内实施的“山顶封和禁、半山移和退、河谷建和育”生态保护经验，坚持宜林则林、宜草则草，着力恢复生态；实施怒江面山绿化工程，严禁在怒江面山开矿、采石，大力提高森林覆盖率，保持怒江青山绿水的良好自然风貌；抓好沘江污染治理，加快淘汰、关闭一批低水平、高能耗、排放不达标的企业，对现有企业实施限期整改并进一步强化监管；抓好澜沧江沿岸水土流失治理，进一步加大人工造林、封山育林及管护力度，加紧编制流域水土流失严重地区的治理规划并积极争取国家支持；抓好县城生活污水和垃圾处理设施建设。二要重民生，把保障和改善民生作为怒江发展的出发点和落脚点。要突出抓好扶贫工作，坚持把基础设施建设、产业发展和资源开发与综合扶贫开发紧密结合起来，积极探索生态补偿、资源资本化等新机制；集中财力办大事，下大力气建设一批教育、文化、卫生等基础设施和公共服务网络，努力推进城乡社会公共服务一体化，使全民素质得到稳步提高；认真落实促进就业各项政策，建立健全城乡一体化就业服务体系，积极扩大社会保险覆盖面；结合实施新一轮“兴边富民工程”行动计划，实行省级投入到贫困自然村的政策，下决心解决民族贫困自然村通路、通水、通电问题。三要促发展，实现怒江“二次跨越”发展目标。要围绕“打通交通要道、连接交通环线”的思路，改造、提升公路等级，完善公路交通网；着力培育优势产业，集约化发展矿产业，加快开发生物产业，精心做好“山”、“水”、“城”旅游大文章，高起点、高质量打造怒江大峡谷世界旅游品牌，积极推进怒江州产业结构优化升级。四要保稳定，倍加珍惜来之不易的民族团结大好局面，大力改善民族地区生产生活条件，为社会稳定构筑坚实基础。

（谢　炜　付雪晖）

云南省政协主席王学仁：高度重视生态文明建设切实加强农村环境保护

2009年7月27日至30日，省政协组织由部分民主党派负责人、省政协委员和省政府相关职能部门负责人参加的联合调研组，前往曲靖、昭通进行调研。调研组深入曲靖市马龙县、麒麟区，昭通市鲁甸县、昭阳区等地，深入村镇、企业，实地考察了解小城镇及农村规划建设、人畜饮水安全、农村畜禽粪便和垃圾处理情况，与基层干部群众一道总结环境治理保护经验，探讨进一步做好工作的对策和措施。

在调研和座谈的基础上，王学仁提出要高度重视生态文明建设，切实加强全省小城镇和农村环境保护工作。当前，全省部分小城镇和农村环境得到了改善，但要清醒地认识到，农村生态环境总体形势仍然十分严峻，直接影响到农民群众的身体健康，制约了经济社会的可持续发展。各级党委、政府要高度重视，从实际出发，在发展经济的同时，加大投入、科学规划、统筹兼顾、突出重点、分步实施，切实加强小城镇环保和农村人畜饮水安全工作，加大农村面源污染、畜禽粪便污染、农村工业污染防治力度，积极推进农村生态环境保护，把社会主义新农村建设与生态文明建设有机结合起来，确保经济社会可持续发展。

（施　铭）

云南省人民政府副省长孔垂柱：加快石漠化综合治理

2009年8月31日至9月1日，副省长孔垂柱先后深入文山县、砚山县、西畴县的部分乡镇实地查看了石漠化地区退耕还林、封山育林、人工造林、水土流失治理、山区“五小”水利、农田建设、农村能源建设、中低产田改造、特色产业发展等各项综合治理工程，并听取了文山州委、州政府的情况汇报。孔垂柱指出，文山州多年来高度重视石漠化治理工作，通过坚持不懈地实施综合治理措施，有效地遏制了石漠化的扩散和蔓延，石漠化地区人居生存、生产、生活环境得到明显改善。

孔垂柱强调，全省岩溶地区土地石漠化已经成为最突出的生态问题，极大地影响了各族群众的生存环境，制约了当地经济社会的可持续发展，也严重危及着长江、珠江、澜沧江中下游地区的生态安全。组织实施岩溶地区石漠化综合治理工程，对于全面贯彻落实科学发展观、维护国土生态安全、有效减少水土流失、减轻石漠化危害、提高土地综合生产能力、改善生存空间和人民群众生产生活条件、推进社会主义新农村建设和构建社会主义和谐社会，具有十分重大的意义。各级相关部门要充分认识石漠化治理工作的重要性、紧迫性、艰巨性和长期性，按照职能分工，落实相关责任，整合项目资金，因地制宜，多措并举，发动群众，高效推进岩溶地区石漠化综合治理工作的深入开展。

孔垂柱要求，各级各有关部门要把石漠化治理与生态环境建设、经济社会发展和群众脱贫致富有机地结合起来，千方百计加大农业基础设施建设投入力度，把优势特色农业产业做大做强，把生态改善、农民增收放在更加突出的位置，进一步加强组织领导，不断完善治理思路，加大宣传力度，加大投入力度，创新体制机制，强化工作措施，加强工作考核，继续抓好试点，全面提升石漠化治理水平，努力推动石漠化治理取得新的成效，为改善生态环境、建设秀美山川、提高人民群众生活水平和经济社会又好又快发展作出新的贡献。

（龙　舟）

云南省环境保护厅厅长王建华：生态文明建设与云南的可持续发展

生态是生存之基，环境是发展之本。生态环境状况既是我们赖以生存和发展的前提条件，也是衡量发展质量和人民群众生活水平的重要标准，更是一个地区综合实力和竞争力的重要体现。当前，云南还处于不发达的阶段，总体经济实力还不强，经济发展水平与发达地区相比差距明显，人民群众的物质生活水平还不富裕，但我们引以自豪的是云南得天独厚的丰富的自然资源、森林资源、水资源及生态系统的多样性、物种的多样性和人文环境的多样性。在不到全国国土面积3%的土地上，云南承担着保护占全国56%的高等植物、42.6%的珍稀濒危植物、59.4%的重点保护野生动物的重任，是国家重要的物种基因库。全省高达49.91%的森林覆盖率，远远高于全国18.21%和全球27%的森林覆盖率水平。良好的生态环境和自然禀赋是云南最具特色最具竞争力的后发优势，是云南加快发展、科学发展和构建和谐社会的重要支撑和前提条件。

一、努力营造了解自然、敬畏自然、亲近自然、保护自然的良好氛围

要牢固树立善待生命、敬畏自然的伦理观；环境是资源、环境是资本、环境是资产的价值观；破坏环境就是破坏生产力、保护环境就是保护生产力的发展观。强化经济、社会和环境相统一的效益意识；经济、社会、资源和环境全面协调发展的政绩意识；节约资源、循环利用的可持续生产和消费意识。从社会公德、职业道德、家庭美德、个人品德等方面入手推进生态道德建设，使各族人民更加自觉地保护自然、保护环境、节约资源，不断提高生态文明素养。特别要重视青少年生态文明意识的培育和提高，帮助青少年树立环境生态观念、环境资源观念、环境道德观念。抓好党政领导干部的培训，提高领导干部的生态文明素养和意识，使各级领导干部认识到为官一任不仅要造福一方，更要维护好、发展好老祖宗留下的宝贵财富，让子孙后代得以永续利用。要加强对企业管理者的生态文明知识、环境保护和生态建设法律法规教育培训，增强企业的社会责任和生态责任。要全面推进绿色创建活动，把生态文明的意识、制度和行为作为绿色创建的重要规范。在全社会

倡导节能环保、适度消费、绿色消费理念，消除浪费性和污染性消费，形成“节约环保光荣、浪费污染可耻”的社会风尚，帮助人们摆脱无止境的物质欲望追求，引导人与自然和谐共处，全面提高人们的生活质量，从而切实地把党和国家建设资源节约型、环境友好型社会的要求落实到每个单位、每个家庭，从自身做起、从身边的小事做起，主动选择低消耗、少污染、高效率的生产生活方式，以实际行动践行生态文明理念。

二、全面推进生态环境的保护和治理

一是加强以滇池为重点的水环境综合治理。以削减入湖主要污染物为核心，抓好湖泊治理的六大工程措施，巩固洱海治理成果，保持抚仙湖、泸沽湖水质稳定，加大其他湖泊污染防治力度。大力推进南盘江、金沙江、牛栏江等重点流域水污染防治，强化出境跨界河流环境安全监管，维护水环境安全。二是以污染减排为重点改善全省环境质量。要确保完成全省“十一五”主要污染物（SO_2、COD）减排的目标任务，积极探索有效削减 SO_2 排放总量和控制氮氧化物的措施，加强重点行业、重点企业污染源治理。加快推进城市污水处理厂和垃圾填埋场建设。三是以滇西北为重点加强生物多样性保护。认真实施滇西北生物多样性保护行动计划和云南省生物多样性保护工程规划，完善就地、迁地、离体保护体系，努力在重要物种、关键生态系统和生物资源可持续等方面取得重大突破。开展生物安全调查与评估，建立生物安全监管体系。四是以固废污染治理为重点确保环境安全。完善危险废物、医疗废物收集、交换网络体系，加快处理处置设施建设，确保危险废物得到安全处理处置。抓紧完成放射性废物收贮设施建设，提高放射性废物处理处置能力。五是以农业面源污染防治为重点加强农村环境治理。加强规模化畜禽养殖污染防治，在江河源头、水源保护地等环境敏感区域划定规模化禽畜养殖禁养区。鼓励畜禽养殖废弃物的资源化利用，发展有机肥料产业，实现畜禽养殖废物的无害化和资源化。高度重视农用化学品对农业环境的污染，在重点地区建立土壤环境质量定期评价等制度，强化土壤环境监管。六是以环境监管为重点服务经济社会可持续发展。严把规划环评和建设项目环评关，落实建设项目环保“三同时”制度。切实加强环境监管，维护群众环境权益。

三、完善体制机制，促进生态制度文明

努力克服制约环境与经济协调发展的体制性、制度性障碍，建立与完善有利于促进生态文明建设的体制机制。把生态文明建设的主要任务与目标纳入国民经济社会发展全过程的综合决策机制，对生态文明建设重大决策事项实行公示和听证的公众参与机制，把利用外资与发展循环经济和生态建设有机结合起来的交流合作机制，着眼培养大批具有创新精神和实践能力的生态文明建设应用型、复合型、研究型人才的人才培养机制，确保生态文明建设责任落到实处的干部考核机制。按照“谁开发谁保护、谁受益谁补偿”的原则，逐步建立环境和自然资源有偿使用机制和价格形成机制，逐步建立制度化、规范化、市场化的生态补偿长效机制；逐步建立主要污染物排放总量初始权有偿分配、排放权交易、资源循环利用等环境经济政策；探索建立遗传资源获取与惠益共享机制；制定有利于生态型产业发展的财政、税收、金融、投资、技术等扶持政策；制定新建项目环保准入、节能减排经费投入等节能减排配套政策。建立完善部门协作、信息通报、联合检查等生态环境管理体制；完善土地、矿业、清洁能源等资源开发管理制度；建立企业污染减排制度、环境行为公开制度、资源回收利用制度等，逐步完善企业环境责任制度；健全饮用水源地安全预警、重要生态功能保护区建设等生态保护制度。建立健全公共财政体制和公共服务投入稳步增长机制，调整和优化公共财政支出结构，适当向环境保护领域倾斜、向生态文明建设项目倾斜，充分发挥公共财政的导向作用；整合环境保护和生态建设资金，提高资金使用效益，集中资金，集中投向生态文明建设的重点领域和项目，集中解决生态文明建设的重点问题；逐步建立政府主导、多元投入、市场推进、社会参与的生态文明建设投融资机制。

四、实施十大工程，稳步推进七彩云南生态文明建设

从2007年2月起以“七彩云南·我的家园”为主题，以环境法治、环境治理、环境阳光、生态保护、绿色创建、绿色传播、节能减排为主要内容的“七彩云南保护行动”，拉开了全省生态文明建设的帷幕。七彩云南保护行动，是落实生态立省、环境优先发展战略的重要举措，是发挥全省优势，实现科学发展的重要载体和平台，深受全省广大干部群众的拥护与支持，得到党中央、国务院领导同志的充分肯定，并在国内外引起了强烈的反响，有力促进了七彩云南生态文明建设。当前和今后一段时期，要以坚持不懈的精神深入实施七彩云南保护行动，以实现生态省建设指标体系为重要支撑，以争做全国生态文明建设排头兵为目标，紧紧围绕生态意识、生态行为、生态制度三大领域，抓好生态意识、生态经济、生态安全、生态社会、生态制度五大建设，努力建设九大高原湖泊及重点流域水污染防治工程、滇西北生物多样性保护工程、节能减排工程、生物产业发展工程、生态旅游开发工程、生态创建工程、环境基础设施建设工程、生态意识提升工程、民族生态文化保护工程、生态文明保障体系建设工程等10大工程，力争到2020年生态省建设的主要任务基本实现，生态环境指标保持全国领先，生态经济具有较强的竞争力，初步形成资源节约型、环境友好型社会。七彩云南保护行动必将

更加生机勃勃，七彩云南生态文明建设必将结出丰硕的成果。

云南省文化厅厅长黄峻：生态文明人人共建七彩云南世界共享

党的十七大，作出了建设生态文明的重大决策，体现了党和政府对新世纪中国发展阶段性特征的科学判断和对人类社会发展规律的深刻把握，是治国理念的新发展和新提升。省委、省政府在全省范围内组织实施“七彩云南保护行动”，是贯彻落实党的十七大精神的重大举措，是推进生态文明建设的成功实践，功在当代、利在千秋。

云南山川秀丽、民族众多，有着神秘的民族文化、神奇的自然文化和神圣的历史文化，这既是云南各民族在历史发展的长河中人与人、人与社会、人与自然和谐相处的例证，又是我们建设生态文明的基础和优势。充分发挥文化“在生态文明建设中创构价值、在生态经济建设中创造财富、在生态社会建设中创建和谐，在生态行为建设中创新方式”的功能和作用，对深入实施“七彩云南保护行动计划”、推动云南生态文明建设具有重要的现实意义和深远的历史意义。

一、文化在生态文明建设中创构价值

生态文化是人与人、人与社会、人与自然和谐发展的文化，是社会主义和谐文化的重要组成部分。培育和发展生态文化，树立符合自然法则的生态价值观，是生态文明建设的基本前提和重要内容。只有培养生态文化，生态意识才能成为大众意识，从而增强人们的自觉性；只有发展生态文化，生态道德才能成为普遍道德，从而增强人们的自律性；只有弘扬生态文化，生态价值才能成为具有广泛的社会影响力的价值，自觉主动地承担生态文明建设的责任和义务，使我们的思想、方法、组织、规划等意识和行为更加符合生态文明建设的要求。

全民生态文化进一步形成之日，就是生态环境进一步改善之时。要围绕发展社会主义先进文化和实施非物质文化遗产保护工程，积极从全省各民族保护自然、关爱自然、亲近自然、尊畏自然的传统文化中吸取营养，大力加强生态文化理论研究，大力推进生态文化建设，大力弘扬人与自然和谐相处的价值观，进一步形成尊重自然、热爱自然、善待自然的良好文化氛围，建立有利于环境保护、生态发展的文化体系，充分发挥文化在生态文明建设中对人们潜移默化的影响。

二、文化在生态经济建设中创造财富

当前，全国经济社会发展与资源环境之间的矛盾比较突出。必须牢固树立科学发展观，把对自然的合理开发和积极保护统一起来，把经济效益、社会效益与生态效益统一起来，在生态文明建设中闯出一条生产发展、生活富裕、生态良好的路子。

文化经济是典型的“低碳经济”，资源消耗少、环境污染少、附加价值高，并且不受经济周期下滑的影响；文化产业是新兴的“绿色产业”，生产“绿色商品”，引导“绿色消费”，创造“绿色财富”；文化产品是少有的“效益产品”，能够实现社会效益、经济效益和生态效益的有机统一。在生态文明建设中，文化产业作为一种新的生产力形式和内容，已成为全国新兴的战略产业。

云南发展文化产业得天独厚、潜力巨大，全省文化资源优势正在逐步转化为创造财富的优势。例如：我们立足云南自然资源优势，通过发展文化旅游产业，把“消耗”变成了“消费”（如列入世界自然遗产的三江并流、石林奇观）；我们立足云南民族文化资源优势，通过发展特色文化产业，把“遗产”变成了“财产”（如列入世界文化遗产的丽江古城）；我们立足云南原生态文化的优势，通过深化文化体制改革、重塑市场主体，把“作品”变成了“商品”（如《云南映象》、《丽水金沙》）；我们立足云南“世界生物多样性基因库”的优势，通过提升文化附加值，把“宝库”变成了“宝藏”（如在全国掀起的“普洱茶热”），等等。

三、文化在生态社会建设中创建和谐

生态文明既追求人与自然的和谐，也追求人与人、人与社会的和谐，而人与人、人与社会的和谐是人与自然和谐发展的前提。云南是多民族群体共存、多文化形态共生、多文化发展共进、多文化成果共享的典型地区，丰富多彩的民族文化对构建和谐云南、生态云南具有重要意义。

当前，要深入贯彻落实《国务院关于发展繁荣少数民族文化事业的若干意见》，大力加强和谐文化建设，让云南各族群众在更加广泛、更加深入的层面上相互交流和交融，充分发挥文化在人际关系上的“润滑剂”作用、在社会关系上的“调适器”作用、在民族关系上的“黏合剂”作用，巩固和发展各民族共同团结奋斗、共同繁荣发展的大好局面。结合“七彩云南保护行动计划”的实施，省文化厅将继续着力抓好三项文化惠农项目，推动农村生态文明建设。一是抓好“文化乐民”的文化大篷车千乡万里送戏行活动，为农村生态文明建设打下良好的人文基础；二是抓好“文化育民”的文化信息资源共享工程农民素质教育网络培训学校建设，全面提高农民群众的思想道德素质和科学文化素质，不断减轻传统劳作方式给生态环境带来的压力；三是抓好“文化富民”的文化惠民示范村创建活动，以农村文化产业推动农业产业结构调整，转变经济发展方式，走生产发展、生活富裕、生态良好的发展道路。

四、文化在生态行为建设中创新方式

生态不仅存在于自然界，也存在于社会政治经济方面。而文化事业的繁荣和文化产业的发展，不仅改变着财富的创造方式，而且还改变着精神生产和精神消费的方式，在推动产业结构调整中发挥着越来越重要的作用，对转变经济发展方式和人们的生活方式的影响越来越大。

推动文化大开发大繁荣，有利于推动发展方式的生态化，转变高投入、高消耗、高污染、低产出的生产方式，逐步形成节约资源、减少污染的生产模式和产业结构；有利于推行消费方式的生态化，减少或杜绝生态破坏、环境污染和资源浪费，逐步形成有利于人类可持续发展的适度消费、绿色消费的生活方式；有利于推进行政方式的生态化，引导各级领导干部充分认识建设生态文明的重要意义，提高对生态质量变化的识别能力和解决问题的能力，增强建设生态文明的自觉性和主动性。

生态文明建设是人类对工业化带来的严峻环境问题作出的必然选择，是对传统文明的反思和对现代文明的重塑，是人类文明理念、文明形态的重大进步和发展道路、发展模式的重大抉择。省文化厅将紧紧围绕“七彩云南保护行动”的目标任务，充分发挥文化在生态文明建设中的“四创”作用，为建设生态云南、七彩云南、和谐云南作出积极贡献。

中共文山州委书记李培：探索文山旅游循环经济发展之路

文山是云南生物资源富集地区之一，有着丰富的旅游资源，其中，普者黑旅游景区已成为文山自然环境的缩影，以独特的孤峰群、湖泊群、溶洞群和岩溶湿地为主体，是云南高原湖泊生态系统唯一的特殊湖泊湿地生态系统类型。在一座座散落的孤峰间，延绵环绕着40里水路、万亩野生荷花，辅以古朴多姿的少数民族风情及古人类遗迹、峡谷、高原草场等，被专家誉为“世间罕见、中国独一无二的喀斯特山水田园风光”，普者黑也因此成为国家重点风景名胜区、国家4A级旅游区和云南省旅游度假区。

近年来，文山州各级党委、政府极为重视普者黑旅游景区的可持续发展。2005年1月，普者黑被列为云南省旅游循环经济试点；2009年4月，在国家发改委批准的《云南省旅游产业发展和改革规划纲要》中又被确定为全省旅游循环经济专项改革试点。文山州委、州政府确定了保护优先的原则，提出以循环经济理念指导普者黑区域产业结构调整，优化旅游资源配置，促进旅游产业转型升级和生态环境良性循环，实现景区的可持续发展。

2007年，云南省历史上规模最大的环境保护行动——“七彩云南保护行动”正式启动，拉开了云南加快生态文明建设步伐的帷幕。文山州委、州人民政府立即组织动员全州各族群众深入实施“七彩云南文山保护行动”，把推进普者黑旅游循环经济试点作为“七彩云南文山保护行动”的重要内容，依据省人大颁布的《普者黑景区保护条例》，组织编制了《普者黑旅游循环经济示范区规划》、《普者黑湖泊水污染综合防治规划》，启动了湖滨带建设工程，开展了“退塘还湖”工作，实施了荷塘生态处理、生态示范村、生态卫生旱厕、大型沼气池、面山绿化等一批示范工程，普者黑环境综合治理被列为世界银行贷款项目，即将开工建设，普者黑旅游循环经济试点取得初步成效。

在推进普者黑旅游循环经济试点的过程中，文山州委、州政府充分认识到发展循环经济，必须更新发展观念，理清发展思路，辩证地认识物质财富的增长和人的全面发展的关系，辩证地认识人与自然的关系，积极探索旅游发展与环境保护的良性互动机制，今后将重点从以下几个方面继续进行探索：

一、完善有关旅游循环经济专项改革规划，制定区域产业发展政策。依据《普者黑景区保护条例》制定实施细则，完成普者黑旅游休闲度假基地总体规划及控制性详细规划、制定《普者黑旅游循环经济专项改革试点实施方案》，形成发展旅游循环经济的法规政策体系。

二、整合资源，建立旅游产业与生态环境保护的互动运行机制。建设体现普者黑旅游区循环经济特征的三大系统：完善旅游产品体系，延伸产业链，加强旅游资源和产业的耦合、链接，促进产业转型升级，形成循环经济旅游产业系统；健全旅游道路、食宿、标识、游客中心、停车场、旅游厕所等旅游区基础设施和接待服务设施建设，形成旅游区基础设施系统；开展“三退三还”工作，实施湿地生态恢复保护、湖滨带建设、入湖河道生态整治、防护林和景观林建设，建设生态乡镇、绿色宾馆和循环经济示范村，因地制宜建设污水和垃圾处理设施，积极推广使用清洁能源和节能环保产品，形成生态保障系统。建立生态环境保护与加快旅游发展的良性互动工作机制，充分利用良好的生态环境和旅游循环经济示范工程，开发新型生态旅游和乡村旅游产品，把加强和改善生态环境与改善农村生产生活条件、促进旅游转型升级、提质增效、促进产业结构调整结合起来。

三、探索社区参与旅游产业建设，形成合理的利益分配机制。充分调动景区内群众参与旅游经营建设、管理、保护的积极性，从景区可持续发展、农民长远利益的角度，避免乱建滥占、破坏资源的短期行为，探索建设旅游社区、旅游合作社等新模式以及旅游收入反哺农户发展旅游经济的做法。通过政策引导，鼓励旅游企业建立与农民利益相联系的经济利益共同体，在保护农民合法权益的前提下，开发乡村旅游资源，使企业和农民成为旅游经营的主体。健全旅游产业带动群众就业的机制，拓宽群众就业渠道。突出当地特色，积极开发旅游小商品，带动群众增收。

四、进一步加强生态环境保护。因地制宜采取分散与集中处理相结合的方式处理生活污水，采用“户分类、村收集、乡运输、县处理”的方式，实现垃圾定点堆放，统一收集处理。推广农村清洁能源，改善农村能源结构，大力发展农村沼气、农作物秸秆综合利用。开展农村面源污染控制模式的评价和筛选，引导农民科学施肥。引导和鼓励农民使用生物农药或高效、低毒、低残留农药，推广病虫害综合防治、生物防治和精准施药等技术，推广应用可降解塑料薄膜，减少地膜对土壤的危害；合理规划农业生产布局，进行种植业结构调整，积极发展生态农业、有机农业、节能节水型农业。鼓励建设生态养殖场和养殖小区，不断提高规模化、集约化水平。

五、健全投融资机制，加大旅游和环境保护投入。探索建立旅游开发生态补偿基金和生态质量保障基金，加快旅游生态环境的恢复和建设。积极争取国家和省的支持，加大政府投入力度，发挥政府资金的引导和杠杆作用，多渠道吸引社会资金。积极探索联合开发、景点经营权转让、门票收费权质押担保等方式，多渠道筹集旅游资金。

六、创新普者黑旅游景区经营管理机制，探索旅游度假区管理模式，推行旅游度假区综合执法试点，不断提高景区管理水平。积极培育旅游市场主体，提高景区经营的市场化、企业化水平。

七、建立旅游循环经济考核体系，加强评估和督查，形成发展旅游循环经济的激励约束机制。

中共普洱市委书记沈培平：让绿色生态引领普洱走向世界

多年来，普洱市委、市政府积极响应云南省委、省政府全面启动实施七彩云南保护行动的号召，坚定不移地实施生态立市战略，全面建设“绿色普洱、生态普洱、文化普洱”，积极推动环境法制行动、环境治理行动、环境阳光行动、生态保护行动、绿色创建行动、绿色传播行动和节能降耗行动在普洱的深入实施，开创了全市人口、资源、环境与经济社会协调发展、和谐发展、可持续发展的良好局面。

用绿色的理念塑造普洱。绿色是普洱的灵魂，是打造普洱品牌形象的重要力量。因此，强化民众的环保意识至关重要。要加快推进环境友好型社会建设，在全市范围全面启动实施公民素质建设工程，把生态教育作为一项重要内容，利用“环境日”、“水日”、“地球日”等资源环境宣传日，开展有计划、多层次的主题宣传教育活动。继续加大绿色创建力度，大力实施绿色酒店、绿色社区、绿色学校、绿色城镇、生态村组等绿色创建行动，使维护和改善生态环境、造福全体人民、造福子孙后代成为人们普遍具有的自觉行动。

用绿色的生态展示普洱。绿色的生态是普洱的圣物，是打造普洱品牌形象的重要源泉。必须始终不渝地实施可持续发展战略，既要严格保护公益林、生态林、水源林和自然保护区林地，又要结合云南省正在实施的中低产林改造工程，把荒山荒地和经济效益低的中低产林改造成速生丰产林、特色经济林。力争用5年的时间，在全市范围内改造400万亩以上中低产林。在茶园中种植覆荫树，将全市136万亩现代茶园变成疏林茶园，形成新的植物群落、新的生态系统，在公路、村庄沿线挖掘、提炼自然和人文景观资源。

用绿色的文化推介普洱。绿色的文化是普洱的神韵，是普洱品牌形象的重要载体。普洱茶文化、民族文化和生态文化是普洱绿色文化的具体内涵。普洱是世界茶树的起源地，是闻名遐迩的普洱茶故乡，是茶马古道的起源地，历史文化浓郁，古迹遗存神奇，有被称为“新中国民族团结第一碑”的普洱民族团结誓词碑，反映傣族历史文化的孟连宣抚司署，反映各民族团结繁荣发展的舞剧《云海丰碑》，反映澜沧拉祜族婚恋生活的电影《芦笙恋歌》及其主题歌《婚誓》，反映西盟佤族生产生活的《阿佤人民唱新歌》等民族歌舞。要加大力度宣传推介普洱的茶文化、环境和气候、少数民族文化这三个世界级资源，让世人进一步了解普洱、喜欢普洱，吸引国内外游客前来普洱观光旅游、康体健身、休闲度假。

用绿色的产业引领普洱。绿色的产业是普洱的名片，是打造普洱品牌形象的重要支撑。茶叶是普洱绿色产业的领先产业，全市有现代茶园面积136万亩、野生茶树群落面积117.8万亩、栽培型古茶园面积18.2万亩、茶树林面积52.7万亩。要立足打造“绿色”、“生态”的普洱茶品牌形象，加快发展有机茶、无公害茶等高产优质生态茶园。围绕“数字化、标准化、功效化、品牌化、规模化、国际化”目标，积极推进茶叶标准化体系建设，加强普洱茶功效研发，推出一批以“帝泊洱”普洱茶珍为主导的国际知名产品，把普洱建设成为普洱茶产业的种植、加工、科研、检测和市场交易中心。要把普洱生态旅游作为打造“绿色普洱、生态普洱”的亮点。要着力培植蚕桑、烟草、咖啡等特色生态产业，不断建立和推广绿色食品生产基地。要大力发展循环经济，开展节能降耗、治污工作，实现资源综合利用、清洁生产和生态保护融为一体的产业发展格局。

用绿色的城市叫响普洱。在2007年CCTV倾国倾城评选中，普洱以“茶林里长出的城市”品牌入选第八名。绿色的城市是普洱的品质，是打造普洱品牌形象的重要基础。要结合普洱市自然环境、城市发展战略、建设风格，着眼于建设国家级园林生态城市和最适宜人居城市的目标，正确处理好城市规划、建设、经营与管理的关系，把景观景点建设与城市建设结合起来，构建一个城在林中、林在城中、山水相依、绿色生态的城市，全力打造世外山水之城、宜居休闲之都、茶韵飘香之城、民族多彩之乡，用普洱绿色的城市品牌叫响普洱。

建设生态文明是构建社会主义和谐社会的内在要求，是顺应人类文明发展的必然选择。地域有界，绿意无疆，绿色的普洱属于世界。

红河州人民政府州长杨福生：环境保护　红河破浪而行

多年来，红河州始终以科学发展的深度和以“基本国策”的高度，以深入开展“七彩云南·生态红河”保护行动为载体，努力为塑造环境保护的“红河榜样”而行动。

环境优先战略：环保“一票否决”

生态文明建设是一项没有尽头的事业。红河坚定不移地推行环境优先的战略，强化环境保护尤其是环境影响评价在引导产业发展、促进增长方式转变上不可替代的功效，严格控制和审批“两高一资”项目，鼓励和促进资源节约型和环境友好型项目建设，积极推动现代服务业的发展，在全社会树立起保护环境就是保护生产力的观念。

2007年，红河州积极响应省政府提出的“七彩云南保护行动”号召，制定了“七彩云南·生态红河保护行动方案”，完成修订并实施《红河州异龙湖管理条例》，接着又制定（修订）了《红河州五里冲水库管理条例》、《红河州水资源管理条例》等地方性环境保护法规。州发改委、州经委、州环保局等审批部门严格依法行政，严格环境准入，从源头上控制新污染源和破坏生态行为，坚决淘汰落后的生产技术和设备。强化《环境影响评价法》等相关法律的执行，对严重污染环境和破坏生态环境的建设项目实行环保“一票否决”；对未经环评审查许可的综合规划和专项规划，州、县政府均不予批准；对未经环评审批的项目，不予批准或核准，不提供用地，银行不给予贷款，不办理执照，不发放生产许可证。就这样，全州形成了多部门联合作战的高压态势。

环境保护行动：整治还须重拳

在治理和打击环境污染的问题上，红河州一点都不手软。2009年，红河州针对工业园区和工业集中片区开展了专项整治。在集中开展个旧市大屯小选矿企业集中片区综合整治工作中，州县两级环保部门共排查企业120家，其中责令80家选矿企业立即停止生产、限期整改；依法关闭违法建设、超标排污小选矿企业24家；对化工、冶金、火电、钢铁行业和选矿行业进行了环境专项执法检查，全年对30家重点化工企业、62家冶金企业和137个尾矿库进行了环境现场检查，对存在闲置或不正常使用污染防治设施、违法排污等环境违法行为的多家企业进行行政处罚，责令存在安全隐患的尾矿库周边选矿企业立即停止生产，并坚决予以取缔拆除；结合推进化学需氧量（COD）减排工作的开展，加大对城镇污水处理厂运行情况的监管力度，做到州级环保部门每季度现场监察不少于1次，县级环保部门每月现场监察不少于1次，适时掌握城镇污水处理厂运行管理及不同季节水处理量、污水处理后排放去向以及污泥处置情况等，并提出70项监察建议，对污水处理厂设备损坏未修复、在线监测系统运行管理不规范等问题，及时下发限期整改通知；重视重金属污染企业专项整治，在全州重点行业、重点江河流域、湖泊水库流域、污水处理厂、垃圾处理厂等开展涉铅、涉镉、涉汞、涉铬、类金属砷等污染物专项检查，做到了检查到位、查处到位、整改到位。

环境创绿行动：建设“生态红河”

红河州南北差异比较大，北部地区是红河州重要的工业增长基地和经济发展走廊区，南部地区水利、矿产、生物资源丰富，生态环境较好。

“生态立州”是红河州不变的誓言，面对生态恶化的现实，为了建设“生态红河”的美好家园，最近几年，全州上下掀起了一股“绿色”旋风。2008年，红河州根据境内生态环境要素、生态环境敏感性与生态服务功能空间分布规律，结合不同区域生态系统生态调节、产品提供和人居保障功能，组织完成了《红河州生态功能区划》的编制。2009年，全州已创建“云南省生态乡镇”14个，“红河州生态示范村”5个。同年，开远市被列为全国生态工业园区试点城市和工业循环经济示范城市，个旧市启动了“全国环境保护模范城市”创建工作，建水、弥勒两县编制了《生态县建设规划》。

宣传普查行动：家底清现状明

2008年以来，红河州以绿色传播、绿色创建为载体，将环境知识引入到城市广场文化中，大力推进“绿色学校”、“绿色校园”创建工作。以纪念“6·5”世界环境日为契机，广泛开展以“节能降耗·污染减排”、“生态红河·我的家园”等为主题的系列宣传教育活动。2009年10月，红河州还举办了“红河州生物多样性保护摄影作品展”，促进红河州生态文明建设。

经过两年多的努力，红河州已圆满完成了第一次污染源普查工作。经普查，全州现有工业源2 906家、农业源9 868家、生活源3 847家、集中式污染治理设施14家。基本摸清了全州污染源现状，掌握了各类污染源的数量、行业和分布状况以及主要污染物的产生、排放和处理情况，建立健全了重点污染源档案、污染源信息数据库和环境统计平台，为制定经济社会和环境保护政策、规划提供依据。

降耗减排行动：推行清洁生产

在节能降耗和污染减排工作上，红河州历来狠抓不放松。2007年3月，红河州政府就提出节能降耗的目标：到2010年，全州实现万元GTP能耗下降17%、万元工业产值增加能耗下降25%，年平均能耗下降5.6个百分点。确定在“十一五”期间，全州将逐步有序关停正在运行的能耗高、效益低、污染大的小火电机组。推行和落实节能降耗、清洁生产目标责任制，并把目标分解到13个县市和重点工业企业并签订了目标责任书。2008年、2009年连续两年实现了万元GDP能耗下降目标。截至2009年12月，列入省州政府2009年污染减排的19个项目中，已按期完成17个（其中工程减排14个，管理减排1项，结构减排2项）。已完成省政府下达红河州二氧化硫削减2%（即2 800吨）、化学需氧量削减3%（即900吨）的目标任务。

丽江市委书记王君正：坚持科学发展精心保护七彩云南

丽江是生物多样性最富集的地区。切实加强这一地区的生态文明建设，既是落实科学发展观的根本要求，也是维护长江流域经济、社会和生态安全的重要措施和保护世界生物多样性的一项国际责任。

一、提高认识，积极推进生态文明建设

实施七彩云南保护行动以来，丽江市委、市政府切实提高思想认识，提出了“建设生态产业发展基地、清洁能源基地和国际精品旅游胜地”三大经济发展目标，相继开展和实施了天然林保护工程、退耕还林工程、农村能源建设工程、防护林建设工程、生物多样性保护工程、生物资源开发、农业产业化等工作，实现了生态环境保护与资源循环利用、生态建设与产业发展、兴林与富民的有机统一。近年来，丽江市在创建省级园林城市的基础上，积极向创建国家园林城市的目标迈进，坚持广泛开展群众性生态文明创建活动，鼓励创建绿色村庄、绿色社区和绿色企业，并倡导绿色消费，普及生态文化知识，增强群众的生态文明意识，提高全社会生态文明素质。

二、完善措施，加快生态产业发展基地建设

推进生态产业发展，是一项较为复杂的系统工程。为此，我们不断创新体制和机制，激发了生态产业发展的活力。一是加大对森林资源特别是野生珍稀动植物资源的保护力度，通过对生态资源的合理开发利用来促进对生态环境的有效保护；二是坚持生态、经济、社会效益相统一，实施可持续发展；三是强化森林、野生动植物、湿地等生态资源的保护管理，加大执法力度，严厉打击各种违法犯罪行为，有效遏制对生态的破坏。

通过采取这些措施和办法，全市的生态产业建设蓬勃发展，生态产业基地建设成效显著。仅2009年度，建设优势生态产业基地100万亩；农民人均纯收入持续增长，2009年增长幅度达13%。

三、扎实工作，全力开展生物多样性保护

重点加强了环境保护规划计划工作，其中完成了丽江市环境保护、泸沽湖流域水污染防治、程海湖流域水污染防治“十五”、“十一五”规划，以及泸沽湖环境综合治理规划，丽江城市环境保护规划，玉龙雪山、丽江古城环境规划、自然保护区发展规划等一系列重要规划，提出了一系列重要工作意见方案。玉龙雪山、泸沽湖、程海、老君山、拉市海等历来是丽江市自然生态保护的重点区域。在加强保护管理玉龙雪山区域的基础上，组织开展了ISO14000环境质量管理体系认证工作，全面提升环境管理能力和效果，使玉龙雪山景区植被恢复较快，水、气环境质量得到优化。对泸沽湖和程海则严格按照省政府目标责任书的要求，狠抓污染防治和生态恢复与建设。目前，泸沽湖水质状况继续保持I类，水质优良；程海湖水质达到了II类，水质状况已优于水环境功能类别要求，水质有所改善。

坚持把生态环境建设纳入法制化管理轨道，提高全民保护意识。丽江先后出台了《云南省宁蒗彝族自治县泸沽湖风景区管理条例》、《程海保护条例》、《云南省玉龙纳西族自治县拉市海高原湿地保护管理条例》等一系列生态建设和环境保护法律法规和政府规章，环境法制体系逐步完善。引导社会各界积极参与生物多样性保护，组织环保、农业、林业等部门及学校和新闻媒体，策划并实施了较大规模、形式多样、有特色、有影响的活动，如“5·22”国际生物多样性日、“6·5”世界环境日系列宣传活动，在丽江不断掀起环保宣传热潮。

积极开展国际交流与合作。中英合作的云南环境发展与扶贫宁蒗示范项目取得了值得示范推广的认识和实践经验，全球环境基金（GEF）“长江流域自然保护和洪水控制老君山示范项目”开展的老君山—拉市海区域生物多样性资源的调查、综合生态系统管理等工作，积极推进生态功能保护区建设。世界银行、CI－山水自然保护中心等还在丽江组织完成了“丽江生态有偿服务试点研究项目”，并形成了《走向更基于市场和更可持续的生态补偿－丽江拉市海生态有偿服务试点项目研究报告和实施建议》。

四、再接再厉，提高生态文明建设水平

加强领导，明确责任。要建立健全生态建设目标责任制，坚持党政一把手亲自抓、负总责，层层落实。要充分调动人民群众的积极性和创造性，广泛动员社会各方面力量参与生态建设。要继续认真做好生态发展规划的编制，制定和实施发展的年度计划，真正形成一级抓一级，层层抓落实的工作格局，全力推进生态产业建设。

运用科技手段提升生态产业发展的质量和效益。要增强生态产业建设的科教支撑能力和体制机制活力。要按照标准化的要求建设生产基地。引导和支持农民专业合作组织、村集体经济组织、农业技术推广部门、专业大户、农民经纪人等各类市场主体积极参加生产基地建设。

围绕生态产业建设，抓紧建立一批龙头企业集群示范基地。要积极探索和完善农村土地使用权流转机制，将农户零星的土地合理流转到产业大户手中，进行集中连片种植、科学规范管理，通过集中连片种植，形成布局区域化的优势产业带和生产基地。

发挥广大农民在生态建设中的主体作用。要有针对性地向广大农民宣传发展生态产业的意义、作用与目标，明白发展生态产业的最终目的就是尽早使广大农民脱贫致富，走向共同富裕；要增强技术培训的实效性，使农民真正能掌握相应的适用技术；要注意抓住农民身边的典型，发挥示范带动作用。

积极探索和推动建立生态补偿机制。推动建立自然保护区生态补偿机制，组织引导自然保护区和社区共建共享。要建立健全重要生态功能区的协调管理与投入机制，推动建立矿产资源开发生态补偿长效机制，推动建立生态补偿专项资金，推动完善政府对自然保护区建设的投入机制，推动建立各级自然保护区管护专项资金，加大对自然保护区的财政支持力度，提高自然保护区规范化建设水平。

云南艺术学院院长吴卫平：自然和谐天之道 固本清源治之道

在科学发展观统领下，节能、环保、人本、可持续地发展经济，追求社会和谐、人与自然的和谐，是云南加快经济社会又好又快发展必须正视并处理好的问题。

生活，人为本；万物秩序，自然规律是道。任何危害人的生活或以人的健康为代价的生活，都是充满危机的、有害的生活；发展、演变、演化，都是一种秩序，尤其自然规律。任何违背规律、打乱秩序的发展，如近些年来我们很多时候已经见惯不惊、习焉不察、近于麻木的毁坏环境、破坏自然的“政绩”，都是害人害己的“劣迹”。以健康甚至生命为代价换不来生活的幸福感，环境的恶化和未来的绝望只能是过早地终结人类的发展。这样的代价换来的物质享受，的确是太奢侈了！自然的丰富、平衡与和谐，是迄今为止人类生存与发展的全部文明产生所依赖的本源。

固本清源，治之道。这是我对“七彩云南保护行动”实施三年来取得显著成效的感受和认同。平安、和谐、尊重和顺应规律为了发展，发展为了人民的生计、众生的幸福美满。人本、民生为发展之“本”；尊重自然规律、顺天应地、因势利导、保护自然为发展之“道”。

但是，对人类发展而言，“本”固了，“道”明了，“源”不清，还会有问题。那么，什么是“源”？

万物之始，自然是“源”；所以要万分珍惜人类赖以生存的无法再生的自然。思想智慧，心灵是“源”，所以，整个社会的文化素质提高，道德状况完善，是社会风气根本好转、社会和谐基础建设的“治理源头”，会成为各种各样社会现象的决定因素，其实就是现象背后的本质或根源。因此，一些地方发展中出现的忽视环境的问题，主要是人们没有很好地处理“心灵”与“天道”的关系。主要是智慧之“源”出了问题，造政绩的急切，反科学的无知，违规律的盲目，自欺欺人的侥幸等等，都会造成“事与愿违”的后果。

只要我们处理好经济发展与环境保护关系，儿童时在昆明近郊清亮的小河汊、茭瓜塘里、芦苇丛中垂钓的野趣，青年时代在清澈的滇池水中劈波斩浪的豪情，或许还能找回来？

云南艺术学院副院长　云南环保使者陈艳萍：我的家园 我的天堂

2007 年，省委省政府启动了“七彩云南保护行动”，对于一个环保志愿者来说无疑是极大的振奋！在保护行动实施三周年之际，秦光荣同志在“七彩云南保护行动”研讨座谈会上作了题为《感悟造化天道　涤荡尘世心灵》的书面发言，“了解自然、敬畏自然、亲近自然、保护自然”。这不能不说是一种人类与自然相处之道的重塑，为了保护好彩云之南这块生态绿洲，“七彩云南保护行动”实施以来，以环境法治、环境治理、环境阳光、生态保护、绿色创建、绿色传播、节能减排为主要内容的一系列活动，对于树立云南人与自然和谐相处、经济社会与环境协调发展的崭新形象起到了重要作用。为了把七彩云南建设成水更清、天更蓝、地更绿的美好家园，省委省政府出台了《关于加强生态文明建设的决定》、编制了《七彩云南生态文明建设规划纲要 2009～2020》、《滇池水污染防治“十一五”规划补充方案》、出台了《云南省人民政府关于加强滇西北生物多样性保护的若干意见》、发布了《滇西北生物多样性保护丽江宣言》，建立了《滇西北生物多样性保护联席会议制度》，编制了《滇西北生物多样性保护发展纲要（2008～2012 年）》等规划和纲要。通过政府的强力措施，我们欣喜地看到，云南的环境治理收获颇丰，在滇池等水污染综合治理方面、天然林保护、退耕还林、水土流失治理等生态工程建设方面都取得了可喜的成绩。

然而环保工作有赖于每一个人从身边做起，从自己做起，使环保意识成为一种自律，只有变成一种自律行为，环保工作才具有持久性，而要做到这一点，可因地制宜地针对云南的特点让民间教化作用在“七彩云南保护行动”中发挥其积极作用。具体来说，就是尽可能发挥社会生活中民俗的民间教化与自律作用。

云南之所以被称为七彩云南有着其独特的文化背

景。云南是全国世居民族最多，特有民族最多，跨境民族最多，自治民族最多的省份，同时还是一个多种宗教并存的省份。除原始宗教外，佛教、道教、伊斯兰教、基督教和天主教这世界五大宗教的信仰者，也不同程度地分布在全省129个县市区。而在这些宗教信仰中，敬畏自然、保护自然的思想得到了彰显。

以云南原始宗教信仰为例，在众多信仰原始宗教的民族看来，自然界万物均有灵性，从海洋到天空、从山丘到田野、每一滴水、每块石头、每棵树木甚至每寸泥土均有灵性，是众神保卫着小丘、丛林、河水、道路和房屋，并认为这些伟大的自然之神具有异常的力量和无边的影响，敬之则子孙得保佑，犯之则最终会遭到惩罚，其中对树木的敬畏尤为突出。祭树神是很多民族共同的民俗生活和宗教仪式内容。如独龙族有“祭树神”歌，基诺族有“求树神宽容的咒语”，滇东北苗族有“祭祀岩神和树神”歌，佤族有“拉木鼓选树祭词”等，还有很多民族有砍一棵树必须栽上一棵树的做法。这些人与自然和谐相处的认识，对于我们保护自然、构建和谐云南，无疑是一笔可资开发与挖掘的宝贵资源和财富。

因此，充分发挥社会生活中民俗的积极作用，发挥传统文化的力量和优势，可最大限度地激发全社会的精神力量，从而使环保意识在民俗生活中起到民间教化与自律作用。

在人与自然、人与人和谐相处方面，云南堪称世界的范本。尽管在经济大潮的冲击下，这块红土地难免水土流失。但我们应该清楚地认识到，必须从现在做起，从我做起，从身边做起，重新了解自然、敬畏自然、亲近自然、保护自然，才不至于被自然之神驱逐出这赖以生存的家园。

西南林学院副院长　国家高原湿地研究中心主任杨宇明：开创滇西北生物多样性保护与生态文明建设新局面

云南具有特殊的地理位置，丰富的生物多样性和不可替代的生态服务功能，并具有良好的自然生态环境和人文环境。在云南的生物多样性构成中，滇西北地区有着举足轻重的地位，这一地区具有全球不可替代的生物多样性资源，加强滇西北是生物多样性保护云南生态文明建设的重中之重。

滇西北山地森林景观垂直变化明显，发育了从亚热带河谷到寒温带高山垂直高差超过4 000米各种森林、灌丛、亚高山草甸、高山流石滩和冰川雪山景观等景观类型，云南的50个以上陆地生物地理景观类型在这里就有40个以上。这里还是中国高原湖泊河流与沼泽湿地景观分布最为集中，生物多样性最丰富，高原湿地最具代表性的地区之一，拥有陆地生态系统的多种类型，植被类型丰富多样而保存相对完整，山地森林生态系统垂直带发育十分完整，占到云南主要森林类型的2/3，是发展林业产业重要的资源基础。

滇西北物种特有现象突出，是中国三大特有物种起源和分化中心之一。南北纵横的河流与山脉，成为古北界和东洋界两大生物地理界动植物交汇点过渡的重要通道，不同生物地理起源的物种在这里汇集，成为世界物种分化中心和许多重要类群起源中心，尤其是世界“新特有物种”的分化和演替中心。这里还是许多世界著名花卉植物的分布中心。在滇西北分布众多资源植物，药用植物就有2 000多种、用材树种200余种、饲用植物400余种、食用菌类70余种等。滇西北还分布有48种国家重点保护植物，约占全国国家重点保护植物的18.2%。

滇西北地区动物物种也非常丰富。已记录的脊椎动物种数1 017种，占到云南物种数1 952种的52.1%、中国物种数4 185种的24.3%，在这些物种中有中国特有动物187种，云南特有动物81种。滇西北拥有国家级重点保护野生动物种数约占全国的31%。

滇西北既是物种的起源中心和孑遗物种的集中分布地，也是物种的分化和分布中心。一批著名的青藏高原特有种在云南仅分布在该地区，如滇金丝猴、藏马鸡、中甸叶须鱼等。该地区也是全球众多动物种和亚种的唯一分布区或模式产地。滇西北面积7.98万平方千米，仅占中国国土面积的0.83%，却拥有了中国30%以上的高等植物和25%以上的动物种类。滇西北丰富的生物多样性是巨大的基因库，包含了大量具有重大经济价值的物种和种质资源，是国家战略资源的核心组成部分，具有重要的经济价值和经济开发潜力。实际上，滇西北生态文化与社会价值远大于经济价值，其战略意义远大于现实意义。

云南省委、省政府高度重视生态环境保护与经济社会可持续发展，把滇西北列为“七彩云南保护行动”的重点实施区域；云南省旅游二次创业重点示范区，以高层次的定位和新的发展模式，使中国大陆第一个国家公园—普达措国家公园在香格里拉建成并取得比预期更好的效果；世界自然文化遗产也大大提高了滇西北在世界上的知名度，引起了国际上广泛关注。这些都为保护滇西北生物多样性创造了极好的机遇。

云南大学生态学与地植物学研究所吴兆录：推进七彩云南保护生态文明建设

实施七彩云南保护行动三年以来，云南的环境保护和生态文明建设成就显著、亮点颇多。

一、树立了解、敬畏、亲近、保护自然的“人与自然关系”理念

经过短短的三年，云南在以滇池为重点的水环境综

合治理、以滇西北生物多样性保护为重点的生态环境保护、节能减排、重点流域重金属污染整治等工作中取得了显著实际效果，阶段性成就显著。

要让云南的天更蓝、地更绿、水更清，保护我们各族人民赖以生息发展的七彩云南，还需要全社会的共同努力。全体公民，无论是工人、农民、个体经营者，还是学生、公务员、领导干部、学者，都应该认真学习、体会、应用这一理念，行动起来，从自己做起，从日常生活和生产活动的点滴做起，保护我们云南人民的美丽家园。

二、强化云南热带地区的生物多样性保护和生态环境建设

傣族人民在热带地区长期感悟自然，形成了“有森林才有水，有水才有粮田，有粮田才有粮食，有粮食才有人”的朴素生态观，长期保护热带雨林，使这个地区成为中国唯一拥有大面积热带雨林的地方。但是，面对快速的经济发展和简单技术的使用，森林被砍伐，粮田被占用，作物疾病爆发，村民旱季缺乏饮用水。这个地区的可持续发展已经遭受严重影响。

在以滇西北生物多样性保护为重点的生态环境保护工作取得重大进展的基础上，强化云南热带地区的生物多样性保护和生态环境建设，对保护七彩云南，树立云南良好国际形象都极为迫切。目前，当地政府和学者正在行动起来，保护好这个地区数量已经很少的白颊长臂猿、印支虎、小鼷鹿、蟒、巨蜥、亚洲象及其生存的热带雨林。

三、弘扬云南地方民族村级保护地管理优秀生态文化

在云南，需要保护的物种很多，亚洲象、滇金丝猴、黑颈鹤、红嘴鸥及其生境，是目前急需重点保护的。红嘴鸥是很普通的野鸟，没有列入任何重点保护名录。但是，红嘴鸥与昆明人亲密接触、和谐共处25年来，形成了一个巨大的亮点，是生态文明的具体体现。

云南有各种类型的自然保护区近200个，是全国自然保护区数量最多的省份，而且，云南的自然保护区分属多个级别，有世界生物圈自然保护区、国家级自然保护区、省级自然保护区、市州级自然保护区、县级自然保护区，形成了比较完整的自然保护区等级体系。可惜，在当前的自然保护区体系中，没有包容村寨级的保护地。当木材可以换钱、土地可种橡胶的时候，这些村寨保护地却被蚕食、被毁坏，与政府主导下自然保护区建设事业的欣欣向荣景象形成鲜明的反差。因此，在云南现有的自然保护区体系中，加入村寨级自然保护（区）地，做到既完善自然保护区体系，又弘扬云南地方民族优秀生态文化，促进生态文明建设。

四、加强城镇、道路、湿地生态建设的生态内涵

城镇是人口密集区，连接城镇的道路展现着人类文化景观，高原湿地也是云南人口密集的地方，城镇和道路绿化的好坏、湿地恢复的成败，均是生态文明建设的可见标志。云南省近年在城镇和道路绿化、湿地生态恢复方面做了大量工作和取得显著成效。但是，绿化或湿地恢复不遵循科学规律、违背生态学原则的现象却依然存在。

一是用于绿化或湿地恢复的树种、灌木、花草多数是外来物种，管护投入巨大，存在生态风险。这些自然扩散或者被引种进来的物种就是外来物种，需要特别的人工抚育才能正常生长繁殖，或者遇到更好的生态环境，出现疯长形成生态破坏。外来植物水葫芦曾经被引种为饲料或治理水污染，后来泛滥成灾是不争的事实。而今，大薸、水花生等外来植物还在用于湿地恢复，生态风险极大。

二是把乡村的大树移植到城镇，绿化了一个点、破坏了一个面。在罗平县白腊山西麓的阿耶村寨，房前屋后培育了众多的乡土树木。十多年前，有商贩到那里购买滇朴、香樟、银杏、桂花、紫薇等树木后，留下来的只有满目疮痍。云南有植物王国的美誉，但云南城镇的园林绿化却相当滞后。为了城镇绿化的一夜成林，有钱人揣着钱开着车，到乡村去盗买、去破坏，实属拆东墙补西墙的形而上学，更是不懂生态、不讲文明的野蛮行径。

云南美术馆馆长　云南画院院长罗江：用画笔描绘七彩云南

用艺术形式呼吁人们保护和改善生态环境，维护和建设人类赖以生存的共同家园，正是当代艺术家义不容辞的社会责任和崇高使命。而作为展示和宣传云南美术集大成者的云南美术馆一直在开展组织相关的工作和活动。

2007年4月，我们组织启动了“走进彝州”——当代中国人物画名家画楚雄活动。这是“云之南”——当代中国画名家（人物、山水、花鸟）画云南系列的第一次活动。中国文联副主席、中国美术家协会主席刘大为，中国国家画院专职画家谢志高，中央美院中国画学院副院长李洋，福建省画院常务副院长郭东健及部分云南省知名画家共31人参加了这一活动。画家们通过为期一个月的采风、写生，创作了一批精美的艺术作品，描绘出千里彝山多姿多彩的民族风情、山水风光，表达了对彝州乃至红土高原的热爱与赞美。

2009年4月，全馆14位画家赴怒江写生，并举办了“怒江行——云南画院写生作品展”。在写生过程中，画家们均被怒江的大美所折服，有的画家说怒江向世人展示了大自然的原生状态，有的画家说在怒江可以做梦，可以疗伤，可以净化灵魂，还有的画家对怒江的生

态保护表达了自己想法："三江并流是独一无二的世界自然遗产，具有不可替代的历史价值和经济价值，保护至关重要。关注它的未来，不应该只是怒江地方自己的事，而是全中国乃至全世界人民共同的事情。"通过这次写生，画家们不仅用画笔表现了对自然的热爱和体会，还利用各种机会在不同场合表达了对怒江生态环境保护的关切。

近期，美术馆还启动了"非遗画忆"——云南非物质文化遗产主题美术创作项目，以宣传云南非物质文化遗产为主题，集中反映被收入国家级名录和省级名录的云南非物质文化遗产。

省文联一级作家于坚：七彩——云南的魅力

七彩云南，这个"现代成语"非常好，云南不是一彩，而是七彩。云南是地球上为数不多的最后几个依然保持着多样性的地区之一。七彩是和谐世界的基础，"和"，就是要用加法，而不是非此即彼，唯我独尊。云南是一个天然的和谐世界，各种生态、各种文化、各种生活方式自古以来就和平共处，云南是一个众神狂欢、万物有灵的世界。云南世界的多样性不仅是大地的多样性，生态的多样性，也是由此产生的文明的多样性，生活方式的多样性。云南，仰赖于坚持多样性的民族政策，尊重各民族的历史、文化和独特的生活方式，保护了云南文化世界的丰富性。白族舞蹈家杨丽萍的《云南映像》所得到的光荣，没有云南文化世界的多样性这个基础是不可想象的。文化的多样性依赖于生态的多样性，没有大地的丰富，就不会有民族生活的丰富。横断山脉不是天堑，而是天赐，遗产，正是在这样的地理单元中，才诞生了丰富多样的云南各民族的文明世界。

全球化是人类历史发展的趋势，拒绝全球化只会使民族生活陷于孤立，走向危机。但是，全球化也是和谐的、丰富的全球化，基于地方性的全球化。如何在这个全球化的时代，使人民普遍地过上幸福富裕的生活，又保持着地方生活的七彩，保持着"永久的魅力"是当前云南社会发展的一个重要课题，是对人们的智慧的考验。

德宏州环境保护局局长杨成礼：巩固提高可持续发展的物质基础

德宏傣族景颇族自治州是一个经济欠发达的边疆少数民族地区，面临着落后的社会生产力与各族人民日益增长的物质文化生活需要的矛盾，加快发展的任务还十分繁重。因此，在加快德宏州生态文明建设的进程中，应坚持从保护生态环境入手，巩固提高可持续发展的物质基础。

一、科学合理地开发利用自然资源

德宏州水资源丰富，其中可开发利用量250万千瓦；森林面积58万多公顷，森林覆盖率60%以上；土地宽阔，全州国土面积11 526平方千米。因此，要有计划地开发水资源，最大限度地保护天然林，限制木材加工业和以大量木炭为还原剂的硅冶炼业；取缔以木柴为燃料的小砖厂、小瓦窑；大力推广生活用电、沼气、煤气、天然气，减少生活耗材；以强有力的措施控制占用耕地，向空间求发展。

二、加大建设中的生态环境保护工作

全州已建成、已批在建和未建的水电站达180多个，工业园区到处兴建，对生态环境提出了严峻挑战。要认真实施全州国家级生态示范区建设规划，要实施生物多样性保护规划、生态恢复与重建规划和工农业污染控制规划等各项规划，建设生态农业、生态工业园区、生态城镇、生态旅游和生态文明，最终实现生态经济发达，城乡人居环境优美，自然资源永续利用，人口、资源、生态环境与全面建设小康社会相适应，经济、社会、环境全面协调发展的目标。

三、加快编制生态功能区划，促进区域经济与环境保护协调发展

要根据德宏州资源禀赋、环境容量和发展潜力，按照环境优先原则和建设生态文明的要求进行分类指导，对不同区域实行优先开发、重点开发、限制开发和禁止开发，明确不同区域的功能定位和发展方向，确定不同区域的环境"准入门槛"，实施不同区域的产业淘汰和污染治理政策。使环境保护工作不会随着时间的推移而削弱，不会因领导人注意力的转移而发生变化。

云南省环境保护厅自然生态保护处王静：实现人与自然和谐发展加快生态文明建设步伐

"人与自然和谐发展"，就是保持人与自然之间的平衡与协调，形成人与自然和谐的价值取向和思维模式，走可持续发展之路。环境保护的核心可持续发展恰恰就是指在发展经济的同时，也要考虑到环保。在经济全球化迅猛发展以及人类生存环境面临严峻挑战的情况下，坚持科学发展观，坚持统筹经济社会发展与环境保护，坚持可持续发展、和谐发展之路是唯一正确的选择。只有人与自然和谐了，才能从根本上带来人与人之间的和谐。

云南具有良好的生态环境和丰富的自然禀赋，是国家物种资源宝库和生态屏障，生态地位非常重要。加快建设富裕民主文明开放和谐云南，就必须把良好生态环境作为生存之本、发展之基，充分利用比较优势与后发优势，努力争当全国生态文明建设排头兵，是云南省加快构建和谐社会的必然要求。同时云南又是一个欠发达省份，推进工业化和城市化将是一个长期的过程，节约资源和保护环境，已成为现实社会对云南可持续发展的根本要求。加强生态文明建设，对云南省进一步转变发

展方式，培育和发挥生态环境比较优势，促进经济社会又好又快发展，建设富裕民主文明开放生态云南，具有十分重要的意义。

党的十七大做出了建设生态文明的重大决策，将人与自然的关系提高到一个新的高度并赋予了更深层次的含义。生态文明就是以人与自然关系和谐为主旨，在生产、生活过程中注重维系自然生态系统的和谐，追求自然——生态——经济——社会系统的关系协同进化，以最终实现人类社会可持续发展为目的。云南省推进生态文明建设，实施“七彩云南保护行动”，其根本目的，就是要重新定义人与自然之关系，促使人与自然共融共通，实现良性循环和可持续发展。近年来，省委、省政府审时度势，抓住机遇，迎接挑战，确立了“生态立省、环境优先”的思路，以“七彩云南保护行动”为契机，提出了加强生态文明建设的决定，大力发展生态经济，深入推进以滇西北为重点的生物多样性保护，节能减排进展顺利，九大高原湖泊水污染防治取得新进展，节约资源保护生态的意识逐步增强，全面推进生态文明建设已具备良好的基础条件。

彩云之南，山水云南，心与自然的美丽家园！这里既有如诗似画的自然景观，又有灿烂明快的人文胜迹。云南像一部优美的乐章，奏出了保护自然、生态发展的旋律！让我们携起手来，用我们的智慧和勇敢共同保卫这清澈的河，苍翠的山，依偎百鸟的故乡！让这颗高原明珠永远绽放耀眼夺目的光芒！

云南省环境保护厅科技与环保产业发展处李焱昆：科技支撑生态文明建设

2009年3月，省委、省政府作出《关于加强生态文明建设的决定》，我们要根据环境保护新形势、新任务要求，结合实际，切实做好环保科技标准与环保产业发展工作。

一、全面实施环境科技创新工程

国家科技重大专项——水专项的滇池、洱海项目已由项目申报转入了实施。当前要抓紧建立和完善各级水专项办的管理制度和工作机制，积极协调落实有关配套资金和示范工程，切实加强对水专项的日常监管，跟踪课题进展情况，并以此引导和带动重点领域、流域和区域污染防治技术的研发、集成与示范，在污水深度处理、水体富营养化防治、生态修复和清洁能源开发等方面，攻克关键性技术难题，为环境污染治理和生态保护提供成本低效益高的实用技术。同时，以实施水专项为契机，加强与省内外科研院所、高校及相关系统和部门的沟通、联系，搭建环保系统与外界交流合作的平台，为省环境科技的长远发展奠定基础。

二、建立稳定的环保科技投入机制和加强环保科技人才队伍建设

要进一步加强与国家环保部科技部门和云南省科技、财政、发展改革等有关主管部门的协调联系和沟通工作，积极争取各方面对环境科技的理解和更大的支持；要通过加强协调和管理，加强知识产权保护力度，保护企业自主开发环境技术和产品的积极性；要加强国际合作，积极拓展外资投入渠道，形成政府、企业、社会多元化、多渠道的环保科技投入格局。

要进一步加强环保科技人才队伍建设，重视发现和培养学科带头人，大力培养青年科技人才；建立健全激励机制，加大对重点项目和学科带头人的扶持力度，对申请到国家环境保护部以及省科技厅资助的课题给予适当的经费支持，对学科带头人以及高层次的人才给予重点扶持；促进成果产出和转化，促进人才培养和成长。

三、强化环保科技管理工作

按照云南省“十一五”环境保护规划确定的目标，结合“云南省环境科技需求”提出的主要方向和领域，创新环境科技的管理方法。要对当前的科技需求进行统筹分析，明确环保科研重点和今后环保科技的发展方向。以及水专项做好顶层设计相关的项目准备和储备工作，充实环境科技项目库、成果库，支持环境保护宏观决策，按照“区别对待、分类指导、分步实施、多方参与”的原则组织实施科技项目。同时建立环境科技项目的绩效评估制度，针对科研课题及经费的申报、评审、立项、执行和结果的全过程，建立严格规范的诚信记录和廉政监管制度。

四、推动污染治理设施社会化运营，推进环保产业的健康发展

组织编制好全省环保产业发展规划，积极配合有关职能部门，制定有利于全省环保产业发展的相关配套政策，引导全省环保产业健康发展。建议省政府设立省级环保产业发展资金，支持以企业为主体、市场为导向、与国内外高等院校和科研机构共同开展的环保技术和产品的创新性研究及其推广应用。通过强化管理和加强自主创新，培养一批有品牌、有技术、有实力、有市场的优势环保企业和企业集团，积极支持环保产业在污染治理工作中发挥作用。

云南省环境保护厅科技与环保产业发展处李志明：感恩自然

感恩是中国的传统美德和习俗。在我们的生活中有许多的感恩。

然而，我们还应该记住这样一种感恩——大自然给予我们的恩赐。

感恩自然是人类发展进步和社会文明的象征。大自然哺育了人类。大自然为我们提供了赖以生存的物质基础，我们的祖先在几千年前就总结出了“食禽兽之肉、采树木之实”、“构木为巢”、“刳木为舟”等办法。即

使在工业化、信息化快速发展的今天，我们日常生活中所用的棉制品、金属制品、玻璃制品、石油制品，无一不是从自然中获得信息、资源、能源，继而进行转换制造而成的。大自然教化了人类。在博大精深的大自然面前，身为“万物之灵”的人类丝毫不值得骄傲。自然是人类智慧的母亲，大自然优胜劣汰、适者生存的进化过程，更为我们提供了取之不尽、用之不竭的智慧宝库。自古以来，我们的许多发明都源于师法自然。因此，人与自然、人类社会与自然的关系就象母子关系，就象良师益友。

感恩自然是一种责任，感恩自然就是感恩人类自己。因此，我们必须负起感恩自然这份义不容辞的责任。国家兴亡，匹夫有责。人人都应当行动起来，多给自然一点关爱，多给自然一点感恩。为了人类的将来，为了子孙后代的幸福，我们应从历史的灾难中吸取教训，不断深入探索自然规律，在经济社会发展中，将治理环境污染、保护野生动植物、维护生态平衡放在重要位置，合理开发利用自然资源，让我们七彩云南的奇花异草、珍禽异兽、地下宝藏得到有效保护，在不断创造社会财富的同时，依旧能呼吸上清新的空气、饮用上洁净的水、拥有良好的植被和秀丽的景观，永享“植物王国”、“动物王国”、“生物多样性王国”的美誉。”

感恩自然并不难。只要我们有一颗感恩的爱心，只要我们伸出温暖的双手，从爱护一草一木的身边小事做起，从日常生活的点点滴滴做起，我们就能实现人与自然和谐相处、经济社会与环境协调发展。

云南省总工会杨建军　杨基月：发挥工会在生态文明建设中的作用

生态文明建设事关构建社会主义和谐社会的全局。因此，参与生态文明建设是全省工会组织和广大职工义不容辞的责任和义务。

依托教育引导的优势，动员包括职工在内的社会力量树立生态文明建设意识。带动工人阶级投入生态文明建设，工会要抓住“三个方面”的工作：一要帮助职工牢固树立生态文明理念，不断提高职工的节约环保意识，组织动员职工积极投身到节能减排活动中来。二要广泛开展“金点子”工程，推动企业改进工艺、创新技术，不断提高能源综合利用率和企业经济效益，同时开展职工技能培训、岗位练兵、技能比赛，不断提高职工技术水平和节能减排能力。三要发挥工会“大学校”的作用，充分利用工会职工之家，开展好职工夜校、职工技能培训班、职工理论学习班和以环保为主题的职工文化宣传活动，使企业的生态文明建设与企业文化很好地融合。

依托联系广泛的优势，构建推动生态文明建设有效机制。为生态文明建设贡献力量，工会组织要把握“三个环节”：一要着眼低碳经济发展趋势，通过技术交流、经济技术创新工程等活动，帮助企业开发适合自身特点的节能环保科技产品。二要把构建和谐企业作为推进节能减排的一项重要机制，把企业开展节能减排工作情况作为一项重要指标，增强企业的责任感和紧迫感。三要建立和完善上下联动机制，从源头上杜绝各类污染事件的发生，定期与企业开展相关检查活动，及时发现和解决环保问题，确保企业环保任务目标落到实处。

依托权益维护的优势，努力形成爱护职工、关爱生命的良好氛围。全力维护好职工群众享受生态文明建设成果的权益。工会组织应把握“三个聚焦点”：一要严格完善和落实职工代表大会制度，保障职工、农民工的知情权，参与权，表达权，监督权。二要督促企业认真贯彻落实《中华人民共和国职业病防治法》，提高劳动者的自我健康保护意识，加强职工岗前培训和易产污染源特殊工种的培训工作。三要把维护职工环境权益这个全新的内容纳入职工权益保障范畴，在广大职工中组织开展维护环境权益和环境法律援助的实践活动。各地方工会和企业工会要尽快行动，充分发挥法律援助帮扶中心的作用，对环境权益受到侵害的职工搞好法律维护和救助。

北大附中云南实验学校校长邹静：建设生态文化校园促进学校和谐发展

在全社会都在充分重视环境保护的大形势下，教师要将环境教育融入到在日常教育工作中，将环保行为内化为学生自觉的道德行为，形成学校独特的生态文化，为建设生态文明贡献我们的力量。

寓生态文化教育于校园建设之中，合力构建生态文化教育工作组织体系。在校园文化建设中，学校加大了环境改造资金的投入，扩大绿地面积，建设生态绿色校园，实施环境育人，努力建设丰富多彩、生动活泼、健康向上的具有生态文明特点的校园文化，让每一个自然景观都渗透着育人的目的，让一草一木都默默地向学生展示着什么是真、善、美，让学生体验着生态文化带来的教育魅力。

寓生态文化教育于德育工作之中，合力构建生态文化教育工作教学体系。学校着力培养学生环保意识和环境道德意识，让学生从身边的情、景、事入手，关注环境恶化问题给生活带来的不利影响，树立学生的公民责任意识，养成良好的社会道德行为。在社会实践中，专门划出固定区域让学生种树、种草、种花，进行绿化教育。同时，还组织学生利用假日开展环境调查与环保活动，强化对学生的绿色教育。邀请市、区环保部门及教育部门的专业人士为学生进行系列的环保知识讲座、观看环保教育音像资料等一系列的主题宣传教育活动，强调人与自然和谐的文化价值观教育。通过活动的组织开展，许多学生都成为了学校环保社团的骨干，并积极主动的参与到对他人的环保宣教活动中来。

寓生态文化教育于课程改革之中，合力构建生态文化教育工作实施体系。学校充分挖掘学科教学的环境教育因素，使课堂成为生态文化教育的主渠道，保证环境教育的经常性和广泛性。大胆进行课程改革尝试，鼓励师生自主发展，变革教学方式，开展研究性学习。近三年来，北大附中云南实验学校突出让学生走出课堂、走出校园，在绿色的大自然中感悟绿色教育，激发了学生积极主动参与环保活动的热情，充分发挥了学生的创造力和想象力，让学生有自由发展的空间，促进学生个性的发展。

寓生态文化教育于综合实践之中，合力构建生态文化教育文化建设体系。学校重视综合实践活动课的开设，积极营造环保氛围，通过色彩繁多的花草树木、方正醒目的校园标语、生动精美的书画作品、朴拙真挚的手工作品、图文并茂的走廊图板……不仅给广大师生以视觉的愉悦，更给他们以情操的陶冶和现实的生态文化教育。发挥团委、学生会的作用，利用每周一早上“国旗下的讲话”，每天中午的校园广播，每周一的班团会，深入开展生动具体的环保教育宣传。在地球日、世界无烟日、世界水日、世界环境日等特殊日子，组织学生开展各种活动；在母亲节、教师节、国庆节，开展感恩教育活动，用一束鲜花、一张贺卡、一声祝福来传达对感恩的绿色心情。

昆明市第一中学党委副书记　副校长高富英：积极创建绿色生态文明和谐校园

昆一中作为云南省的一所百年历史名校，多年来，学校一贯重视对学生进行环保教育，尤其是近年来，我校以创建“绿色、人文、生态、文明、和谐校园”为主线，以可持续发展思想为指导，以构建资源节约型、环境友好型学校为思路，多渠道，全方位地营造环境教育氛围，丰富环境保护知识，增强环保文明素养，切实在学生中开展环保教育，利用学校的研究型学习，有针对性地组织学生开展保护地球，保护七彩云南、保护滇池、废物回收利用，节能减排等学习实践活动，努力把学校建设为人文校园、绿色校园、生态校园、书香校园。

目前，学校初步形成了让校园充满绿色，让绿色着装艺术，让艺术回归自然，让人与自然和谐相处的环境建设特色；形成了德育为先，以人为本，渗透课堂，寓教于乐，以活动为载体，立足于学生服务于社会的系列环境教育特色；形成了教育思想端正，办学理念先进，文化内涵丰富，温润雅致、民主和谐的具有昆一中特色的校园文化特色。学校先后获得云南省第一批创建国家绿色学校先进单位、全国校园文化建设先进学校、全国校园文化建设金奖、省级文明单位、昆明市园林学校等荣誉称号。

生态文明建设在校园

普洱市宁洱县磨黑镇中学。重视乡村中学环境教育，对于学生而言，是唤醒沉睡在他们意识中的“自然”。边疆民族地区乡村中学实施环境教育的意义与作用有以下三方面，一是有利于培养学生“我在乡村，我爱乡村”的情感。“乡村”在生态学、人类学、文化学上则意味着生态、环保、多样和原生态。乡村的田园、牧歌、民俗、虫、鸟、花、草、木、鱼、水等足以唤醒每一个乡村中学生对家乡的笃爱之情。二是有利于培养学生关注生活，关心学习环境、生存环境的态度。好的环境对于学生养成关爱对自己生存、学习环境，从小事做起、从身边做起的态度有着重要的作用。三是有利于引导学生树立正确的环境价值观。乡村的环境是“自然的”，因而，乡村的学生与自然是贴近的，甚至是融合在一起的。

昆明高新一小。学校在国情教育中通过环保教育，让学生认识到我国的自然环境是中华民族生存与发展的物质基础，它为全国各族人民提供了生存和发展的空间。但是，中国山区面积大，平原面积有限，耕地比重较小，自然灾害频繁多发，成为社会主义建设的制约因素，直接影响到人民的生产生活，并对社会主义现代化建设有重大影响。由于中国人口过多，各类资源的人均占有量相对不足，也成为经济发展和人民生活水平提高的制约因素。学校通过组织学生收看中国国情教育方面的专题片、上网收集国情方面的图片和资料，以此激发学生的环保意识和参加生态文明建设的积极性。

昆明市第三幼儿园。在学前教育中，我们注重开展环境教育的探索与实践，围绕建设节约型校园的目标，发挥园刊的宣传阵地作用，形成“栏目醒目、信息量大、交互性强、参与者众、效能突出、点子多精”的特点。通过在幼儿中开展“环保会说话”、“我们身边的能源”等主题活动，用直观、生动的形式向幼儿开展生态文明及地球生物进化的意义，塑造更多的“绿色宝贝”。

海贝中英文学校。只有始终坚持科学发展观，并用其指导学校的环保教育工作，环保事业才能不断得以发展；突出“绿色学校”这个重点，让广大师生更加明确环保就要从学校抓起，以学生带动家长，以家长带动社会，从而让整个社会都来关注环保问题；突出创建国家环境保护模范城市这个重点，通过师生的努力带动更多的市民来关注和共创环保模范城。

官渡区东骏幼儿园。作为幼儿教育部门，我们既是“七彩云南保护行动”的积极参与者，更是组织者和实施者，是孩子们的引路人。孩子是我们的希望，我们现在极力保护自然，说到底也是为了我们的子孙后代依然有青山绿水可看，有鸟鸣虫啼可听，有万物生灵为伴，有“天人合一”的圆满，有可持续发展。基于这种责任，我们积极参与到“七彩云南保护行动”中来，努力创建“绿色环保学校”。

官渡区曙光小学。高举环保旗帜，认真贯彻落实“七彩云南保护行动”赋予我们的职责，按照党的十七大提出的“建立文明的生活方式，真正把资源节约型、环境友好型社会的要求落实到每个单位、每个家庭”。立足学校实际，用小手拉大手等方式，把环境保护的理念普及到学生中，宣传到家庭中，宣传到小区中。进一步提高师生、家长、小区的环保意识，把环保理念渗透在课堂上，落实在行动上，让环保这颗种子在孩子心里扎下根、萌成芽、开出花。

五华区新闻路小学。通过设计出符合少年儿童年龄特征的游戏活动，让他们在参与活动中去体验、去感受、去感悟，了解大自然中动物、植物、人的生命的存在意义。例如：低年级孩子的游戏《我与小树的悄悄话》、高年级孩子的游戏《我先选择》，通过游戏活动的体验教育，逐渐让孩子们懂得生命的珍贵，懂得人类同大自然中其他动物、植物、非生命形成一样，都存在于大自然这个共同体之中。从而培养孩子珍爱生命、尊重生命的思想情感。

五华区红旗小学。活动是学校主要教育形式之一。通过系列活动，使学生理解环境的复杂组成与结构，引导他们考察人们的各种行动可能产生的环境影响，以此规范自己的行为价值取向，使学生掌握正确的环境价值观、认识自然资源，环境是有价的，经济和社会的发展是以环境为基础的，对资源与环境要珍惜保护，使自然资源能永续利用。

生态文明建设在社区

盘龙区桃源社区。“物我同舟，天人共泰”，与自然和谐相处、和谐发展是人类发展的主题，社区干部和居民应以国家民族和人民群众的根本利益、长远利益为重，自觉地行动起来，投入到生态文明建设的具体行动中，让七彩云南这颗明珠绽放更加绚烂的光芒。

五华区虹山中路社区。启动“全民节能、户户参与”环境保护行动，将节能减排作为创建的一项主要内容，推广节约、循环利用和治污措施，倡导社区家庭在日常生活中，应尽可能利用绿色能源、绿色消费、节能减污，掀起社区“绿色家庭”环境革命。

高新区万裕社区。发挥社区的主导作用，依托小区物业管理部门，依靠社区广大居民群众，把创建绿色社区和创建文明社区作为社区建设的重要内容，贯穿于居民生活的全过程，吸引居民群众积极参与，使绿色理念和环保行动在居民小区的生活中得到体现。

五华区金牛街社区。社区成立七彩云南保护行动领导小组，制定工作计划方案和工作思路，辐射区范围内的环境保护工作，建立社区环保工作制度，进行明确分工，责任到人，促使七彩云南保护行动顺利开展，达到预期目标。

五华区霖雨社区。开展“清除白色污染，共建绿色社区”主题活动、“建和谐社区”知识游园等活动进行绿色环保宣传；不定期开展环保知识讲座和宣传活动，向辖区居民发放各种环保购物袋600个，推广使用节能灯3000只；利用宣传栏、黑板报等宣传环保知识。

媒体视点

昆明市滇池流域治理项目全部开建

2009年2月25日，从昆明市召开滇池综合治理暨城镇“两污”设施建设工作会议获悉，昆明2009年将全力抓好以滇池流域为重点的生态环境建设，抓好滇池治理和城市的污水处理，不断改善生态环境和人居环境，争当云南省生态文明建设的排头兵。

2009年，昆明市将围绕“湖外截污、湖内清淤、外域调水、生态修复”四大目标，坚定不移地抓好环湖截污和交通、农业农村面源污染治理、生态修复与建设、入湖河道整治、生态清淤、外流域调水及节水“六大工程”；坚定不移开展“一湖两江”流域“四全”工作；坚定不移实施环湖生态建设“四退三还”；坚定不移推进35条入滇池河道综合整治。昆明市决心在2009年一季度内，除滇池外海清淤项目外，完成“十一五”规划所有项目的前期工作，年内全部项目开工建设。加快推进环湖截污工程建设。昆明将以滇池北岸工程和截污干渠工程为抓手，开展滇池流域排水管网和污水收集处理设施建设，开展主城雨污分流，完善配套管网建设，加快污水处理厂改扩建，提高城市污水处理能力，实施流域集镇及村庄污水收集处理设施建设，开展污水再生利用。全力开展农业农村面源治理。

昆明市按照“户清扫、组保洁、村收集、乡（镇）转运、县（区）处理”的要求，加快建立完善农村生活垃圾收集、清运、处置系统，实现无害化处理，2009年将在滇池流域内和水源保护区完成推广测土配方8万亩、有害生物综合防治技术1万亩；流域各县区全面推开生态县创建工作。全面搞好环湖生态修复建设。以滇池外海湖滨“退人退房”为重点，全面实施并完成滇池外海“退田还林、退塘还湿、退房还岸、退人护水”“四退三还一护”，并全面实现滇池外海环湖生态闭合；绿化滇池面山5000亩，在水源保护区通过“农改林”转换种植户身份的工作，控制和减少保护区人口数量。开展生态清淤、外流域调水及节水工程。要求市滇管局负责组织开展滇池草海污染底泥疏挖及处置二期工程，2009年内完成工程量的60%，同时，组织开展滇池外海主要入湖河口及重点区域底泥疏浚前期工作；昆明主城污水处理厂污泥处置一期工程2009年也将动工；昆明将加大再生水利用设施建设力度，对管网不能覆盖、不具备集中式再生水利用设施建设条件的区域，采取“拼户、拼区、拼院”的方式组织实施，力争做到主城污水处理全覆盖。

滇池水域打捞水草　（周明佳　摄）

昆明将加快污水处理新改（扩）建及管网建设，力争2009年底完成东川、经开区等9个县区的污水处理厂及配套管网工程。2009年一季度，开工建设嵩明、富民等7个县区的生活垃圾处理工程，二季度开工建设呈贡新区和西山区的生活垃圾焚烧发电项目，10月前，完成主城生活垃圾应急处理场、禄劝县撒营盘镇垃圾处理场和云龙集镇垃圾处理场的前期工作并于年内动工建设。2009年底，昆明还将建成东郊垃圾焚烧发电厂并投入使用。

（《云南日报》和光亚　刘　红）

滇池环湖截污工程取得进展

滇池环湖截污工程建设经各方努力，取得实质性进展，一季度，各项工作开局良好。

滇池环湖截污工程是滇池治理与保护“六大工程”之一。作为滇池环湖截污工程之一的北岸工程于2007年开工，计划2012年完工。2008年底北岸工程7座污水处理厂改扩建、新建已开工建设，目前第一、二、四污水处理厂改造分别完成总工程量的10%、14%、22%；第三、五、六污水处理厂改扩建分别完成总工程量的91%、52%、21%；第七污水处理厂新建完成总工程量的56%；5个片区管网累积铺设管道89.9千米，2009年底实现沿线截污干渠箱体整体贯通闭合。

（《云南日报》田逢春　刘　畅）

昆明市首次发行债券为滇池治理筹措资金

2009年4月21日，国家发改委正式核准批复昆明滇池投资有限责任公司发行8亿元滇池治理企业债券。本期债券发行主体为滇投公司，由昆明钢铁控股有限公司提供担保，主承销商为西南证券股份有限公司。债券承销商于2009年4月27日通过承销团债券销售系统和上海证券交易所，向境内机构投资者公开发行。到4月29日，8亿元债券资金即成功募集到位。

本期企业债券全部用于昆明主城雨污分流次干管及支管配套项目建设。债券期限6年，票面年利率为5.90%，采取固定利率形式，附设发行人上调票面利率选择权和投资者回售选择权，即在本期债券存续期第5年末，发行人可选择在原债券票面年利率基础上上调0～100个基点；投资者有权选择将持有的本期债券部分或全部回售给发行人。

此次债券的成功发行，改变了滇池治理依赖政府投资和银行贷款的单一融资模式，拓宽了融资渠道，对昆明市乃至全省的投融资工作都具有积极的推动作用。

（《云南日报》和光亚）

九大单位为滇池治理献爱心

滇池治理正在进入“四退三还”的攻坚关键阶段。随着环湖截污、生态清淤、跨流域调水以及实施生态修复等主体工程的推进，滇池治污正按着清晰的思路呈现明朗态势。

然而，这个工程的浩大，决定了过程必然经历种种困难。

2009年4月，省委常委、昆明市委书记仇和及昆明市市长张祖林联名给省委书记写信。信中提到，“四退三还”工作涉及的省属和中央驻昆单位共有9家需要搬迁，这些单位均处于还湖于水，建设湖滨生态湿地及湖滨生态林带的范围，需请搬迁单位抓紧开展“退人退房”工作，交由辖区政府用于开展湖滨湿地和生态林带建设。希望得到各驻昆单位的理解、帮助和大力支持，更迫切需要得到省委、省政府的支持和帮助。

省委书记白恩培马上批示，要求深入细致地做好搬迁单位干部职工思想工作。省长秦光荣也批示，要求加强与动迁单位的沟通协调，共同推进这项工作。

9个单位，有企业、事业单位，涉及7000多人，占地面积近4平方千米。

省政府滇池水污染防治专家督导组组长牛绍尧、副组长高晓宇带着督导组以及昆明市相关负责人，走进这

9家单位进行深入的调研。在近10天的调研中，通过和相关的负责人一次次走近，一次次交谈，经过20多天的努力，达成共识。9家单位已经有8家拿出了明确的搬迁时间表。

督导组组长牛绍尧认为，“这是一次充分的沟通与坦诚的表达，是一个互相理解、支持与协商的过程，这个过程充满了实事求是与对滇池博大的爱心。”

（《云南日报》吴清泉）

西山区开展环湖生态带建设工程护佑滇池西岸

近年来，湿地的水体自净功能逐步被重新认识，滇池湖滨生态湿地建设作为滇池治理六大工程之一，被列入了《滇池水污染防治“十一五”规划》。全长2.3千米、河道平均宽8米的王家堆渠曾是昆明电厂设备冷却水的排放通道。电厂迁走后，河道上段彻底干涸，下段虽有草海水倒灌，却由于河堤坍塌，两岸临时违章建筑密布、垃圾遍地，长期以来一直是难以治理的脏、乱、差“死角”。结合王家堆渠的特点，西山区采取了分段、分思路整治的办法，春雨路至河尾村桥头河道的干涸段通过拆临拆违、绿化美化、清理河道等综合整治措施，保护、保留河道为汛期溢洪通道；河尾村桥头至河道入湖口段的草海倒灌水段采取截污导流、河道清淤、河堤修复、绿化河岸、入湖口湿地建设等整治措施，打造成了一个充满原生态气息的“水生植物博览园”。在这里，可以欣赏到水葱、芦苇、香蒲、再力花、一炷香、风车草等水生植物，还可以看到生态环境改善才出现的白鹭惊飞、野鸭潜泳、松鼠出没等自然画面。据悉，在滇池岸边的湿地中，王家堆渠湿地的亮点是“人工干预最小化，生态效果最大化”。

自2008年以来，在“四退三还一护”和环湖生态带建设中，西山区共投入资金2.25亿元，在辖区内滇池湖滨带范围内建成了起于海口镇芦柴湾，止于福海办事处新河社区，全长72千米的环湖生态带9 458亩，已退出高海公路以西湖滨陡岸带7 000亩，共计退塘退田面积16 458亩，完成总任务量的99%。

（《云南日报》李昌莉　和光亚　李竞立）

滇池水污染防治工作第八次联席会议提出确保滇池治理年度目标任务完成

2009年10月27日，省滇池水污染防治工作第八次联席会议召开。会议提出，进一步狠抓落实，确保滇池治理年度目标任务完成。

联席会议上，督导组听取了昆明市政府及省发改委、水利厅、环保厅关于滇池水污染防治工作进展和牛栏江—滇池补水工程实施情况的汇报，并检查了督导组第七次联席会议所要求事项的落实情况。省政府滇池水污染防治专家督导组组长牛绍尧在讲话中指出：省级13个责任部门及昆明市围绕督导组第七次联席会上要求的12项工作，积极主动，狠抓落实，为完成年度目标和滇池“十一五”规划奠定了坚实基础。在下一步的工作中，一是进一步抓好35条入湖河道综合整治，确保2010年底35条入湖河道消除黑臭，全面达到景观水要求。二是进一步抓好8个污水处理厂的新设、改扩建工作。三是确保完成“四退三还”年度目标任务，抓紧安排部署明年工作。四是推进水源地移民安置工作。五是抓紧滇池东岸和南岸的环湖截污工程建设。六是保证牛栏江引水工程年内实现投资15亿元，高度重视牛栏江上游水系的保护工作。

（《云南日报》浦美玲）

昆明市出台《滇池流域污水全截流收集处理设施建设方案》

为全面推进滇池治理，昆明市政府提出，滇池流域工业污水、城市生活污水和农村生活污水必须全收集、全处理，制定出台了《滇池流域污水全截流收集处理设施建设方案》。《方案》明确，通过污水处理及配套管网设施、再生水利用设施，实施雨污分流工程、农田径流污染示范工程，对滇池流域的工业污水、城镇生活污水和农业农村面源污水进行全截流收集处理。

昆明主城区除新（扩）建第一至第七污水厂外，2009年5月已启动了日处理10万立方米的第八污水处理厂建设；目前，已建成211座再生水利用设施，日处理规模达到6.85万立方米；已建成3个集镇污水处理、67个村庄污水处理设施，为加快推进滇池流域“控源截污”创造了条件。

（《云南日报》田逢春）

玉溪市加强三湖一海的保护

云南九大高原湖泊，玉溪就得享“三个半”。随着经济社会的不断发展和人口的不断增加，面对“三湖一海”日趋严重的环境和水资源污染形势，玉溪市开始实施“三湖一海”的相关保护管理条例，保护力度一年年加大。

2007年12月26日，星云湖水沿着23千米长的明渠暗道，通过九溪湿地净化后，奔腾流进玉溪市区，在出水口生态公园形成一道气势磅礴的大瀑布。“两湖大瀑布，十里柿花树”成了玉溪向外推介的城市生态品牌。这条投资3.7亿元，全长23.45千米的出流改道工程，使得每年4 000多万立方米星云湖劣Ⅴ类污水从此不再流进抚仙湖；而抚仙湖水倒流进星云湖，为加快星云湖生态的恢复提供了优质水源。这一改道，绕出了上千平方千米的生态循环大系统，惠及百万亩土地、百万城乡群众，也改出了玉溪“三湖一海”保护整治的崭新思路和环保活力。

“三湖一海”的蓄水量占了云南湖泊总蓄水量的

78%。因湖立策，治湖为先、治湖为本、湖清民富，搞环保只会造福千秋后世。保护好三湖一海，就是保护了玉溪甚至云南的发展之源。玉溪市委、市政府在抚仙湖—星云湖出流改道工程全面完工后，又实施了“三湖一海”周边退塘退田还湖及生态修复、杞麓湖调蓄水隧道工程、径流区绿化造林工程等一系列重大项目。建成年处理污水能力达到3.3万吨的处理厂5座，在34条主要入湖河道上建成34块、面积4 000多亩的人工湿地和湖滨带。加强实施林业生态建设和小流域综合治理，“三湖一海”径流区完成造林17.39万亩，治理水土流失面积248.48平方千米。

（《云南日报》杨红川　王廷尧　谭雅竹）

澄江整治抚仙湖补水区河道

澄江县在实施入湖河口人工湿地净化、污水处理等多项工程的基础上，通过多项非工程措施和工程治理项目，从加大抚仙湖补水径流区河道整治入手，减轻抚仙湖的巨大环保压力。

在众多的污染源中，抚仙湖80%的污染来自农业、农村面源污染。而北岸是抚仙湖流域最大的居民区和农业区，也是总径流量占抚仙湖65%、入湖河道最多的补水区，大量的农业、农村面源污染通过径流区河道汇入抚仙湖。因此，对23条入湖河道实施综合治理，改善河道水质，可以从源头上控制和减少农业、农村面源污染，让抚仙湖的补给水达标。

2008年6月，该县开始实施以河段长责任制为主的非工程措施，全县各级干部分别担任抚仙湖径流区内河道的河长、段长，对河道分段进行监控、管理、考核和问责。河道综合环境控制目标任务分解落实到村组，县、镇、村、组层层签订目标责任书后，将入湖河道的管理纳入日常工作。每隔一段时间，镇、村、组和相关职能部门就组织干部群众投工投劳清理河道，减少对湖泊的污染。

此外，澄江在抚仙湖入湖河道修建了30余个拦污闸，实施河道清淤清杂、河埂景观改造，定期不定期地检查和清理河道，实现了“垃圾不入湖，污染岸上治”的目标。实施农村面源污染控制工程，在径流区建成沼气池1.66万口，垃圾池120个；实行径流区退塘复耕，发展生态农业，减少鱼业养殖废水对河流的污染；利用测土配方技术推进平衡施肥示范项目和农作物秸秆综合利用项目，控制农业生产带来的污染。

在工程治理项目上，澄江县正对东大河周边的10个村落实施环境综合整治，对村庄产生的固体废弃物、畜禽粪便和生活污水进行收集、处理。按工程设计，将在河道周边建设垃圾收集房17座、沤肥池573口、生物净化公厕10座，新建集污沟930米，修缮集污沟777米，建生活污水净化湿地3块，拆迁养殖场一处。在东大河综合治理和许家村建成环保示范村的基础上，县里还将更多的河道和村庄纳入环境综合治理范畴。

（《云南日报》杨红川）

《抚仙湖流域水环境保护与水污染防治规划》出台

由玉溪市人民政府组织编制的《抚仙湖流域水环境保护与水污染防治规划》出台，《规划》将整个抚仙湖径流区划分为7个污染防治区，分3个阶段实施，近期（2008—2012年）为控制主要污染源，遏制水质下降趋势，稳定保持Ⅰ类水质。中期（2013—2017）为实现流域产业结构调整，全面保持Ⅰ类水质。远期（全程）目标（2018—2027）削减污染排放，入湖总量不超过抚仙湖水环境承载力。省政府要求将目标任务纳入抚仙湖保护“十二五”、“十三五”规划，制定年度目标，进行定期考核，确保抚仙湖长期稳定保持Ⅰ类水质。

（《云南日报》杨红川）

洱源县像保护眼睛一样保护洱海

洱源县委、县政府率领全县人民牢固树立“洱源净、洱海清、大理兴”的“一盘棋”理念，持之以恒地像保护眼睛一样保护洱海。近几年来，洱源县围绕生态文明建设实施一系列举措。环境保护从娃娃抓起，“生态文明”课程走进了小学生课堂，“小手牵大手”，全民参与环保意识日益深入人心；“划定范围、种养管制、自主经营”的湿地建设模式，降低了投入支出，提升了群众收入；“政府补贴、群众自筹、定时收集、定点清运”的农村垃圾清理模式，破解了垃圾污染的老大难问题；“国家出一点、企业出一点、集体出一点、农户出一点”联合投资建设中温沼气站模式，通过加热将污染环境的畜禽粪便由“废”变“宝”，成功探索了一条沼气建设新途径。2007年以来，全县通过各种方式投入“净水”的资金达4 939.9万元。

“既要金山银山，也要青山绿水”。洱源县立足生态促发展，目前洱源县生态农业稳步推进，农业结构调整加快，全县已建成优质高产生态水稻基地10万亩、烤烟基地3.5万亩、核桃基地38.6万亩、梅果基地9.4万亩，发展生态乳牛7.12万头，农民人均收入达2 684元。生态工业健康发展，“零污染排放”的乳业、拖拉机制造、梅果加工等企业脱颖而出。生态旅游持续升温，全县依“水”而兴的旅游业迎来了“黄金时期”，直接拉动了第三产业快速健康发展。2009年1至4月，全县旅游人数达20万人次，同比增长16%，旅游社会总收入1.39亿元，同比增长9%。

（《云南日报》庄俊华）

程海生态环境明显改善

程海是我国唯一、世界仅有的3个天然生长螺旋藻的湖泊之一，也是世界上最负盛名、规模最大的螺旋藻产区。近几年来，永胜县立足程海实际，将湖区周围的林业生态建设作为全县重点建设区，全力推进程海面源污染治理、螺旋藻养殖废水处理、绿化造林、小流域综合治理、流域生态水利建设5大工程。同时，按照“因地制宜、适地适树，绿化与美化相结合”的原则，以恢复植被、改善生态、确保区域社会可持续发展为建设目标，加大对程海的宣传、治理和保护力度。先后组织实施了造林绿化、天然林保护、退耕还林、湖滨林带建设和其他营林造林工程。推行农村能源建设点面结合，扎实开展林政资源管理，切实加强野生动物疫源、疫病监测。落实责任，强化对现有森林资源的保护，不断增强民众的法制观念，着力构建良好生态环境。使湖区森林覆盖率由原来的12.7%增加到现在的36.7%，水位由原来的1 500.3米上升到现在的1 503.7米，水质稳定保持Ⅲ类，流域自然生态环境明显改善。

（《云南日报》李秀春　陆春旺）

杞麓湖调蓄水隧道通水沿湖群众告别水患

经过6年建设、投资2亿多元的杞麓湖调蓄水隧道通水调试成功。至此，九大高原湖泊之一的杞麓湖将彻底解决水“有进无出”、蓄水防洪难以兼顾的矛盾。工程全部完工后，杞麓湖防洪保护面积可达4.6万亩，灌溉面积8.5万亩，为沿湖区提供工农业用水5 090万立方米。改变了杞麓湖过去只有进水口，无排水通道的状况，及沿湖区群众一遇大雨饱受水淹之苦的状况。

（《云南日报》张　锐）

异龙湖综合治理系统工程启动

异龙湖综合治理项目西岸截污工程、污水处理厂扩建及配套管网工程、石屏县城供水管网改扩建工程等正式启动。

异龙湖西岸截污工程等3个项目建成后，西岸污水将集中进入污水处理厂，经过有效处理后再排入异龙湖，异龙湖水质将得到有效改善。

（《云南日报》江继武　吴清泉）

典型展示

洱海保护治理

背景。洱海是云南九大高原淡水湖泊之一，流域面积2 565平方千米，湖面面积251.32平方千米，湖容量27.4亿立方米。其来水主要为降水和融雪，入湖河流大小共117条，年平均入湖水量为8.3亿立方米，其中弥苴河、永安江、罗时江三条主要入湖河流入湖水量占总水量的70%以上。洱海是“苍山洱海国家级自然保护区”和“国家级风景名胜区”的核心，具有饮用水源、工业农业生产用水、气候调节以及提供生物多样性保护等多种环境与生态功能。涉及大理、洱源两市县16个乡镇，总人口86.56万人，人口密度为337人/平方千米，耕地面积41.88万亩，人均占有不足1亩。2008年流域生产总值162.18亿元，占大理州的43.6%以上，年均递增12%以上，人均生产总值1.8万元。

随着洱海流域人口的不断增长，区域经济社会的发展，洱海的环境保护面临越来越大的压力。1996年和2003年洱海两次大规模爆发蓝藻，充分暴露了洱海生态环境的脆弱性，使洱海服务地方经济社会发展的饮用水水源地、生物多样性保护等多种环境与生态功能受到严重威胁。湖泊的水污染和流域生态环境的破坏成为制约地方经济社会可持续发展和人民群众生活水平进一步提高的重要因素。如何破解这一难题，以水资源的可持续利用支持地方经济社会的可持续发展，已经成为大理白族自治州党委、政府必须面对的一大课题。

面对洱海的生态环境问题，大理州委、州政府科学处理经济社会发展与生态环境保护的关系，把破解洱海的生态环境难题作为学习实践科学发展观的一个重要突破口，牢固树立科学发展的理念，坚持生态优先，积极探索让洱海休养生息的有效途径。创造了城市近郊湖泊保护治理的“洱海保护模式”，初步摸索出一条符合大理实际的人与自然和谐发展的可持续发展之路。

历程。洱海地区是云南最早的文化发祥地之一。历经千百年来，洱海哺育了大理各族儿女。因此，大理人始终怀着对洱海的崇敬和感恩之心，把洱海誉为自己的“母亲湖”。面对污染日益加重的洱海，从心底喊出“洱海清、大理兴”的强音，提出“像保护眼睛一样保护洱海”，全民齐上阵，打响了一场洱海保护治理的持久战和攻坚战。洱海的保护治理可追溯到20世纪80年代中期，在80年代初期，洱海的水质还保持在贫营养状态。从那时至今，洱海的水质经历了一个由贫营养向中营养再到富营养的演进过程，洱海的保护治理也与此相伴随，经历了“洱海水污染综合防治、洱海综合保护治理和洱海流域生态文明建设”三个重要阶段。

洱海水污染综合防治阶段。改革开放以来，随着区域经济社会的发展，人类活动对洱海环境的影响越来越频繁。到1982年底，洱海周边共建农业灌溉抽水站（含多级站）134座，总功率1.4万千瓦，灌溉农田15万多亩，流域造纸、化肥、印染、水泥、化纤等厂矿企业开始兴盛，洱海保护进入了水污染防治阶段。为有效防治洱海的水污染，1980年大理白族自治州人大常委会作出了严禁在洱海周边新建有严重污染企业的《决定》，并对18家污染企业限期治理。1983年州第六届人大常委会制定了《洱海管理暂行条例》，因法律手续不完备，以政府规章下发执行。1988年3月州第七届人民代表大会通过了《云南省大理白族自治州洱海管理条例（草案）》，经省人大批准，于1989年3月1日起施行。根据洱海保护治理的需要，又先后于1998年7月、2004年3月两次对洱海管理《条例》进行修订。洱海管理条例的实施，使洱海逐步走上了法制化管理轨道。

然而，虽然洱海保护起步比较早，各级党委、政府做了大量卓有成效的工作，但在当时片面追求发展速度的大背景下，保护的力度还是赶不上污染的速度。1996年，由于湖内污染物的长年累积，洱海水质首次出现拐点，发出了由中营养类湖泊向富营养类湖泊过渡的危险信号。同年秋天，洱海蓝藻全湖性爆发。洱海告急，引起了党中央、国务院和省州各级党委、政府的高度重视。从1997年起，大理州果断采取了“双取消”的措施，取消网箱养鱼10 000多个、渔船机动捕捞设施3 000多套，恢复人工捕捞。2002年，完成“三退三还”（退塘还湖、退房还湖、退田还湖）工作，共退渔塘还湖4 324.94亩，退耕还林7 274.52亩，退房屋还湿地616.8亩。在流域内实施“三禁”（禁止生产、销售使用含磷洗涤用品，禁止生产、销售、使用一次性发泡塑料餐具和有毒有害不易降解塑料制品，禁止放牧山羊）；关停一批污染严重治理无望的企业，积极调整城市和工业布局，把流域重点企业搬入凤仪和邓川工业园区；加强环境监管，促使流域企业实现达标排放；加快城镇基础设施建设。各项措施的实施，有效削减了洱海内源和流域点源污染，流域点源污染基本得到控制，治理工作开始向规模更大的农业农村转移。

洱海综合保护治理阶段。进入21世纪，大量保护治理措施，起到了积极的效果，但还是没能遏制污染的趋势，洱海水质继续在恶化。2003年洱海再次爆发蓝藻，特别是7、8、9三个月水质急剧恶化，透明度降至历史最低，局部区域水质下降到地表水Ⅳ类，部分水域首次出现Ⅴ类水质，引发湖周50多万人的饮水安全危机。危急时刻，9月28日，云南省人民政府在大理召开大理城市建设现场办公会，会议确定“把实现洱海污染治理和保护工程作为滇西中心城市建设的前提，作为大理未来可持续发展的关键，作为今后一段时期内的第一工程来抓”的总体要求。提出“到2006年建立较为完善的治理保护体系，确保洱海水质恢复到Ⅲ类，力争接近Ⅱ类”的具体目标。

2003年12月25日，在原“洱海水污染综合防治领导小组”的基础上，成立了“州洱海保护治理领导组”，并在州环保局设置了领导组办公室。办公室成立的首件大事就是抓洱海流域保护治理规划。年底，顺利完成了《洱海流域保护治理规划（2003－2020）》的编制工作，并得到了省人民政府批准实施。在编制《规划》过程中，大理州委、州政府认真总结汲取了1996年、2003年洱海两次大规模爆发蓝藻的经验教训，全面分析了洱海污染及保护治理的特点和规律，明确提出了“洱海清、大理兴”的理念，治理思路上提出要实现“三个转变”，即：从湖内治理为主向全流域保护治理转变，从专项治理向系统的综合治理转变，从专业部门为主向上下结合、各级各部门密切配合协同治理转变，并规划实施“六大工程”（城镇环境改善及基础设施建设工程、主要入湖河流水环境综合整治工程、生态农业建设及农村环境改善工程、生态修复建设工程、流域水土保持工程、环境管理及能力建设工程），共45个项目，总投资估算为30亿元。

为确保《规划》的顺利实施，大理州委、州政府采取了一系列有力措施。一是修订《洱海保护管理条例》，使其更好地与洱海保护治理的新形势相适应。二是层层签订洱海保护治理目标责任书，明确责任主体，实行重奖重罚。三是加强科学研究及对外合作交流，进一步探索洱海保护治理的规律。四是探索搭建新的投融资平台，多方争取，多渠道筹集保护治理资金。五是广泛发动干部群众参与，举全州之力实施“六大工程”。2005年，提前一年完成了省政府确定的目标和任务。洱海保护治理工作也由此提高到一个新的水平。

洱海流域生态文明建设阶段。2008年以来，大理州委、州政府认真贯彻党的十七大关于生态文明建设的要求，继续坚持洱海保护治理的“三个转变”，坚持把“两保护（保护洱海、保护海西）两开发（开发海东、开发凤仪）”作为大理滇西中心城市建设的核心，以生态文明建设推进洱海保护治理工作。在全州新一轮解放思想大讨论和学习实践科学发展观活动中，提出把洱海源头的洱源县建成全州生态文明示范县，力争做全省、乃至全国生态文明建设的排头兵。坚持以科学发展观为指导，以洱海保护治理为主线，紧紧围绕“产业发展生态化，生态建设产业化”的思路，转变发展方式，改革体制机制，积极探索符合洱源实际的生态文明建设模式，努力把洱源建设成为生态环境优美、生态经济繁荣、城乡结构合理、人民富裕安康、社会和谐进步的生态文明县，为建设洱海流域生态文明示范区，破解洱海保护治理难题，促进全州经济社会又好又快发展提供有益的借鉴。

为落实洱源生态文明示范县建设的目标，2008年底，在州洱海保护治理领导组及办公室的基础上，增设了洱源县生态文明示范县建设领导组及办公室。出台了《中共大理州委大理州人民政府关于建设洱源生态文明试点县的意见》和《洱源县生态文明试点县建设考核办法》，同时，每年制定详细的年度实施计划及考核办法。同年，增拨 1 500 万元资金用于洱源生态文明示范县建设。2009 年又制定了《2009 年洱海保护及洱源县生态文明建设工作意见》。州级财政通过向工商银行贷款 7 000 万元，举债共补助 8 680 万元用于洱海保护及洱源县生态文明建设。大理并不富裕，全州 12 个县市有 11 个是贫困县，但在洱海保护上大理人勇于举债、舍得花钱。从传统发展到生态建设，折射出大理人发展理念的根本转变。现如今，在洱源，“洱源净、洱海清、大理兴”已不再是一种理念，而是千家万户保护洱海的自觉行动。与此同时，大理市也在洱海北部的四个镇开展生态文明试点镇建设。当前，洱海保护治理的形势依然十分严峻，但是，随着洱海流域生态文明试点县（镇）建设的持续推进，保护治理工作将会出现崭新的面貌。

成果。从 20 世纪 80 年代初到现在近 30 年三个阶段的艰苦努力，洱海保护治理取得了阶段性的成果。首先是生态成果。2004 年至 2008 年，洱海水质持续得到改善并总体保持在Ⅲ类。2004 年有 1 个月、2005 年有 3 个月、2006 年有 2 个月、2007 年有 4 个月、2008 年有 8 个月达到Ⅱ类水质。2009 年 1 ~ 5 月洱海水质总体保持稳定，其中 1 月、2 月、5 月为Ⅲ类，3 月、4 月达到Ⅱ类。洱海自净能力得到增强，流域自然生态环境逐步改善。其次是发展成果。大理州委、州政府在实施洱海保护治理实践中逐步探索出了“生态优先、农业稳州、工业强州、文化立州、旅游兴州、和谐安州”的科学发展思路，促进了经济与社会、人与自然的和谐发展。2008 年，全州完成生产总值 371.7 亿元，增长 12%；财政总收入跨越 60 亿元台阶，实现 60.1 亿元，增长 21.6%；全年完成工业总产值 330.7 亿元，增长 21.5%；城镇居民人均可支配收入 12 865 元、农村居民人均纯收入 3 078 元，分别增长 10.8% 和 14.9%。再次是经验成果。洱海保护治理的科学实践，为云南全省乃至全国湖泊保护治理作出了有益的尝试。其经验被国家环保部概括为 20 个字五句话，即：“循法自然、科学规划、全面控污、行政问责、全民参与”。

启示。洱海保护治理的实践给我们提供了很多的启示，主要表现在五个方面。启示一：必须坚持环境优先的发展理念。坚持环境优先，其实就是尊重环境、尊重自然，实现人与自然的平等和和谐，就是坚持科学发展、可持续发展。贫困落后地区的发展尤其要坚持环境优先，决不能以牺牲环境为代价换取一时的发展。启示二：必须树立保护环境也是发展的观念。洱海孕育了大理四千年的文明，哺育了大理的各族儿女。大理人把洱海誉为“母亲湖”，把保护洱海作为发展的基础和前提。如果洱海被污染，大理的发展就失去了根基。从这个意义上讲，保护环境也是发展。启示三：保护环境必须遵循自然规律。湖泊也好，江河也好，作为自然环境，其发生和演变都有其自身内在的规律性。保护治理也要坚持按自然规律办事，否则就会事与愿违。洱海保护治理之所以取得成效，正是因为探索和遵循了其中的规律。启示四：保护环境必须树立持久战的思想。环境问题的产生实质是发展与环境这对矛盾综合作用的结果。发展没有止境。因此，环境问题也将长期存在，特别是许多难以逆转的环境问题，保护和治理更需要作长期的努力。启示五：保护环境必须紧紧依靠群众的力量。人类作为构成环境的一分子，人的活动与环境的变化密切相关。人既是主导和享受环境的主体，同时，也是保护环境的主体。因此，只有人人都把尊重和保护环境作为一种自觉行动，才能真正保护好环境，让江河湖泊休养生息。

思考。洱海保护治理实践留给我们许多值得思考的问题。思考一：如何破解贫困落后地区经济社会发展与保护环境的矛盾。现实是，如果环保门槛过高，资本进入就比较困难，发展就将受到影响，反之，势必对环境造成危害。如何在二者之间找到一个很好的结合点，实现双赢。思考二：如何协调处理好环境保护成本投入与保护成果共享的关系。这是关系到环境保护目标能否实现，工作任务能否落实的核心问题，值得引起重视和思考。

（大理州环境保护局）

云南省集体林权制度改革

一、破解林业困局之道

云南是全国重点林区和林业用地最多的省份之一，94% 的国土面积是山区，61% 的国土面积为林业用地，可以说，希望在山，出路在林，实现了山区农民的小康，就抓住了全省农民奔小康的关键。

怎样才能让山林活起来，林产业强起来，山区农民的腰包鼓起来？“集体林权制度改革”被提上了决策者的议事日程。

回顾历史，在半个多世纪的探索和实践中，为解放和发展林业生产力，全省进行过土地改革时期的分山分林到户改革、农业合作化和人民公社时期的山林集体所有统一经营改革、改革开放初期的林业“三定”改革、上世纪 90 年代中期扩大林业经营自主权的改革和“四荒”出让等四个阶段的林业改革，但由于没有抓住“产权”这个核心，林权问题没有突破，占全省商品林地 83% 的 15 300 多万亩集体商品林大部分仍由集体统一经营，造成山林权、经营权、处置权、收益权等“四权”不落实，广大林农“耕山有责、经营无权、分配无利”，无法靠山致富，以致集体林区普遍存在林农不愿造林，集体无力造林，林业部门无钱造林，农民对集体林被偷砍盗伐漠不关心，森林防火难度增大。集体林产权不清、经营主体缺位、林业产业发展缺乏动力，也成为制约云南省林业产业大发展的体制、机制性障碍。

一组数据发人深省：云南省林业产值仅占全省国内生产总值的 6.4%；森林蓄积量是浙江、福建的 10 倍，但林业产值却只有他们的 1/5；1 亩集体林地的年均收益只有 20 多元。

与之对应的农村现实是，云南集体林地约为 2.91 亿亩，占了全省林地面积的 80.1%，且大多数集体林地都位于偏远山区。在这些地方，农民除了从事林业以外几乎没有其他就业机会，农民的生活来源也主要是林业生产收入。

省委、省政府意识到，破解林业困局之道，就在于产权突围，“还山于民、还利于民”。把山经营好了，林农的温饱和致富也就解决了。正如农民们自己总结的那样，“靠山吃山，靠山致富”、“解决温饱靠农业，增收致富靠林业”。

“广大农民群众对承包经营山林的愿望越来越强烈，深化集体林权制度改革势在必行。”省委、省政府决心坚定，“只要将制约林业生产关系的障碍破除，全省林业就会得到发展，山区经济就发展了，全省的经济也就发展了；只要落实了农民对林地的经营权和对林木的所有权，他们就会‘将山当田来耕，将树当菜来种’。”

2006 年春暖花开之时，全省集体林权制度改革的大幕率先在罗平、屏边、砚山、景谷、永平、腾冲、潞西、兰坪、云县等 9 个试点县市拉开；2007 年 4 月，在试点经验的基础上，云南率先在西部地区全面启动集体林权制度改革。

这一场涉及广大农民切身利益的变革，点燃了农民兴林致富的希望和热情。

二、一场新的“土地改革”

省委、省政府主要领导多次对集体林权制度改革作出重要批示，先后多次派出考察团赴福建、江西等率先进行林权制度改革的省区学习取经；省委、省政府在试点积累经验的基础上，出台了《关于深化集体林权制度改革的决定》，为推进全省的集体林权制度改革指明了方向。

在这份重要文件中，如此描绘云南林改的“路线图”：力争到 2010 年，基本完成全省深化集体林权制度及其配套改革任务，实现“山有其主，主有其权，权有其责，责有其利”的目标，建立起“产权归属清晰，经营主体到位，责权划分明确，利益保障严格，流转顺畅规范，监管服务有效”的现代林业产权制度；建立起初步适应林业产业发展需要的要素市场，形成社会化服务体系和有效的森林监管体系；建立起政企分开、政资分开、政事分开、政府与中介组织分开，社会管理和社会公共服务职能强，行政审批环节少，规范运行的林业行政管理体制，促进全省林业生态建设和产业发展。

而改革的重点，则可以用“落实四权”进行概括。

一是明确山林所有权或使用权，通过承包经营、折股量化、股权到户（联户）等形式，把集体林木所有权和林木林地使用权明晰到户（联户）或其他经营主体，进行林权登记，换发、核发林权证，以法律形式保障林农合法权益，实现“山有其主、主有其权、权有其责、责有其利”的目标，让群众吃下“定心丸”。

二是放活林地经营权，遵循林地所有权和使用权相分离的原则，在集体林地所有权性质、林地用途不变的前提下，按照“依法、自愿、有偿、规范”的原则，鼓励林木所有权、林地使用权有序流转，通过承包、租赁、转让、拍卖、股份合作等多种形式，建立以林农为主的多元化市场经营主体，开展多种经营。

三是落实林木处置权，对已明晰权属的自留山、责任山及外资、民营企业等单位和个人营造的林木及附着物、林下资源，依法落实业主的处置权益。林地和林木使用权可依法继承、抵押、担保、入股，可作为合资、合作的出资合作条件。

四是保障业主收益权，依法保护林权所有者的林地使用权、林木所有权、林木采伐处置权、林地林木流转权、森林景观经营权、林下资源开发利用权和林产品收益权等合法权益。

在这些政策和制度的制定过程中，群众的意愿常常起到十分关键的作用。

全省集体公益林面积 12 326.27 万亩，占全省集体林地的 42%；同时，在实施天然林保护工程实际管护面积 18 860 万亩中还有集体林 13 026 万亩，所占比例高达 69%，原定改革范围影响了群众参与林改的积极性和群众利益的保障。对此，省委、省政府及时作出调整，把林改范围扩大为全部集体林，将天保工程区内的集体商品林通过均山、均股、均利等形式确权到户，并将管护责任落实到村民小组。这样既保证了林改不留“空白区”，又使生态得到保护。

三、上下一心抓林改

2.91 亿亩集体林，3 000 多万林农，关系着云南的发展与和谐。

在云南，集体林权制度改革可以称得上是“一把手”工程。各级党委、政府的主要领导都将其作为做好“三农”工作，推进新农村建设的一件大事来亲自抓。省委书记白恩培，省委副书记、省长秦光荣，省委副书记李纪恒都十分重视林业和集体林权制度改革工作，他们多次到省林业厅和基层单位进行调研，听取林改工作汇报，并多次在有关会议上对云南林改作出指示，要念好“山”字经，做足“林”文章，积极稳妥地推进集体林权制度改革。省政协主席王学仁，副省长孔垂柱，省政协副主席、省林业厅党组书记白成亮等多位省级领导也对全省林改工作给予了极大重视。2008年，省委、省政府将集体林权制度改革列入20项重点工作进行督察，由16位省级领导带队前往各州市检查林改工作。

在省委、省政府高层领导的大力推动下，全省上下已经形成了省、市、县、乡、村“五级书记抓林改、四套班子齐参与、相关部门都配合”的可喜的林改工作新局面。

四、发展产业兴林与富民相结合

集体林权制度改革，是一种农业生产关系的变革，其根本目的就是要解放林业生产力，充分发挥林业的经济效益，让世世代代“靠山吃山”的林农真正依靠山林走上富裕之路。

因此，全省在林改中坚持把产业发展放在突出位置，制定了林产业发展规划，结合改革加大结构调整力度，许多地方在林改后通过开发林下资源实现了林农增收致富。

兴林与富民的完美结合，唤醒了沉睡千年的山林，让云南3.6亿亩林业用地，占全省国土面积94%的山区、半山区成了农民致富奔小康的希望，成为村民们取之不尽的“绿色银行”，这也正是林改得以顺利开展的最根本原因。

2002年，常永祥承包了1 200亩荒山，栽植了1.2万棵核桃树。眼看着核桃树一天天长大，常永祥却高兴不起来，政策会不会变？核桃树的收益是不是自己的？直到2008年，他领到了全国统一颁发的林权证，才算吃上了一颗“定心丸”。

心病除了，常永祥利用林权证申请到50万元抵押贷款，修建了18个水窖，铺设了17千米水管，每100米架设了一个水龙头，保证对每一棵核桃树都能根据需要浇水施肥，开始对1 200亩核桃林实行精细化管理。

“投入这么大，不担心成本收不回来吗？”“一千克27元至28元，2008年第一年挂果，我就收入24万元，2009年收入50多万元不成问题，这点投入不算什么。”常永祥说。

据永平县北斗乡北斗村支部书记杨忠群介绍，该村796户人家人均有60.9亩林地，2007年分山到户后仅核桃产业一项人均增收就有1.5万元。

“土地包产到户的红本本（土地承包证）解决了吃饭，集体林权制度改革的绿本本（林权证）是拿来挣钱的，赚钱、发展就要靠林业了。”景谷县威远镇香盐村村民刘克俭家4年前在承包的山地上种了25亩速生丰产林，目前采伐20亩交到纸浆厂，纯收入2.5万元。现在，他家又种了1 500棵树，他打算“像管山一样管林，像种菜一样种树”。

“以前，大家是守着金山银山过穷日子，山林不仅不能致富林农，反而成为农民致富的障碍。”林农们发自内心地说，“林改以后不同了，村民有了自家的林地，开始耕山致富，日子过得越来越红火。”

五、尊重民意，一村一策推林改

集体林权制度改革涉及到农民的切身利益，实施程序复杂，如果操作不当，就可能引发新的矛盾和纠纷，甚至给今后几十年的林业经营管理埋下隐患。基于这些，林改虽然得到了林农的拥护，但操作起来依然会遇到许多沟沟坎坎。

2006年4月，当林改在永平县刚刚推开时，就遇到了难题：该县有自留山、责任山、集体统一管理的山、“四荒”出让山、各种形式的流转山，光集体山林的存在形式就有5种之多；“四至”不清，面积不准，历史纠纷，多少糊涂账需要理清；还有，天保工程区、自然保护区、生态公益林区的集体林如何改革，才能正确处理好生态保护和林农利益之间的关系？

这还仅是一个县反映的情况，在全省范围内，各种意想不到的难题层出不穷，解决的办法也必须实事求是。

对此，全省林改过程中一方面高度注重宣传工作，通过多种形式，把林改的目的、意义、做法以及有关法律法规政策，宣传到村、到组、到每一个农户，消除群众疑虑。更重要的是，在具体操作中充分依靠群众，坚持群众不了解的政策不实施，情况不明不动手，对林权分不分、怎么分、什么时候分、分到什么程度，都由农民集体开会讨论说了算，改革方案必须坚持2/3以上村民代表表决通过后实施，公示有异议的方案不审批。

北斗乡构皮园村民小组的罗成韩清楚地记得，全村36户人家为讨论林改方案一共开了5次会，每次会开完他的嗓子都是沙哑的。第5次讨论会，从头天吃完晚饭开到第二天雄鸡报晓，全村终于统一了意见：通过抽签决定均分到户的林地地块。

正是坚持了让农民成为山林主人的林改方案，积极妥善处理好历史遗留问题和各种复杂关系，处理好各方利益，把利益大头留给林农，使农民参与林改的积极性空前高涨，户主参会率达100%。

六、试点创新，“土办法”层出不穷

群众的积极性充分调动起来后，在林改各试点地区，各种创新而实用的“土办法”层出不穷。普洱市思茅区南岛河村通过摸索实践，就总结出了“五签两不准”这样一个好方法。

“五签”指会议通知签收、参会签到、表态签字、决议签名、林改工作队员签字；“两不准”指表态、表决不准用举手的方式进行，签字不准代签，如果真的不会写自己的名字，也要其他人代签后加以说明。

这种充分体现了民情民意的“五签两不准”在思茅区成功推行后，很快在普洱全市各县推行，林改大大提速。在省林改办的积极推动下，“五签两不准”的经验在全省广泛推行，并进一步发展成“六签字”和“四公示”制度。

在永平县新村芭蕉塘小组，林农罗广周不仅有一本林权证，还有一本股权证。给农民发《股权证》，这也是基层琢磨出的“土办法”。

对于不适合个人经营的集体公益林，颁发了《股权证》、签订责任书，不落实具体地块，根据集体公益林所在村组人口，平均分配成一定股份，村民只享有这部分集体公益林的股权和分红，不具体占有哪块林地。这一创新，解决了特殊地块集体公益林如何确权到户、确保农民收益的问题。

“没有颁发《股权证》以前，经常有人盗伐水源林的树木，没人愿意去管；现在，村民知道有自己的股份在里边，互相监督，再也没有发生过盗伐现象。”新村支部书记罗成韩说。

不仅如此，为了保护好这片林子，村民们每户还自发交纳管护费10元，聘请了“护林管家”。“有了《股权证》，集体公益林也是大家的。我们聘请有经验的人经营，根据股份分红，比自己经营管护的成本少多了。”村民罗广周说。

“林改关乎的是千家万户的切身利益，老百姓不同意，再好的方案也不行。所以我们在做林改的基础工作时，首要考虑老百姓的认可度，把基础工作做扎实一些，其次要充分调动老百姓的参与热情，群众的智慧是无穷的，很多时候下面的‘土办法’比上面的‘洋办法’还要管用。”一位全程参与林改工作的基层负责人说。

七、完善配套搞活林产业

“分山到户确权发证只解决了‘分’的问题，而配套改革则是要把‘分’到老百姓手里的林木盘‘活’变成钱。”思茅区委书记张善强说。

在林改全面推进后，针对改革过程中存在的突出困难和问题，云南省制定了《关于进一步加大集体林权制度主体改革力度和稳步推进配套改革的意见》，完善了政策措施，制定了林权抵押贷款的指导意见，一些县（市）成立了林权流转服务中心，开展了林地流转和林权抵押贷款，并取得积极成效。

随着5.75万亩自留山、1 200亩承包林、1.68万亩流转林、8万亩集体林的确权，华宁县华溪镇的林农有了抵押贷款的资本，不少人通过林权抵押从金融部门融资2 925.9万元，扩大经营规模，几年时间一个镇就出了38个“造林大户”。“没有搞林权抵押贷款以前，我们农民哪里能从信用社贷到这么多款呢!”一下子贷到380万元，种植大户董祖祥笑得合不拢嘴。

根据云南省农村信用社的统计数据，林权制度改革后，全省林权抵押贷款快速发展。截至2009年三季度末，全省共发放林权抵押贷款2 969万户，贷款金额近11.55亿元。

全省很多地方还建立了林权交易、林产品交易两个交易平台，形成森林资源流转交易的统一平台，林改后的森林资源在这里公开交易，合法流转，使林权所有者充分获利。

在思茅区林权交易中心，巨大的电脑显示屏幕墙上，显示着当地的林业交易信息。思茅区林权交易中心能够通过网络对全区林权、林地、林木实施动态管理，收集、发布林业产业项目招商、林地收储、林权流转交易、市场行情等信息。交易中心还为林农提供林地挂牌拍卖、森林资源评估等服务。

通过贷款和交易，林农的“死资金”就变成了“活资金”，成为了发展农村经济新的动力源泉。

八、妥善处理林权纠纷

林改前，不少人担心遗留历史问题处理不好会引发社会不稳定，担心林改试点县变成林政案件高发县，而经过林改的精心组织实施，这种担心变成了放心。

改革中，云南省始终坚持质量第一，力求把各项工作做细、做实、做到位，既保持进度、又强化质量，确保改革不走过场、不违反法律和规定程序、不违背农民意愿、不损害农民利益。同时，狠抓林权纠纷调处工作，全省共排查山林纠纷16.61万起，调处16.25万多起，调处率97.8%，大量历史沉淀的纠纷被化解在基层。

南涧县猪街村的方成柱和方庭毕是抬头不见低头见的邻居，但从上世纪50年代就产生了林权纠纷，县、乡多次调解，均没有结果。林改中，采取推选村民代表、协商解决的办法，终于使50多年的积怨得到消除，方成柱紧握着方庭毕的手说：“兄弟，我们多年的纠纷结束了，全靠林改工作扎实啊!”

石屏县宝秀镇凤山村与柏仁村有一片山林纠纷，已经延续上百年，县法院、州法院都曾做出过判决，但村民们对判决不服，纠纷多次引发流血事件。林改工作组引导争议双方群众坐下来叙亲情、消恩怨，最终解决了这起百年纠纷。

因为林权纠纷，景谷县安乐村芒乃与芒勒两个村民小组的村民已经44年不相往来，牲畜家禽无人看管时常伤亡，灌溉农田时断水、抢水，庄稼收割时偷粮、诈粮，你争我吵屡见不鲜，村民生产生活不得安宁。2006年开展林改后，乡专门召开了党委联席会，组成林权纠纷调查调解领导小组，进村入户详细调查了解两个村民小组林权纠纷缘由，工作组耐心细致地做双方工作，同时来到实地用GPS测量仪器对争执界线进行了反复踏认。最终，两个村民小组接受了工作组以争执界线对半平分的建议，心平气和地签订了调解协议书，历时44年的林权界线纠纷终于得到圆满解决。

这样的例子数不胜数。调处林权纠纷，不仅解决了山林的历史遗留问题，化解了多年的历史结怨，更使边疆地区民族关系、地区关系、邻里关系更加和睦，有力消除了林区的不稳定因素。

借助林改，许多村还修订了村规民约，完善了村务管理制度，村民自治、民主管理的氛围更加浓厚，干群关系更加融洽。广大农民关心自己切身利益，认真钻研政策法规，积极参与林改决策。省林改办的同志高兴地说，林改是一次深入的民主法制教育过程，有力推动了农村政治文明建设和社会民主化进程。

九、林农得增收

8 月，正值雨季，景谷县威远镇香盐村山高路滑。往年这个时候，只要天落雨，农民们一般都不愿出门，可 2009 年这个 8 月，趁着雨季，农民们却忙着在自家的山头地块上种树，用村民们的话说，山上的树都成了“摇钱树”，现在种树就等于给自家办了一个“绿色银行”。

“过去我家只有 7 亩自留山，与集体林混在一块，种什么都不知道，这 7 亩林地已经荒了 12 年。集体林权制度改革之后，我家共分得 18 亩林地，我领到了林权证，真正成了这些林地的主人。”傣族村民刀永生高兴地说：我已经种上了 10 亩桉树和 8 亩思茅松，并与云景林纸公司签订了供销合同，种一亩桉树就可以赚 1 200 元钱，三年半成材后交给纸厂，全家的纯收入就在 12 000 元，这在过去想都不敢想！靠山吃山，种树发家的梦想终于可以实现了。

在天保工程区内，林农虽然分到了山林，但自主经营相对受到限制，是不是林农除了享受工程补助款之外，不能通过经营山林致富呢？答案是否定的。

素有“菌类大世界”美誉的云南，广袤的森林下蕴含着丰富的野生菌、野生药材等资源。林改让这些丰富的林下资源成了林农拣不完的“金子”。

菌子生长的季节，永平县北斗乡新村村民韩成蜜，每天都去采摘新鲜野生松茸，然后拿到县城去销售。林改中他分到了 90 亩山林，2008 年仅卖野生菌一项，就增收两万多元。“你瞧，就这一小纸箱松茸，只有三五千克，但卖个 500 块钱不成问题。”

村民茶丽鹃有两个孩子在城里读书。林改前，为供养两个孩子，她基本上常年在外打工。林改后，茶丽鹃家分到了 200 亩山林，2008 年林下野生菌收入超过 1 万元，不仅孩子的学费有了着落，还给自己和丈夫各买了一部手机，现在正打算购买摩托车。

“林改以前山上也有野生菌，但那个时候没有确权到户，大家都上山去采，有的时候外村人也来采，不管菌子大小，质量好坏，一古脑儿全采下山，野生菌资源破坏相当严重，名贵菌类数量直线下降，有的时候甚至到了无菌可采的情况。”村民杨金群说。

“林改后，这种局面改变了，山林是自己的了，林下野生菌自然也成了自己的，别人不能乱采。这样，我们就可以根据菌类的生长情况采成熟的、质量好的、价格高的，小的、未成熟的可以留下来让它继续成长。”杨金群说。

在普洱市景谷县民乐镇翁孔村，48 岁的魏正云没事就喜欢在自家山林里转悠，他家分的 15 亩林地里有 400 棵松树，光采松脂一个月就收入了 1 500 元。“村里有的人家还在山上种药材，有的砍了灌木补种新苗，我也在想多扩展点门路。”魏正云憨厚地搓着手说。

龙街镇古富村木瓜园村民小组的小伙子罗靖与坝区龙街村的姑娘陈玲相爱，以前一直遭到姑娘家人的反对。“木瓜园出门就是山，你不怕累断筋？那里除了包谷就是苦荞，我们怎能把你往苦海里推？”林改以后，姑娘的家人一改往昔的态度，原因在哪里？罗靖一家分得了大片林地，单是核桃一年就可收入几万元。姑娘的家人再也不必为女儿将来的生活担忧，就爽快地答应了这门亲事。

以前，北斗乡新村的小伙子最发愁娶老婆。林改后，很多坝区的女孩主动找上门要嫁到山里来，现在有 20 多个坝区姑娘嫁到该村。在北斗乡新村，许多村民都有摩托车，有的还买了汽车。村民代应方说：“这都是林改带来的变化啊！”

十、产业得发展

大理州核桃种植大户常永祥乐呵呵地说：“林改后我在这里种的核桃不愁销路，有性急的浙江商人在核桃还未成熟的时候就来收购了。”2008 年，常永祥核桃总收入达到了 24 万元，2009 年总收入预计将达到 40 万元左右。

常永祥的事例说明：对于森林覆盖率 50%、94% 的国土面积是山区的云南省，只有林地产权改革，才能让山区农民富起来。

永平县盛产核桃，且久负盛名。这里的核桃果大、壳薄、仁白、质优，深受国内外客商青睐。核桃树冠大，根系发达，树龄长，是生态经济林，既能绿山保生态，又能富民鼓钱袋。林改以来，永平县发挥开远东洪公司等一批龙头企业的带动作用，采取“公司 + 基地 + 农户”的方式，实行“一村一品”，发展以核桃为主的林产业。许多偏远山区的群众由于种植了泡核桃，实现了脱贫致富。全县林业总产值达 19 675 万元，比林改前 2005 年的 12 054 万元增加 7 621 万元，增长 63%。其中核桃产值由 5 947 万元增加到 1.5 亿元，全县农民核桃收入人均 1 000 多元。全县近年新发展核桃 40 万亩，核桃面积突破 100 万亩，产量达 6 000 多吨。2008 年，全县有 21 600 户核桃种植户，占农村总户数一半，年收入万元以上的有 200 多户，最高的达 20 多万元，有 4 个村核桃年收入超过 100 万元。

林改的实施，有力地推动了林业产业发展。永平县确定了建成中国西部最大特色林业发展基地县的战略目标，决心做强做大以核桃为主导产业的名特优新经济林产业。该县还积极发展核桃初级产品加工。全县加工户已发展到200多户，年加工能力达到100吨以上的有30户，实现核桃增值4 000多万元。已建成核桃初级产品交易市场17个。涌现出了一批核桃加工重点企业。永平泰丰食品厂年加工泡核桃600多吨，生产高烹油72吨，销售收入417万元；永平利香园食品加工厂年加工核桃仁100多吨，产值500多万元。

林改，也激发了很多企业家发展林产业的热情。永平县浙龙松香厂老板潘邹福说："我投资400万元，看中的是这里丰富的林业资源。现在集体林权制度改革政策好，投资有回报，我每年可生产加工2 000多吨松香，目前正抓紧时间与林农签订松香采集合同。"

新办的或扩大规模的林业企业就有很多：云龙三森、大理康云等5家企业投入大理州人工红豆杉基地和紫杉醇加工企业建设，将建设红豆杉原料林基地10万亩，云龙海嘉公司的紫杉醇加工生产线已建成投产；曲靖市罗平县引进博林有限公司投资2 000万元，建设细木工板、集成材原料基地；景谷县建立了2个木材交易市场，数十家木材加工企业进驻，初步形成了以龙头企业为带动、"公司＋基地＋农户"的产业发展模式。

同时，全省各地也以林改为契机，做大做强林业产业。临沧市原有泡核桃面积500万亩，林改后的2008和2009年又新增了150万亩，目前，临沧市泡核桃种植面积达到650万亩，挂果面积203万亩，成为全国最大的泡核桃基地市；曲靖市每年投入1 000万元实施"五百"工程，计划用5年时间建成300万亩以核桃为主的特色经济林、200万亩以杉木为主的速生丰产林。

"山还是那座山，林还是那些林，林改前后两重天。"

十一、生态得保护

林权改革后，林子归个人了，会不会导致乱砍滥伐，破坏生态资源，毁掉子孙后代的可持续发展之路？在林改试点初期，不少人有这样的疑虑。但事实让这种担心不攻自破。

"以前是'山是国家的，林是集体的'，没有人愿意上山造林。而现在，林地确权到户，我的林地里的一片叶子，别人都轻易拿不得。"思茅区南岛河村大窝铺村民小组村民孙正有说，分山到户后，寨子就开始造林，全寨子新种了800多亩思茅松，他家也种了30多亩。孙正有是思茅区第一批拿到《林权证》的农民，他们一家分到了135亩林地。

思茅区林业局局长蔡起荣说，集体林所有权的明晰，激活了造管并重的营林机制，实现了"山定权、树定根、人定心"，林农造林、护林、营林的积极性高涨。

"林改以前，都是林业站下任务种树，想到树长大了也不一定属于我，哪有什么种树的积极性，树种下去就没心思管了。林改后，我分到了100亩林地，自己做了林子的主人，想到种树的实惠，积极性自然提高了。2009年我一个人种了40亩的树。"龙潭乡龙潭村村民刀会详说，在龙潭乡家家都大举造林。

南岛河村大窝铺村民小组村民李文安说，现在农民对森林资源更加珍惜，对生态维护更加自觉。很多农民在林改后把山林看做是建在山上的"绿色银行"。林农自发成立"森林防火协会"、"森林病虫害防治协会"等森林管护组织。林改后，林农看管更严格、经营更精心、采伐更慎重，乱砍林木和森林火灾明显减少，同时，商品林搞活了，林产品供给增加了，偷砍盗伐的现象将会明显减少，公益林乃至整个生态将得到更加有效的保护。

林改后，林权得到明晰，"管好自家山，看好自家林"，已成为大部分林农的自觉行动。厂街乡炉塘村村支书、村主任毛朝阳说，林改极大地激发了农民育林的积极性，原来的荒山上都种上了树，现在已经没有空地了。

村民们根据自己的实际情况制订了一则土条文——《村规民约》。《村规民约》中原有规定：每户每年上交20元管护费，由村民小组长和村民代表负责管理，待有收益时，按7：2：1的比例由农户、组、村分配收益。北斗乡新村和龙门乡大龙午村在此基础上又加以完善，把户间林地交界处、祖坟山、国家建设占用林地、水源林管护、森林防火、林地流转等具体问题都纳入到村规民约的具体条文中。

炉塘村林农自发组建27个林地管护"合心组"，每年每户支付托管费10元，用来请林地"管家"负责照看林地。山背后村民小组还以"合心组"的方式，对集体水源林进行封山育林，村民们约定：无论如何都要保住山上的水源林，留下这片"子孙林"。

统计数据表明，林改效果"立竿见影"。全省全面启动集体林权制度改革的2007年、2008年，全省造林新增面积分别比上一年多200多万亩，仅核桃种植面积就达989万亩，使全省特色经济林面积达到4 400万亩，林业产值保持两位数以上增幅。林改初步实现了"既要金山银山，也要绿水青山"，即实现生态环境与经济发展的"双赢"。

（谢　炜　李汉勇）

ANNUAL OF YUNNAN ECOLOGY

云南生态年鉴

2010

倡导绿色和谐　促进生态文明

环境状况 ENVIRONMENTAL CONDITIONS

综　述

2009年，云南省环境保护工作以实施“七彩云南保护行动”为载体，积极推进七彩云南生态文明建设。污染减排成效明显，化学需氧量较2008年削减2.61%，完成“十一五”削减任务的84.42%，二氧化硫较2008年削减0.48%，提前1年完成“十一五”二氧化硫削减任务；九湖“十一五”规划目标责任书项目建设进度加快，水污染防治工作取得积极进展；深入开展环保专项行动和重点流域重金属污染整治，全力为保增长调结构服务，环境管理水平不断提高；认真落实滇西北生物多样性保护联席会议精神，大力开展生态创建和农村环境综合治理试点示范，生态环境保护与建设工作积极推进；环境法制、政策、科技、宣教和对外合作等有力推进；环境管理基础性工作取得进展，全省环保能力建设不断增强。全年各项工作任务完成较好，为保增长、保民生、保稳定作出积极贡献。

总体上看，全省环境质量持续改善。16个重点城市中11个城市空气质量明显好转，在全国113个重点城市中，昆明、曲靖、玉溪3市进入全国10个空气环境质量最好城市行列；全省43个国控断面化学需氧量均值较2008年下降2.6%。但是，全省的环境形势依然严峻：资源开发型的经济结构和高投入、高耗能、高排放等传统经济增长方式短期内难以根本改变，污染排放总量控制压力增大；随着全省经济形势的回暖和全省大面积干旱缺水，燃煤发电量大幅增加，污染减排反弹压力大，减排形势不容乐观；生态文明建设的认识不到位，推进“七彩云南保护行动”工作不平衡；环保能力建设滞后和薄弱，难以适应工作的需要。全面推进七彩云南保护行动，努力建设七彩云南生态文明任重而道远。

水环境概况

全省开展水质监测的63个湖泊、水库中，Ⅰ、Ⅱ类水质的占31.7%；Ⅲ类水质的占31.7%；Ⅳ类水质的占19.1%；Ⅴ类水质的占4.8%；劣Ⅴ类水质的占12.7%。水质优良率达63.4%。

21个湖泊、水库开展富营养化状况监测，其中处于贫营养状态的有2个、处于中营养状态的有10个、处于轻度富营养状态的有2个、处于中度富营养状态的有4个、处于重度富营养状态的有3个。

九大高原湖泊水质

滇池草海

滇池草海水质类别为劣Ⅴ类，水质重度污染，未达到水环境功能（Ⅳ类）要求。主要超标指标为生化需氧量、氨氮、总磷、总氮。综合污染指数为66.41。营养状态指数为82.4，处于重度富营养状态。

与2008年相比，滇池草海主要污染指标年均值略有上升。

滇池外海

滇池外海水质类别为劣Ⅴ类，水质重度污染，未达到水环境功能（Ⅲ类）要求。主要超标指标为总氮。综合污染指数为9.86。营养状态指数为67.6，处于中度富营养状态。

与往年相比，滇池外海主要超标指标总氮年均值呈下降趋势，已由上年的2.44mg/L降至2.13mg/L。

阳宗海

阳宗海水质类别为劣Ⅴ类。主要污染指标为砷。综合污染指数为5.44。营养状态指数为38.4，处于中营养状态。

阳宗海水质主要污染指标砷浓度变化范围为0.103－0.117mg/L，比2008年的最高值0.134mg/L有所降低。

洱海

洱海水质类别为Ⅲ类，未达到水环境功能要求，主要超标指标为总氮。综合污染指数为3.26。营养状态指数为41.1，处于中营养状态。

水质类别2个月为Ⅱ类，10个月为Ⅲ类，全年水质在Ⅱ类和Ⅲ类间波动。

抚仙湖

抚仙湖水质类别为Ⅰ类，水质优，达到水环境功能要求。综合污染指数为2.36。营养状态指数为18.8，处于贫营养状态。

与2008年相比，抚仙湖水质保持Ⅰ类，水质稳定。

星云湖

星云湖水质类别为劣Ⅴ类，水质重度污染，未达到水环境功能要求。主要超标指标为总磷。综合污染指数为12.23。营养状态指数为63.9，处于中度富营养状态。

与2008年相比，星云湖水质仍为劣Ⅴ类。主要超标指标总磷年均值由0.127mg/L上升为0.219mg/L。营养状态由轻度富营养加重为中度富营养。

杞麓湖

杞麓湖水质类别为劣Ⅴ类，水质重度污染，未达到水环境功能要求。主要超标指标为总氮。综合污染指数为10.26。营养状态指数为61.3，处于中度富营养状态。

与2008年相比，杞麓湖水质仍为劣Ⅴ类。主要超标指标总氮年均值略有下降。

程海

程海水质类别为Ⅲ类，水质良好，达到水环境功能要求。综合污染指数为6.64，营养状态指数为34.8。处丁中营养状态。

与2008年相比，程海水质保持Ⅲ类，水质稳定。

泸沽湖

泸沽湖水质类别Ⅰ类，水质优，达到水环境功能要求。综合污染指数为2.99。营养状态指数为14.2，处于贫营养状态。

与2008年相比，泸沽湖水质保持Ⅰ类，水质稳定。

异龙湖

异龙湖水质类别为劣Ⅴ类，水质重度污染，未达到水环境功能要求，主要超标指标为高锰酸盐指数、生化需氧量、总氮。综合污染指数为14.49。营养状态指数为73.4，处于重度富营养状态。

与2008年相比，异龙湖水质仍为劣Ⅴ类。主要超标指标高锰酸盐指数、生化需氧量、总氮年均值均有所上升。营养状态由轻度富营养加重为重度富营养。

其他湖泊水质

在云南省内其它13个开展监测的湖泊中，碧塔海、海西海水质为Ⅱ类，属都湖、青海、北海、浴仙湖、普者黑水质为Ⅲ类，西湖、茈碧湖、个旧湖水质为Ⅳ类，长桥海水质为Ⅴ类，南湖、大屯海水质为劣Ⅴ类。

主要河流水质

云南省六大水系主要河流受污染程度由大到小排序依次为：珠江水系、金沙江水系、红河水系、澜沧江水系、怒江水系和伊洛瓦底江水系。

在77条主要河流的151个监测断面中，水质优达到Ⅰ、Ⅱ类标准的断面占31.1%，水质良好达到Ⅲ类标准的断面占29.1%，水质已受轻度污染达到Ⅳ类标准的断面占16.6%，水质已受中度污染达到Ⅴ类标准的断面占4.0%，水质已重度污染劣于Ⅴ类标准的断面占19.2%。断面水质优良率为60.2%。

151个断面中，水环境功能达标的断面有104个，占68.9%，其中：Ⅰ类功能达标的断面有2个，占应达标断面的100.0%；Ⅱ类功能达标的断面有8个，占应达标断面的47.1%；Ⅲ类功能达标的断面有58个，占应达标断面的77.3%；Ⅳ类功能达标的断面有33个，占应达标断面的65.3%；Ⅴ类功能达标的断面有3个，占应达标断面的37.5%。

全省河流水质的主要污染指标为总磷、氨氮、生化需氧量、铅。

污染严重的河流是金沙江水系的新河、螳螂川、秃尾河，珠江水系的泸江，红河水系的三家河。

与2008年相比，主要河流监测断面中，水质达到Ⅰ、Ⅱ类标准的增加4.6%，水质符合Ⅲ类标准的减少2.0%，水质符合Ⅳ类标准的增加2.0%，水质符合Ⅴ类标准的减少0.6%，水质劣Ⅴ类标准的减少4.0%。达到地表水环境功能要求的断面增加4.0%，水质优良的断面增加2.9%。

金沙江水系水质

金沙江水系水质总体为中度污染。22条主要河流39个监测断面中，达到Ⅰ、Ⅱ类标准水质优的断面占38.5%；达到Ⅲ类标准水质良好的断面占25.6%；达到Ⅳ类标准水质轻度污染的断面占10.3%；劣Ⅴ类标准水质重度污染的断面占25.6%。断面水质优良率为64.1%。

28个断面水质达到地表水水环境功能要求，断面功能达标率71.8%。其中Ⅱ类功能达标断面5个；Ⅲ类功能达标断面13个；Ⅳ类功能达标断面7个；Ⅴ类功能达标断面3个。

主要污染指标为氨氮、总磷和生化需氧量。综合污染程度列前5位的河流是新河、螳螂川、秃尾河、柴河、盘龙江。

珠江水系水质

珠江水系水质总体为重度污染。9条主要河流29个监测断面中，达到Ⅰ、Ⅱ类标准水质优的占17.2%；达到Ⅲ类标准水质良好的占17.2%；达到Ⅳ类标准水质轻度污染的占24.1%；达到Ⅴ类标准水质中度污染的占6.9%；劣Ⅴ类标准水质重度污染的占34.6%。断面水质优良率为34.4%。

13个断面水质达到地表水水环境功能要求，断面达标率44.8%。其中Ⅰ类功能达标断面2个；Ⅲ类功能达标断面5个；Ⅳ类功能达标断面6个。

主要污染指标为挥发酚、总磷、氨氮。综合污染程度列前5位的河流是泸江、南盘江干流、曲江、北盘江、甸溪河。

红河水系水质

红河水系水质总体为轻度污染。12条主要河流26个监测断面中，达到Ⅰ、Ⅱ类标准水质优的断面占23.1%；达到Ⅲ类标准水质良好的断面占23.1%；达到Ⅳ类标准水质轻度污染的断面占19.2%；Ⅴ类标准水质中度污染的断面占11.5%。劣Ⅴ类标准水质重度污染的断面占23.1%。断面水质优良率为46.2%。

18个断面水质达到地表水水环境功能要求，断面达标率69.2%。其中Ⅱ类功能达标断面1个；Ⅲ类功能达标断面11个；Ⅳ类功能达标断面6个。

主要污染指标为铅、汞和总磷。综合污染程度列前5位的河流是三家河、藤条江、红河干流、星宿江、小河底河。

澜沧江水系水质

澜沧江水系水质总体为轻度污染。23条主要河流36个监测断面中，达到Ⅱ类标准水质优的断面占

38.9%；达到Ⅲ类标准水质良好的断面占33.3%；达到Ⅳ类标准水质轻度污染的断面占19.5%；劣Ⅴ类标准水质重度污染的断面占8.3%。断面水质优良率为72.2%。

27个断面水质达到地表水水环境功能要求，断面达标率72.2%。其中Ⅱ类功能达标断面1个；Ⅲ类功能达标断面20个；Ⅳ类功能达标断面6个。

主要污染指标为总磷、生化需氧量、高锰酸盐指数、氨氮、铅。综合污染程度列前5位的河流是波罗江、沘江、黑惠江、弥苴河、凤庆河。

怒江水系水质

怒江水系水质总体为轻度污染。5条主要河流11个监测断面中，达到Ⅱ类标准水质优的断面占18.2%；达到Ⅲ类标准水质良好的断面占54.5%；达到Ⅳ类标准水质轻度污染的断面占18.2%；达到Ⅴ类标准水质中度污染的断面占9.1%。断面水质优良率为72.7%。

9个断面水质达到地表水水环境功能要求，断面达标率81.8%。其中Ⅱ类功能达标断面1个；Ⅲ类功能达标断面3个；Ⅳ类功能达标断面5个。

主要污染指标为氨氮、总磷和生化需氧量。综合污染程度由大到小排序依次为：南汀河、老窝河、枯柯河、怒江干流、南马河。

伊洛瓦底江水系水质

伊洛瓦底江水系水质总体为优。6条主要河流10个监测断面中，达到Ⅱ类标准水质优的断面占50.0%；达到Ⅲ类标准水质良好的断面占50.0%。断面水质优良率为100.0%。

10个监测断面水质均达到地表水水环境功能要求，断面达标率100.0%。其中达到Ⅲ类功能断面7个；Ⅳ类功能断面3个。

地下水

2009年全省地下水监测网点控制面积2065平方千米。地下水水位水质动态监测类型主要为松散岩类孔隙水、基岩水。

地下水水位动态

孔隙水：基本稳定区占监测控制面积的80.35%、弱下降区占监测控制面积的19.65%。

基岩水：强上升区占监测控制面积的2.32%、弱上升区占监测控制面积的10.53%、基本稳定区占监测控制面积的74.61%、弱下降区占监测控制面积的8.84%、强下降区占监测控制面积的3.70%。

水质综合评价

孔隙水：优良级占11.11%，良好级占22.22%，较差级占44.45%，极差级占22.22%。主要污染指标有锰、硝酸盐、氨氮、化学需氧量、总硬度、细菌总数、大肠菌群。

基岩水：优良级占47.06%、良好级占17.65%、较差级占29.41%、极差级占5.88%。主要污染指标有pH、锰、铁、氨氮、亚硝酸盐、氟化物、硫酸盐、总硬度、细菌总数、大肠菌群等。

废水主要污染物排放

废水排放总量8.76亿吨，比2008年增长4.4%，其中工业废水排放总量3.24亿吨，比2008年下降1.8%。化学需氧量排放量27.31万吨，比2008年下降2.61%，其中工业废水中化学需氧量排放量8.53万吨，比2008年下降7.2%。氨氮排放量1.90万吨，比2008年下降6.4%，其中工业废水中氨氮排放量0.32万吨，比2008年下降8.6%。工业废水中其他污染物排放量132.33吨，比2008年下降5.1%。

三峡库区及其上游水污染防治

积极推进三峡库区及其上游“十一五”水污染防治规划的实施。《规划》中涉及云南的48个项目，已完成16个，在建23个，正在抓紧开展前期工作9个；国家考核断面——三块石（滇川交界）水质保持Ⅱ类地表水标准。

九大高原湖泊水污染防治

2009年，九湖治理投资96.03亿元，其中滇池治理投资91.72亿元（其中滇池治理“十一五”规划外投资30.94亿元），其它八湖治理投资4.31亿元。截止2009年底，九湖治理累计投资209.05亿元，其中滇池治理投资169.04亿元。

九大高原湖泊水污染防治“十一五”规划项目共212项，截止2009年底，已完成79项，调试10项，在建108项，开展前期工作13项，未动工2项，开工率为92.92%。滇池“十一五”规划项目65项，已完成29项，调试8项，在建27项，开展前期工作1项，项目开工率为98.46%。

城市环境空气质量

全省环境空气质量与2008年相比，呈现好转趋势。主要污染指标仍为可吸入颗粒物。二氧化硫、二氧化氮、可吸入颗粒物三项污染指标年平均浓度值均呈现下降趋势。

开展空气自动监测的17个城市中，昆明市、丽江市、普洱市、楚雄市、临沧市、大理市、文山县城、景洪市、六库镇、香格里拉县城全年达到或优于空气质量二级标准天数占全年的比例为100%，蒙自县城99.7%，曲靖市、保山市、玉溪市99.5%，潞西市98.1%，个旧市96.7%，昭通市94.5%。

与2008年相比，全年达到或优于空气质量二级标准天数占全年比例为100%的城市增加了临沧市、文山县城、六库镇、香格里拉县。曲靖市、保山市降为99.5%。

全省环境空气中二氧化硫年平均浓度为0.029毫克/立方米，比2008年的0.031毫克/立方米下降了0.002毫克/立方米。二氧化氮的年平均浓度0.016毫克/立方米，比2008年的0.017毫克/立方米下降了0.001毫克/立方米。可吸入颗粒物的年平均浓度0.056毫克/立方米，比2008年的0.060毫克/立方米下降了0.004毫克/立方米。

降水酸度

开展降水酸度监测的19个主要城市中，玉溪、昭通、普洱、临沧、蒙自、个旧、楚雄、安宁、宣威9个城市出现酸雨。昆明、曲靖、保山、丽江、文山、开远、景洪、大理、潞西、六库10个城市未监测到酸雨。

在出现酸雨的城市中，酸雨pH平均值在4.27～5.39之间，最低值4.27，出现在个旧。

酸雨频率

出现酸雨的城市平均酸雨频率为29.2%，酸雨频率在3.3～69.8%之间，其中酸雨频率为0的城市有10个，占55.6%；酸雨频率小于30%的有5个，占27.8%；酸雨频率在30～50%的有1个，占5.6%；酸雨频率在50～80%的有2个，占11.1%。酸雨频率最高的是个旧，为69.8%。

全省酸雨影响范围较2008年有所减小，各主要城市降水酸度、酸雨频率基本稳定。

废气主要污染物排放

工业废气排放总量9483.80亿标立方米，比2008年增长14.0%。二氧化硫排放量49.93万吨，比2008年下降0.48%。其中工业二氧化硫排放量41.78万吨，比2008年下降0.5%；烟尘排放量17.83万吨，比2008年下降13.1%。其中工业烟尘排放量12.35万吨，比2008年下降18.7%；工业粉尘排放量10.18万吨，比2008年下降16.2%。全省工业废气治理投资63768.6万元，完成治理项目203个。

城市水环境

全省15个主要城市的30条城市河流（水域）44个监测断面中，达到Ⅰ、Ⅱ类标准水质优断面占27.3%；达到Ⅲ类标准水质良好断面占22.7%；达到Ⅳ类标准水质轻度污染断面占15.9%；达到Ⅴ类标准水质轻度污染断面占2.3%；劣Ⅴ类标准水质重度污染断面占31.8%。能达到水功能要求的断面占54.5%。断面水质优良率为50.0%。主要污染指标为高锰酸盐指数、生化需氧量、氨氮和总磷，有机污染严重。城市河流（水域）总体水质为重度污染。

城市集中饮用水水源地

21个主要城市（所有州市府所在地和5个县级市）的40个集中式饮用水水源地开展了水质监测，其中能满足集中式饮用水源地水质要求的有35个，占87.5%；不能满足要求的5个（自卫村水库、西河水库、独木水库、蒙自东山龙潭、开远南洞），占12.5%。

与2008年相比，主要城市集中式饮用水水源地水质好转的有8个（松华坝水库、大河水库、宝象河水库、洗马河水库、信房水库、纳贺水库、中山水库、暮底河水库）；水质下降的有6个（西河水库、独木水库、龙泉门、龙王潭、开远南洞、洱海），其余水源地水质保持稳定。

城市道路交通声环境

18个城市道路交通声环境平均等效声级值范围在59.3～71.9分贝之间。文山县城最高，达71.9分贝，超过国家标准1.9分贝。城市道路交通声环境质量好的有曲靖市、玉溪市、保山市、昭通市、丽江市、普洱市、楚雄市、景洪市、潞西市、香格里拉县城；较好的有昆明市、临沧市、蒙自县城、个旧市、开远市；轻度污染的有大理市、文山县城、六库镇。

城市区域环境噪声

17个城市区域声环境平均等效声级值范围在46.3～58.8分贝之间。城市区域声环境质量好的有曲靖市、玉溪市、昭通市；较好的有昆明市、保山市、丽江市、临沧市、楚雄市、景洪市、大理市、潞西市、香格里拉县城；轻度污染的有普洱市、个旧市、开远市、文山县城、六库镇。

城市功能区噪声

在进行功能区声环境监测的15个城市中，曲靖市、保山市、昭通市、丽江市、普洱市、楚雄市、开远市、六库镇8个城市的各种功能区全部达标，其余城市的各功能区平均等效声级值均有不同程度的超标。

与2008年相比，在进行功能区声环境监测的城市中，0、3类区的昼间、夜间功能区声环境质量无明显变化；1、4类区的城市昼间功能区声环境质量有所下降；2类区的昼、夜间功能区声环境质量有所好转。

城市污染物排放

城市生活污水排放总量55 200万立方米，比2008

年增长8.4%。污水中化学需氧量排放量18.78万吨，比2008年下降0.4%。氨氮排放量1.58万吨，比2008年下降5.8%。

城市基础设施水平及建设

全省供水总量91 801.12万立方米；全省建成污水处理厂42座，建有排水管道8 483千米，其中污水管道2 749千米，形成城市污水处理能力134.2万立方米/日，全省建成无害化垃圾处理厂（场）38座，形成无害化处理能力7 210吨/日；全省城市燃气普及率61.68%，绿地率24.68%。

城市污水处理

全省污水处理总量46 210万立方米，其中经城市污水处理厂处理39 762万立方米，其他污水处理设施处理6 510万立方米。污水处理率为67.15%。2009年开工建设污水处理项目69个。

城市生活垃圾处理

全省城市街道清扫保洁面积12 781万平方米，清运垃圾563.82万吨，无害化处理305.33万吨。城市生活垃圾无害化处理率54.15%。2009年开工建设生活垃圾处理项目42个。

城市机动车污染防治

制定《云南省机动车环保检验合格标志管理实施方案》。2009年全省机动车保有量达5 877 943辆，新增注册990 000辆。全省18条机动车排气污染物检测线对1 347 489辆机动车开展了排气污染物定期检测。

城市环境综合整治定量考核及国家环保模范城市创建

全省17个设市城市环境综合整治定量考核得分排序由高到低为：

地级市排名：昆明市、普洱市、丽江市、昭通市、玉溪市、保山市、曲靖市、临沧市。

县级市排名：安宁市、个旧市、景洪市、潞西市、楚雄市、宣威市、大理市、瑞丽市、开远市。

昆明、玉溪、安宁、个旧、景洪等城市继续推进"国家环保模范城市"的创建工作。

自然保护区概况

全省共建有自然保护区159个，其中国家级16个，省级44个，州（市）级57个，县级42个，总面积297.95万公顷，占全省国土面积的7.55%，基本形成了各种级别、多种类型的自然保护区网络，使全省绝大部分的自然生态系统及珍稀濒危野生动植物在自然保护区中得到了有效保护。

森林资源现状及变化趋势

全省林地面积2 476.11万公顷，占全省土地总面积的64.7%。全省森林覆盖率为47.50%（按2002年以前统计方法计算为52.93%）。全省活立木蓄积17.12亿立方米。森林面积约占全国近1/10，居全国第三位，活立木总蓄积约占全国近1/8，居全国第二位。全省森林资源呈现稳步增长的态势。森林资源变化总的趋势是数量增加，质量提高，覆盖率提高。

物种分布情况

全省12个森林类型里蕴藏着高等植物1.3万多种，占全国总数的46%以上，陆生野生脊椎动物1416余种，占全国总数的52.8%。

濒危物种现状

在全国公布的401种重点保护野生动物和246种8类重点保护野生植物中，全省各有222种和114种8类，分别占总数的55.4%和46.3%。

湿地资源的种类和面积

全省现有天然湿地总面积3 439平方千米，其中河流湿地1 595平方千米，湖泊湿地1 754平方千米，沼泽和沼泽化草甸湿地90平方千米。全省有湿地类型自然保护区11处。设立国家湿地公园2处，即红河哈尼梯田、洱源西湖国家湿地公园

生态环境状况评价

根据《生态环境状况评价技术规范（试行）》（HJ/T192－2006）及新修订的生态环境质量评价归一化系数和评价公式，对全省及16个州（市）2009年度生态环境状况进行评价，评价结果如下：

生物多样性保护

2009年，先后争取到6个国家级自然保护区建设项目，总投资4 875万元。

筹建"云南省生物多样性保护基金会"。编制完成《云南省生物物种资源保护与利用规划》。全国生物多样性评价指标试点省项目《云南省生物多样性评价指标体系试点及物种资源调查项目》通过环境保护部验收。

滇西北5州（市）和省直有关部门按照滇西北生物多样保护联席会议第一次会议的部署，紧紧围绕"五大体系、十大工程、二十四行动"积极实施《滇西北生物多样性保护行动计划》和《滇西北生物多样性保护规划纲要》，各项工作进展顺利。

生态建设示范区和生态功能保护区

楚雄市、江川县、易门县、思茅区、麒麟区、华宁县6个国家级生态示范区建设试点通过省级考核验收。玉溪市、保山市、西双版纳州、大理州、丽江市、怒江州、迪庆州生态州（市）建设规划及弥勒县、剑川县、洱源县、大理市生态县（市）建设规划通过专家论证。勐腊县磨憨经济开发区开展了国家级生态口岸创建工作。《云南省生态功能区划》印发实施，《云南省重要生态功能区保护与建设规划》和《滇西北国家级重点生态功能保护区规划》进入编制阶段。

水土保持

全年共完成水土流失防治面积3 254平方千米，占年度计划3 200平方千米的101.7%，其中完成坡改梯2.74万公顷，种植水土保持林6.25万公顷，经济果木林7.10万公顷，种草0.32万公顷，封禁治理13.49万公顷，保土耕作等2.65万公顷。兴建小型水利水保工程8 794座（口），完成土石方量3 413.8万方。新实施生态修复面积8 000平方千米。全年水土保持工作共完成投资125 323.3万元。

农村环境保护

完成2008年度20个中央农村环保专项资金项目，开展了以农村饮用水水源地保护、生活垃圾污水处理、畜禽养殖污染防治、农业面源污染防治等为重点内容的农村环境整治。争取2009年度中央农村环保专项资金5608万元，实施54个农村环境综合整治项目和5个生态示范建设项目。根据云南省水污染防治的需要，省级财政安排专项资金用于九湖流域56个村庄环境综合整治。编制了《云南省九大高原湖泊沿湖村落环境综合整治总体方案》。

全省实施测土配方施肥项目县累计达129个，项目资金累计达14 020万元。完成测土配方施肥推广面积3 645.52万亩，全省减少不合理施肥6.3万吨。全省农村户用沼气累计保有量253.3万户，农村改灶累计保有量594.2524万户。全省新增农村户用沼气35.5万户，新增农村改灶18.1728万户。

辐射环境

全省共有核技术利用单位2003家，其中放射源使用单位411家，在用放射源1 758枚；射线装置使用单位1592家，射线装置2 771台（套）。核技术应用中的放射性同位素、射线装置总体处于安全状态。

2009年香格里拉县、丽江市、泸水县、大理市、昆明市、玉溪市、临沧市、景洪市8个国控点的辐射环境质量处于正常环境辐射水平波动范围，重要污染源及其周围环境辐射水平没有出现异常情况，全省辐射环境质量状况基本保持稳定。

完成全省16个州（市）1 800家核技术利用单位辐射安全许可证的办证换证工作，总体办证率达到了89.9%；开展全省放射源安全隐患专项排查，出动环保执法人员1142人次，对301家重点放射源使用单位的1 100枚放射源进行排查，对存在一定安全隐患的23家涉源单位进行整改，对167枚废旧放射源进行安全收储；启动全省电磁辐射行业补办环保手续工作；办理辐射行政许可及备案187件，其中，辐射安全许可证审批47件，放射性同位素转让审批78件，辐射项目环评审批55件，辐射项目竣工环保验收3件，放射性同位素转移备案4件；对355名辐射从业人员分两期进行核与辐射环境管理培训。

工业固体废物及危险废物

全省工业固体废物产生量8 672.83万吨，比2008年增长了8.6%，其中危险废物产生量50.44万吨，比2008年下降了4.9%。工业固体废物排放量60.65万吨，比2008年增长了53.9%。

工业固体废物综合利用量4 264.80万吨，综合利用率48.9%，比2008年增长1.1%。工业固体废物贮存量2 001.57万吨，处置量2 615.39万吨。

实施危险废物经营许可证制度

继续实施危险废物经营许可证制度，认真开展固体废物进出口管理相关工作，组织了非经营性危险废物焚烧单位的专项检查，完成了全省持久性有机污染物调查工作。

2009年，全省核发危险废物经营许可证7份（累计48份）。共办理危险废物出省转移手续6批。昆明市、曲靖市、大理市和个旧市按国家要求发布了固体废物污染环境防治信息。

全省工业固体废物治理投资13 398.9万元，完成治理项目22个。

危险废物和医疗废物处置项目建设

大理、保山、普洱、文山、德宏医疗废物处置中心完成建设，投入试运行；临沧、昭通、楚雄、西双版纳、怒江医疗废物处置项目已开工建设；丽江、玉溪、迪庆医疗废物处置项目已完成前期工作，等待国家下达投资计划；昆明市危险废物处置中心已开工建设；红河、曲靖危险废物处置中心已完成前期工作。

环境保护机构与队伍建设

根据《云南省人民政府机构改革实施意见》，设立云南省环境保护厅，为云南省人民政府组成部门，正厅级。内设机构由原来的10个增加为13个，增加行政编制10人。

截至2009年12月31日，全省环保队伍人数总计4 488人，共有127个县（市、区）成立独立建制的环境保护局。省级培训人员3 275人次。

生态文明建设

2009年2月省委、省政府下发《中共云南省委、云南省人民政府关于加强生态文明建设的决定》，明确提出努力争当生态文明建设排头兵的目标，着力构建生态文明产业支撑、生态文明环境安全、生态文明道德文化、生态文明保障四大体系，标志着云南生态文明建设进入新的阶段。2009年12月省政府印发《七彩云南生态文明建设规划纲要（2009—2020年）》，《规划纲要》以“七彩云南保护行动”为载体，以生态省建设为支撑，提出“1个目标、3大领域、5项任务、10大工程”的总体部署，从全省层面上提出较为系统和完整的生态文明建设体系，是推进全省生态文明建设的重要指南。

环境法治与监察

向社会通报6项违法违规事项和阳宗海砷污染治理工作情况；2009年全省各级环境保护行政主管部门共实施现场监督检查9 024起，对9 012起案件进行调查处理，处理率为99.9%；结案8 875起，结案率为98.3%。作出行政处罚的520起，全年处罚金额768.26万元。其中省级处罚18个违法项目，处罚金额245万元；办理行政复议案件4起；行政诉讼案件1起。

2009年，继续组织开展“整治违法排污企业，保障群众健康”环保专项行动。全省共出动环境执法人员44 053人次，检查企业14 748家，立案123家，结案118家，结案率为96%。完成2009年省级挂牌督办25家企业的整治工作。

对九湖流域内的42家国控、省控企业（含22家污水厂）稳定达标排放情况，以及11个责任书项目工程进度情况，按照县级每月一次、州（市）级每季度一次、省级每年一次，其中滇池、抚仙湖、洱海每半年一次的频次进行检查，及时通过新闻网络向社会公布4个《季度报告》。组织滇川两省联合环境监察工作，开展了对向家坝水电站“三同时”联合现场监察及对泸沽湖流域的联合现场监察，有效打击滇川两省边界地段的突出环境违法行为。

全省共发生3起等级突发环境事件，其中Ⅲ级一起，Ⅳ级两起、3起非等级突发环境事件。

出台并实施《昆明市危险废物污染防治办法》地方性法规1件。

主要污染物总量减排

全省新增污水处理能力80.5万吨/日。推进火电、钢铁等行业二氧化硫减排工作，全省10万千瓦以上火电机组全部完成脱硫设施建设，4台烧结机脱硫项目均建成投入试运行。推进制糖行业污染减排工作，全省所有规模以上糖厂全部完成化学需氧量减排工程。全年共完成化学需氧量减排项目63项，二氧化硫减排项目142项。经国家核定，2009年全省化学需氧量净削减0.74万吨，较上年下降2.61%；二氧化硫净削减0.24万吨，较上年下降0.48%，提前一年完成“十一五”削减任务。

减排“三大体系”能力建设

2009年完成13 905万元的减排“三大体系”能力建设项目，对全省32个环境监测机构、5个辐射环境监测机构、69个环境监察机构进行标准化建设，强化了省重点污染源监控中心及16个州市分中心建设。

环评管理工作

全省共审批建设项目环评文件8 946项，比2008年增长31.3%，涉及固定资产投资5 642亿元，比2008年增长162.3%；建设项目竣工环保验收1 302项。

省级组织完成13个省级重点工业园区规划环评的审查。组织开展全省战略环评的培训工作。

省级暂缓审批16个建设项目，对8个建设项目不予受理环评文件。对沘江流域实施流域限批，对陆良银河纸业有限公司实施企业限批。进一步强化对新（改、扩）建项目的“三同时”现场检查。

环保科技

国家水体污染控制与治理重大科技专项滇池流域水污染控制及富营养化治理关键技术与示范项目（以下简称“滇池项目”）和富营养化初期湖泊（洱海）水体污染综合防治技术研究与工程示范项目（以下简称“洱海项目”）实施进展加快。2009年滇池项目中的3个课题已通过国家水专项办主持的专家论证，启动实施。2008年启动的滇池项目2个课题和洱海项目4个课题已获得中央财政资金780万元和1 104万元，各项研究工作正有序开展。

《湖泊富营养化过程与蓝藻水华暴发机理研究》等4个项目分获环保部科技进步一、二、三等奖；《湖泊陡坎沿岸水域基地修复方法》等7个项目在全国十八届科技发明展览会上分获金、银、铜奖。“国家环境保护工业资源循环利用工程技术（昆明）中心”通过了环保部验收。

清洁生产和循环经济

公布24家（第四批）强制性清洁生产审核企业名单，并组织开展强制性清洁生产审核。完成33家企业强制性清洁生产审核评估验收。减少废水排放量162.9万立方米、化学需氧量204.9吨、二氧化硫4 450吨、固体废物2.4万吨，节能降耗、减污增效效果显著。实施糖厂废弃物资源化利用项目、冶炼烟气及废渣资源化利用项目等一批循环经济项目。

排污费征收

全省共征收排污费2.51亿元，完成全年计划的148%。其中，上缴中央国库0.25亿元，上缴省级国库0.8亿元，州（市）级以下国库1.46亿元。

土壤污染状况调查

完成2647个土壤样品、294个农产品样品的采集、制备、分析测试和云南省土壤样品库建设工作，获得22.31万个分析数据。开发"云南省土壤污染状况调查信息综合处理平台"，建立了云南省土壤污染状况调查数据库。基本完成《云南省土壤污染状况调查报告》。

环境信访

全年省级受理来信（含传真、邮件、网上信访）284件，较2008年（303件）下降7%，来信办复率100%；接待群众来访28批72人次，较2008年（84批177人次）大幅下降，来访办结率达100%，信访事项基本做到了件件有查处、事事有回音、群众较满意。收到省级人大代表建议27件、政协提案25件，已全部按要求办理完毕。

环保宣传教育

启动首批环境教育基地创建工作和第三批绿色社区、第五批绿色学校推荐、组织评选工作。制定完善了绿色社区创建管理办法和标准体系及环境友好示范学校、社区、教育基地的建设方案和实施方案。到2009年全省共有293所省级绿色学校（幼儿园），62个省级绿色社区。编辑出版《云南省绿色社区指导手册》。

完成"七彩云南保护行动环境好新闻奖"评选工作。组织"首届七彩云南保护行动环境保护奖（驰宏锌锗杯）"评选活动。开展"绿色讲坛"走进云南高校活动。继续与云南电视台合办《绿色在线》栏目，其"环保辞典"获2009年度全国电视类最高奖——星光奖。《中国环境报》全年刊登云南稿件186篇。

环境国际交流与合作

认真组织实施多边和双边环境国际合作。亚行援助实施的"生物多样性保护廊道建设西双版纳德钦示范项目"等4个大湄公河次区域环境合作项目取得实效；全球环境基金援助"丽江老君山综合生态系统管理示范项目"已完成规划报告；世行及联合国开发计划署援助的"加强地方消耗臭氧层物质（ODS）淘汰能力建设"履约项目开展了现场监察执法等培训，并完成全省ODS数据库建设；瑞典政府援助的"云南规划/战略环评能力建设项目"完成培训材料编制、案例研究和培训员培训；中英合作"云南排污许可证管理示范项目"启动实施。

积极推进世行贷款"云南城市环境建设项目"。一期项目已完成谈判并签约生效实施，二期项目——昭通中心城市环境建设项目列入国家利用世行贷款2010财年备选项目规划；争取到日本政府技术援助，开展两期"湖泊流域综合管理培训"；为规范项目管理，由省发改委、省财政厅、省住建厅、省环保厅联合下发《世界银行贷款云南城市环境建设项目管理办法》。

国际交流。严格按照中央和省委省政府相关规定办理了18批，40人次考察培训。接待国外政府机构、国际组织等10余批，40多人次到厅访问和考察。办理8批16人次的外国专家来华手续。建立和更新云南省环境保护厅英文网站。

环保区域合作

泛珠三角区域环保合作。组织全省企业参加"2009澳门国际环保合作发展论坛及展览"，省长秦光荣率团出席论坛并参观了展览；组织各州市参加"第二届泛珠三角环保摄影大赛"；组织驻滇高校学生开展"珍爱水资源，保护珠江源"大学生环保社会实践倡议活动；与相关省市对长江、珠江干流16个监测断面的13个项目开展同步监测，协作完成《2009年度泛珠流域跨界断面同步监测报告》。

滇沪环保合作。出席沪滇对口帮扶合作第十一次联席会议，签署了《上海－云南2010年环保对口帮扶合作工作备忘录》；启动了上海援助的迪庆州环境监测站能力建设项目；选派2名县级环保干部到上海环保系统挂职锻炼；组织全省环境监察业务骨干到上海参加环境保护管理执法培训。

滇川环保合作。签署《滇川环保协调委员会第六次会议纪要》，建立联合执法检查制度和联合环境监察工作协调机制；开展了向家坝水电站、泸沽湖流域、观音岩水电站和溪洛渡水电站工程现场联合环境监察；开展了两省交界处建设项目重点风景名胜区、生态敏感脆弱地区的联合环境监察；完成两省跨界水域金沙江干流（11个监测断面）、泸沽湖水质（7个点位）同步监测任务；协作开展"金沙江下游地区生态环境保护规划"和"金沙江干热河谷国家级生态功能保护区规划研究"。

ANNUAL OF YUNNAN ECOLOGY

云南生态年鉴

2010

倡导绿色和谐　促进生态文明

七彩云南保护行动

INITIATION TO PROTECT THE COLOURFUL YUNNAN PROVINCE

综述

七彩云南保护行动实施3年来，在全国树起了云南切实加强生态环境保护与建设的一面旗帜，保护行动也成为全省建设生态文明，实施科学发展的重要载体和平台。

实施七彩云南保护行动以来，全省全面提速以滇池为重点的水环境综合治理工作。编制了《滇池水污染防治"十一五"规划补充方案》，2009年盘龙江、宝象河等29条主要入湖河道治理效果明显，牛栏江补水工程进展顺利，滇池流域污水处理厂建设取得突破性进展。主城区污水处理能力实现翻番，由原来的55.5万吨/天，跃升到110.5万吨/天。洱海治理的经验受到了党和国家领导人及国家有关部委的充分肯定，并向全国全省推广。截至2009年第三季度，九湖"十一五"规划项目207项，完成61项，开工建设120项，累计完成投资63.59亿元，占规划总投资的53.72%。

以滇西北生物多样性保护为重点的生态环境保护工作取得重大进展。省政府召开了滇西北生物多样性保护工作会议和座谈会，出台《云南省人民政府关于加强滇西北生物多样性保护的若干意见》，发布《滇西北生物多样性保护丽江宣言》。建立滇西北生物多样性保护联席会议制度，编制了《滇西北生物多样性保护规划纲要(2008~2020年)》、《滇西北生物多样性保护行动计划(2008~2012年)》，编制《滇西北地区禁止发展、限制发展和退出产业名录》。组织开展全省生物多样性评价。基本建立云南生物多样性基础数据库。

节能减排云南在行动取得明显成效。"十一五"前3年，全省单位GDP能耗累计下降10%，实现社会节能量780万吨标准煤。2009年1至9月全省单位GDP能耗同比又下降5.14%。"十一五"期间确定全省新建248个城镇生活污水处理厂、垃圾填埋场的"两污"项目，2009年，已完成前期准备工作的有192个项目，已开工建设的有163个项目。

重点流域重金属污染整治工作取得实效。阳宗海湖体砷浓度已由最高值0.134mg/L，下降到2009年11月份的0.114mg/L，约下降了15%。南盘江干流全部断面砷浓度监测值均达到Ⅲ类标准限值。2009年11月沘江兰坪金鸡桥断面水质类别为Ⅲ类，云龙县石门断面水质类别为Ⅱ类，均达到水环境功能要求。

实施七彩云南保护行动，为保增长、保民生、保稳定作出积极贡献。2008年下半年以来，在全省经济呈下行趋势时，省对一大批关系民生的重大建设项目，开辟环评审批"绿色通道"。2009年1至11月完成省级环评审批项目322项，与上年同期相比增长14.18%，涉及固定资产投资1 566.89亿元，与2008年同期相比增长42.64%，有力地促进了扩大内需政策的落实。

（吴清泉）

环境法治行动

昆明打击违法排污行为

为进一步调动公众参与打击违法排污的积极性，昆明市政府特别设立了80万元重奖。昆明市充分发挥"12369"环保热线的作用，畅通投诉渠道，加大《昆明市举报违法排放水污染物行为奖励暂行办法》执行力度，对群众举报一经查实，给予奖励。

（李昌莉）

昆明市实施环境污染责任保险

昆明市从2009年10月起开始实施环境污染责任保险工作。到2009年底，昆明市向应当参与环境污染责任保险的340家、鼓励参与环境污染责任保险的56家，共计396家企业下发了《关于推行环境污染责任保险的通知》，要求各相关企业自主选择推出环境污染责任保险险种的保险公司，积极参与环境污染责任保险的投保。

昆明市环境污染责任保险的投保企业范围包括：滇池流域2 920平方千米范围内和滇池流域外从事生产、经营、储存、运输、使用危险化学品的企业，危险废物收集、运输及处置企业，以及钢铁、有色金属冶炼、电镀、化工等企业；鼓励滇池流域以外从事皮革、造纸、制浆、印染等企业参与环境污染责任保险。

昆明市按照政府推动、市场运作，突出重点、稳步推进，严格监管、稳健经营，互惠互利、双赢发展的指导原则，加大环境污染责任保险的推行力度，还成立了昆明市环境污染责任保险推行协调领导小组。

（浦美玲　和光亚）

昆明制定法规保护地下水资源

2009年10月15日，昆明市公布经昆明市人大审议通过并经云南省人大审查批准的《昆明市地下水保护条例》。

昆明市是全国14个严重缺水城市之一，由于长期以来存在的地下水开采布局不合理，以及部分地区无序开采和过度开发等问题，导致地下水水位下降，威胁到全市的生态环境和地质安全。

为加强对地下水的立法保护，昆明市借鉴省外经验，结合昆明实际，制定了《昆明市地下水保护条例》。《条例》除对立法依据和地下水进行了清晰的界定外，还明确了地下水保护和管理的主体单位、地下水限采和禁采的规定、封停或者封填地下水取水工程的规定、利用地下水解决农村人畜饮水安全的规定、禁止擅自对外转供销售地下水的规定，以及规范了地下水的审批程序和严格追究违法责任等。《条例》取消了各县（市）区对地下水的审批权，并规定对违反《条例》的单位或个人将进行1 000元以上至10万元以下的罚款。《条例》于2009年12月1日起施行。

（李竞立）

永善县建立环保公众监督网

永善县着力探索“全民环保，预防为主”的环保管理机制，向社会公开聘请了36名环保义务监督员对全县环保工作进行监督。昭通市环保局有关人员对义务监督员作了业务知识培训，并向参培人员颁发了聘书和上岗证。2009年，36名环保义务监督员正式上岗。这是永善县全面落实科学发展观，深入开展“七彩云南保护行动”，建立环保公众监督网络的一个举措。

（黄　桦）

江川县对排污企业进行全面整治

为有效保护抚仙湖、星云湖“两湖”流域的生态环境，在环保百日整治专项行动中，江川县组织122名干部，对全县范围内的排污企业进行全面整治。

江川县境内，有整个星云湖和抚仙湖30%的水面，环保任务艰巨。在吸取阳宗海水体砷污染的教训后，全县着力抓好环保百日整治专项行动，做到了有重点、有力度。召开县环保百日整治专项行动动员大会，全面安排部署专项行动工作，并对相关职能部门及企业负责人进行了动员培训，明确专项行动整治的内容。

经过集中排查，江川把化工、水泥、造纸、食品加工、污水处理厂（站）等重点行业和各类渣坝、尾矿坝存在的突出环境问题，以及群众反映强烈、影响社会稳定的典型环境污染问题作为整治重点，明确整治要求和解决时限，下达限期整改通知书42份，提出整改要求100多条。国际天湖化工分公司、江达磷化学有限责任公司、江磷集团等5家磷化工企业已按要求进行停产整治，其他列入江川县集中整治和中期整治阶段的企业也按要求进行整治。

（蒋贵友）

阳宗海砷污染案终审判决

引起社会广泛关注的澄江阳宗海砷污染事件发生后，经过公安机关侦查，检察机关提起公诉，2009年6月2日澄江县法院经一审审理后公开作出判决：被告单位云南澄江锦业工贸有限责任公司犯重大环境污染事故罪，判处罚金人民币1 600万元；被告人李大宏犯重大环境污染事故罪，判处有期徒刑4年，并处罚金人民币30万元；被告人李耀鸿犯重大环境污染事故罪，判处有期徒刑3年，并处罚金人民币15万元；被告人金大东犯重大环境污染事故罪，判处有期徒刑3年，并处罚金人民币15万元。宣判后，被告单位及三被告人均不服，向玉溪市中级人民法院提起上诉。2009年8月26日，玉溪市中级人民法院对澄江阳宗海砷污染案件作出终审裁定，维持一审原判，云南澄江锦业工贸有限责任公司被判处罚金1 600万元，3名被告人均被判处有期徒刑，并处罚金。

（谢　炜）

环境治理行动

全省“两污”治理项目建设有序推进

2009年以来，在省委、省政府的正确领导下，各地各部门共同努力，全省治污项目建设取得明显成效。截至11月28日，全省248个治污建设项目全面启动，规划列入2009年以后实施的治污建设项目均已提前开展项目前期工作，完成或基本完成前期工作的有193个项目，其中163个项目已开工建设。

一、部门联动　多措并举

位于昆河公路与甸溪河交汇处北侧的弥勒县城市生活污水处理厂占地78.8亩，污水处理规模按近期2.5万吨/日，远期5万吨/日的规划设计，排水管网按远期5万吨/日规划设计。工程建设包括污水处理厂和配套管网，近期新建2.5万吨/日污水处理厂1座，配套管网总长63.872千米。污水处理厂采用CASS处理工艺，建成区实施合流制排水体制，远期逐步改造为分流制，出厂水质达国家一级B标排放标准。工程总投资10 713万元。这是全省加快“两污”项目建设，促进生态环保，实现经济可持续发展的一个缩影。

2008年，省发展改革委、省住房和城乡建设厅、省财政厅、省环保厅印发了《云南省城镇污水处理设施建设规划（2008～2012年）》和《云南省城镇生活垃圾处理设施建设规划（2008～2012年）》。为确保完成省政府提出的5年内全省129个县市区均要建设污水处理厂和垃圾处理厂的目标任务，省财政厅千方百计筹措资金，不断增强保障力度。2009年，省财政厅积极向财政部争取专项资金3.53亿元，还争取到国家发展改革委中央预算内或国债“两污”项目资金4.92亿元，所有资金全部落实到位。2009年新增中央预算内投资计划安排5.75亿元，向全省29个城镇污水垃圾处理设施项目下达了中央预算内投资3.2亿元，安排新增中央预算内专项资金0.51亿元，用于会泽县污水处理厂等共10个三峡上游区水污染治理污水垃圾项目的建设。安排滇池治理项目新增中央预算内资金2.04亿元，用于滇池北岸水环境综合治理工程等6个项目的建设。同时，省级基建投资安排配套资金2.085亿元。2009年6月，省发展改革委向国家上报了全省2010年城镇污水和垃圾处理中央预算内投资项目计划，申请中央预算内投资备选项目125个，总投资86.9亿元，2010年计划投资60.6亿元，申请中央预算内投资39.7亿元。

2009年，省治污办加大对全省治污项目的督促检查，先后对15个州市、38个市县区的62个治污项目进行实地调研和督查，积极协调解决治污项目推进中存在的问题和困难。

到2009年年底，可竣工验收投入使用的污水垃圾处理设施建设项目共57个，完成投资约100亿元，新增污水处理能力80.5万吨/日，新增排水管网1 500千米，新增垃圾处理能力4 700吨/日，积极推进了全省“两污”治理工程。

二、创新思路　有序推进

昆明市委、市政府高度重视城镇污水垃圾设施建设工作，将污水垃圾处理设施建设项目列入全市重点建设内容。2009年，昆明市城镇污水处理实施建设21个项目已完工3个项目，在建17个项目，正在开展前期工作的1个项目。石林彝族自治县启动的污水处理厂及配套管网建设，已完成污水处理厂一期（日处理污水1万立方米）建设并投入运行，出水水质达《城镇污水处理厂污染排放标准》中的一级A标准。计划5年后实施第二期日处理污水1万立方米生产线建设，使日处理污水规模达到2万立方米。石林县利用世行贷款在板桥镇豆子冲投资2000多万元建成的一座库容为41.7万立方米，设计日处理垃圾100吨，采用卫生填埋方法进行处理的垃圾填埋场，石林县城的生活垃圾处置达到日产日清和100%的卫生填埋，有效地解决了城市垃圾污染问题。“两污”项目的加快建设，促进了全县的生态环保，为实现经济可持续发展奠定了基础。

红河哈尼族彝族自治州计划在2008～2012年期间，在13个县市建设23个治污项目，总投资达18.6亿元。2009年计划开工建设的14个治污项目已有12个开工建设，有2个在12月底前开工建设。红河哈尼族彝族自治州已搭建投融资平台的有个旧、蒙自、开远、弥勒、泸西、金平、红河7个县市，其余县市已制定了搭建投融资平台的初步方案。红河哈尼族彝族自治州积极与云南省水务产业投资有限公司合作，于7月1日签订了治污项目建设合作性框架协议。建立挂钩联系制度和定期通报制度，州治污项目建设领导小组成员单位负责挂钩联系1～3个县市的治污项目建设，将治污工作纳入州级目标责任考核，实行治污项目建设行政问责制。

三、找准问题　完善措施

云南省率先在全国完成了覆盖全省的“两污”项目规划（2008～2012年），该规划提出，到2012年，全省129个县（市、区）要全部建成污水处理设施及配套管网、无害化垃圾处理设施及清运系统，全省污水收集率达到85%以上，污水处理率达到80%以上，生活垃圾无害化处理率达到100%，新增化学需氧量（COD）削减量达到11.12万吨/年以上，再生水利用水平逐步提高，全省城镇生态环境承载力进一步增强。2009年，项目审批已全面启动，开工项目达163个。随着项目建设的不断推进，云南省进一步完善措施，着力提升“两污”项目建设资金使用效益，建立审批定期通报制度，定期通报应审批和未审批项目；尽快适应国家“奖补新政”，转变观念，调整思路，在继续做好项目审批抓开工率的同时，狠抓项目建设，提高项目的完工率和竣工率；认真制订实施方案，完善管理办法，理顺供排价格，实行城镇污水处理费与供水费合并征收，着力建立“两污”项目建设和运营长效机制。

（田逢春）

整治两江污染

南盘江流域是全省化工、冶金、有色和炼焦、造纸等轻重工业企业较集中的区域，工业废水污染情况严重。省环境监测中心站近年来对干流13个国控、省控的监测数据统计，大部分断面水质均不同程度超标，主要超标因子为氨氮和总磷，其中砷污染主要出现在曲靖陆良下游的天生桥、红河州泸江汇合口下游的长虹桥两个断面。天生桥断面最大砷浓度值最高超标17.08倍，柴石滩断面（Ⅲ类）最大砷浓度值超标14.44倍。

针对南盘江流域的工业废水污染问题，省环保厅多次对南盘江流域污染问题进行拉网式排查和整治。2003至2006年，仅曲靖市就关停关闭小炼焦、小炼锌、小水泥、小煤矿等807家。针对排查出的6家涉砷企业共13条制酸生产线，2009年2月23日，环保厅发文要求州市人民政府和相关部门对相关企业的排污生产线停产整治，按照砷“零”排放标准，逾期不完成整改的，实施关闭拆除，并将这几个涉砷企业列为2009年环保专项行动省级挂牌督办事项。

通过以上整治措施，天生桥、柴石滩两个监测断面1至5月监测数据平均砷浓度值分别大幅度下降，天生桥、柴石滩最大超标倍数降为2.1倍和3.58倍。砷浓度明显下降，南盘江流域的砷污染防治工作取得了初步成效。

沘江流域内有中国最大、亚洲第一的铅锌矿床。由于缺乏统一的科学开采规划和生态保护方案，长期无序开采导致矿区地质结构和植被遭到严重破坏，沘江水质日益恶化，到上世纪90年代中后期严重污染，水质为劣Ⅴ类，主要污染物为铅、锌、镉和砷，水环境功能受到较大影响，已基本丧失工农业生产和生活用水功能，给沿岸人民群众的生产生活带来了影响，也给流域沿岸经济社会造成了长期负面影响。

环保厅在历年不断加大沘江流域污染治理的基础上，于2009年1月，对沘江流域27家选冶企业开展了联合执法检查，并要求怒江州、大理州分别对沘江流域兰坪县和云龙县境内的相关违法企业进行停产整治、限期治理。针对金鼎锌业有限公司违法排污行为，对其处以总额60万元罚款，并责令其限期治理；为了严格控制沘江流域污染，环保厅从2009年4月28日起对沘江流域实施“流域限批”，直至沘江流域水质达标。

2009年，沘江流域水污染防治规划已经编制完成，将分两个阶段实施7大工程39个建设项目，估算总投资18.10亿元。以实现沘江干流水质满足相应地表水环境质量要求的目标。

（吴清泉　田逢春）

昆明市城乡垃圾无害化处理提速

2009年昆明已经开工建设东川区、嵩明县、寻甸县、禄劝县、富民县、呈贡县和宜良县生活垃圾处理工程。昆明市明确要求2009年二季度前开工建设呈贡新区生活垃圾焚烧发电项目和西山区城市生活垃圾焚烧发电项目；到2009年10月前完成昆明主城生活垃圾应急处理场和禄劝县撒营盘镇、云龙集镇垃圾处理场前期工作，确保年内实现开工建设；2009年底建成东郊垃圾焚烧发电厂并投入使用。

与此同时，全市全面加快“组保洁、村收集、乡（镇）转运、县（市）区处置”的城乡垃圾无害化收运、处置管理体系建设。全市各县（市）区财政加大资金投入，抓紧生活垃圾收集、转运、处理设施新建补建，完善转运处置网络，落实滇池流域各乡镇农村生活垃圾的集中收运处置。同时，加快推进垃圾分类回收工作，提高生活垃圾无害化处理能力。昆明市还充分调动社区和文明卫生监督岗力量，进一步督促落实“门前三包”责任制和卫生死角“零申报”制度。

（李竞立）

昆明市主城8个污水厂改扩建项目年底完成

第一污水处理厂改扩建工程于2008年12月开工建设，计划2009年12月底完成。2009年底前，改扩建工程主体构筑物已经完成，并进行装饰及道路建设，已完成总工程量的88%。第二污水处理厂对原有生化处理系统进行改造，提高系统的安全可靠性，稳定出水水质，2009年底前已完成总工程量的90%。第三污水处理厂扩建工程位于第三污水处理厂东南侧，新厂区占地约101.5亩，该工程已经完工，进入试运行阶段。第四污水处理厂的施工内容包括进一步削减出水TP浓度和消毒灭菌，提高水质。第五污水处理厂改扩建项目是滇池北岸水环境综合治理工程城北片区的重要内容之一，2009年底前已进入试运行阶段。第六污水处理厂改扩建项目工程主要建设内容包括改造原有处理设施粗格栅及进水泵房、鼓风机房以及浓缩脱水间。第七和第八污水处理厂主体工程已完成建设。

昆明市主城8个污水处理厂改扩建及新建项目完成后，昆明市主城区污水处理能力由2008年的55.5万吨/日，提升到110.5万吨/日，出水水质达到一级A标准。

（浦美玲）

昆明市清水海二期净配水工程开建

昆明清水海供水工程及水源环境管理项目二期净配水主体工程于2009年12月11日正式开建。这是继清水海一期工程2007年10月29日开工建设以来，昆明市又一重大的民生工程。此次开工建设的二期工程包括昆明空港经济区、深圳工业园、呈贡新城净配水工程。

作为昆明空港和现代新昆明建设的配套工程，清水海项目是一个包含了取、输、净、配4项工程在内的完整的供水系统。整个工程建设按远期引水总量1.7亿立方米进行统一规划设计，分两期实施。一期工程按引水量1.04亿立方米的规模配套实施水源及输水等工程建设，工程各水源点和输水线路位于寻甸县和嵩明县境内。与此同时，为满足呈贡新城、空港经济区、昆明新机场和深圳工业园区的用水需求，使清水海项目的原水尽快转换为生活生产用水，又实施了与一期工程配套的水厂、管网等清水海二期净配水工程，主要建设内容为新建净水厂两座，近期规模27万立方米/日；新建输、配水管线134千米；初步设计概算总投资22.88亿元。二期项目计划2011年底与一期工程同步建成。清水海项目一期、二期建成后，可以满足昆明城市供水需求至2020年，对缓解昆明东城区的缺水矛盾，促进新昆明建设具有重大意义。

（余　红）

玉溪实施“三湖一海”水污染防治

玉溪紧紧围绕生态立市战略，以生态文明建设为平台、改善环境质量为目标、“三湖一海”保护治理为重点、污染减排和总量控制为主线，着力解决危害群众健康和影响可持续发展的突出问题。2009年上半年，全市投入环保设施资金16 493.7万元，淘汰了5家产能落后的企业，完成减排化学需氧量588吨。

玉溪市政府先后与沿湖的澄江、江川、华宁、通海4县政府及市直相关部门签订了水污染综合防治目标责任书和水质考核目标责任书，在全省率先对湖泊及主要入湖河道水质的主要污染物指标达标率进行考核，并将两个责任书作为市政府重点督查对象。2009年，62个“三湖一海”“十一五”目标责任书项目累计完成16项，完成投资5.8亿元；在建27项，开工率近70%。

环保部门开辟绿色通道，完成了一批重点项目的环评审批。2009年，易门—峨山—高仓及新平—三江口公路建设项目环评得到及时审批。抚仙湖东岸截污治污工程、江川星云湖退田还湖及湖滨带恢复工程等6个项目成功获贷款3.6亿元，确保了工程建设的进度。

（蒋贵友　崔永红）

玉溪建设生态农业严控面源污染

玉溪根据“生态立市、治湖为先”的战略思想，提出了生态建设产业化、产业建设生态化的新理念，在实施工程治污的同时，积极组织农业部门着力建设生态农业，防止农村面源污染。一是大力推广生物多样性栽培，减少化肥、农药施用量。在大春作物上大面积推广玉米间种大豆、小春作物上大面积推广小麦间种蚕豆，控制病虫害30%～40%，仅此一项近年就减少施用农药200多吨。到2008年累计推广达240万亩，每亩节约成本11.6元，共计2 784多万元。此外，在山区着重推广耐脊品种，在坝区着重推广稻田养鱼，也有效地减少了化肥施用量。二是大面积推广测土配方施肥和建设无公害农产品基地，减少化肥农药施用量。从2007年起，江川被列为农业部测土配方施肥补贴县，以有机肥为主，化肥为辅，优化施肥结构，由县、乡、村农科部门从“测土、配方、配肥、供肥、施肥”5个环节上进行指导，增加了有机肥节约化肥施用量，已由江川推广到红塔、通海、华宁等县区，加上平衡施肥，合计已推广430万亩。全市共有51家企业的103个农产品持有绿色产品、无公害产品、有机产品证书，还建设了无公害农产品基地45万亩，更大量节约了化肥、农药施用量。三是加大农村能源、环保设施建设。玉溪市把建设沼气池作为“民心工程”来实施，增加补贴扶持，累计已建设畜厩、厕所三配套的沼气池21.8万口，大部分乡村已基本实现沼气化，既利用了生物能源，又大大减少粪便污染。还在坝区建设环湖文明走廊工程，清理垃圾和建立公厕。有31个村的村容村貌得到整治，改善了乡村环境卫生。

（章尚武）

楚雄州投资10亿元启动治污项目

楚雄彝族自治州政府启动治污项目，全力推进全州城镇污水及生活垃圾处理工作，加大城镇基础设施建设力度，提升城市环境质量。

楚雄州规划实施的治污项目共19个，估算总投资10.8亿元，项目建成后，可每日新增污水处理规模14.7万吨，每日新增垃圾处理610吨。2009年，19项治污工程，已有10项开工建设。

（许晓蕾）

楚雄州城镇污水垃圾处理设施建设加快

楚雄州把加快建设污水、垃圾处理设施作为以人为本、关注民生的重要工作。在全面规划的基础上，科学制定了10县市城镇污水处理设施及配套网管设施、无害化垃圾处理设施及清运系统的建设目标，并开始实施2008年至2012年污水垃圾设施项目建设五年规划。为使这一规划顺利推进，全州各级政府切实加强领导，把规划实施情况纳入干部政绩考核的指标体系督察，实行行政责任追究制度。同时，从资金、政策等方面给予扶持，对经营企业收取的污水垃圾处理费收入，免征增值税；城镇污水垃圾处理生产用电享受优惠用电价格。2009年已有楚雄市青龙河和桃园泵站扩建工程、南华县垃圾处理厂一期工程等完工，陆续投入使用。

（周永源　吕　瑾）

丽江市全力推进治污项目建设

丽江市落实目标责任，拓宽融资渠道，全面加快总投资为6.08亿元的9个治污项目建设。

丽江市共有9个治污项目分别列入《云南省城镇污水处理及再生利用设施建设规划》和《云南省城镇生活垃圾处理设施建设规划》，其中，城镇污水处理项目5个、项目总投资4.21亿元，城镇生活垃圾处理项目4个、项目总投资1.87亿元。

为切实加快治污项目建设，丽江市成立城镇污水生活垃圾处理设施建设领导小组，下设办公室和项目建设指挥部，具体负责全市城镇污水生活垃圾处理项目建设的组织协调、督促检查和资金监督管理，市政府还与各区县政府签订了治污项目建设工作责任书。同时，由项目指挥部作为临时的投融资机构，积极寻求合作伙伴，拓宽融资渠道。指挥部已就古城区、宁蒗彝族自治县治污建设项目合作方案与省有关公司进行了初步接洽，其余3个县的治污建设项目也积极寻求合作伙伴。2009年，全市5个污水处理项目已全部开工建设。按照“厂网同步、管网优先”的原则，首先实施了配套管网建设，已建设完成配套管网58千米，完成投资10 760万元，厂区建设项目在2009年陆续开工。4个城镇生活垃圾处理建设项目已开工3个，并基本完成了填埋场土建施工，完成投资4 600万元。

（李秀春）

安宁市县街镇推进环境综合整治

安宁市县街镇广泛开展“四清”（清洁庭院、清洁村庄、清洁河道、清洁道路）活动，大力清除房前屋后、公路沿线、村庄道路的“五堆”（灰堆、粪堆、渣木堆、柴草堆、建筑材料堆），全面推进城乡卫生整治工作。

为确保整治工作扎实有效，县街镇成立了综合指挥部，下辖10个工作指导组，实行镇领导包村、机关干部包组制度，使责任明确到村、到组、到人，形成了户户动手、人人参与的良好氛围。镇里还成立专职保洁队，每天对镇域道路进行清扫，并积极完善进村道路硬化，使全镇进村道路硬化率达到94%。

（孙伟　熊明）

晋宁入湖河道整治效果明显

晋宁县在滇池治理工作中实施“一河一方案”、“一村一措施”，加强入湖河道整治和“两退两还”工作。全年共投入资金6 390.24万元，对8条入湖河道及53千米滇池湖岸线进行全面整治，清淤河道79.3千米，拆临拆违7 572平方米，恢复河堤70.7千米，河道绿化73.5千米。完成禁养62.8万只（头、羽），“两退”14 360亩，“两还”3 444.1亩，退房2 935.7平方米，退人11人，拆除防浪堤2051.8米，实施还湖湿地建设3 444.1亩。

（杨崇云）

鹤庆加大草海湿地保护力度

鹤庆县积极进行生态文明建设，加大草海湿地保护治理工作力度，推进新农村建设。

草海湿地位于鹤庆坝区的辛屯、草海、金墩3个乡镇境内，属高原淡水湖泊，总面积1 000公顷，其中，中海、南海、北海为草海湿地保护的核心区，面积400公顷。平均水深1.6米、最大水深2.6米，年入库水量240万立方米，水面海拔2 193.2米。草海不仅水域宽阔、水产品种丰富，而且是越冬候鸟的栖息地。2001年被大理州列为州级自然保护区，主要保护对象为越冬水禽及湿地生态系统。

2009年下半年以来，鹤庆县投资900万元实施了湿地保护、恢复、可持续利用示范等工程，通过项目实施，最大限度地发挥湿地生态系统的各项功能和效益，实现湿地资源的可持续利用和发展。同时在草海湿地周边乡镇、村社以建设小康、文明、生态、和谐的社会主义新农村为目标，以实施村容村貌整治、道路硬化、面源污染控制和水利设施建设等工程为重点，以改善草海的水质，改善群众生产生活条件，建设美好家园为目标，修建了县城至白龙潭一级路、新华至大龙潭混凝土路，在母屯村新建沼气池、节能灶、垃圾池、卫生厕、卫生厩，进行道路硬化等，有效地防止了面源污染。同时，普遍开展“爱我草海、建我家园”村容村貌整治行动，制定村规民约，树立村民的环保意识、公德意识，充分发挥文明庭院示范带头作用，以一户带一片，以一片带一村，以点带面，提升社会文明程度，增强了群众的环保意识。

（李银奎）

生态保护行动

昆明市提出八大工程建设森林型城市

2009年12月9日，昆明市委召开林业工作会议提出，将重点实施好林业重点生态工程、城市森林系统建设工程、城市面山生态修复及郊野公园建设工程、城市生态隔离林带建设工程、绿色通道建设工程、集中式饮用水源保护区建设工程、城镇绿化建设工程和农村绿化建设等八大工程。在八大工程建设中，将统筹推进城市、乡村、农田、道路、河流、湖泊、水库等绿化建设，实施主城出入口、道路森林带、立交桥绿化、主次干道绿化景观带、城市河道水域景观带、城市小公园、城市立体绿化等方面的建设，彰显“春城特色”。打造环抱城市的绿色屏障，将城市面山建设成为具有良好生态和优良景观的城市“肺叶”。用5年时间建设城市环城林带、防护林带等城市生态隔离带。把各级、各类交通干线打造成绿色景观大道、绿色生态安全保障线和展示城市窗口形象的绿色风景线。与此同时，形成丰富多样的河道绿化景观、防护林带。将各县城和中心集镇打造成为各具特色、环境优美的森林小镇，营造具有田园风光和诗情画意的新型农村的美丽景象。

通过实施八大工程，到2015年，全市主城建成区及10个县（市）区建成区和乡镇所在地，绿地率达到38%以上，绿化覆盖率达到45%以上，人均公共绿地达到12平方米以上，城市中心区人均公共绿地面积6平方米以上；全市森林覆盖率达到47%以上，森林绿化率达到57%以上，基本实现城乡绿化全覆盖。

（李竞立）

松华坝水源区筑起绿色屏障

截至2009年4月30日，松华坝水源区冷水河、牧羊河两岸100米范围内的1.5万余亩永久生态林已全部建设完毕。

嵩明县辖区内冷水河、牧羊河是松华坝水库的主要水源涵养区和主要径流区，占松华坝水库入库水量的90%，是现代新昆明建设重要的域内水源地。为保护好这一珍贵水源，2006年6月以来，昆明市确立了“因地制宜、种植永久性水源保护林带，适度保留城市绿化苗木培育地，满足创园指标要求”的松华坝库区治理和保护模式，统一租用了冷水河、牧羊河两岸100米范围内土地建设永久性生态林，使冷水河、牧羊河形成生态隔离带。

具体负责落实此项工作的嵩明县，结合城乡园林绿化及生态建设、“一湖两江”水环境治理、主要入滇河道绿化盲区盲点“零申报”工作，以县林业局为主，阿子营、滇源镇两个乡镇配合实施，一共实施了3期牧羊河、冷水河“农改林”建设永久性生态防护林。这些生态林在冷水河、牧羊河两岸100米范围内形成一道生态屏障，像“湿地”一样保护着这两条河，极大地减轻了松华坝水源地的农业面源污染。

在做好永久生态林建设的同时，嵩明县积极利用社会投资力量，因地制宜引进了12家企业共同分担生态林建设，把河岸100米范围以外退耕还林工作也做到进一步延伸。2009年，除永久性生态林建设外，嵩明县已收租冷水河、牧羊河两岸100米范围以外1.6万亩土地，力争在2010年底全部建成苗木基地和经果林带。

（熊　明　李秋明）

曲靖经开区防治结合保水源

曲靖经济技术开发区在大力发展工业经济的同时，始终把保障人民群众的饮用水安全作为环保工作的头等大事。

自2006年11月以来，开发区委托曲靖市环境监测站对2个饮用水源地和1个备用水源水库进行饮用水源水质监测，对高家屯水库、上坝水库及白石江出境断面进行地表水环境质量监测。据监测数据显示，各水源地水质均满足功能区要求。开发区环保局每年还组织人员进行辖区饮用水源保护检查，开发区水厂每月对水质进行监测，确保达到生活饮用水安全标准。

2009年以来，曲靖经济技术开发区进一步加大对轻工基地内曲靖东电德力西电气设备生产基地、昆明普尔顿管业有限公司等已建项目及曲靖重型机械制造有限公司、南海子工业基地等在建项目的环保专项整治。

开发区还先后对辖区内医院、陶瓷等行业开展了16次污染物排放情况现场监察，对辖区内冶金行业、制药业、农产品生产企业进行定期不定期的专项执法检查，加大对生产生活污水排放及治理设施运转情况的监督检查，生产性企业污水均做到达标排放。驰宏公司还按规范要求对废水、废气、废渣以及噪声进行有效预防控制，建设了硫酸库贮存设施，控制危险化学品储量。

（唐　馨）

维西县加大三江并流腹心区保护力度

维西县地处三江并流腹地，保护任务十分繁重。近年来，交通基础设施的不断完善，给维西县经济社会发展插上了腾飞的翅膀，但一些不法分子私挖乱采矿石、盗伐木材、偷盗国家保护植物、违法开荒种地等，严重威胁着三江并流腹心区的生态环境。与此同时，原有的行政执法体制却无法适应形势的需要，如私挖乱采、毁林开荒等涉及林业、国土资源等部门，多部门各管一方既容易出现执法不完整、不彻底等现象，又容易造成多头执法、重复处罚，执法扰民和执法机构膨胀等问题。为此，2007年7月，维西县整合林业、国土资源、城建、环保等各职能部门行政执法机构和队伍，成立县综合行政执法局，全力保护三江并流腹心区。

近年来，维西县以综合行政执法为抓手，开展“清理整治矿山，规范矿业秩序”和“打击乱砍滥伐、非法收购贩卖木材”为主的环境综合整治活动。对全县矿山采取全面清理整治，摸底排查和定期不定期动态巡查相结合的方式，仅3个月时间就查处非法外运矿石案件11起，并查处了一些非法开采案件。对乱砍滥伐进行截源堵流，加强巡山，广泛宣传，发动群众，仅4个月时间就查获非法运输木材30起，收缴榧木等珍稀植物制成品、半成品100余件。2009年以来，部分人打着开发种植项目的幌子，大肆将维西县境内的草莓植被挖掘外运以获利，部分地区植被大面积遭受破坏。对此，县综合行政执法局进行了严肃查处和打击，保护了物种和生态环境。

通过综合执法，加大保护力度，维西县矿业秩序、生态环境保护、城市环境有了较大改观。

（李银亮）

东川区保护金沙江

东川区的两个环保举措，为保护金沙江迈出实质一步：一是首座城市污水处理厂正式通水，告别了没有城市污水处理厂的历史；二是在金沙江格勒渡口进行了长江渔业增殖放流计划第五次放养，125万尾滇池高背鲫鱼苗游入金沙江，为长江流域野生渔业的多样性和生态化奠定了基础。

东川污水处理厂于2008年9月29日正式开工建设，新建城市污水管网达22.465千米，工程总投资为6 264.29万元。2009年，污水处理厂土建工程、设备安装、工艺管线、电气部分全部安装完毕，于6月底完成生化调试及环保验收。东川污水处理厂建成后，能为建成区8.36万人服务，每年可削减排入小江的污染物，能有效地减轻小江、金沙江及三峡库区的水质污染，对于保护小江、金沙江及长江三峡水体环境，实现三峡库区水质目标具有重要意义。

为了保护金沙江，有效拯救长江上游金沙江流域野生渔业生态，东川区积极开展金沙江渔业种类科考调研，选择适宜金沙江段、长江流域生长的高背鲫鱼、花鲢、白鲢等地方土著鱼种作为增殖放流对象，在长江上游金沙江一级支流小江流域的格勒渡口实施鱼苗放流。从2005年以来，东川已把近千万尾不同种类的鱼苗陆续投放入金沙江。

（唐祖发　熊　明）

绿色创建行动

云南省采取一系列措施推进林业发展

云南地处长江、珠江、红河、湄公河等六大国际国内河流的上游或源头，是中国南方乃至南亚东南亚地区的生态屏障。省委、省政府确立了“生态立省”战略目标，提出了“生态建设产业化，产业发展生态化”的现代林业发展思路，着力推出了林业六大重点生态工程、“七彩云南保护行动”、滇西北生物多样性保护行动、建设国家公园试点省、建设全国木本油料基地示范区等重大举措。

这些举措为在全省推进生态建设、提高造林绿化质量营造了良好的社会环境。造林绿化工作抢抓机遇，以天保工程、退耕还林工程、防护林工程等重点造林项目为骨干，以核桃、油茶、膏桐等特色经济林基地建设为亮点，积极扶持和鼓励企业造林、大户造林和个体造林，广泛动员和组织全民义务植树、四旁植树和庭园绿化，大力开展城乡绿化、部门绿化和绿色通道建设，取得了丰硕成果。“十五”以来，云南省年均完成营造林面积500多万亩，年均完成义务植树1亿多株；造林面积核实率、合格率、保存率高达94%、80%、78%以上。

过硬的造林质量，使得全省生态环境明显改善，近10年来森林覆盖率年均增加0.8个百分点，2009年已超过50%。

云南造林质量高，主要是坚持了以下一系列过硬制度措施。

一、实行政府领导造林目标责任制。从1991年起，每个“五年计划”开局之年，云南省政府都与各州市政府签订“造林绿化目标责任状”，把造林绿化目标任务层层分解落实到州、县、乡各级政府领导身上及其任期之内。省政府每年组织考核检查，对完成造林绿化任务及成效显著、质量优良的州市给予表彰奖励，确保了全省造林绿化事业的快速推进。

二、实行造林项目设计审批负责制。云南省各级财政投资的造林项目，都要由有相应资质的规划设计部门负责作业设计，并组织专家组审查修改，设计负责人和设计单位对设计的技术质量终身负责。造林设计由州市林业主管部门负责审批，分管造林绿化的领导为审批负责人，审批负责人和审批单位对设计质量负总责，使造林质量有了“先天”保障。

三、推行承包造林招投标制。近10年来，云南省在防护林工程等造林项目中，逐步推行专业队承包造林。各地探索和总结出了多种形式的承包造林招投标办法，由中标者按照审批后的作业设计进行施工，并负责3年的抚育管护。造林工程款根据分阶段的造林质量验收结果分批支付，待3年后通过工程质量验收后方付清全部工程款，保证了造林工程质量。

四、推行造林苗木公开采购制。云南省各级林木种苗管理部门在加大种子基地和中心苗圃建设的同时，全力抓好林木种子质量检测和经营管理，大力支持和鼓励大户育苗，以签约和协议的形式定点育苗、定向供苗。加强苗木出圃分级，不合格苗不得出圃。建立健全种苗档案并长期保存，做到种苗来源清楚，有据可查。每年春季和冬季组织全省性的种苗质量大检查，提高了造林良种壮苗使用率。

五、采取造林树种群众选择制。近几年来，云南省大力发展西南桦、杉木、竹子等用材林树种和核桃、八角、板栗等经济林树种，都是群众喜爱、企业接受的乡土经济树种。2008年全省造林700多万亩，其中山区群众誉为“摇钱树”的核桃就超过500万亩。林业部门搞好树种选择引导和技术服务，造什么树种、选什么品种则由业主决定，林农和企业造林积极性大为提高，也更加用心育林护林。

六、推行造林技术标准制。在核桃、油茶等经济林造林中，云南省总结出“七个一”造林技术标准，并在全省广泛推广。为了普及这个技术标准，大理、临沧、楚雄、文山、曲靖等一些州市还印发小册子，组织技术培训。“七个一”通俗易懂，便于群众接受和操作，提高了造林成活率和保存率。

七、实施加工企业原料自给制。云南省要求木材加工企业建立原料林基地，并探索出“公司+基地+农户”的林产业原料林基地建设模式。金光集团、景谷纸业、银河纸业等林业企业把原料林基地作为企业第一车间，加大科技支撑，其桉树、思茅松、竹子长势明显好于其它造林，提高了造林质量，起到了示范带动作用。

八、严格造林绿化综合检查制。2003年以来，云南省对天保工程、退耕还林工程、防护林工程、干果基地、竹子基地、林地征占用植被恢复造林、义务植树等造林项目，分为造林、种苗和资金3个部分连年综合检查，由省绿化委员会抽样检查县和乡镇，实行项目全查，有效杜绝了造林舞弊现象，确保了全省造林质量稳步提高。

按照云南省委、省政府《关于加速林业发展的决定》的发展目标，到2010年全省森林覆盖率要达53%以上，生态状况显著改善；到2020年全省森林覆盖率达56%以上，生态状况步入良性循环；到2050年，全省实现生态良好、山川秀美的目标，建成比较完备的森林生态体系。将为全省经济社会进步，为推进现代林业、建设生态文明、促进科学发展作出更大的贡献。

（吴清泉　陈正才　程汝青）

云南省造林绿化事业迈进加速发展时期

云南省委、省政府确立了“生态立省”战略目标，出台了《关于加速林业发展的决定》，提出了“生态建设产业化，产业发展生态化”的现代林业发展思路，全省造林绿化工作抢抓机遇，以天保工程、退耕还林工程、防护林工程等重点造林项目为骨干，以核桃、油茶、膏桐等特色经济林基地建设为亮点，积极扶持和鼓励企业造林、大户造林和个体造林，广泛动员和组织全民义务植树、四旁植树和庭园绿化，大力开展城乡绿化、部门绿化和绿色通道建设，取得丰硕成果，云南造林绿化事业进入加速发展的好时期。

一、以植树造林为主要标志的生态建设成效显著。1998年以来，全省启动实施了天然林保护、退耕还林、防护林建设等林业六大重点生态建设工程。仅以天然林保护和退耕还林工程为例，实施天保工程后，全省13个州市的69个县市区、17个国有重点森工企业全面停止天然林商品性采伐，国有森工企业实现了由砍树人向管树人的根本性转变，1.8亿亩森林资源得到有效管护，完成公益林建设1 945.5万亩，森林面积和林分质量大幅提高，工程区森林覆盖率增长5.2个百分点。退耕还林工程完成投资90多亿元，完成造林绿化1587.1万亩。“十五”以来，云南省年均完成营造林面积500多万亩，年均完成义务植树1亿多株；造林面积核实率、合格率、保存率分别高达94%、80%、78%以上。全省近10年来森林覆盖率年均增加0.8个百分点，2009年已超过50%。

二、义务植树活动和城乡绿化工作深入推进。2001~2008年，全省完成义务植树9.11亿株，1.66亿人次参加义务植树，尽责率达88%。乡级以上各级领导办绿化点3 862个，面积82.7万亩。至2008年底，全省城市人均公共绿地面积超过7平方米，建成区绿地率达14.43%，绿化覆盖率达17.81%。全省各地积极开展创建省级、国家级园林城市活动，安宁等8个县市获得省级园林城市称号。2008年7月2日，省第一个本土环保公益组织云南省绿色环境发展基金会成立，基金会通过募集资金，开展项目活动，支持云南山区生态建设和生态扶贫，为致力于云南生态建设和保护事业的国内外企业、社会团体、组织和个人提供了合作平台。

三、全省生态环境和人与自然和谐状况明显改善。自1989年启动长防工程以来，1996年后又相继启动了珠江、澜沧江、南汀河等江河流域防护林工程，累计造林绿化1 736万亩，治理水土流失面积12 646平方千米，年均减少土壤侵蚀量1 630万吨，每年减少进入河流的泥沙量达980万吨，为保护长江、珠江等“母亲河”和国际河流做出重要贡献。实施的生物多样性保护工程，使野生濒危动植物种群数量大幅度回升；农村能源建设工程减少了森林资源消耗，促进了农村村容村貌改观和文明程度提高。重点生态建设工程的实施，消灭了森林赤字，实现有林地面积和森林蓄积量的双增长。云南省

昆明城市绿化　　（刘建明　摄）

大部分地区生态状况明显改善，成为全国生态状况改善的少数省份之一。

四、林业产业发展和林区农民增收得到有力支撑。云南省在生态优先的前提下大力开展商品林资源培育。2001 年以来全省新增商品林面积 2 157.55 万亩，其中用材林 625.17 万亩，经济林 1 532.38 万亩。在强大的商品林资源支撑下，林业产业逐步壮大，初步建成了门类齐全的林业产业体系。全省有林浆纸企业 100 多家，木材加工及人造板企业 4 626 户，竹藤加工企业 63 个。全省经济林面积 3 300 多万亩，其中核桃年产 30 万吨，板栗年产 4.4 万吨，果梅 2.6 万吨，棕榈 1.8 万吨，林下调料 2.9 万吨；云南皂荚、银杏、青刺尖、油橄榄，澳洲坚果、肉桂等均有不同程度的发展。以林下资源为基础的非木材产业中，松茸等野生食用菌年产 13.7 万吨，林产饮料类年产 20 万吨；石槲、天麻、草果、重楼等森林药材年产 1.6 万吨。以木兰科、樟科、山茶科为主的绿化种苗产值近 7 亿元。“十五”以来，全省累计实现林业总产值 1 789 亿元，较“九五”增长了 58.5%。2008 年林业产值增长率在全省农业产值中位居第一。以核桃为主的特色经济林产值已达 60 亿元，核桃已成为林农增收的重要经济来源，特色经济林成为山区主导经济。希望在山、潜力在山、出路在林，发展现代林业尤其是林业产业，成为云南建设绿色经济强省和社会主义新农村的希望之路、必由之路，成为山区农民群众脱贫致富奔小康的绿色天路！

（陈正才　李国瑾　肖　华）

大理保护环境优化经济社会发展

洱海是云南省第二大高原淡水湖泊，是大理人民赖以生存、发展的“母亲湖”。为保卫“母亲”湖，大理全面启动实施“六大工程”，通过洱海湖滨带恢复建设、污染物超标排放的整治、农村生产生活污染治理、面山生态建设、污水处理基础设施建设等工作，严格控制内源、点源、面源、流域、生产生活污染。

为切实落实责任，大理市在全国首创了“河长制”、“环境管理风险抵押金制度”等环境保护机制，任务目标层层分解、层层签订责任书、层层实行风险金抵押和一票否决制。

2008 年 10 月，大理市创新成立了洱海保护投资建设有限公司，经营管理洱海区域内已建成的湖滨带、洱海码头、环湖污水处理设施、旅游基础设施，进行洱海生态环境基础设施、公共设施等投融资及项目建设，为洱海保护治理搭建投融资平台，多渠道筹措资金，滚动发展。2009 年公司已经筹措到 1 亿元洱海建设资金。

罗时江湿地公园是生态经济示范镇建设的一个重点项目。在坚持农田性质不变和农田所有权不变的前提下，以每亩农田每年 1 400 元、每亩水淹田每年 1 000 元的价格向农户租用承包土地，又在群众自愿的基础上，以承包田入股组建开发公司，在湿地生态公园中开展农业生产、渔业生产和旅游业服务等多种经营。罗时江湿地建设模式通过土地流转和政府支持，群众的基本收益得到保证，提高入湖水质一个等级。正在建设湿地工程的罗时江、永安江、弥苴河“二江一河”占到洱海入湖水量的 70%。

为逐渐培养群众的生态文明意识，大理市 2008 年启动洱海流域取消化学除草剂，提倡人工薅锄、使用有机肥、稻田养鱼的“一取消三提倡”生态农业建设工作。2009 年起，大理市党委、政府采取“政府引导、上下联动、部门包村、全民参与”的方式，启动“洱海保护月”活动。2009 年，全市已安排 54 万元环保专项资金，按每个村不低于 5 000 元的标准，对开展活动的 108 个村委会给予补助。辖区内的 188 个单位直接挂钩联系到村，参与环境整治、帮助挂钩村协调环保项目、解决富余劳动力。

在洱海流域的生态敏感区内，大理市通过出台适当的补贴政策，引导环湖周围农民调整种植结构，减少或避免农药化肥的施用，发展绿色农业、无公害农业、观光农业。

大理创新工业园区是全省十个优秀工业园区之一，在这块体现洱海保护与经济发展并重的 47 平方千米园区里，2008 年完成工业总产值超过 41 亿元。整个园区建有完善的污水、废气、废弃物处理系统，全部实现回收利用，成为“没有排污口的工业园区”。

日处理能力为 5 000 立方米的登龙河污水处理厂，是大理市通过提高水资源费收取标准后，在全省率先采用 BOT 方式，吸引民营企业云南庆中科技投资参与环境治理的项目之一。大理州投资 3.2 亿元组建大理洱海保护投资建设有限公司及其 4 个分公司，作为投融资平台，多渠道筹措资金。2003 年以来，投向洱海治理保护的资金就多达 25 亿元。

（段培灿）

普洱市推进林产业发展

普洱市在集体林权制度改革完成的基础上，着力创新林业管理体制和经营机制，稳步推进配套改革。林木规范流转、林权抵押贷款、中低产林改造等工作取得明显突破，进一步增强了林业发展后劲，促进了全市生态建设、产业发展和农民持续增收。

2007 年，普洱市全面启动集体林权制度改革，共涉及 45 万户农户 190 多万人、3 033 万亩集体林地。在完成分山到户、确权发证后，普洱市稳步推进配套改革，确保农民对林地的承包经营权、林木所有权、处置权和收益权落到实处。为了让林农真正把林变成钱，普洱市在各县区建立了林业服务中心和林产品交易市场，形成林权流转交易平台。2009年初，首宗集体林活立木拍卖在景谷县益智乡成功竞拍，这宗1 800亩集体林部分属于益智乡中和村小普寨村民集体所有，林木流转收入159万元，30%作为集体公益事业的建设，70%按现有人口人均分配，农民们实实在在地得到林地流转的收入。

普洱市还积极开展林权抵押贷款，使山林真正成为林农的绿色银行。截至2009年底，普洱市7家银行机构中有4家开办林权抵押业务，累计发放林权抵押贷款10.5亿元。景谷县邦永生物资源开发有限公司2007年底以自身林地资源抵押获得银行300万元信贷支持后建厂，次年投产后仍以林权作为抵押贷得150万元流动资金用于日常生产。2007年，思茅区南屏镇整碗村老董寨一户村民承包经营荒山荒地2.7万亩，思茅茶城信用社为其办理林权抵押贷款350万元。

2009年普洱市提出用6年时间，在全市范围内改造300万亩左右中低产林，促使普洱市资源优势向经济优势转变。

（李汉勇）

丽江力争建成生态产业基地

丽江市委、市政府把建设生态产业基地作为促进山区综合开发和群众脱贫致富的重大战略举措。市政府每年从市财政中安排1 000万元资金，用于扶持发展生态产业。2008年，全市累计投入各项资金2 471万元，完成生态产业基地建设88万亩。

2009年，各区县按照市委、市政府制定出台的专项规划要求，结合实际划分出最适宜区、适宜区和次适宜区，着重在最适宜区和适宜区发展生态产业。同时，按照“生态建设产业化、产业发展生态化”的工作思路，加快特色经济林、中药材、食用菌和森林生态旅游等重点产业项目的发展。玉龙、永胜、华坪、宁蒗等县，分别在新主、美乐、大安、宏地、新营盘、药草坪等地建立起6个高质量、高标准的万亩核桃典型示范基地，建成5 000亩以上的核桃基地11个。

全市各乡镇参与到生态产业建设，涉及的农户6.8万户。各级各部门严把种植质量关，按照“一个标准塘、一棵合格苗、一块地薄膜、一担定根水、一百斤底肥”的“5个1”标准进行种植，极大地提高了成活率。

（李秀春）

怒江做好生态建设大文章

怒江州委、州政府根据州情及全州经济发展趋势，审时度势，作出建设生态州，发展生态环保型效益经济的重大举措。全面启动天然林保护工程，经过近10年的大力保护、培育和合理利用森林资源，全州净增森林蓄积量1 303万立方米，按市场价值650元每立方米计算，其替代价值为846 950万元。天然林禁伐后，调整了产业结构，加快了林下资源、特色经济林、野生动物驯养繁殖、森林生态旅游等产业的发展。

云南省委副书记李纪恒在怒江州调研

州委、州政府依托怒江丰富的水电资源和硅矿资源，走“以硅带电、以电促硅、硅电结合”的产业化路线，大力打造泸水、兰坪工业园区，做大做强硅、铅锌矿产业。为解决技术瓶颈，加大硅材料深加工研发力度，州政府与云南宏盛锦盟企业集团共同成立了云南硅材料技术研究院，采取“产、学、研”结合的模式，在真空冶金法多晶硅项目中取得突破性进展。2009年硅工业基地启动了年产100吨多晶硅项目，在硅产品精深加工和提高附加值上做文章，预计2010年将产出多晶硅产品。到2010年，泸水工业园区可实现工业硅10—14吨/年，以硅产品精深加工为龙头，带动建筑建材、生物加工、第三产业发展的工业园区逐步形成。

在打造兰坪工业园区建设中，累计投入4亿多元，建成了54千米道路网、58千米供水管网、3平方千米的“六通一平一绿化带”。2009年，怒江州还把兰坪有色金属产业作为保增长的重点，积极盘活矿石原料，确保金鼎锌业、三江铜业等12户规模以上企业满负荷生产。1至9月，工业园区实现工业总产值11.93亿元，完成工业增加值6.28亿元，上缴税收2.57亿元。

怒江是云南北上西藏和西进缅甸的重要通道，集“三江并流”世界自然遗产、国家级风景名胜区及中国大香格里拉生态旅游区3项桂冠于一身，怒江旅游得天独厚。

2008年，怒江州接待海外旅游者13 009人次，旅游收入810.74万美元，其中一日游客3.57万人，旅游收入195.51万美元。

按照省政府“怒江旅游要在规划和发展上要有大动作”的要求，从2009年起，每年投入200万元资金，以改善旅游交通为切入点，实现北上西藏，南下保山，西进缅甸，东连大理、丽江、迪庆的交通网络。以宣传促销扩大客源市场为突破口，开发大景区，大项目，增强怒江旅游的吸引力，打造怒江大峡谷知名旅游品牌。

（赵元刚　李建新　付雪晖）

怒江天保工程显现生态效益

怒江傈僳族自治州实施天然林资源保护工程以来，全州上下采取强有力措施，充分调动工程区群众的积极性，形成“山山有人护，箐箐有人管”的管护网络，生态效益日益显现。

2000年以来，全州4县全面启动实施天然林保护工程，使怒江森林面积增加，生态效益显著。截至2008年，全州林业用地面积达1 785万亩，比1999年增加14万亩；森林覆盖率已达72%，森林总蓄积量达到16 526万立方米，比1999年增加1 303万立方米，平均每年增长130.3万立方米，年增长率8.6%。工程实施以来，有效地减少了水土流失面积，自然灾害发生频率呈逐年下降的趋势，生态效益十分明显。通过公益林建设，平均每年森林涵养水源增加蓄水1 250万立方米、保土能力增加200万吨、保肥能力增加42万吨、增加氧气释放量894.25万吨、吸收二氧化碳1 222.75万吨。工程的实施有效改善了林分质量，促进林木生长，保护了现有的森林生态系统，维护了系统的多样性，最大限度地发挥了森林的公益功能。10年来净增森林蓄积量1 303万立方米，按市场价值650元每立方米计算，其替代价值达846 950万元。天然林禁伐后，进一步促进了产业结构调整，加快了林下资源、特色经济林、野生动物驯养繁殖、森林生态旅游等替代产业的发展。

（丰林祥　付雪晖）

石林县全力推进城市生态建设

石林县委、县政府以全面实施“生态美县”发展战略为抓手，以创建全国环境优美乡镇、国家生态县为载体，积极探索循环经济模式，大力发展生态旅游、生态农业和生态工业，从生态建设过程中获得了较高的经济效益、生态效益和社会效益。

石林紧紧抓住“旅游二次转型”的机遇，按照“旅游立县、工业强县、粮烟稳县、文化活县、生态美县”的发展思路，着力打造旅游业的延伸，对传统的石文化、阿诗玛文化赋予新的内涵，全力推进城市生态建设。2009年，在巩固省级园林县城创建成果的基础上，石林按照创建国家园林县城的标准和步骤，结合全县城乡园林绿化及生态建设，坚持规划引领，以公共绿地建设、街道绿化、小区绿化、单位庭院绿化等为重点，多层次、全方位，深入开展城乡园林绿化及生态建设，稳步提高园林绿化各项指标，城乡人居环境得到改善。截至2009年9月，石林县城建成区共新增公园绿地14.73万平方米，完成总任务数的102%；新增附属绿地3.95万平方米，完成总任务数的131.67%；完成拆临拆违1.78万平方米，完成总任务数的178%。

（余　红　浦美玲）

永胜初步建成生态产业体系

永胜县境内森林资源十分丰富。全县辖区总面积中有林地539万亩，占总面积的73.6%。为把资源优势转化为经济优势，该县紧紧抓住国家以生态建设为主，大力调整林业产业结构，建设现代林业的历史性机遇，确立了林产业发展的主导地位和“山林兴则农民兴、山林活则农民活”的新理念，把林产业发展与林业重点工程建设相结合，围绕“山”字做文章。同时，建立健全和完善了发展生态产业的领导机制，根据高、中、低不同海拔等的立体气候特点，构建全县冷凉型区域重点发展核桃、温凉型区域重点发展桉树、干热型区域重点发展膏桐生物质能源林的“梯形”生态产业发展格局。积极争取和实施了国家“天保”工程、退耕还林、生物质能源林基地建设以及核桃、油橄榄、野生菌开发等多个林业建设项目，累计争取项目投资23251.56万元。重点培育扶持优势生态产业及其龙头企业，逐步实现了传统林业向现代林业的历史性转变，使山区林区经济由“独木支撑”向多种经营转变，产业结构不断得到优化，促进林业生态产业逐步成为全县后劲较强、群众增收致富的支柱产业。一批优势产业及龙头企业迅速崛起，2009年有8个生态产业和10家林业企业、初步形成了结构合理的生态产业体系。

（陆春旺　李云艳　李秀春）

牟定县创建绿色家园

牟定县全面实施了“绿色牟定”建设工程，着力加快生态建设步伐，努力创建“蓝天、碧水、青山”绿色家园，有效地促进了人与自然的和谐共处。

牟定县抓住被列入长江上游水土保持重点防治区和国家实施生态环境建设的历史机遇，大力再造秀美山川。牟定县以生态建设为重点，依托中德合作造林、天保工程、退耕还林工程、农村能源建设4大林业重点工程，全面推进绿化造林工作。10多年来，共完成造林合格面积87.63万亩，封山育林14.55万亩，义务植树1 405万株；四旁植树3 953万株。全县各级共办绿化造林示范样板1 272片，面积21.61万亩。在境内青山孕育的龙川河、紫甸河、孟岗河上，先后建成水库70多座，基本解决了牟定干旱缺水的状况。至2008年，森林覆盖率达到59.7%。同时，牟定县始终把绿色企业作为主导产业，优先扶持和发展，一批绿色企业已成为牟定的骨干企业，在推动经济发展中发挥着日益重要的作用。

2008年来，牟定县从开发建设县城东北片区入手，加大生态建设投资，多方筹集4 000余万元资金，对原校长坝水塘扩建改造提升，在城中建成净水面积为95亩的“化湖”；投资560万元在县城化湖边建成占地面积为7800多平方米的“左脚舞”文化广场；投资397万元建成中园广场、东园广场两个休闲广场，对街道和广场进行绿化、美化和亮化，建成群众休闲娱乐的城市公园——南山公园。

（普显森）

澄江打造绿色生态县

自2008年被国家环保部正式命名为“国家级生态示范区”建设县以来，澄江县围绕抚仙湖、帽天山、阳宗海的保护，大力调整产业发展方向和城镇建设布局，生态建设成效显著。

澄江县在完成林业生态工程人工造林7.8万亩、封山育林16.3万亩，退耕还林6.8万亩之后，全县森林覆盖率达到了41%。同时，以解决农业农村面源污染为重点，实施测土配方施肥，认证无公害农产品产地1.4万亩，无公害农产品9个、绿色食品2个。为保护自然遗产帽天山，关闭其周边14个磷矿采点，引导磷化工企业开发新产品，延伸产业链，节能降耗，发展循环经济。抚仙湖保护力度逐步加大，拆除了抚仙湖沿岸宾馆等建筑设施7.5万平方米，鱼塘62个，完成退塘还湖250亩，并建成入湖河道拦污栅沉砂池26道。已建成的6块人工湿地成效显现，污水通过湿地得到净化，为抚仙湖、阳宗海植入了“健康的肾”。深入开展的“环保之家”、“绿色学校”、“环湖文明走廊”等创建评比活动，使环保意识深入民心。

（谭雅竹）

师宗打造矿区“绿色长廊”

师宗县以“构建和谐矿区、打造绿色长廊”为目标，紧紧围绕着“政府引导、企业主导”的工作思路，按照“矿区园林式、矿部花园式”的建设规划，加大矿区生态防护体系建设，全力打造矿区“绿色长廊”。4年来，全县共投入1 200万元，植树397万余株，绿化矿区1.6万亩，矿区绿化率达60%。

为使矿区生态建设更好更快推进，师宗县加大宣传力度，积极营造植树造林氛围，广泛开展矿区义务植树活动。师宗县还规定，各乡镇煤管所对所辖煤矿每年投入植树造林资金不得少于2万元，植树不得少于2万株，县直9大煤矿每年投入植树资金不得少于3万元。为了掀起新一轮的矿区植树造林热潮，2009年以来，积极开展“互联共创”活动，由林业部门免费提供树苗和技术指导，煤炭局具体组织实施矿区植树造林，全县煤炭行业党员干部职工等先后共出动1万余人次，在51个矿53对井矿区范围内种植滇川桤木127万余株，造林5300余亩。为确保植树的成活率和更快成长，各煤矿还抽出专职护林员，加大对造林区的管护。

为建好矿区“绿色长廊”，各煤矿结合各矿的实际，因地制宜，加大投入进行矿区美化绿化。2009年，大舍煤矿、大冲沟煤矿、朝阳煤矿等先后投入700多万元极力打造矿部花园，共建设花台50多个，绿化带60余块，矿部绿化率达30%。同时，强化煤矿产品管理和污水治理，先后投入资金1500余万元，建设煤炭产品储存库50余个，投入860万元，建设10多个污水处理设施，确保了矿区良好的生态环境。

（晋立红　田昌维　颜文平）

云南磷化集团构建和谐绿色新矿山

云南磷化集团有限公司建设发展至今已有40余年的历史。由于是露天磷矿开采，需要占用大量的土地林地。面对矿业开发中出现的资源、环境、社会矛盾，集团公司提出了矿业开发与环境保护并重的发展思路，努力建设绿色、生态、和谐矿山，坚持不懈开展矿山复垦植被，恢复生态。

在国土资源和林科部门的支持下，集团公司实施《云南昆阳磷矿地质环境恢复与治理》、《矿区废弃地生态修复综合控制技术研究与示范》、《控制磷矿区面源磷矿污染工程技术》等项目。在矿山开采中，采用先进的起爆技术，降低震动辅助设计粉尘，实施采剥生产循环洒水降尘作业，改善作业环境。同时，采取边开发边治理的办法，矿区采挖到哪里，矿山治理就开展到哪里，绿色植物就种到哪里。公司投入大量资金，购买苗木和修建工程设施，在采空区土地进行复垦植被种植。从2004年至今，累计投入复垦植被资金6 093万元，植树面积8 290亩，植草7 500亩，林木成活率达95%以上，土地复垦植被绿化率达85%以上，实现了投入产出的良性循环。

围绕构建和谐矿山，公司把矿区环境治理与新农村建设结合起来，把采空区土地复垦植被工作交给矿区所在地昆阳镇汉营村委会组织村民进行林木种植和养护管理，既保证了种植林木的成活率，又让村民通过劳务直接获得经济受益，参与土地复垦植被林木种植、管理的村民每月可获得近千元的收入。

坚持走绿色和谐发展之路，推进企业快速可持续发展。公司保持了连续7年快速发展的良好态势，综合绩效处于全国化学工业大型企业行业的优秀水平。企业被国土资源部授予“全国矿产资源合理开发利用先进矿山企业”称号，成为云南省“矿山开发与环境保护”的典范。

（李　犁）

节能降耗行动

云南省节能减排成效显著

从2009年全省工业和信息化工作会议上通报：2008年节能降耗成效突出。预计全省单位生产总值能耗下降4.4%以上，单位生产总值电耗下降1.6%左右；规模以上工业万元增加值能耗下降11%左右。建筑、交通、商业、农业、政府机构等重点行业节能目标全面完成。

一、节能减排与发展并举

省委、省政府将节能减排作为调整经济结构、转变增长方式的突破口和重要抓手，全力推进节能减排。从2006年以来，制定了《云南省节能目标责任评价考核办法》等15个节能减排纲领性文件，采取的一系列节能减排的各项政策措施正在逐渐发挥作用，节能减排已成为与经济发展齐头并进的新路径，使云南经济发展走上了科学发展的轨道。

2006年，全省单位GDP能耗为1.708吨标准煤，比2005年下降1.52%，实现了2003年以来的首次下降。2007年又实现下降3.98%。两年累计下降5.2%左右，下降幅度大于全国平均0.64个百分点；两年全省节能目标完成进度30.3%，比全国快7.5个百分点，完成进度居全国第20位，西部地区第6位。据最新统计数据，2008年又超额完成了省政府年初确定的单位GDP，能耗下降4.4%的目标任务。面对节能减排工作严峻的形势、艰巨的任务和前所未有的压力，省政府始终把节能工作摆在全局性工作的突出位置，知难而进，创新思路，全省上下很快形成了共同推进节能减排工作的强大合力。

2008年上半年，省政府出台《云南省节能减排工作行政问责实施意见》，把节能目标责任制作为各级政府和国有企业落实“四项制度”的重要内容，严格实行节能目标考核评价。下半年又下发《云南省2008年下半年节能减排工作安排》及任务分解方案，进一步落实责任。各州市形成了党政一把手负总责，分管领导具体抓，各相关部门协同配合全力抓的工作局面。

同时，省政府把节能减排列为年度重点督查的20项重要工作之一，先后在全省节能减排工作会和节能减排领导小组会议上对督促检查工作提出明确要求。2008年10月，省政府组织开展2008年全省节能减排专项督查，组成6个督查组重点对昆明、曲靖、红河、玉溪、保山、德宏、临沧等7个州市和27家重点企业节能减排工作进展情况进行专项督查，督促各地采取措施，推进工作，研究解决检查中发现的问题。

2008年11月，省长秦光荣主持召开了第14次常务会议，进一步把节能减排作为应对经济危机扩大内需促发展的重要内容。当月，全省经委主任座谈会召开，及时贯彻落实省政府第14次常务会议精神，研究安排2008年底和2009年节能减排工作重点和应对措施。

全省上下合力把节能作为增长方式转变的主攻方向来抓，通过狠抓工作落实，在一定意义上，节能减排增效已经成了云南经济可持续发展的一个加速器。

二、专项资金助企业“强身”

2008年10月10日，昆明安宁市政府举行“安宁市绿色照明百万支节能灯进万家活动”安装启动仪式，现场不少群众前往咨询和要求购买。按照国家和推广高效照明产品的专项补贴办法，居民花2元钱就能买到这样一只优质高效照明产品。“绿色照明”活动得到了全省社会各界广泛支持，2008年全省推广使用节能灯420万只，超过计划120万只，相当于新增一台3.5万千瓦的发电机组，每年可实现节能约10万吨标准煤，是全国顺利完成节能灯推广计划任务的两个省之一。

同时工业“耗能大户”也积极通过科技创新走向了“节能先进”：云天化集团拟采用具有国际先进水平的低温位余热回收技术（HRS）对下属公司的13条硫磺制酸生产线进行改造，预计可实现节能24万吨标准煤；昆钢集团在本部、红钢、玉钢的6座高炉建设3座高炉煤气余压发电装置（TRT），装机20MW，同时还启动了138台电机变频节能电改造，启动昆明焦化制气厂干熄焦改造等项目；云南冶金集团总公司研发出粗铅旋涡柱闪速熔炼技术，年产3万吨粗铅旋涡柱闪速熔炼装置建成后，吨粗铅总回收率提高1%以上，综合能耗下降30千克标煤以上；氮肥行业三废混燃炉节能技改全面展开，云天化国际化工红磷分公司、神农汇丰已实施并投运，陆良龙海化工、玉溪银河化工正在实施；另外，瑞安建材、红塔水泥、昆钢水泥等企业启动实施纯低温热发电项目；康丰糖业、英茂糖业等企业（集团）全面实施燃煤锅炉改燃蔗渣。全年组织实施了一批工业锅炉节能改造、余热回收利用、绿色照明、电机变频节电等重点节能示范项目100余项。

为有效推进企业科技创新节能降耗，省工信委、省财政厅积极支持和帮助企业向国家申报节能奖励技改项目，发挥节能专项资金带动作用，在扩大内需中推动社会投资节能减排。2008年度省级财政实际下拨两批节能降耗专项资金共1.14亿元，重点支持节能技改、节能示范等项目127个，带动社会投资46亿元，预计每年可实现节能量57万吨标准煤，减排二氧化硫9 120吨。

在支持企业加强技改“强身健骨”的同时，省工信委还积极研究淘汰落后产能工作对策，把国际金融危机对实体经济带来的压力转变为调整结构的有利时机，以市场为导向，加快推进淘汰落后产能工作，促进行业优化调整。2008年全省淘汰落后产能目标任务顺利完成。省工信委2008年底还组织了多个工作组分赴全省各地开发淘汰落后产能专项督查，力争两年的淘汰目标任务提前。

而且，通过严格执行《云南省固定资产投资项目节能评估和审查管理办法》，对多个项目进行节能评估审查，从源头上有效控制住了高耗能产业盲目发展；制定2008年黄磷生产总量控制在36万吨，用电量控制在51亿千瓦时的控制目标，有效促使全行业的质量效益和能效水平稳步提高；实施差别电价等政策，高耗能行业增速得到有效控制。

2008年全省单位GDP电耗自2003年来首次实现下降；规模以上工业单位工业增加值能耗大幅下降，工业节能发挥了关键性作用。全省经济发展正在向依靠科技进步和节能减排的方向转变。

三、节能长效机制保发展

针对2008年以来，受冰雪灾害和国际金融危机对全省的节能工作产生了重大影响，针对部分州市节能指标下降乏力或出现反弹等情况，按照省委常委、常务副省长罗正富，副省长和段琪的批示要求，省工信委会同省统计局等部门联合行动，多次召开专题分析会议，及时到重点州市和大企业集团开展有针对性的现场调研，加强节能运行分析，及时采取应对措施，保证了各项节能指标稳步下降。

在前两年对标管理“领跑者”的基础上，根据《云南省重点用能企业节能对标管理实施意见》，启动了470户重点耗能企业全面开展能效对标管理活动，制定了《云南省主要工业产品能耗限额（2008年）》，编发《节能对标管理》、《云南省重点用能企业节能对标管理有关标准汇编》、《企业对标管理交流材料汇编》等参考资料，组织协会和大企业研究编制化工、建材、钢铁、有色、电力等行业能效对标指南等工作。全省的能效对标管理工作已向纵深推进，走在全国的前列。

云南省建立有利于可持续科学发展的节能长效机制早有准备。如通过发挥市场机制作用，大力推广节能技术产品，引进国内外大型、专业能源服务公司推广“合同能源管理”模式和管理经验。组织“节能新能源环保博览会”，举办节能技术专题研讨推介会，开设节能减排综合论坛，为供需双方搭建技术交流与合作平台等。同时，在千家节能行动企业能源审计的基础上，根据国家有关规范及时制定出台了《云南省能源审计实施细则》、《云南省能源审计报告验收规定》《云南省能源审计中介服务机构管理规定》；2008年组织40家中介机构对260余户企业开展了能源审计，并积极落实国家制定的《重点用能单位能源利用状况报告制度实施方案》，推进重点用能单位能源利用状况报告和节能负责人制度；加强了节能降耗统计、监测和考核三体系建设。

全省以“又好又快”谋划发展，全面推进建筑、交通、商业、农村、政府机关等领域节能减排工作。住房和城乡建设厅从源头抓建筑节能，对新开工的建筑工程项目全部进行建筑节能设计和建筑节能施工图审查；发布《太阳能热水系统与建筑一体化设计技术规程》，推进太阳能热利用与建筑一体工作；交通运输厅进一步加强运输节能管理，完善行业能源统计，组织行业培训；农业厅积极推进农业生产和农村生活节能工作，把农村节能作为社会主义新农村建设的重要内容；商务厅积极推进商厦、宾馆、酒店、商场等商业节能示范单位建设工作，省政府机关事务管理局积极开展机关节能示范建设活动，大力推进政府机关办公场所节能灯更换工作。在长效机制作用下，全省各地、各界节能工作，呈现出良好的局面。

四、任何时候都不能松懈

2009年是实现“十一五”节能目标最关键的一年，关键一年的节能减排工作如何不断深入推进？

1月7日，在省政府召开的《政府工作报告》征求意见暨全省重点工业企业新春座谈会上，省长秦光荣强调：“节能减排已经成为实践科学发展观、坚持走新型工业化道路的国家发展战略，我们任何时候都不能放松要求，即使在当前扩大内需的总体要求下也是如此。要加快形成有利于节约能源、资源和保护生态环境的产业结构、增长方式和消费模式。”2009年，一是抓好重点行业淘汰落后产能的工作，落实2009年度关停淘汰落后产能的目标，接受社会监督。二是加快节能减排新技术的推广应用。三是依法加强重点用能单位管理，对年综合能耗5 000吨标准煤以上的企业，全面开展能效对标管理和能源审计。四是强化政府监管职能，加大对环境违法事件的预防和查处。

2008年全省加大节能宣传倡导力度，省工信委会同15个省级有关部门成功组织了“依法节能，全民行动”全国节能宣传周云南省宣传活动，副省长和段琪出席开幕式并启动活动仪式；省节能办向市民免费发放3万只环保布袋、3万副节能扑克和大量节能宣传资料。全年组织24期节能培训班，培训企业能源管理干部、节能技术人员等2 900多人次；省统计局、环保局和各州市也多次组织节能减排专题培训，全省节能减排管理队伍不断壮大。

为了有效推进节能工作，云南省加强了国际交流，其中，积极承担中日节能合作框架协议，圆满完成第一阶段合作内容，引入日立公司在昆钢、云天化实施的高压变频节电示范项目成效显著；英国驻中国大使馆、驻重庆领事馆两次到省工信委考察交流，有效促进了英国有关部门与云南省在节能减排提高能效、新能源开发利用、应对气候变化实施清洁发展机制（CDM）等方面的交流与合作；省住房和城乡建设厅与英国驻重庆总领事馆、英中贸易协会联合举办了“中英可持续绿色建筑与智能化设计研讨会”等。

省委、省政府明确提出要加快建立节能服务体系，培育节能服务市场，加快推进合同能源管理，促进节能服务产业发展。全省在发挥市场机制作用推广节能技术产品，引进国内外大型、专业能源服务公司方面成效显著。除了积极探索中日企业节能环保合作和技术转让模式，昆钢、云天化集团与日本日立公司的电机系统节能示范工程成功实施；还与日本国际环保技术转让中心（ICETT）合作在全省化工行业全面开展节能减排诊断和技术合作，与美国能源基金会合作在全省年综合能耗5万吨标准煤以上的140家企业开展了节能减排管理活动。

在将工业节能作为发展突破口的同时，继续广泛深入开展“节能减排全民行动”。省总工会会同省工信委、省国资委等部门组织全省职工开展节能减排立功竞赛活动，通过“比重视程度、比参与比例、比创新方式、比活动成效”，评选表彰了一批“节能减排管理标兵”、“节能减排技术革新标兵”、“节能减排立功竞赛优胜企业、优胜班组”。省妇联组织开展“保护七彩云南·巾帼共创和谐”和“节能减排家庭社区行动”，各地成立了节能减排巾帼志愿者队伍和节能减排宣讲团，广大妇女带头创建绿色社区、绿色家庭和节能环保型家庭；省文明办把安居乐业的生活环境，可持续发展的生态环境等作为创建、评选文明城市、文明村镇、文明单位的重要内容；省委宣传部、省节能办、省广电局等部门，积极组织国内外、省市州新闻媒体，对全省节能减排开展了大量系列专题报道，大力倡导节俭文明的社会风尚，形成了全民节能的强大声势和浓厚氛围。

（沈洁玲辑）

云南省各行业扎实推进节能减排

2009年以来，全省各行业紧紧围绕保增长、扩内需、调结构，采取强有力措施，在组织领导、目标责任、工作措施落实等方面狠下功夫，节能减排顺利推进，成效显著。

一、太阳能与建筑一体化

省住房和城乡建设厅会同省发展改革委、省工信委、省财政厅和省法制办联合转发了国家四部、委（办）《关于贯彻实施<民用建筑节能条例>的通知》，提出贯彻实施《民用建筑节能条例》具体措施。根据2009年全省完成新增太阳能热利用与建筑一体化使用面积7.5万平方米目标任务，截至2009年7月底，全省完成太阳能热利用与建筑一体化使用面积4.2万平方米，完成年度目标任务进度55.89%。2009年5月，制定了“金太阳”示范工程实施方案，向国家组织申报了2009年第一批太阳能光电建筑应用示范项目12个；组织2010年建筑节能能力建设类中央投资储备项目4个。把节能省电、再生水利用、可再生能源应用、新型墙体材料应用、家庭节水型器具的选用，作为生态住宅小区评审的重要指标纳入考核评审，对昆明采莲郡永和花园推广太阳能热利用与建筑一体化项目进行了专家评审。

二、淘汰高耗能船舶车辆

澜沧江—湄公河属山区河流，滩险流急，一直以来，澜沧江上航行船舶就属于“大马拉小车”。为了从技术上改善这一状况，西双版纳海事局从改善通航环境（航道）、改造船型技术入手，通过船型改造、创新，达到在相同功率的情况下，提高运输工作效率。按照“节能、环保、可循环、可再生”的要求，研究船舶配套设备的单位功耗，改良和提高机械效率，使新建船舶成为节能、高效和环保相结合的优良船舶。该局积极引导船舶市场结构调整，提高船舶标准，逐步淘汰高耗能、污染大、安全性能低的船舶，2009年1至10月，澜沧江就淘汰拆解船舶2艘，更新改造5艘，新建船舶9艘。太阳能热水器、节能灯等设备已经在澜沧江国际航行船舶上推广使用。澜沧江新建船舶实现了船型的标准化、节能型，促进水路运输经营向规模化、集约化方向发展。

昆明市经过两年多的努力，9艘新型双机、环保节能型渡口船舶已投入金沙江禄劝县9道渡口使用。2009年，昆明市辖区内的40道渡口全部使用环保节能型船舶。新投入使用的渡船消防、救生设备齐全，且操作性能好，安全系数高，载客量大，百姓出行更方便。省交通运输厅把全省营业性公路运输载客、货汽车汽柴油综合燃料单耗每百吨千米8.4升，内河船舶燃料单耗每千吨千米36.6千克的目标任务分解下达到54个责任单位，并签订了年度目标责任书。2009年上半年，全省营业性公路运输载客、货汽车综合燃料单耗每百吨千米8.34升，比2008年同期降低1.18%；内河船舶每千吨千米36.18千克，比上年同期降低0.06%。两项指标均超额完成年度目标。加速淘汰高耗能老、旧车辆，积极推广高效节能产品。全省淘汰高耗能、老旧车辆2 036辆。投资2亿多元，更新欧三、欧四标准汽车2 000多辆，车辆技术等级标准逐年提高。全面推进全省公路隧道节能改造，更换隧道高效照明产品1 000只；公路监控设备、隧道、收费广场照明使用太阳能新技术和LED、无极灯等节能新产品，推广节能灯1万余只。截至7月底，渔业船舶更新比例达0.4%，完成年度目标任务；单船能耗累计降低0.2%，完成年度目标任务进度50%。

三、开展绿色照明活动

云南省商业系统大力推进节能减排，以商厦、宾馆、饭店、国家商业示范社区为重点，开展“绿色饭店”、“绿色商场”评选，推广使用“绿色照明”高效节能灯等节能活动，在全省50幢写字楼、50个商场、50家宾馆饭店、10家餐饮企业和6个商业示范区开展节能减排和再生资源回收示范工作，形成政府大力推进、市场有效驱动、公众广泛参与的机制，加快推进节能减排工作。省商务厅会同省工信委、省建设厅、省环保厅、省国资委、省旅游局、省质监局、省地税局等部门专家组成省级创建绿色饭店工作委员会，并获得国家评审机构资格，5名专家获得国家级评审员资格。在第十七届“昆交会”上，首次设立云南绿色产业贸易交流馆，推介节能环保产品、污染治理技术、新科技节能成果以及绿色农产品、有机食品等，共有11家企业参展。接待国内外客商300余人。昆明展昊商贸有限公司、昆明好宝箐生态农业有限公司以及昆明金炊旺厨房环保设备安装有限公司等达成意向性协议20多个。

四、省柴节煤灶进农家

省委、省政府继续把20万户农村沼气建设任务列为省政府为民办理的十件实事之一，作为省委、省政府20项重点工作之一来抓，落实“一把手”负责制。省农业厅负责项目的统筹规划、技术培训、服务和质量监督；省发改委、省财政厅、省审计厅、省国土厅、省广电局分别负责投资计划审核、组织协调、检查验收、用地协调、资金审计和跟踪报道；项目乡（镇）做好建池定点、施工质量、宣传动员等组织工作。2009年上半年，新增国债沼气项目中央投资达21 671万元，中央农机购机补贴2亿元。省级财政投入明显加大，2009年省级农村沼气建设投资3 589万元，配套经费投入达1 084万元。截至7月底，新建农村户用沼气池179 318口，完成年度目标任务进度89.7%；完成省柴节煤灶改造55 126户，完成年度目标任务进度55.13%；农机更新比重3.1%，完成年度目标任务进度78%；农机单机能耗累计下降0.6%，完成年度目标任务进度75%。

（田逢春）

云南省环保专项行动取得实效

2009年12月7日，云南省2009年环保专项行动第三次联席会议通报了全省全年整治违法排污企业保障群众健康环保专项行动情况。2009年，全省按照省政府明确的任务，突出主要污染物减排和水环境综合整治工作重点，大力开展整治专项行动，强化管理，依法行政，严肃查处并挂牌督办了一批典型环境违法案件，解决了一批环境违法问题，各项环境治理工作收效明显。

根据2009年4月14日国家环保专项行动电视电话会议要求，全省结合实际，明确了2009年开展环保专项行动的重点，切实加强小火电关停和脱硫装置建设、阳宗海砷污染治理和沘江污染治理等工作，把南盘江水污染防治新增为工作重点，妥善处置大屯海水体砷污染。从2009年4月开始，在全省分四个阶段开展环保行动，对云南陆良银河纸业有限公司等25家企业共6个事项实行省级挂牌督办，多次组织人员对督办事项进行现场督察，要求各州市政府加强对本辖区重点内容的整治工作。

截至2009年11月，全省共出动环保执法人员44 053人次，检查企业14 748家，立案企业123家，取缔小冶炼企业11家、非法开采砂石厂34家、堆煤场15家、餐饮企业5家，关闭规模养殖户58家，对110家违法企业进行了处罚。目前，全省20万千瓦以上火电机组脱硫装置已全部建成，小火电企业关停任务已提前两年完成，小水泥、小冶铁等淘汰落后工作稳步推进，南盘江水污染防治规划编制工作全面展开，阳宗海湖体砷浓度下降了14.9%，省环保部门和大理、怒江等州市正积极实施沘江流域水污染防治工作。2009年，全省共检查县级以上集中式饮用水源地189个，达标率为89.4%；全省多数垃圾填埋场已办理了环保手续，未发现偷排、直排渗滤液或渗滤液超标排放现象；对属于淘汰落后产能的28个钢铁生产项目和未批先建擅自投产的31个钢铁项目分别作出了限期淘汰、停产整顿、调整生产结构等处理。

（尹朝平）

云南新能源与可再生能源开发显成效

云南省在大力发展太阳能、生物质能源等领域取得明显成效。

云南现有国际上先进的太阳能电池生产技术和设备，可生产高转换效率的晶体硅太阳能电池，在非晶体硅和薄膜电池研发方面有所突破，目前已完成56个村级集中供电光伏电站建设。太阳热水器产业也已初具规模，年生产太阳热水器超过50万平方米，产值近4亿元，成为中国平板太阳热水器的主要产地。此外，在太阳能干燥、太阳能建筑一体化、太阳能热泵等技术领域也做了许多前期研究工作和建设示范，并且与泰国、老挝、越南等东盟国家开展了相关项目的合作交流。

云南还在积极推进一批重大项目。2008年，亚洲最大的太阳能光伏试验示范电站项目——云南昆明石林大型并网光伏试验示范电站正式动工，预计项目建成后，年平均发电量为1.18亿千瓦时；在生物质能开发方面，云南省小桐子原料林面积位居全国之首，在科技部的支持下，企业、科研院所、大学等10余家单位正联合开展投资10亿元人民币的国家级“小桐子生物柴油产业化关键技术研究与示范项目”；云南农村户用沼气发展处于全国前列，研发的“商品化户用玻璃钢沼气池”和“扁球形改性塑料沼气池”等专利产品具有较高的综合技术水平，在越南、缅甸、突尼斯、卢旺达等国家和地区得到广泛应用。

（李　倩）

国企依托技术创新节能增效

昆钢："耗能大户"的节能跨越

"耗能大户"的昆钢，近年来一直贯穿着节能降耗、提质增效和环境保护的发展思路。在2007年11月，旨在促进企业调整和优化产业结构、全面推进节能减排工作的"昆钢节能减排中心"挂牌，这是云南省国有企业首家成立的节能减排中心。

2007年，昆钢共完成29项总投资2亿多元的节能减排项目，钢铁主业吨钢综合能耗已降到649千克标煤。在钢产量增长5.38%的情况下，"三废"排放量稳中有降，外排废水量与同期相比下降15.5%，铁渣、废酸利用率达到国内先进水平。2008年，面对金融危机严峻挑战形势，昆钢加大了节能减排增效的力度，先后制定了《关于印发昆明钢铁控股有限公司2008年节能减排工作计划的通知》、《昆明钢铁二次资源综合利用管理办法》、《昆明钢铁控股有限公司关于开展水环境综合治理工作的通知》等纲领性管理文件30多份。昆钢共完成总投资9亿多元实施节能减排技改项目，并争取到国家专项政策资金2 100万元，组织开展了一系列节能减排增效的技改，这些项目的实施，进一步优化了昆钢的生产工艺结构，能源利用效率得到改善，为今后昆钢可持续发展奠定了基础。

云天化：创新推进节能增效

云天化在快速发展的进程中，以资源的高效利用和循环利用为核心，以"减量化、再利用、资源化"为原则，以"低消耗、低排放、高效率"为目标，依靠技术创新、制度创新和管理创新，积极应用节能技术，强化管理，淘汰落后生产能力，努力探索工业循环经济可持续发展的途径，大力推进节能减排工作，转变了经济增长方式和企业发展模式。

2008年云天化持续开展节能减排工作，全年综合能耗为200万吨，万元增加值能耗4.44吨标煤/万元，比2007年下降5.82%；万元产值能耗1.020吨标煤/万元，比2007年下降25.78%，全面完成2008年节能目标。在集团支持下，云天化各下属企业2008年提高了节能减排技术改造的技术创新投入，项目节能成绩明显，其中，在积极组织实施中日合作电机节能改造项目上，选定了天达公司和国际化工三环分公司共两台500千瓦的水泵作为云南——日立钢铁化工行业电机系统节能项目试点。两家企业顺利完成了电机的高压变频改造，项目取得了预期效果，天达公司的深井泵用高压变频器节电率达到31.4%，年节电可达96.36万千瓦时，折合节约351.71吨标准煤；三环公司的渣浆泵用高压变频器节电率达到20%以上，年节电可达80万千瓦时，折合节约292吨标准煤。

云天化不但要求其下属生产企业在"十一五"期间完成绿色照明改造工作，还积极推进10万只节能灯进家庭活动，仅集团总部机关员工就完成了10 160只节能灯进家庭。同时，广泛开展节能减排立功竞赛活动，通过"小革新、小建议、小发明、小设计、小改造"，发动职工积极投身群众性技术创新工程。

云冶：科技创新建设行业"标杆"

云南冶金集团坚持依靠科技进步，推进节能减排工作的进展。在铝产业上，先后实施了云铝一期、二期节能环保技改工程，使得云铝电解铝综合电流效率达到96%，电解槽集气效率达到98%，除尘效率达到99%，氟化物净化效率达到98.5%，实现废水零排放，铝锭综合交流电耗保持在13 368 KW·h/t以下，比国内同行业平均水平低1 000 KW·h/t以上。在铅锌产业上，驰宏公司在世界上首次将艾萨炉应用于铅冶炼并形成了新的"IY铅熔炼技术"，以及"深度净化长周期电积"、"大极板机械自动剥锌"、"采矿膏体充填工艺"等技术的成功开发应用，淘汰了五条粗铅生产线，二氧化硫共减排1 393.83吨/年，烟气排放达到欧Ⅱ标准，工业废水基本实现零排放，铅冶炼总回收率达到95%以上。在锰产业上，斗南公司实施10万吨/年锰系铁合金技改后，装备工艺技术已处于国内先进水平。2009年，云铝公司和驰宏公司已分别成为电解铝和铅锌生产的标杆企业，斗南公司也有望成为锰铁合金生产的领先企业。

云锡：将"技改是永恒的"落到实处

节能减排的一个关键点是技改，要把主要精力放在生产设备的工艺、技术的更新改造上，使企业从降低成本、提高效益中得到实惠。"技改是永恒的"这一理念在云锡集团的经营中得到了充分印证，云锡跃升为世界最大的锡生产加工、出口基地的同时，完成了一系列技改，资源和能源消耗、污染物排放大幅度下降，创造了国内锡行业最好纪录。

云锡近年通过对矿山供风设备的技改，实现了坑内就地就近供风，年节电450万千瓦时；对破碎设备的技改，使选厂磨矿处理能力提高25%，系统节电0.95千瓦时/吨、节水0.35立方米/吨、节约钢球0.02千克/吨，送矿实收率提高0.43%；推广绿色照明，年节电300多万千瓦时；推广应用热泵热水机组，年节煤2 000吨。

云锡建设的澳斯麦特炼锡炉配套节能环保设施，与原反射炉相比，每年节约燃煤11 000多吨，热利用率提高22个百分点，配套的6 000 kW余热发电机组日发电量在10～13万Kw/h，年发电量3 500万Kw/h以上，年创效益1 400多万元。同时冶炼污水方面采取封闭循环不外排，厂内处理后使用，不让污水影响外界环境，每年可节约40万立方水，实现了废水零排放的目标。

云铜：发展循环经济亮点闪

传统铜冶金行业是能源消耗高，环境污染大的行业，云铜在发展中却走出了一条节能减排、循环发展之路。

云铜在节能减排中探索出了一条集生产系统、循环系统、排污系统为一体的工业用水优化预测、预报、预控的综合集成工程，提高了产品在国际市场上的竞争力。企业每增加1亿元产值耗水1.12万吨，远远低于国内炼铜企业的平均耗值。另外，云铜引进的艾萨炉经技术改造后，每产1吨铜可节约308千克标煤，这套技术投产5年来已为云铜节约27.2万吨标煤。

为了更好地实现企业的节能减排，云铜实施铜渣的再处理工艺，将含铜0.7%左右的铜渣进行浮选处理，仅此每年可以产生1亿元以上的价值。按云铜年产电炉渣60万吨，渣含铜0.7%，以渣中铜的浮选回收率50%计，每年可以多回收2 100吨铜。而从资源利用及环境影响的角度出发，这2 100吨铜若换算为铜品位0.6%的矿石，则需要开采30万吨矿石，并随之产出约37万吨浮选尾矿。

云维：节能减排增加投入

2008年，云南云维股份有限公司加大节能减排资金投入，投入资金达2.8亿元。5月，该公司的1、2号电石炉电容补偿系统节能优化改造项目改造完成并投运。云维是针对生产过程中由于电力供应紧张，拉闸限电次数比较频繁，原有的电容补偿无法满足高负荷生产的需要，投资256万元对1、2号电石炉优化改造，实现了补偿装置可随着生产负荷的变化进行自动投切，增加了产量，提高了功率因数，降低了电耗。

2008年5月，云维与合肥合意环保科技工程有限公司合作采用干法净化技术对电石炉尾气进行净化处理后供废热锅炉燃烧生产蒸汽的项目建成投产。该项目既防治了一氧化碳、二氧化碳对大气的污染，又使密闭电石炉炉气中高浓度的一氧化碳变废为宝，达到了节能减排的目的。净化后的一氧化碳再经提纯即可作为化工原料使用，延伸一碳化工产业链，带动其他产业发展，具有显著的社会效益。项目的开发将为密闭电石炉尾气净化提供全新的净化技术，为密闭电石炉尾气资源化及综合利用提供必要条件。

2009年，公司充分利用节能减排“四新”技术，实施重点节能减排项目。

红塔集团：全面开展节能减排工作

2005年以来，红塔集团针对企业发展的实际情况，深挖节能减排潜力，建立完善了所辖厂家（公司）的能源信息管理系统；大力引进节能新设备、新技术；在职工中强化崇尚节俭、合理利用能源的思想意识。红塔集团在省内首家安装世界一流的烟气在线监测系统，这一监测污染的高科技设备，具有连续监测烟气排放气体中有害物质含量，并通过计算机网络把烟气排放的数据远程传送到各级主管部门的在线监测系统的功能。红塔的这些努力，给了玉溪城市一片蔚蓝的天空，成为保护环境、关注人类健康的最好见证。

2007年10月，红塔成立了由集团总裁李穗明担任组长，分管经济运行、生产安全和工程设备的3位集团领导担任副组长的“节能减排工作领导小组”，制定节能减排工作实施方案，把红塔多年来一直开展的节能减排工作放在重要位置，使之产生了第一次质的飞跃。2007年，红塔集团万元产值综合能耗、实物产量综合能耗都得到降低，卷烟万元产值综合能耗22.61千克标煤，比2006年同期下降28.36%，卷烟单箱综合能耗23.82千克标煤，比2006年同期下降17.35%，单箱耗电31.94千瓦时，比上年同期减少1.64千瓦时。

2008年7月1日，红塔集团认真组织旗下各卷烟厂、控股公司、多元化企业按照国务院、烟草行业提出的节能减排要求和工作要点，把集团的节能减排工作从深入开展提高到强化开展。自2008年7月以来，制定了节能减排目标责任评价考核制度，集团总部、省内玉溪、楚雄、大理三家卷烟厂，省外红塔辽宁公司、海南红塔公司全面开展节能减排工作。针对烟草行业万元产值能耗降低5－8%，万支卷烟能耗高于行业2007年平均值4.5千克标煤的企业同比降低5%以上，低于行业平均值的降低2%以上，二氧化硫排放总量降低5%，化学需氧量排放总量降低5%的要求，把节能减排工作放在重要位置来抓。在各厂、公司，有关职能部门的努力下，2008年1至10月份，红塔集团省内三厂单箱综合能耗为21.23千克标煤，同比下降5.09%；万元产值综合能耗为18.65千克标煤，同比下降12.79%，二氧化硫排放、化学需氧量排放完全达到了行业标准要求。

（沈洁玲辐　周海芬）

民企节能减排亮点频现

南磷集团：率先拆除落后生产线

2007年11月，云南南磷集团寻甸磷电公司1、2号共计6 000吨黄磷炉生产线被拆除，每年可减少532.2吨二氧化硫排放量。这是积极响应国家节能减排号召，自行淘汰、拆除落后产能的首个民营企业。此次淘汰的1、2号黄磷炉生产线产能落后、消耗高，已不能适应新的发展需要，拆除后，南磷集团将把资源配置到先进的生产装置中，以提高资源的利用率。

南磷集团连续10年居全国出口黄磷第一。在企业发展中，该集团把节能减排作为重要工作来抓，技术改造与科技创新并重，推动技术节能。

通过引进和自主创新，南磷将传统电炉的“三相三根电极”改为现在的“三相六根电极”，在保证设备安全运行的前提下，充分挖掘节能潜力，“二改六”技改电炉自2006年投产至今，每年可节电960万千瓦时，折合标准煤1 180吨。在此基础上，南磷在新建规模为“6万吨/年三聚磷酸钠”生产装置时，利用黄磷装置产生的大量一氧化碳尾气，配套建设“6 000立方米/小时黄磷尾气净化”煤气站，通过净化的尾气作为五钠生产干燥和聚合提供所需的气体燃料。每年可综合利用黄磷尾气4 320万立方米，折合标准煤1.54万吨。不仅节约了能源资源，并使公司在不增加二氧化硫排放总量的情况下，扩大了生产，改善了公司的产品结构，增加了利税。

德胜钢铁：变“废”为“宝”

云南德胜钢铁有限公司，坚持将节能降耗、清洁生产作为公司发展壮大的重要组成部分来抓，突破“约束”，使企业实现了低能耗高产出。2008年较2005年基期实现节能量达58 000吨标煤。

德钢在资源综合利用上，致力于技术创新变“废”为“宝”。其中，引进开发建设了高炉炉顶余压发电项目和炼钢二次除尘项目，利用高炉炉顶排出的煤气，使用先进工艺代替减压阀组回收能量发电，起到了不消耗任何原料、稳定炉顶压力、减少噪声和无污染的积极作用。

德钢利用余热余压的发电量已达85万度，年可节约10万吨标准煤，创造产值1.2亿元，实现了良好的经济效益和环保效益。另外，经过四期技改工程建设，公司在环保方面投入2.6亿元资金，新建了24套除尘设施、23套水处理循环设施、50余套消声设施、2座固废堆存处理场，污水排放、水循环利用、废气排放以及关心点空气质量等均达到了标准要求，并在水资源循环利用、煤气综合利用、废渣综合利用、蒸汽回收利用等方面进行改造提升。

德鑫集团：打造循环经济产业链

富源德鑫在发展中，坚持科学发展，推行先进的生产工艺，坚持以节能、节水、资源综合利用和发展循环经济为重点。如在建设德鑫循环经济工业园区的百万吨焦化工程项目中，坚持节能减排从源头抓起，多次派人到山西、陕西、山东等地考察焦化节能减排工作，选用相关节能设备都要反复论证，比如将原来部分使用75KW的电机改成45KW电机使用，将鼓风机、空压机等机电设备增配了变频调速装置。

百万吨焦化工程项目在污水处理方面引进了国内最新技术——焦化污水焚烧处理技术。该工艺是将污水经预处理后由喷嘴雾化喷入焚烧炉内，焚烧炉以焦炉煤气为燃料、空气助燃，将焦化污水全部焚烧，使污水中的有机物等有害物质完全燃烧分解，废气热量经余热，锅炉回收产生蒸汽后排入大气，产生的蒸汽除供厂生产使用外，还将剩余蒸汽进行发电，基本达到污水零排放。既延伸了煤化工产业链，又从源头上消除和减少了生产过程的污染排放，实现“三废”资源化，具有明显的经济效益和生态效益。

在“十一五”期间，德鑫公司计划完成煤矿基地，煤化工基地、洗选基地和甲基氢化醇基地建设任务，建设好德鑫循环经济工业园区，形成集采煤—洗选—煤焦—煤电—煤化—煤制气为一体的循环经济产业链。

飞龙实业：推进锌萃取技术

祥云县飞龙实业有限公司在节能减排上运用自主知识产权取得明显成效。2008年飞龙实业公司（祥云县境内）工业总产值约23亿元，综合能源消费量约23万吨标准煤。万元工业产值能耗为0.73吨标准煤，比2007年万元产值能耗0.85吨标准煤下降8%，节能量达4万吨标准煤左右。

飞龙实业运用自主知识产权，在全国首家实施锌萃取生产工艺，不仅提高了锌的回收率，而且吨锌能耗约为0.75吨标准煤，小于湿法炼锌有浸出渣处理炼锌工艺综合能耗限额先进值吨锌能耗1.2吨。同时，公司积极开展余热回收，硫酸四条线、电铅硫酸以及氧气底吹炉、鼓风炉等均配有余热锅炉副产蒸汽，其中副产蒸汽10余万吨，折合标准煤约1.5万吨；对硫酸等线的炉底风机、SO_2转换风机，以及电铅氧气底吹炉等大功率的风机进行变频改造，节能效果明显；并运用多级浮选技术，对未完全燃烧的炭进行回收等。

飞龙实业2009年稳步推进锌萃取技术的推广，有计划地完成变频节电改造，继续将普通照明灯具改造为高效节能灯具，力争在“十一五”期间，最终节能目标在省政府要求的单位工业产值能耗下降18%的指标基础上再下降两个百分点，达到万元工业产值能耗下降率为20%。

阳光基业：技术节能推动节能进步

2008年11月24日，由清华大学热能工程系与云南昆明阳光基业股份有限公司合作设立的“清华大学－阳光基业工业节能减排联合研发中心”在北京清华大学礼堂隆重揭牌。该“研发中心”的主要任务和目标是：研究开发钢铁、有色、建材等行业中余热回收和利用的新技术、新工艺及新设备。

阳光基业在节能减排领域里重点是在工业方面，在冶金、建材、烟草等领域提供领先的节能减排解决方案。其中钢铁企业的烧结余热发电系统、建材行业的水泥低温余热发电系统、烟草行业的动电中心能源管理系统在国内处于先进水平。

在昆明建立的“云南——日立节能减排示范项目”，是云南省在全国率先实施的一项新举措，通过引进国外节能先进企业的技术，在昆钢、云天化集团启动实施了电机系统节能示范工程；阳光基业是省节能办从全省10多家从事节能服务、工业自动化控制、IT软件开发的公司中选择的技术支持企业。在“云南——日立节能减排示范项目”中，阳光基业以优秀的技术和产品服务，推动了云南省工业企业的节能进步，以助其实现节能降耗目标。

云南太阳谷节能产业：提供技术和资金结合的节能服务

2008 年，随着云天化集团三环化工分公司等用能企业节能技改项目进入方案落实阶段，省节能技术服务中心、昆明供电局与云南太阳谷节能产业发展有限公司三方联合开展的“‘合同能源管理’节电示范行动”也进入了关键时期。

太阳谷是专业致力于为企业优化能源供应、改善能源管理、提高能源效率、节约能源成本的节能科技应用型公司，重点从事“合同能源管理”和“节能信用卡”合同能源管理创新模式推广应用。公司成立的初衷就是要找到能源与资金的结合点。能耗企业所面临的瓶颈要么是技术，要么是资金，太阳谷在云南就是要充分利用“合同能源管理”这种市场化节能机制，为企业提供技术和资金相结合的一条龙专业节能服务。

（沈洁玲辐）

保山完成“十一五”污染减排任务

2009 年以来，保山市强化污染减排目标责任考核，狠抓重点项目落实，大力加强环境执法监督及污染减排基础性工作，加大环保实用新技术、新工艺、新装备的研发和推广力度，到 2009 年底全市圆满完成了省政府规定的“十一五”总量削减约束性指标及任务。

该市按照《保山市节能减排专项检查方案》、《保山市“十一五”主要污染物总量减排工作考核办法》，组织开展对县区污染减排工作的检查考核，进行节能减排考核的奖励与问责；市政府与各县区政府签订了《保山市七彩云南保护行动工作目标年度考核责任书》，分解下达了减排指标任务，明确了重点减排项目，在省规定的 12 个重点减排项目的基础上，全市又增加了 5 个糖厂化学需氧量工程减排新开工项目。同时加强对国控、省控和市控重点污染源及重点减排项目的现场执法监察和监督性监测，监测频次由每季 1 次每年 2 次提高到每月 1 次每年 4 至 5 次，强化污染治理设施的运行监管，确保各工业企业管理措施全面落实、环保设施正常运行、污染物稳定达标排放、污染减排长期收到实效。针对当前经济形势下企业偷排漏排风险增加的情况，保山市按照国务院和省政府对开展 2009 年整治企业违法排污保障群众健康环保专项行动的部署，紧紧抓住打击违法排污和“两高一资”项目未批先建两个关键环节，加大对重点行业，重点企业的执法监察力度，并建立环保监督员制度，鼓励公众举报企业环境违法行为，对查证的违法排污案件严格依法处理。

（李春旭　王　灿）

迪庆经开区环保引领产业发展

迪庆经开区开发区始终坚持以环境友好型和资源节约型为基础，实施工业强区战略，培育食品、饮品、药品、保健品等特色产业，开发绿色产品，支持企业实施品牌带动，提高市场竞争力，把藏秘、香格里拉葡萄酒、无量藏泉、舒达核桃系列产品打造成国内外知名品牌，在全州充分发挥辐射和带动作用。德钦干热河谷降雨量少，葡萄每亩产量为 350 至 500 千克，是酿酒的优质原料，香格里拉酒业以每千克 6 元的价格收购，不仅满足公司的需求，还给农民带来收益。酒业公司在迪庆州收购的 700 至 800 吨青梨仅能满足市场 1/3 的需要。

在保护环境的前提下发展矿业也是开发区工业强区的一个重要部分。在老虎箐片区，与昆钢合作的钢铁合金目前已经形成硅、勐、铬、钛四大合金系列，2008 年合金系列产量 5 万吨，产值约 5 亿元，形成年产 30 万吨规模。

（李银发　王　坚）

三维科技节能环保新技术研发成功

由昆明铁路局科研所高级工程师杨贵荣团队经过一年多的刻苦攻关，一项运用科技创新成果在全国节能环保工作中实现了重大突破的实用型新技术——太阳能、空气源热泵及中高温水源热泵节能减排综合运用系统在云南省研发成功通过省级鉴定，并投入实际运用取得显著成效。

此项最新研发的节能减排新技术成果为“太阳能、空气源热泵及中高温水源热泵节能减排综合运用系统”，其科技创新的最大亮点在于，在全国首创了将太阳能的利用与空气热泵及中高温水源热泵三项节能环保新技术进行了智能化的“三联动”，从而实现了“三合一”的综合化集成化运用，从根本上解决了仅靠太阳能单一供热受时间、气候、地理位置的限制，不能实现“全天候”高温供热的缺陷。随着这一全新的新技术的综合运用，可以使太阳能、空气源热泵及中高温水源热泵在三联动中为用户长年“全天候”地提供水温达到 90 度以上，为用户全面实现全天候的节能环保和低成本的可持续运用。

昆明铁路局昆明东站货车洗刷所是全省最大的货车编组站，每年有 1 500 多辆次的货车车厢需要在此用 90 度以上的高温热水及时进行清洗后才能再使用。为解决生产所需用的高温热水，原来一直是靠用燃煤锅炉的办法来提供热能。燃煤锅炉的使用供热带来了大量的废气、废渣、废水的排放，使货车洗刷所成为全路局的“耗能大户”之一。昆明铁路局科研所从 2008 年全面采用此项节能环保新技术后，实现了燃煤锅炉全部“下岗”，锅炉工全部转岗，年营运成本由过去的 66.4 万元下降到7.2万元。同时，每年可节约用水4 764立方；节约用电7 032度；节约燃煤586吨，减少空气污染物排放20.2吨；减少固体废弃物排放220吨，实现的废气、废水、废渣的“零”排放，成为全国铁路系统货车洗刷节能环保的一面旗帜，现已获得三项国家“实用新型发明专利”。

该系统具有较好的安全性、稳定性和广泛的适用性，是节能减排中一项重大的科技创新成果，可推广运用于工厂、室内采暖、温室、食品加工厂、洗衣、酒店、医院、学校等所需要用热水的场所，为全国的节能减排和实现经济的可持续发展提供强有力的新能源技术支撑。

（李启昌　黄喆春）

陆良县抓好节能减排打造循环经济产业链

陆良县委、县政府在发展中坚持“工业强县发展战略，按照“提升、整合、引进、效益”的工作思路在推进新型工业发展过程中，陆良县始终把保护环境、节能减排放在突出的位置，以推广清洁生产和循环经济为突破口，把优化综合发展环境、转变经济增长方式有机结合，把污染防治、生态环境保护融入到“七彩云南保护行动”中。在新建项目管理上，认真执行环保前置审批制度，未经环保部门同意的项目，相关部门不予受理。从源头上控制新污染企业的建设，严格把好项目选址关、环评审批关、“三同时”验收关。2008年共审批生产线建设项目28项，非生产性建设项目9项，建设项目环评执行率达100%，“三同时”制度执行率达100%。

针对过去一些工业企业小而全、散而乱、污染重、附加值低、财税贡献小、工艺技术装备落后、自主创新能力弱的实际，陆良县明确了“十一五”时期实现节能32.33万吨标煤的工作目标，编制了循环经济发展暨环境综合整治规划和西桥工业区环境污染综合整治方案、行业整合提升方案和外部环境“五化”（绿化、硬化、亮化、净化、美化）方案。围绕“把工业园区建成新型工业化的花园式园区的目标要求”，狠抓淘汰落后生产能力工作，加快结构性减排步伐。近年来全县共拆除500立方米以下炼铁小高炉2座，淘汰落后产能24万吨。关停2家冶金企业，淘汰落后产能0.9万吨。淘汰8家水泥厂生产线10条，淘汰落后产能89万吨。引导工业企业开展经济综合利用，每年废旧资源综合利用总量70万吨。并对陆良县佳星焦化厂新建100万吨焦化、陆良富强建材有限公司免烧砖2个固定资立投资项目进行合理用能评估与审核，已有8家企业完成重点用能审计。2008年削减二氧化硫520吨，COD削减101吨。同时积极鼓励企业采用新技术、新工艺扩大再生产，近年来全县工业企业成功开发或应用新技术、新工艺105项，开发新产品45项。目前该县粉煤灰等固定废弃物利用率达94.1%，中水回用率达70%，12家企业的12种产口（项目）获得资源综合利用认定。西桥片区5条硫酸生产线过去不同程度存在环境污染隐患，陆良县及时下达停产整顿通知，使5条硫酸生产线及时完成环境安全整改。云南陆良龙海化工有限责任公司投资540万元的硫酸生产线整体水处理系统已开始运行。云南省陆良乐事达工贸有限责任公司、陆良县金泰博化工有限公司共投资600多万元，引进上海一环保工程公司“污水中加电石渣等4种药剂+聚丙烯胺絮凝剂+压滤机压滤”技术，加上一套废水处理系统和两套尾气吸收装置，全部设备已安装完毕，废水实现封闭循环使用，实现“零排放”。

（晋立红　李　井）

ANNUAL OF YUNNAN ECOLOGY

云南生态年鉴

2010

倡导绿色和谐 促进生态文明

自然保护与建设 NATURAL PROTECTION AND CONSTRUCTION

自然保护区名录

云南省国家级自然保护区

自然保护区名称	地点	面积（公顷）	主要保护内容	创建时间
南滚河自然保护区	耿马县、沧源县	50 887	亚洲象、孟加拉虎及其栖息的雨林地	1980
白马雪山自然保护区	德钦县、维西县	281 640	高山针叶林、滇金丝猛猴	1984
高黎贡山自然保护区	福贡县、泸水县、贡山县、保山市隆阳区、腾冲县	405 129	森林、野生动植物	1983. 1
无量山自然保护区	南涧县、景东县	30 938	森林生态、野生动植物	1988. 3
西双版纳自然保护区	景洪市、勐海县、勐腊县	247 439	热带季节性雨林、石灰山季雨林、季风常绿阔叶林	1958. 10
纳板河流域自然保护区	景洪市、勐海县	26 600	印度野牛及热带雨林	1992. 7
苍山洱海自然保护区	大理市	79 700	冰川遗迹、湖泊、苍山冷杉、杜鹃林	1981. 11
文山自然保护区	文山县、西畴县	26 867	珍稀动植物	1958
分水岭自然保护区	金平县	42 027	热带半山山地苔藓常绿阔叶林以及珍稀动植物	1986. 3
大围山自然保护区	屏边县、蒙自县、河口县、个旧市	43 993	热带山地常绿阔叶林及珍稀濒危动植物	1986
黄连山自然保护区	绿春县	65 058	野生动物及热带常绿阔叶林	1983. 4
大山包黑颈鹤自然保护区	昭通市昭阳区	19 134	黑颈鹤	1991. 11
哀牢山自然保护区	新平县、楚雄市、双柏县、景东县、镇沅县	71 007	原始森林、珍稀动植物	1981. 12
药山自然保护区	巧家县	20 141	湿性常绿阔叶林生态系统及多种药用植物	1978

云南省省级自然保护区

自然保护区名称	地点	面积（公顷）	主要保护内容	创建时间
滇池自然保护区	昆明市	143 100	自然生态系统	1981. 6
松华坝水源保护区	嵩明县、官渡区	62 980	自然生态系统	1981. 8
轿子山自然保护区	禄劝县、东川区	16 704	自然生态系统	1994. 3
普渡河苏铁自然保护区	禄劝县	27	野生植物	1984
石林自然保护区	石林县	35 000	地质遗迹	1981. 11
梅树村寒武系地质自然保护区	晋宁县	58	地质遗迹	1981. 11
驾车华山松自然保护区	会泽县	8 280	华山松	1984
黑颈鹤自然保护区	会泽县大桥、长海子	8 800	黑颈鹤	1986
十八连山森林资源生态型自然保护区	富源县十八连山乡	1 248	野山茶、长绿阔叶林	1985. 7

续表

自然保护区名称	地点	面积（公顷）	主要保护内容	创建时间
珠江源自然保护区	沾益县、宣威市	230 459	水源涵养林	1988. 6
帽天山动物化石群自然保护区	澄江县帽天山	1 800	古生物化石	1997. 12
元江自然保护区	元江县	22 192	生态、水系、芦荟、水库	1989. 10
小黑山自然保护区	龙陵县、保山市隆阳区	16 013	热带亚热带低中山湿性常绿叶林生态系统及珍稀植物和一、二级保护动物	1995. 11
大龙洞水源林保护区	昭通市昭阳区	134	水源林	1981. 1
袁家湾自然保护区	镇雄县	1 634	珙桐等植物	1980. 6
海子坪自然保护区	彝良县洛旺乡	2 782	天然毛竹林、筇竹林、湿性长绿阔叶林	1984. 5
朝天马自然保护区	盐津县、彝良县	6 293	原始森林	1956. 2
紫溪山保护区	楚雄市	16 000	珍稀动植物、森林	1994. 3
三江口自然保护区	永善县	680	山地湿性长绿阔叶林	1984
阿姆山自然保护区	红河县	14 756	保护国家一、二级动、植物和主要水源地	1995. 12
观音山自然保护区	元阳县	16 410	亚热带中山苔藓常绿阔叶林	1994. 5
建水燕子洞白腰雨燕保护区	建水县	1 601	白腰雨燕繁殖种群及其栖息环境和溶洞景观资源	1997. 8
老君山自然保护区	马关县、麻栗坡县	2 807	南亚热带常绿阔叶林和各种珍稀濒危种群	1986. 3
普者黑自然保护区	丘北县	20 732	野生动植物，原生地貌，植被，高原湖泊	2000. 9
八宝自然保区	广南县	8 171	独特的河谷峰丛、峰林、岩溶地貌	1998
驮娘江保护区	富宁县	15 752	水源涵养林、季雨森林	2000. 9
雕翎山保护区	禄丰县	613	原始森林、珍稀动植物	1981. 12
老君山自然保护区	马关县	1 696	桫椤、梭子果、鹅掌秋、熊、大青猴等	1981. 11
古林箐自然保护区	马关县	6 833	蚬木、擎天树、脑香、巨蟒、蜂猴等	1982. 10
音山自然保护区	孟连	54	小花龙血树	1986. 3
糯扎渡自然保护区	普洱市、澜沧县	21 679	桫椤、野牛、橡绿木	1997. 10
威远江自然保护区	景谷县	7 653	思茅松原始林植被	1981. 10
莱阳河自然保护区	普洱市	15 333	以野牛为主的珍稀动物群及热带生态系统	1985. 10
云龙天池自然保护区	云龙县	6 630	云南松、高原湖泊	1981. 4
鸡足山自然保护区	宾川县鸡足山	10 760	佛教古迹、云南松	1981. 7
金光寺自然保护区	永平县	9 500	滇藏木兰、凹尖杜鹃	1982. 3
青华绿孔雀自然保护区	巍山青华乡	1 000	绿孔雀	1988. 9
铜壁关自然保护区	盈江县、陇川县、瑞丽市	34 158	亚洲象	1987. 5
玉龙雪山自然保护区	丽江县	26 000	现代冰川和古冰川遗迹、高山森林植被、珍稀动植物	1984. 5
泸沽湖自然保护区	宁蒗县	8 133	水生珍稀动植物、森林资源和湖泊水体	1986. 3
拉市海高原湿地自然保护区	丽江县	6 523	特有珍稀濒危动植物、高原湿地生态系统	1997. 10
碧塔海自然保护区	香格里拉县	14 181	高山针林、高原湖泊及野生动物	1985
纳帕海自然保护区	香格里拉县	2 400	湿地及黑颈鹤等栖息地	1985
哈巴雪山自然保护区	香格里拉县	21 908	高山森林生态系统及珍稀野生动物	1985

续表

自然保护区名称	地点	面积（公顷）	主要保护内容	创建时间
澜沧江自然保护区	临沧地区（辖五个县）	143 896	森林生态系统	1999.6
大雪山自然保护区	永德县	15 786	森林生态系统	1986.3
南捧河自然保护区	镇康县	36 970	森林生态系统	1996
海峰自然保护区	沾益县大坡乡	27 846	喀斯特地貌、天坑、森林及野生动植物	2001.4

云南省地州市级自然保护区

自然保护区名称	地点	面积（公顷）	主要保护内容	创建时间
双河、磨南河水源保护区	安宁市、晋宁县	31 667	自然生态系统	1990
菌子山自然保护区	师宗县龙庆	57 620	亚热带半湿性常绿阔叶林及其形成的森林生态系统，珍稀野生动植物	2001.5
万峰山自然保护区	罗平县	58 327	岩溶森林植被生态系统，白化猕猴、野生珍稀濒危物种及其栖息地或繁殖地	1999.2
红塔山自然保护区	玉溪市红塔区	5 696	生态、水资源	2001.12
老黎山自然保护区	盐津县	297	天然林	2003.5
白老林自然保护区	盐津县	2 200	云豹、红豆杉	2003.5
罗汉坝自然保护区	大关县	6 913	云豹、苏门羚、珙桐、鹅掌楸等	2003.5
小岩方自然保护区	永善县	9 698	峨眉栲、光叶珙桐、银杏、云豹、黑熊等	2003.5
五莲峰自然保护区	永善县	35 420	云南红豆杉、筇竹林、云豹、黑熊等	2003.5
二十四冈自然保护区	绥江县	24 400	天然林	2003.5
以拉自然保护区	镇雄县	685	南方红豆杉	2003.5
大雪山自然保护区	威信县	2 153	珙桐、水青树、岩羊、黑熊等	2003.5
铜锣坝自然保护区	水富县铜锣坝	3 237	动植物	1988.1
白竹山保护区	双柏县	8 394	原始森林、珍稀动物	1984
花椒园保护区	姚安县	37 016	水源林、珍稀动物	2003.4
大尖山保护区	姚安县	10 134	水源林、珍稀动物	2003.4
化佛山保护区	牟定县	667	森林、珍稀动植物	1982.5
樟水箐保护区	禄丰县	3 631	森林、珍稀动植物	1982.5
昙华山保护区	大姚县	1 231	自然风景、森林	1982.5
方山保护区	永仁县	733	自然风景、森林	1982.5
狮子山保护区	武定县	1 360	自然风景、森林	1982.5
西山保护区	楚雄市	222	森林、自然风景	1982.5
三峰山保护区	楚雄市三县	47 679	水源林、珍稀动物	2001.1
恐龙河保护区	双柏县	10 391	水源林	2003.4
白马山	牟定县	15 852	森林、珍稀动物	2003.4
元谋土林	元谋县	1 992	土林地貌、景观	2000.5
泸西县板桥河水源保护区	泸西县	2 000	保护水源地，国家一、二级动物及暖性针阔混交林	2002.8

续表

自然保护区名称	地点	面积（公顷）	主要保护内容	创建时间
莲华塘乡鸡冠梁子	西畴县马家寨	42	野生动物	1982.12
鸡街乡保崔大箐	西畴县大寨村	54	野生动物	1982.12
鸡街乡齐湾箐	西畴县王家塘村	67	珍稀动植物	1982.12
法斗乡董棕槽	西畴县脱皮树村	37	珍稀动植物	1982.12
火烧梁子	麻栗坡县	754	原始常绿阔叶林	1982.10
茨竹坝	麻栗坡县	1 667	南亚热带常绿阔叶林	1982.10
普弄大箐	麻栗坡县	67	涵养水源	1982.10
下新箐保护区	麻栗坡县茅草坪	190	季风常绿阔叶林	1982.7
达豹箐自然保护区	马关县	1 001	木兰科、棕科植物、穿山甲、猫头鹰等	1982
马西箐自然保护区	马关县	161	拟单性木兰、香木莲、樟树、穿山甲、小灵猫等	1982
倮洒大箐自然保护区	马关县	319	木兰科、樟科植物、穿山甲、大灵猫、小灵猫、猫头鹰等	1982
獐子岩大箐自然保护区	马关县	127	木兰科、樟科植物、穿山甲、果子狸、白腹锦鸡等	1982
马洒箐自然保护区	马关县	285	木兰樟科植物、眼镜王蛇、穿山甲、白腹锦鸡等	1982
里拱大箐	富宁县	1 333	天然林	1982.12
干南大箐	富宁县	10 000	天然林	1982.12
高楼大箐	富宁县	6 667	天然林	1982.12
永国寺自然保护区	永平县阳乡	670	华山松、野茶树、小熊猫	1983.7
石宝山自然保护区	剑川县石宝山	2 800	风景资源、针阔叶林	1988.7
罗坪鸟吊山自然保护区	洱源县罗坪山	900	迁徙候鸟及自然景观	1988.7
茈碧湖自然保护区	洱源县茈碧湖	800	茈碧莲及水生生物	1988.7
巍宝山自然保护区	巍山县巍宝山	2 000	森林及风景资源	1988.9
凤凰山候鸟自然保护区	南涧县凤凰山	2 500	迁徙候鸟	1988.9
土林自然保护点	南涧县南涧镇	500	地质地貌景观	1988.9
雪山河水源林自然保护区	漾濞县雪山河	2 383	常绿阔叶林及野生核桃林	1988.9
朝霞名胜自然保护区	鹤庆县朝霞山	800	地下水资源及自然景观	1988.9
水目山自然保护区	祥云县马街乡	1 500	古山茶及森林植被	1988.7
太极顶自然保护	弥渡县弥址乡	2 670	针阔叶林及水资源	1988.9
凤阳鹭鸶栖息榕树保护点	大理市凤阳		鹭鸶、古榕树	1988.9
蝴蝶泉自然保护点	大理市周城	500	蝶蛾及生态环境	1988.9
母屯海湿地自然保护区	鹤庆县草海镇	400	越冬水禽及湿地生态系统	2001.10
龙华山自然保护区	鹤庆县城效乡	2 500	十八寺遗迹及原始森林植被	2001.10
大黑山水源林自然保护区	弥渡县坝西山	14 000	水资源、森林植被及野生动植物	2001.10
天生营自然保护区	弥渡县牛街乡	13 000	动植物资源及李文学起义遗址	2001.10
博南山自然保护区	永平县杉阳乡	17 330	古树名木、永国寺、文物古迹	2001.10

续表

自然保护区名称	地点	面积（公顷）	主要保护内容	创建时间
隆庆鸟道雄关自然保护区	巍山县隆庆鸟道雄关	1080	森林植被	2001.10
西湖自然保护区	洱源县右所乡	700	水质及湿地生态系统	2001.10
大龙潭自然保护区	南涧县宝华镇	1 073	水库水质及流域内森林植被	2001.10
西罗坪自然保护区	洱源县乔后镇	10 000	森林植被及野生动物（小熊猫）	2001.10
黑虎山自然保护区	洱源县炼铁乡	9 000	森林植被及野生动物（黑鹿）	2001.10
瑞丽江流域自然保护区	瑞丽市、陇川县、潞西县	73 500	候鸟、季节性雨林	1992.3
芒究水库水源林保护区	潞西市	3 170	水源涵养林	1992.4

云南省县级自然保护区

自然保护区名称	地点	面积（公顷）	主要保护内容	创建时间
德党后山自然保护区	永德县	7 333	森林生态系统	1984
汤池老爷山天然林保护区	宜良县	24 00	自然生态系统	2002.12
九乡麦田河天然林保护区	宜良县	2 800	自然生态系统	2002.12
会泽鲁纳黄杉自然保护区	会泽县鲁纳乡	1 745	黄杉	2000.12
彩色沙林自然保护区	陆良县马街镇、召夸镇	5 280	自然生态景观	2000
大堵水库自然保护区	师宗县丹凤镇	160	饮用水源	1999.6
翠云山、丁累大箐自然保护区	师宗县高良乡	293	动植物资源	2000.4
黄草坪第二水源自然保护区	马龙县纳章乡	2 950	饮用水源	2000.1
翠峰山自然保护区	曲靖市麒麟区西山乡	1 129	森林植被	2000.3
朗目山自然保护区	曲靖市麒麟区沿江乡	900	森林植被	2000.3
青峰山自然保护区	曲靖市麒麟区三宝镇	1 110	森林植被	2000.3
五台自然保护区	曲靖市麒麟区城关镇	1 350	森林植被	2000.3
寥廓山自然保护区	曲靖市麒麟区城关镇	1 450	森林植被	2000.3
东风水库自然保护区	师宗县竹基乡	4 960	饮用水源	1999.6
翠云山自然保护区	师宗县葵山乡	11	动植物资源	2000.4
牛过河饮用水源保护区	沾益县	6 600	水源、涵养林及水生生态系统	2002.10
梁王山保护区	澄江县梁王山	2 285	野生花卉、动植物	1974
十街乡脚家店恐龙化石保护区	易门县十街乡脚家店	1 000	恐龙化石	1987.9
翠柏自然保护区	易门县六街镇二街茶树	7 800	翠柏	2000.12
山后茶厂自然保护区	峨山县山后茶厂	1 840	自然环境	1990.6
红石岩水源林保护区	峨山县红石岩	656	水源林	1990.12
高鲁山水源林保护区	峨山县高鲁山	5 260	自然环境	1991.12
棚租雨来救自然保护区	峨山县小街	5 004	水资源、林木	1992.8
新村水库水资源保护区	峨山县新村	1 786	水源林	1998.2
城近山面山保护区	峨山县双江镇、小街镇	8 841	自然环境	1998.11
玉林泉水资源保护区	峨山县双江镇玉林大箐	533	水资源	1999.9

续表

自然保护区名称	地点	面积（公顷）	主要保护内容	创建时间
哀牢山自然保护区	新平县腰街、漠沙	9 744	中山湿性常绿阔叶林、黑长臂猿	1992. 8
磨盘山自然保护区	新平县平甸乡、杨武镇	7 294	半湿性常绿阔叶林、绿孔雀	1990. 11
秀山自然保护区	通海县秀山镇	9 267	自然生态植被	2001. 8
大龙口水源涵养地生态功能保护区	易门县大龙口	11 186	水源	2002. 12
地热火山自然保护区	腾冲县	12 990	地热火山等自然景观	2000. 3
北海湿地自然保护区	腾冲县	1 629	城区生活水源、生物多样性的原始环境	2000. 6
澜沧江自然保护区	昌宁县	13 333	野生动植物	1997. 8
五台山保护区	禄丰县	3 527	水源林	1987
西山水源林保护区	弥勒县	16 115	涵养水源，保持水土	1996. 4
董棕林自然保护区	个旧市卡房	160	董棕林	1999
饮用水源保护区	个旧市白云山	3 968	水源	1999
跃进水库水源林保护区	建水县	17 520	水源林	1997. 8
黑龙潭水源林保护区	建水县	9 893	泉水地下径流补给区	1996. 1
阿波黎山自然保护区	红河县	10 000	水源林	2002. 7
南洞自然保护区	开远市	267	水源地	2000. 1
饮用水源保护区	普洱市	18 000	饮用水源	1994. 8
坝卡河自然保护区	墨江县	3 500	水源	1995. 8
牛倮河自然保护区	江城县红疆乡	4 753	自然生态系统及珍稀动植物	1983. 8
松山自然保护区	普洱市	2 700	饮用水源	1994. 4
勐梭龙潭自然保护区	西盟县	4 200	水源	1982. 5
菊河饮用水域保护区	景东县	2 000	饮用水源	1999. 1
湾河水源保护区	镇沅县	5 000	饮用水源	1995. 5
大黑山自然保护区	孟连县	7 146	生态系统	1993. 3
黑山保护区	墨江县	14 667	森林生态	1995. 5
泗南江桫椤自然保护区	墨江县	5 603	桫椤	2001
景洪市保护区	景洪市	44 000	热带森林及野生动植物	1999. 9
木乃河水源林保护区	盈江县	4 200	森林水源	1998. 8
梁河后山自然保护区	梁河县	1 000	水源涵养林	1998. 4
翠坪山自然保护区	兰坪县金顶镇	8 600	生态系统、原始自然景观及历史遗迹	2000. 6
富和山自然保护区	兰坪县	37 000	森林及野生动物	1998. 12

（资料来源：云南省环境保护局）

自然保护区选介

无量山国家级自然保护区

概述

无量山国家级自然保护区位于云南省普洱市景东彝族自治县和大理白族自治州南涧彝族自治县的结合部，因地处无量山山脉而得名，是以国家重点保护野生动物黑冠长臂猿为代表的野生生物类型自然保护区。保护区介于东经100°19′20″~100°45′00″，北纬24°17′00″~24°54′20″之间，南北长约83千米，东西宽约7千米，总面积31 313.0平方千米，其中核心区面积17 644.0平方千米，占56.3%；缓冲区面积10804.01平方千米，占34.5%；实验区面积2865.0平方千米，占9.2%。

1986年，云南省政府批准建立景东无量山省级自然保护区，1995年云南省政府批准建立南涧无量山省级自然保护区。2000年4月4日，国务院办公厅批准将合并后的景东无量山省级自然保护区和南涧无量山省级自然保护区升格成国家级自然保护区，取名云南无量山国家级自然保护区，并分别在景东县和南涧县设立保护区管理局，管理机构和人员得到逐步完善和充实。保护区管理机构在景东县为一局六站，即云南无量山国家级自然保护区景东管理局，下设锦屏管理站、文龙管理站、安定管理站、漫湾管理站、林街管理站和芹菜塘管理站；在南涧县为一局一所五站，即云南无量山国家级自然保护区南涧管理局，下设无量山保护区森林派出所，漫害山管理所、蛇腰箐管理站、凤凰山管理站、自强管理站和凤凰山鸟类环志站。

无量山自然保护区　　（刘建明　摄）

无量山国家级自然保护区建设和管理是“中荷合作云南省森林保护与社区发展项目（FCCDP）”的一个子项目，也是合作实施地理信息系统（GIS）和森林资源及生物多样性调查、监测和分析系统（IMA）工作的保护区。

保护区建设与管理

无量山国家级自然保护区属野生生物类型的自然保护区，主要保护对象是以黑冠长臂猿为代表的国家重点保护野生动物及其生存环境。

通过FCCDP的实施，进一步加强机构能力建设，在管理机构设置、基础设施和设备及人员编制等方面均得到逐步健全、完善和充实加强。景东管理局机构设置为一局六站，局机关和管理站人员编制为48人。南涧管理局下设一所五站（含鸟类环志站），现有管理人员33人。

自然保护区管理包括保护管理、科学研究、环境监测、宣传教育、社区共管、多种经营和综合管理计划编制等方面。管理局对保护区实行分层管理，层层落实目标责任制，建立和完善各项管理职责和规章制度，管理站负责边界、执法、森林防火及日常巡护等管理。

《初步综合管理计划》是FCCDP执行期的滚动计划，用于指导项目的年度计划编制和经费预算。通过项目实施和信息资料的不断完善，应用“逻辑框架方法”进行深度分析，编制成《综合管理计划》。该计划是一定时期内指导保护区建设与管理的纲领性文件，其内容还包括《周边地区管理计划》、《生态旅游计划》等。

保护区建设目标

保护区的建设方针是：全面保护自然环境，积极开展科学研究，大力发展生物资源，为国家和人类造福。保护区建设的目标是：保护好以黑冠长臂猿为代表的各种珍稀野生动物及其栖息的无量山中由湿性常绿阔叶林为主体的森林生态系统。

为实现这一目标，自然保护区管理局在全面保护的前提下，加强机构能力建设，积极开展科研监测、环境保护意识宣传教育、社区共管、生态旅游与多种经营等活动，协调好保护与发展的关系，最大限度地发挥保护区多功能、多效益的作用。

保护区主要保护对象

无量山国家级自然保护区是野生生物类型、野生动物类型的自然保护区。主要保护对象有：

一、保护以黑冠长臂猿、熊猴、灰叶猴、黑颈长尾雉、绿孔雀为主的珍稀濒危野生动物资源。包括：黑冠长臂猿、黑颈长尾雉、绿孔雀、灰叶猴等国家一级保护野生动物12种；中国穿山甲、黑熊、林麝、水鹿、苏门羚等国家二级保护野生动物52种；云猫和毛冠鹿等省级保护动物4种。

二、保护以长蕊木兰、水青树、十萼花等为代表的众多珍稀保护植物。包括：云南红豆杉和长蕊木兰国家一级珍稀保护植物 2 种；水青树、十萼花、领春木、红花木莲、大叶木兰、千果榄仁等国家二级珍稀保护植物等 17 种；鸡血藤、滇南草乌、大花八角等云南省保护植物 19 种。

三、保护以无量山脉亚热带中山湿性常绿阔叶林为主的森林生态系统。主要的森林生态系统有：中山湿性常绿阔叶林、温凉性针叶林、季风常绿阔叶林、半湿润常绿阔叶林、落叶阔叶林、灌丛、草丛等多种植被类型。

思小高速公路穿过西双版纳热带雨林（刘建明　摄）

西双版纳自然保护区　　　　（刘建明　摄）

莱阳河省级自然保护区

概述

莱阳河自然保护区位于云南省普洱市东南部，地处云南省南部低纬地带，是中国南亚热带森林生态系统类型的自然保护区。地理位置在东经 101°2′37″～101°17′58″，北纬 22°32′0″～22°32′48″之间，总面积 14 892 平方千米，因莱阳河从中穿过而得名。

保护区于 1981 年 11 月经云南省人民政府批准建立，1986 年 3 月正式成立管理所，确定编制，开展保护区管理工作。当时保护区面积 7 035 平方千米，因面积较小，未划分功能区。1996 年 5 月，普洱市政府将原保护区周围森林较好地段扩建为保护区，2000 年经省政府批准，保护区扩建达 14 892 平方千米，其中核心区 6 747 平方千米，占 45.3%；实验区 8 145 平方千米，占 54.7%。

莱阳河自然保护区建设和管理是“中荷合作云南省森林保护与社区发展项目（FCCDP）”的一个子项目，也是 FCCDP 地理信息系统（GIS）和森林资源及生物多样性调查、监测和分析系统（IMA）工作的试验保护区。GIS 和 IMA 试验工作的目的是通过试验，摸索和积累 GIS 技术在 IMA 工作中的方法和经验，为开展其他保护区的 IMA 工作打基础。IMA 分 I、II、III、IV、V 5 个亚系统，其中：IMA－I 是生物多样性调查，分植被、植物、鸟类、兽类、两栖爬行、昆虫和大型真菌 7 个专题；IMA－II 为实验区受威胁系统和生物多样性监测；IMA－III 为核心区关键物种和生态系统监测；IMA－IV 为森林生产能力和利用强度监测；IMA－V 为土地利用监测。云南省林业调查规划院承担 IMA－I、IV、V，云南省林业科学院承担 IMA－II、III。GIS 和 IMA 都是 FCCDP 的重要组成部分。IMA 为 GIS 提供调查和监测数据，GIS 为 IMA 提供技术支持，用先进的 GIS 技术支持 IMA 工作的开展，为提高 IMA 工作精度和效率服务。两者相辅相成，密不可分。

保护区自正式建立以来，在普洱市林业局的直接领导下，在保护管理、科研监测、基础设施等方面均取得一定成绩，特别是自 1999 年以来，在中荷合作FCCDP的资助下，保护区的管理和建设工作取得长足进步。保护区引进国际自然保护区管理和建设经验，开展参与式快速评估（PRA）公众意识教育（AB）、社区环境行动计划（CEAP）、初步综合管理计划（PIMAP）、周边地区管理计划（AMP）等工作，周边社区群众的自然资源保护意识逐步提高。参与式自然保护和资源的监测活动进展顺利，保护区综合管理能力不断增强；配备了各类设备，加强了基础设施建设，改善了办公条件；开展了人员培训工作，保护区工作人员知识和技能不断提高，社区与保护区的冲突有所缓解；完成保护区功能区区划，实现保护区分功能区管理；健全和理顺保护区管理机构，完善各种规章制度，实现定员定岗；成立社区共管委员会，制定村规民约，推行森林共管模式；开展经济林木种植、森林生态旅游等多种经营；开展森林资源和生物多样性调查、监测和分析工作，获取关于保护区森林资源、生物多样性和土地利用的新本底资料和监测资料，为保护和管理提供科学决策依据。

莱阳河自然保护区保护对象

保护区类型为森林生态系统类型。主要保护对象如下：

一、植被类型。有季风常绿阔叶林——短刺栲—华南石栎—红木荷群落、截果石栎—红木荷群落和刺栲—红木荷群落；季节雨林——绒毛番龙眼—千果榄仁群落；山地雨林——合果含笑群落和滇南红厚壳—大果青冈群落。

二、植物。有绒毛番龙眼、大叶木兰、腾枣、千果榄仁、大果青冈、姜壮三七、思茅买麻藤、思茅青冈、莱阳河柿、锯叶竹节树、顶果木、野波罗蜜和林生芒果等25种国家重点保护植物和19种省级保护植物。

三、兽类。有印度野牛、蜂猴、熊猴、灰叶猴、马来熊、云豹、金钱豹7种国家一级保护动物和短尾猴、水鹿、水獭，中国穿山甲、巨松鼠等15种国家二级保护动物。

四、鸟类。有绿孔雀、黑颈长尾雉2种国家一级保护动物和白鹇、原鸡、楔尾绿鸠、蛇雕等21种国家二级保护动物。

五、两栖爬行类。有巨蜥、蟒蛇2种同家一级保护动物和红瘰疣螈、虎纹蛙、凹甲陆龟、山瑞鳖、大壁虎5种国家二级保护动物。

功能区区划管理

保护区功能区区划，一般可分为核心区、缓冲区和实验区三功能区，但是，由于莱阳河保护区面积较小，只划分了核心区和实验区两个功能区。

一、核心区

自然保护区将内部保存最完好的天然状态的生态系统及珍稀、濒危野生动植物种分布较多的地带划为核心区，禁止一切人为活动的干扰，任凭其自然生长和发展，除必要的科学观察、监测外，基本上处于封闭状态。核心区面积6 747.0平方千米，占保护区总面积14 892.0平方千米的45.31%。

二、实验区

核心区以外的外围地段划为实验区，面积为8 145.0平方千米，占保护区总面积14 892.0平方千米的54.69%，可以进行科学试验、教学实习、参观考察、生态旅游等活动，但必须由保护区提出方案，上级主管部门批准，并严格按方案实施，加强管理。另外，实验区还可以缓冲核心区受外界干扰，起到对核心区的保护作用。

科研监测

莱阳河自然保护区管理所自成立以来，配合各院校、研究院开展一系列的保护区调查和研究工作。具体有：

1983年云南省林勘四大队进行自然保护区规划调查。

1984～1985年云南省林业调查规划院与思茅县林业局联合完成全县的森林资源二类调查。

1990年西南林学院的有关专家在莱阳河自然保护区开展植物调查。

1999年云南省林业调查规划院对保护区新扩部分进行森林资源二类调查。

2000～2002年FCCDP“森林资源和生物多样性调查、监测和分析系统（IMA）”试验工作在莱阳河自然保护区开展。

2000年4～12月由云南省林业调查规划院组织完成IMA亚系统Ⅰ、Ⅳ、Ⅴ。亚系统Ⅰ是生物多样性调查，包括植物、植被、鸟类、兽类、两栖爬行类、昆虫和大型真菌7个专题，亚系统Ⅳ是森林生产能力和资源利用强度监测，亚系统Ⅴ是土地利用监测。通过IMA亚系统Ⅰ、Ⅳ、Ⅴ工作的开展，获取了保护区新的本底资料，为保护区管理和决策提供科学依据。

2002年1月4日至5月27日由云南省林业科学院组织完成IMA亚系统Ⅱ、Ⅲ。亚系统Ⅱ是实验区受威胁生态系统及其生物多样性监测，亚系统Ⅲ是核心区珍稀濒危物种和生态系统监测。

植被监测采用设置固定标准样地的方法，在核心区和实验区设置8块监测样地，总面积为2.8平方千米。8块样地中，季节性雨林1块，面积1.0平方千米；山地雨林2块，面积共1.0平方千米；季风常绿阔叶林5块，面积共0.8平方千米。

珍稀濒危植物选择合果木和绒毛番龙眼作定点监测对象，通过设置生长影响圈样方进行调查和监测，即以监测目的树种为中心，设置直径为10m的生长影响圈样方。根据样地选择依据和监测方法要求，绒毛番龙眼共设置了21个样圈，合果木设置了22个样圈。

兽类监测选择印度野牛、水鹿和赤麂作为监测对象，设置了3条监测路线。

鸟类监测选择蛇雕、红原鸡等8种作为监测对象，设置了5条监测路线。

两栖类选择云南溴蛙、大绿蛙和双团棘胸蛙作为监测对象，设置了5条监测路线。

通过此次监测调查，建立了莱阳河自然保护区主要植被类型、珍稀濒危植物和野生动物定位监测样地和监测样线，埋设了固定监测样地的边角界桩，收集和掌握了监测工作的本底资料，为今后开展长期的监测工作奠定良好的基础。

风景名胜区名录

国家级风景名胜区（12 个）

名称	所在地
石林风景名胜区	石林县
大理风景名胜区	大理州
西双版纳风景名胜区	西双版纳州
三江并流风景名胜区	包括怒江州、迪庆州、丽江地区、大理州部分地区
昆明滇池风景名胜区	昆明市
丽江玉龙雪山风景名胜区	丽江地区
腾冲地热火山风景名胜区	保山市腾冲县
瑞丽江－大盈江风景名胜区	德宏州盈江县
九乡风景名胜区	宜良县
建水风景名胜区	红河州建水县
丘北普者黑	丘北县
泸西阿庐古洞	泸西县

资料来源：云南省住房和城乡建设厅（按国家发布的通知批次为序）

云南省级风景名胜区（50 个）

名称	所在地
通海秀山风景名胜区	玉溪市通海县
文山老君山风景名胜区	文山州文山县
广南八宝风景名胜区	文山州广南县
泸西阿庐古洞风景名胜区	红河州泸西县
曲靖珠江源风景名胜区	曲靖市
江川抚仙\ 星云湖泊风景名胜区	玉溪市江川县
狮子山风景名胜区	楚雄州武定县
威信风景名胜区	昭通地区威信县
罗平多依河/鲁布革风景名胜区	曲靖市罗平县
丘北普者黑风景名胜区	文山州丘北县
砚山浴仙湖风景名胜区	文山州砚山县
楚雄紫溪山风景名胜区	楚雄州楚雄市
元谋风景名胜区	楚雄州元谋县
禄丰五台山风景名胜区	楚雄州禄丰县
永仁方山风景名胜区	楚雄州永仁县
弥勒白龙洞风景名胜区	红河州弥勒县

续表

名称	所在地
屏边大围山风景名胜区	红河州屏边县
漾濞石门关风景名胜区	大理州漾濞县
孟连大黑山风景名胜区	普洱市孟连县
景东漫湾－哀牢山风景名胜区	普洱市景东县
玉溪九龙池风景名胜区	玉溪市
峨山锦屏山风景名胜区	玉溪市峨山县
保山博南古道风景名胜区	保山市
临沧大雪山风景名胜区	临沧市临沧县
禄劝轿子雪山风景名胜区	禄劝县
牟定化佛山风景名胜区	楚雄州牟定县
陆良彩色沙林风景名胜区	曲靖市陆良县
思茅茶马古道风景名胜区	普洱市
景谷威远江风景名胜区	普洱市景谷县
镇源千家寨风景名胜区	普洱市镇源县
普洱风景名胜区	普洱市宁洱县
沧源佤山风景名胜区	普洱市沧源县
云县大朝山\千海子风景名胜区	临沧市云县
永德大雪山风景名胜区	临沧市永德县
耿马南汀河风景名胜区	临沧市耿马县
剑川剑湖风景名胜区	大理州剑川县
洱源西湖风景名胜区	大理州洱源县
兰坪罗古箐风景名胜区	怒江州兰坪县
麻栗坡老山风景名胜区	文山州麻栗坡县
盐津豆沙关风景名胜区	昭通市盐津县
大姚昙华山风景名胜区	楚雄州大姚县
双柏白竹山嘉风景名胜区	曲靖市双柏县
会泽以礼河风景名胜区	曲靖市会泽县
宣威东山风景名胜区	宣威市
河口南溪河风景名胜区	红河州河口县
个旧蔓耗风景名胜区	红河州个旧市
石屏异龙湖风景名胜区	红河州石屏县
元阳观音山风景名胜区	红河州元阳县
大关黄连河风景名胜区	昭通市大关县
鹤庆县黄龙风景名胜区	大理州鹤庆县
马过河	马龙县
南丹山	师宗县
驮娘江	富宁县

资料来源：云南省人民政府门户网站

4A 级风景名胜区（42 个）

名称	所在地
九乡风景名胜区	昆明市
昆明世界园艺博览园	昆明市
云南民族村	昆明市
昆明市西山森林公园	昆明市
昆明市大观公园	昆明市
昆明金殿景区	昆明市
陆良彩色沙林景区	曲靖市
罗平九龙瀑布群景区	曲靖市
沾益珠江源景区	曲靖市
通海秀山公园	玉溪市
玉溪映月潭休闲文化中心	玉溪市
玉溪汇龙生态园	玉溪市
澄江禄充景区	玉溪市
腾冲和顺景区	保山市
腾冲热海景区	保山市
禄丰世界恐龙谷	楚雄州
楚雄彝人古镇	楚雄州
元谋土林	楚雄州
武定狮子山	楚雄州
泸西阿庐古洞	红河州
建水燕子洞	红河州
建水文庙	红河州
丘北普者黑景区	文山州
西双版纳傣族园	西双版纳州
西双版纳原始森林公园	西双版纳州
西双版纳热带花卉园	西双版纳州
西双版纳野象谷景区	西双版纳州
西双版纳热带植物园	西双版纳州
景洪曼听公园	西双版纳州
西双版纳勐泐文化园	西双版纳州
大理南诏风情岛	大理州
大理三塔文化旅游区	大理州
大理宾川鸡足山景区	大理州
梁河南甸宣抚司署	德宏州
瑞丽莫里热带雨林景区	德宏州
潞西勐巴娜西珍奇园	德宏州
丽江玉水寨景区	丽江市

续表

名称	所在地
丽江古城	丽江市
丽江束河古镇	丽江市
丽江黑龙潭	丽江市
迪庆梅里雪山景区	迪庆州
迪庆普达措国家公园	迪庆州

5A 级风景名胜区（2 个）

名称	所在地
云南石林风景名胜区	昆明市
丽江玉龙雪山景区	丽江市

资料来源：云南省旅游局

风景名胜区选介

大理风景名胜区

大理风景名胜区位于大理白族自治州，素以苍山洱海为中心的湖泊山岳著称，包括剑川县石宝山和宾川县鸡足山两个景区。1982 年被定为首批国家重点风景名胜区。

大理风景名胜区内苍山挺拔壮丽，主峰海拔 4 122 米，山顶终年积雪，冰清玉洁，山上有 3 000 多种植物，是中国植物资源宝库。高山冰碛湖泊众多，著名的有黄龙潭、黑龙潭、洗马潭等泉潭。洱海为高山淡水湖，湖面海拔 1 966 米，风光绮丽，绿波粼粼的湖水与两岸苍山的银装素裹互相辉映，组成了“银苍玉洱”的高原胜景。

大理景区名胜古迹众多，著名的有南诏时期的崇圣寺三塔。其中，主塔方形，中空，高近 70 米，为 16 层密檐砖塔；两小塔分立于主塔侧后，各为 10 层，高约 42 米，三塔浑然一体。城南感通寺为南诏、大理国时期的名刹。南诏国早期都城太和城遗址上有南诏德化碑，记述着南诏初期历史及与唐王朝的关系。

丽江玉龙雪山风景名胜区

丽江玉龙雪山风景名胜区地处云南西北部，玉龙雪山之阳，横断山脉南麓，长江源头金沙江从青藏高原由北向南奔流而下，到石鼓镇转了个大弯，又由南向北奔入峡谷，这便是著名的金沙江大拐弯处，长江第一湾在

大理崇圣寺（刘建明 摄）

玉龙雪山（刘建明 摄）

这里穿流而过，形成举世闻名的虎跳峡。1988 年被国务院批准为国家级风景名胜区。

玉龙雪山位于丽江的西北部，距离县城约 15 千米。在丽江古城中可以看到玉龙雪山的主峰——海拔 5 596 米的扇子陡，如果想要看清玉龙十三峰，需要乘车到鸣音览雪亭。雪山上植物资源非常丰富。种类繁多的植物，按不同的气候带生长在山体的不同高度上，成为滇西北横断山脉植物区的缩影。

"三江并流"风景名胜区

"三江并流"风景名胜区位于青藏高原南延部分的横断山脉纵谷地区，由怒江、澜沧江、金沙江及其流域内的山脉组成。地处东亚、南亚和青藏高原三大地理区域交汇处的"三江并流"地区，是世界上罕见的高山地貌及其演化的代表地区，也是世界上生物物种最丰富的地区之一。1988 年经国务院批准为第二批国家级风景名胜区。

奔腾的怒江　（刘建明　摄）

"三江并流"地区汇集了高山峡谷、雪峰冰川、高原湿地、森林草甸、淡水湖泊等奇观异景和稀有动物、珍贵植物。面积达 340 万公顷，是中国最大的国家重点风景名胜区。其中，被规划为申报世界自然遗产的提名地区面积为 170 万公顷。"三江并流"区域，符合世界自然遗产的全部 4 项条件。它以中国生物多样性保护 17 个"关键地区"第一位的独特环境，集中了北半球南亚热带、中亚热带、北亚热带、暖温带、温带、寒温带、寒带的多种气候和生物群落，符合世界自然遗产所要求的"生物多样性的真实体现"标准。

雪山峡谷、急涧险滩、湖泊森林、草甸冰川、丹霞泉华等多种奇特景色汇集在三江并流地区，对"构成代表进行中的重要地质过程、生物演化过程以及人类与自然环境相互关系的突出例证"和"独特、稀有或绝妙的自然现象、地貌或具有罕见自然美的地带"的自然遗产条件进行了充分的阐释。

"三江并流"地区是世界上蕴藏最丰富的地质地貌博物馆。4 000 万年前，印度次大陆板块与欧亚大陆板块大碰撞，引发横断山脉的急剧挤压、隆升、切割，高山与大江交错，形成世界上独有的三江并行奔流 170 千米的自然奇观。

建水风景名胜区

建水风景名胜区位于建水县境内，距昆明 299 千米。景区包括中国历史文化名城建水古城和著名风景区燕子洞两大部分，面积 115. 5 平方千米。建水古称临安，自元代以来就是滇南政治、文化、交通中心，文化发达，人才辈出，素有"文献名邦"之称。名胜区内有保存完好，规模宏大的文庙，以及朝阳楼、双龙桥、指林寺、朱家花园等一大批古建筑，还有许多保存完好的古式民居，堪称"古建筑博物馆"。

燕子洞是亚州最大、最壮观的溶洞之一，春夏有百万只雨燕飞舞巢居，故称"燕子洞"。洞内包括干洞和水洞在内的 4 万多平方米的钟乳奇观，每年春夏之交当地人攀援绝壁采撷燕窝的绝技，吸引着无数中外游人前来一饱眼福。1994 年，经国务院批准，定为第三批国家级风景名胜区。建水古城定为国家级历史文化名城。

腾冲地热火山风景名胜区

腾冲地热火山风景名胜区位于腾冲县，面积 129. 9 平方千米，地势属横断山南段偏西部分，东部高黎贡山和西北部姐妹山形成天然屏障，向西南急骤降低，呈长马蹄状盆地。热海，2003 年 12 月经国务院批准为国家级风景名胜区，火山，2000 年经国务院批准为国家级风景名胜区。腾冲县，西汉称滇越，1913 年称腾冲县至

腾冲地热火山　（刘建明　摄）

今。境内分布着气泉、热泉、温泉80多处，以及90多座火山锥，为中国第二大热气田。温泉，最著名的是硫磺塘大滚锅、黄瓜箐热气沟和澡塘河高温沸泉。

硫磺塘位于腾冲县城西南16千米的一个山坳平台的中央，圆形水池直径3米左右，深1米多，池底无处不冒气喷水，水温达96℃。整个水池白浪翻滚，热气腾腾，一片热雾萦绕。

黄瓜箐热气沟位于硫磺塘以南2千米处。是一条南北走向的小山沟，沟底有条小溪，虽没有温泉，地面上却到处都冒着热气，温度高达95℃左右。

澡堂河位于硫磺塘和黄瓜箐热气沟之间。这里因火山喷发的熔岩沿澡堂河河谷奔泻而下，蜿蜒起伏，形似一条黑色大蟒，俗称“火山蛇”。河谷高温沸泉水温达95℃，气泃之中有哈蟆口喷泉、狮子头热泉，加上河床上喷涌的大量热气、热泉，团团浪花从河谷冉冉升起，白雾迷茫，煞是好看，在冬春两季，河水流量小，小河水温一般在40℃左右，到处可以洗澡，可谓名副其实的澡塘河。

石林风景名胜区

石林世界自然遗产位于云南省昆明市东南78千米的石林彝族自治县境内。海拔1 600 ~ 1 900米，是世界上唯一位于亚热带高原地区的喀斯特地质地貌奇观，年平均温度约16℃。冬无严寒、夏无酷暑、干湿分明、四季如春，奇石耸立、飞瀑流长、物华天宝、风情醉人，是世界喀斯特的精华、中国阿诗玛的故乡、中外游客最为向往的旅游胜地之一。

石林风景名胜区于1931年建园，1982年，经国务院批准为第一批国家级重点风景名胜区。经过70余年的建设和发展，现已成为“中国南方喀斯特”世界自然遗产、首批世界地质公园、国家级风景名胜区、国家AAAAA级旅游景区、国家地质公园。

石林景观　　（刘建明　摄）

2004年2月，石林成为首批世界地质公园后，管理局严格按照联合国教科文组织世界地质公园工作指南的要求，在一、二、三级保护区的基础上，划出特级保护区，投入资金近2亿元，通过建设国家级风景名胜区监管信息系统、环境资源卫星定位遥感监测保护系统，开展大规模环境治理，大面积退耕还林，开发民族文化旅游项目、丰富民族文化内涵等措施，逐步恢复石林原生态，剥离景区服务功能，对石林旅游资源实行更加科学的保护管理和开发。

2007年，石林申报世界自然遗产和国家5A级旅游景区成功以来，石林旅游实现了由国内品牌向国际品牌的转变。为继续巩固品牌创建成果，石林旅游乘势而上，紧紧围绕“12345”旅游国际化发展战略，以新昆明建设为契机，瞄准建成模范世界遗产展示地、初步建成国际旅游胜地的目标，依托国际国内两个最高级别的品牌优势，实现保护区生态建设工程、旅游转型工程和老景区改造、挺升、扩容等工程，扎实推进旅游业“二次创业”，景区环境质量明显得到改善和提升，推进石林旅游环境和服务质量迈上了一个新的台阶。

倡导绿色和谐　促进生态文明

年度经济 ANNUAL ECONOMY

综述

初步核算，2009 年全省生产总值（GDP）完成 6 168.23 亿元，比上年增长 12.1%，高于全国平均水平 3.4 个百分点；增长速度在全国排名第 15 位。分产业看，第一产业增加值 1 063.96 亿元，增长 5.2%；第二产业增加值 2 580.34 亿元，增长 13.6%；第三产业增加值 2 523.93 亿元，增长 13.4%。三次产业结构由上年的 17.9:43.1:39.0 调整为 17.3:41.8:40.9。全省人均 GDP 达到 13 539 元（按年末汇率折合 1 983 美元），比上年增长 11.4%。非公有制经济创造增加值 2 412 亿元，占全省生产总值的比重达 39.1%，比上年提高 0.6 个百分点。

图1　2005～2009年生产总值及其增长速度

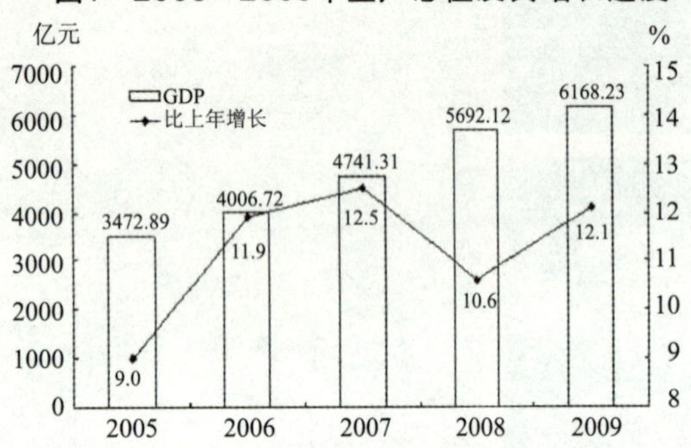

全省财政总收入完成 1 490.82 亿元，比上年增长 9.6%。地方财政一般预算收入 698.26 亿元，比上年增长 13.7 %；其中增值税完成 97.53 亿元，下降 1.9%；营业税 175.79 亿元，增长 28.7%；企业所得税 65.29 亿元，下降 1.1 %。全省地方财政一般预算支出 1 952.34 亿元，增长 32.8%，其中，用于农林水事务、环境保护、教育、医疗卫生、社会保障与就业的支出分别增长 50.3%、40.5%、27.4%、40.5% 和 30.8%。

图2　2005～2009年地方财政一般预算收入及其增长速度

居民消费价格比上年上涨 0.4%，其中食品价格上涨 1.6%。工业品出厂价格下降 8.5%。原材料、燃料、动力购进价格下降 5.0%。固定资产投资价格下降 1.9%。农业生产资料价格下降 0.7%。

表 1　2009 年居民消费价格比上年涨跌幅度

单位:%

指　标	全省	城市	农村
居民消费价格	0.4	0.5	0.2
食　品	1.6	1.2	2.1
其中：粮食	4.1	4.4	3.9
油脂	-19.5	-24.6	-15.3
肉禽及其制品	-9.6	-9.8	-9.4
鲜菜	22.4	21.2	23.9
鲜蛋	0.4	0.4	0.4
烟酒及用品	0.1	0.3	0.0
衣　着	-1.9	-1.5	-2.5
家庭设备用品及服务	0.3	0.1	0.6
医疗保健及个人用品	1.5	1.5	1.3
交通和通信	-2.6	-2.4	-2.9
娱乐教育文化用品及服务	-1.2	-2.1	0.2
居　住	1.9	4.7	-1.6

农业

全年完成农业总产值 1 700.69 亿元，比上年增长 5.5%。其中，种植业产值 849.3 亿元，增长 4.5 %，林业产值 196.1 亿元，增长 6.6%，畜牧业产值 553.6 亿元，增长 6.7%，渔业产值 41.8 亿元，增长 10.1%，农林牧渔服务业产值 59.7 亿元，增长 1.2%。

全年粮食总产量达 1 576.9 万吨，比上年增长 3.8%。主要农产品产量稳定增长。油料产量 49.92 万吨，增长 23.6%；烤烟产量 87.77 万吨，增长 4.6%；蔬菜产量 1215.5 万吨，增长 4.2 %；园林水果产量 260.18 万吨，下降 2.3%；茶叶产量 18.03 万吨，增长 5.1%；鲜切花产量 56.02 亿枝，增长 5.9%。

全年肉类总产量达 304.6 万吨，比上年增长 5.7%；牛奶产量 48.4 万吨，增长 8.3%；禽蛋产量 20.8 万吨，增长 6.9%；水产品产量 45.5 万吨，增长 15.6%。

全年新增有效灌溉面积 54.8 万亩，新增节水灌溉面积 58.9 万亩。

表 2　2009 年主要农产品产量及其增长速度

单位：万吨

产品名称	产　量	比上年增长%
粮　食	1576.9	3.8
油　料	49.92	23.6

续表

产品名称	产　量	比上年增长%
甘　蔗	1 783.29	-6.1
烤　烟	87.77	4.6
蔬　菜	1215.5	4.2
园林水果	260.18	-2.3
茶　叶	18.03	5.1
橡　胶	30.19	17.4
肉类总产量	304.6	5.7
牛　奶	48.4	8.3
禽　蛋	20.8	6.9
水产品产量	45.50	15.6

注：粮食产量、肉类总产量、牛奶和禽蛋产量数据由国家统计局核定。

工业和建筑业

全年全部工业完成增加值2 088.3亿元，比上年增长11.2%；规模以上工业完成增加值1 904.38亿元，增长11.2%。在规模以上工业中，轻工业完成增加值884.66亿元，比上年增长13.0%；重工业完成增加值1 019.72亿元，增长9.8%。

全年规模以上工业中，属于云南支柱产业的烟草制品业完成增加值689.82亿元，同比增长11.4%；电力生产和供应业完成增加值242.36亿元，同比增长16.6%；矿产业完成增加值670.57亿元，同比增长6.3%。6大高载能行业共完成增加值710.82亿元，比上年增长9.2%，其中，化学原料及化学制品制造业增长5.4%、非金属矿物制品业增长20.7%、电力热力的生产和供应业增长16.6%、黑色金属冶炼及压延加工业增长9.1%、有色金属冶炼及压延加工业增长3.6%、石油加工炼焦及核燃料加工业增长0.9%。

图3　2005～2009年全部工业增加值及其增长速度

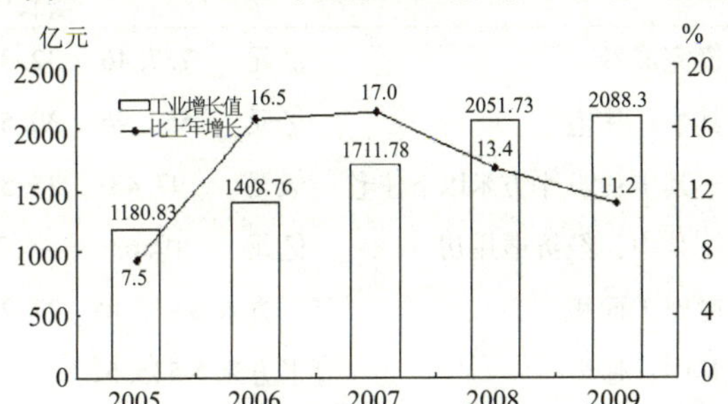

全年原煤产量8 921.02万吨，增长3.0%；发电量1 173.82亿千瓦小时，增长12.9%；粗钢产量1 049.05万吨，增长16.4%；钢材产量973.3万吨，增长16.3%；10种有色金属产量215.8万吨，下降0.4%；水泥产量5 046.45万吨，增长25.8%；卷烟产量691.58万箱，增长1.8%；成品糖产量223.91万吨，增长6.1%。

表3　2009年主要工业产品产量及其增长速度

产品名称	单　位	产　量	比上年增长%
原煤	万吨	8 921.02	3.0
发电量	亿千瓦小时	1 173.82	12.9
其中：水电	亿千瓦小时	625.75	0.6
火电	亿千瓦小时	548.07	31.2
铁矿石原矿量	万吨	2 257.02	7.3
粗钢	万吨	1 049.05	16.4
钢材	万吨	973.30	16.3
10种有色金属	万吨	215.80	-0.4
其中：铜	万吨	29.86	-4.8
原铝	万吨	60.75	14.4
铅	万吨	36.08	-10.0
锌	万吨	79.06	-2.1
锡	万吨	7.47	1.1
硫酸（折100%）	万吨	939.20	15.6
烧碱（折100%）	万吨	20.56	30.1
化肥（折100%）	万吨	356.73	5.5
卷烟	万箱	691.58	1.8
成品糖	万吨	223.91	6.1
精制茶叶	万吨	9.83	0.5
化学医药	吨	2 242.66	-39.3
中成药	吨	17 825.66	-4.3
自来水生产量	万立方米	64 624.63	5.2
机制纸及纸板	万吨	46.02	7.6
水泥	万吨	5 046.45	25.8
平板玻璃	万重量箱	501.49	49.5
人造板	万立方米	121.51	27.4
发电设备	万千瓦	86.16	-1.6
变压器	万千伏安	1 996.07	34.1
汽车	辆	72 692	68.6

2009年1～11月全省规模以上工业企业累计实现利税941.63亿元，比上年同期增长2.5%；其中实现利润265.37亿元，下降4.7%。

全年全社会建筑业完成增加值492.04亿元，比上年增长25.7%。全省具有资质等级的总承包和专业承包建筑业企业完成总产值1 179.16亿元，比上年增长

30.0%；实现利润35亿元，增长25.3%；上缴税金45亿元，增长25.7%。

图4　2005～2009年建筑业增加值及其增长速度

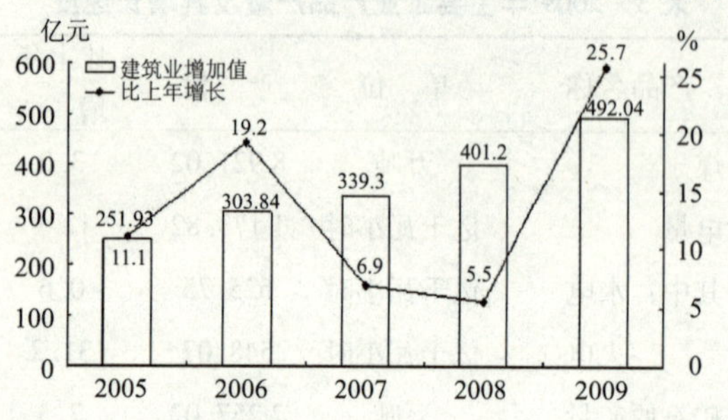

固定资产投资

2009年全社会固定资产投资规模达到4 527.02亿元，比上年增长31.7%。分三次产业看，第一产业投资197.06亿元，增长13.2%；第二产业投资1 524.87亿元，增长21.1%，其中工业投资1 521.55亿元，增长23.5%；第三产业投资2 805.09亿元，增长34.0%。

图5　2005～2009年全社会固定资产投资及其增长速度

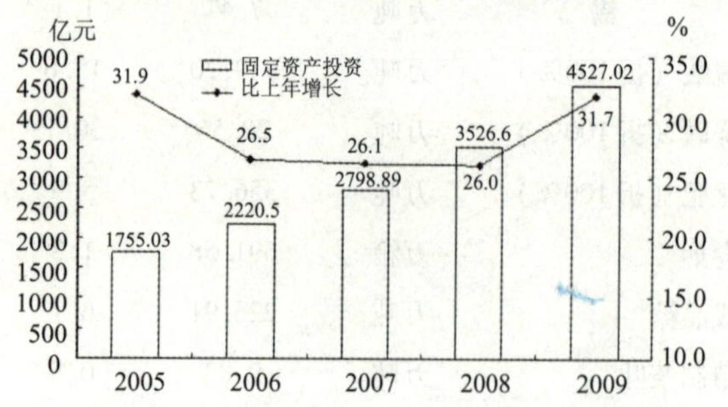

表4　2009年分行业全社会固定资产投资及其增长速度

单位：亿元

行　业	投资额	比上年增长%
总　计	4 527.02	31.7
农、林、牧、渔业	197.06	13.2
采矿业	195.52	14.8
制造业	595.75	37.0
其中：烟草制品业	35.37	80.6
化学原料及化学制品制造业	128.26	47.9
医药制造业	18.94	66.7
非金属矿物制品业	88.83	28.2
黑色金属冶炼及压延加工业	32.79	-6.0
有色金属冶炼及压延加工业	91.58	72.2
电力工业	702.47	15.5
建筑业	3.32	-87.9
交通运输、仓储和邮政业	563.04	52.4
信息传输、计算机服务和软件业	63.37	3.2
批发和零售业	110.05	48.6
住宿和餐饮业	39.75	23.2
金融业	6.19	9.6
房地产业	1 105.35	19.7
租赁和商务服务业	16.80	78.3
科学研究、技术服务和地质勘查业	11.67	23.9
水利、环境和公共设施管理业	531.71	63.7
居民服务和其他服务业	8.84	93.9
教育	125.65	75.9
卫生、社会保障和社会福利业	50.24	86.1
文化、体育和娱乐业	50.37	44.3
公共管理和社会组织	122.07	-16.4

全年房地产开发投资完成737.46亿元，比上年增长32.3%，其中，商品住宅投资552.96亿元，增长30.5%；办公楼投资18.91亿元，增长55.9%；商业营业用房投资80.52亿元，增长40.4%。全省商品房屋施工面积6 837.88万平方米，增长27.2%；竣工面积1 680.56万平方米，增长59.9%；商品房屋销售面积2 229.95万平方米，增长35.7%，商品房屋销售额653.53亿元，增长48.4%。

表5　2009年房地产开发和销售主要指标完成情况

指　标	单　位	绝对数	比上年增长%
投资完成额	亿元	737.46	32.3
其中：住宅	亿元	552.96	30.5
其中：90平方米以下住宅	亿元	97.43	35.5
其中：经济适用房	亿元	19.63	-6.7
房屋施工面积	万平方米	6 837.88	27.2
其中：住宅	万平方米	5 535.52	23.6
房屋新开工面积	万平方米	2 820.84	30.3
其中：住宅	万平方米	2 231.07	24.3
房屋竣工面积	万平方米	1 680.56	59.9
其中：住宅	万平方米	1 408.03	59.4

续表

指　标	单　位	绝对数	比上年增长%
商品房销售面积	万平方米	2 229.95	35.7
其中：住宅	万平方米	2 040.33	38.1
本年资金来源	亿元	1 198.90	38.2
其中：国内贷款	亿元	139.52	44.3
其中：个人按揭贷款	亿元	205.61	100.4
本年购置土地面积	万平方米	1 269.82	-17.9
完成开发土地面积	万平方米	826	-8.2
土地购置费	亿元	132.49	30.2

全年改建和新建农村公路2.5万千米，大理至丽江、昆明绕城西北段等高速公路开工，启动52条二级干线公路建设；大丽铁路建成通车，新开工云桂、丽香等5个铁路建设项目，在建铁路项目11个；腾冲机场正式通航，大理、香格里拉机场完成改扩建并投入使用，昆明新机场建设进度加快；景洪水电站全部机组投产，小湾水电站实现3台机组发电，溪洛渡、向家坝电站建设进展顺利；陇川麻栗坝、楚雄青山嘴2座大型水库和18件中型水库下闸蓄水，“润滇工程”项目全部开工，建成“五小水利”工程25万件。

国内贸易和对外经济

全年实现社会消费品零售总额2 051.06亿元，比上年增长19.3%。分地域看，城市实现消费品零售额1154.57亿元，增长20.3%；县及县以下实现消费品零售额896.49亿元，增长18.1%。分行业看，批发和零售业零售额1 555.85亿元，增长18.4%；住宿和餐饮业零售额381.43亿元，增长27.9%；其他行业零售额113.78亿元，增长7.1%。

图6　2005～2009年社会消费品零售总额及其增长速度

在限额以上批发和零售业零售额中，粮油类零售额比上年增长22.5%，汽车类比上年增长85.2%，石油及制品类增长23.2%，通讯器材类比上年增长27.4%，中西药品类增长41.6%，日用品类增长32.5%，文化办公用品类增长30.8%，化妆品类增长26.4%，金银珠宝类增长69.9%，家具类增长28.0%，建筑及装潢材料类增长8.8%。

全年外贸进出口总额完成80.19亿美元，比上年下降16.5%。其中出口45.14亿美元，下降9.7%，进口35.05亿美元，下降23.8%。全年对欧盟进出口11.26亿美元，下降1.5%；对东盟进出口31.51亿美元，增长13.8%；对南亚进出口5.41亿美元，下降40.1%。

图7　2005~2009年进出口总额及其增长速度

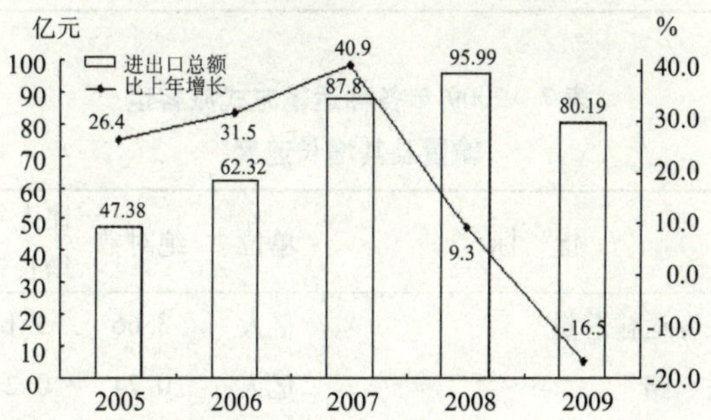

农产品成为了全省出口创汇的新龙头。全省农产品出口9.72亿美元，增长21.6%；电力出口2.07亿美元，增长38.3%；纺织品及服装出口3.06亿美元，增长64.6%。磷化工产品出口7.71亿美元，比上年下降51.1%；机电产品出口9.03亿美元，下降7.8%；有色金属产品出口3.28亿美元，下降24.0%。在进口商品中，机电产品进口7.76亿美元，增长14.6%；农产品进口4.18亿美元，增长47.9%；金属原材料进口15.33亿美元，下降24.7%；非金属原材料进口1.52亿美元，下降85.6%。

全年共批准利用外资项目190个，比上年下降16.7%，合同外资16.82亿美元，下降0.2%，实际使用外商直接投资9.1亿美元，增长17.2%。

交通、邮电和旅游

全年交通运输、仓储和邮政业增加值为175.04亿元，比上年增长2.7%。

表6　2009年各种运输方式完成货物运输量及其增长速度

指　标	单位	绝对数	比上年增长%
货物运输总量	亿吨	4.74	3.3
铁　路	亿吨	0.59	-2.6
公　路	亿吨	4.08	4.2
水　运	亿吨	0.03	1.8
民　航	万吨	7.74	2.4
管　道	亿吨	0.04	10.7

续表

指　标	单位	绝对数	比上年增长%
货物运输周转量	亿吨千米	904.27	3.9
铁　路	亿吨千米	340.95	1.4
公　路	亿吨千米	496.14	5.9
水　运	亿吨千米	5.42	5.0
民　航	亿吨千米	1.16	持平
管　道	亿吨千米	60.6	1.9

表7　2009年各种运输方式旅客运输量及其增长速度

指　标	单位	绝对数	比上年增长%
旅客运输总量	亿人	3.66	5.1
铁　路	亿人	0.24	0.2
公　路	亿人	3.28	5.2
水　运	亿人	0.07	3.0
民　航	亿人	0.07	20.4
旅客运输周转量	亿人千米	448.45	8.9
铁　路	亿人千米	63.37	-4.9
公　路	亿人千米	302.22	10.7
水　运	亿人千米	1.55	0.7
民　航	亿人千米	81.31	14.9

年末全省民用汽车保有量达到198.6万辆（包括三轮汽车和低速货车9.02万辆），比上年末增长21.5%，其中私人汽车保有量153.29万辆，增长27.1%。民用轿车保有量73.49万辆，增长29.8%，其中私人轿车62.12万辆，增长34.6%。

全年接待海外入境旅客（包括口岸入境一日游）577.8万人次，比上年增长13.1%，实现旅游外汇收入11.72亿美元，增长16.9%。全年接待国内游客1.2亿人次，增长17.3%；实现国内旅游收入730.66亿元，增长22.9%；全省实现旅游业总收入810.73亿元，增长22.2%。

金融、保险和证券

年末金融机构人民币存款余额达1.11万亿元，比上年增长32.1%，其中城乡居民储蓄存款余额4 668.61亿元，增长23.4%。年末全省金融机构人民币各项贷款余额8 779.63亿元，增长33.1%。其中，短期贷款余额2 924.4亿元，增长16.7%；中长期贷款余额5 585.26亿元，增长46.3%，其中个人中长期消费贷款余额929.77亿元，增长46.5%。

图8　2005~2009年城乡居民人民币储蓄存款余额及其增长速度

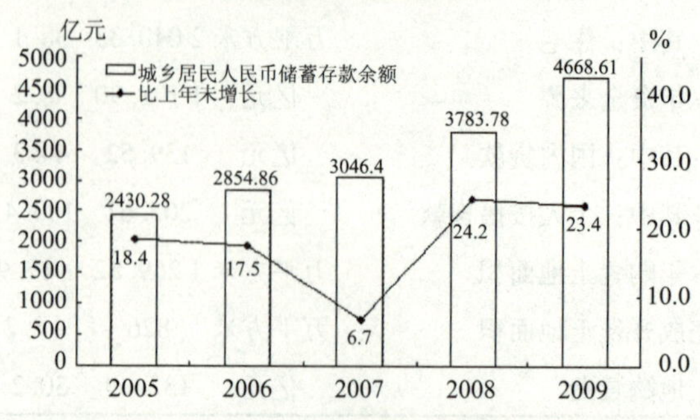

全年保险公司原保险保费收入180.08亿元，增长8.9%。其中，财产险业务原保险保费收入68.17亿元，增长23.5%；寿险业务原保险保费收入92.4亿元，增长0.8%；健康险和意外伤害险业务原保险保费收入19.51亿元，增长5.5%。全年支付各类赔款及给付65.12亿元，比上年增长2.7%。其中财产险业务赔款34.14亿元，增长7.6%；寿险业务给付21.99亿元，下降7.3%；健康险和意外伤害险赔款及给付8.99亿元，增长13.1%。

全年云南企业通过证券市场累计筹资120.55亿元，比上年增加59亿元。A股再筹资（包括配股、公开增发、非公开增发、认股权证筹资）102.55亿元，增加41亿元；上市公司通过发行可转债、可分离债、公司债筹资18亿元，增加18亿元。年末全省有上市公司26家，总股本127.2亿股；总市值2 606.85亿元，比上年增加1 490.24亿元。

教育和科学技术

全年普通高等学校，招生13.24万人，比上年增长13.1%；在校学生39.36万人，比上年增长13.2%；毕业生8.59万人，比上年增长8.3%。各类中等职业教育招生20.34万人，在校生47.19万人，毕业生11.72万人。普通高中招生22.03万人，在校生61.15万人，毕业生18.38万人。初中招生69.7万人，在校生203.82万人，毕业生62.08万人。普通小学招生69.5万人，在校生444.14万人，毕业生73.31万人。幼儿园在园幼儿92.17万人。小学学龄儿童入学率达98.29%，小学毕业生升学率95.44%。高等教育毛入学率达17.57%，高中阶段教育毛入学率达58.6%。免除了640多万名城市和农村学生的学杂费并免费提供教科书，向208万名家庭贫困寄宿学生发放生活补助。

全年科学研究与试验发展（R&D）经费支出33.8亿元，比上年增长7.0%，占生产总值（GDP）的比重达0.55%，与上年持平。年末有国家认定企业技术中心

11个，省级企业技术中心132个，省级以上重点实验室34个，省级创新型试点企业91家。全年取得省部级以上科技成果671项，其中基础理论成果39项，应用技术成果583项，软科学成果49项。已建立国家级高新技术开发区1个，省级高新技术开发区3个。专利申请4 633件，获专利授权2923件；签订技术合同1 030项，成交金额达7.19亿元。

文化、卫生和体育

年末全省有各种艺术表演团体127个，文化馆148个，公共图书馆150个，博物馆36个。在全国首创并建成407所农民素质教育网络培训学校，完成200个乡镇综合文化站建设。启动4万多个村的广播电视“村村通”工程建设，全省广播、电视人口覆盖率分别达到94.29%和95.06%。中、短波广播发射台和转播台54座，广播电台16座，电视台16座，有线电视用户486万户。

年末全省有卫生机构9 319个，医院721个；卫生机构拥有床位数14.4万张，卫生技术人员13.3万人，其中医生5.9万人。疾病预防控制机构152个，卫生技术人员6 209人；专科防治机构31个，卫生技术人员591人；妇幼保健院（所、站）147个，卫生技术人员5 024人。乡镇卫生院1 383个，床位3.16万张，卫生技术人员2.47万人。全年甲、乙类法定报告传染病发病人数8.64万例，报告死亡1233人；报告传染病发病率190.18/10万，死亡率2.71/10万。

全年云南运动员在国际比赛中获金、银、铜牌15枚；在全国比赛中获金、银、铜牌55枚。

资源、生态环境和安全生产

年末全省有各级环境监测站99个，环境监测人员1 244人。全年完成限期治理项目381个，项目总投资9.96亿元。城市污水处理率69.79%。工业废水排放达标率达91.49%；工业固体废物综合利用率42.88%。全年化学需氧量和二氧化硫排放量分别比上年削减2.61%和0.48%。

全年共完成营造林1 031万亩，启动实施4 730万亩省级公益林生态效益补偿，治理水土流失面积3 200平方千米。年末全省有自然保护区152个，其中国家级自然保护区16个，省级自然保护区45个。自然保护区面积284.1万公顷，其中国家级自然保护区面积142.7万公顷，省级自然保护区面积84.2万公顷。

全年水资源总量1 445亿立方米，比上年减少38.0%；人均水资源3 161立方米，减少38.0%。全年平均降水量983毫米，减少26.0%。年末全省水利工程蓄水总量54.8亿立方米，比上年末减少22.2%。全年总用水量153.98亿立方米，比上年增长0.6%。万元生产总值用水量250立方米，比上年下降7.1%。万元工业增加值用水量116立方米，增长7.4%。全省人均用水量337立方米，与上年持平。

全年能源消费总量8 106.68万吨标准煤（等价热值），比上年增长6.98%。全年全社会用电量891.19亿千瓦时，比上年增长7.44%。在规模以上工业主要能源消费量中，原煤消费量6 939.84万吨，增长13.2%；焦炭消费量1 174.14万吨，下降6.09%，天然气消费量4.19亿立方米，下降15.86%，电力消费量599.92亿千瓦时，增长8.8%。全省能源消费量结构为：第一产业占2.8%；第二产业占74.9%；第三产业占11.9%；居民生活消费占10.4%。全省单位GDP能耗比上年下降4.6%；单位工业增加值能耗比上年下降3.78%；单位GDP电耗比上年下降4.19%。全年实现节能量386万吨标准煤。

全年生产安全事故死亡人数2 444人，比上年下降10.2%。亿元GDP生产安全事故死亡人数为0.4人，下降17.0%；工矿商贸企业（不含煤矿）生产安全事故死亡人数为364人，下降4.2%；煤矿百万吨死亡人数1.323人，下降33.0%。全年共发生道路交通事故5 075起，造成1 888人死亡、6 549人受伤，直接财产损失2 371.71万元；道路交通事故万车死亡率为3.02，下降23.15%。

人口

年末全省常住人口4 571万人，比上年末增加28万人。全年出生人口56.92万人，出生率为12.53‰；死亡人口29.3万人，死亡率为6.45‰；自然增长率为6.08‰，比上年下降0.24个千分点。年末全省城镇化水平为34.0%，比上年提高1个百分点。城镇人口1 554万人，乡村人口3 017万人。

劳动就业

全年城镇新增就业人数23.5万人。省财政补贴困难企业2亿元，稳定25.7万个就业岗位；安排2亿元开发公益性岗位，帮助9.3万名失业人员就业；安排1亿元专项资金鼓励创业，帮助2万人实现创业并带动12万人就业。因国际金融危机返乡的150万农民工有148万实现再就业。培训农村富余劳动力123万人次，新增转移就业55万人。年末全省城镇实有登记失业人数15.4万人，城镇登记失业率4.26%。

表8　2009年人口数及其构成

单位：万人

指　标	年末数	比重%
全省总人口	4 571	100.0

续表

行　业	投资额	比上年增长%
其中：城镇	1 554	34.0
乡村	3 017	66.0
其中：男性	2 382.86	52.1
女性	2 188.14	47.9
其中：0～14 岁	999.22	21.9
15～64 岁	3 210.21	70.2
65 岁及以上	361.57	7.9

人民生活

全年城镇居民人均可支配收入 1.44 万元，扣除价格上涨因素，比上年实际增长 8.3%；城镇居民人均消费性支出 1.02 万元，比上年增长 12.4%。全省职工年平均工资 2.7 万元，比上年增长 12.3%。农民人均纯收入 3 369 元，扣除价格上涨因素，实际增长 9.8 %；农民人均生活消费支出 2 925 元，比上年下降 2.2%。城镇居民家庭恩格尔系数 43.7%，农村居民家庭恩格尔系数 48.2%。按 2009 年农村贫困标准 1 196 元测算，年末农村贫困人口为 540 万人，净脱贫 15 万人。

图9　2005～2009年城镇居民人均可支配收入及其增长速度

图10　2005～2009年农村居民人均纯收入及其增长速度

社会保障

年末全省参加城镇基本养老保险人数 306.54 万人，比上年末增加 12.82 万人。其中，参保职工 216.32 万人，参保离退休人员 90.22 万人。参加城镇基本医疗保险人数 762.45 万人，增加 144.25 万人。其中，参加城镇职工基本医疗保险人数 397.42 万人，参加城镇居民基本医疗保险人数 365.03 万人。参加城镇医疗保险的农民工为 21 万人。全省参加失业保险人数为 198.6 万人，比上年末增加 3 万人。参加农村养老保险的人数为 156 万人，比上年末增加 1.22 万人；参加新型农村合作医疗的农民为 3 293.5 万人，增加 71.5 万人，参合率达 93.0%，比上年提高 3.23 个百分点。新型农村合作医疗基金累计支出总额为 34.39 亿元，累计受益 7 582.56 万人次。全省享受城市最低生活保障的居民为 90.6 万人，比上年增加 4.7 万人；享受农村最低生活保障的农民 338.6 万人，增加 30.7 万人。

年末全省各类收养性社会福利单位床位 3.79 万张，全年收养各类人员 2.72 万人。新建 4 个州级儿童福利院和 7 个流浪未成年人保护中心。新建和改扩建农村敬老院 93 所，已建成 67 所，新增床位 1 万多张，集中供养率超过 10%。全年销售社会福利彩票 28.66 亿元，筹集社会福利资金 10.03 亿元，接受社会捐赠 2.1 亿元。

注释：

1. 本公报中数据均为初步统计数。
2. 生产总值、三次产业增加值的绝对值按现价计算，增长速度按可比价计算。
3. 恩格尔系数是指居民食品消费支出占家庭消费总支出的比重。
4. 规模以上工业企业是指年主营业务收入 500 万元及以上独立核算工业企业。
5. 城镇居民人均可支配收入和农村居民人均纯收入的增长速度为扣除价格因素影响后的实际增速，城镇居民人均消费性支出和农民人均生活消费支出的增长速度未扣除价格因素的影响。
6. 房地产业投资除房地产开发投资外，还包括建设单位自建房屋以及物业管理、中介服务和其他房地产投资。
7. 城镇职工基本医疗保险人数包括参保职工和参保退休人员。城镇居民基本医疗保险的参保对象是不属于城镇职工基本医疗保险覆盖范围的城镇非从业人员。
8. 农村贫困人口是根据新修订的农村贫困标准统计的，与历史数据不完全可比。
9. 万元生产总值用水量按 2005 年不变价格计算，邮电业务总量按 2000 年不变价格计算。

（云南省统计局）

倡导绿色和谐 促进生态文明

ANNUAL OF YUNNAN ECOLOGY

 云南生态年鉴

2010

年度荣誉 ANNUAL AWARDS

云南省2008年农民增收工作先进单位

州（市）人民政府名单

一等奖：丽江市人民政府、红河州人民政府

二等奖：临沧市人民政府、文山州人民政府、昭通市人民政府

三等奖：曲靖市人民政府、西双版纳州人民政府、德宏州人民政府、迪庆州人民政府、普洱市人民政府

鼓励奖：保山市人民政府、昆明市人民政府、楚雄州人民政府、玉溪市人民政府、大理州人民政府、怒江州人民政府

县（市、区）人民政府名单

一等奖：维西县人民政府、德钦县人民政府、江城县人民政府、香格里拉县人民政府、元江县人民政府、东川区人民政府、安宁市人民政府、易门县人民政府、镇沅县人民政府、墨江县人民政府

二等奖：新平县人民政府、双江县人民政府、绥江县人民政府、澄江县人民政府、宁蒗县人民政府、富源县人民政府、广南县人民政府、华宁县人民政府、峨山县人民政府、永胜县人民政府、宣威市人民政府、古城区人民政府、大关县人民政府、巧家县人民政府、师宗县人民政府、昭阳区人民政府、江川县人民政府、永善县人民政府、沾益县人民政府、通海县人民政府

三等奖：蒙自县人民政府、官渡区人民政府、玉龙县人民政府、华坪县人民政府、鹤庆县人民政府、孟连县人民政府、麒麟区人民政府、罗平县人民政府、盐津县人民政府、红塔区人民政府、马龙县人民政府、景谷县人民政府、威信县人民政府、陆良县 人民政府、景东县人民政府、金平县人民政府、彝良县人民政府、河口县人民政府 、梁河县人民政府、呈贡县人民政府、云县人民政府、盈江县人民政府、凤庆县人民政府、五华区人民政府、文山县人民政府、西畴县人民政府、潞西市人民政府、永德县人民政府、西山区人民政府、会泽县人民政府、宜良县人民政府、盘龙区人民政府、弥勒县人民政府、景洪市人民政府、个旧市人民政府、开远市人民政府、石林县人民政府、晋宁县人民政府、嵩明县人民政府

（摘自《云南省人民政府关于表彰2008年农民增收工作先进单位的决定》）

云南省2008年粮食生产工作先进单位名单

州（市）人民政府名单

一等奖：昭通市人民政府、德宏州人民政府

二等奖：保山市人民政府、玉溪市人民政府、大理州人民政府

三等奖：丽江市人民政府、临沧市人民政府、楚雄州人民政府、曲靖市人民政府、迪庆州人民政府

鼓励奖：文山州人民政府、昆明市人民政府、怒江州人民政府、红河州人民政府、西双版纳州人民政府、普洱市人民政府。

县（市、区）人民政府名单

一等奖：隆阳区人民政府、会泽县人民政府、呈贡县人民政府、宣威市人民政府、沾益县人民政府、镇雄县人民政府、昭阳区人民政府、安宁市人民政府、富源县人民政府、巧家县人民政府

二等奖：罗平县人民政府、陇川县人民政府、威信县人民政府、鹤庆县人民政府、彝良县人民政府、腾冲县人民政府、永胜县人民政府、通海县人民政府、永善县人民政府、宾川县人民政府、鲁甸县人民政府、新平县人民政府、盐津县人民政府、潞西市人民政府、施甸县人民政府、广南县人民政府、禄丰县人民政府、砚山县人民政府、永德县人民政府、盈江县人民政府

三等奖：云县人民政府、易门县人民政府、镇康县人民政府、峨山县人民政府、个旧市人民政府、巍山县人民政府、南涧县人民政府、瑞丽市人民政府、大关县人民政府、弥渡县人民政府、水富县人民政府、洱源县人民政府、楚雄市人民政府、昌宁县人民政府、石屏县

人民政府、祥云县人民政府、东川区人民政府、玉龙县人民政府、香格里拉县人民政府、武定县人民政府、临翔区人民政府、红塔区人民政府、景谷县人民政府、龙陵县人民政府、德钦县人民政府、石林县人民政府、古城区人民政府、凤庆县人民政府、绥江县人民政府、元江县人民政府

（摘自《云南省人民政府关于表彰2008年粮食生产工作先进单位的决定》）

2008年度清洁生产先进企业、先进单位和先进个人

清洁生产先进企业（8户）

1. 云南云天化股份有限公司
2. 云南云天化国际化工股份有限公司
3. 云南云天化国际化工股份有限公司三环分公司
4. 云南云天化国际化工股份有限公司富瑞分公司
5. 云南云天化国际化工股份有限公司云峰分公司
6. 云南燃料一厂
7. 云南磷化集团有限公司
8. 昆明云内动力股份有限公司

清洁生产先进单位（22个）

1. 省政府办公厅
2. 省发展改革委
3. 省工业和信息化委员会
4. 省财政厅
5. 省环境保护厅
6. 省法制办
7. 省清洁办
8. 昆明市经济委员会
9. 红河州经济委员会
10. 红河州环境保护局
11. 昆明市经济技术开发区经济发展局
12. 红河州开远市经济贸易局
13. 红河州石屏县经济贸易局
14. 西双版纳州勐腊县经济和商务局
15. 省清洁生产协会
16. 省节能技术服务中心
17. 省墙体材料革新办公室
18. 省化工行业协会
19. 省包装行业协会
20. 云南安顺泰世清洁生产评价有限公司
21. 昆明三源商务咨询有限公司
22. 云南省建筑材料工业技术服务公司

清洁生产先进个人（51人）

1. 红塔烟草（集团）有限责任公司　季绍武
2. 云南云天化国际化工股份有限公司　先贵荣
3. 云南云天化国际化工股份有限公司三环分公司　周勇
4. 云南云天化国际化工股份有限公司富瑞分公司　李周
5. 云南云天化国际化工股份有限公司云峰分公司　沈应书
6. 云南云天化国际化工股份有限公司红磷分公司　贾建玲
7. 云南云天化国际化工股份有限公司天湖分公司　施光辉
8. 红云红河集团昆明卷烟厂　孙丹云
9. 红塔集团大理卷烟厂　冯雁
10. 云南云天化股份有限公司　罗秀祥
11. 红云红河集团会泽卷烟厂　朱杰
12. 普洱市卫国林业局　张云东
13. 云南华联锌铟股份有限公司　朱国山
14. 云南高原葡萄酒有限公司　单树民
15. 建水县石塔建材有限责任公司　梁勇
16. 云南燃料一厂　陈兴怀
17. 云南永德糖业集团有限公司　余志高
18. 昆明云内动力股份有限公司　彭英雄
19. 云南磷化集团有限公司　李天华

其他单位先进个人（32人）

1. 省工业信息化委　宋嘉林
2. 省清洁生产办　岳亚光
3. 省清洁生产办　王静江
4. 昆明市经济委员会清洁生产办公室　荀光清
5. 昆明市经济委员会清洁生产办公室　官云初
6. 昆明市经济技术开发区管理委员会　川兵
7. 昆明市经济技术开发区管理委员会　段萍
8. 曲靖市经济委员会清洁生产办公室　张元明
9. 玉溪市经济委员会清洁生产办公室　吴永安
10. 玉溪市红塔区经济局　苏建斌
11. 普洱市经济委员会清洁生产办公室　唐永平
12. 红河州经济委员会清洁生产办公室　汪霞

13. 红河州经济委员会清洁生产办公室　曾发荣
14. 红河州金平县经济贸易局　汤正书
15. 红河州建水县经济贸易局　余姗虹
16. 德宏州经济委员会　敖云
17. 西双版纳州经济委员会清洁生产办公室　郭勇
18. 临沧市经济委员会清洁生产办公室　王少华
19. 丽江市经济委员会清洁生产办公室　王天寿
20. 保山市环境保护局　刘学严
21. 省节能技术服务中心清洁生产办公室　马良驹
22. 省节能技术服务中心清洁生产办公室　卢巍
23. 省清洁生产协会　罗萍
24. 省环境科学研究院清洁生产中心　安俊菁
25. 省建材工业行业协会　师红
26. 省化工行业协会　张耀
27. 省包装行业协会　沈承忠
28. 昆明艾因环境标准咨询服务有限公司　吴树宏
29. 昆明艾因环境标准咨询服务有限公司　李红梅
30. 昆明华创企业管理咨询服务有限公司　潘永刚
31. 昆明新阳光管理咨询有限公司　张智
32. 昆明德润投资管理咨询有限公司　金爱民

（摘自《云南省人民政府关于表彰奖励2008年度清洁生产先进企业先进单位先进个人的决定》）

云南省2008年度节能工作先进单位和个人

节能突出贡献奖单位（共5个）

1. 省节能工作领导小组办公室
2. 红河州人民政府
3. 云天化集团有限责任公司
4. 昆明钢铁控股有限公司
5. 云南驰宏锌锗股份有限公司

二、节能优秀奖单位（共40个）

1. 省人民政府办公厅
2. 省人民政府督查室
3. 昆明市人民政府
4. 大理州人民政府
5. 省发展和改革委员会
6. 省工业和信息化委员会
7. 省科技厅
8. 省财政厅
9. 省环境保护厅
10. 省住房城乡建设厅
11. 省交通运输厅
12. 省农业厅
13. 省商务厅
14. 省质监局
15. 省统计局
16. 省法制办
17. 省监察厅执法监察室
18. 省政府机关事务管理局
19. 省总工会
20. 曲靖市经济委员会
21. 曲靖市统计局
22. 玉溪市经济委员会
23. 文山州经济委员会
24. 丽江市经济委员会
25. 临沧市经济委员会
26. 云锡集团（控股）有限责任公司
27. 云天化股份有限公司
28. 云天华国际化工股份有限公司
29. 云南云维股份有限公司
30. 云南红塔滇西水泥股份有限公司
31. 红云红河烟草（集团）有限责任公司
32. 云南电网公司
33. 国电开远发电公司
34. 云南祥云飞龙有色金属股份有限公司
35. 云南金鼎锌业有限公司
36. 临沧南华糖业有限公司
37. 省节能技术服务中心
38. 省水利厅农村水电及电气化发展局
39. 云南日报报业集团
40. 云南电视台新闻中心

节能先进个人（共100名）

1. 蒋兴明　省政府办公厅秘书八处处长
2. 彭耀民　省政府督察室督查二处处长
3. 毛宗晦　省政府办公厅秘书八处副主任科员
4. 李安荣　省发展改革委环资处副处长
5. 余映宏　省工信委重工业处副处长
6. 张永红　省工信委能源协调处副处长
7. 王　荣　省工信委节能监察处处长
8. 张　勇　省工信委技术进步与创新处副处长

9. 王　言　省工信委节约能源处主任科员

10. 杨少杰　省科技厅机关服务中心水电工

11. 朱思海　省监察厅执法监察室副主任

12. 和文星　省财政厅企业处二科科长

13. 高　毅　省环境保护厅总量办高级工程师

14. 吴学军　省住房城乡建设厅法规科技外事处处长

15. 徐祝龙　省住房建设厅法规科技外事处副调研员

16. 唐文祥　省交通运输厅副厅长

17. 卢光培　省交通运输厅政策法规处处长

18. 张　穆　省农村能源建设工作协调领导小组办公室主任

19. 高　宏　省林业厅机关服务中心副主任

20. 邓小丽　省商务厅贸易发展处副处长

21. 艾尔明　省质监局计量处处长

22. 李灿光　省统计局局长

23. 汪迈红　省统计局能源处处长

24. 王　辉　省统计局工交处主任科员

25. 陈德琼　省法制办行政许可和规范性文件处副处长

26. 王东升　省政府机关事务管理局节能办副主任

27. 张泽平　省总工会生产保护部副部长

28. 荀光清　昆明市经济委员会副主任

29. 洪　波　昆明市经济委员会产业政策处处长

30. 吕　志　昆明市统计局副局长

31. 代秀珍　安宁市统计局局长

32. 余　伟　昭通市经济委员会主任

33. 王松平　曲靖市经济委员会主任

34. 王　华　曲靖市统计局能源统计科副科长

35. 李长金　玉溪市经济委员会主任

36. 张恺维　玉溪市统计局能源科科长

37. 李　昌　保山市经济委员会节能管理科科长

38. 穆芹芳　保山市统计局能源科副科长

39. 李　平　楚雄州人民政府办公室主任

40. 何学明　楚雄州经济委员会主任

41. 聂　明　红河州副州长

42. 吴建明　红河州经济委员会主任

43. 杨海源　红河州统计局局长

44. 姚堂文　文山州副州长

45. 沈　碧　文山州经济委员会副主任

46. 唐永平　普洱市经济委员会节能办副主任

47. 石　勇　宁洱县经济和商务局局长

48. 柳壹华　西双版纳州经济委员会主任

49. 杨文武　西双版纳州统计局局长

50. 程云川　大理州副州长

51. 赵建昌　大理州经济委员会副主任

52. 管成金　大理州统计局副局长

53. 尹以美　德宏州经济委员会技创科科员

54. 张富军　德宏州统计局能源统计科科员

55. 熊建民　丽江市经济委员会副主任

56. 冯　忠　丽江市统计局局长

57. 王红梅　怒江州经济委员会节能管理科科长

58. 和贵华　兰坪县经济委员会主任

59. 赵永明　迪庆州经济委员会主任

60. 张延忠　临沧市经济委员会主任

61. 杨泽民　临沧市统计局副局长

62. 张振伟　昆明钢铁控股有限公司副总经理

63. 陈昆宁　昆明钢铁控股有限公司节能减排中心主任

64. 赛德辉　云锡集团（控股）有限责任公司设备能源处处长

65. 武　颖　云天化集团有限责任公司节能办工程师

66. 杜　伟　云天化股份有限公司副总工程师

67. 蒋太光　云天化国际化工股份有限公司化工工艺部部长

68. 马洪伟　云天化国际化工股份有限公司红磷分公司副总经理

69. 鹿辉阳　云南冶金集团股份有限公司副总经理

70. 刘德平　云南冶金集团股份有限公司高级工程师

71. 晏　斌　云南铝业股份有限公司能源管理办主任

72. 唐　波　云南铝业股份有限公司工程师

73. 宋向礼　云南云维集团有限公司副总经理

74. 喻　翔　云南云维股份有限公司总经理

75. 王　琦　云南南磷集团股份有限公司副总经理

76. 卢　亮　云南瑞安建材投资有限公司总经理

77. 陈　进　云南驰宏锌锗股份有限公司总经理

78. 孙成余　云南驰宏锌锗股份有限公司副总经理

79. 邢大庆　云南云铝润鑫铝业有限公司生产技术部主任

80. 李老伍　云南省富源矿厂长

81. 洪　林　云南祥云飞龙有色金属股份有限公司副总经理

82. 段　青　安宁永昌钢铁有限公司总经理

83. 张利平　云铜锌业星锌合金公司电解分厂厂长

84. 陈夏峰　大理啤酒有限公司工程师

85. 杨朝文　云南兴建水泥有限公司董事长

86. 杨　平　云南德宏英贸糖业有限公司生技部副经理

87. 明中山　云南红塔滇西水泥股份有限公司能源管理员

88. 武汶逵　云南壮山实业股份有限公司副总经理

89. 赵应明　云南曲靖越钢集团有限公司董事长

90. 普兴荣　云南省凤庆糖业集团有限责任公司集团副总裁

91. 蔡华祥　云南电网公司调度中心科长

92. 游若莎　云南电网公司科学用电指导中心管理专员

93. 杨跃明　国电开远发电公司总经理

94. 柳国清　云南大学节能工作领导小组办公室副主任

95. 和发宏　迪庆香格里拉经济开发区管委会主任

96. 杨　昊　省节能技术服务中心高级工程师

97. 余　韬　省节能技术服务中心培训信息室工程师

98. 田逢春　云南日报报业集团经济部主任记者

99. 殷荣祥　云南电视台新闻中心主任记者

100. 张艺敏　云南人民广播电视台主任记者

（摘自《云南省人民政府关于表彰奖励2008年度节能先进单位和个人的决定》）

云南省旅游产业发展先进集体

昆明市（19个）

昆明市旅游局

昆明市公安局

昆明市文化局

石林风景名胜区

云南民族村

云南空港旅行社有限公司

昆明中国国际旅行社

世纪金源大酒店

翠湖宾馆

昆明七彩云南实业股份有限公司

昆明中北集团公司

云南省旅游投资公司

云南映像文化产业发展有限公司

云南柏联旅游文化发展有限公司

云南世博出租汽车有限公司

昆明国际会展中心有限公司

昆明中国国际旅行社

昆明饭店

官房集团

丽江市（6个）

丽江市旅游局

丽江玉龙雪山旅游开发区管理委员会

丽江古城管理有限责任公司

丽江悦榕庄

云南省丽江中国国际旅行社有限责任公司

云南丽江白鹿国际旅行社有限公司

大理州（6个）

大理州旅游局

大理旅游度假区管理委员会

云南洱源九气台旅游开发有限责任公司（大理地热国）

宾川鸡足山旅游投资开发有限公司

大理古城兰林阁酒店

大理州银都水乡旅游投资有限公司（鹤庆新华村）

西双版纳州（5个）

西双版纳州旅游局

景洪市旅游局

景洪市城市投资开发有限公司

中科院西双版纳热带植物园

皇冠大酒店

迪庆州（5个）

迪庆州旅游局

迪庆圣地国际旅行社

德钦县旅游局

迪庆州梅里雪山管理局

巴拉格宗生态旅游开发有限责任公司

德宏州（4个）

德宏州旅游局

瑞丽市旅游局

德宏汇合集团有限公司

瑞丽市景成集团有限公司

红河州（5个）

红河州旅游局

云南世博云南哈尼梯田旅游开发有限责任公司

建水县旅游局

河口国际旅行社

弥勒县云南红酒庄旅游服务有限公司

保山市（5个）

保山市旅游局

腾冲县人民政府
保山故道飞花旅游产业有限公司
云南腾冲机场开发管理有限公司
腾冲世纪金源体育度假有限责任公司
文山州（4个）
文山州旅游局
丘北县旅游局
麻栗坡县旅游局
广南县旅游局
楚雄州（4个）
楚雄州旅游局
楚雄彝人古镇旅游景区
侏罗纪世界投资有限责任公司
云南红塔集团有限公司楚雄雄宝酒店
玉溪市（5个）
玉溪市旅游局
新平县旅游局
玉溪假日旅行社有限公司
云南江川阳光海岸培训中心（江川阳光海岸酒店）
峨山高香万亩生态文化旅游区
曲靖市（4个）
曲靖市旅游局
师宗县人民政府
曲靖市东盛房地产开发有限公司
会泽县旅游局
临沧市（3个）
临沧市旅游局
永德县旅游局
沧源佤族自治县旅游局
怒江州（3个）
贡山县旅游局
怒江生态旅行社有限公司
怒江宾馆
昭通市（3个）
水富县旅游局
威信县旅游局
盐津县旅游局
普洱市（3个）
西盟佤族自治县旅游局
普洱市茶城旅游开发有限公司
云南机场集团普洱思茅机场
十七、省属部门（14个）
省政府研究室
省旅游局
省外办
昆明海关
省政府办公厅秘书五处
省发改委社会处
省发改委体改处
省财政厅行政法处
省住建厅村镇处
省国土资源厅规划处
省公安厅出入境管理局
省地税局税政一处
云南出入境检验检疫局昆明机场办事处
省气象台
旅游院校、培训机构（2个）
云南大学工商管理与旅游管理学院
云南省旅游学校

云南省旅游产业发展先进个人

昆明市（10名）
付一民　昆明市旅游监察支队队长
郭继先　富民县委书记
陈铸武　昆明市人民政府办公厅三处处长
李正平　石林县旅游局局长
耿江生　昆明市公安局治安管理支队综合处处长
袁　兵　云南民族村总经理
赵国雄　昆明市饭店行业协会会长
杨禄森　云南旅游汽车公司总经理
李俊妮　昆明市导游之家导游
陈　杰　昆明市惠众导游公司导游
丽江市（6名）
和耀新　丽江市旅游局局长
和仕勇　丽江古城保护管理局局长
余丽军　丽江泸沽湖管委会主任
梁国相　丽江玉龙雪山管委会副主任
胡松林　丽江官房大酒店总经理
张丽宏　丽江白鹿旅行社有限公司总经理
大理州（6名）
段　力　大理市市长

段智深　鹤庆县县长
和佳轶　大理旅游集团总经理
杨作云　洱源县县长
杨凤武　大理茶花国际旅行社有限公司董事长
钱秀珍　大理海月导游公司导游

西双版纳州（5名）

杨辉平　西双版纳州锦都大酒店有限责任公司常务副总经理
刘建伟　西双版纳旅游客运汽车有限公司驾驶员
李云书　勐腊县旅游局主任科员
杨庆义　勐海县旅游局综合业务股股长
朱东艳　云南磨憨国际旅行社

迪庆州（5名）

阿　哇　迪庆州旅游局局长
廖春雷　香格里拉县旅游局局长
李文明　维西县旅游局局长
解怡诚　迪庆州旅游投资公司董事长
和松青　迪庆州旅游局办公室主任

德宏州（4名）

彭文才　德宏州旅游局局长
马　剑　潞西市旅游局局长
寸建强　勐巴娜西珍奇园有限公司总经理
詹茂胜　台丽集团总裁（莫里旅游区）

红河州（5名）

徐兴得　玉溪吉太集团董事长
田　勇　天源大酒店总经理
吴　伟　泸西县旅游局局长
李　梅　建水燕子洞风景管理处主任
李珊珊　红河县旅游局局长

保山市（5名）

段登位　腾冲县副县长
李爱华　保山市旅游局质监所所长
陈　旭　龙陵县旅游局局长
杨　文　腾冲官房大酒店总经理
王达三　云南百联和顺旅游文化发展有限公司总经理

文山州（4名）

龙志鸿　文山州旅游局副局长
刘建明　广南县旅游局局长
赵文亮　丘北县旅游局局长
肖　辉　文山州煤业有限责任公司普阳大酒店总经理

楚雄州（4名）

李玉林　楚雄州旅游局局长
刘汉福　南华县旅游局局长
王铼根　侏罗纪世界投资有限责任公司董事长
陆学伟　楚雄汇通房地产开发有限公司董事长

玉溪市（4名）

王洪卫　玉溪市旅游局办公室主任
陈瑞锡　玉溪市红塔区旅游局局长
吴恩云　云南再峰有限公司总经理
业绍华　玉溪市江川古滇国文化园后勤主管

曲靖市（4名）

唐　玉　曲靖市旅游局副局长
杨忠武　麒麟区副区长
冯玉华　曲靖安厦房地产集团有限公司董事长
王谷生　罗平县风景区管理局副局长

临沧市（3名）

张景繁　临沧市旅游局局长
张发云　临沧市临翔区旅游局副局长
马维伟　孟定片区社会事业局局长

怒江州（3名）

赵文胜　怒江州旅游局副局长
杨碧康　泸水县旅游局局长
兰慧明　贡山县旅游局局长

昭通市（4名）

饶祥碧　昭通市旅游局局长
杨　忠　彝良县旅游管理局局长
李荣富　大关县旅游局局长
高　莉　永善县旅游局局长

普洱市（3名）

罗云春　墨江哈尼族自治县旅游局局长
曾　静　普洱市康辉旅行社有限公司总经理
李　芳　圣安迪大酒店总经理

省属部门（10名）

胡江天　省法制办法制监督处副处长
熊　伟　省公路管理局副局长
杨　宇　省卫生厅调研员
苏向东　省体育局副调研员
姜志刚　省公路开发投资有限公司总经理
郑　涛　云南机场集团空港管理部部长
储东华　云南日报报业集团记者
舒　阅　云南人民广播电台FM99香格里拉之声频率主持人
闵　杰　云南省特种设备安全检测研究院工程师
华朝朗　云南省林业调查规划院高级工程师

旅游企业（12名）

胡啸杰　云南世博投资有限公司董事长
张碧波　昆明世博园股份有限公司党委副书记
张晓燕　云南世博花园酒店有限公司销售部经理助理
叶云翔　昆明国际会展中心有限公司副总经理
杨　松　云南腾越翡翠城有限公司副总经理
周　刚　世博旅游控股集团丽江中国国际旅行社总

经理

寇　勇　昆明旅游索道开发有限责任公司销售部经理

杨丽萍　云南映像文化产业发展有限公司董事长

周自强　丽水金沙演艺有限公司总经理

肖　燕　昆明福保文化城有限公司总经理

李　麟　云南吉鑫集团股份有限公司董事长

杜婷婷　昆明铁路国际旅游社（集团）旅游总监

旅游院校、规划单位（3名）

许南垣　云南财经大学旅游学院院长

明庆忠　云南师范大学旅游与地理学院院长

窦志萍　昆明学院旅游学院院长

（摘自《云南省人民政府关于表彰全省旅游产业先进集体和先进个人的决定》）

云南省职工百佳节能减排创新成果名单

昆明市总工会（4项）

1. 成果名称：2#硫酸装置、3#废热锅炉、省煤器改造

主要完成单位：云南昆阳磷肥厂有限公司

主要完成人：卢　静

2. 成果名称：驾驶室面漆涂装及烘烤线改造

主要完成单位：东风云南汽车有限公司车身车架公司

主要完成人：田　丰

3. 成果名称：蒸汽节能

主要完成单位：昆明顶益食品有限公司制面科

主要完成人：叶尤坤

4. 成果名称：松香残渣回收利用

主要完成单位：安宁泰丰林化工有限公司

主要完成人：李　进

曲靖市总工会（8项）

1. 成果名称：600MW“W”火焰炉卫燃带技改

主要完成单位：云南滇东能源有限责任公司

主要完成人：陈付元

2. 成果名称：8万吨/年焦炉煤气制甲醇工业示范装置开发

主要完成单位：曲靖大为焦化制供气有限公司

主要完成人：李树全

3. 成果名称：无烟煤大配比配煤捣固炼焦工业化应用

主要完成单位：曲靖大为焦化制供气有限公司

主要完成人：李树全

4. 成果名称：电石渣资源化利用技术

主要完成单位：云南云维股份有限公司

主要完成人：潘文平

5. 成果名称：煤泥矸石循环流化床锅炉发电

主要完成单位：云南大为制焦有限公司生产部

6. 成果名称：工艺技改、发展循环经济

主要完成单位：罗平县锌电公司

7. 成果名称：抓节电降耗建“能效电厂”

主要完成单位：云南电网公司曲靖供电局

主要完成人：吴瑞华

8. 成果名称：节约型烤烟漂浮育苗及配套技术研究与应用

主要完成单位：云南省烟草公司曲靖市公司

主要完成人：刘加红

玉溪市总工会（5项）

1. 成果名称：印刷有机废气净化、回收工艺及装备的应用

主要完成单位：云南恩典科技产业发展有限公司

主要完成人：何金星

2. 成果名称：高电压大容量低损耗电炉变压器

主要完成单位：云南通变电器有限公司

主要完成人：解德荣

3. 成果名称：电机无功补偿节能技术

主要完成单位：元江县永发水泥有限公司

主要完成人：李继文

4. 成果名称：蓄热式高炉煤气加热炉

主要完成单位：上海鼎灿热能科技有限公司

主要完成人：吴海顺

5. 成果名称：节能减排科技创新工程

主要完成单位：云南易门意达陶瓷有限公司

主要完成人：王儒林

保山市总工会（3项）

1. 成果名称：耐用型室外门防水防腐处理

主要完成单位：云南省腾冲县林瑞木制品有限责任

公司

主要完成人：李　强

2. 成果名称：降低标煤与蔗比和吨蔗耗电量

主要完成单位：昌宁康丰糖业有限责任公司

主要完成人：韩永林

3. 成果名称：烟叶烘烤节能减排配套技术推广普及

主要完成单位：云南省烟草公司保山市公司

主要完成人：何　伟

楚雄州总工会（4项）

1. 成果名称：振动焊接在轻型车桥生产中的应用

主要完成单位：云南大姚机械配件厂

主要完成人：龚兆祥

2. 成果名称：氨水喷射与装煤推焦焚烧洗涤净化技术开发及应用

主要完成单位：楚雄德胜煤化工有限公司

主要完成人：冯书辉

3. 成果名称：治理污水科学发展推进节能减排

主要完成单位：楚雄市供排水有限公司

主要完成人：陈海浪

4. 成果名称：云华酒店供热系统工程

主要完成单位：楚雄云华酒店有限公司

主要完成人：陈名辉

红河州总工会（6项）

1. 成果名称：500吨/年硫磺回收项目

主要完成单位：泸西县伟洪吉宇化工有限责任公司技术开发部

2. 成果名称：富氧侧吹熔炼技术在铅锌难处理废料中回收锡铅锌等有价金属的产业化开发

主要完成单位：个旧市红田实业有限公司

主要完成人：杨龙安

3. 成果名称：高炉炼铁烟尘综合回收有色金属及再生能源

主要完成单位：红河锌联工贸有限公司

主要完成人：王树楷

4. 成果名称：锌冶炼浮渣综合利用

主要完成单位：蒙自矿冶有限责任公司铟锌冶炼厂

主要完成人：黄昌元

5. 成果名称：清洁生产见成效、节能减排见效益

主要完成单位：云南石屏东糖糖业有限公司

6. 成果名称：中密度纤维板生产工艺节能改造

主要完成单位：建水县千原木业有限公司

主要完成人：杨　应

文山州总工会（4项）

1. 成果名称：能源机电系统及能量优化节能改造

主要完成单位：云南兴建水泥有限公司

主要完成人：李新萍

2. 成果名称：双联摇炉法生产中碳锰铁的方法

主要完成单位：云南文山斗南锰业股份有限公司

主要完成人：王运正

3. 成果名称：CTP浮选柱在都龙锌锡多金属矿的应用技术

主要完成单位：云南华联锌铟股份有限公司

主要完成人：何庆浪

4. 成果名称：测土配方节本增效

主要完成单位：西畴县土壤肥料工作站

主要完成人：符家辉

大理州总工会（4项）

1. 成果名称：生物生态组合工艺废水处理工程

主要完成单位：巍山县兴巍民族工艺厂

2. 成果名称：水资源节约综合项目

主要完成单位：大理啤酒有限公司

主要完成人：杨泽彪

3. 成果名称：1.5万亩果树自压滴灌技术推广应用

主要完成单位：宾川县农业机械管理服务站

主要完成人：赵汝能

4. 成果名称：能量系统优化技改工程

主要完成单位：祥云县建材（集团）有限责任公司

主要完成人：徐伟华

临沧市总工会（3项）

1. 成果名称：提升锅炉热效率，优化热力方案

主要完成单位：耿马南华勐永糖业有限公司

主要完成人：李杨发

2. 成果名称：利用制糖污染物生产固体、液体生物有机肥

主要完成单位：临沧南华晶莹糖业有限公司

主要完成人：代光伟

3. 成果名称：蔗渣煤粉炉改造为全燃蔗渣炉

主要完成单位：临沧南华晶莹糖业有限公司

主要完成人：陈子华

云南省教育卫生科研工会（1项）

成果名称：一种制备冻干甲型肝炎减毒活疫苗的冻干工艺

主要完成单位：中国医科院医学生物学研究所

主要完成人：申　峰

昆明钢铁集团有限责任公司工会（5项）

1. 成果名称：建设高效、节能、环保的精矿输送管道

主要完成单位：昆明钢铁控股有限公司

主要完成人：陈昆宁

2. 成果名称：细晶粒热轧带肋钢筋研发及产业化

主要完成单位：武钢集团昆明钢铁股份有限公司

主要完成人：严锡九

3. 成果名称：烧结机低温余热发电利用

主要完成单位：昆明钢铁集团有限责任公司动力能源分公司

主要完成人：周庆华

4. 成果名称：高炉煤气余能发电利用

主要完成单位：昆明钢铁集团有限责任公司动力能源分公司

主要完成人：沈祚昌

5. 成果名称：炼钢厂转炉除尘废水处理回用

主要完成单位：武钢集团昆钢股份有限公司炼钢厂

主要完成人：王志雄

云天化集团有限责任公司工会（18 项）

1. 成果名称：变频调速技术在大型磷复肥企业的应用及研究

主要完成单位：云南云天化国际化工股份有限公司三环分公司

主要完成人：薛　毅

2. 成果名称：40 万吨重钙装置热源技改

主要完成单位：云南云天化国际化工股份有限公司富瑞分公司

主要完成人：马　策

3. 成果名称：高效利用反应热副产工业蒸汽的热法磷酸生产技术

主要完成单位：云南省化工研究院

主要完成人：梅　毅

4. 成果名称：合成氨节能降耗技术改造

主要完成单位：云南云天化国际化工股份有限公司红磷分公司

主要完成人：孔令发

5. 成果名称：60 万吨/年硫磺制酸装置稳定生产技术改进

主要完成单位：云南云天化国际化工股份有限公司三环分公司

主要完成人：宋应宁

6. 成果名称：氟硅酸钠生产连续法大型化技术

主要完成单位：云南云天化国际化工股份有限公司三环分公司

主要完成人：宋应宁

7. 成果名称：二水法磷酸节能降耗增产技术

主要完成单位：云南云天化国际化工股份有限公司三环分公司

主要完成人：吕庆胜

8. 成果名称：蒸汽热力系统稳压节能技术

主要完成单位：云南云天化国际化工股份有限公司三环分公司

主要完成人：陶汝兄

9. 成果名称：磷酸一铵装置、熔硫装置蒸汽冷凝液回收利用

主要完成单位：云南云天化国际股份有限公司富瑞分公司

主要完成人：李　周

10. 成果名称：54MW 磷炉尾气回收

主要完成单位：云南马龙产业集团昆明马龙化工有限公司

主要完成人：陈锦山

11. 成果名称：压缩空气雾化中和液技术生产三聚磷酸钠

主要完成单位：云南马龙产业集团昆明马龙化工有限公司

主要完成人：李剑鸣

12. 成果名称：泥磷返回电炉回收黄磷技术

主要完成单位：云南马龙产业集团股份有限公司沾益分公司

主要完成人：林海林

13. 成果名称：淬渣水余热漂磷

主要完成单位：云南马龙产业集团股份有限公司马龙事业部

主要完成人：夏仁平

14. 成果名称：磷矿石单段闭路磨矿的研究与运用

主要完成单位：云南云天化国际化工股份有限公司

主要完成人：张应虎

15. 成果名称：云天化国际天湖分公司节电技术成果

主要完成单位：云南云天化国际化工股份有限公司天湖分公司

主要完成人：梁玉明

16. 成果名称：一期 30 万吨 P_2O_5/年机泵用工艺水循环利用

主要完成单位：云南云天化国际化工股份有限公司富瑞分公司

主要完成人：段思勤

17. 成果名称：外排水处理回用（实现公司生产污水零排放）

主要完成单位：云南云天化国际化工股份有限公司三环分公司

主要完成人：许景明

18. 成果名称：水资源的综合利用

主要完成单位：云南云天化国际化工股份有限公司

云峰分公司生产管理部

主要完成人：徐　林

云南白药集团股份有限公司工会（1 项）

成果名称：制药企业节能减排

主要完成单位：云南白药集团股份有限公司生产制造中心工程部动力能源工段

云南冶金集团股份有限公司工会（8 项）

1. 成果名称：大红山铜矿采 2 号胶带输送机全数字直流调速传动系统

主要完成单位：云南华昆工程技术股份公司（原昆明有色冶金设计研究院）

主要完成人：赵立群

2. 成果名称：10 吨双锅筒横置式流化床沸腾燃烧蒸汽锅炉改造

主要完成单位：云南永昌铅锌股份有限公司铅锌分公司

主要完成人：杨洪枝

3. 成果名称：矿山废渣胶结膏体充填

主要完成单位：云南驰宏锌锗股份有限公司

主要完成人：陈华国

4. 成果名称：硫酸铅渣富氧顶吹熔炼关键技术及产业化应用

主要完成单位：云南驰宏锌锗股份有限公司

主要完成人：周廷熙

5. 成果名称：云锡集团公司塘子凹矿段通风系统节能增效改造与集中控制研究

主要完成单位：昆明冶金高等专科学校

主要完成人：段永祥

6. 成果名称：红河钢铁有限公司转炉二次除尘和混铁炉除尘示范工程

主要完成单位：昆明冶金研究院（云南省冶金研究设计院）

主要完成人：白荣林

7. 成果名称：多锥斗斜窄流沉降池

主要完成单位：昆明冶研新材料股份有限公司

主要完成人：黄云平

8. 成果名称：云铝 300kA 电解槽二次启动技术开发与应用

主要完成单位：云南铝业股份有限公司电解二厂

主要完成人：丁吉林

云南省投资控股集团有限公司工会（1 项）

成果名称：苏帕河流域梯级水库联合优化调度研究

主要完成单位：云南保山苏帕河水电开发有限公司

主要完成人：段文泉

云南世博集团有限公司工会（1 项）

成果名称：清洁生产

主要完成单位：云南世博花园酒店有限公司

云南铜业（集团）有限公司工会（3 项）

1. 成果名称：玉溪红山球团布袋除尘器改造

主要完成单位：玉溪红山球团工贸有限公司

主要完成人：申自飞

2. 成果名称：烟气制酸两转两吸工艺

主要完成单位：云南云铜锌业股份有限公司磷酸分厂

主要完成人：梅　毅

3. 成果名称：能效对标、节能改造、实现铜冶炼节能减排

主要完成单位：云南铜业股份有限公司冶炼加工总厂

主要完成人：史谊峰

云南锡业集团（控股）有限责任公司工会（3 项）

1. 成果名称：云南锡业集团（控股）有限责任公司变频节能技术改造

主要完成单位：云锡集团（控股）有限责任公司设备能源处

主要完成人：赛德辉

2. 成果名称：澳斯麦特富氧熔炼的操作控制

主要完成单位：云南锡业股份有限公司冶炼分公司

主要完成人：朱锡龙

3. 成果名称：管理创新、技术创新、推进节能减排工作实现企业又好又快发展

主要完成单位：云锡集团（控股）有限责任公司设备能源处

主要完成人：雷　毅

云南省工业投资控股集团有限责任公司工会（2 项）

1. 成果名称：无能耗粉尘呼吸收尘装置

主要完成单位：云南国资水泥红河有限公司

主要完成人：王树铭

2. 成果名称：水泥窑用燃烧器位置角度调整

主要完成单位：云南国资水泥东骏有限公司

主要完成人：余庆云

中国铁路工会昆明铁路局委员会（1 项）

成果名称：太阳能、空气源热泵及中高温水源热泵节能减排综合运用系统

主要完成单位：昆明铁路局计划统计处

主要完成人：杨贵荣

中国水利水电第十四工程局有限公司工会（2项）

1. 成果名称：粒状物料斜坡输送装置

主要完成单位：中国水利水电第十四工程局有限公司构皮滩工程项目经理部

主要完成人：字继权

2. 成果名称：三峡地下电站主厂房开挖及环境保护控制施工技术

主要完成单位：中国水利水电第十四工程局有限公司

主要完成人：尹俊宏

云南电网公司工会（2项）

1. 成果名称：光伏发电技术集成及并网示范研究

主要完成单位：云南电力试验研究院（集团）有限公司电力研究院

主要完成人：卢　勇

2. 成果名称：线损“四分”管理

主要完成单位：云南电网公司

云南省移动通信工会（1项）

成果名称：梯形风管优化通信局房气流组织

主要完成单位：中国移动通信集团云南有限公司

主要完成人：马　奎

中国水电顾问集团昆明勘测设计研究院工会（1项）

成果名称：水上地震勘探（互换法）工作法

主要完成单位：中国水电顾问集团昆明勘测设计研究院

主要完成人：戴国强

华电云南发电有限公司工会委员会（4项）

1. 成果名称：6号循环流化床锅炉节能改造

主要完成单位：云南华电巡检司发电有限公司锅炉维护班

主要完成人：朱　华

2. 成果名称：优化辅机运行方式节约厂用电

主要完成单位：云南华电巡检司发电有限公司发电部

主要完成人：杨志良

3. 成果名称：锅炉静电除尘器节能改造

主要完成单位：云南华电巡检司发电有限公司电气维护班

主要完成人：吴瑞庆

4. 成果名称：改造龙门吊电气控制系统减少维修成本费用提高设备利用率

主要完成单位：云南华电巡检司发电有限公司维护部燃运维护班

主要完成人：李红春

中国国电集团公司云南发电企业工会（4项）

1. 成果名称：300MW循环流化床锅炉流态化重组

主要完成单位：国电开远发电有限公司

主要完成人：孙云官

2. 成果名称：国电开远发电有限公司300MW机组循环水泵经济调度

主要完成单位：国电开远发电有限公司

主要完成人：凌国峰

3. 成果名称：提高高速混床处理水量

主要完成单位：国电开远发电有限公司

主要完成人：后　永

4. 成果名称：国电阳宗海发电有限公司2008年度节能减排成果

主要完成单位：国电阳宗海发电有限公司

主要完成人：蒋丽华

国电宣威发电有限责任公司工会（1项）

成果名称：汽轮机汽封改造

主要完成单位：国电宣威发电有限责任公司

主要完成人：侯开秀

（云南省人民政府关于表彰云南省职工百佳节能减排创新成果的决定）

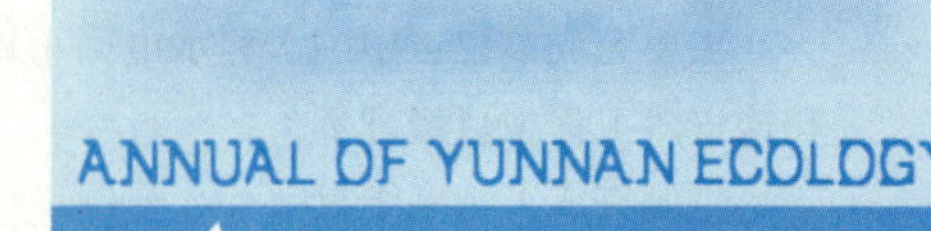

ANNUAL OF YUNNAN ECOLOGY

云南生态年鉴

2010

倡导绿色和谐　促进生态文明

年度人物　ANNUAL CHARACTERS

周 鸿

女，云南大学教授、博士生导师。1946年3月出生，昆明人。先后毕业于昆明农林学院、云南大学生物系，硕士研究生。1982年留校任教，先后讲授“植物生态学”、“普通生态学”、“人类生态学”、“文化生态学”等课程。先后两度赴俄罗斯圣彼得堡大学做访问学者。中国科学院生态环境研究中心客座研究员、中国森林风景资源评价委员会委员、中国可持续发展研究会环境专业委员会委员、2000年地球奖环境教育奖获得者。先后主持国家自然科学基金5项，已出版14部专著、80多篇论文、200多篇科学普及文章。曾15次出席国际学术会议并作学术报告。周鸿在中国率先开出人类生态学课程，并出版了中国教育部面向21世纪教材“人类生态学”。为我国人类生态学教育、科研作了奠基性的贡献，处于全国领先水平。2009年，周鸿教授开创的“人类生态学”课程被评为国家级精品课。《中国科学基金》、《人民日报》、《科技日报》、《中国妇女报》、《春城晚报》等对其教学、科研工作作过大篇幅报导；中央电视台、云南电视台曾对其作过专访。

周鸿教授是我国最早研究生态文化和生态文明的学者，早在1997年就出版了有关专著，并在《光明日报》理论版、《人民日报》理论版等全国有影响的报刊和学报上发表多篇关于生态文化与生态文明的论文。2008年4月8日，《光明日报》理论版特约全国三位学者诠释生态文明，周鸿教授即为其中之一。2006年以来，她先后应邀到北京大学、清华大学、浙江大学、复旦大学、北京师范大学、北京林业大学、华东师范大学、上海同济大学、上海师范大学以及台湾的中国医药大学讲学；在浙江“人文大讲堂”、福建“国学大讲堂”、云南“云岭大讲堂”以及全国多个省市作生态文明的讲座。

主要代表著作有：《人类生态学》、《文明的生态学透视——绿色文化》、《生态学的归宿——人类生态学》、《环境美学》、《绿色的开拓者——中国著名植物学家吴征镒》、《只有地球这个家》、《为了地球的明天》、《生命平衡的逻辑与生态哲学（俄文版）》、《城市边缘区（带）生态规划建设》、《乡村生态旅游理论与实践》、《走近生态文明》。

先后主持的中国国家自然科学基金项目有：《城市园林公墓的生态建设》（1998~2000年）、《中俄城市园林公墓生态文化比较研究》（1998年）、《云南少数民族神山森林与生态保护小区管理研究》（2000~2002年）、《中俄森林文化与生态教育比较研究》（2002年）、《云南少数民族地区乡村旅游生态适宜度研究》（2005~2007年）。

主要科研获奖情况：2000年地球奖环境教育奖；《生态学的归宿——人类生态学》（安徽科技出版社，1987）获第三届中国图书奖一等奖（1991年）；《只有地球这个家》获全国优秀科普作品三等奖（2001年5月）；“人类生态学理论与实践”获云南省自然科学一等奖（2007年）；《人类生态学课程与教材建设》获云南省教学成果省级一等奖（2001年10月）；《试论生态道德》云南省1979－1989社会科学优秀成果二等奖（1991年2月）；“人类生态学研究与生态教育系列”项目获云南省科技进步三等奖（2000年3月）。

周鸿教授

蒋志农

男，生于1939年8月，汉族，中共党员，云南省农科院粳稻育种中心主任、研究员。

蒋志农长期从事农业科学技术研究，是云南省著名的水稻育种专家。蒋志农以质量—数量性状遗传在水稻育种上的应用，鉴定评价了千余份云南稻种遗传资源，筛选出一批优异资源供育种利用；在高原粳稻的高产育种、品质育种、耐寒育种、稻瘟病抗病育种和粳稻优质香米、软米、香软米育种的研究上取得重大突破。他提出的高产、优质、耐寒、抗病同步鉴定的育种新方法，确立了田间选种的科学依据，创造性地解决了新品种选育的关键技术难题。这一育种方法在技术上处于国内领先水平。从1982年至今，他主持育成87个粳稻新品系，其中已有34个新品种通过省级审定。近20年来，新品种（品系）的累计示范推广面积达5 956万亩，增产稻谷17.9亿多千克。

1995年，蒋志农向省政府递交关于“从科技上解决云南省米袋子问题的建议报告”，向省政府立下在“九五”期间育成20个新品系、10个新品种，推广2640万亩、增产稻谷7.68亿千克的军令状。此后，他在有关部门的大力支持下，组成有31个单位170多名科技人员参加的项目组，经过努力，圆满完成了任务。蒋志农先后获得“国家有突出贡献的中青年专家”、“全国农业科技先进工作者”、“全国职工创新能手”、首届“云南省科学技术突出贡献奖”等荣誉称号。

（《云南日报》2009年8月16日第3版）

徐志辉

男，生于1938年9月，浙江省杭州市建德人，汉族。1964年7月毕业于南京林学院林业专业本科，同年8月分配在西安市国家林业部森林调查第五大队工作。1965年因三线建设需要，调入云南省林业调查规划院，从事林业、生态经济、生态旅游等研究工作至今。曾任云南省林业调查规划院二中队副中队长、技术咨询室主任、院长办公室主任、云南生态经济研究中心主任等职。中共党员，高级工程师，社会兼职：云南农业大学农村发展研究所特约研究员、西南林学院客座教授、中国管理科学院学术委员会特约研究员、华中农业大学农业经济博士点和生态经济研究方向博士生指导组成员、云南省1~3届省级自然保护区评委会委员、连任5届云南省生态经济学会常务副理事长兼秘书长、云南省森林生态旅游协会副理事长兼秘书长、西南地区森林经济协会副理事长兼秘书长等。

徐志辉是云南省生态经济学会和云南省森林生态旅游协会的创始人之一。1985年6月，创办《生态经济》杂志（中、英文版），任《生态经济》杂志主编。《生态经济》杂志被评为全国中文核心期刊、'96云南省优秀社科期刊、百家优秀期刊等。

徐志辉先后编著出版《生态经济学通论》、《云南省森林生态旅游总体规划》、《怒江国家级自然保护区》等

徐志辉高级工程师

6本专著；编著《云南大自然博物馆系列图集》、《红河野生珍稀动植物》、《云南野生珍稀动植物》、《云南野生动植物》、《最美云南》、《云南自然保护区》、《云南野生兰花》等大型彩色科普图集19本，其中获部省级二、三等奖6本，中国图书奖1本，中国西部优秀科技图书二等奖2本；发表“以科学发展观指导生态省建设”等论文59篇。从20世纪80年代至今，运用生态经济学科理论指导实践，开展生态经济科技咨询服务，指导规划生态经济县、乡、村建设，为生态文明建设做了大量的、实在的工作。

倡导绿色和谐　促进生态文明

2010

州市概况

THE OVERVIEW OF YUNNAN PREFECTURES

昆明市

昆明市概述

昆明市位于云南省中部，总面积2.10万平方千米。2009年，辖8县1市5区；乡镇、街道办事处133个，其中街道办事处53个、乡21个、镇59个。常住人口628万人，户籍人口533.99万人。其中非农业人口224.26万人，占总人口42%。人口密度299人/平方千米，人口自然增长率5.8‰。

2009年，全市实现生产总值1 808.65亿元，比上年增长12.8%。其中第一产业增加值114.09亿元、第二产业增加值824.59亿元、第三产业增加值869.97亿元，分别增长5.8%、12.9%和13.7%，一、二、三产业增加值占GDP比重由上年的6.5∶46.1∶47.4调整为6.3∶45.6∶48.1。完成工业增加值623.36亿元，增长9.7%；完成规模以上工业增加值534.74亿元，增长10.1%。全年接待海内外游客3 115.02万人次，增长13.9%，实现旅游总收入226.34亿元，增长14.8%。完成全社会固定资产投资总额1 600.66亿元，增长51.9%。全年实现社会商品零售总额864.61亿元，增长23.4%。居民消费品价格总水平比上年上涨0.8%。全年外贸进出口总额56.30亿美元，比上年减少23.0%。

2009年公路通车总里程16 126.51千米。公路运输客运量7159.09万人次，比上年下降11.45%；旅客周转量183.93亿人次/千米，增长12.7%；货运量1.16亿吨，增长16.9%；货物周转量217.52亿吨/千米，增长12.4%。

昆明大观河人工湿地　　（刘建明　摄）

2009年全市完成财政总收入456.15亿元，比上年增收30.96亿元，增长7.3%。非税收入10.11亿元（市本级），比上年减少15.31%。上划中央“四税”收入117.19亿元，增长0.3%。地方一般预算收入完成201.61亿元，增加26.62亿元，增长15.2%。地方预算支出270.45亿元，增加36.96亿元，增长15.7%。

2009年，农民人均纯收入5 080元，扣除物价因素，实际增长9.7%；城镇居民可支配收入16 496元，实际增长13.0%。人均消费性支出11 396元，实际增长13.6%。农村人口平均住房面积46平方米，增长4.5%。城镇登记失业率2.05%。

二环快速系统通车

2009年9月28日，昆明二环快速系统改扩建工程主线举行试通车仪式，11月15日剩余匝道全部建成。二环路全长27.08千米，总投资约84.03亿元，它是昆明主城区快速交通系统重要的枢纽环线，承担着主城区域快速迂回交通和过境交通功能，在昆明交通路网中发挥着至关重要的作用。这个系统由两层体系组成，高架层为快速系统，双向6车道，设计车速60千米/小时，全线无红灯；地面层为城市慢速系统，东、南、西二环地面层为城市一级主干道，设计车速40千米/小时。整个二环快速包括石虎关、福德、福海、明波、西苑、黄土坡、小屯、金星、小庄、大树营、菊华等16座节点立交桥，这些节点立交桥与地面系统全面互通或半互通。建成后的二环快速系统，除满足快速路交通功能外，还具有“市政园林化、园林市政化、雨水资源化、管理智能化”整体功效。

临街建筑物立面整治

2009年10月，昆明市启动临街建筑物立面整治工作。自机关、事业单位公职人员带头自行拆除外挑式防盗笼、灶台等工作以来，截至2010年1月，昆明市各级机关和事业单位的1.49万人（户）已整改了外挑式设施，拆除整改总面积34.36万平方米，整改完成率达到72%。市委组织部、市政府办公厅等27家单位全面完成整改工作，另有34家单位完成率超过95%，占全市规范整治总数的28%。机关、事业单位公职人员外挑设施整改结束后，对市民外挑式设施进行有偿拆除整改。

昆明与万象结为友好城市

为进一步抓住中国——东盟自由贸易区建设给昆明市与万象市发展带来的机遇和“周边国家是首要，发展中国家是基础”、“与邻为善、与邻为伴”的外交政策，2009年8月21日，昆明市和老挝万象市正式建立友好城市关系。至此，昆明市已缔结了13个国际友好城市。

（方玉红）

曲靖市

曲靖市概述

曲靖市位于云贵高原中部、云南省东部偏北。总面积2.89万平方千米。其中山地、丘陵占总面积93.96%；大于2平方千米的坝子68个，占总面积6%。市政府驻麒麟区寥廓街道，距省会昆明135千米。2009年末，曲靖市辖麒麟区、宣威市和沾益、马龙、富源、罗平、师宗、陆良、会泽7县，115个乡（镇、街道办事处），其中镇59个、乡47个、街道办事处9个。年末全市户籍总人口616.2万人。常住人口581.7万人，人口自然增长率6.48‰，人口密度每213人/平方千米。全市少数民族人口44.5万人，占总人口7.2%。

2009年，全市实现生产总值861.8亿元，按可比价格计算，比上年增长12.9%，按常住人口计算，人均GDP达到1.49万元。其中：第一产业增加值160.9亿元，增长6.9%；第二产业增加值456.0亿元，增长13.6%；第三产业增加值244.9亿元，增15%。三次产业结构为19:53:28。工业增加值409.4亿元，按可比价计算增长12.6%。规模以上工业企业实现增加值328.4亿元，增长12.7%。全年共接待海外游客1.6万人（次），增长22%，旅游外汇收入250.2万美元，增长25%；国内游客640万人次，增长14%；旅游总收入37.3亿元，增长35%。全社会固定资产投资555亿元，增长30.6%。社会消费品零售总额190亿元，增长22.4%。居民消费价格总指数100.70%，商品零售价格总指数99.80%。

2009年，全市公路通车里程2.66万千米，其中高速公路916千米。完成客运量7 891.82万人、客运周转量57.87亿人千米；货运量1.43亿吨、货物周转量129.59亿吨千米。

年末全市移动电话用户236.1万户，增长40.5%。固定电话用户39.6万户，下降0.7%。互联网用户14.1万户，其中宽带网用户13.4万户。

2009年，全市辖区内财政总收入210亿元，增长8.4%。地方一般预算收入63亿元，增长12.8%，其中税收收入54亿元，增长10.6%。全年地方一般预算支出140亿元，增长19.9%。全年市本级政府非税收入完成18.95亿元，增长34.96%。

2009年，全市城镇居民人均可支配收入14 104.5元，比上年实际增长10%；农村居民人均纯收入3 666元，实际增长10%。全市在岗职工年平均工资29 538元，增长13.7%。城镇居民人均消费性支出10 163.64元，实际增长14.8%。城镇登记失业率控制在3.8%。

曲靖入选“中国城市发展代表”

2009年9月10日，国家统计局中国经济景气监测中心发表的《中国城市发展研究报告》以16个指标构成的评价体系，对全国286个地级及以上城市进行了科学评价，从中遴选出60个新中国成立60周年“中国城市发展代表”，曲靖是云南省唯一入选城市。

饮水安全

2009年，曲靖市共完成扩大内需人饮项目投资1.56亿元（其中中央及省级资金1.41亿元），解决31万人饮水安全和困难问题，加上其他项目完成的人饮解困任务，至年底全市已解决48.44万人饮水安全和困难问题。同时，完成曲靖市县级农村饮水安全现状调查和复核工作，至年底全市还有饮水不安全人口238.81万人（其中：101.36万人已列入国家人饮安全规划，137.45万人为新增饮水不安全人口）。

中低产田地改造

2009年，曲靖市委、市政府以长远规划和年度规划为龙头，整合各部门项目，实行山、水、林、田、路综合治理。全市中低产田地改造投入资金4.52亿元，改造完成42.28万亩，分别在马龙己沃片区、沾益大坡片区召开2次全省中低产田地改造现场会议，形成以“马龙己沃模式”、“沾益大坡模式”为代表的曲靖经验。

中小学危房改造

2009年，曲靖市全面实施中小学危房整体改造暨标准化建设，纳入改造的项目，按照“安全、适用、经济、美观”的原则，统一规划设计，抗震设防烈度严格执行国家标准。已开工建设65.54万平方米，主体建设完工62.54万平方米，峻工验收40.33万平方米。

非物质文化遗产保护

2009年，会泽县斑制作技艺传承人张克康被列为第三批国家级非物质文化遗产保护项目名录代表性传承人。至年底，全市已有会泽县“斑制作技艺”、陆良县小百户民间舞蹈“大三弦”、罗平县腊者布依族文化保护区、富源县古敢下笔冲村水族保护区、会泽县洞音乐、宣威市火腿制作工艺、马龙县火草纺织技艺、罗平县富乐艺制作工艺等8个“非遗”项目被列为省级非物质文化遗产保护项目；金银焕、聂建荣等23人被列为省级非物质文化遗产保护项目名录代表性传承人。宣威市火腿制作工艺、马龙县火草纺织技艺、罗平县富乐艺制作工艺3个项目正在申报第三批国家级非物质文化遗产保护名录项目。

（张　鑫）

玉溪市

玉溪市概述

玉溪市位于云南省中部。总面积1.53万平方千米。全市辖8县1区。其中：红塔、江川、澄江、通海4个县（区）是坝区县，面积3348平方千米，占总面积21.9%；华宁、易门2个县是半山区县，面积2888平方千米，占总面积18.9%；峨山彝族自治县、新平彝族傣族自治县、元江哈尼族彝族傣族自治县3个县是山区县，面积9053平方千米，占总面积59.2%。市委、市政府驻红塔区州城，距省会昆明市88千米。全市辖45个镇（其中1个民族镇）、3个城区办事处、27个乡（其中10个民族乡）。2009年底，全市总人口214万人。其中：非农业人口38.33万人，占总人口17.88%；少数民族人口70.77万人，占总人口33.02%。人口自然增长率5.48‰。

2009年，全市完成现价生产总值644.4亿元，按可比价格计算，比上年增长11.8%，增速比上年回落1.2个百分点。其中：第一产业增加值67.1亿元，增长6.0%；第二产业增加值393.2亿元，增长11.7%；第三产业增加值184.1亿元，增长14.0%。三次产业结构由上年的10.8:62.1:27.1调整为10.4:61.0:28.6。全市人均生产总值2.82万元。卷烟生产和销售实现增加值245.5亿元，增长10.8%，占全市GDP的比重为38.2%。

全市农业总产值106.5亿元，增长6.7%。粮食总产量5.13亿千克，增长2.2%。烤烟产量1.04亿千克，下降3.3%。蔬菜产量13.17亿千克，增长3.7%。肉类产量24.67万吨，增长8%。

全市工业增加值373.8亿元，增长11.7%，增速比上年回落4个百分点。其中：卷烟及配套产业完成增加值247.5亿元，增长11.9%。完成规模以上工业增加值341.4亿元，增长11.5%，增速比上年回落5.1个百分点。完成工业总产值911.8亿元。其中：规模以上工业企业完成总产值746.1亿元，产销率达98.1%。红塔集团生产卷烟339.5万箱，比上年增加7.1万箱，增长2.1%；实现销售收入278亿元，增长12.6%；实现利税总额203.7亿元，增长14.8%。

全年固定资产投资240.2亿元，增长32%。全年社会消费品零售总额115.4亿元，增长21.6%。

2009年，实施农村公路通畅、通达工程，新建改造农村公路639.4千米。年底全市公路通车总里程达到1.64万千米。其中：高速公路232.7千米。全市公路运输客运量完成2676万人，比上年增长13.8%；旅客周转量16.3亿人千米，减少3.0%。公路货运量4078万吨，减少30.4%；货物周转量69.4亿吨千米，增长8.1%。2009年底全市固定电话用户29.2万户，移动电话用户139.6万户；电话普及率每百人73.8部，比上年增加11.5部。互联网宽带网用户11.9万户，增长33.7%。

全市财政总收入完成260.1亿元，增长10%。地方财政收入63.6亿元，增长14.4%。8县1区地方财政收入过亿元的成果得到巩固。其中：红塔区完成7.9亿元，增长25.4%；新平县4.4亿元，增长14.3%；通海县2.7亿元，增长14.3%；澄江县2.7亿元，增长28.6%；峨山县2.5亿元，增长6.4%；易门县2.4亿元，增长14.4%；江川县2.3亿元，增长10.1%；华宁县2.1亿元，增长17.9%；元江县1.6亿元，增长14.2%。地方财政支出99.3亿元，增长31.1%。重点支出得到保障：教育支出16.2亿元，增长29.9%；社会保障和就业支出12.5亿元，增长14.5%；医疗卫生支出7.7亿元，增长33.9%。

2009年，全市农民人均纯收入5119元，比上年增长7.5%。全市在岗职工平均工资27674元，比上年增长9.4%；城市居民（红塔区）人均可支配收入15866元，增长12.1%；全市城镇居民人均可支配收入14741元，增长11.1%；全市城镇居民家庭每100户拥有汽车17.5辆，比上年增加3.3辆。年内城镇失业人员再就业人数达1.25万人，5776名特殊困难人员实现再就业。年末全市城镇登记失业率2.8%。

农村劳动力培训转移

2009年，市政府提出“全市培训农村劳动力2万人，转移1.8万人”的目标任务。全市有7县（区）共争取到中央“阳光工程”项目和省级农村劳动力转移培训项目资金403.4万元。其中：中央项目培训任务7700人，资金323.4万元；省级项目培训任务4000人，资金80万元。通过公开招标由24个培训基地承担培训任务。全市培训 2.29 万人，完成市级安排培训任务的 114.7%；转移就业 2.16 万人，完成转移任务的 120.1%，转移就业率达 94.3%。其中：中央“阳光工程”项目实际培训 7 765 人，完成任务数 7 700 人的 100.8%，转移就业 7 477 人；省级项目实际培训 4 093 人，完成任务数 4 000 人的 102.3%，转移就业 3 848 人。在中央和省级两个项目实施中，共开展技能培训 1.13 万人，占项目培训人数的 95.6%，引导性培训人数 522 人，占 4.4%；取得职业技能等级证 7 463 人，占 62.9%。年末，全市农村劳动力转移就业实际人员达 28.83 万人，其中：有组织转移就业 11.95 万人。外出务工人员从事第一产业 2.02 万人、第二产业 12.43 万人、第三产业 14.38 万人。据测算，全年实现劳务总收入 21 亿元，首次突破 20 亿元大关。

农民收入稳步增加

2009 年，全市农村经济收入总额 100.89 亿元，扣除上交国家税金 14.60 亿元、上交国家有关部门 2 972 万元，农民所得总额为 80.84 亿元。农民人均所得达 4 485 元，比上年增加 313 元，增长 7.5%。农民增产增收的主要原因：一是支农惠农政策带来农民增收。一系列免征农业税、推行农村合作医疗制度、实现粮食直补、良种补贴及购置农机具补贴等强农惠农政策落实到位，促进了农民增收。年内，全市投入“三农”资金 30.9 亿元，同比增加 5.2 亿元，改善了农业生产及农民生活条件。二是优化产业结构。油菜，蔬菜、甘蔗、花卉、生物药料等产业得到进一步巩固，加上较好的农产品价格，农业经济效益明显提高。三是劳务经济健康发展。年内，全市农民外出务工劳动力达 19.75 万人，比上年增长 10.9%。全市农民人均工资性收入达 1 183 元，增长 13.1%。劳务经济已成为玉溪市继烤烟产业之后又一增加农民收入新途径。四是中低产农田改造。年内，全市中低产农田改造共完成投资 2.77 亿元，完成改造项目 105 个，改造面积 24.1 万亩，新增生产能力 2 189 万千克，总产值 4 173 万元，节约劳动成本 3 154 万元，增加农民收入 6 644 万元。

平安建设

2009 年，市委、市政府下发《关于在全市开展新一轮先进平安县区创建活动的实施意见》，提出“平安、和谐、宽松、舒畅”的创建目标。同时，努力建立健全各种切合实际的平安建设工作模式，将“无邪教县（区）”、“无毒县（区）”、“消防安全县（区）”创建活动纳入平安创建工作，全面推进新一轮平安玉溪建设。54 家市综合治理维护稳定委员会成员单位加强挂钩联系工作，在多个部门挂钩联系一个县（区）的同时，每个成员单位负责联系一个乡镇，同时将成员单位开展系统创安工作纳入单位年终考核范围。成员单位组织开展系统平安创建活动，如卫生系统的“平安医院”、教育系统的“平安学校”、妇联系统的“平安家庭”、交警部门的“平安出行”活动。2009 年度玉溪市公众安全感调查显示，全市公众安全感率为 93.2%，比上年提高 0.3 个百分点。

荣膺“中国十佳休闲宜居生态城市”

2009 年，对已建好并初具规模的约 2 平方千米的聂耳文化广场片区景观提升改造，启动玉溪大河以北 YTC 地块前期开发整治工程。同时，把聂耳文化广场景区延伸至东风水库，启动东风水库路坝合一工程。在完成七星街、珊瑚路等街道的改造工程后，又全面启动棋阳路拓宽改造一期工程、九龙片区五伟路一期工程、九龙片区四路工程、抚仙路改造、明珠路延长线建设等工程。2009 年 9 月，玉溪市荣膺“中国十佳休闲宜居生态城市”，位列全国第二位，在地级市中排列第一，是云南省唯一获此殊荣的州市。

（刘仕荣　李晓媛）

保山市

保山市概述

保山市位于云南省西部，总面积 1.91 万平方千米，其中山区、半山区面积 1.75 万平方千米，占总面积的 91.79%；坝区面积 1 565.09 平方千米，占总面积的 8.21%。国境线长 167.78 千米。市府所在地隆阳区，距省会昆明 492 千米，空中航程 350 千米，距大理州府大理市 195 千米，距临沧市府所在地临翔区 321 千米，距中缅边界国家级口岸猴桥 221 千米，距缅北最大城市密支那 395 千米。辖施甸、腾冲、龙陵、昌宁 4 县和隆阳区；乡（镇、街道办事处）72 个，其中乡 46 个、镇 24 个、办事处 2 个。2009 年末，户籍总人口 250.2 万人。其中非农业人口 27.76 万人口，占总人口的 11.1%；少数民族人口 25.79 万人，占总人口的 10.3%。人口密度 127.4 人/平方千米，人口自然增长率 5.77‰。

2009 年，实现生产总值 217.21 亿元，比上年增长

12.9%。其中第一产业增加值67.2亿元，第二产业增加值64.5亿元，第三产业增加值85.6亿元，分别增长7.5%、22.2%和10.3%，一、二、三产业增加值占GDP比重由上年的31.8∶28.5∶39.7调整为30.9∶29.7∶39.4。完成工业增加值47.1亿元，（可比价），比上年增长14.63%；完成规模以上工业增加值31.82亿元，增长25.84%。全年接待海内外游客560万人次，比上年增长11%；实现旅游总收入23.5亿元，增长13.25%。全年实现社会商品零售总额69.67亿元，比上年增长19.4%。居民消费品价格总水平比上年上涨2.4%，其中商品零售价格总水平上升2.5%。全年外贸进出口总额1.04亿美元，比上年下降14.9%。

2009年末，境内公路通车里程1.16万千米，比上年提高1.0个百分点。其中高速公路134.77千米。公路运输客运量1 450万人，比上年增长38.1%；旅客周转量12.4亿人/千米，增长21.6%。货运量1 350万吨，下降10%；货物周转量28亿吨/千米，增长27.3%。有固定电话机总数25.07万部，比上年增加1.45万部；移动电话用户114.45万户，增加26.0万户；移动电话普及率45部/百人，增加10部/百人。

2009年，完成财政总收入25.69亿元，比上年增收3.2亿元，增长14.2%。全市地方一般预算支出61.79亿元，增加14.91亿元，增长31.8%。

2009年，保山市农民人均纯收入3 119元，比上年增长14.8%；在职职工年平均工资21 405元，比上年增长10.49%。城镇居民可支配收入13 630元，比上年增长8.99%。城镇家庭人均消费性支出8 821元，比上年增长4.91%。居民人均储蓄存款6 213元。城镇居民人均住房面积36.91平方米，农村人口人均住房面积27.4平方米。城镇登记失业率3.82%。

城市居民最低生活保障

2009年底，全市有2.73万户4.24万人享受城市居民最低生活保障（其中隆阳区1.85万人，施甸县7 580人，腾冲县5 941人，龙陵县4 409人，昌宁县5 921人），月发放保障金603万元，年发放47.17万人次，累计发放低保金6 739.3万元，人均月补助143元。元旦、春节期间向城市低保对象一次性发放每人200元的慰问费，全市发放698.75万元。

农村居民最低生活保障

2009年，保山市新增农村低保对象3.71万人，从2009年7月起按月人均补助60元的标准执行。全年发放农村低保金1.23亿元。2009年全市有农村低保对象19.42万人，其中隆阳区3.42万人、施甸县2.20万人、腾冲县6.54万人、龙陵县5.01万人、昌宁县2.25万人。农村低保对象15.71万人的月人均补助从50元提至60元，从2009年1月补起。春节期间，向农村低保对象一次性发放每人100元的慰问费，全市发放994.53万元。

城镇居民经济收支

据城镇居民家庭经济抽样调查资料显示，2009年，保山市城镇家庭人均总收入14 555元，比上年增长11.62%；人均可支配收入13 630元，增长8.99%。城镇家庭人均总支出12 179元，比上年增长14.87%，其中消费支出8 821元，增长4.91%。人均消费支出的构成中，食品支出占45.74%，衣着类支出占10.28%，家庭设备用品及服务支出占2.26%，医疗保健支出占4.42%，交通和通讯支出占15.02%，教育文化娱乐服务支出占7.41%，居住支出占14.01%，其他商品和服务支出占1.12%。

农村居民经济收支

据2009年农村经济调查资料显示，保山市农村人均收入5 087元，比上年增长9.91%。其中隆阳区5 349元，施甸县4 521元，腾冲县4 540元，龙陵县4 475元，昌宁县6 186元。全市农民人均纯收入3 120元，比上年增长14.81%。其中隆阳区3 528元，施甸县2 686元，腾冲县3 482元，龙陵县2 895元，昌宁县3 143元。全市农民人均支出5 056元，比上年增长3.16%。其中隆阳区4 664元，施甸县4 721元，腾冲县4 123元，龙陵县4 868元，昌宁县6 374元。总支出构成中，家庭经营费用支出占35.50%，税费支出占0.10%，生活消费支出占58.98%，财产性支出占0.19%，转移性支出占2.91%。

新农村试点建设

2009年，保山市组织实施各类新农村建设试点512个，涉及66个乡（镇）321个村委会911个村民小组4.45万户18.64万人，其中市级试点30个，省级重点建设村87个。全年新农村建设整合投入8.25亿元，其中地方各级财政4 000万元，整合项目资金4.4亿元（省级补助1 305万元），吸纳社会资金7 000万元，群众自筹（含折资）投入2.75亿元。开展新型农民培训2 816期，36万人次。试点村新型农村合作医疗参合率99.4%。

贫困村扶贫开发

保山市以贫困自然村（组）为扶贫单元，采取连片开发和兼顾边远分散地区相结合的工作措施，实施贫困村整村推进扶贫开发，投入市级以上财政扶贫资金实施整村推进扶贫开发261个自然村（组），其中中央、省财政扶贫专项资金每村补助17万元，建设171个村，兴边富民工程专项资金每村补助50万元，建设62个村，市级财政资金每村补助15万元，建设28个村，共投入资金2.23亿元，其中财政扶贫资金补助6 125万元、整合部门支农资金5 695.52万元、信贷扶贫资金1 516.3万元、其他扶贫资金32.29万元、群众自筹和投工投料折资8 918.81万元。项目覆盖87个乡（镇）258个村委会，受益群众1.57万户6.68万人。项目建设突出产业开发、基础建设、生态能源建设、社会事业、劳务输出及科技培训。

扶贫产业开发

2009年，保山市投入贫困地区产业开发专项扶贫资金2.69亿元，其中入户财政贴息贷款1.70亿元（财政贴息880万元）、产业项目贷款9 500万元、财政扶持科技产业资金356万元。扶持产业开发项目16项，项目覆盖62个乡（镇）864个村民委员会，受益群众18万户；入户贷款覆盖全市56个乡（镇）1 022个村民委员会、扶持贫困农户25万户、发展种植粮食和经济作物28.6万亩、养殖大牲畜和家禽20万头（只），加工业2 500户。扶贫产业开发项目由昌宁县恒盛糖业公司、龙陵云河石斛公司、保山利根丝绸有限公司、隆阳区凤溪茶叶公司、施甸县绿牧业科技有限公司、施甸万兴茶叶公司、施甸姚关康汇食品公司、腾冲县制药厂、昌宁县树根地茶厂、昌宁县民生公司、昌宁县雪兰茶厂、昌宁县云馨茶厂承贷实施，种植甘蔗16万亩（改造11万亩，新植5万亩）；扶持养殖美洲大蠊8万箱，生猪2万头；新建石斛基地1 168亩，其中种苗基地30亩，栽培基地1 125亩。财政扶持科技产业：施甸、腾冲两县各新植早熟泡核桃示范基地3 200亩，龙陵县建设高产优质茶园3 000亩；腾冲县建设保山市首个肉鸡规模化养殖扶贫小区，扶持新建鸡舍7幢面积8 512平方米，组建养殖小组7个，扶持小区养殖户48户，年出栏商品肉鸡35万只。

（杨立鑫）

昭通市

昭通市概述

昭通市地处云南省东北部，总面积2.24万平方千米。市府所在地昭阳区，距省会昆明344千米，距成都679千米，距贵阳462千米。辖昭阳区、鲁甸、巧家、盐津、大关、永善、绥江、镇雄、彝良、威信、水富1区10县，143个乡镇，其中乡86个、镇54个、办事处3个。年末户籍人口561.04万人，常住人口534.3万人，其中：非农业人口46.37万人，农业人口514.67万人；少数民族人口56.1万人，占总人口的10%，其中回族18.49万人、彝族17.98万人、苗族17.82万人。人口自然增长率8.45‰。

2009年，全市完成生产总值（GDP）302.43亿元，比上年增长12.7%，其中：第一产业增加值72.18亿元，增长6.6%；第二产业增加值129.74亿元，增长15.1%；第三产业增加值100.51亿元，增长13.3%。三次产业结构由上年的24.5:42.9:32.6调整为23.9:42.9:33.2。实现农业总产值（现价）109.08亿元，增长7.4%（可比价）；种植业、林业、畜牧业、渔业、农业、服务业产值分别为49.13亿元、5.06亿元、52.07亿元、0.34亿元和2.47亿元。粮食总产量164.3万吨。完成（现价）工业总产值198.68亿元，增长18%（可比价）；实现工业增加值96亿元，增长13.6%。规模以上工业总产值157.92亿元、利税51.85亿元。完成建筑业增加值33.72亿元。

2009年，旅游业接待海内外游客475.37万人次，增长27.2%，其中海外旅游者661人次；旅游业综合收入14.99亿元。

年末，全市拥有公路里程15 431千米，其中高速公路135.58千米、二级公路372千米、三级公路210千

盐津县古道

米。全市货运企业189家，货运车辆13 198辆；客运企业8家，客运车辆3 342辆；开通71条省际线路，22条市际线路，70条县际线路；农村客运开通140个乡镇560个行政村，农村客运车辆增加到2 885辆，乡镇、行政村通班车率分别达到97.9%和43.8%。道路运输客运量1 888万人，旅客周转量17.05亿人千米；货运量1 968万吨，货运周转量1.51亿吨千米。完成水运货运量118万吨，货运周转量4.12亿吨千米，货物吞吐量129万吨。邮政业务收入6 780.24万元，业务支出7 810.96万元。电信公司业务收入2.06亿元。

财政地方一般预算收入20.79亿元，一般预算支出111.5亿元。全社会固定资产投资251.88亿元，社会消费品零售总额87.85亿元。年末金融机构各项存款余额386.18亿元，其中城乡居民储蓄存款余额187.1亿元；各项贷款余额213.34亿元。居民消费价格指数100.3%。

2009年，全市在岗职工年平均工资26 714元，比上年增长13.2%。城镇居民人均可支配收入11 158元，增长11.5%；人均生活消费支出7 616元，增长3.7%。农民人均纯收入2445元，增长15.5%；农民人均生活消费支出2 048元，增长5.2%。城镇人均住房建筑面积31.77平方米，农村人均住房居住面积23.17平方米。转移农村富余劳动力112.87万人。城镇登记失业率4.5%。

“县县通”二级公路建设

2009年8月，省政府决定将昭通市8条二级公路纳入国家逐步有序取消政府收费还贷建设项目，总投资92亿元，总里程559千米，分布于10个县区。计划2011年6月30日前建成通车，实现全市县县通二级路，为昭通扩大对外开放、加速经济又好又快发展、提高人民生活水平提供方便、快捷的交通。到12月，8条二级路全面开工建设。8条二级路是：柿—凤路，盐津县柿子乡柿子坝到镇雄县凤翥，全长62千米，设计时速60千米/小时；昭—彝路，昭阳区徐家营到彝良县城，全长57.54千米，设计时速60千米/小时；彝—岔路，起于昭—彝二级路彝良县城西红石岩，止于国道主干线GZ40水麻高速公路麻柳湾立交，全长40.5千米，设计时速60千米/小时；镇—凤路，起于镇雄松林村（与镇雄至威信二级路相接），止于镇雄凤翥（与柿子至凤翥二级路相接），全长44千米，行车速度40千米/小时；凤—威路，起于镇雄凤翥，止于威信县城，全长60千米，车速40千米/小时；昭—巧路，起于昭阳区昭通烟厂西侧，止于巧家县蒙姑（与巧蒙二级路相接），全长134千米，设计时速40千米（局部高于40千米）；水—绥路，起于水富县高滩村国道主干线GZ40水麻高速水富立交，止于绥县南岸镇林家坝村（与拟新建的四川省屏山县新市镇金沙大桥相接），全长81.5千米，设计时速60千米；镇—威路，起于镇雄与贵州赫章交界处中屯煤灰包，止于威信柏香（与凤翥至威信二级路相接），全长79.67千米，计算行车速度40千米/小时。

做大做强旅游产业

2009年，随着交通基础设施建设加快，进出昭通快捷、方便，昭通迎来了旅游业腾飞的时机。置身云南旅游六大片区的滇东北旅游区，以“一轴（昆渝高速路中的百里峡谷为中轴）两翼（东翼红色旅游，西翼高峡平湖）”为基本架构，以“三坝（小草坝、锣坝、罗汉坝）、两山（大药山、大山包）、一峡谷（西部千里大峡谷）”为基本载体，以东西南北“六条旅游专线（东线为乌蒙回旋旅游线，东北线为红色旅游线，北线为千里大峡谷精品线，西北线为高峡平湖线，西线为仙山仙鹤仙境线，西南线为大漂流线）”为基本网络，围绕三大主题（红色、绿色、文化），立足三大优势（区位、人文、自然），借助三大力量（新闻媒体、专家名流、旅行社团），树立三张品牌（大气昭通、山水昭通、人文昭通），跨越式地迈向发现昭通、走进昭通两个阶段。加快推动旅游产业科学发展，最终实现旅游昭通的宏伟目标，高标准高起点做好全市旅游规划工作。随着2009年1月永善、4月镇雄、6月绥江县域旅游规划评审的通过，全市全面完成县域旅游规划。加强重点景区景点规划，完成《大山包生态旅游集镇修建性详细规划》和《大山包鸡公山旅游亚区修建性详细规划》。《大山包鸡公山旅游亚区景观概念性设计》在昆明通过专家组评审。《大山包国家公园总体规划》编制工作进入尾声。大关黄连河景区详细规划正在评审中。

特色旅游小镇建设

2009年内，省批准彝良小草坝、昭阳区永丰镇、威信庄子上为特色旅游小镇。豆沙旅游小镇，基本实现省委、省政府对豆沙古镇提出的“一年打基础、两年求发展、三年树品牌”的目标。盐津县就进一步打造和培育豆沙古镇旅游产业，认真调研和专题研究，提出新的工作思路：一是完善旅游小镇接待设施，针对旅游市场的单一性和零乱性以及旅游产品匮乏等问题，把“吃、住、行、娱、游、购”旅游六要素配套设施建设细化落实到政府各部门，充实豆沙古镇餐饮、名特小吃、农特产品、酒类、旅游文化工艺产品、娱乐等营项目。制作豆沙景区旅游手册，安装景区指示牌（路标）、景区示意图、景区公共休息座凳。成立豆沙景区管理服务中心，落实景区讲解员。二是进一步推动豆沙古镇旅游产业的发展，提升豆沙古镇的文化旅游知名度和吸引力。4月和10月先后举办“中华情‘情满盐津’”、“相约豆沙挑战极限暨盐津豆沙第二届美食节”等大型文艺演出活动。

城乡建设步伐加快

2009年，昭通城乡建设步伐加快，全市市政基础设施建设完成投资20.07亿元。一、中心城市建设进展顺利。按照“一山两河三片区”的规划布局，中心城市围绕加快新区开发、拓展城市空间，强化古城恢复、彰显历史文化和突出旧城改造、完善城市功能三大重点，强势推进新区建设，通过新区建设带动古城恢复和旧城改造。二、县城建设稳步推进。鲁甸县以县城二期开发和整乡推进建设为载体，积极推进县城新区二期湖滨小区道路、文屏山林公园建设，完成投资3 570万元。巧家县过境路改扩建、丝厂小区道路等建设项目有序进行，完成投资4 507.4万元。镇雄县在全力推进新区开发的同时，旧城改造有序展开。继续推进中山路、建设街等市政道路建设，加快龙腾锦程、时代广场等项目建设进程，完成投资1.43亿元。彝良县继续完善市政道路建设，加大旧城改造力度，推进农贸市场建设、东西正街改造等工程，完成投资9 833万元。威信县继续加大新区建设力度，实施旧城区改造和市政基础设施建设，启动滨河大道和后山林公园建设，完成投资7 779万元。盐津县实施新老城区连接线绿化、城区垃圾收集箱池建设等市政基础设施建设，完成投资4 232.73万元。大关县加大南城新区开发力度，继续实施穿衣戴帽和绿化工程，推进五尺道步行街、商业步行街等建设项目，完成投资1 100万元。永善县以推进四大片区开发、四个重点工程建设为重点，进一步加大市政基础设施的建设和管护力度，完成投资1.10亿元。绥县随着移民迁建工程不断启动，进一步加大县城基础设施建设力度，县城及集镇基础设施建设稳步发展，完成投资2.12亿元。水富县强力推进新区开发建设，加大旧城改造力度，继续完善市政公用设施建设，实施高滩新区道路、供水、电力通信和临路景观改造等建设项目，完成投资1.32亿元。三、坚持把各县特色乡镇所在地的城镇化发展作为全市小城镇建设的重点，着力抓好小城镇建设，带动旅游业发展。编制鲁甸县小寨乡、巧家县蒙姑乡、盐津县中和镇、大关县天星镇、永善县黄华镇、镇雄县五德镇、彝良县小草坝乡、威信县水田乡、绥县会议镇，水富县向家坝镇等10个特色小城镇建设实施方案；拟订沿路、沿江、沿边的40个重点集镇建设规划方案。

（马才国）

丽江市

丽江市概述

丽江市位于云南省西北部，金沙江中游，幅员面积2.05万平方千米，其中：坝区河谷区1 685平方千米，山区1.89万平方千米。市政府驻地古城区，距省会昆明580千米。山峦重叠，江河纵横，群山环抱，盆地、湖泊点缀其间，素有“一山有四季、十里不同天”的立体气候特征。辖古城区、玉龙纳西族自治县、永胜县、华坪县、宁蒗彝族自治县，72个乡（镇、街道办事处），其中4个街道办事处、13个镇、33个乡、22个民族乡。2009年末，全市常住人口122.6万人，其中非农业人口17.68万人，少数民族人口84.96万人，人口自然增长率4.5‰。

2009年全市生产总值（GDP）117.44亿元，（按可比价），比上年增长13.0%，比全国、全省平均增幅高4.3和0.9个百分点，位居全省第五位，第一产业增加值22.13亿元，增长6.0%；第二产业增加值44.14亿元，增长16.7%；第三产业增加值51.17亿元，增长13.2%。按常住人口计算，全市人均生产总值达到9599元（按可比价），增长12.5%。三次产业结构由上年的20.6:34.8:44.6调整为18.8:37.6:43.6，三二一结构得到进一步巩固和发展。非公有制经济增加值56.14亿元，占GDP比重47.8%，提高0.1个百分点。

2009年完成农业总产值40.53亿元，比上年增长8.0%，完成工业总产值66.52亿元，比上年增长13.9%，其中规模以上工业总产值51.48亿元，增长18.5%。全社会固定资产投资完成150.22亿元，比上年增长30.2%。社会消费品零售总额36.61亿元，增长25.8%，增幅位居全省第二位。全年进出口总额增长85.9%。全年共批准利用外资项目6个。

2009年，公路货运量完成728.65万吨，增长7.07%，公路货物周转量11.1亿吨千米，下降11.8%；公路客运量1 485.36万人次，增长111.24%，公路旅客周转量9.98亿人千米，增长30.04%。民航货邮运输量完成0.17万吨，增长33%，运输旅客229.54万人次，增长22%，运输航班2.21万架次，增长14%。完成邮电业务总量4.53亿元，全年订销报刊累计数1316.15万份，增长18.22%；函件209.02万件，增长28.3%；特快专递40.65万件，增长51.58%。电话交换机总容量达到27.7万门；年末固定电话用户15.47万户，下降

6.75%，固定电话普及率达到13.11部/百人；移动电话用户66.48万户。

全市已有星级宾馆195家，其中五星级1家，四星级12家，三星级52家。旅行社27家，其中国际旅行社9家，国内旅行社18家。A级旅游景点15家，其中5A级1家，4A级5家。红色旅游基地5个。旅游人数持续增长，全年共接待海内外游客758.14万人次，比上年同期增长21.21%，其中海外游客52.59万人次，增长12.89%，国内游客705.55万人次，增长21.88%。旅游业总收入88.66亿元，比上年同期增长27.49%。

全年财政总收入（含上划中央两税收入、上划所得税收入）19.04亿元，增长21.9%。地方一般预算收入达到11.66亿元，增长22.4%，高于全省平均增幅8.7个百分点，增幅排名全省第三。非税收入成为财政增收新亮点，全年非税收入完成2.41亿元，增长50.4%。市本级实现地方财政一般预算收入1.81亿元，增长10.3%。地方财政一般预算支出47.45亿元，增长29.3%。

2009年，古城区城镇居民人均可支配收入达到14 456.97元，比上年增加1 157.69元，增长8.7%，扣除价格因素实际增长8.1%。农民人均纯收入2 845元，比上年增加471元，增长19.8%，扣除价格因素实际增长16.8%。城镇职工年平均工资达到26 491元，比上年增加2 195元，增长9.04%。古城区城镇居民人均消费性支出8 316.25元，增长9.17%，全市新增转移农村劳动力达7 000人。城镇登记失业率3.8%。

农村饮水安全项目完工

饮水安全项目共三批，投资2520万元。2009年12月底，项目已全部完工。其中2008年第二批项目涉及玉龙县、永胜县，项目于2008年12月开工，2009年2月底完工，共解决1万人饮水不安全问题，完成投资504万元；2009年第二批项目涉及玉龙县、永胜县，项目于5月中旬开工，7月初完工，共解决1万人饮水不安全问题，完成投资504万元；2009年第三批项目涉及古城区、玉龙县、永胜县、华坪县、宁蒗县，项目于9月初开工，12月上旬完工，共解决4万人饮水不安全问题，完成投资1 615.61万元。农村饮水安全项目及扩大内需项目全面完工。市政府向全市人民承诺的解决5万人的农村饮水安全工程全部实现，全市共解决9.17万农村人口的饮水不安全问题。

10件实事暖民心

在2009年2月23日市二届人大二次会议上，市长王君正代表市人民政府承诺2009年继续为人民群众办好10件实事。这10件实事是：推进15个社会主义新农村试点建设；抓好市医院第二住院大楼建设，实施好1个县级医院、11个乡镇卫生院、6个社区卫生服务中心（站）的提升改造；新建农村沼气池7 200口、农村节柴改灶4 000户，解决5万人的饮水安全问题；实施乡（镇）通油路工程90千米，农村公路通达工程580千米，建设5个农村客运站；通过在高校毕业生中招考公务员100人、事业人员400人等方式，为大中专毕业生提供1 000个工作岗位；改造3.5万平方米中小学危房，进一步扩大“两免一补”范围，补助17万名学生，安排2万套服装救助贫困学生，启动市特殊教育学校建设工程；全面启动城镇居民基本医疗保险工作，确保六类保险参保人数达到32万人；完成18个乡（镇）综合文化站建设，启动东巴文化研究院和市博物院二期工程；建设廉租住房5万平方米；实施5 000户农村居民防震安全工程。

至年末，除市医院第二住院大楼正在建设中，其余9件全部落实，深得人民群众的好评。

人大代表视察拉市海调蓄水工程

拉市海调蓄水工程是一项集高湿地生态环境保护、水资源开发和防洪减灾为一体的综合性水利工程。2009年6月4日，全国、省、市人大代表们先后到拉市海调蓄水工程隧洞进口闸室、围堤泄洪闸工程进行实地视察，并召开座谈会。到年底，拉市海调蓄水工程已完成2 305米围堤加高改造，550米清水河加高，520米落水洞河道防护衬砌工程和泄洪闸、隧洞进口闸门、明渠段改建以及水库房屋建筑等工程。

大丽高速公路开工建设

连接大理和丽江两大文化旅游名城的大丽高速公路开工仪式在大理举行。大丽高速公路起于大理市凤仪镇，止于丽江黄山垭口西，公路全长259.18千米，初步设计概算188亿元，建设工期为4年。大丽高速公路是云南公路建设史上建设里程最长、投资规模最大的高速公路项目。

机场高速公路开工建设

2009年12月23日，丽江机场高速公路开工动员大会在大丽公路关坡收费站旁举行。丽江机场高速公路是丽江市境内建设的第一条高速公路，机场高速公路起于鹤庆县城，经新华村岔口、丽江机场、七河岔口，止于关坡收费站，主线全长27.7千米，其中包括四车道高速公路8.5千米、四车道一级公路19.2千米，另设双车道二级公路联络线2千米、四级公路辅道10.4千米，设计行车速度为60千米/小时。丽江机场至关坡段工程勘察设计招标工作已完成，《丽江机场高速公路补充可行性研究报告》和《丽江机场高速公路丽江机场至关坡段初步设计》已获省发改委批复。截至12月21日，丽江机场至关坡段各施工、监理单位已按要求进场。

丽江雪桃高产高效益

2009年市生物创新办通过加大投入、加强宣传和培训，开展规范化、标准化建设，促进雪桃产业健康发展，丽江雪桃初步实现了产业化、品牌化的发展目标。截止11月底，全市共种植丽江雪桃1.3万多亩，2009年雪桃产量达到2 300余吨，产值达2 960万元，其中精品雪桃700吨，产值达1 400万元；精品示范园区优质果（单果500克以上）达到60%，按精品果平均价11元/斤、一般果7元/斤计算，平均亩产值达到1.65万元，比同类普通果园平均亩产值高出4 000～5 000元。实现了“高投入、高产量、高效率”的产业发展目标。

大丽铁路开通运营

2009年9月28日，大理至丽江铁路正式通车运营。

大理至丽江铁路位于云南省西北部，南起大理东站，经鹤庆，至丽江古城，线路全长162.4千米，设计时速120千米，为国家I级单线电气化铁路。2004年12月20日动工开建，在100多千米的线路上，分布着47座隧道、76座桥梁，隧桥比达62%。大丽铁路的开通，填补了滇西北地区铁路网的空白，对于完善全省的路网布局，改善沿线各族群众的出行条件，促进民族团结、边疆稳定和区域经济的全面协调可持续发展具有重大的意义。

（张雪英）

普洱市

普洱市概述

普洱市位于云南省西南部，总面积4.54万平方千米，是云南省土地面积最大的民族边疆市。具有“一市连三国”的区位优势，国境线长486.29千米。市政府驻地思茅区思茅镇，距省会昆明市公路里程420千米。

2009年，普洱市辖思茅区和宁洱哈尼族彝族自治县、墨江哈尼族自治县、景东彝族自治县、景谷傣族彝族自治县、镇沅彝族哈尼族拉祜族自治县、江城哈尼族彝族自治县、孟连傣族拉祜族佤族自治县、澜沧拉祜族自治县、西盟佤族自治县共9县1区。除思茅区外，其余9县均为少数民族自治县。其中：墨江是全国唯一的哈尼族自治县，澜沧是全国唯一的拉祜族自治县，西盟是全国两个佤族自治县之一；江城、孟连、澜沧、西盟4县为边境县。全市共103个乡镇（其中镇30个，乡61个，民族乡12个），居民委员会36个，村民委员会993个。居住着26个民族，其中世居民族14个。

2009年，全市常住总人口258.7万人。其中城镇人口77.61万人，占人口总数的30.0%，比上年提高1个百分点；少数民族人口153.92万人。全市人口自然增长率5.66‰。

2009年，全市生产总值202.09亿元，比上年增长13.6%。其中第一产业增加值64.14亿元，增长6.6%；第二产业增加值64.08亿元，增长19.2%；第三产业增加值73.87亿元，增长13.8%。三次产业结构由上年的31.9∶32.0∶36.1调整为31.7∶31.7∶36.6。工业总产值101.9亿元，增长19.4%；规模以上工业增加值33.1亿元，增长18.2%，是全面完成省政府工业考核指标的两个州市之一。全年接待国内游客304.13万人次，增长26.4%；接待海外游客10.99万人次，口岸入境一日游8.37万人次，旅游外汇收入增长7.2%。全年旅游业总收入13.44亿元，增长17.7%。全市完成固定资产投资总额172.29亿元，增长30.5%。社会消费品零售总额61.16亿元，增长17.7%。居民消费价格总水平从上年的105.8%回落到99.9%，商品零售价格下降0.5个百分点。全市进出口总额增长48.3%。其中出口增长52.4%；进口增长46.2%。

2009年末，全市公路通车里程1.91万千米。全年各种运输方式完成货物周转量27.87亿吨千米，增长17.4%；旅客周转量22.00亿人千米，增长12.4%。机场旅客吞吐量21.10万人次，增长54.9%。年末全市固定电话用户35.11万户，新增0.51万户，固定电话普及率13.6部/百人；年末移动电话用户125.68万户，移动电话普及率48.6部/百人，增加8.9部。互联网用户达8.20万户，增加1.74万户。

全市完成财政一般预算总收入26.77亿元，增长12.4%。完成地方一般预算收入16.60亿元，增长21.2%；上划中央增值税、消费税6.88亿元，增长8.5%；上划所得税2.96亿元，下降15.5%。非税收入4.45亿元，增长17.9%。全年财政一般预算总支出85.37亿元，增长44.0%。

全年农民人均纯收入2 954元，比上年实际增长16.5%；农村居民人均生活消费支出2 330元，增长0.1%；城镇居民人均可支配收入12 240元，增长10.0%；城镇居民人均生活消费支出8 547元，增长7.78%。在岗职工平均工资24 782元，增长7.5%。年末城镇居民人均住房建筑面积31.96平方米，农村居民人均住房面积22.08平方米。全年城镇新增就业人数

9 539 人，其中下岗失业人员再就业 3 803 人，零就业家庭就业安置率达 100%，城镇登记失业率 4.39%。农村劳动力转移就业 3.07 万人。

基础设施建设快速推进

2009 年，普洱市实施新增中央投资项目 395 个，竣工 164 个，列入省级的 14 个重点建设项目顺利推进。交通建设完成投资 33.4 亿元。磨思高速公路建设加快，澜沧至惠民二级公路建成试通车，思茅至澜沧三期、宁洱至景谷等 7 条二级公路开工建设，无量山、哀牢山济干线进入路面铺筑阶段，新增通乡油路 795 千米、通达工程 2 324 千米，思茅港码头改造顺利完工。电力建设完成投资 59.8 亿元。糯扎渡电站筹建工作进展顺利，李仙、阿墨、威远等流域水电开发步伐加快。水利建设完成投资 6 亿元。建成墨常林河、城营盘山等 4 座中型水库，镇沅五一水库基本完工，景谷曼转河水库开工建设，实施病险水库除险加固工程 9 件，完成"五小水利"工程建设 2 500 件，解决 16.1 万人的饮水安全问题，启动国际界河及中小河流治理工程。城镇建设完成投资 28.9 亿元。城乡规划体系不断完善，中心城市、县城和特色集镇建设步伐加快。新建成主城区路网 7 条，市行政中心主体工程验收，市文化中心建成美术馆、博物馆、档案馆、图书馆和健身馆。实施县城垃圾、污水处理项目 10 个。城镇化率提高到 30%。

三农工作再上新台阶

2009 年，普洱市实现农业总产值 98 亿元，增长 8.3%；农业增加值 64.1 亿元，增长 6.6%。粮食总产量 88.1 万吨，增长 3.9%，连续 6 年实现增产。茶叶、烤烟、蚕桑、咖啡、橡胶等特色产业持续发展。畜牧水产业平稳发展，实现产值 26.3 亿元。农业生产条件不断改善，新增节水灌溉面积 4.5 万亩，改造中低产田地 15 万亩。加快"乡村流通工程"和"万村千乡工程"建设，农家店和农资店乡村覆盖率提高到 68%。实施省级村容村貌整治工程 24 项、市级新农村试点村 44 个。农民专业合作社等新型农村经济组织加快发展。落实粮食直补、家电下乡等惠农政策，发放涉农补贴 3.8 亿元。多渠道促进农民增收，全年人均增加收入 418 元。"兴边富民工程"快速推进，完成投资 8.7 亿元。投入各类扶贫资金 6.4 亿元，实施 665 个贫困村整村推进，转移贫困地区农村劳动力 2.4 万人，易地转移安置贫困人口 5 700 人，新解决 8 万农村绝对贫困人口的温饱问题。与上海、宝钢和省级有关部门的对口帮扶合作得到加强。动员社会力量进行扶贫开发。全面完成"6.3"地震恢复重建工作。

特色产业持续发展

打造普洱工业园区、景谷特色工业园区等工业发展平台，启动建设天士力帝泊洱生物茶谷，稳步推进主城区工业企业迁建，普洱茶加工科技园区入园企业 60 户，建成投产 27 户，实现工业产值 1.2 亿元。加快产业培植步伐，茶、林、电、矿四大支柱产业实现工业产值 77.9 亿元，占全市工业总产值的 76.4%。以"科学普洱"促进茶产业提质增效，普洱茶降血脂、降血糖、抗肿瘤等功效研究取得新突破，开发了"帝泊洱"普洱茶深加工系列产品，为普洱茶走向世界提供重要的科技支撑、产业支撑和品牌支撑。实现茶产业产值 13.7 亿元，负增长 3.7%，基本遏制了大幅下滑的势头。加快林产业发展，完成中低产林改造 15.5 万亩，建成景东力奥年产 6 万立方米高纤板、4 万吨松香深加工项目，启动云景林纸年产 9 万吨纸浆技改项目。实现林产业产值 49.1 亿元，增长 10.8%，其中林产工业产值 24 亿元，增长 19%。推进水电开发，龙马、土卡河、戈兰滩、居甫渡、泗南 5 座中型电站所有机组投产发电。实现电力产值 20.6 亿元，增长 53.4%。扩大矿业生产规模，建成镇沅金矿日处理 2 000 吨生产线，加快推进建峰水泥厂年产 120 万吨、天壁水泥厂年产 120 万吨、大平掌矿日处理 4 000 吨改扩建项目，澜沧铅矿老厂探矿工作取得重大突破。实现矿业产值 25.9 亿元，负增长 6.7%，矿业效益逐步企稳回升。

对外开放成效显著

实施各类济合作项目 111 项，到位市外资金 69.3 亿元。加强与市外金融机构的合作，引入银行贷款 45.3 亿元，其中国外贷款 11 亿元。积极参加中国东西部合作投资贸易洽谈会、第七届东盟华商会、珠洽会，合作协议资金达 40 多亿元。成功举办第九届中国普洱茶节暨第二届云南民族服装服饰文化节、中老越三国边交会及贸洽谈会。孟连口岸移址通关通过省级验收，勐康口岸联检楼基本建成，通关便利化程度明显提高。扩大咖啡、松香、茶叶等优势产品出口及木材、矿产品进口规模，对外贸易逆势增长。加强对外合作与交流，在老挝琅勃邦省设立"技术转移服务中心"，4 户企业在老挝开发矿产资源和兴办华文教育，45 户企业在老挝和缅甸北部开展罂粟替代发展项目，新增替代种植面积 20.7 万亩。

（余文琴）

临沧市

临沧市概述

临沧市位于云南省西南部。总面积24 469平方千米，其中山区面积占总面积的98%，坝区仅占总面积的2%。国境线长290.79千米。市府驻临翔区，距省会昆明598千米。辖临翔区、云县、凤庆县、永德县、镇康县、双江拉祜族佤族布朗族傣族自治县、耿马傣族佤族自治县、沧源佤族自治县；乡镇77个，其中乡45个、镇32个。2009年末，常住人口239.6万人，其中非农业人口24.76万人，占总人口10.33%；少数民族人口91.76万人，占总人口40.5%，人口密度97.92人/平方千米，人口自然增长率6.02‰。

2009年，全市实现生产总值177.1亿元，比上年增长11.4%。其中，第一产业增加值62.2亿元、第二产业增加值58.6亿元、第三产业增加值56.3亿元，分别增长6.6%、12%和15.8%，一、二、三产业增加值占GDP比重由上年的36.3∶32.8∶30.9调整为35.1∶33.1∶31.8。完成工业增加值41亿元，比上年增长7.6%；完成规模以上工业增加值34.4亿元，增长6.9%。全年接待海内外游客257.9万人次，比上年增长9.7%，实现旅游业总收入10.99亿元，增长7.4%。完成全社会固定资产投资114.5亿元，增长34.7%。全年实现社会商品零售总额59.4亿元，增长26.4%。居民消费品价格总水平比上年下降1%，其中商品零售价格总水平下降2.6%。全年外贸进出口总额8.3亿元，比上年增长28.33%。

2009年末，公路通车里程1.38万千米，比上年提高0.6个百分点。其中，高等级公路436千米。公路运输客运量650万人，比上年增长4%；旅客周转量8.29亿人/千米，增长11%；货运量1 460万吨，增长9.4%；货物周转量11.97亿吨/千米，增长18.2%。固定电话机总数22.9万部（含小灵通），比上年末下降5.6%；移动电话用户85.51万户，增加17.78万户；移动电话普及率35.7部/百人。互联网用户5.17万户，增长49%。

沧源县南滚河自然保护区　　（刘建明　摄）

2009年，全市完成财政总收入16.8亿元，比上年增收1.37亿元，增长8.9%，其中地方一般预算收入10.1亿元，增长18.5%。全市地方一般预算支出69.3亿元，增加20.16亿元，增长41%。

2009年，农民人均纯收入2 730元，比上年增长15.5%；在岗职工年均工资23 256元，比上年增加2 562元。城镇居民人均可支配收入11 360元，比上年增长10.6%。城镇居民消费支出8 382元，增长8.8%；农民人均生活消费支出1 684元，增长5.45%；城乡居民人均储蓄存款3 931元，增长25.59%。城市居民人均住房使用面积27.95平方米，农村居民人均住房面积18平方米，城镇登记失业率4.03%。

农业基础设施建设

全市在建重点水源工程加快推进，重点水利工程建设项目累计完成投资6.57亿元。17件在建重点小（一）型水库除险加固工程全面完工。建成自流引水工程636件，解决农村17.6万人的饮水安全问题。完成农田水利基本建设工程2.3万件，改善灌溉面积1.2万亩。全市按照“小班制规划、井田制建设”和“九个有”标准，完成投资1.47亿元，完成中低产田地改造11.04万亩。坡改梯2 100亩，完成配套沟渠建设293千米、机耕道路建设66千米。全市累计建成农村沼气池11.5万口，建成农村沼气化村105个，累计建成农村沼气服务网点239个。

交通基础设施建设

2009年，交通基础设施建设取得新突破。全市共争取交通项目133个，总投资78.26亿元，完成投资15亿元。耿马（振兴桥）至清水河、耿马至沧源、国道323线永平至临沧、国道214线博尚至双（小黑桥）等6条（段）二级路和262千米通畅工程、1 400千米通达工程开工建设。凤庆至习谦二级路基本完成路基土石方工程，南伞至班幸二级路基本完成主体工程，续建的600千米通畅和1 660千米通达工程全面完成。

口岸建设

2009年，编报口岸建设项目24个，争取补助资金2 986万元。孟定清水河口岸相继启动供水工程、亮光工程、绿化工程、道路建设等项工程，部分工程已完工；南伞口岸联检楼主体工程于1月1日开始试运行，4月14日通过省级验收。查验货场完成规划、可行性研究、初步设计等工作，通过省级专家评审；沧源口岸芒卡查验货场建设项目进展顺利。沧源永和联检楼、查验货场建设选址于2月获省政府同意，可行性研究报告通过省级专家评审，工程于12月25日开工建设。年内，全市3个口岸进出口额1.26亿美元，增长23.5%；进出口货运量50.4万吨，增长0.4%；出入境人员120万人次，增长12.1%；报关报检出入境车辆21.8万辆次，增长17.6%。

绿色经济建设步伐加快

全市各级各部门按照“围绕龙头建基础、建好基地促龙头、依托龙头拓市场、突出特色创品牌”的思路，大力调整和优化产业结构，把优势特色产业的培育和发展作为促进农村经济发展、加快农民增收的关键措施来抓。着力推进以泡核桃为主的1 000万亩高优产品基地建设，出台相应政策和建设实施意见，核桃“三率”（成活率、成长率、挂果率）建设深入实施，重点抚育管护核桃面积401.74万亩。2009年，新增核桃种植面积100万亩，全市累计核桃种植面积达621万亩。大力推进新烟区建设。临翔区勐托、云县爱华、耿马自治县勐撒3个山区现代烟草农业核心示范区种植烤烟1.50万亩，完成烟叶收购4.8万担，中上等烟达86.46%，支付收购资金3 543万元，亩均产值2 359元。实现烟农总收入3.2亿元，烤烟产业成为农民增收的新亮点。凤庆县、云县在全省率先实行政策性甘蔗保险，农民种蔗的积极性提高。全市甘蔗累计面积达143万亩，累计建成高优蔗园88万亩。种植面积和产量占全省总量的三分之一；实现茶叶面积产量销量“三增”。到年底，全市累计茶园种植面积达126.3万亩，比2008年增长3.5%，累计建成高优生态茶园45.1万亩。完成产量4.8万吨，增长8.3%，销售茶叶4.6万吨，增长8.4%。甘蔗、茶叶产业成为全市企业创收、农民增收的主渠道之一。新建橡胶园2.89万亩，橡胶累计种植面积达64.9万亩，实现产量1.94万吨。建成0.96万亩的香蕉种植示范基地和国内第一家年产2 000吨香蕉粉、2.4万吨香蕉浆的龙头企业云南耿马雄香蕉有限公司，成功向国家农业部申报“雄香蕉“绿色食品认证”。2009年，全市香蕉种植面积达8万亩，鲜香蕉产量21万吨。园林水果园面积达41.5万亩。完成木薯种植面积4.9万亩，产干薯片1.6万吨，咖啡种植面积1.6万亩；确保城乡居民“菜篮子”和特色外销蔬菜基地发展到8.84万亩，产量13.26万吨；澜沧电站库区“增值放流”网箱养鱼全面启动，水产高产高效健康养殖技术推广步伐加快。2009年，全市水产养殖面积达4.65万亩。

森林覆盖率提前达标

2009年9月，省林业厅组织西南林学院、省林科院、省林业职业技术学院、省林业资源技术服务中心，临沧市林业局等单位的专家以及省林业厅有关处室领导，对临沧市8县（区）林资源规划设计调查成果进行评审验收，全部通过评审验收。根据评审验收结果，全市林覆盖率达60%，活立木总蓄面积8 437万立方米，增加1310万立方米，荒山面积91万亩，减少233万亩。全市提前11年完成《中共临沧地委、临沧地区行政公署关于实施青山绿水工程建设的决定》提出的到2020年林覆盖率达到55%的目标。

民生问题逐步改善

全年发放城乡低保金2.9亿元，37万人享受最低生活保障。发放养老、医疗、失业、工伤、生育保险等各类保险资金2.87亿元，比上年增加2 537万元。投入救灾救济资金700万元，救济灾民16万人次。城镇居民基本医疗保险参保7.39万人，参保率62%。耿马自治县新型农村社会养老保险试点工作启动实施。开工建设27.53万平方米、5 506套保障性住房，完成投资2.11亿元。完成住房租赁补贴1 743万元，解决10 382户城镇低保家庭住房困难问题。住房公积金缴存归集2.4亿元，投入就业保障资金2 920万元。城镇新增就业11 091人，城镇下岗失业人员再就业3 511人，就业困难人员再就业3160人，稳定困难企业就业岗位2 636人，开发公益性岗位801个，2 362名大中专毕业生实现就业。争取扶贫资金4.03亿元，组织实施整村推进项目626个，实施易地扶贫搬迁5 884人，发放扶贫小额贷款2.05亿元，发放企业专项贴息贷款4 000万元，转移农村富余劳动力5.1万人。临翔区博尚镇“整乡推进”扶贫开发试点工作进展顺利。5个人口较少民族聚集村获中央657万元资金扶持。全市贫困人口比上年减少5.78万人。

城镇建设稳步推进

2009年，全市组织实施96项园林化城市建设工程，城镇建设累计完成投资17.88亿元，其中市政基础设施建设完成投资4.2亿元，房地产开发完成投资13.68亿元，城镇建成区面积68.4平方千米。全市城镇化率提高1个百分点，达29%。

（王邱华）

楚雄彝族自治州

楚雄彝族自治州概述

楚雄彝族自治州位于云南省中部偏北，有“滇中走廊、川滇通道”之称。全州总面积2.93万平方千米。其中山区面积2.63万平方千米，占总面积90%；坝区面积2 925平方千米，占总面积10%。州人民政府驻楚雄市城区鹿城镇，距省会昆明市138千米。2009年末，全州辖楚雄市和双柏、牟定、南华、姚安、大姚、永仁、元谋、武定、禄丰9县，103个乡（镇），其中乡49个（含民族乡3个）、镇54个，1 092个村（居）委会，其中村委会1 046个、社区31个、居委会15个。

2009年末，全州常住人口270.1万人，人口自然增长率4.10‰。年末全州总人口261.96万人，比上年末增加1.59万人。其中农业人口222.11万人，非农业人口39.85万人。少数民族人口88.66万人，占总人口33.8%，其中彝族人口71.79万人，占总人口27.4%，占少数民族人口81.0%。

2009年，全州生产总值342.35亿元，按可比价计算，比上年增长12.2%。其中第一产业增加值80.78亿元，增长5.8%；第二产业增加值142.54亿元，增长14.1%；第三产业增加值119.06亿元，增长14.2%。第一、二、三产业增加值占生产总值的比重为23.6:41.6:34.8。烟草产业、天然药业、冶金化工业、绿色食品业、文化旅游业五大重点产业实现增加值166.17亿元，占GDP的48.5%。全年全社会固定资产投资207.95亿元，增长45.3%。全年新增固定资产64.79亿元，增长61.9%。社会消费品零售总额109.7亿元，增长21.8%。外贸进出口总额增长31.0%。其中出口额增长1.4倍；进口额下降68.2%。

全年规模以上工业完成产值237.11亿元，增长3.9%（现价）；实现增加值90.77亿元，增长10.1%；实现利税总额60.64亿元，增长14.1%。全年实现农业总产值137.99亿元，按可比价计算，增长7.2%。全年粮食种植面积313.73万亩，增长0.04%。经济作物种植面积168.27万亩，增长3.5%。粮食产量102.2万吨，增长2.0%。

2009年末，州内公路通车里程1.69万千米（含村道）。其中高速公路304.37千米，一级公路13千米。全年完成客运量2 297.66万人次，增长15.6%；旅客周转量14.73亿人千米，增长13.4%；货运量1 231.25万吨，下降23.4%；货运周转量12.78亿吨千米，下降26.6%。年末固定电话和移动电话124.99万部，增长10.7%。电话普及率为47.9部/百人。年末互联网用户21.85万户，增长26.0%。

全年接待国内游客812.21万人次，国际游客1.67万人次，分别比上年增长31.0%和4.4倍。实现旅游总收入21.58亿元，增长31.5%。其中国内旅游收入21.33亿元，增长30.4%；旅游外汇收入2488.45万元，增长4.8倍。

全年完成财政总收入73.30亿元，增长11.8%。其中上划中央“两税”收入39.73亿元，增长15.1%；上划中央和省级所得税收入7.20亿元，下降8.1%；上划省级耕地占用税和卷烟教育费附加收入0.79亿元，增长56.1%。地方一般预算收入25.58亿元，增长12.7%。地方一般预算支出90.82亿元，增长29.7%。年末金融机构城乡居民储蓄存款189.98亿元，增长20.7%。

2009年，农村居民人均纯收入3 511元，扣除物价上涨因素，实际增长12.0%；城镇居民人均可支配收入14 319元，实际增长9.3%。全州城镇居民人均住房总建筑面积34.41平方米，农村人均住房使用面积35.07平方米。

姚安“7·09”地震抗震救灾

2009年7月9日19时19分13秒，楚雄州姚安县官屯乡发生里氏6.0级地震，地震造成姚安、大姚、牟定、南华、永仁、元谋、武定7县55个乡镇404个村委会3 547个村民小组31.42万户118.32万人受灾，因灾死亡1人、重伤31人、轻伤322人，民房、学校、医院、机关事业单位及道路、桥、水库、坝塘、沟渠、电力、通信等基础设施严重受损，直接经济损失约29.6亿元。姚安“7·09”地震发生后，党中央、国务院和省、州党委、政府极为重视，国务院总理温家宝、副总理回良玉及时询问灾情，对灾区群众表示亲切慰问。省委书记白恩培，省委副书记、省长秦光荣，省委副书记李纪恒，副省长曹建方对抗震救灾工作作出批示，省长秦光荣和国家地震局副局长刘玉辰，常务副省长罗正富及副省长曹建方带领省级有关部门负责人连夜赶赴灾区，察看灾情，看望受灾群众，指导抗震救灾工作。10日1时30分，省政府在姚安县召开“7·09”地震抗震救灾现场工作会。秦光荣在会上要求，楚雄州和省级相关部门要把姚安地震抗震救灾工作作为当前一项重要任务，切实加强领导，妥善安置灾民生活，夺取抗震救灾全面胜利。楚雄州委、州政府迅速成立抗震救灾指挥部，召开紧急会议，安排部署抗震救灾工作，并启动《楚雄彝族自治州地震应急预案》，武警、公安、消防官兵近千人及时赶到灾区，调集4 500顶帐篷、3 000床棉被、1 000件彩条布紧急运往灾区，全力以赴做好抗震救灾工作。

下派新农村建设指导员

2009年，全州共下派新农村建设指导员1 055名，其中省级选派50名，州级选派165名，县（市）选派527名，乡镇选派313名。据统计，年内全州指导员共提出新农村建设意见建议2 726多条，为农村党员讲党课6 343多场（次），帮助村委会培训农民2 134期，组织群众参观学习571次，广泛宣传贯彻党在农村的各项方针政策；为所驻村争取项目资金2 696万元，慰问贫困老党员和贫困户4 932户，扶持困难家庭学生1 045人，参与调处矛盾纠纷7 577起，帮助制定新农村管理制度1 374项，引进推广新品种、新技术245项，有力助推了农业发展、农民增收和农村稳定。各派出单位帮助研究解决工作中的困难和问题1 287件，为所驻村协调解决工作费512.82万元。

中国彝族文化大观园北片区总体规划通过评审

2009年3月22日，州人民政府举行中国彝族文化大观园北片区总体规划评审会。中国彝族文化大观园是州委、州政府确定的全州三大重点文化旅游项目之一，2008年7月6日，借全省旅游产业发展大会在楚雄召开之机，楚雄经济开发区管委会与兴杰（香港）国际投资集团正式签订总投资50亿元的中国彝族文化大观园北片区合作开发合同。开发区管委会委托楚雄市规划设计院编制完成总体规划（评审稿）。经过与会领导和专家们的讨论和评审，《中国彝族文化大观园北片区总体规划》通过评审。

秋冬干旱

2009年，全州累计平均降雨614毫米，较上年同期减少396毫米，为历年平均降雨量的72.2%，是有气象记录以来的最小值，按全州历年平均降雨频率测算，相当于50年一遇。从2009年10月5日至12月31日，全州有效降雨日数小于5毫米的已达88天，按照干旱等级划分已属于特大干旱。全州库塘蓄水仅6.27亿立方米，较上年同期少2.47亿立方米。受持续高温少雨天气的影响，2009年11月以来，发生了历史上罕见的秋冬干旱。据统计，截至12月28日，全州小春作物受旱面积达到64.31万亩，占播种面积的28.6%，其中重旱42.73万亩；有19.7万人、11.61万头大牲畜饮水困难。楚雄州委、政府高度重视，发出关于做好抗旱工作，确保供用水安全的紧急通知，要求全州上下千方百计做好城乡供水和抗旱保民生、保生产工作，确保全州经济发展和社会稳定。

（安孟勤）

红河哈尼族彝族自治州

红河哈尼族彝族自治州概述

红河哈尼族彝族自治州位于云南省南部，总面积3.29万平方千米。其中山区面积2.80万平方千米，占总面积85%；坝区面积4 940平方千米，占总面积25%。国境线长848千米。州政府驻地蒙自县文澜镇，距省会昆明289千米。2009年，全州辖蒙自县、个旧市、开远市、建水县、石屏县、弥勒县、泸西县、屏边苗族自治县、金平苗族瑶族傣族自治县、河口瑶族自治县、元阳县、红河县、绿春县13个县市，132个乡镇，其中街道办事处3个，乡72个，镇57个。

2009年末，全州总人口444.2万人。其中：非农业人口74.88万人，占总人口16.9%；少数民族人口252.8万人，占总人口56.9%；哈尼族人口77.39万人、彝族人口105.53万人，分别占少数民族人口30.6%和47.8%。人口密度131.18人/平方千米，人口自然增长率6.36‰。

2009年，全州实现生产总值560.88亿元，比上年增长9.1%。其中：第一产业增加值104.6亿元，增长9.8%；第二产业增加值286.63亿元，增长11.1%；第三产业增加值169.65亿元，增长6.7%。一、二、三产业增加值占GDP的比重由上年的17.8:53.2:28.1调整为18.7:51.1:30.2。实现工业总产值720亿元，增长9.1%。完成工业增加值247.47亿元，增长11.9%。完成规模以上工业增加值218.11亿元，增长10%。实现各种利税收入128.14亿元，增长7.3%。全年接待国内外游客1 199.35万人次，增长14.3%。实现旅游总收入57.99亿元。完成固定资产投资404.53亿元，增长30.6%。全年实现社会消费品零售总额127.25亿元，增长21.3%。居民消费价格指数与上年持平。全年外贸进出口总额下降9.1%。其中出口总额下降8.8%；进口总额下降9.8%。

2009年末，全州公路通车总里程1.93万千米，其中高速公路332.35千米。公路运输客运量3 533万人，增长29.1%；旅客周转24.26亿人千米，增长11.5%；货运量4 613万吨，增长2.6%；货物周转量56.73亿吨千米，增长35.1%。年内，红河蒙自大郭西机场场址通过省发改委组织专家进行的初审。

2009 年末，全州有固定电话 47.66 万部，减少 7%；移动电话用户 214.87 万户，增长 21.9%；固定电话普及率 10.7 部/百人，移动电话普及率 48.35 部/百人。互联网用户 16.46 万户，增长 1.9%。

2009 年，全州完成财政总收入 140.29 亿元，比上年增收 10.93 亿元，增长 8.5%。全州一般地方财政收入 52.04 亿元，比上年增加 6.9 亿元，增长 15.3%。全州一般预算支出 137.25 亿元，比上年增加 29.91 亿元，增长 27.9%。

2009 年，全州农民人均纯收 3 446 元，比上年增长 14.1%；在岗职工平均工资 24 389 元，比上年增加 2 366 元。城镇居民储蓄存款余额 378.76 亿元，增长 19.5%；城市人均住宅建筑面积 29.88 平方米，农村人口平均住房面积 27 平方米。城镇登记失业率 3.6%。

5 个地方畜禽品种通过国家级鉴定

2009 年 6 月，云南省农业厅组织专家评审论证，红河州石屏青绵羊、弥勒红骨山羊、屏边大围山微型鸡、建水黄褐鸭、屏边矮马 5 个地方畜禽品种被列为云南省畜禽遗传资源保护品种。同时作为新畜禽遗传资源报国家畜禽品种审定委员会鉴定。11 月，红河州上报的 5 个畜禽遗传资源品种通过农业部国家遗传资源管理委员会评审，列入《国家畜禽遗传资源目录》。

红河州特色产品上海推介会

2009 年 10 月 15 日，红河州与上海方面在上海光大会展中心举行签约仪式，签订旅游合作协议 3 个，特色产品供货协议 7 个，协议涉及金额 2.4 亿元。州政府与上海市旅游局签订《上海—红河旅游合作框架协议》，州旅游局与上海徐汇区旅游局签订《徐汇区旅游局—红河州旅游局旅游精品线路开发合作框架协议》，昆明国际旅行社建水分社与上海徐汇区旅行社签订合作营销协议；特色产品供货协议分别由红河州蒙生石榴专业合作社、红河和源贸易有限公司、红河唐人生物发展有限公司、云南力量生物公司与上海华联超市股份有限公司、上海欣融实业发展有限公司、杭州娃哈哈集团有限公司等 7 家企业签订。

中越红河公路大桥通车

2009 年 9 月 1 日，由中越双方联合设计建造的中越红河公路大桥竣工并试通车。该大桥于 2006 年 6 月开工建设，北接河口北山开发区东端，南连越南老街省老街市的金城商贸区，总投资达 6 440 万元人民币，全桥总长 295 米，为双向 4 车道。建成后，将与已建成通车的新河高速、蒙新高速相连接，从昆明到越南河内，汽车行程仅需 13 个小时；与先前建成的南溪河上的中越河口铁路大桥、中越南溪河公路大桥形成环的路网状，使河口口岸在不到 5 千米的范围内就拥有 3 座能连通两国的大桥，成为中国连接越南的国际大通道。

乡村流通工程

2009 年 6 月，红河州和 13 个县市党委政府制定出台了关于深化改革推进供销合作社“二次创业”的实施意见，全方位支持供销合作社开展“乡村流通工程”建设。截至 11 月，全州投入“乡村流通工程”建设资金 1 788 万元，建设完成乡村流通网点 427 个。其中：建设农村便民超市 320 个，建设红河农资连锁营业网点 107 个；举办农产品经纪人职业资格证培训班 18 期，培训持证农产品经纪人 1 300 人；建设红河农产品信息网站基层信息站点 36 个；引领发展“两社一会”等新型农村合作济组织 383 个，其中农民专业合作社 200 个、农村专业会 30 个、农村综合服务社 153 个。

滇南中心城市建设稳步推进

自滇南中心城市建设以来，打破了个旧—开远—蒙自行政区域界线，重点实施市政基础设施建设、旧城改造、房地产开发等建设项目。跨蒙自、个旧两个县市行政区划的红河大道已建成通车；红河大道供水主干管、个旧市城市供水管网改造和大屯供水工程、大屯海截污排水隧道工程等正在建设中；开远市强弱电网改造开工建设；开远市污水处理厂二期配套及配套管网工程正在建设中，个旧市污水处理厂三期配套管网工程开工建设，蒙自滇南中心城市污水处理厂完成前期工作，正在招商引资；一批文化基础设施建设项目正在实施中，红河剧院、新闻中心、艺术馆、老年宫、青少年宫主体结构及外立面装饰已完成，五大建筑外立面灯光工程、地下基础设施以及 40 米大道、中心水广场、绿化等景观环境工程已基本形成；完成开远市泸河一、二期综合流域治理工程和启动第三期综合治理工程，完成蒙自县南湖周边景观工程等；红河工业园区修建全长 20 千米的 9 条园区道路，新招商引资审批入园项目 13 个，协议总投资 7.9 亿元，在建项目 17 个，预计总投资 55.8 亿元。到 2009 年，滇南中心城市建成区面积 67 平方千米，城镇化水平 64.1%，比全州平均水平高 29.9 个百分点。

（常娅玲）

文山壮族苗族自治州

文山壮族苗族自治州概述

文山壮族苗族自治州位于云南省东南部。土地总面积31 456平方千米，其中山区和半山区占总面积的97.0%。国境线长438千米。州府所在地文山县开化镇，距省会昆明325千米。辖文山、砚山、西畴、麻栗坡、马关、丘北、广南、富宁8个县，102个乡（镇），其中16个民族乡，947个村（居）委会，15 967个村民小组（队）。2009年末，全州常住总人口为345.40万人，户籍总人口345.58万人。其中农业人口310.71万人，少数民族人口195.76万人，城镇人口93.26万人。人口自然增长率为6.70‰。

2009年，全州实现生产总值273.06亿元，比上年增长12.6%。其中第一产业增加值73.14亿元，增长6.8%；第二产业增加值94.01亿元，增长16.8%（其中工业增加值68.71亿元，增长16.6%；建筑业增加值25.30亿元，增长17.4%）；第三产业增加值105.91亿元，增长12.7%。全年非公有制经济创造增加值132.36亿元，占全州生产总值的48.5%，比上年提高1.1个百分点。按常住人口计算，全州人均生产总值7 933元，比上年增加782元，增长12.4%。全年接待国内外游客435.08万人次，增长11.8%。旅游总收入30.40亿元，增长30.9%。完成全社会固定资产投资216.48亿元，增长30.6%。全州社会消费品零售总额达118.76亿元，比上年增长23.9%。外贸进出口总额下降10.1%，其中进口下降38.9%；出口增长9.0%。全年居民消费价格指数100.2%、商品零售价格指数100.2%、农业生产资料价格指数98.2%。

2009年末，全州公路通车里程达13 240千米，比上年增长2.9%。全年货运周转量15.80亿吨千米，增长3.1%。旅客周转量36.39亿人千米，增长2.8%。全州固定电话用户33.7万户，移动、联通和电信通信用户139.3万户。城镇居民拥有手机68.2部/百人。

全年实现财政总收入29.35亿元，增长7.9%。完成地方财政收入17.29亿元，增长12.0%。财政支出89.42亿元，增长34.1%。上划中央“两税”收入完成7.46亿元，下降3%；上划中央、省企业所得税和个人所得税4.45亿元，比2008年增长14%。

2009年，农民人均纯收入2 379元，增长17.4%。在岗职工年平均工资24 811元，比上年增加2 194元，增长9.7%。全州城镇居民人均可支配收入13 113元，增长9.8%；开工建设廉租住房52万平方米、农村民居地震安全工程9 300户、农村危房改造8 930户。城镇登记失业率3.48%。

服务三农

全年投入财政支农资金13.80亿元，同比增长21%，着力解决农村最薄弱和农民群众最关心、最急需解决的问题，确保重点项目建设。全面落实惠农直补政策。兑现农民种粮补贴、退耕还林补助、农资综合直补、油菜补贴、能繁母猪补贴、林生态效益补偿、农机具购置补贴等各项补贴资金4.64亿元，兑付石油价格补助资金690.5万元；争取中央和省投入资金1 910万元，扶持4个县发展生猪或蔬菜产业，支持28个农民专业合作组织发展农业产业化经营；投入5 444万元，支持山区“五小水利”工程建设、防汛抗旱，中低产田地改造、沼气池建设、农村改灶、饮水安全和村容村貌整治等；投入资金5 362万元，推进天保工程，巩固退耕还林成果，实施林生态效益补偿，扶持油茶、核桃、红豆杉、草果等林产业；安排财政扶贫资金2.29亿元，用于整村推进、产业扶贫、易地搬迁、贫困地区劳动力转移培训、茅草房改造、扶贫贷款贴息和“村民互助”扶贫试点等，加大对边境民族地区、革命老区以及彝族“僰人”支系和瑶族“山瑶”支系的扶持力度；争取省级安排农村集体经济发展资金140万元；争取省批复实施农业综合开发项目16个，投入财政资金3 922万元，主要用于优质稻、蔬菜、茶叶、辣椒、马铃薯、水果加工和基地建设；安排农村一事一议财政奖补资金1.05亿元，完成2008年批复的2 876个农村一事一议财政奖补项目，受益群众15.17万户66.44万人。

整村推进扶贫开发

2009年，共启动实施建设1 067个村，其中完成省级重点村373个，边三县整村推进项目229个，州委农办重点村项目115个，州发改委以工代赈项目97个，州民委35个，上海白玉兰重点村85个，自筹资金建设完成133个。投入资金6.30亿元。完成安居房改造8 052户，建成沼气池1.18万口，建成小水窖1 446口，架设人畜饮水管道313.2千米，村间道路硬化5 785.2千米、209.62万平方米，建设基本农田1.03万亩，经济作物种植7.44万亩，经济林果种植9.80万亩，完成贫困劳动力转移培训及输出0.46万人，完成科技培训143期5.30万人。

生态保护

积极探索依托村民自治为核心的农村环境管理新模式。以马关桐子园苗族村为试点，开展农村环境综合整治示范工作。整合扶贫、环保等部门的资金110万元，通过建立村民自治环境管理制度、成立环保会、建立专项环保基金机制、实施生态湿地处理系统、建立多元化投入机制等方式，把马关桐子园村建设成一个民族文化繁荣、饮用水源合格、污水排放达标、垃圾处理规范、农田地有机质含量逐年上升、生态环境保护完整的少数民族生态示范村。至2009年底，马关桐子园生态示范村建设已竣工。同时开展丘北曰者镇青松村、砚山阿猛镇空心山村等环保示范村建设项目。全年，在全州4个乡镇、6个村、29所学校、1个社区、4个饭店、34户家庭开展绿色创建活动。参照生态州建设基本条件和20项建设指标要求，对申报生态州建设开展摸底调查，为创建生态州积极创造条件。

三七产业开发

2009年，实现三七产业平稳较快发展，全州三七产业实现总产值24.02亿元，销售收入34.21亿元，税利6.14亿元，分别比上年增11.63%、43.87%和53.23%。全州共推广三七标准化种植面积达5.6万亩（其中GAP种植面积5万亩，有机三七种植面积6 000亩），占总面积的81.51%，比上年增4个百分点。全州有6 843户农户种植三七，三七种植面积6.87万亩。

科技扶贫

认真组织3个边境县（富宁、麻栗坡、马关）的13个乡（镇）133个村实施农村解“五难”惠民工程，加快“六个一”建设目标步伐。同时整合科技资源，积极参与“僰人”、“山瑶”和边疆和谐文化村寨整村推进项目建设。为边境县选派科技特派员13名，选培村级科技辅导员133名，开展实用技术培训1 210期6.59万人（次），发放农村实用技术资料、手册（书籍）7.67万份，展出科技展板784块，建设科技宣传栏18块，新建村级科技活动室116个，完成科技活动室配套158个，配套桌椅3 825套，办农函大教学班142个，招收学员5 899名，开展各类技术咨询服务5.67万人（次），建设农村专业技术会12个，建立和培育一批科技示范基地和科技示范户，发展科技示范户600户，完成核桃、烤烟、油茶等农作物高产示范种植7 083亩，带动面上推广7.57万亩。

“兴边富民行动”项目建设

2008年，富宁、麻栗坡、马关边境3县被国家民委列为“兴边富民行动”重点县，每县各安排项目资金250万元。2009年，又将富宁县、麻栗坡县和马关县的18个村小组列为“兴边富民示范村”，加上一些特殊困难村寨15个小项目一起建设。群众自筹、整合及投工投劳折合约280余万元。至年底，完成道路硬化2.89万平方米，解决群众出行难问题，改变脏、乱、差现象；厩厕改造5 935平方米，改变农村传统的人畜混居落后现象；安居房新建或改造169间；建科技文化活动室17间1 610平方米，新建或维修公路8千米，建文化活动场地625平方米，解决群众开展文体活动；新修或修缮沼气池500口。人畜饮水工程：通饮水管道39.5千米，新建或维修蓄水池10余个990余立方米，解决部分群众人畜饮水困难问题。种植核桃和樱桃3 050亩，群众逐步实现增收。新修三面光水沟1.5千米，解决群众农田灌溉难问题。开展科技培训等25期2 000余人，增强群众科技意识。3个县项目建设涉及21个乡（镇）32个村小组，受益群众1 575户9 480人，各项目点基础设施建设得到加强，改善了群众生产生活条件。

（李万辉）

西双版纳傣族自治州

西双版纳傣族自治州概述

西双版纳傣族自治州位于云南省西南部，总面积1.91万平方千米。其中山区面积1.82万平方千米，占95.1%；坝区面积937.1平方千米，占4.9%。国境线长966.29千米。州府驻景洪市，距省会昆明582千米。辖景洪市、勐海县、勐腊县，共13乡18镇。2009年末总人口107.6万人。其中非农业人口27.9万人，占30.5%；少数民族人口72.21万人，占77.3%。傣族31.9万人，分别占总人口的34.1%和少数民族人口的44.2%。人口密度47.3人/平方千米，人口自然增长率6.5‰。

2009年，全州实现生产总值138.6亿元，比上年增长12.8%。其中第一产业增加值40.7亿元，增长8.2%；第二产业增加值41亿元，增长14.6%；第三产业增加值56.9亿元，增长14.8%。一二三产业增加值占生产总值比重由上年的30：30：40调整为29.4：29.6：41。完成工业增加值28.1亿元，增长12.1%（可比价）。规模以上工业增加值26.9亿元，增长12.2%；主营业务收入31.4亿元，增长12.2%；实现利润4.7亿元，增长4.5%。接待海内外游客732万人次，增长17.3%；旅游综合总收入50.34亿元，增长22.3%。全社会固定资产投资88.86亿元，增长33%；社会商品零售总额

41.5 亿元，增长 19%。居民消费品价格总指数 101.1%，其中商品零售价格指数 100.8%。外贸进出口总额 6.7 亿美元，增长 52.6%。

2009 年末公路通车里程 6 270 千米。机场航班起降 1.8 万架次，增长 15%。年末固定电话用户 23.95 万部，下降 12.2%，普及率 22.32 部/百人；移动电话用户 74.19 万户，增长 9.8%，69.14 部/百人；互联网宽带用户 5.88 万户。

2009 年，全州财政总收入 23.2 亿元，增长 54.4%。地方一般预算收入 8.6 亿元，增长 19.4%；支出 35.2 亿元，增长 37.2%。

2009 年，全州农民人均纯收入 3 750 元，增长 16.7%（扣除物价因素）。在职职工平均工资 20 173 元，比上年增加 1 422 元。城镇居民可支配收入 12 225 元，实际增长 10.9%。人均消费支出 9 560 元，增长 19.3%。居民储蓄存款 117.66 亿元，增长 23.3%。城镇居民人均住房面积 28.9 平方米，农村居民人均住房面积 30.2 平方米。城镇登记失业率 3.4% 内。

生态立州

2009 年，州委、州政府把“生态立州”列为全州经济社会发展六大战略之一，提出力争在 2015 年前实现生态州建设目标。年内完成人工造林 9.75 万亩，封山育林 11 万亩。严厉打击破坏林资源违法犯罪行为，依法铲除侵占在国有林的非法植胶 1.05 万亩。实施 2.5 万亩环境友好型生态胶园建设和“布龙”州级自然保护区建设，建立西双版纳尚勇—老挝南塔南木哈联合保护区域，开创国内与周边国家联合保护自然资源新模式。建立热带雨林保护基金会，全球首个亚洲象公众责任保险在西双版纳州签订实施。启动省级公益林和新增国家重点公益林生态效益补偿，兑现林生态效益补偿 817 万元。全州集体天然林、农地天然林全部纳入公益林管理，实施生态补偿。新建农村沼气池 3 528 口，农村节柴改灶 2 147 户，绿化美化村寨 68 个。创建省级生态乡（镇）9 个，全州省级生态乡（镇）达 22 个，森林覆盖率达 78.3%。

“七彩云南西双版纳保护行动”

2009 年，全州加快环保基础设施建设。勐海县垃圾处理场建成投入使用，景洪市南污水处理工程进展至二期及排水管网建设，勐腊县城市生活垃圾处理场、州医疗废物集中处置中心开工。落实节能减排各项措施。47 户企业通过清洁生产验收，依法关闭 10 户高污染、高耗能企业，化学需氧量和二氧化硫减排完成省下达指标。完成 3.29 万亩土地开发整理，治理水土流失 42.3 平方千米。

改善民生

2009 年，全州城镇新增就业 6 154 人，农村劳动力转移就业 6 282 人。农村信用社发放“贷免扶补”和小额担保贷款 4 312 万元，扶持 893 人创业，带动 2 443 人就业。开发公益性岗位，1 646 名特殊困难人员就业。高校毕业生就业率达 80.1%。发放国有企业下岗离岗失业人员社会保险补助 1 411 名、再就业补助 4 515 名，稳定就业岗位 3 599 个。筹资 2.1 亿元，解决关闭、破产和困难企业退休职工医保 2.93 万人，养老、失业救济、工伤保险金比上年提高 10%，提高城镇职工医疗保险 3 万元。城镇居民基本医疗保险、新型农村社会养老保险和被征地农民基本养老保障试点起步，各类社会保险人数比上年增加 16.9 万人次，达 45.2 万人次。建成 5 所农村敬老院、30 个老年活动场所。州社会福利院开工，救助 1 377 名残疾人。农村贫困残疾人危房改造 202 户，五保对象应保尽保。6.65 万农村贫困人口、2.75 万城镇低收入人群纳入城乡低保。城乡医疗救助 703 万元、3 739 人次。建立涉诉特殊困难群体执行救助机制，发放救助金 199.3 万元。建设保障性住房，建廉租住房 5 114 套 25.5 万平方米，发放廉租住房租赁补贴 1 083 万元。通过以上措施，保障了边疆繁荣稳定。

扩内需保增长

2009 年，争取中央、省扩大内需项目资金为历年之最，达 7.48 亿元。实施重大建设项目 20 项，带动地方经济大发展。完成地方交通建设投资 6 亿元，增长 38%；水利建设投资 2.65 亿元，增长 55.9%；城镇基础设施投资 6.2 亿元，增长 9.7%。3 个市县县城、磨憨经济开发区、西双版纳旅游度假区建设加快，景洪市被国家住房和城乡建设部命名为 2009 年“国家园林城市”。再建大渡岗茶园度假基地、大沙坝湿地康体中心、曼兴湖度假基地等一批旅游休闲度假项目，恢复景洪至曼谷航线，引进喜来登、洲际、安塔纳等酒店管理公司。培育住房、汽车等消费热点，实施万村千乡市场工程，扩大城乡消费。

（段怡敏）

大理白族自治州

财政总收入 67.62 亿元，比上年增长 12.6%。其中地方一般预算收入 31.55 亿元，增长 14.4%；地方一般财政支出 102.07 亿元，增长 36.1%，完成全社会固定资产投资 217.32 亿元，增长 33%。社会消费品零售总额 120.43 亿元，比上年增长 16.3%。实现外贸进出口 1.44 亿美元，增长 58.1%。金融机构年末各项存贷款余额达 469.98 亿元和 317.64 亿元，分别比上年增长 23.6% 和 27.7%。

2009 年末，全州城镇居民人均可支配收入 14 180 元，比上年增长 10.21%；农村居民人均纯收入达 3 482 元，增长 13.10%。城镇居民人均生活消费支出 11 394 元，增长 14.35%；农村居民人均生活消费支出 2 966 元，增长 12.31%。新型农村合作医疗参合率 93.3%。享受城市最低生活保障居民 7.42 万人；享受农村最低生活保障居民 21.88 万人。全州共有各类收养性社会福利单位 34 个，床位 1 658 张，全年收养 1 322 人。城镇新增就业 2.15 万人，下岗失业人员再就业 0.67 万人，开发公益性岗位 0.31 万个，农村劳动力转移就业 3.56 万人。

大理白族自治州概述

大理白族自治州位于云南省西部，辖区总面积 29 459 平方千米。州府驻地大理市下关，距省会昆明 338 千米。全州辖大理市、永平县、云龙县、弥渡县、祥云县、宾川县、鹤庆县、剑川县、洱源县、巍山彝族回族自治县、南涧彝族自治县、漾濞彝族自治县等 12 县市，110 个乡镇，其中乡 44 个、镇 66 个。总人口 350.8 万人，人口自然增长率控制在 4.8‰以内。

2009 年，全州完成生产总值 406.76 亿元，比上年增长 12.3%，其中第一产业增加值 104.01 亿元，增长 6%，第二产业增加值 145.48 亿元，增长 15%，第三产业增加值 157.27 亿元，增长 13.8%。三次产业结构从 26.1∶36.7∶37.2 调整为 25.6∶35.8∶38.6。农林牧渔业总产值完成 176.6 亿元，比上年增长 12.2%，粮食总产量 139.18 万吨，增长 3%。完成（现价）工业总产值 374.26 亿元，增长 13.2%，实现工业增加值 117.39 亿元，增长 15%。规模以上工业企业累计实现利税总额 41.41 亿元，增长 6.3%。旅游业接待国内游客 1 105.92 万人次，海外游客 35.3 万人次，分别增长 20% 和 11.5%；实现旅游社会总收入 92.26 亿元，增长 26.1%。旅游创汇增长 14.5%。交通运输、仓储和邮政业增加值 20.64 亿元，增长 7.10%。年末全州民用车辆拥有量达 45.46 万辆，增长 18.8%，其中载客汽车 6.92 万辆，载货汽车 4.04 万辆。全年货物运输总量 6 637 万吨，增长 2.30%，货物运输周转量 67.41 亿吨千米，增长 2.0%；旅客运输总量 8720 万人次，增长 1.3%，旅客运输周转量 78.50 亿人千米，减少 2.50%。全年完成邮电业务总量 48.59 亿元，比上年增长 26.3%。固定电话年末用户 49.44 万户，移动电话用户 173.90 万户。

大理洱海湿地　　（刘建明　摄）

“两保护两开发”步伐加快

2009 年，“两保护两开发”取得新进展。洱海流域 36 个农村环境综合整治项目全面启动。上关、喜洲、双廊等重点集镇污水处理工程开工建设。启动实施乡村清洁工程，新建 30 个村落污水处理系统和 7 378 户庭院污水处理设施，建成 10 座中温沼气站。恢复建设 2 100 亩湿地。国家专项洱海项目顺利启动。海西“百村整治”首批 41 个村、三塔景观核心区整治和“空心村”改造试点进展顺利。海东 1、2 号城市主干道一期和环洱海生态公路完成路基工程，大理滇西技师学院一期开工建设，石房子至下和段截污干渠建成。风仪工业园区、物流园区建设稳步推进，力帆骏马年产 2 万辆重卡等一批重大工业项目投产，5 户大型仓储企业入驻园区。

生态文明建设成效明显

“七彩云南大理保护行动”稳步推进，生态州建设规划编制完成，滇西北生物多样性保护 6 县市生态建设规划编制顺利进行。洱源生态文明试点县建设步伐加快，洱海水质总体保持稳定。洱源西湖被命名为国家湿地公园，剑川剑湖、鹤庆草海湿地保护取得成效。完成小流域治理 145.4 平方千米。完成荒山荒地造林 2 万亩，巩固退耕还林成果 19 万亩。实施天保工程林管护 2 102 万亩，公益林建设 42 万亩。完成义务植树 900 万株。实施国家、省公益林生态效益补偿 702 万亩，兑现补偿资金 3 508 万元。新建户用沼气池 2.9 万户、节柴改灶 2.5

万户。开展以饮用水水源地保护、生活垃圾污水处理、畜禽养殖污染防治等为重点的农村环境整治。淘落后产能和节能减排力度加大，组织实施省级重点节能示范项目4个。单位生产总值能耗下降5%，年度减排目标基本完成。

新农村建设取得阶段性成果

全州以“六村”为载体、“七好”为主要任务的示范村建设工作取得新成效，到2009年底，全州2007年开始实施的13个小康示范村建设共完成项目建设投资2.46亿元，占计划数的133.49%，基础设施及社会公益事业项目建设完成进村公路3.19万米、村内主干道14.49万米、村内巷道15.04万平方米；完善机耕路2.89万米、沟渠5.574万米、水管道15.58万米、水窖1 432口；沼气池1 619口、太阳能2 022户；新建住宅1 058户、住宅改造7 386户、实施青瓦白墙5 457户、墙体粉刷65.86万平方米、改厕改厩4 874间；校舍危房改造1 605平方米、新建教学办公用房5 359.4平方米；新建垃圾池73个、公厕50座、活动场所45个、集贸市场9个、村委会及五室建设4 727.86平方米、种植树木44 963棵；抽水站1座、45米交通桥1座、农网改造220户。经济发展项目完成高效农田2.16万亩、茶园3 587亩、泡核桃8 033亩、冬桃932亩、黄金梨120亩、蚕桑4 171亩、甜柿578亩、葡萄2 530亩、烤烟4 280亩、辣椒640亩、热作植物1 800亩、蔬菜5 410亩；养殖牛7 071头、生猪养殖35 782头；建设茶厂4个、核桃烤房10座、畜牧业示范区2个、农家乐3户、农家店1户。劳动力转移培训输出7 308人。全州2007年度开始实施的13个小康示范村在2009年底均已通过州级考核验收。2008度开始实施的12个社会主义新农村建设示范村各项工作进展顺利，投资实际到位1.08亿元，占计划的58%，完成投资1.09亿元，占计划投资的59.46%。

整体推进造福农民

2009年，以农户实现“8个有”，自然村和行政村实现“6个有”为目标，以整合各类资金为突破口，上下统一，齐心协力，真抓实干，经过不懈努力，全州第三批百村整体推进工作于年底顺利结束，第四批工作进入最后冲刺阶段。

第三批百村整体推进工作涉及12县市100个行政村的616个30户以上的自然村，共4.95万户20多万人。据测算，100个行政村农民人均纯收入达1 902元，人均占有粮食439千克，农民人均纯收入1 000元以上的人口比例达到94.95%，人均纯收入1 500元以上的人口比例达到69.61%。农户“8有”项目超计划完成，群众生活条件发生了质的飞跃。第三批100个行政村新建和改造安居房30 240多幢，新增泡核桃、茶叶、优质梨、蚕桑等经济林果21.08万亩，使特色经济林面积达到62.02万亩，人均3.06亩。人均出售商品牲畜1.29头（匹），基本形成“近期增收有保障，长远发展有潜力”的格局；稳产田地累计增加到21.58万亩，人均达到1.06亩。社会事业全面进步，完成新建村“两委”办公用房1.4万多平方米，改造5 570多平方米，100个行政村均有了宽敞明亮的“两委”办公用房，并配备相应的办公设备。解决村小学危房，健全和改善村卫生室、兽医室、文化室和党员电教室，同时，村民小组新建或改造了议事、活动场所。

第四批百村整体推进工作启动后，全州各级各部门协调配合，群策群力，狠抓落实，项目进展顺利，工作局面良好。100个行政村筹集到位各类资金4.45亿元，占计划的128%；累计完成投资3.97亿元，占计划的115%。

大丽铁路通车

2009年10月1日，大理至丽江电气化铁路正式通车，客货运同步开行。铁路设计行车速度120千米/小时，仅需1个半小时就可实现大理、丽江两城市空间的快速转换。大丽铁路是云南省首条建成通车即投入客货运营的铁路，同时也是云南省境内拥有最先进技术装备的首条新线铁路。大丽铁路全长162.42千米，其中大理境内有139.2千米，占总长的85.7%，沿线途径大理市、洱源县、鹤庆县、海东新区，即“一市两县一个开发区”、11个乡镇、51个村。

大丽铁路

大丽高速公路开工建设

2009年12月22日，大理至丽江高速公路建设正式拉开序幕。大理至丽江高速公路是省委、省政府确定的2009年开工建设的20项重点工程项目之一，是“国家高速公路网规划”中杭州至瑞丽高速公路的联络线，是国家均衡国土开发，改善路网布局的一个重要路段。该项目起于大理市凤仪镇连接楚大高速公路，沿洱海东大理市华营、海东、双廊和邓川、洱源、剑川等县，止于丽江市黄山垭口西，全长259.18千米，初步设计概算188亿元，建设工期4年，设计车速80千米/小时。

（赵秀元）

德宏傣族景颇族自治州

德宏傣族景颇族自治州概述

德宏傣族景颇族自治州位于云南省西部，高黎贡山南麓。总面积1.15万平方千米，除梁河县外均有国境线，国境线长503.8千米。州东西最大横距122千米，南北最大纵距170千米，州府驻潞西市芒市镇，距省会昆明649千米，空距427千米。年平均雨量1 400～1 700毫米，平均气温18.4～20℃。辖潞西市、瑞丽市、梁河县、盈江县、陇川县2市3县，50个乡镇，1个街道办事处，373个村（居）委会，3 803个村民小组。2009年末，有31.1万户119.40万人。其中：非农业人口39.46万人，占总人口的33%；少数民族人口59.44万人，占总人口的49.8%。傣族35.55万人，景颇族13.66万人，傈僳族3.15万人，阿昌族3.09万人，德昂族1.43万人。人口密度103.82人/平方千米。人口自然增长率7.3‰。

2009年实现生产总值115.2亿元，比上年增长15%，其中第一产业增加值32.19亿元、第二产业增加值35.44亿元、第三产业增加值47.57亿元，分别增长6.4%、27.9%和13.2%，非公经济占GDP比重43.7%。三次产业结构由上年的29.6∶28.2∶42.2调整为27.9∶30.8∶41.3。完成工业总产值72.54亿元（可比价），增长13%；完成全社会固定资产投资总额100.92亿元，增长31.5%。实现社会商品零售总额46.01亿元，增长20.5%。居民消费品价格总指数水平比上年下降7.3%，其中商品零售价格指数下降7.4%。外贸进出口总额7.63亿美元，增长0.2%。接待国内外游客413.3万人次，比上年增长14.2%。其中国内游客405.08万人次，海外游客8.22万人次，旅游业总收入38.53亿元，增长13.1%。

2009年末，公路通车里程达6 976千米，比上年增长2.1%。公路运输客运量1 544万人次，比上年增长1%，旅客周转量11.77亿人次/千米，比上年下降8.1%，货运量2378万吨，比上年增长7%，货物周转量18.41亿吨/千米，增长3%。全年邮电业务总收入6.58亿元，比上年增长5.6%，其中邮政业务收入0.35亿元，增长2.9%；电信业务收入6.23亿元，增长5.8%。拥有城市固定电话10.65万户，比上年增长28.4%；乡村固定电话13.73万户，增长6.7%；年末移动电话用户达到74.04万户，增长22.1%；互联网用户达到5.35万户，增长42.7%。

财政总收入17.23亿元，增长17.3%。地方一般预算收入完成9.83亿元，增长10.9%；完成财政支出48.87亿元，增长33.5%。

2009年，农民人均纯收入2 831元，增长16.1%。在岗职工工资总额19.82亿元，比上年增加14.1%；城镇居民可支配收入12 558元，比上年实际增加9.7%。人均消费性支出9 561元，实际增长8.8%。城乡居民储蓄存款余额137.12亿元，比上年增加29.1%。城镇居民人均住房面积36.2平方米，农村居民人均住房面积24.4平方米。城镇登记失业率4.0%。

加大“三农”工作力度

坚持围绕稳粮食、促增收、强基础、重民生，认真落实强农惠农政策，加大对“三农”的投入力度，农业和农村经济稳步发展。开展百亩核心区、千亩示范园、万亩辐射带粮食作物“百千万”高产示范区建设，带动全州粮食大面积平衡增产，全年粮食总产量54.83万吨，同比增长19.2%，创历史最高水平。完成中低产田地改造1.07万亩、中低产林地改造26.1万亩。冬季农业开发效益显著，甘蔗生产运行平稳，现代烟草农业快速发展，畜牧业不断壮大。农村沼气清洁能源进一步得到推广和使用。认真落实各项支农惠农政策，共兑付涉农补贴1.5亿元，农民人均所得补贴167元。新农村建设取得新成效，全年实施省、州、县三级试点村建设223个，共投入建设资金2.8亿元。农村群众的生产生活条件和乡村的文明程度进一步改善，农业农村良好形势得到巩固和发展。

全力推进重大项目建设

2009年，坚持一手抓项目争取，一手抓项目落地，抢前期、抢立项、抢开工、抢进度，切实做到思路项目化、项目工程化、工程操作化、操作数字化。全州共争取到中央新增投资项目279个，项目开工率达100%。共有施工项目1 236个，其中，5 000万元以上94个，同比增加24个；亿元以上44个，同比增加9个。芒市机场扩建完工，腾陇、潞梁二级公路开工建设，大瑞铁路、龙瑞高速公路前期工作进展顺利。瑞丽口岸查验货场工程即将竣工，国家投资的省第一个口岸通道建设项目一章凤口岸建设完工并投入使用。实施农村公路基础建设项目206个，预计完成投资3.9亿元。麻栗坝水库、龙水电枢纽、大盈梯级电站等重大水利水电工程项目以及教育、卫生、文化、环保、危房改造、城市供水管网等一批民生工程建设项目进展顺利。加大农田水利基础设施建设力度，共完成农田水利建设投资3.03亿元。

实施“五个百亿元工程”

按照发挥优势，科学规划，把握重点，突出特色，打造亮点的思路，坚持有所为有所不为的原则，集中人力、物力、财力，全力推进特色产业加快发展。一是大力实施生物特色产业百亿元工程。在整合巩固提升粮食、蔗糖、茶叶、橡胶、畜牧等传统产业的基础上，认真筛选，确定并大力发展具有德宏特色和比较优势的竹子、咖啡、坚果、柠檬、油茶、核桃“六棵树”和番麻“一棵草”，全州新增生物特色产业种植面积46.06万亩，已建和在建加工生产线10条。二是大力实施水能电冶工业百亿元工程。完成水电投资36.2亿元，大盈四级电站等17座水电站建成并投产发电，全州新增装机容量94.91万千瓦，年发电量达76.1亿千瓦小时，同比增长93.3%。大力发展水电矿结合的清洁载能工业，德宏东方硅谷年产8 000吨的一号炉点火生产。三是大力实施旅游文化产业百亿元工程。加大全州旅游资源整合力度，组建德宏旅游集团，新编制全州旅游规划，成功举办第九届中缅胞波狂欢节。孔雀湖民族文化体育康乐谷、景成地热温泉度假村等一批旅游项目顺利推进。全年完成旅游业总收入37.8亿元，同比增长11%。四是大力实施珠宝玉石产业百亿元工程。成功举办'2009中国（昆明）东盟石博会德宏珠宝文化宣传周活动，盈江、瑞丽两个翡翠玉石毛料公盘相继开盘运营，芒市珠宝小镇项目开工建设。全州已建成八大珠宝玉石交易市场，全年进口玉石毛料达2 000余吨，珠宝玉石年贸易额超过56亿元。五是大力实施对外贸易百亿元工程。积极采取促进对外贸易的有效措施，大力拓展国外市场。加大农机、摩托车等机电产品和珠宝玉石、农副产品、木材等进出口力度。积极实施“走出去”战略，执行对外承包工程项目合同总额达8 396万美元，完成境外罂粟替代种植面积43.16万亩。成功举办第九届中缅边交会，规模和影响进一步扩大。全州对外贸易出口自5月开始实现扭降为升，进出口总额基本与上年持平。

第九届中缅边境贸易交易会

2009年12月3～6日，第九届中缅边交会在瑞丽市举行。边交会期间共有290余家国内外企业（其中缅甸参展企业达42户），近2 000余人参与本届边交会的商品交易和商务洽谈，完成进出口现货贸易3.0亿元（其中进口3 148.19万元，出口2.69亿元）。共签订项目30个，其中进出口贸易合同22个，金额12.32亿元（其中进口5.66亿元，出口6.66亿元）；招商引资项目8个，金额7.65亿元人民币。此次签约项目内容涉及广泛，包括木材加工业、饮食业、冶炼业、旅游业等；外贸合同涉及进口天然胶项目，出口锌饼、五钠等项目。

（钱智林）

怒江傈僳族自治州

怒江傈僳族自治州概述

傈僳族自治州地处云南省西北部的横断山脉，为云南省西部边陲的重要边防屏障。东西最大横距153千米，南北最大纵距320.4千米，总面积14703平方千米。边境线长449.47千米。境内有云岭山、碧罗雪山、高黎贡山、担当力卡山和澜沧、、独龙自北向南纵贯全境，形成四山夹三江的三大峡谷地貌。可耕地面积少，垦殖数不足4%。可耕地中高山地占28.91%，山区半山区占63.47%，河谷地占7.62%，76.6%的耕地坡度均在25°以上，全州58.3%的区域面积纳入国家自然保护区范围。州府驻泸水县六库镇，距省会昆明581千米。2009年，辖泸水县、福贡县、贡山独龙族怒族自治县、兰坪白族普米族自治县，29个乡镇，其中乡20个（含民族乡3个）、镇9个。常住人口53.6万人，其中非农业人口7.62万人，占总人口14.69%；少数民族人口48.29万人，占总人口93.5%；是傈僳族、独龙族、普米族的主要聚居地。白族14.2万人，普米族1.74万人，怒族3.19万人，独龙族0.62万人。其中独龙族、傈僳族、普米族为全国的较少民族。人口密度33人/平方千米，人口自然增长率6.1‰。

2009年，全州实现生产总值（GDP）48.41亿元，（可比价，下同），比上年增长13.1%，其中第一产业增加值完成6.21亿元，增长4.5%；第二产业增加值完成20.35亿元，增长7.8%；第三产业增加值完成21.48亿元，增长22.7%。三次产业的比重由上年的13.25:46.77:39.97调整为12.9:42.4:44.7。按常住人口计算，全州人均（现价）生产总值9 368元，比上年增长13.7%。全年接待海内外游客141.37万人次，增长13.55%。实现旅游总收入4.64亿元，下降9.8%。年内被评为全国20个最具民俗文化特色旅游目的地之一。完成固定资产投资总额40.4亿元，比上年增长32%。实现社会商品零售总额12.58亿元，增长16.7%。完成外贸进出口总额2.77亿元，增长39%。全州招商引资实际到位25.2亿元，增长10%。

2009年末，公路畅通里程3 816.106千米，公路运输客运量214.96万人，旅客周转量3亿人/千米；货物周转量65.21万吨/千米。拥有固定电话4.89万户，比上年下降1.2%，电信小灵通用户8 751户，增长55.5%，互联网用户1.75万户，增长19.7%。移动业务收入1.35亿元，增长5%，拥有移动电话用户19.6万户，增长24.1%。

全州完成财政总收入8.56亿元，下降4.8%，一般预算收入4.67亿元，下降8.8%，财政一般预算支出27.54亿元，增支6.5亿元，增长30.7%；全州金融机构各项存款余额71.6亿元，增长34.9%；贷款余额43.5亿元，增长18.8%。

2009年，城镇职工平均工资28 297元，增长19.4%，城镇居民人均可支配收入9 619.7元，增长19.6%。农村居民人均纯收入1 752元，增长21%。全州居民消费总水平102.1%，下降4.2个百分点；商品零售价格100.3%，上涨6.3%，农业生产资料价格95.5%，下降21个百分点。

环境保护

2009年，继续实施“山顶封和禁、半山移和退、河谷建和育”三大生态功能建设，建立“开发与保护立体建设模式”。进一步加强治理、澜沧江流域水土流失及生态恢复等重点工作，完成水土流失治理面积40.7万平方千米。完成人工造林33.33万亩，增长15%。全州森林覆盖率达72%。自然保护区4个，保护面积达599.37万亩。义务植树94.7万株，森林管护面积1 286.3万亩。完成《州生态规划》编制工作，实施兰坪县沘河流域综合治理工作，依法取缔、关闭沘河流域沿岸违法排污企业14家。年内总计获得环境监测原始数据6 166家，完成4个农村环境保护综合整治项目申请。实施《州第二轮矿产资源规划（2008～2015）》和《州土地利用总体规划》编制。

编制独龙族综合发展规划

2009年胡锦涛总书记在云南考察时明确指出：要“进一步加快少数民族脱贫致富的步伐”；温家宝总理就解决好独龙族出行难问题作了重要批示；10月，省委副书记李纪恒率队深入独龙江调研并在独龙乡召开专题会议，研究部署了独龙整乡推进、独龙族整族帮扶综合发展工作，形成省委《专题会议纪要》，明确要求通过3～5年努力，使独龙族经济社会实现跨越式、可持续发展。按照省委《专题会议纪要》要求，省发展改革委、省扶贫办牵头，省财政厅、省民委等省直有关部门参加，以及州、贡山县、独龙乡密切配合，结合独龙乡实际，制定了《云南省贡山县独龙乡整乡推进、独龙族帮扶综合发展规划》，独龙乡的经济社会发展将插上腾飞的翅膀。《规划》着力实施安居温饱、基础设施、产业发展、社会事业、素质提高、生态环境保护与建设“六大工程”，从根本上建立独龙族长期可持续脱贫致富长效机制，为重点帮扶人口较少民族跨越式、可持续发展综合新模式、新途径。力争通过3年的努力，全面完成“六大工程”建设任务。

云南省委副书记李纪恒到独龙江调研

扶贫开发

2009年共投入各类扶贫资金1.23亿元。其中边境县整村推进52个村，2 600万元；整村推进74个村，1 110万元；安居工程400户，240万元；易地扶贫4 000人，2 000万元；劳动力培训转移5 100人，228万元；革命老区建设项目1个，20万元；大兴地乡整村推进扶贫资金300万元；村民互助资金70万元；溜索改造项目资金300万元；产业扶贫项目资金300万元；扶贫项目贴息贷款规模900万元、贴息资金200万元。州委州政府带领全州各族干部群众，认真按照项目计划组织实施，确保年度工作目标任务完成，确保扶贫开发继续取得新的成效。

生态产业建设

怒江州围绕恢复生态、保持生态、建设生态，再现青山绿水的目标，坚持“保护优先、开发有序”的原则，结合实际，全面开发生物多样性保护工作，着力解决群众脱贫增收与生态建设的关系。全州大力实施“四个百万”生态产业建设，即建设百万亩林果基地、百万株庭院经济林、百万亩中药材基地、百万头商品畜牧基地。到2009年末全州已完成百万亩林果基地建设103.93万亩，种植庭院经济林152.56万株，中药材面积发展至53.7万亩，大小牲畜存栏达115.8万头（只），特色畜牧业生态养殖独龙牛达3 350头，兰坪乌骨羊3 100只。独龙牛、兰坪乌骨羊已列入国家畜禽遗传品种资源名录，贡山县独龙牛保种场被确定为国家级保种场。截止2009年底，全州已完成退耕还林投资3.18亿元。

（马义民）

迪庆藏族自治州

迪庆藏族自治州概述

迪庆藏族自治州位于云南省西北部。总面积2.39万平方千米。其中山区面积2.1万平方千米，占总面积89.12%；坝区面积2 597平方千米，占总面积10.88%。州府驻香格里拉县建塘镇，距省会昆明584千米。全州辖香格里拉县、德钦县和维西傈僳族自治县，有29个乡镇，其中20个乡、9个镇。2009年末，全州总人口37.9万人。其中户籍管理人口35.8万人，占总人口94.5%；少数民族人口32万人，占总人口85.3%；藏族13万人，占总人口34.3%，占少数民族人口40.6%。人口密度14.5人/平方千米，人口自然增长率5.02‰。

2009年，全州实现生产总值62.26亿元，比上年增长18.3%。其中第一产业增加值6.87亿元、第二产业增加值23.93亿元、第三产业增加值31.46亿元，分别增长5.8%、20.3%和19.4%；一、二、三产业增加值占GDP比重由上年的11.69∶40.99∶47.32调整为11.04∶38.43∶50.53。完成工业增加值13.8亿元，按可比价计算，增长13.4%；完成规模以上工业增加值、销售、利润分别为19.28亿元、16.6亿元、2 246万元，分别下降0.24%、6.1%、83.2%。全年接待海内外游客526.11万人次，增长44.9%；实现旅游总收54.45亿元，增长62.4%。完成全社会固定资产投资总额93.58亿元，增长36.3%。全年实现社会商品零售总额16.95亿元，增长19.4%。居民消费品价格总水平比上年下降0.1%，其中商品零售价格下降0.5%。

2009年末，全州公路通车总里程4 628千米，其中等级公路3 573千米。公路运输客运量482.82万人，增长32.9%；旅客周转量7.85亿人千米，下降2.7%；货运量389.89万吨，下降27.5%；货物周转量22.92亿吨千米，增长47.5%。年末，固定电话总数3.99万户，下降2.5%；移动电话用21.04万户，增长24.9%；移动电话普及率66部/百人，增加10.5部。

2009年，全州完成财政一般预算收入4.36亿元，增长36.1%。全州地方一般预算支出30.09亿元，增长27.8%。

2009年全州在岗职工年平均工资35 301元，增长11.4%。农民人均纯收入2 936元，增长13.1%。城镇居民人均可支配收入14 599元，增长9.2%，城乡居民人均储蓄存款7 627元，增长20.9%。城镇登记失业率3.8%。

千名干部送法进村（寺）促和谐活动

2009年，迪庆州按州级20%、县级40%、乡级40%的比例，抽调1 200多名政治素质好、工作能力强、作风踏实、身体健康的干部组成工作队，从2月25日至4月5日，进村入寺开展以“反对分裂、维护稳定、促进发展”为主题的谋发展、促和谐活动。工作队确保每个乡镇有1名厅级领导，每个建制行政村有1名处级领导。全州约15.7万人在活动中受到教育。

广播电视“村村通”工程

迪庆州20户以上通电自然村广播电视“村村通”直播卫星覆盖工程建设总数为2 430个村民小组、6.68万户农户，项目总投资3 000万元。项目于2009年2月下旬启动，5月10日全面结束，提前50天完成建设任务，使全州广播电视综合覆盖率达95%。9月初，顺利通过省广播电视“村村通”工程建设考核验收组的考核验收。

（周国星）

ANNUAL OF YUNNAN ECOLOGY

 云南生态年鉴

2010

倡导绿色和谐　促进生态文明

生态建设研究 ECOLOGICAL CONSTRUCTION STUDY

以科学发展观促进云南资源型产业集群发展

摘　要　科学发展观围绕着人与自然之间关系的平衡，寻求人与自然之间协同发展及其关系的合理性存在。资源型产业集群是劳动密集、资金密集、技术密集、知识密集的共通性和互补性的聚集体，对经济社会发展起到基础性先导作用，是与生态环境密切相关的系统。科学发展观的宏大命题，从根本上体现了人与自然、人与人之间关系的总协调。有效协调“人与自然”的关系，是保障又好又快发展的基础；而正确处理“人与人”之间的关系，则是实现又好又快发展的核心。

关键词　科学发展观　资源型产业　云南　发展

一、科学发展观的理论认知

随着我国面对的人口压力、能源挑战、资源短缺、生态退化和环境污染等瓶颈约束的增大，如何寻找一条符合中国特色的社会主义之路；如何积极转换增长方式；如何进一步提高自主创新能力；如何构建资源节约型社会和环境友好型社会；如何减小贫富差异、实现社会公平与社会和谐等，成为当前和未来中国发展必须思考的核心问题。

科学发展观的理论回答了中国发展的本质、核心、原则、要点、路径和方法，系统阐释了中国发展的理论问题和实践问题，完整提出了“第一要义是发展，核心是以人为本，基本要求是全面协调可持续，根本方法是统筹兼顾”的思想体系、理论体系、战略体系、目标体系和方法体系。

科学发展观的理论核心，紧密地围绕着努力把握人与自然之间关系的平衡，寻求人与自然之间协同发展及其关系的合理性存在。我们必须把人的发展同资源的消耗、环境的退化、生态的胁迫等联系在一起。其实质就体现了人与自然之间的关系必须遵循“人对自然的索取，必须由人向自然的回馈相平衡”。同时，努力实现人与人之间关系的和谐。既要通过文化传承、伦理规范、道德感召、舆论引导等人类意识的觉醒，更要通过社会公正、机会平等、法制约束、心理导向等人类活动的有效组织，逐步达到人与人之间关系（包括代与代之间关系）的调适与有序[1-2]。归纳起来，科学发展观的宏大命题，从根本上体现了人与自然之间和人与人之间关系的总协调。有效协同“人与自然”的关系，是保障又好又快发展的基础；而正确处理“人与人”之间的关系，则是实现又好又快发展的核心。

二、资源型产业集群的概念

对资源型产业集群是相对于劳动密集、资金密集、技术密集、知识密集型等“落脚自由产业”的，立足自然资源（主要是地下的矿产资源和地上的动植物资源）优势，依赖自然资源消耗来实现成长的产业类型[3]。资源型产业集群是以自然资源开发和加工产业为主导的，由众多相互联系的企业（或机构）在一定的地理空间范围内聚集而形成的经济群落[4]。资源型产业集群是一个与自然资源相联系的聚集体，是在对某种自然资源的开发和利用中形成的，这一聚集不仅仅是投入和产出的简单结合，还包括物流和研发等重要的辅助性部门和机构；还受到资源蕴藏的区域限制，是一个区域性的聚集体，它是由若干企业、机构和部门在一定地域范围内的集聚。彼此的共通性和互补性相连结而构成的，对经济社会发展起到基础性先导作用、与生态环境密切相关的复杂适应系统。

三、资源型产业集群可持续发展

资源型产业集群可持续发展，实际上就是资源型产业集群竞争力不断提升的过程，即在资源禀赋和生态环境的刚性约束下，资源型产业集群以自组织和创新为驱动力，有效实施升级与转型，以实现生命周期最大化，资源、环境、经济、社会全面协调的发展。资源型产业集群可持续发展，首先是资源、资源产业的可持续发展，在此基础上以产业集群的范式体现出来。

（一）统一规划，科学布局

统一规划，科学布局，对于云南资源型产业集群的生成、发展，显得尤为重要。切实做到“在保护环境中开发资源，在开发资源中保护环境”，这将是一个系统工程，必须坚持科技领先、统筹安排、合理开发的原则。组建并完善一个产、学、研结合，集资源开发、资源转换、环境保护、能源经济与管理等为一体，并能把高新技术融入能源开发和环境保护的跨学科、跨部门科研群体，是实现这一目标的必要条件。

（二）培育龙头企业，打造产业集群

要形成云南一流的资源型产业集群，必须依据资源优势和比较优势，合理确定构建强势支柱产业集群的思路，即在做大做强主导产业的基础上，积极培育支柱产业，发展壮大领军企业，突出发展主导产品，以主导产品壮领军企业，以领军企业带支柱产业，以支柱产业兴产业集群。

一是整合产业资源，搭建布局合理的产业集聚平台。以产业链为构筑产业集群的主脉，在现有支柱产业发展的基础上，按照各产业之间的关联度、差异性、特色化和企业群落的要求，加快产业重组。集中精力和财力发展产业链中的龙头企业，抓大扶强，要以专业化协作和社会化大生产为基础，围绕龙头企业、知名品牌，大力发展加工环节延伸产业链条。统筹规划，突出区域功能分工，避免产业趋同和低水平重复建设，提高企业密集度和行业集中度。

二是培育强势龙头企业，带动中小企业发展。按照专业分工协作和规模经济原则，通过上市、兼并、联合、重组等形式，尽快发展壮大龙头企业，使其成为带动性强、辐射范围大、集约化程度高的支柱产业集群中的“火车头”，形成对各支柱产业的带动和支撑。在培育强势龙头企业扩大规模的同时，也要积极引导区域内大中小企业的合理分工与协作，充分发挥大企业的辐射作用，带动众多中小企业共同发展。

四、云南资源型产业集群发展

资源是资源型产业可持续发展的物质基础，资源产业则是资源生产和再生产活动的集合。资源商品生产的特殊性导致了资源产业的市场结构、市场行为与一般商品存在着较大的差异。云南以市场机制为基础，以政府调控为辅助的资源的产业结构优化机制既充满了效率，又可有效地克服“市场失灵”，推动资源的可持续发展。

（一）正确处理利益关系

处理好长远与眼前的关系。长远是将来的眼前，眼前是长远的起点，长远与眼前是辩证统一的。因此，必须正确处理眼前利益和长远利益的关系，把两者很好地统一起来，促进长远发展。处理好市场配置资源与重大项目招商引资的关系。在社会主义市场经济条件下，资源也是一种商品，政府应该尽量通过市场配置，这样做既可以避免单纯行政配置带来的一些问题，还可以为各级财政增加收入。处理好资源开发与生态环境保护的关系。资源与环境紧密相关，资源本身亦是环境的一部分，资源开发必然带来环境问题。处理资源开发与环境的关系是贯穿云南资源基地建设全过程的重大问题。云南地区资源丰富，但生态脆弱。基地建设要坚持资源开发与环境保护并重，将环境保护作为资源开发的前提和基础，而不能以牺牲环境为代价，追求所谓的发展。因此，云南地区的各级政府应该将基地建设作为经济社会发展的根本任务，并以基地建设为契机，围绕重大项目建设，大力推进工业化和城镇化进程，构建起工业反哺农业、城市支持农村的现代经济发展新格局，促进云南区域经济科学和谐发展。

（二）转变政府职能

要强化各级政府对构建支柱产业集群的指导和服务，理顺行业管理机构，整合行业管理部门。成立民间行业协会组织，不分所有制形式，实行全方位行业自我管理、自我服务、自我约束和自我协调。政府经济工作的重心要放在加快企业产权制度改革、制定产业发展政策、推进项目建设、进行经济运行调度统计、建立完善的市场经济秩序，为企业营造宽松平等的发展环境。要大力发展各类中介机构，发挥商会、行业协会的桥梁、纽带作用，促进企业与政府间的有效沟通和良性互动。要求职能部门必须从云南安全的战略高度来布局资源产业，谋划资源产业的发展。

五、云南资源型产业集群可持续发展

资源型产业集群是一个动态的复杂适应系统，动力机制是资源型产业集群的核心问题。所谓资源型产业集群动力机制，是指由云南企业、企业家、科研院所、中介机构、政府、文化等诸多系统主体，在资源禀赋、生态环境等刚性制度制约的框架下，涌现成为具有强烈根植性自组织的过程。资源型产业集群许多主体因素层次互动，实现了集群内原动力与外源动力的融合，从而使集群涌现成为一个具有强烈根植性的自组织。正式制度和非正式制度构成了集群的外部环境，外部环境是集群动力机制的外因，它通过集群内各个主体结网涌现形成的内因，对集群演化产生作用。

（一）发展资源型集群升级与转型

云南资源型集群在发展过程中不断的升级与转型，从而延长资源型产业集群的生命周期或者从根本上摆脱对资源的过度依赖，实现可持续发展。资源型产业集群的升级与转型具有渐变式升级（主动）和剧变式转型（被动）两种模式，但这两种模式在现实中常常交织在一起，难以清楚分辨。资源型产业集群升级与转型，本质就是使集群内的企业从基于资源比较优势发展成为基于创新的竞争优势过程。创新是集群升级与转型的核心问题。主要针对结构和功能，制定完善的“谐”的机制使集群可以得到合理的投入和定位，避免过度竞争和单一产业组织结构，提高集群的效率，实现规模经济和多样化发展。

（二）保持经济的理性增长

科学发展观的理论始终保持经济的理性增长，在这里特别强调一种“健康状态”下的经济增长，它既反对限制财富积累的“零增长”，也反对不顾一切条件提倡过分增长。所谓健康的增长一般指在相应的发展阶段内，以“财富”扩大的方式和经济规模增长的度量，去满足人们在自控、自律等理性约束下的需求。

云南是中国乃至世界生物多样性最丰富、最集中的地区之一，素有“植物王国”、“动物王国”、“天然花园”、“药物宝库一香料之乡等美誉，为生物资源开发初步奠定了生物产业在全省经济发展格局中的重要地位和作用。2003 年到 2007 年，全省生物产业完成总产值由 1 487 亿元增加到 2 793 亿元、年均增长 13. 4%，增加值由 911 亿元增加到 1 682 亿元、年均增长 13%，其中，烟草、畜牧、蔬菜、茶叶、薯类、生物药、蔗糖、花卉、木本油料、橡胶、水果、木材加工及浆纸等 12 类生物产业总产值达 2 349 亿元，占全省生物产业总产值的 84%。

科学发展观的理论核心，努力把握人与自然之间关系的平衡，寻求人与自然的和谐发展及其关系的合理性存在；从根本上体现了人与自然之间和人与人之间关系的总协调。有效协同“人与自然”的关系，是保障可持续发展的基础；而正确处理“人与人”之间的关系，则是实现可持续发展的核心。资源型产业集群的可持续发展，从量的角度，要求集群所依附的资源基础好，集群的生命周期长；从质的角度，要求集群的发展是资源、环境、经济、社会全面协调的发展。

参考文献

[1] 牛文元．持续发展导论．北京：科学出版社，1994.

[2] Niu WY. Chinese sustainability. Futurist, 1996, 30.

[3] 安虎森，朱妍．产业集群理论及其进展．南开经济研究，2003，(3)．

[4] [美] 彼得斯．政府未来的治理模式 [M]．吴爱明等译．北京：中国人民大学出版社，2001.

（云南农业大学经济管理学院　赵俊权）

浅谈新农村建设中的生态环境保护

摘　要　在总结现阶段新农村建设过程中所面临的生态环境破坏等问题的基础上，对今后新农村建设过程中生态环境保护等问题与挑战提出了相应的对策与建议。

关键词　新农村建设　生态环境保护

十六届五中全会上党中央提出的“建设社会主义新农村”是发展农村、建没新农村的重要战略，也是解决“三农问题”的重要举措。所谓社会主义新农村，是指在社会主义制度下，反映一定时期农村社会以经济发展为基础，以社会全面进步为标志的社会状态[1]。新农村建设的总体要求是“生产发展，生活宽裕，乡风文明，村容整洁，管理民主”。其中“村容整洁”的要求，最主要的是为农村地区提供更好的生产、生活、生态条件[2]。近年来，我国农村的经济确实有了很大的发展，但是忽视了环境保护和资源节约。不少地方的农村经济发展在很大程度上是以牺牲环境和浪费资源为代价的，并给广大群众的生产和生活造成了不小的危害。建设社会主义新农村提出的乡风文明和村容整洁，本身就包含着环境保护的重要内容。新农村建设需要一个良好的生态环境。因此，在建设社会主义新农村的建设中，必须用科学发展观统筹全局，正确处理经济发展和环境保护的关系，既要“金山银山”，又要“绿水青山”[3]，在坚定不移地发展经济同时，又要毫不动摇地保护环境，实现经济发展与环境保护相协调。

一、新农村建设中所面临的环境污染

农业生产一定程度上具备了现代工业的污染特征；新农村建设使农村居民居

住日益集中，呈现城市化特征，从而使城市环境问题在农村地区也普遍出现。根据污染源的不同可以将新农村建设进程中的环境污染归结为以下主要问题：

（一）农业生产带来的面源污染

据统计，我国农业化肥年使用量为 4 637 万 t，按播种面积计算，化肥使用量达 40t/平方千米，远远超过发达国家为防止化肥对土壤和水体造成危害而设置的 22. 5t/平方千米的安全上限[4]。加之施肥结构不合理，导致化肥利用率低、流失率高。不仅造成了土壤污染，还通过农田径流加重了水体有机污染和富营养化污染，甚至影响到地下水和空气。农业投入品不合理使用，已经使我国相当部分地区的水环境污染从常规的点源污染型转向面源与点源结合的复合污染型，还直接破坏农业伴随型生态系统．对诸多野生大豆等野生生物的生存形成巨大的威胁。

（二）因缺乏规划和环境管理滞后造成的污染

随着新农村建设进程的加快，农村聚居点规模迅速扩大。在“新农村”建设过程中，规划和配套基础设施建设未能跟上，环境规划缺位或规划之间不协调——只重视编制城镇总体建设规划，忽视了与土地、环境、产业发展等规划的有机联系。小城镇和农村聚居点的生活污染物则因为基础设施和管制的缺失一般直接排人周边环境中，造成严重的“脏、乱、差”现象。局部调查表明，很多农村聚居点除了大气污染指标外，其余环境要素指标已劣于城市。

（二）乡镇企业和集约化养殖场布局不当、污染治理不够导致的污染 目前，我国乡镇企业废水 COD 和固体废物等主要污染物排放量已占工业污染物排放总量的 50% 以上[4]，而且乡镇企业布局不合理，污染物处理率也显著低于工业污染物平均处理率。近年来，集约化畜禽养殖带来的污染问题日益加重。特别是在人口密集地区尤其是发达地区，居民消费能力强，农牧业的发展空间受到限制，集约化的畜禽养殖场迅速发展起来。对环境影响较大的大中型集约化畜禽养殖场，约 80% 分布在人口比较集中、水系较发达的东部沿海地区和诸多大城市周围。由于这些地区可利用资源的环境容量小（没有足够的耕地消纳畜禽粪便，生产地点离人的聚居点近或者处于同一个水资源循环体系中），加之其规模没有得到有效控制，布局上没有注意避开人口聚居区和生态功能区，造成畜禽粪便还田的比例低、环境危害较大。

（四）相关环境保护法规尚不完善

现行法律对新农村建设的环境保护工作存在着许多不足，主要表现在 8 个方面：环境法制体系存在着立法空白，如缺少土壤污染、生物安全、遗传资源保护等法律法规；一些环境管理制度不适应需要，如排污收费；环境法律配套滞后，如饮用水源保护条例、污染限期治理条例等；缺少专门约束政府行为的环境法律；环境民事赔偿尚无法律依据；环境损害社会保险的法律缺失；环境法律法规中的处罚力度弱；建立生态补偿机制，对生产经营有机肥企业给予适当补偿，同时农民施用有机肥给予适当补贴[4]。

二、新农村建设中生态环境保护的对策及建议

农村环境保护是我国环境保护工作的重要组成部分。农村环境的保护和建设，不仅关系到农村经济持续健康发展和农业现代化的实现，而且也关系到国家和社会的繁荣与稳定，一旦农民赖以生存的环境受到污染，农村经济发展就会受到严重制约。因此，实现农村经济的持续发展，不能以牺牲环境为代价，必须做到农村经济建设、生态建设同步规划、同步发展，实现经济、环境和社会效益的统一，为达到这一目的，应采取必要的措施保护农村生态环境。

（一）加快环保基础设施建设

加快环保基础设施建设，应是农村环境保护的重要措施。一是通过“改水、改厕、改厨、改圈”以及使用清洁能源，以减轻环境污染，提高生活卫生条件，另一方面在畜禽养殖污染较为严重的地方，应努力寻找“变废为宝”的办法，如用畜禽的粪便生产沼气，制成有机肥等。二是加强环卫队伍和相关机构建设，做到专人负责，专人管理。三是对地处农村地区的企业要建设和完善污染处理设备。四是基础设施建设必须依靠科技，比如，通过测土配方施肥和对作物病虫害的研究，开展合理有效的施肥用药指导，防止农民滥施肥料和农药；采用农牧结合的方式综合处理畜禽粪便污水；通过技术改造和生产技术革新，推动乡镇企业升级换代，以降低物耗、能耗，减少污染排放，实现清洁生产[2]。

（二）加强新农村的绿化建设

首先要规划先行。充分尊重群众意见，结合当地的自然条件和社会经济发展实际，科学规划、精心实施。对于新规划建设的村、屯，要把绿化美化作为一项重要的基础设施纳入总体规划，一次性留足 30% 以上的绿化用地，并与新农村建设同步实施。由旧村、屯改建的，在尽可能多留绿化用地的前提下，要因地制宜、见缝插绿，特别是要认真搞好庭院绿化，不断增加绿地总量、提高绿化水平。同时，在规划设计上要搞好三结合：一是与改善村、屯人居环境相结合。重点是搞好公路、水系、街道和庭院绿化美化，促进村容整洁，营造良好生态环境。二是把村、屯绿化美化与促进当地经济社会全面发展相结合。有条件的地方，可通过绿化美化，发展乡村旅游，拓宽增收渠道。也可新建产业基地，做强做大特色产业。三是把绿化美好与保护生物多样性相结合，进一步优化林种、树种结构，科学构筑生态体系，切实维护生态安全。

其次要选好树种。根据当地的立地和气候条件，本着“宜乔则乔、宜灌则灌、宜草则草、宜果则果、宜花则花”的原则，科学选择林种、树种，特别要优先选择优质的乡土树种，切忌盲目引进，严防外来有害生物入侵。多栽“小树”，切忌“大树”进村人户，防止“挖肉补疮”，得不偿失。多栽树、竹，少种草坪，尽量降低建设和管护成本。要选择良种壮苗和具有相生与互补性的树种进行混交，实现“乔、灌、草”合理搭配，促进植被复层结构的形成，全面提升绿化质量与效果。

第三是科学栽植。定好点，打好窝，施足底肥。春季是植树的最佳季节。在许多地方，针叶树和落叶树秋季栽植的效果也很不错。经济价值比较高的树种，最好选择营养袋育苗或带土栽植。坚持“三埋、二踩、一提苗”的造林原则，并及时浇好定根水，干旱地区还应增添蓄水保水措施。最后要加强管护。制订村规民约，防止人畜践踏、损毁。采取多种形式，筹集和落实好补栽补植管护资金，选好管护人员，加强技术培训。加强施肥、浇水、修枝整形、防冻和病虫害防治筹工作。严格奖惩，确保管护工作全面落实”[5]。

（三）完善环境保护的法规和法制建设

一是完善法律法规。虽然我国已颁布实施了一些有关农村环境与资源保护的法律及地方法规，但对整体而言，农村环境保护的法律法规体系还很不完善，也缺乏可操作性。我国已颁发《基本农田保护条例》、《农业生

态建设技术规范）等法规，但尚未见到一个对生态农业的总体目标、发展规划、保障机制有完备规定的纲领性文件。政府对各地农业生态建设也缺少严格的要求和有力的约束，应加大保护立法的力度，建立环境保护的政策体系，制定具有强制性防治农村环境污染的《土壤污染防治法》、《农村环境保护条例》、《农业废弃物利用促进条例》、《地下水保护管理条例》、《畜禽养殖污染防治条例》以及约束各级政府干扰环境执法行为等方面的法规[2]。

二是要特别加强农村环境保护的执法监督，要在现行排污申报登记制度的基础上，建立环境报告制度，要求有关地区和企业对排污的种类和数量以及污染的环节向公众公开其环境行为、环境目标、环境计划和生产过程中逐步减少污染的方案选择，促进有关部门真正把环境管理和生产管理结合起来。

三是要建立问责制，切实解决地方保护主义干扰环境执法的问题，对严重干扰正常环境执法的领导干部和公职人员，要依法追究责任。

（四）发展环保工农业

用循环经济的理念解决农村环境问题。在工农业生产中大力倡导循环经济发展模式，注意技术路线创新。解决源污染问题主要应该依靠发展生态农业，我国的传统和常规农业技术必须进行全面生态化改造。

首先，要发展生态农业。一是农业本身要科学、合理地使用化肥、农药、农膜等化学物质，通过采用生物防治病虫害的办法和大量增加农家肥、种植绿肥等办法，减少化学物质的过量使用，实行有机肥和无机肥相结合，进而减少对土地、水源的污染，提高土壤肥力和农作物的产量和质量。二是强化对规模化畜禽养殖场的综合治理，推广畜禽养殖业粪便综合利用和处理技术，鼓励建设养殖业和种植业紧密结合的生态工程，积极发展农村沼气，使畜禽粪便减量化、无害化和资源化。同时，加强渔业资源和渔业水域生态保护，合理确定养殖容量和捕捞强度，并开展畜禽养殖污染的综合防治示范教育。

其次，要发展环保工业。用发展工业的理论发展工农业对接产业。要跳出农业讲农业，跳出农村讲农村。农村环境问题表现在环境上，根源在于工业化、产业化、资源化程度不高[2]。农牧业发达的地区，要围绕其资源发展工业，积极发展农产品深加工和特色优势产业，既解决环境问题，又，能可持续利用资源，促进乡镇企业进园（工业园），就可以发展规模较大的企业对园区内的工业污染物进行综合利用。

（五）新农村建设应当与生态文明村建设相结合

近年来，全国许多市、州都开展了文明生态村创建活动，经过多年的努力，全国许多省份的行政村率先建成了文明生态明星村。实践充分表明，创建文明生态村，符合科学发展、和谐发展的要求，符合大多数农村的实际和广大农民意愿，是建设社会主义新农村的积极探索和成功实践，是建设社会主义新农村的重要载体。创建活动的开展，使广大农民群众切实感受到了身边的变化，极大地激发了他们改变农村落后面貌的巨大热情，从而为推进新农村建没打下了坚实的物质基础、思想基础、工作基础和群众基础。

同时，社会主义新农村建设的全面展开，既为文明生态村创建活动提供了更加有利的条件，也对这项工作提出了新的更高要求。所以要在巩固已有成果的基础上，进一步拓展内容、提高水平：在村容村貌的改善上，要充分利用基础设施建设向农村倾斜的有利时机，加强配套项目建设，提高村庄改造整体水平，努力创造更加舒适卫生的人居环境。在文明素质的提高上，要充分利用公共服务资源向农村覆盖的有利时机，为农民提供更多的文化、卫生、科技、法律、信息等方面的服务，增强服务的针对性和实效性[6]。在促进经济发展上，要充分利用各项支农政策更加完备的有利时机，积极推进环境建设与经济建设的紧密结合，努力实现产业强村、科教兴村、生态建村。进一步把生态文明村创建活动和新农村建设有机地结合起来，使之成为推进新农村建设的一条重要途径。

（六）切实提高公民环保意识

目前我国人民整体环境意识不够强烈，广大农村地区尤其低。从某种意义上讲，加强宣传教育使更多的人了解环境污染的危害性，意识到保护自己生活环境的必要性和重要性。

一是要充分利用宣传、教育阵地，运用广播、电视、报纸、杂志、广告牌等一切可以利用的形式，大力宣传农村环境与资源保护的方针、政策和法规[7]。不仅应对农村广大群众进行宣传教育，公开发布严重污染事件的信息污染带来的危害，而且应强化农村基层干部的生态和环保意识。二是应加大农村中小学生的环保教育，利用植树节、地球日、世界环境日、人口日、世界动物日等纪念日开展环保教育，使环保宣传教育活动走进校园，走进课堂，从娃娃抓起，把我们的下一代培养成环保卫士，他们不仅可以在今后自觉维护环境，而且还可以影响他们身边的成人加深学生的环境意识。三是政府要加强环境保护的经常性宣传工作，组织相关部门和人员，深入农村，结合农村生产，对广大农民开展环保知识讲座、环保图片展览等，讲解生产、生活中的污染以及危害，努力提高他们的环保意识。四是加强对农民群众环境保护的宣传教育。环保部门、农业部门、出版部门应当充分运传方式、教育形式、传播媒体，向农民群众广泛宣传农村环境污染的危害，提高农民群众的环保意识[2]。开展多层次、多形式的舆论宣传和科普宣传，积极引导广大农民培养健康文明的生产、生活、消费方式。

参考文献

[1] 周可．社会主义新农村建设的有关思考 [J]．安徽农业科学，2008，34 (14)：3383，3408.

[2] 刘玮．论新农村建设中的环境保护 [J]．经济研究导刊，2008 (4)：70－71. 89.

[3] 周津象．避免社会主义新农村建设中的几个误区 [J]．中国高新技术企业，2007 (3)：209～210.

[4] 韩守新，葛明华，吴起顺．新农村规划与建设应注意的问题及建议 [J]．农业环境与发展，2008 (5)：47－49.

[5] 何伟．新农村绿化应注意的几个问题 [J] 国土绿化，2007 (2)：12.

[6] 郭造强，李霄汉．新农村建设中应注意的几个问题 [J]．林业经济，2005，27 (5)：40－44.

[7] 王宏波．新农村建设中应注意的几个问题 [J]．甘肃农业，2006 (12)：10～11.

（西南林学院 王逸之　尚旭东　刘庆博）

云南国家公园功能分区模式研究

摘　要　功能分区是国家公园规划与开发过程的一项至关重要的工作，它不仅有利于国家公园的规划与开发，更有利于今后国家公园区内的建设和经营过程中的管理。本文以4个云南省的国家公园的功能分区为例，探讨云南省国家公园的功能分区模式，结果发现云南国家公园基本上由4－5个部分组成，可以分为特别保护区（自然生境区）、生态保育区、游览展示区（大众生态旅游区）、公园服务区（包括引导控制区）；划分是依据于土地的利用类型、使用功能和国家公园需要保护的对象；分区的目标是要达到人与自然和谐的可持续发展。

关键词　云南国家公园　功能分区

一、前　言

按照国际保护联盟（International Union for Conservation of Natural and Natural Resources，IUCN,）的定义，国家公园（National Park）是在保护区域内生态系统完整性的前提下，经过适度开发，为民众提供精神的、科学的、教育的、娱乐的和游览的机会的场所。中国在2006年之前也提出了国家公园的概念，主要是指自然保护区或者国家风景名胜区，但是它们都不是为了培养国家意识而设立的，一个强调完全的保护，一个强调放纵的游览（游客是上帝），因此，2006年之前中国还谈不上存在国家公园。2006年国家同意将云南省设为国家公园试点省份后，云南省率先建设了中国内地第一个国家公园——普达措国家公园，随后，又完成规划建设普洱国家公园，老君山国家公园，西双版纳国家公园等几处国家公园。

一个好的国家公园规划，首先其功能分区系统要完善，功能分区是国家公园规划与开发过程的一项至关重要的工作，它不仅有利于国家公园的规划与开发，更有利于今后国家公园区内的建设和经营过程中的管理。对国家公园区内游线的安排，各功能区之间的协调，自然环境和生物多样性的保护都起到至关重要的作用。因此，对国家公园功能分区系统的研究对于中国国家公园今后的规划与管理有着重要的理论意义和现实意义。遗憾的是由于中国国家公园起步较晚，对于中国国家公园功能分区的研究还是一片空白，从中国知网（CNKI）上尚未检索到有关中国国家公园功能分区的研究。本文以云南省的4个国家公园的功能分区为例，探讨其功能分区模式，以期对今后国家公园的发展有所裨益。

二、国家公园功能分区模式

（一）普达措国家公园的功能分区模式

依据国家公园规划的理念和香格里拉普达措国家公园存在的问题和解决途径，普达措国家公园分为六大区域（如表1）：特别保护区、自然生境区（包括野生动物区和荒野区）、户外游憩区、文化保存区、国家公园服务区、引导控制区（遗产廊道）。

其功能分区是依据其土地利用类型和使用功能来划分的，同时考虑到游客过多时的应急措施，如据需要，普达措国家公园的功能分区还扩展到国家公园部分区界线以外，设置外围控制区域或引导区，当游客过多时，可以在国家公园界线之外开辟更多的弹性区，设有另外的步道系统、野餐地点和问讯处，以接纳过量的游人。

表1 普达措国家公园功能分区

类型		范围	面积平方千米	管理框架
自然生境区	特别保护区	碧塔海省级自然保护区核心区内部分云杉和冷杉林区	60	属于严格控制区域，禁止游人进入，禁止设施建设，科研人员经申请核准后可以进入
	野生生物区	碧塔海、属都湖湖面及面山地带、吉利谷	78.5	在保护基础上允许游人进入，可以慎重考虑建设极少量必要的设施
	荒野区	除特殊保护区、户外游憩区、文化保存区、国家公园服务区外和自然生境区中的野生生物区之外的区域	158.6	专业生态旅游用地，允许少量有人进入；除少量基础游憩设施外，禁止大规模开发
户外游憩区		“8”字形大众生态旅游区	0.56673	大众生态旅游用地，在环境评估的基础上，可适当建设观景点、停车湾、休息点、游览观景栈道等
文化保存区		洛茸村及居民生活、生产区域	3.3	保存藏族特有的文化及其遗存物，严格控制建筑、景观风格和生活、生产环境
国家公园服务区		双桥门景区、属都湖人口、弥里塘服务中心	0.034	环境影响微弱地区，适宜集中建设旅游接待设施，游客活动集中区
引导控制区		红坡村—双桥沿线	90.7	人口景观控制区，中期可开发成遗产廊道

（二）老君山国家公园的功能分区模式

老君山国家公园功能分区为：特别保护区、重要保护区、保护利用区和传统利用区4个功能区，见表2。

表2 老君山国家公园的功能分区系统

类型	特征	面积平方千米	管理框架
特别保护区	独特、濒危的自然或文化资源；对游客的生命有安全隐患	419	资源政策：严格的资源保护；公众机会：通常不能进人内部，只允许严格控制的非机械化方式的进入。在其他区域提适适当的与现场隔离的展览
重要保护区	能很好地表现该自然区域的特征；将被维持于荒野状态的广阔地带；可适当开展一定的旅游活动	608	资源政策：以保护自然和文化环境为导向；公众机会：允许非机械化方式的进入，进行分散活动，提供与资源保护相一致的荒野体验。有原始的露营地，原始的有屋顶的住宿设施和紧急避难所
保护利用区	提供广泛的教育和户外活动机会；提供与自然景观和谐、安全、方便的服务设施	16	资源政策：尽可能减少活动和设施对自然景观的影响；公众机会：允许自然环境或改造后的景观与设施支持下的户外活动。与环境保护相适应的各类交通方式；集中的游客设施和公园管理活动
传统利用区	将被维持于现状社区村落及田地状态的地带；可适当开展一定的旅游活动及服务	40	资源政策：以保护自然和文化环境为导向；公众机会：允许机械化方式的进入，进行分散活动，提供与资源保护相一致的文化体验。有民间工艺及民居接待

国家公园分区的依据是保护对象的分布特征。其功能分区的方法和过程：在实地调查和资料收集

的基础上，将保护对象落实到地图上，同时结合道路和村落等对保护对象的潜在影响，威胁因子及展示要求进行权重分析；在图上划出不同的区域，这些区域根据保护功能赋予不同的功能区特征；最后进行多标准评估叠加分析。对此分析结果进行重分类后获得老君山国家公园功能区划。

（三）普洱国家公园的功能分区模式

普洱国家公园功能分区为：特殊保护区、生态保育区、游览展示区和公园区4个功能区，见表3。

国家公园功能分区的依据是国家公园各功能区内的综合价值以及需要特定保护的对象，注重对保护对象的选择，以科学研究为基础，确定各功能区的划分。

（四）西双版纳国家公园功能分区模式

西双版纳国家公园分为五大功能区：自然生境区、生态保育区、传统利用区、游览展示区、公园服务区（见表4）。每一分区划分的依据为《自然保护区管理条例》和国家公园的保护和发展需要对土地的利用方式。

表3　普洱国家公园的功能分区系统

类型	范围	面积平方千米	管理目标
特殊保护区	包括莱阳河省级自然保护区核心区和缓冲区	43.9	确保国家公园以南亚热带常绿阔叶林为主的生态系统，珍稀动植物种类及其栖息地等自然资源得到良好和有效的保护
生态保育区	国家公园内除特殊保护区、游览展示区、公园服务区外其余的大部分土地	168.53	确保国家公园自然资源得到良好和有效的保护；逐步恢复原生生态系统；线状展示有开发条件的景观资源
游览展示区	包括南岛河至瞭望台弹石路巡护道沿线、橄榄坪、动物展示中心、菱瓜塘、玉生田、瞭望台、生态步道沿线	3.8	实现保护功能重点化、游憩功能主题化和服务功能人性化；通过解说和各种展示手段，充分展示自然和文化特色；游憩项目分类、分期建设与管理，采取特许经营和委托经营相结合的方式
公园服务区	在引导控制区老金田设置普洱国家公园服务区	1.2	游客中心功能完善，设施良好，管理有效，能为游客提供良好服务；设施建设与当地自然和文化环境相协调，能为游客留下普洱国家公园良好的第一印象和体验的景观区

表4　西双版纳国家公园的功能分区系统

类型	范围	面积平方千米	管理目标
自然生境区	国家公园范围内原西双版纳国家级自然保护区的核心区和缓冲区	1 800.26，国家公园总面积的62.56%	确保国家公园以热带雨林为主的生态系统，珍稀动植物种类及其栖息地等自然资源得到有效的保护
生态保育区	国家公园区域内原自然保护区实验区以及原景区范围外新增区域	624.84，占国家公园总面积的21.71%	确保国家公园自然和文化得到良好和有效的保护；逐步恢复原生生态系统；展示有开发条件的资源
游览展示区	分为8个组团：野象谷片区、攸诺片区、澜沧江片区、勐仑片区、勐远片区、望天树片区	69.9，占国家公园总面积的2.45%	实现保护功能目标化、游憩功能主题化和服务功能人性化；充分展示自然特色，深度挖掘文化内涵；游憩项目分类、分期建设与管理，采取特许经营和委托经营相结合的方式；当地社区积极参与国家公园建设，构建社区参与、社会和谐、生态完整的国家公园展示典范

续表

类型	范围	面积平方千米	管理目标
传统利用区	国家公园内原保护区内的社区集体土地	358.01，占国家公园总面积的12.44%	控制已开垦土地面积，提高土地利用率；将退化了的经济林（如橡胶林）地逐步恢复成原生植被生态系统，扩大国家公园原生态系统的面积；创建具有本土化特色的自然与文化生态循环经济系统，构建和谐生态社区
公园服务区	国家公园设置7个服务区，其中景洪城游客中心为一级服务区，野象谷、攸诺、望天树、景洪电站、勐仑、曼搞设置二级服务区	不详	功能完善，设施良好，管理有效，能为游客提供良好服务的中心服务区；与当地自然和文化环境相协调，能为游客留下国家公园的良好的第一印象和体验的景观区；以方便游客为宗旨，满足游客综合需求；体现内部景观的自然和文化特色；成为游客获得环境教育、爱国主义教育的重要场所

三、云南国家公园功能分区分析

（一）云南国家公园功能分区的基本组成

云南国家公园基本上由4～5个部分组成，基本上可以分为特别保护区（自然生境区）、生态保育区、游览展示区（大众生态旅游区）、公园服务区（有的还包括引导控制区）。

特别保护区。属于自然保护区的核心区，保留了原始的状态，没有人为的破坏，主要是保护特定的生物群落不受外界的干扰，国家公园规划遵循了中国自然保护区的划分标准，这一部分基本上是不允许游客进入，但可以提供的是科学研究的机会。

生态保育区。属于实验区或较少人为破坏的地区，基本保持了原始的状态，这一部分主要是保育资源和环境，能够开展小规模的生态旅游活动，为国家公园内的科学考察、环境教育、生态观光等活动提供空间，这一部分主要足为专业生态旅游者提供生态旅游地机会。

游览展示区（人众生态旅游区）。大众生态旅游者较为集中的区域，为大众生态旅游提供生态观光、生态体验、环境教育等活动机会，但游憩活动和相应的小体量建设（主要是游览观景栈道或观景台等）只允许出现在可控制的范围内。

公园服务区（或引导控制区）。这一区域对国家公园的自然环境影响较小，在保证不对国家公园自然环境造成破坏的前提下可以提供游客管理、停车、购物、餐饮和咨询、检票等综合服务，也是国家公园的第一印象区。

这种分区体系能够考虑游客需求，对国家公园的教育功能也有很好的体现，同时也能够体现对人文社区的终极关怀，能够很好地保护环境。这种分区虽然在划分过程中考虑到了具体的重要保护对象的取食、迁徙要求，但是人为地将整个区域划分成不同的版块，势必会加大生境的破碎化程度，员终还是会影响到我们需要保护的重点对象。这种影响究竟有多大，目前在进行国家公园功能区划过程中尚没有一套具体的，易于操作的评价体系。

（二）云南国家公园功能分区划分的依据及划分方法

国家公园功能分区划分的依据是依据于土地的利用类型和使用功能以及国家公园需要保护的对象。划分的方法虽然多样，但基本上是在自然保护区功能区划的基础上结合国家公园本身区位特点及其内外的交通条件来进行划分的。划分过程是实地考察加地图讨论确定了国家公园的分区系统，主观性太强。老君山国家公园在进行功能区划时对重点保护对象的威胁因子进行了权重叠加分析，用数学的方法进行了处理，这种方法能够有效地减小由于人的主观性造成的影响。

（三）云南国家公园功能分区的目标

这4个国家公园都表明了土地利用的特征，明确游憩用地、设施用地和保护用地之间的关系，这有利于土地资源的利用、保护和管理，使其能以有限的空间最大限度地满足公众欣赏自然和历史文化的需求，在繁荣地方经济的同时，促进科学研究和国民环境教育的发展，并促进大面积自然环境和生物多样性的有效保护，最终达到人与自然和谐的可持续发展的目标。后期的国家公园的功能区划目标更加明确，不仅有总体的功能区划目标，而且在各个分区内也提出了比较明确的、行之有效的目标，这对于我们进一步进行旅游项目设想、实施以及以后的管理都有着非常重要的指导作用。

四、结论讨论

（一）结论

1. 云南国家公园的功能区基本上可以分为特别保护区（自然生景区）、生态保育区、游览展示区（大众生态旅游区）、公园服务区（有的还包括引导控制区）。这种分区方法能够考虑游客需求，也体现了对人文社区的终极关怀，但对于重点保护对象的具体影响没有科学的评价体系。

2. 云南国家公园功能分区划分是依据于土地的利用类型和使用功能以及国家公园需要保护的对象来进行划分的，但划分方法主观性太强，缺少量化的标准。

3. 云南国家公园功能分区的目标是要达到人与自然和谐的可持续发展。后期在建的国家公园功能分区目标更加明确，这对于国家公园以后的建设管理有非常重要的指导作用。

（二）讨论

1. 国家公园的功能分区标准还需要进一步量化

以上4个国家公园功能分区都是人为的根据土地的利用类型和使用功能以及国家公园需要保护·的对象来进行划分的，基本上是实地考察加地图讨论就确定了国家公园的分区系统，主观性太强，老君山国家公园功能分区时进行了权重分析，用数学的方法进行了处理，但是权重的赋予本身就具有人为的主观因素，这种方法能够减小由于人为的主管因素的影响，但不能完全的消除。能不能找到一条完全的客观的量化标准体系或许是我们今后需要重点研究的问题。

2. 国家公园的特别保护区究竟能不能进行旅游活动

按道理国家公园是祖先留给我们的宝贵的自然和文化遗产，作为国家的主人，有权利欣赏祖先留给我们的任何东西。国家公园的特别保护区往往是国家公园最美丽而又最脆弱的地方，我们有权欣赏国家公园的特别保护区，但是大规模的旅游活动又会对脆弱的生态环境造成重大破坏。如何协调这一对矛盾，是严格的保护还是完全的放任？

参考文献

[1] 叶文等．香格里拉的眼睛——普达措国家公园规划．建设［M］．中国环境科学出版社，2008.

（西南林学院　卢明强）

新昆明生态城市建设的探讨

摘　要　建设现代新昆明生态城市的发展新思路，是在一个地域中对大、中、小城市板块做景观式空间充填，即以滇池为中心，实施“一湖四环”工程，逐步形成“一湖四片”的现代新昆明发展格局。其空间充填是一个有序的体系，城际之间与城乡之间符合产业升级原理，在产业链形成与产业集群形成上有内在、外在的联系与制约，共同构成一个区域综合体，并相应的发挥各自的功能。把昆明建成集湖光山色、滇池景观、城市新姿，融人文景色和自然风光于一体的森林式、环保型、园林化和可持续发展的高原湖滨特色生态城，是实现昆明面向东南亚、南亚的现代开放城市的新思路，是昆明实现可持续发展的必然选择。

关键词　生态城市　昆明　可持续发展

引言

昆明，云南省省会，地处我国西南边陲、云贵高原中部，位于东经102°10′～103°40′，北纬24°23′～26°22′，南濒滇池，三面环山。是云南省政治、经济、文化、科技、交通的中心，同时也是我国著名的历史文化名城和优秀旅游城市。全市总面积21 111平方千米，辖5区1市8县，总人口578万，聚居着26个民族。昆明地理位置属北纬亚热带，然而境内大多数地区夏无酷暑，冬无严寒，具有典型的温带气候特点，素以“春城”而享誉中外。

城市是现代文明的象征，是大多数人向往的生活乐园，建设生态城市是人类保护栖身环境的客观需要，是经济、社会和现代科学技术发展的必然结果，是实现全球可持续发展的必然选择。

一、生态城市

“生态城市”是在联合国教科文组织发起的“人与生物圈”计划研究过程中提出的一个概念，是社会和谐、经济高效、生态良性循环的人类居住形式。它现已超过了保护环境即城市建设与环境保持协调的层次，融合了社会、文化、历史、经济等因素，向更加全面的方向发展。

（一）生态城市的内涵

生态城市，英文是Eeo－city，由“生态学”（Ecology）和“城市”（City）复合而成，即一个生态健康的城市。该词渊源于德国的柏林，但作为一个概念，首先是在20世纪70年代联合国教科文组织发起的“人与生物圈（MAB）”计划研究过程中提出来的。生态城市是由前苏联城市生态学家杨尼斯基于1987年提出的一种理想城市模式。在这一理想城市中，自然、技术、人文充分融合，物质、能量、信息高效利用，人的创造力和生产力得到最大限度的发挥，居民的身心健康和环境质量得到最大限度的保护，是生态、高效、和谐的人类聚居新环境。除此之外，还有许多专家和学者也对生态城市的界定发表过自己的见解。1992年的第二届国际生态城市会议上，组织者澳大利亚的唐顿认为：生态城市不仅要在人与自然之间实现生态上的平衡，而且也应包括道德伦理和人们对城市进行生态修复的一系列计划。中国城市规划专家黄光宇认为：生态城市是根据生态学原理，综合研究社会—经济—自然复合生态系统，并应用生态工程、社会工程、系统工程等现代科学与技术手段而建设的社会、经济、自然可持续发展，居民满意、经济高效、生态良性循环的人类居住区。虽然3个定义各自侧重于不同学科领域，但都强调了人与自然的和谐统一。

（二）生态城市的本质

生态城市的本质，应该是“社会—经济—自然”的复合体。在这个复合体中，经济虽然发挥着重要作用，但绝对不应该是主导社会及其与自然关系的作用。生态城市的最终目的，是把社会、经济发展与生态环境建设结合起来，努力创造人工环境与自然环境互惠共生、高效、和谐的人类栖境。生态城市是人与自然高度和谐的可持续发展城市的新模式，是现代理想的人类聚居型城市。

二、生态城市建设的原则

（一）可持续发展的原则

可持续发展战略思想是建立在社会、经济、人口、资源、环境相互协调和共同发展的基础上，其宗旨是既能相对满足当代人的需求，又不对后代人发展构成危害。生态城市规划不仅为自己，也要为后代的发展提供可能性。

（二）以人为本的原则

城市的出现本身就是为了满足人的需要，城市的发展也是在人的需要的推动下发展的。生态城市建设要实施“以人为本”战略，致力于社会全面进步与经济建设同步推进，最大限度地满足人们的物质和精神需求，不断提高居民的生活质量。

（三）城乡协调原则

城乡之间是相互联系、相互制约的。推进昆明生态城市进程要从昆明实际情况出发，走一条与经济发展水平和市场发育程度相适应、城乡协调发展的道路，主要包含促进城乡协调发展、促进区域之间协调发展两个方面。

三、昆明建设生态城市的条件及意义

（一）昆明建设生态城市的条件

昆明建设生态城市具有地域、气候条件和物种多样性等方面的优势。从地域上看，昆明地处云贵高原中部，属低纬度高原亚热带山地季风气候，温、湿度适宜，生物多样性特征显著。其次，昆明市作为云南的省会及政治、经济、文化中心，建设生态城市，在资金、技术和人才方面具有相对的优势。另外，国家西部大开发战略中确立了生态环境建设是西部大开发的根本和切入点，云南省委、云南省人民政府制定了“建设绿色经济强省、民族文化大省、通往南亚、东南亚的国际大通道”，为昆明生态城市的建设创造了良好的政治环境和社会背景。

（1）自然地理概况

昆明市地势北高南低，东、西、北三面环山，南濒“高原明珠”滇池。年均温15.11℃，年平均降雨量1 075 mm，温、湿度适宜。平均海拔1500～2800m，全市土地面积21 111平方千米，其中，丘陵、山地约占总面积的88%，盆地约占总面积的10%，湖泊水域约占总面积的2%，属典型的山地城市。昆明平均水资源总量为73113×10^8立方米，生物多样性特征显著。

（2）社会经济状况和生态环境态势

昆明是云南省的政治、经济和文化中心。基本形成了以烟草、机电、生物、旅游等为支柱产业的相对完整的产业体系。2005年昆明的GDP跨越了千亿元大关，达1061.55亿元，人均GDP超过2 000美元，达2 174.88美元。按照发展经济学的理论，意味着昆明的经济发展，从起步阶段升级为加速成长阶段。2007年上半年，昆明经济发展实现了10年来的最快速度——GDP增长14.2%。从新昆明建设展开的2003年起，全市的GDP增幅开始保持在两位数以上，年均增速达11.425%，经济总量位居西部12省区第三名。2007年全市实现国内生产总值（GDP）1 393.7亿元，人均GDP 22 479元，居民生活正逐步得到改善和发展。然而，伴随着城市化进程的加快，昆明市也出现了水污染、城市垃圾和固体废弃物污染、城市空气污染和水土流失等一系列生态环境问题，生态环境形势十分严峻。

（二）昆明建设生态城市的意义

昆明是中国连接南亚、东南亚的重要陆路通道之一和西部重要的旅游城市之一，建设生态城市具有重要意义。昆明市作为中国西部地区尤其是西南地区的区域性中心城市之一，在新中国成立后国民经济一直保持较快的增长速度，城区面积也在迅速扩大，昆明的城市综合能力获得了显著的增强和提高。但随着昆明城市化速度的加快，城市环境污染、用地紧张、供水不足等问题日益突出。这些“城市病”成为制约昆明可持续发展的重要因素。因此，建设生态城市是昆明实现可持续发展的必然选择。

四、新昆明生态城市建设中的生态枢纽效应

城市生态枢纽是连接城市生态板块、廊道和基质等各种自然要素和人工环境的城市自然实体，是促使其集聚、互换、繁衍以及扩散的城市自然实体。在21世纪现代化生态城市的规划建设中，为提高城市复合生态系统的生态承载力和服务功能，促使城市的各种生态要素组合形成一个有机整体，发挥最大乘数和规模效应，在现代城市中加快建立生态枢纽，已经成为城市可持续发展之必需。

（一）自然景观的轴心效应——城市之睛

我国城市化的快速发展导致景观发生重大变化，主要表现在景观单元流失、结构的单一、破碎度的增加以及通达性的降低等方面。生态枢纽的规划建设能够扭转这一不良倾向。新昆明的建设以滇池为中心，环绕滇池进行的四个环湖新城建设（“一湖四片”），包括了在滇池东岸的呈贡、南岸的晋城、西岸的昆阳、海口，与现在滇池北岸的主城构成有“山、水，城、林”相互交融的城市景观。形成风景秀美、景致多样、景观异质的城市自然生态体，构成了自然和人工统一的生态枢纽。在这里，动物与植物相依偎，动与静相映衬，自然而不凌乱，变化而不失秩序，为现代城市增光添色。更为重要的是，它是建成区点、线、面等不同生态景观的轴心，使之成为有机联系的整体，发挥其最大生态价值。

（二）气候调节效应——城市之肺

新昆明的建设，将在滇池周围建设两大生态风景林系统。一是从滇池周围海拔1887.4米处向外100－300米、面积约为17平方千米的环带范围内，建设具观赏价值的乔、灌、草相结合的生态风景林带。二是在环湖北城、东城、南城和西城区域内及城市之间的丘陵地带，通过建设大型森林公园、森林休闲园等方式，构建滇池盆地生态风景林区，形成滇池盆地生态屏障。三是在连接四个城区的主要交通干道沿线建设一条以观赏乔木、花、草和灌木相结合的绿化带，形成滇池绕湖外环风景林带。同时改善滇池流域林地布局结构，大幅度地增加昆明城市森林、绿地面积，形成城在森林中、森林在城中的城市空间景观格局。城市绿化中树木具有显著的降温增湿效应，能够调节气温，增加湿度和降水，维持碳氧平衡，显著改变城市小气候，使城市更加适宜人居。

（三）生物多样性与生态安全效应——城市之肾

被称为“地球之肾”的湿地是自然界生物多样性最富和生态功能最高的生态系统，在维持生物多样性方面占有非常重要的地位。它为人类的生产、生活及休闲提供了多种资源。“十五”期间建立起的4万亩滇池环湖湿地，是现代新昆明城市建设中重要的自然资源。建成后的新昆明，将形成一个富有生命力的多样性的复合生态系统，为大量鸟类、水生生物、爬虫类等提供良好的栖息生存环境，成为众多生物集聚、栖息生存、繁衍交流的理想场所和乐园。

（四）集约经济发展效应——城市之核心

城市生态枢纽以其特有的优势区位条件，能够化生态优势为经济优势，实现经济效益、社会效益和生态效益的统一。城市生态枢纽是市民理想的休闲、娱乐、运动、交流场所。在城市人口增多、工作压力日趋加大的社会中，水体山岳、森林绿地，以其柔和的气质、清新的空气、迷人的风景，维护人们的身心健康。

目前，昆明主城占地180平方千米，2008年GDP总量为1 605.39亿元，实施“一湖四片”城市发展战略后，现代新昆明城市区的带动作用明显。到2020年，昆明城市区将拓展到460平方千米，城市经济的聚集效应和规模效应将得到充分发挥，预计城市区GDP将达到4 034亿元，全市GDP将达到4 860亿元。这大大有利于加速城镇化和工业化进程，促进城乡一体化，全面提升城市综合实力。

五、新昆明生态城市建设的亮点

（一）整体性

生态城市不仅要追求环境优美或自身的繁荣，也要兼顾社会、经济和环境三者的整体效益。不仅重视经济发展与生态环境相协调，更注重人类生活质量的提高，是在整体协调的新秩序下寻求发展。

现代新昆明生态城市建设拓展了现有主城的发展空间，能够从根本上克服目前城市发展中的一系列局限性。不同片区间优势互补，以一种产业整合的方式运转或在更大范围内优化配置资源。利用便捷、发达的环湖交通，把城市、山水、历史文化、风景名胜古迹等有机地连接在一起，使山水在城中，城在山水中，城市建筑和山水园林融为一体，交相辉映。充分显现昆明作为“春城”、历史文化名城、风景旅游城市、山水园林生态城市的魅力和特色。

（二）集山水生态和历史文化于一体，体现人与自然的生态和谐之美

新昆明生态城市建设的自然环境定位是山水生态春城，文化定位足历史文化名城，充分体现了生态文明城市的建设理念。新昆明以滇池作内湖，以西山作背景，将真正实现四季如春的气候与高原明珠、山地风光完美结合。紧紧抓住昆明集山水、园林、气候、生态四位于一体这一全国绝无仅有的特色风貌，标新立异，实现城市品牌中自然景观的个性化。

文化是城市的灵魂，在更高层次上体现着城市建设和发展的水平，是城市竞争力的重要组成部分。纽约、伦敦、东京等国际城市的发展无不得益于其十分浓厚而富有特色的文化氛围。滇文化、多民族文化是现代新昆

明文化的内涵所在。滇文化因其典型的多民族文化而独具特色而且源远流长，多民族文化是昆明地区多民族、多宗教和不同历史时期的文化长期积淀的结果。在新昆明生态城市建设中，既要充分发扬和展现整个云南省多姿多彩、底蕴深厚的滇文化，也要以海纳百川的胸怀兼容外来文化，使现代新昆明真正成为南北文化交汇地、东西文明交融地。突出昆明特有的边关民族异域风情特色，体现出新昆明既是民族的、地区的文化集结点，又是传统的和现代的、东方和西方文明的汇合处。发挥文化形态的多样性、综合性和文化市场的开放性、外向性，组合出现代新昆明文化空间色彩斑斓的万花筒式图景，形成“文化力”优势。

（三）建设开放的适宜人居的现代生态新城

城市是先进生产力的聚集地，新昆明建设要从城市的基础设施现代化、生态环境优质化、市民素质的文明化和城市管理的科学化等几个方面推进现代化城市建设。以开放的意识、开放的心态、开放的胸襟，把昆明建成适宜人居的现代生态新城。

生态城市是生态文明下的人文环境系统，以人与自然和谐共生的典型生态社区。现代新昆明城市建设与滇池治理统一起来，在“一湖四片”建设的决策中，通过新区开发全面推进滇池污染治理，是全面治理滇池的全新思路和根本对策。把滇池治理作为城市发展的基础，以环湖生态带建设作为保障，以打造中国乃至世界“最适宜人居”的生态城市为目标。在这里，人们可能享受到大自然最慷慨的馈赠——优美的自然风光和优良的环境质量，人在自然中，城在林中、在公园中，公园在城镇中，本色的环境与改造建设的环境融为一体。使新昆明城市成为一幅立体的图画，一道靓丽的风景线，提升新昆明城市整体形象，提高城市的整体价值。

生态城市建设是实现人与自然高度和谐的凝练。建设生态城市，实质上是调控城市生态系统，使城市物质、能量和信息的传递与转化持续不断地进行，其目标是遵循城市社会功能整体性与和谐生态平衡发展，对自然由无序蔓延变为合理分布，变恶性掠夺为最大价值利用，建设经济、社会、资源、环境同步协调的资源配置机制和合理布局，最终的发展目标是达到以人为本，改造自然，优化环境，协调人与自然的关系，推动人类社会的文明和发展。

随着21世纪的到来，城市作为人类社会活动的主要区域，已越来越多地为其自身发展所造成的生态环境恶化、自然资源枯竭等问题困扰。生态城市为人们展示了一种“安全、舒适、和谐”的生活模式，但它不是短时间内就能建成的，甚至需要几代人的努力。新昆明城市建设只是生态建设的开端，要把昆明建成集湖光山色、滇池景观、城市新姿，融人文景色和自然风光于一体的森林式、环保型、园林化和可持续发展的高原湖滨特色生态城，任重而道远。

参考文献

[1] 赵俊权，杜国祯，陈家宽，探索现代新昆明城市建设的生态可持续发展．生态经济，2005（01）

[2] 杨健强．建设昆明生态城市的理发选择．生态经济，2000（08）

[3] 王成新，姚士谋，王书国．现代化城市的生态枢纽建设实证分析．地理研究，2007（01）

[4] 裴元森，郑吉恩．如何建设可持续发展的现代化生态城市，苏南科技开发，2007（03）

[5] 暴向平，张碧星，庄立会，李滨勇．昆明市生态城市建设研究．云南地理环境究，2006（05）

[6] 刘丹，许玉贵．昆明生态城市建设的现状与对策．经济论坛，2005（9）

[7] 许大勇，耿城．关于我国建设生态城市的探索．广西质量监督导报，2007（06）

[8] 鲁敏，张月半，胡彦成，李英杰．城市生态学与城市生态环境研究进展．沈阳农业大学学报，2002（01）

[9] 刘娟，袁风军．建设森林生态城市改善昆明市人居环境．林业调查规划，2002（03）

[10] 滇池变为城中湖昆明构建东方日内瓦．新华网云南频道

[11] 陈子群．生态城市建设的思路与对策［J］．生态经济，1997（3）：10～11

[12] 李晓辉．泾川生态建设探讨［J］．山西建筑，2007（22）：44－45

[13] 昆明市统计局．昆明统计年鉴［M］．北京：中国统计出版社，2004

[14] 云南省统计局．云南统计年鉴［M］．北京：中国统计出版社，2004

[15] 向德平，牟坚．生态城市建设浅析［J］．学习与实践，2003，（4）

[16] 张新合，冉瑞平，董廷旭．绵阳生态城市建设探讨［J］．西安石油大学学报：社会科学版，2006（4）

（云南农业大学经济管理学院　龙　蔚）

浅谈云南迪庆的“生态立州”战略

摘　要　滇西北“三江并流”世界自然遗产地，景观优美，丰富的生物多样性、脆弱的地质生态环境与重大的生态安全责任并存。“十五”以来，这一区域与云南全省同步，社会经济进入了发展的关键时期和矛盾凸显期。怎样解决日益突出的开发与保护问题，成为倍受国内外关注的焦点。位于“三江并流”腹地的迪庆州，是藏区东南部重要门户，担负的生态安全和社会影响责任更为突出。2003年迪庆率先在全省提出并实施“生态立州”战略，经济、生态和社会发展取得令人瞩目成绩。本文旨在推广迪庆“生态立州”的经验，寻找解决“三江并流”地区资源开发与环境保护之矛盾的方法。

关键词　迪庆　生态立州　资源开发与环境保护

一、“生态立州”战略的提出及其内涵

2003年《迪庆藏族自治州全面建设小康社会规划纲要》颁布，提出“生态立州、文化兴州、产业强州”和“把迪庆建设成为全国最好的藏区之一”的发展思路。迪庆成为全省率先提出“生态立州”并把其作为地区发展首要战略的地州。

“生态立州”包括三方面的内容：一是迪庆社会生态化（即生态文明建设）——采取长期不懈地宣传、教育等有效手段，促使人们尽快拥有较高的生态文明价值观，创造一种自觉关爱生态环境的社会氛围，构建一个人与自然高度和谐的社会；二是迪庆经济生态化——以科学发展观统领经济发展全局，转变经济发展方式，统筹兼顾，大力推广与环境相协调的生态产业和生态工程技术，实现清洁生产、节约能源和文明消费；三是迪庆环境生态化——坚持环保优先原则，利用行政手段和法律武器，动员全社会的力量，促使自然环境及生命支持系统得到最大限度地保护，并使之不断得到优化。“生态立州”的目标是把迪庆打造成一个稳定、协调、可持续发展的自然生态系统和人工复合生态系统。

二、“十五”期间迪庆“生态立州”战略的实践与成效

（一）天保工程是实施“生态立州”战略的支撑点

自1998年天然林禁伐以来，迪庆州经历了由木材生产为主到以生态建设为主的历史性转变。在国家扶持下，先后实施了退耕还林、退牧还草和天然林保护等重点生态建设工程。据《迪庆州十一五规划纲要》统计数据，到十五末，实现森林管护面积2 583万亩，天保工程及退耕还林森林面积近120万亩，林木覆盖率从九五末的65.4%提高到66.8%，基本达到上世纪60年代的水平。

（二）生态文明建设是实施“生态立州”战略的关键

从2001年起，迪庆在云南省率先开展了“禁白”活动，采取强硬的手段和措施，在全州禁止使用塑料袋。现在，“禁白”成了老百姓一种自觉的行为规范。其对生态环境的保护和优化成效十分显著，得到国内外游客的普遍好评和赞誉。

（三）优先发展生态旅游业和生物产业

首先是旅游业异军的突起。禁伐天然林后，迪庆州委、州政府及时调整发展思路，抓住“西部大开发”的机遇，打造“香格里拉”品牌，实施旅游开发带动战略，加大人力物力和资金投入力度，改善旅游基础设施。短短几年内不仅成功“域化”了香格里拉，同时又赢得了世界自然遗产“三江并流区”核心地和“四美一佳”的荣誉。“十五”期间，迪庆旅游业以年均增长24.5%的速度迅猛发展，仅2007年接待中外游客365万人次，实现旅游总收入30亿元。

其次是生物资源得到合理开发利用。迪庆生物资源丰富，“十五”以来，州委、州政府加大了生物资源开发力度，生物产业直接投资超过4亿元。初步形成以食品、饮品、药品、观赏品为主的4大工程开发格局，香格里拉藏秘、藏药、藏龙、藏雄、智园松茸等一批生物资源开发龙头企业迅速成长。到“十五”末，建成了6.23万亩青稞基地、1.96万亩秦艽、木香等中药材基地、1.7万亩无公害蔬菜基地，1.6万亩优质白芸豆基地，3 000亩葡萄基地、9 650亩蚕桑基地、687亩红豆杉基地、20万亩核桃基地、农户球根花卉推广面积达150亩。走企业加农户的生物产业发展道路，农民从中获得了实惠。仅2006年，全州生物产业创造产值7.4亿元，带动农户2万多户，年增加农民人均纯收入400元。

三、推进“生态立州”战略的必要性和紧迫性

资源丰富与贫困落后相伴，生态环境的优美与脆弱同存，这就是迪庆的现实。过去的成就已成历史，未来的道路更艰难，进一步推进“生态立州”战略的必要性和紧迫性越来越突出。

《迪庆十一五规划纲要》指出，到2010年，全州GDP比2005年翻一番以上，达到60亿元，人均生产总

值达15 800元（近2 000美元）；到2020年，GDP达到120亿元，人均生产总值达到31 500元（约4 000美元）。实现这一目标，必须使迪庆这样一个贫困地区GDP的增长实现跨越式发展的要求。于是，迪庆州选择了依托丰富的矿山和水电等资源实现工业化的道路，于是，开发与保护，社区居民与开发商及政府间的矛盾不断突显和升温。在深入学习科学发展观的大讨论活动中，如何评价迪庆的生态环境价值以及如何正确处理迪庆资源的开发与保护等问题，又一次成为全州干部群众关注的焦点和热点。

（一）生态环境的价值

迪庆的自然生态环境给人们带来的生态经济效益是巨大的，它包括：①直接实物产品价值，包括木材产品价值、草场价值和野生动植物产品价值（如药材、食用菌、花卉）等；②直接服务价值，包括旅游价值、科学研究价值、文化和环境教育价值等；③间接经济价值，包括生物生长量价值、涵养水源价值、保护土壤价值、固碳放氧价值、植被持养分价值、降解污染和减少病虫害价值等；④非使用类价值，包括存在价值、遗产价值、选择价值等等。如果以长白山自然保护区所用的计算方法和系数为标准换算，迪庆的生态环境和生物多样性经济价值为883.67亿元/每年。现实中，迪庆是世界自然遗产“三江并流”区的腹心地，是世界上生物多样性最丰富的地区之一和两江上游生态安全防护林区。由于它的存在，迪庆才山清水秀、绚丽多彩，迪庆的动植物和居民才有了赖以生存发展的天地和丰富的生态旅游资源，才使迪庆发展水电事业有了保障。因此，迪庆优美的生态环境和生物多样性之价值是无法用金钱可以衡量的。

迪庆优美的自然生态环境，还产生着巨大的社会效益。它不仅创造了迪庆独特的民族文化多样性，而且使迪庆赢得了“香格里拉”、“世界自然遗产核心地”和“四美一佳”等美誉。进入迪庆的国内外游客为云南藏区各民族能为世界呵护下这么珍贵的一方净土而感动，他们从内心里感激纯朴善良的迪庆人民。迪庆这一藏区东南部窗口正在代表祖国不断向世界、向达赖集团和国外反华势力证明，中国共产党领导下的中国西部藏区经济正在稳步发展，生态环境优美，社会安定和谐。在这样的社会效益面前，全力保护香格里拉文化品牌及其赖以存在的迪庆优美的自然生态环境、生物多样性和民族文化多样性是何等的重要。

因此，滇西北三江并流区丰富的生物多样性和优美的生态环境，是滇西北人民拥有的最大的资本，也是参与激烈市场竞争的后发优势。保护和优化这块土地上珍贵的原生态环境和生物多样性，是云南人民最重要的历史使命。

（二）自然生态环境的脆弱性及其面临的挑战

据云南省农业区划委员会办公室1987年编写的《云南省不同气候带和坡度的土地面积》统计，在云南26个地州市中，25度以上坡度土地面积占全州土地总面积达到60%以上，寒温带和温带土地面积占州土地总面积达到80%以上，同时拥有生态系统自动恢复能力最差的干旱河谷、高山流石滩和冰漠带面积最多的，只有迪庆州和怒江州，这就是本区地质生态环境致命的弱点所在。它告诉人们，“三江并流”区是中国西南生态环境最脆弱的地区之一，其丰富的矿产和水能资源是否有开发优势，相当程度上还受制于脆弱的地质、生态环境。

2007年9月起，迪庆州党校承担了“生态立州”战略研究课题，课题组先后到全州18个乡镇和经济开发区进行了调研。当我们走进矿山和电站建设区，看到的很多现实场面令人惊心动魄——农民无证采矿和“遍地开花”式资源开发现象依然如故，开发商采矿、冶炼、修路、建电站和修筑水泥大坝等破坏生态环境现象十分严重，环境污染和各种矛盾冲突在加剧，历史的后遗症还在持续……

历史是一面镜子。上世纪五、六十年代的毁草开荒，七、八十年代掀起森林砍伐热潮和过度放牧行为，使美丽的迪庆露出大片荒山，森林锐减，草场退化、水源干枯，生态环境恶化，地质灾害年年发生。离迪庆不远的东川，地质生态环境本来就脆弱，开矿40年，总计生产精矿50多万吨，为国家贡献了价值60亿元的有色金属。但现在随环境的恶化，已从一个独立市降格为昆明市的一个区，成为世界研究泥石流的“科研圣地”。人们说这是“为了铜矿，毁了东川”。

今天，我们在经济发展过程中忽略或淡化“生态立州”这一先决条件，那么，不久的将来，上苍赋予并被“三江并流”区的祖辈全力呵护下的优美绝伦的自然生态环境及其丰富的生物多样性、景观多样性和民族文化多样性将随之消失，我们这代人就会成为历史的罪人。

四、建议和措施

综上所述，迪庆从2003年提出并实施“生态立州”战略以来，经济社会建设和生态建设取得了令人瞩目的成就。迪庆正处于经济社会发展的关键时期，也处在经济社会发展过程中矛盾凸显时期，生态建设现状不容乐观，资源开发与环境保护的矛盾十分突出。进一步推进“生态立州”战略、加大“三江并流”区生态建设力度任重道远。

（一）领导是实现“生态立州”的关键

毛泽东曾指出：“政治路线确定之后，干部就是决定的因素”。十七大报告确定了正确的方向和路线，如何进一步实施好“生态立州”战略，实现迪庆经济社会又好又快的发展，领导干部是决定的因素。措施：思想上全面贯彻落实科学发展观，制度上建立一套与迪庆实际相符合的科学、全面的干部政绩考核体系，手段上切实做到“科学执政、民主执政和依法执政”。

（二）实现社会生态化是实施“生态立州”战略的关键

采取一切有效措施和手段，千方百计提高民众的生态意识和环境意识，使关爱自然、保护环境，成为人们自觉的行为。

（三）全面推进经济生态化的步伐

1. 建立和完善生态补偿机制

（1）建立并完善州内生态补偿机制

要素补偿机制。按照“谁开发、谁补偿”、“谁破坏、谁负责”的原则，迪庆州要尽快制定出针对开发商们的生态补偿制度。以国家法律法规和自治州条例为依据，从迪庆特殊实际出发，一是对迪庆及其资源开发地的生态环境及生物多样性价值进行科学的评估，拿出其经济、社会和生态综合效益的量化指标。二是收取并逐步增加生态环境保护各类专项资金的额度。三是对破坏生态环境的资源开发行为征收生态补偿费。四是对可能破坏生态环境的资源开发执行严格的押金制度。

对县乡镇村补偿机制。目前，社区群众反映的突出问题是开发矿产、水电等自然资源，社区群众除了失去资源、环境，得不到实惠或受益极小。因此，必须完善对县乡镇的财政转移支付力度，制定有利于各县乡镇村的发展、有利于县乡镇村生态环境保护的政策、税收制度和援助政策。

（2）争取长效的生态补偿政策和制度

迪庆既是两江上游重要生态安全区，又是世界自然遗产核心区，而且拥有四个省级以上自然保护区，又是国际重要湿地分布区和中国藏区东南部之窗口。对中国和世界的生态、社会、经济和政治安全起着十分重要的作用。保护并优化好它，是迪庆人民乃至全中国人民义不容辞的共同责任。但反过来，迪庆人民在履行向国家和世界之承诺及义务的同时，国家应该给迪庆人民能与全国保持同步发展、同步富裕的长效的经济扶持和政策支撑。

重要生态功能区补偿。重要功能区一是指维护着国家生态安全的功能区。二是指国家和省级自然保护区。三是指世界自然遗产国家风景名胜区。迪庆同时拥有上述三项重要功能区。既然这些区域自然资源的开发受到限制，那国家甚至联合国应该考虑区域内社区居民的生存与发展问题。因此，我们应该全力争取让国家和政府制定出针对迪庆上述三项功能区的长效的生态补偿制度，由国家统一规划和主导，把迪庆建成真正意义上的国家公园。

流域生态补偿机制。要解决流域上下游水质保护与受益分离的问题，必须建立和完善流域生态补偿机制。迪庆是两江上游重要的生态安全区，保护好这里的自然生态环境，受益者除了迪庆人民，更有长江和澜沧江中下游的人民。目前，上下游的对口支援、协作和补偿是比较通行的生态补偿方式。我们应该以此十分有力的依据和条件，向国家和省政府争取这种对口支援、协作和补偿机制，让国家制定出相应的水权交易政策。

2. 转变经济发展方式，走新型工业化道路

十六大报告指出，以信息化带动工业化，以工业化促进信息化，走出一条科技含量高、经济效益好、资源消耗低、环境污染少、人力资源优势得到充分发挥的新型工业化路子。迪庆发展经济，要立足于自身的环境特点，解放思想，跳出传统工业化的怪圈，走新型工业化道路。目前，迪庆以企业加农户的方式开发生物产业，是一条符合新型工业化要求的产业发展道路，值得大力推行。矿电资源的开发则远远达不到科学发展观的要求，“遍地开花”、“先上车后买票”和“重开发轻监管”现象十分突出，资源浪费大，破坏和污染环境严重，社区矛盾接二连三。因此，下工夫转变发展方式、创新发展模式、努力向真正意义上的新型工业化迈进已势在必行。

（1）以科学发展观为指导

尽快完成迪庆州生态功能区的划分，对全州土地资源、生态建设和产业布局进行深层次的全面规划，搞好产业开发布局，避免出现重复性破坏，禁止在生态敏感区开发中小矿山和建立水电站。同时，把电、矿建设集中到水能或矿藏储量极高且有高效益的范围较小的非敏感区域，引入有雄厚经济实力、应用新技术和新工艺能力强、开发效率和利用水平高的集团公司来进行规模性集约化开发，并严格要求企业引进新技术、新工艺，提高资源开发效率和利用水平，增加附加值，减少污染和对生态的破坏。逐步关闭和撤销对环境破坏大而效益差的中小型矿山和水电站，还迪庆大多数地区本来的面貌。

（2）从迪庆实际出发

寻求与环境相协调的产业开发模式，大力发展生物产业、生态旅游和生态农业。启动农林牧复合生态系统建设、生态小城镇建设和城市生态小区建设等工程，把招商引资方向逐步从矿电开发转向生态农业、生态旅游业、生物产业和生态建设工程，全力推进国家公园的建设。

（四）“生态立州”战略必须以法律武器作保障

各种违法乱纪行为，仅靠罚款没收是无济于事的，反而会变本加厉。要使“立州”战略落到实处，必须依靠法律武器作保障，加强执法和监管力度，惩治犯罪，弘扬正气。特别是监督机构和执法部门应该切实履行自己的职责，秉公办事，坚持法律面前，人人平等的原则，对触犯刑律者不论是谁，坚决依法办事，以确保“生态立州”战略的深入推进。

时代在发展，人们对客观事物的认识也在不断深化。2008 年 9 月，迪庆州委和州政府，针对改革开放过

程中出现的新问题，提出了“生态立州、文化新州、产业强州、和谐安州”的“四州”战略，强调了和谐发展问题，符合全州人民的要求和愿望。我们相信，迪庆干部群众团结一心，齐心协力搞好“四州”建设，就会使迪庆迎来更加美好的明天。

参考文献

[1]《迪庆藏族自治州概况》修订本编写组．迪庆藏族自治州概况．北京：民族出版社，2007

[2] 薛达元．生物多样性经济价值评估——长白山自然保护区案例研究．北京：中国环境科学出版社，1997

[3] 冯永锋．拯救云南．呼和浩特：内蒙古人民出版社，2006

（中共迪庆州委党校　潘发生；云南财经大学工商管理学院　杨桂红）

发展生态旅游促进生态文明

摘　要　生态旅游是人类文明的一种标志，它是生态文明在旅游产业发展领域的具体表征。本文介绍了生态旅游产生的背景、内涵、类型、特点，阐述了生态文明理念在生态旅游中的重要作用以及发展生态旅游的要点。

关键词　生态旅游　生态文明　可持续发展

20世纪80年代以来，随着旅游业的迅猛发展和在国民经济中重要地位的日益突出，生态旅游已经成为当今世界旅游业发展的热点。以认识自然、欣赏自然、保护自然、不破坏其生态平衡为基础的生态旅游，具有观光、度假、休养、科学考察、探险和科普教育等多重功能，以自然生态景观和人文生态景观为消费客体，使旅游者置身于自然、真实、完美的情景中，可以陶冶性情，净化心灵。生态旅游作为一种特殊的旅游产品，它是一种旅游行为、一种生产方式和一种更高的旅游意识。生态旅游是确立可持续发展原则的一种特殊旅游形式。生态旅游是人类文明的一种标志，它是生态文明在旅游产业发展领域的具体表征。生态旅游是对人和对自然的更高形态的需求的关照，它改变了以技术形态为基础的保护，更强调意识形态的保护。生态旅游能有效地促进环境质量的改善和生态环境的优化。推行生态旅游的观念，让旅游和环境保护得以同时进行。

一、生态旅游概述

（一）生态旅游产生的背景

旅游业一度被认为是“无烟工业”、“朝阳产业”，因而受到世界各国政府的高度重视。由于二次大战后，全球的经济成长迅速及生活品质的提高，人们渐渐重视旅游休闲，因而造成大量旅游现象。但是，由于传统旅游业的发展是遵循产业革命的管理思想和方法，对旅游对象采用的是“掠夺式”的开发利用，使得旅游活动的范围和程度超过了自然环境的承载力，破坏了旅游地的生态环境，造成旅游资源的旅游价值降低，阻碍了旅游业的持续发展。从20世纪末开始人们渐渐产生危机意识，因而积极提倡生态旅游。全球绿色浪潮的兴起和“可持续发展”思想为旅游业的发展指明了正准的道路，生态旅游正是在这个背景下产生和发展的，它实际上是旅游业可持续发展的内容和形式之一。

城市的废气、污染，是人类生命的大敌，城市居民需要常常到森林中清肺，到绿色中养眼，到潮润中润肤。调查显示，森林养生法、生态温泉浴法、生态阳光法是游客最喜欢的生态养生方法，66.1%的被调查者表示最青睐森林养生法，45.7%的被调查者表示青睐生态温浴法，39.4%的被调查者表示青睐生态阳光法（齐子鹏，2008）。生态旅游的提倡，使普通游客开始关心那些生活在边远地区的民族的生活环境和生活质量以及他们世代相传的特殊文化；置身于原始、自然的美丽风光，可使人们体会到良好生态环境带来的种种美好感受，为保护环境尽自己的所能。

（二）生态旅游的概念与内涵

生态旅游的概念是在1983年，由国际自然保护联盟特别顾问谢贝洛斯·拉斯喀瑞首次提出的。当时就生态旅游给出了两个要点：一是生态旅游的物件是自然景物。二是生态旅游的物件不应受到损害。1993年，国际生态旅游协会把生态旅游定义为：具有保护自然环境和维护当地人民生活双重责任的旅游活动。生态旅游强调的是对自然景观的保护，是可持续发展的旅游。

生态旅游的内涵主要包括3个层次：游客的满意与教育；生物多样性及自然资源的保护；社区发展和社区居民福利的提高。生态旅游应对保护生物多样性、并对当地社区利益、经济和社会效益作出贡献，并且具有教育和认知的功能。主要表现在以下4个方面：一是生态旅游目的地是以自然旅游资源为主，或者自然与人文旅游资源并存的地区。二是生态旅游强调对环境的保护

（包括自然生态系统和文化资源），并通过旅游活动促进保护区的发展。三是生态旅游注重学习、教育和体验，它马传统大众旅游的不同之处在于，生态旅游强调游客通过对自然和文化的较深刻体验与交流，获得高质量的旅游经历，受到环境教育，并提高保护生态环境的意识。四是生态旅游提倡社区参与和发展，社区参与作为生态旅游内涵的重要组成部分，从保护目的地生态环境、传承社区传统文化、促进社区经济增长、提高游客满意度等方面保障生态旅游目标的实现。

（三）生态旅游的类型

从世界各地开展生态旅游的实际情况来看，大致有这样两种类型，一是欠发达国家的被动型生态旅游，二是一些经济发达国家主动开展的生态旅游。一般来说，生态旅游最初是从欠发达的国家开始的，因为这些国家拥有开展生态旅游的丰富而独特的资源。而发达国家则拥有生态旅游的主要消费群体。就国内来说，也基本上属于这种情况，开展生态旅游的主要目标也大多是生活在较发达地区的都市人群。

生态旅游按其资源属性可以分为自然生态旅游、社会生态旅游和文化生态旅游 3 大类。以生态旅游资源、生态系统为主导因子，生态旅游可分为森林休憩生态游、草原风情生态游、湿地观鸟生态游、沙漠探险生态游、农业体验生态游、海洋度假生态游 6 种基本类型。

（四）生态旅游的特点

1. 保护性

保护性是生态旅游区别于传统旅游的最大特点。它要求旅游者和旅游业约束自己的行为，以保护旅游资源和旅游环境。对于旅游开发规划者而言，保护性体现在遵循自然生态规律和人与自然和谐统一的旅游产品开发设计，充分认识旅游资源的经济价值，将资源的价值纳入成本核算，在科学的开发规划基础上谋求持续的投资效益；对于管理者而言，保护性体现在资源环境容量范围内的旅游利用，杜绝短期行为，谋求可持续的经济、社会、环境三大效益的协调发展；对于游客而言，保护性体现在环境意识和自身素质的提高，自觉地保护旅游资源和环境。对于旅游业与其他产业的关系而言，保护性体现在对当地产业结构进行合理的规划和布局，以谋求长久的最佳综合效益。

2. 专业性

生态旅游具有较高的科学文化内涵，这就要求旅游设施、旅游项目、旅游路线、旅游服务的设计和管理均要体现出很强的专业性，以使游客在较短的时间内获得回归大自然的精神享受和满足，启发并提高游客热爱、保护大自然的意识，进而自觉地保护旅游资源和环境；同时，旅游管理的专业性也是旅游资源和环境得以保护和持续利用以及三大效益的协调发展的前提条件之一。同时，专业性还体现在游客的旅游心理上。生态旅游者不是没有自己确定的旅游目的、被卷入旅游时尚潮流的盲目旅游者，也不是为追求豪华奢侈的物质享受、认为金钱可以买断自然的旅游者，而是具有欣赏、探索和认识大自然及当地文化的明确要求的较高层次的游客。

3. 普及性

在我国，生态旅游的普及性不仅体现在生态旅游者的普及，也体现在旅游资源的普及。生态旅游是建立在传统旅游基础上的，因此，中国的生态旅游不应是高消费和高素质者的特权，只要以了解当地环境的文化与自然历史知识为旅游目的，并能够自觉地保护和珍视旅游资源和环境，普通的工人、农民、职员、学生等都可成为生态旅游者。从旅游资源上说，西方国家将生态旅游仅仅定位于自然景观，而我国是具有 5 000 年悠久历史的文明古国，自然已经与文化融为一体，所以，中国生态旅游的对象不仅仅是自然景观，而且包括与自然和谐的文化景观。

二、生态文明在生态旅游中的重要性

（一）生态文明概述

文明是人类创造财富的总和，它是一种先进的社会和文化发展状态，以及达到这一状态的过程。它反映了人类社会发展程度，表征着一个国家或民族的经济、社会和文化的发展水平与整体面貌。从完全依赖自然的原始文明，到敬畏自然的农业文明，到改造自然的工业文明，再到取法自然的生态文明，这是人类文明发展的螺旋上升和必然趋势。

生态文明是建立在人类文明发展史的基础上，按照人—自然—社会这个复合体运转发展的客观规律建立起来的人与自然、人与人、人与社会良性运行机制以及和谐协调、持续发展、全面繁荣的一种新的社会文明形态。其本质特征是自然—人—社会复合体的和谐协调。

人类对生态的保护，归根到底是基于维护和创造人类共同生活的美好家园。生态文明观的诞生，是人类文化战略的转变，是人的思维方式、价值观念的转变，是人类的生活方式、消费观念的转变。

（二）生态文明在生态旅游中的重要性

生态文明是生态旅游的前提条件，是生态旅游的关键，是生态旅游的灵魂。生态旅游是生态文明的载体。生态文明使生态旅游活动产生环境效益、社会效益和经济效益。

1. 生态文明使生态旅游活动产生环境效益。

生态旅游是一种全新的旅游形式，其遵循的是可持续发展思想，其根本宗旨就是旅游经济与环境保护的协调发展，而且还通过经济手段，比如旅游资源税、旅游发展基金等，使环境保护的措施得以实施。

2. 生态文明使生态旅游活动产生社会效益。

生态旅游应该充分考虑当地居民的需求和利益，让当地居民加入到生态旅游建设中来，即从经济、心理、社会、政治等多方面参与生态旅游开发，充分发挥他们的主动性，尊重和保护他们的正当经济利益。只有居民对生态旅游有了正确的认识，以及和生态旅游之间建立起这种正向的互动关系，才能从根本上解决环境保护和经济发展的难题。

3. 生态文明使生态旅游活动产生经济效益。

生态旅游和大众旅游一样，追求其经济效益是其重要目的，是社会物质文明的要素，只是生态旅游在保护自然资源和生物多样性、维持资源利用可持续性的同时，还有着巨大的直接效益和间接效益。生态旅游的“直接效益”，是指生态旅游者的支出带给当地居民的收益以及生态旅游给当地创造的就业机会；“间接效益”则是生态旅游业和地域文化特点之间互相大力支持带来的利益，能使得那些为了生态旅游而受到保护的相关事项从环境利益当中得到经济回报。

三、发展生态旅游，促进生态文明

生态旅游是高层次的精神之旅、文化之旅，是世界范围的、具有强大趋势性的旅游产品；而生态文明也是世界范围内的、具有强大趋势性的国际原则，这就需要我们从宏观角度和树立系统观念来对旅游资源和现代旅游重新审视，寻求既发展生态旅游，又促进生态文明的和谐之路，实现生态旅游和生态文明的双赢。要发展好生态旅游，应重点注意以下几个方面：

（一）树立生态文明的旅游发展观

树立生态文明的旅游发展观，就是要把生态文明作为旅游业发展的基本价值取向，在发展旅游经济和保护生态环境的良性互动中，实现旅游产业的长期可持续发展。一方面，旅游是人类的精神消费活动，是人们在良好的自然环境和人类自身文明中愉悦身心，从而得到自身更好发展可能的精神活动，是自然与人、历史文明与人、社会与人的和谐互动。因此，旅游产品及旅游环境自身必须是美好的、和谐的、不受损害的，被损害、被玷污的旅游产品和旅游环境无法满足人类通过旅游想要达到的目的。另一方面，人类要通过旅游真正实现愉悦自身、发展自身的终极目标，所有旅游行为的参与者，包括旅游产品的生产者和消费者，都必须妥善处理好产品开发和资源保护，旅游活动与环境保护的关系，做到旅游发展符合建设生态文明要求的，真正满足旅游者的精神享受需求。

（二）建立符合生态文明的衡量旅游产业发展水平的评价体系

按照建设生态文明的新要求发展旅游业，要加快建立更加科学的旅游业发展评价体系。在生态文明理念的指导下，对旅游资源的保护、旅游产业规划、旅游项目开发、旅游市场监管的目标、要求原则、责任等进行法律界定，为旅游发展模式的根本性转型提供法律保证，推动旅游业生态环境保护进入法治化轨道。衡量旅游产业发展水平的评价体系是立体的、多指标的。除了旅游产业的GDP指标外，还应包括旅游产业要素的培育状况、旅游市场秩序化程度、旅游产业对其他相关产业的关联程度、旅游产业对促进就业和再就业的贡献程度、旅游产业对解决“三农”问题的作用、旅游资源保护的可持续发展状况、旅游产业对促进区域经济协调发展作用、旅游产业对招商引资、扩大开放的作用等方面的内容。

（三）科学规划，有序开发，加大投入，加强管理

好规划的标准首先是起点要高，要与国家的总体发展目标、发展方向相一致。生态旅游规划是涉及旅游者的旅游活动与其环境间相互关系的规划，它是应用生态学的原理和方法将旅游者的旅游活动和环境特性有机地结合起来，进行旅游活动在空间环境上的合理布局。生态旅游规划必须考虑的主要因素包括：旅游资源的状况、特性及其空间分布；旅游者的类别、兴趣及其需求；旅游地居民的经济、文化背景及其对旅游活动的容纳能力；旅游者的旅游活动以及当地居民的生产和生活活动与旅游环境相融合等。在制定生态旅游规划时，必须分析生态旅游地的重要性，合理划分功能区，拟定适合动物栖息、植物生长、旅游者观光游览和居民居住的各种规划方案。充分利用河、湖、山、绿地和气候条件，为游客创造优美的景观，为当地居民创造卫生、舒服和安谧的居住环境。生态旅游规划应与当地的社会经济持续发展目标相一致。满意的规划不仅应该提出当前旅游活动的场地安排，而且应为未来的旅游发展指出方向，留出空间。

在景区内，生态文明建设除了理念所传递的生态文明信息外，还需要包括说明牌、指示牌、劝诫牌和讲解等一系列物质性设施来保证理念的传递。这些物质性设施诸如景区建筑、安全设施、交通系统、标识系统、解说系统、咨询系统和救助系统等，其形式、高度、立面、装饰都应该和生态景区的整体环境相和谐，都应该表达和传递生态文化信息。因此，发展生态旅游，必要的投入是不可缺少的。

随着生态伦理教育的不断深入，人们的生态意识不断增强，绿色消费逐步深入人心。但要实现旅游的可持续发展还是不够的，还必须有强有力的制度体系和管理措施作保障。首先，必须建穴旅游业可持续发展的法规体系和标准，包括建立生态环境和文化遗产保护的法律法规和制度体系，制定旅游的行为规范和标准，建立旅游资源管理评估和监控系统等，使生态旅游活动有章可循。其次，要按照旅游业可持续发展的原则和要求，明确政府部门、旅游企业和地方社区的责任和义务，以形成职责明确而又相互协调的运行和监控机制。

（四）大力扶持生态旅游资源较好的地区

应大力扶持生态旅游资源较好的地区，增加该地区

的生态旅游开发投入。例如中国旅游大省云南，特殊的地理气候、众多的民族、悠久的历史及灿烂的文化造就了云南特有的旅游资源。良好的生态环境和丰富的民族文化资源，形成了云南旅游的特色。近年来，伴随西部大开发战略的实施，云南省把发展生态旅游作为一个新兴支柱产业，集中力量加强旅游基础设施建设，为旅游业创造良好的外部环境，截至2000年底，云南省国家级风景区10个，省级风景名胜区47个，总面积达到8.55万公顷。国家级和省级森林公园22处，建立总面积192.6万公顷，县级以上自然保护区112个，总面积达240/230多万公顷，占全省国土面积的6.1%（5，8%），其中西双版纳、高黎贡山国家级保护区还被联合国教科文组织批准为世界生物圈保护区。云南还有国家级和县级文化名城9座，重点文物保护单位187处。已经初步形成以昆明为中心的“三线六区”相辅相成的旅游布局。

参考文献

［1］齐于鹏，陈斌，陈梅．生态文明视角下的生态旅游实践．经济管理，2008，449（17）：18～21

［2］李应军．基于生态文明现的旅游发展探讨．哈尔滨商业大学学报，2008，102（5）：90～92

［3］卢宏升，卢云亭，吴殿廷．中国生态旅游的类型．桂林旅游高等专科学校学报，2004，15（2）

［4］柳忠勤．把生态文明融入生态旅游的全过程．今日国土，2008：25－26

［5］周风杰，宝胜．生态旅游的特点及其发展对策研究。锦州师范学院学报，2003，25（4）：116～118

［6］陈鹰．以生态文明理念引领旅游业发展．2008（17：38）

［7］宋伟良．生态旅游——我国旅游业可持续发展的主要方向［J］．中南财经政法大学学报，2003（04）

［8］李银侠．浅谈生态旅游［J］．中国西部科技（学术），2007（03）

［9］李璐芳．生态旅游可持续发展的伦理学思考［J］．襄樊职业技术学院学报，2007（02）

［10］郑昌盛．生态旅游呼唤生态文明建设［J］．兰州商学院学报，2006（06）

（云南农业大学资源与环境学院　环境研究所　陈海燕　李　元）

生态文明的云南旅游产业生态化的重要意义

摘　要　云南旅游资源的集聚性与垄断性、生态的原生性与脆弱性、旅游业的先导性与辐射带动功能，决定了旅游的可持续发展是云南经济和社会发展的重大战略。旅游可持续发展与旅游产业生态文明，十分有必要基于依靠自然、利用自然而又特别注重保护自然的新文明形态，尊重自然，与自然和谐相处，大力推进旅游产业生态化，走旅游可持续发展的道路。才能适应云南旅游支柱产业和二次创业，旅游产业综合改革发展，云南建设生态经济大省及“七彩云南保护行动”的现实需要，有利于形成云南省旅游产业可持续发展的崭新路径，培育云南旅游的绿色竞争力，塑造世界著名的绿色旅游品牌，支持云南成为全国生态文明建设的排头兵。

关键词　生态文明　旅游产业生态化　价值与意义　云南

一、生态文明与旅游产业生态的关联

（一）国内外生态文明研究的发展

20世纪，人类社会在取得巨大物质财富的同时，也产生了人类发展所面临的重大问题。人类在痛定思痛之后提出了可持续发展战略，作为全人类协同发展的途径。人类对污染控制和资源最优利用的认识日益加深，众多学者探求新的发展模式，形成了以可持续发展理念为基础，包括循环经济、生态经济、低碳经济、清洁生产、产业生态学等内容的生态文明建设理论体系，开展了丰富的生态文明建设实践，取得了一大批有影响的生态文明研究成果。生态学家莱切尔·卡逊（Rachel Carson，1962）指出，伤害了自然必然危及人类自身生存，人与自然存在着共存共荣的关系；联合国（1972）斯德哥尔摩“人类环境会议”讨论并通过了《人类环境宣言》，罗马俱乐部（1972）发布的《增长的极限》，提出了均衡发展的概念。莱斯特·R·布朗（1981）提出可持续发展观。1987年，联合国环境与发展委员会发布了研究报告《我们共同的未来》，明确了社会经济与生态环境协调发展、资源利用代际均衡、区域间协调发展、社会各阶层间公平分配、现代生态型生产等原则，成为人类建设生态文明、追求可持续发展的纲领性文件。1992年，联合国环境与发展大会发表的《21世纪议程》，深化了人们对可持续发展理论的认识，促成了全球范围内可持续发展战略的实施，拉开了生态文明时代的序幕。肯尼思·布尔丁（Kenneth E. Boulding，

1966）、大卫·皮尔斯和凯利·图纳（David Pearce, Keryy Turner, 1990）等学者创立的循环经济理论受到了广泛的关注。世界可持续发展工商理事会（WBCSD, 1992）在《变革中的进程——关于发展与环境的全球商业视角》中，首次提出了“生态经济效益”（Eco - Efficiency）理论；联合国环境署（UNEP, 1989, 1996）创立了“清洁生产”理论；罗伯特·福罗什和尼古拉斯·加洛布劳斯（Robert Frosch, Necolas Gallopoulos, 1989）提出了“工业代谢”理论。1991年，美国国家科学院与贝尔实验室共同组织了全球首次“工业生态学”论坛，约翰内斯堡可持续发展世界首脑会议再次深化了人类对可持续发展和生态文明的认识。

国内生态文明理论研究初期以引进为主。自上世纪90年代以来，国内学术界研究热点可以分为可持续发展、增长方式转变、生态经济、循环经济、生态文明建设五个阶段，由“理念”到“建设”、由“单一性”向“综合性”转变的态势十分明显。徐春（2004）、卓越（2007）、张云飞（2006）、尹成勇（2006）等从时间角度对生态文明的内涵进行了界定，是丽娜（2008）等分析了生态文明的特征，马凯（2006）、邓玲杜（2006）、刘玉（2007）等对主体功能区的区域协调功能、区域政策创新问题进行了研究，张金泉（2006）等提出了区域生态补偿机制论。

（二）生态文明的内涵与特征

“生态”一词源于古希腊语，最早的意思是房屋、家庭，19世纪中叶以来被赋予了现代科学意义，主要指生物之间以及生物与环境之间的相互关系与存在状态。“文明”是人类文化发展的成果，现在主要是从两个角度来理解的：一是从时间来看，文明具有阶段性，随着人类的发展，反映人类进步状态的文明也一同发展，先后出现了原始文明、农业文明、工业文明；二是从要素来看，不论在哪一个阶段或哪一个地域，构成文明有机系统的基本要素都是相同的，均包括物质文明、精神文明和政治文明。北京大学徐春教授（2004）认为，生态文明是在工业文明已经取得的成果基础上用更文明的态度对待自然，不野蛮开发，不粗暴对待大自然，努力改善和优化人与自然的关系。厦门大学卓越教授（2007）认为，生态文明是继原始文明、农业文明、工业文明之后人类社会发展的一个新的文明形态，意味着人类在处理人与自然的关系方面达到了一个更高的文明程度。而中国地质大学尹成勇（2006）则认为，生态文明即生态环境文明，是指人们在改造客观物质世界的同时，不断克服改造过程中的负面效应，积极改善人与自然、人与人的关系，建设有序的生态运行机制和良好的生态环境所取得的物质、精神、制度方面成果的总和。中国人民大学张云飞教授（2006）指出，按照唯物史观的社会结构理论，生态文明是一种与物质文明、政治文明和精神文明并列的文明形式，四者共同构成了社会的文明系统。生态文明是一种依靠自然、利用自然，而又特别注重保护自然的新文明形态，是对原始文明、农业文明和工业文明的超越，它主张人类要尊重自然，要与自然和谐相处（曾刚，2009）。

是丽娜等（2008）认为，生态文明作为一种全新的文明形态构想，其特征可以从伦理价值观、生产方式、生活方式以及社会结构四个方面来刻画。在伦理价值观上，树立人和自然的平等观，不仅人有价值，自然也有价值；不仅人有主动性，自然也有主动性；不仅人依靠自然，所有生命都依靠自然，把人类与自然环境的共同发展放在首位，将生态价值与社会价值、经济价值统一起来；在生产方式上，树立可持续的经济发展模式，追求经济社会与环境的协调发展，而不是单纯的经济增长，转变高生产、高消费、高污染的工业化生产方式，以生态技术为基础，实现社会物质生产的生态化，使生态产业在产业结构中居于主导地位，成为经济增长的主要源泉；在生活方式上，树立健康、适度消费的生活观，要求人们不再追求对物质财富的过度享受，而是追求一种既满足自身需要又不损害自然生态的生活，人类改造自然要以不损害自然生态的整体稳定和其他生物物种的生存为前提，要使绿色消费、文明消费成为人类生活的新目标，新时尚，从而使人过上真正的全面符合人类本性及社会道德的生活；在社会结构上，建立更加公正合理的社会制度，实现更为高度的民主，强调社会正义，并保障多样性。表现为生态化将渗入到社会结构中，诸如在社会政策上考虑如何组织好经济，以便加强人类与自然之间的关系；在制定决策上，使科学家和经济学家、人文学者更加直接地参与公共活动等（曾刚，2009）。

生态文明包含较高的环保意识、可持续的经济发展模式、公正合理的社会制度三个方面内容。生态文明具有独立性、整体性、相对性、反思性和过程性的特征，即生态文明是独立于物质文明、精神文明和政治文明的，人们要从自然的整体性出发把握人与自然、人与人的关系；生态文明是相对于物质文明、精神文明和政治文明的一种新型的文明形态，生态文明是人类面临生态危机后对人与自然的关系进行反思而提出的，生态文明建设是一个持续渐进的过程（曾刚，2009）。

（三）基于生态文明的旅游产业生态化研究的价值

国内学者旅游可持续发展的研究集中在环境影响评价与审计、环境容量与承载力、生态旅游、旅游循环经济、评价方法等方面，成果呈明显增势，不足表现在：理论基础没有清晰界定，导致旅游可持续发展长期停留在战略层面；基础理论研究薄弱，体现自身特色的理论框架尚未形成；实施体系研究缺乏操作性，导致理论研究不能有效指导实践。云南省旅游可持续发展研究表现出同样的特点。

文献检索结果表明，国外未见旅游产业生态学的研究，国内个别学者在其他领域的研究中涉及旅游产业生态系统、生态位、生态过程，意识到了旅游产业生态学的价值，但并未展开论述。因此基于旅游产业系统与自然生态系统的相似性，将产业生态学引入旅游学研究，作为旅游循环经济、旅游产业生态集群的理论基础和旅游可持续发展及生态文明建设的核心问题，具有较高的理论创新价值。

旅游可持续发展研究应从旅游的产业属性入手，从旅游产业生态过程出发，探讨旅游产业生态系统的设计、培育、建设与管理，提出操作对策。产业生态学融入了许多新的理念和方法，是旅游可持续发展研究及生态文明建设的全新视角与方向。

“在各种科学的发展过程中，巨大的跃进几乎总是与一种新技术的提出或一个新概念的突然出现联系在一起的。”产业生态学的引入将推动旅游科学研究的观念、理论与方法创新，并加速学科整合，产生学科增长点。

如何落实和发挥政府的作用已成为旅游可持续发展及生态文明建设的现实性课题。从产业生态学的视角去重构旅游可持续发展的实施路径，明确相关利益主体在旅游产业生态系统培育与优化中的作用，将为政府介入旅游可持续发展及生态文明建设提供理论支持和现实抓手。

运用旅游产业生态学的方法指导旅游可持续发展实践，可以产生诸如旅游产品生命周期分析、旅游产品生态化设计、旅游企业清洁生产、旅游产业耦合分析与旅游循环经济园区等实施工具，在实质上推进云南旅游健康发展和生态文明建设。

二、基于生态文明推进云南旅游产业生态化的重要价值

云南旅游资源的集聚性与垄断性、生态的原生性与脆弱性、旅游业的先导性与辐射带动功能决定了旅游可持续发展成为云南经济和社会发展的重大战略，也因之成为旅游可持续发展研究与旅游产业生态文明的焦点。旅游支柱产业和旅游经济强省及生态经济大省和“七彩云南保护行动”及社会主义生态文明建设等，均要求云南通过旅游产业生态化，走旅游可持续发展的道路。

（一）云南旅游支柱产业和二次创业的迫切需求

多年来，云南的旅游产业已经成为云南省重要的支柱产业，也正在成为中国连接东南亚、南亚等国际旅游市场的重要通道和在国内外具有较强吸引力的旅游目的地。但是，云南旅游业发展中也面临着诸如旅游产品结构单一、游客滞留时间短、旅游体验满意度不高、旅游资源利用效率不高、带动效应有限等问题。推行旅游产业生态化，对于推进旅游产业从数量扩张型向质量效益型转变，实现云南由旅游资源大省向旅游经济强省的新跨越，对推进云南省委、省政府提出并经国家批准的云南旅游产业综合改革发展试验区发展及省旅游局提出的“二次创业”和提质增效具有重要意义。

（二）云南旅游产业综合改革发展的迫切需求

在《云南省旅游产业发展和改革规划纲要（2008－2015）》中指出：“旅游循环经济改革专项试点，选择文山州丘北县普者黑旅游度假区作为旅游循环经济的专项改革试点单位，主要任务是探索旅游开发与生态环境保护、建设的有机结合，以及旅游资源综合利用和循环利用的新途径。”《云南省旅游产业发展和改革规划纲要》实施方案中—46、旅游循环经济改革专项试点——工作目标：把丘北普者黑建设成为我省旅游循环经济改革的示范区，探索实现旅游经济发展与生态环境保护良性互动的新模式。工作内容：整合资源，建立旅游产业与生态环境保护的互动运行机制。进一步编制完善《丘北普者黑旅游循环经济改革专项试点总体规划》，制定区域产业发展的政策。建立健全试点地区的投融资体制，加大投入，着力抓好试点地区旅游发展、基础设施、生态建设（面源污染控制、入湖河道治理、湖河流域生态恢复）等一批重点项目建设。积极探索试点社区参与旅游产业建设和合理利益分配机制，推进试点地区和谐社会的构建。科学合理确立试点地区的旅游环境容量，对生态脆弱的重要旅游景区（点）实行游客容量控制和环境监测制度，最大限度地减少和消除对生物多样性的威胁，并加大现代环保技术应用力度，建立试点地区评定旅游循环经济的有关技术指标体系，加强评估和督查。通过探索和实行管理与经营分离、特许经营等多种方式，建立旅游开发生态补偿基金和生态质量保障基金，加快旅游生态环境的恢复和建设。

（三）云南旅游可持续发展的迫切需求

《云南省旅游产业发展和改革规划纲要》实施方案中规定：“15、加强旅游生态环境建设——工作目标：加大对旅游资源及生态环境的保护，创建一批绿色酒店，探索旅游产业生态化的新途径，形成旅游产业发展与生态环境建设良性互动的格局。工作内容：建立和完善全省主要旅游资源区的保护及开发规划。研究并确立合理的旅游生态环境容量，重点旅游景区积极推行游客容量控制制度。推广和健全旅游建设项目的环境影响评价制度，探索性建立生态建设与旅游业发展的良性互动机制。研究建立旅游区设施景观化、垃圾无害化、污水零排放、生态环境优美的有关建设标准。以旅游业替代高污染、高耗能的工业项目和对水源污染严重的传统农业种植项目，促进产业结构优化。大力开展旅游节能降耗和旅游绿色环保活动，鼓励使用清洁能源，倡导绿色建设，鼓励使用绿色建材，创建一批绿色酒店。加大旅游目的地居民和游客的绿色环保宣传教育，提高旅游可持续发展公众的参与程度。”

（四）云南建设生态经济大省及“七彩云南保护行动”的现实需要

在《云南省旅游产业发展和改革规划纲要（2008－2015）》中指出：“按照国家建立“资源节约型、环境友好型社会”的要求，全面实施“七彩云南保护行动计划”，在重点旅游开发区域，尤其是高原湖泊和生物多样性等生态十分脆弱和敏感的地区，加大资源保护力度，加大荒山、荒坡的绿化和高原湖泊、河流的污染治理力度，扩大旅游循环经济的试点范围，加快旅游业对高耗能、高污染产业的替代发展步伐，积极开展旅游绿色环保活动，对生态脆弱的重要旅游景区实行游客容量控制和环境监测制度，旅游项目严格按照“设施景观化、垃圾无害化、污水零排放”的原则进行开发建设，实现旅游产业与资源环境的可持续发展。”

（五）云南环境友好型和节约型社会及生态文明建设的需求

从环境友好型和节约型社会及生态文明建设高度及视野和实施，其产业的环境友好型和生态文明型的特性，更加强调旅游产业生态化，使其产业生态系统能良性运行，并发挥旅游产业的关联带动效应，促进旅游产业生态化的发展。应用旅游学、产业生态学、系统学等多学科方法，以云南旅游产业系统为研究对象，系统研究云南旅游产业生态化现状、存在的问题和旅游产业生态化建设、运行及管理等科学问题，以推进云南旅游产业生态化发展与旅游可持续发展的实践，并初步构建旅游产业生态学的研究框架。

（六）有利于形成云南省旅游产业可持续发展的崭新路径，培育云南旅游的绿色竞争力，塑造世界著名的绿色旅游品牌

根据主体功能区划，云南省多数地区都被划入禁止开发区、限制开发区，因此，探索旅游产业与生态环境协调共进的道路是关乎边疆民族地区的民生与发展大计的问题，同时也是关乎云南省旅游产业能否持续、快速、健康发展，实现二次创业目标的问题。本项目将结合云南旅游二次创业，探索旅游产业可持续发展的崭新路径，以培育云南旅游的绿色竞争力，塑造世界著名的绿色旅游品牌。

基于生态文明的视角和理念，从云南省旅游规模性增长中出现的若干非生态化问题的解决和旅游可持续发展角度，大力推进旅游产业生态化，不仅具有对旅游产业从规模扩张、粗放经营变为质量效益增长及生态化发展具有不可替代的作用，更是从产业角度支撑云南成为全国”生态文明建设的排头兵”的实际行动。

本文为国家社科2007XJY030和云南省院省校合作及云南师大重大人文社科项目成果之一。

参考文献

[1] 曾刚．基于生态文明的区域发展新模式与新路径［J］．云南师范大学学报，2009（5）

[2] 宋林飞．生态文明理论与实践［J］．南京社会科学，2007（12）

[3] 孙国强．循环经济的新范式［M］．清华大学出版社，2005

[4] 伍瑛．生态文明的内涵与特征［J］．生态经济，2000（2）

[5] 徐春．可持续发展与生态文明［M］．北京出版社，2001

[6] 曾刚等．生态经济的理论与实践——以上海崇明生态经济规划为例［M］．科学出版社 2008

[7]［美］赫尔曼·戴利，诸大建等译．超越增长—可持续发展的经济学［M］．上海译文出版社，2001

[8]［美］莱斯特·R·布朗．生态经济［M］．东方出版社，2002

[9] 明庆忠．从可持续发展思想到可持续性科学［N］．光明日报，2007，11.16

[10] 明庆忠．经济与环境的相互作用：可持续性转变的经济维［J］．云南师范大学学报（哲学社会科学版）．2008，40（3）

[11] 李庆雷．明庆忠，旅游产业生态学发凡［J］．，学术问题探索．2008（2）

[12] 明庆忠．李庆雷．陈英，旅游产业生态学研究［J］．社会科学研究，2008

[13] 李庆雷，李秋艳，明庆忠．中国旅游循环经济研究动态分析［J］．云南师范大学学报（哲学社会科学版）．2008，40（1）：

[14] 明庆忠，吴映梅．马庆雷，论旅游循环经济生态系统［J］，旅游论坛 2008.1（1：81－85）

[15] 明庆忠，李庆雷．旅游循环经济发展研究［M］．北京：人民出版社，2007，11：

（云南师范大学旅游发展云南省哲社研究基地　明庆忠　陈英　李庆雷）

云南省渔业产业发展现状与对策

摘　要　渔业是农村经济的重要产业，鱼类是人类动物蛋白的重要来源之一，在人口增加和耕地减少的情况下，发展渔业，对保障食物安全具有重要意义。水产品营养价值高，保健效果好，有利于增进人民健康。该文通过对云南省的水域资源、水生生物资源，云南省大宗鱼类生产的现状，以及云南渔业存在问题进行分析，提出应重视教育，加强科学研究，增加投入，加强技术推广，健全渔业行政执法体系，加强防疫与质量安全检测，提升产业化水平，发展冷水性鱼类，建设无公害水产品基地，发展稻田养鱼、特色渔业、休闲渔业，加强良种体系建设，建设水生生物自然保护区，促进渔业可持续发展等对策。

关键词　云南渔业产业　发展现状　对策

渔业是国民经济的一个重要组成部分，是农村经济的重要产业之一。鱼类是人类的重要食物，也是膳食中动物蛋白的重要来源之一。在人口增加和耕地减少的双重压力下，粮食安全问题日益突出。云南省人多地少的基本省情，决定了我们必须既要重视粮食安全，更要着眼于更大范围的食物安全。为此，在重视粮食、畜牧生产的同时，合理利用水域资源，发展渔业，对保障食物安全具有重要意义。另外，水产品是优质蛋白，低脂肪、低胆固醇、易消化，富含能软化血管、降低心血管发病率的高度不饱和脂肪酸 DHA（二十二碳六烯酸）、EPA（二十碳五烯酸），多食用水产品，有利于改善人民的营养结构，增进人民健康。近年来，云南渔业快速发展，成就明显，但也存在着科教落后、人才匮乏、水域环境恶化、水电开发造成水生生物资源破坏等诸多问题。如何趋利避害，实现云南渔业又好又快发展，需要认真思考和研究。

一、云南省渔业产业现状

（一）渔业资源

云南高原湖泊较多，大小江河纵横，水库、坝塘、池塘星罗棋布，全省水域面积455.62万亩，此外，还有相当数量的保水田以及许多温泉、工厂余热水可供利用；全国淡水鱼类1 000余种，已知云南有土著鱼类509种，占全国淡水鱼类总种数的约50%，在我国鱼类区系中，云南种类之多，列全国之首，有的是产地经济种类或为地方特产佳肴，具有较高经济价值；虾、贝、蟹、鳖、蛙资源丰富，具有较高开发利用价值；此外，云南还有丰富的食用水生植物，大宗的有莲藕、茭瓜、慈姑、菱角、荸荠等。渔业资源丰富，发展潜力很大。

1. 水域资源

云南省与渔业有关的水域面积约为455.62万亩，其中江河水面160万亩，湖泊水面162.61万亩，水库83.73万亩，池塘坝塘水面49.28万亩，此外还有可养鱼的稻田600万亩。

（1）江河

云南省境内的河流分别属于六大水系，从西到东依次为伊洛瓦底江水系、怒江水系、澜沧江水系、金沙江水系、元江水系、南盘江水系。其中元江、南盘江发源于云南境内，其余为过境河流。除金沙江（下游是长江）、南盘江（珠江上游）自西向东分别流入东海、南海外。元江（红河上游）、澜沧江（下游是湄公河）向东南分别经越南、老挝等流入北部湾、南海，怒江（下游是萨尔温江）、伊洛瓦底江向西经缅甸流入孟加拉湾。六大水系的主干流在云南境内长约4 978千米，主要支流180余条，全部径流面积39.12万平方千米，流经118个县市。江河渔业种质资源丰富，为人类提供了大量的种质资源。

（2）湖泊

云南省有大小湖泊33个，水面面积162.61万亩，总蓄水量290多亿立方米。集水面积有9 000多平方千米，这些湖泊分布在海拔1280米至3270米之间，都是淡水湖。滇池是中国西南地区最大的湖泊，面积45万亩；洱海是云南省第二大湖泊；抚仙湖是中国第二深水湖，最大水深157.3米，平均水深87米；泸沽湖是中国第三深水湖，最大水深93.5米，而且至今尚未受到污染，仍保持原始状况。湖泊是开展鱼类增养殖，提供大宗水产品的重要基地。

（3）水库

云南的水库，绝大部分是新中国成立后建成的，到2008年云南省共建成水库约5 400座，适渔水域面积83.73万亩，渔产量6.72万吨。随着经济社会的迅猛发展，我省在澜沧江、金沙江、南盘江、元江、怒江、伊洛瓦底江等大江大河的干流或支流上修建拦河坝，进行水利水电开发，形成许多大小不等的水库。如漫湾、大朝山、小湾、糯扎渡、景洪、虎跳峡、天生桥、白鹤滩、溪洛渡、向家坝等水电站的兴建，将形成200多万亩的电站库区，为发展规模化、集约化、产业化、出口创汇型渔业创造了有利条件。

(4) 池塘坝塘

池塘坝塘是云南省发展淡水养鱼的重要组成部分，有投资小，收益大，见效快，方便管理，容易捕捞，生产稳妥可靠的特点。2008 年全省池塘坝塘面积 49.28 万亩，渔产量 22.93 万吨。

(5) 温泉

云南省温泉数量多，据不完全统计，出露的温热水泉有 595 处，水质以重碳酸泉为主，其次为碳酸泉及硫磺泉，极少数温泉含有有害气体及元素。总出流量为 11 833 公升/秒。按温度划分 25～40℃的 262 处，41～60℃的 214 处，61～100℃的 113 处，高于 100℃的 6 处。主要集中分布在滇西和滇东。保山、腾冲、大理、个旧、东川等地已利用温泉进行流水养鱼，并取得良好成效。还有一些火电厂的余热水，可利用来进行温流水高密度养鱼。此外，云南的冷泉水也非常丰富，水质清新，是开展鲑鳟鱼类、鲟鱼类养殖的理想场所。

(6) 稻田

云南省有稻田种植面积 1 530 万亩，可利用养鱼的稻田面积约 600 万亩，特别是冬水田、秧田等保水性能好的水田，完全可以发展稻田养鱼。2008 年全省稻田养鱼面积 156 万亩，渔产量 5.156 万吨。

2. 鱼类资源

云南地域辽阔，地貌独特、山川壮丽、水系复杂、水域广阔。奇特多样的立体气候，以及地理隔绝等神奇的自然条件，造就了丰富的物种，素有“动物王国”之称。据不完全统计，云南省已发现的鱼类有 546 种，隶属 11 目 39 科 181 属，其中本省土著鱼 509 种，隶属 9 目 29 科 161 属。

近几十年来，由于水质污染、修建水利水电工程、引进外来鱼类、过度捕捞、围垦涸田及放水发电、鱼类栖息地减少等原因，导致云南自然水域鱼类资源发生了明显的变动，表现为：土著鱼类渔获物产量减少，外来鱼产量增多，土著鱼种类减少甚至濒临绝迹以至消亡，外来鱼种类增多甚至成为局部水域的优势种群，尤其以滇池、洱海、抚仙湖等几大湖泊较为突出。

3. 其他水生生物资源

云南除鱼类资源外，还有丰富的浮游生物、水生维管束植物、底栖动物以及大量的虾、贝、蟹、鳖、蛙等渔业资源。

(1) 浮游生物

浮游生物由游浮植物和浮游动物两部分组成。浮游植物种类很多，有些是不能被鱼类或人类所利用的，如微囊藻，夏天大量繁殖，形成水花（湖靛），危害水生动物，滇池、星云湖等尤为突出。能被鱼类或人类利用的种类，如永胜程海的螺旋藻，供食用、保健、制药之用，形成了一大产业。溪菜为淡水绿藻中少有的叶状体类型，分布于香格里拉、丽江、兰坪等地，是产地居民经常采食的有地方特色的野菜。

浮游动物常见的种类有轮虫、枝角类和桡足类，他们是众多鱼类鱼苗、鱼种生长不可或缺的好饵料。因此被广泛应用于鱼苗、鱼种培育的科研、生产和观赏鱼类养殖中。

(2) 水生维管束植物

云南水生维管束植物资源极为丰富，常见的或较重要的水生植物种类有：凤眼莲、紫背浮萍、菹草、品藻、无根萍、海菜花、野菱、莼菜、莲、延药睡莲、水蕨属、芦苇等。

海菜花。分布于湖泊、池塘及沟渠浅水中，喜清新淡水水体，对环境污染甚为敏感，是一种水环境清洁度的指示植物。海菜花所构成的沉水植物群落是云南高原湖泊水生生态系统的主要组成之一，是许多鱼类和水生无脊椎动物的栖息、繁殖地和食物来源。产地居民采食海菜花历史悠久，食用方法包括炒、氽、烩、煮等多种方式。草食性鱼类也喜食海菜花，现资源稀少，为中国独有的二级珍稀濒危水生药用植物 。

莲。为多年生挺水植物，生长在湖湾，池塘等浅水中，全省大部分地区均有分布。莲经济价值较高，可供食用、药用等。

(3) 底栖动物

底栖动物是淡水生态系统的一个重要生态类群，主要包括寡毛类、软体动物、甲壳动物和昆虫幼虫等，起促进有机质分解、加速自净过程等作用，是维持健康生态系统的关键成员。在渔业上，有的底栖动物如水丝蚓、螺等是鱼类等经济水生动物的天然优质食料，有的本身具有较高的经济价值如凡纳对虾、青虾、中华绒毛蟹等。在水环境监测上，底栖动物已作为有机污染的重要指示生物，起水下哨兵的作用。

(4) 两栖类

云南省受保护的种类有：大鲵、滇池蝾螈、贵州疣螈、红瘰疣螈、版纳鱼源、无棘溪蟾、昭觉林蛙、滇蛙、虎纹蛙、双团棘胸蛙。

大鲵。别名娃娃鱼，因鸣声似婴儿啼哭而得名。在云南分布在滇东北威信、彝良等县，其栖息环境要求水质清澈的溪流及洞穴。有重要的科研价值，因肉质细嫩、营养丰富、味道鲜美，被列为珍品。1989 年列为国家二级保护动物。

(5) 爬行类

主要是一些龟鳖动物。云南有 4 科 9 属 10 种。

云南闭壳龟。生活于海拔 1800－2210 米的地区，如昆明、东川等。属珍稀物种，有重要的科研价值。1988 年被列为国家二级重点保护动物。

鼋。主要生活于云南元江大型江河的缓流处，数量稀少。为鳖科的最大者，以螺、鱼、蚌等动物为食。

1988年被列为国家一级重点保护动物。

(6) 哺乳类

云南省有小爪水獭和水獭。

小爪水獭。生活于江河、湖泊湿地的洞穴中，以鱼类、蟹、蛇、蛙及小型哺乳类等为食。其皮、肝、骨可入药。1988年被列入国家二级保护动物。

水獭。生活于我省江河、湖泊等湿地环境的洞穴中，以鱼类为主食，也吃蟹、蛇、蛙及小型兽类等。有药用价值。

(二) 渔业生产

云南省2008年水产品产量39.4万吨，渔业总产值45.96亿元，全省人均占有水产品8.7千克。

1. 大宗淡水鱼

大宗淡水鱼为草鱼、青鱼、鲢、鳙、鲤、鲫、团头鲂等7种鱼。2008年产量28.29万吨，占总产量的71.8%。主产区为昆明、曲靖、玉溪、楚雄等滇中地区的市州的池坝塘、水库、湖泊。

2. 罗非鱼

罗非鱼具有繁殖力强、生长快、耐粗食、抗病力强、肉质细腻鲜美等诸多优点，凡处于热带、亚热带、温带的国家和地区几乎都有罗非鱼养殖，遍及100多个国家和地区。目前，罗非鱼已是国际上养殖最广泛的品种之一，是继三文鱼和对虾之后第三大国际贸易水产品，也是联合国粮农组织（FAO）向世界各国推荐养殖的主要品种。

云南地处热带、亚热带的西双版纳、普洱、德宏、文山等州、市，玉溪、曲靖、临沧、保山等州、市的部分县、区，气候炎热，长夏无冬，极适合发展罗非鱼生产。2008年全省罗非鱼产量6.82万吨，发展极为迅速。存在的主要问题是原良种体系建设滞后，标准化养殖基地薄弱，缺乏有实力的龙头加工企业和知名品牌，资源开发利用率低。

3. 银鱼

滇池银鱼的移植成功带来了巨大的经济效益和社会效益，推动了银鱼移植工作的迅速发展。到1994年，云南全省移植银鱼的湖泊水库面积达345万亩，占云南省湖库总水面的90%，年总产量为3 000～5 000吨，成为云南省渔业的重要支柱。近几年，由于出口受限，与发展土著鱼类冲突等原因，产量下降，2008年产量529吨。

4. 冷水性鱼类

云南多山区、高海拔和喀斯特地貌等特点，蕴藏着优质丰富的冷水资源，发展以鳟鱼为主的冷水性鱼类养殖的区域优势十分明显。1981年，丽江首次从北京引进虹鳟鱼养殖获得成功，并能在清溪水库内进行自然产卵繁殖，这在我国尚属首例。2008年全省鲑鱼、虹鳟、鲟鱼产量2 161吨。

5. 淡水优质鱼类

云南省养殖的淡水优质鱼类主要有：鳜、鳗鲡、乌鳢、黄鳝、泥鳅、大口鲇、长吻鮠、黄颡鱼、鮰鱼、短盖巨脂鲤、长吻鮠、鲈鱼等。2008年全省产量3 831吨。

6. 甲壳类

云南省养殖的甲壳类有：罗氏沼虾、青虾、克氏原螯虾、南美白对虾和中华绒螯蟹。2008年全省产量572吨。

7. 贝类

包括河蚌、螺、蚬，2008年全省产量23吨。

8. 鳖、蛙

2008年全省产量58吨。

9. 土著鱼类

20世纪70年代以前，云南省特有的一些优质鱼类成为当地主要经济鱼类，例如滇池产的金线鱼，洱海的弓鱼、抚仙湖的鱇白鱼、星云湖的大头鲤，都是省内有名的特产，称为四大名鱼。近年来，由于水域环境恶化、捕捞过度等原因，产量较低或濒临灭绝。

(三) 渔业科技

1964年云南省政府批准成立云南省水产中心试验场。1970年试验场下放昆明市，从事苗种生产。1973年省水利厅恢复水产处，试验场又收回，1975年改称云南省水产研究所，转为科研为主。1979年省水产研究所随水产处划归省农业厅领导，1985年由省农业厅和省科技厅双重领导，2007年8月经云南省编制委员会批准更名为云南省渔业科学研究院。1979年昆明市成立昆明市水产科学研究所，2005年首家民营非企业单位的云南高原渔业研究所在昆明成立。目前，从事渔业科学研究的科技人员60余人。

省、市渔业科研院所和中国科学院昆明动物研究所、云南农业职业技术学院（云南省农业学校）一起，对云南的水产科研和技术推广，做了大量的工作，取得了一些成就。主要是：(1) 渔业资源调查；(2) 试验推广家鱼人工繁殖技术；(3) 池塘养殖成鱼试验研究；(4) 电厂余热水流水养鱼试验、推广；(5) 网箱养鱼试验、推广；(6) 太湖短吻银鱼移植成功；(7) 特种水产品养殖试验研究；(8) 云南土著鱼类保护研究；(9) 兴建水电站修建拦河坝后形成的大水面发展规划及项目研究；(10) 其他。捕捞技术试验研究，鱼种、活鱼运输试验研究，云南鱼病调查研究等。

(四) 存在的主要问题

1. 渔业教育落后，高层次人才匮乏

一是渔业教育体系不健全、不完善。缺乏研究生层次的教育，高级专门人才匮乏。二是各院校渔业师资队伍缺乏。三是办学条件较差。普遍缺乏实验室、标本、实验仪器设备、图书资料、实习基地及与经济社会的有机联系和渔业文化氛围。四是云南省渔业人才数量少，学历层次和职称层次低。

2. 渔业科技起步晚，条件较差

一是缺乏渔业学术氛围、创新文化和渔业科技资料积累。二是办公、科研条件，仪器设备、标本材料、养殖设施等较差。三是缺少科研骨干、领军人物、研究创新团队，优秀拔尖人才匮乏。

3. 行政管理体制不顺，资金投入少

全省渔业行政管理部门11个州市在农业，5个州市在水利，县级更加复杂。渔业发展投资渠道单一，全省各级财政每年用于渔业发展的资金投入不到2 000万元，难以满足产业发展的需求。

4. 渔业推广体系薄弱

省级渔业技术推广机构为云南省水产技术推广站，州（市）、县级水产技术推广站138个，水产科技推广人员1 000多人。办公、试验示范条件差，专业技术人员数量少，比例低，推广工作难度大。

5. 渔业船舶检验管理和渔业行政执法体系不健全

由于渔业船舶检验管理和渔业行政执法工作开展起步晚，管理体系正在构建。机构不健全，体制不顺，队伍业务素质低，经费不足和执法装备差。

6. 渔业产业化水平不高

上规模、上档次的渔业龙头企业较少，水产品仍以鲜活或初级加工品为主，精深加工不足，原料利用率低、产品附加值底、市场占有率低。

7. 渔业资源环境保护艰巨

渔业水域质量下降，病害问题突出，部分水域由于严重污染已失去养殖条件。胭脂鱼、金沙鲈鲤、中国结鱼、巨魾等优质鱼类濒危程度加剧。

二、云南省渔业产业发展对策

2008年6月，省政府在曲靖市罗平县召开的全省渔业工作现场会议提出了渔业产业发展的总体要求：深入贯彻落实科学发展观，坚持“多予、少取、放活”的方针，以资源为依托，以市场为导向，以体制机制创新为动力，紧紧抓住现代渔业建设这一主线，围绕水产品安全供给和促进农（渔）民持续增收“两大目标”，突出基地建设、精深加工和出口创汇“三大重点”，实施科技兴渔、外向带动、可持续发展和依法治渔“四大战略”，推进良种繁育、品牌打造、疫病防控、质量安全、资源养护“五大建设”，着力优化产业结构，努力转变发展方式，不断开创渔业发展新领域和新途径，加快形成健康的养殖业、科学的捕捞业、高效的加工业、繁荣的流通业和兴旺的休闲渔业，使渔业在农业经济中的比重极大提高，产业素质、效益水平和国际竞争力不断增强，为农民增收、财政增长和强省富民做出应有贡献。力争2012年全省水产品产量达到80万吨，总产值达到110亿元，出口量和出口额分别突破16万吨和10亿美元，水产品出口额占农产品出口总额的比重达到50%以上，渔业带动全省农民人均增收50元以上。为此，须采取相应的发展对策。

（一）重视发展渔业教育，培养渔业人才

国运兴，教育兴，教育强而国力强。渔业教育为渔业发展提供着强大的前进动力、智力支持和人才保证，在经济社会发展中处于全局性、基础性和先导性的重要地位。云南渔业要持续发展，保持行业竞争力，解决存在的问题和出现的新情况，开发利用丰富的水域资源和渔业资源，首先必须发展渔业教育，培养高素质的专门人才。

从适应社会主义市场经济发展需要和云南的省情、特点和目前渔业教育的实际出发，调整教育结构、优化资源配置，积极稳妥，统筹规划，进行云南渔业教育体系的构建。初步建立起一个博士、硕士、本科、高职专科、中等教育、初等教育、渔民技术教育的金字塔形的渔业教育体系。

渔业研究生、本科生教育，由云南农业大学培养，可与云南省渔业科学研究院合作进行，组建渔业学院，产学研结合。高职专科教育，由云南农业职业技术学院承担，培养具有必要的理论知识和较强实践能力，从事生产、管理、技术推广的实用型、技能型人才。

（二）加强渔业科学研究，为渔业产发展提供重要科技支撑和保障

1. 改善科研条件

争取各个方面的支持，改善办公条件、仪器设备、标本材料、养殖设施等科研条件；

2. 科研队伍建设

科技创新，人才为本。加大学科带头人、科研骨干的培养力度，积极推进创新团队建设，使优秀人才得以脱颖而出。加强创新精神和能力的培养，使之适应科学技术日新月异的发展变化、竞争以及经济社会发展的需要，营造人才辈出、人尽其才、才尽其用的良好局面。在国家和云南省现代农业产业技术体系和农业创新体系建设中发挥应有的作用。

3. 创造浓厚的学术氛围

鼓励科技人员参加国际、国内、省内的各种科技合作与学术交流活动，编著出版学术著作、论文，编写科普书籍，发表研究成果，举办各种学术讲座、交流和研讨会，激发创新思维，活跃学术氛围。倡导拼搏进取、自觉奉献的爱国精神，求真务实、勇于创新的科学精神，团结合作、淡泊名利的团队精神。提倡理性怀疑和批判，尊重个性，宽容失败，倡导学术平等和自由，鼓励敢于探索，大胆提出新的理论和学说。努力营造宽松和谐、健康向上，勇于创新、尊重创新和激励创新的文化氛围。

4. 积极开展渔业科学研究

主要研究方向和项目是土著鱼类保护开发利用研

究，电站库区渔业资源保护和综合利用方式试验研究，罗非鱼、大宗淡水鱼关键技术研究及试验示范，科学合理地保护开发利用土著观赏鱼类资源研究，优良品种繁育工程技术研究，种质资源保护与人工驯化技术研究，渔业病害防治技术研究，渔业水域环境监测技术研究，水产品加工技术研究，渔业信息技术研究，生物治理渔业水域污染技术研究，渔业资源监测技术研究，养殖水产品质量安全保障技术研究，渔业节能减排与设施渔业技术研究。

（三）理顺管理体制，拓宽渔业资金投入渠道

全省的渔业管理应统一由农业部门负责。在资金投入上，一是积极争取国家支持。二是加大财政投入力度，重点用于公益性、全局性事业上。三是加大信贷投放力度。四是吸引社会各种资本投入渔业。逐步建立投资主体多元化、资金来源多渠道、投资方式多样化的渔业投入新机制，形成国家、集体、个人、外商和企业共同投资发展渔业的格局。

（四）加强水产技术推广体系建设

完善州市、县级水产技术推广机构建设，解决办公条件，配备仪器设备，改善工作条件。逐步形成一个完整的、门类齐全和分工明确的三级水产技术推广网络。以县级水产技术推广机构为龙头，重点抓好先进实用技术和高产养殖技术、鱼病防治技术，新科技项目应用技术、管理技术的推广应用。

（五）健全渔业船舶检验管理和渔业行政执法体系

加强对省渔业船舶检验管理站（省渔政执法总队）、长江、珠江流域重点县、边境县、九大高原湖泊的渔业船舶检验、渔政基础设施建设，改善检验、执法手段，充实力量，增强应变能力，建立起一支覆盖全省、重点突出、反应迅速，检验、执法水平较高的船检、渔政队伍，确实有效的行使国家法律、法规赋予的渔业船舶检验、渔业行政执法管理职能。

（六）加强水生动物防疫与水产品质量安全检测体系建设

随着人们生活水平的提高和参与国际市场竞争的需要，作为人民生活重要优质蛋白来源的水产品需求将进一步增长。随着养殖生产规模迅速扩大，渔业水域环境污染日益加剧，水生动物赖以生存的生态环境日益恶化，水生动物疫病疫情时有发生，流行范围不断扩大，危害程度日趋严重，确保水产品质量安全已势在必行。否则，将给生产者带来经济损失，给消费者造成食品安全隐患。为了应对加入世界贸易组织后的挑战，提高水产品质量，增强市场竞争力，积极打开国际市场，发展外向型经济，保护渔业环境，防止病害发生，减少渔业损失，建设渔业病害、渔业环境监测、水产品质量安全检测体系，形成全省性的网络，负责病害预测预报，防治技术，渔业环境监测、水产品质量安全检测研究和推广，有计划地在全省水产养殖重点区域建立水产品质量检验检测中心，逐步建立以省、部级水产品质检中心为龙头，县级监测站为基础的渔业病害、水产品质量安全、渔业生态环境等监测体系。

（七）提升水产品加工与渔业产业化水平

发展水产品加工，推进渔业产业化经营进程，是建设现代渔业的必然要求，也是实现渔业现代化的必由之路。大力发展渔业产业化经营对于调整优化养殖结构、提升产业素质和渔业增效、农民增收都具有重要意义。一是提高水产品精深加工技术水平。二是加快培育水产品名牌。争取在罗非鱼、鲑鳟鱼、裂腹鱼、鳙白鱼、裂腹鱼、土著鲤鱼等系列水产品品牌上，打造为中国名牌或云南省名牌。三是致力开拓国内外市场。积极开拓北京等国内市场，不断扩大云南特色水产品在全国市场占有份额，并以美国、澳大利亚、东盟、俄罗斯、日本为目标，大力发展罗非鱼出口贸易；以日本、韩国、欧盟等国家为目标，积极发展虹鳟鱼出口创汇。

（八）大力发展罗非鱼产业

云南省南部地处热带和亚热带，热量充足，具有可养殖罗非鱼专用池塘10万亩。近年来，水能资源开发形成的电站库区水域面积将超过200万亩，这些库区地处低热河谷，海拔低，光照充足，水温较高，水体交换量大，水质清澈无污染，天然饵料充足，是发展罗非鱼集约化养殖的理想场所。我省渔业发展，要充分挖掘热区和库区两大优势，推进罗非鱼产业化经营，加快建设现代渔业步伐。一是加快良种基地建设步伐，引进和推广优良罗非鱼养殖品种，为养殖生产提供良种支撑。二是引进和培植龙头加工企业，实施产业化经营和品牌战略。三是建设规模化健康养殖基地，推广标准化养殖技术。四是加强水产品质量安全监管能力建设，提升水产品竞争能力。

（九）发展虹鳟、鲟鱼等冷水性鱼类

在寻甸、昭阳、泸西、富源、会泽、古城、玉龙、剑川、香格里拉、武定等冷水资源丰富的县，发展虹鳟、鲟鱼等冷水性鱼类养殖。一是建设良种基地。二是实施产业化经营战略。三是建设规模化养殖基地，推广标准化养殖技术，组织开展国家级、省级品牌创建活动，提高产品市场竞争力。四是大型水库标准化网箱养殖设施建设，开展规模化网箱养殖。

（十）建设优质高效无公害水产品基地

池塘是我省传统水产品养殖的主要区域，全省渔业专用塘养殖面积达到49万亩。经过多年的实践，池塘养鱼已从传统的养殖方式向标准化、集约化、规模化方向发展，养殖品种向优质、高产、高效方向转变。在嵩明、宜良、晋宁、麒麟、沾益、陆良、楚雄、姚安、通海、石屏、蒙自、个旧、开远、建水、弥勒、文山、邱北、砚山、大理、隆阳等县，一是加强基础设施建设，

改善生产条件。二是推广优良品种和无公害标准化养殖技术，转变水产养殖增长方式，大幅度提高渔业综合生产能力。三是调整优化产业和品种结构，提升产业素质。四是强化水产品质量安全监管，提升市场竞争力。

（十一）大力推广发展稻田养鱼

稻田养鱼是种养结合，稻鱼共生，鱼稻互补的立体生态农业，是一项投资少，周期短，见效快，绿色环保的循环经济项目，具有四增（增粮、增鱼、增肥、增收）、四节（节地、节肥、节工、节资）的优点，对促进粮食稳定增产，增加农民收入，调整农村产业结构，振兴农村经济起到了重要作用。虽然我省稻田养鱼起步较早，但长期以来稻田养鱼一直停留在稻农自给自足的小农经济状态，生产长期处在人放天养的传统养殖。落后的生产方式、自耕自养的经营模式和低微的鱼产量限制了稻田养鱼的快速发展。因此，建设稻田养殖标准化生产示范区，加大力度推广稻田养鱼、稻鱼工程和冬水田养鱼技术，实施专业化经营，带动大面积稻田养殖的发展。把养殖业与种植业紧密结合，推广稻鱼工程与种植优质水稻和生物多样性相结合的模式，进一步提高稻田养鱼的经济效益，充分发挥稻田养鱼在农民增收中的作用，使稻田养鱼成为广大农村农民增收脱贫致富的好路子。

在群众“吃鱼难”和“增收难”的山区半山区贫困地区，大关、双柏、元阳、屏边、绿春、西畴、澜沧、云龙、梁河、永胜、富民、富源、宣威、勐海、腾冲、龙陵、、临翔等县，大力推广发展稻田养鱼。一是开展稻鱼工程设施建设，形成永久性稻鱼工程设施。二是总结推广稻鱼工程设施建设的最佳模式。三是开发稻田、冬闲水田、藕田、茭瓜田等水域，搞好技术指导和培训，开展产前、产后系列服务。

（十二）发展特色渔业

丰富的鱼类资源为我省发展特色渔业提供了得天独厚的条件，多年来，我省各地坚持科学发展观，持之以恒地抓好渔业资源与生态环境保护，积极创造条件，合理开发名优土著鱼类资源，短须裂腹鱼、云南裂腹鱼、鱇白鱼、大刺鳅、叉尾鲇等土著经济鱼类的人工驯养繁殖获得成功，为发展特色渔业经济提供了有力的技术支撑。我省具有自主知识产权的优良养殖品种（裂腹鱼、鱇白鱼），通过湖泊增殖放流和池塘人工养殖，产量有了恢复性增长，经济效益显著。一是转化云南裂腹鱼、鱇白鱼驯化养殖和人工繁殖的科研成果，围绕重点湖泊和湖周有利条件，开展增殖和养殖生产，使湖泊渔业成为品种特色明显的有机水产品生产基地。重点大力发展以鱇白鱼、云南裂腹鱼、大头鲤、滇池金线鲃四大名鱼为重点的湖泊渔业。二是继续开展其它土著鱼类的人工驯养繁殖研究，获取种质资源。三是加强原、良种场建设。

（十三）发展休闲渔业

休闲渔业是一项集休闲娱乐，观光旅游、文化、餐饮等行业与渔业有效结合的新型第三产业。它既能拓展渔业发展空间，开辟渔业新领域，同时也是增加渔业附加值、提高经济效益的有效形式。近年来，随着渔业的快速发展和人们生活质量的提高，集休闲度假、观光、垂钓、特色餐饮为一体的休闲渔业在悄然兴起、方兴未艾，带动了渔业的发展，提高了渔业的知名度。要把休闲渔业作为行业新的经济增长点来培植，通过建立高标准的休闲渔业基地，把休闲渔业基地建设与旅游观光点、休闲度假村、人文景观及生态环境建设结合起来，使水产养殖跳出传统渔业生产的单一模式，延伸产业链，谋求更高层次的发展。

一是在公路沿线、城郊宜渔水域和湖区、库区鼓励引导发展“渔家乐”等多种形式的休闲观光渔业。二是构建不同类型的休闲渔业模式：（1）养殖垂钓型：以养殖为主，放养鱼种均为斤两鱼种和部分成品鱼，配备一定的设施开展垂钓业务。适宜在商品鱼养殖基地，成鱼养殖水面均可开放休闲垂钓。（2）生态观光型：以浅水藕、茭白、慈姑、草芽、稻田等水生蔬菜种植结合养鱼的生态农业模式，同时开发休闲垂钓及餐饮服务。（3）科普宣教型：主要是以水产养殖品种、生活习性等知识性教育和科普为目的的展示形式，适宜在良种场、珍稀特有鱼类驯养繁殖基地、特色渔业基地、健康养殖示范基地推行。（4）综合配套休闲型：主要以水库渔业为依托，集垂钓、餐饮、旅游休闲于一体的避暑山庄、农家乐经营形式。三是引导现有养殖户从单纯养殖过渡到养殖加服务，带动其他劳动力参与就业，增加养殖户收入。四是改善周围基础设施条件。

（十四）加强水产良种体系建设

长期以来，水产苗种一直是制约我省渔业发展的瓶颈，总量不能自给，良种覆盖率低，名特优品种缺乏，对亲本的选育、提纯复壮、亲鱼的培育等缺乏相应的管理措施；为解决我省苗种供应不足问题，打破渔业发展的瓶颈，提高水产良种覆盖率，因地制宜，建设适销对路、具有比较优势的名特优水产良种繁育基地尤为重要。

按照“突出主导品种、集中繁殖育苗、分散培育鱼种，就地供应养殖”的原则，充分考虑资源禀赋、市场需求、技术条件、发展潜力等确定全省省级原、良种场的布局。分别建设好西双版纳州勐海县鹭业水产良种场、德宏州鱼种站、元江鱼种站、河口县建鲤苗种繁育基地、普洱市水产良种场、红河州开远鱼种站、丘北县名特优苗种繁殖示范基地、弥渡县石牌村水库苗种生产基地、会泽县虹鳟鱼苗种繁育基地、宣威马房繁育基地、西双版纳州澜沧江土著鱼类驯养繁育中心。一是完善和扩建亲鱼池、成鱼池、苗种池、产卵池、孵化池、进排水系统、供电系统及附属设施，购置仪器设备等。二是更换优质亲本。三是提高育种技术。

（十五）建设水生生物自然保护区

云南省有属国家一级保护动物的中华鲟、达氏鲟、鼋，属国家二级保护动物的胭脂鱼、大理裂腹鱼、大头鲤、滇池金线鲃等。水生生物和水生生态的多样性与其它生物物种和生态系统相互依赖，相互作用，有机地结合，构成我省绚丽纷繁的生态多样性，使我省享有誉满世界的“动物王国、植物王国”的美称。随着我省现代化、工业化、城镇化发展步伐的加快，近年来，水生生物生存环境不断恶化，渔业水域污染事故频繁发生，影响水生生物生存环境的工程建设不断上马，水域生态环境日趋恶化，生物资源遭受直接伤害的危险与日俱增和渔业经济损失越来越大，我省渔业资源与生态环境保护形势严峻，保护水生生物资源与环境刻不容缓。

保护伊洛瓦底江、怒江、澜沧江、金沙江、红河、南盘江六大水系的干流或支流，九大高原湖泊的水生生物重要分布区域。列入国家和省级保护名录的重点保护品种；列入濒危物种红皮书的品种；地方特有的、有重要经济、科学研究价值的物种。鱼类 92 种，两栖类 9 种、爬行类 4 种、哺乳类 2 种、底栖动物 5 种、水生植物 17 种。建设水生生物保护区 13 个，其中，省级以上水生生物自然保护区 3 个，地方级水生生物自然保护区 2 个，水产种质资源保护区 8 个。

（十六）搞好水生生物资源增殖放流，促进渔业可持续发展

开展渔业资源增殖放流是实现资源增殖、保护物种延续的有效措施。有计划地开展野生鱼类驯化养殖和增殖放流工作，补充江河中的濒危鱼种，提高江河、湖泊渔业生产能力，从而恢复水生生物资源多样性，生态、经济和社会效益将较为显著。

在九大高原湖泊，长江、珠江、澜沧江等开展水生生物资源增殖放流，促进渔业可持续发展。放流品种原则上要以本地原种和其子一代（用野生亲本繁殖的第一代后代）苗种为主，放流重点为鱇白鱼、裂腹鱼、高背鲫鱼及适量经济鱼类。一是制定增殖放流规划，科学确定增殖水域、类型、品种、数量、进行生态安全评估。二是建立投入保障机制。三是开展放流效果监测及评估。

参考文献

[1] 褚新洛，陈银瑞等．云南鱼类志上册［M］．科学出版社．北京：1989.

[2] 褚新洛，陈银瑞等．云南鱼类志下册［M］．科学出版社．北京：1990.

[3] 杨君兴，陈银瑞．抚仙湖鱼类生物学和资源利用［M］．云南科技出版社．昆明：1995.

[4] 邱家荣等．云南渔业［M］云南出版集团公司云南人民出版社．昆明：2008.

[5] 邱家荣等．云南渔业科学研究（第一辑）［M］．云南出版集团公司云南科技出版社．昆明：2009.

[6] 邱家荣，等．百色水利枢纽工程云南库区渔业发展研究［M］．云南大学出版社．昆明：2006.

（云南省渔业科学研究院　邱家荣）

兔业生态经济探讨

摘　要　兔生产是现代畜牧业发展的一个方向，开发养兔资源，是兔业发展的基本保障。发展兔业，有利于保护环境，减少污染，建设畜牧生态经济，促进生态文明。该文综述了我国因过牧、生物入侵、鼠害、杂草蔓延、水土流失、沙化、石化等造成天然草地退化，养殖污染的现状，提出发展畜牧生态经济的途径是促进饲草加工产业化，应充分利用生态饲料，大力开发环保技术；采用科学的养殖模式，提高资源的循环利用效率；加强畜牧业的污染治理，调整产业结构，发展兔业生产。

关键词　兔业　发展　生态经济　对策研究

我国的牧区，包括云南山区，靠天养畜，粗放经营。20 世纪 80 年代以来，草场超载，草地退化，生态环境恶化[1,2]；特别在近几年，生态破坏与环境污染严重，草食动物生产持续、快速增长的势头减缓。资源衰竭已成为制约畜牧业向更高层次发展的结症。

随着动物性食品的营养、卫生、安全标准的提高，生产绿色食品、加强环境保护成为人们关注的焦点[3]。加强草地治理，合理利用资源，发展畜牧生态经济是当务之急和治本之策[4]。

畜牧生态经济是将畜牧业自身的发展和生态建设有机结合，实现资源高效转化、持续利用和环境保护，实现效益的最大化，是畜牧业发展的最高层次，也是畜牧业可持续发展的好途径[5]。目前，我国的畜牧工作者在饲养模式、饲料、饲养管理、生物转化、综合利用

等[6,7]方面作了探索和实践，为发展畜牧生态经济起到积极作用。

一、畜牧生态现状

（一）天然草地退化严重

云南省83%的草地面积出现不同程度的退化；严重退化草地占15.3%，中度退化占33.4%，轻度退化占34.7%。过牧严重，加上管理体制的不完善，天然草地的保护和恢复困难。

草地植物种群也发生了改变，优良牧草明显下降，毒草、杂草大量增加。与20世纪50年代相比，草地的生产能力大大降低，单位面积产草量、优质牧草比重、优势牧草高度下降；有毒有害类杂草增加；草地植被盖度减少，秃斑逐渐增大。

目前，我国单位面积草地产值只相当于美国的5%[8]，澳大利亚的1%；每公顷草地仅产肉3.69千克，产毛0.45千克，产奶4.04千克，合计只有7.02个畜产品单位；单位产肉量只有世界平均水平的3%，美国的11%；人工草地仅占草原面积的1.4%。

（二）生物入侵

云南省现有荒山荒坡12.9万平方千米，其中被紫茎泽兰和飞机草占据的面积约3万平方千米，并且正在快速扩大；植被稀疏、土壤裸露的荒山荒坡，约6万平方千米，不及时绿化，很快又被紫茎泽兰占据，形成更大规模的“绿色沙漠”。

（三）水土流失严重

云南省仅6大水系年水流量2 212亿 m^3，居全国第3位；河水含沙量1.93kg/m^3，年输沙量计3.3亿t，居全国首位。全省水土流失面积达14.6万平方千米，占总面积的37%，每年流失土壤达5亿t。

（四）沙化与石化

中国是世界上沙化和石化面积大、分布广、危害重的国家之一，严重的土地荒漠化、沙化威胁着生态安全和经济社会的可持续发展。通过两次全国荒漠化和沙化监测工作[9]，实施《中华人民共和国防沙治沙法》[10]，生态恶化得到扼制，有的地区得到治理。

石化的特征是生态敏感度高、环境容量低、抗干扰能力弱、稳定性差，森林植被遭受破坏后，极易造成水土流失、基岩裸露、旱涝灾害频繁等[11]。云南的岩溶面积11.1万平方千米，石化面积3.48万平方千米，是全国岩溶分布最广和石化严重的省份之一[12]。据统计，云南省有115个县（市、区）分布有岩溶土地；其中，石化土地分布于63个县，重点县（市、区）有39个[12]，且岩溶石化面积增加速度快。据报道[14]，近25年来，云南岩溶石化面积增加了3 687.2 hm^2。

沙化和石化，使农、林、牧、水电、旅游资源不断萎缩，严重制约着经济的可持续发展，直接威胁山区及流域人民的生存安全。

鼠害、虫害加剧，毒杂草蔓延，草地退化进程加快，草地退化为鼠、虫、毒害杂草的滋生创造了条件。鼠害、虫危害加速了草地植被盖度下降，毒害杂草蔓延；草地生态系统陷入恶性循环，又加剧了草地退化。

二、畜牧业污染状况

畜牧业对环境的污染以畜禽排泄物及冲洗畜舍的污水、垫草为主，尸体、气味、噪音、滋生昆虫等也有一定影响[15]。以屠宰废弃物和污水影响最大。

家兔的日排尿量约为体重的5%，排粪量约为3%；50只繁殖母兔为核心的肉兔群，每天排尿量约150kg，排粪100kg。一个饲养10万只鸡的工厂化养鸡场，每天产鸡粪约10t，年产鸡粪3 600 t；1头猪日排粪尿量按6kg计，年产粪尿约2.5t，是人的5倍。一个千头猪场日排粪尿达6t，年排粪尿达2 500 t；按中等饲养水平计算，这些粪尿中含氮30～40t，磷32～57t；如施于土地，按最高利用率计算，也需66.6 hm^2 农田才能自然消纳。

三、建立畜牧生态经济的措施

采用科学的养殖模式，按照“整体、协调、循环、再生”的原则设计畜牧生产模式，确保畜牧资源的低耗、高效转化和循环利用。目前，可以参考国际上成熟的四种模式：以集约化为特征的农牧结合模式；以草畜平衡为特征的模式；以农户小规模饲养为特征模式；以开发绿色畜产品为特征的模式[16]。

（一）改进养殖技术

1. 资源的高效循环利用

利用优良畜禽品种，降低饲料消耗，提高饲料转化率；对饲料配制、饲养管理、疫病防治等生产全程进行标准化管理；利用现代化新技术，向集约化方向发展，确保畜牧业的低投入、高产出和高效益；建立“种——养——中介组织——龙头企业——环境保护”一体化生产模式[17]，形成“资源——产品——废弃物——资源”的循环系统，提高资源的利用率；避免掠夺式利用草场，采取人工种草、刈割利用或围栏放牧等方式，做到以草定畜、草畜平衡，实现草场生态经济的效益最大化。

2. 加强对畜牧业污染的防治

为致力于控制和降低畜牧业污染，世界各国纷纷采取各种措施，主要有：制定畜牧业污染防治法规及标准，对畜禽饲养规模、场地选择、畜牧业污染的排放量及污染处理系统、设施和措施等都做具体要求，使畜牧业污染防治走向科学化、系列化、无污染化；不断开发新技术以降低畜禽粪便中的氮素污染；开发和应用畜用防臭剂，以减轻畜禽排泄物及其气味的污染；运用生物净化方式，实现污水的净化。

（二）建立牧草生产和加工的产业化体系

牧草作为畜禽饲料，同时是污染物的净化者，在畜牧生态经济建设中将发挥重要作用[18]。

1. 增加牧草种植面积，实现草畜平衡[19]

根据养殖需要，合理安排饲料（草）、经济作物、粮食作物生产；增加科技投入，不断扩大饲料、饲草的种类与种植面积；根据各地自然条件实施退耕还林还草，增加“绿色”饲料作物的种植面积，特别是青贮饲料作物的栽培。

2. 形成牧草加工产业化

建立专门从事草业加工的企业，实现饲草生产、加工的专业化和产业化。抓好氨化、微贮、青贮工作，提高秸秆的利用率。

3. 修复畜粪污染，改善土壤环境

据测定，苜蓿根系干物质含氮2%、钙1.13%、磷0.17%、钾0.19%，比谷类作物高3～7倍，形成良好土体结构，增加腐殖质，提高保水性，增加微量元素和微生物活动，可加速盐碱地脱盐和抑制粘性土质中的有害物质，改善土壤硼化性状，促进农作物增产。

（三）充分利用生态饲料

生态营养饲料是指围绕解决畜产品公害和减轻畜禽粪尿对环境的污染问题，从饲料原料的选购、配方设计、加工饲喂等过程，进行严格质量控制和实施动物营养系统调控，以改变、控制可能发生的畜产品公害和环境污染，使饲料达到低成本、高效益、低污染的效果[21]。

（四）大力开发生态环保技术

畜牧业的废弃物在国外被称为“放错位置的资源”，美国用砂代替肉鸡舍中的锯末、刨花等作垫料。砂层可减少舍内细菌数，缩小日温差，有利于肉鸡生长；砂比其他垫料使用期长，减少了废弃物的产生。用禽粪与植物纤维合成的草皮用土和含水量低于15%的颗粒肥料，行销全美。泰国大力开发屠宰禽废弃物饲喂鱼，全国近三分之一的鲶鱼是靠屠宰加工业副产品饲喂的，仅中部地区每年利用40 000 t。昆明市利用畜牧业废弃物发酵产生沼气、畜禽粪便发酵与青草混合作饲料都取得较好成效，应加以改进和推广。

四、调整产业结构，发展兔业生产

中国畜牧生态经济可持续发展的关键，是形成一套既适合中国国情、又符合国际市场要求的核心技术体系，在广大农村推广和应用，提高畜禽单产水平，逐步建立高产、优质、高效、节粮、低耗的生产体系。随着国家产业结构的战略性调整，我国畜牧业的发展重点已经转向草食动物。

兔为舍饲笼养的草食动物，在现阶段更具优势[22]。现代养兔，实行粪尿分开，实现了单项循环，兔业将成为畜牧生态经济的典范。联合国粮农组织向世界公布，兔肉是人类21世纪首选的动物性食品，建议把养兔列入21世纪发展中国家的发展规划。兔生产应该成为我国畜牧业发展的一个方向。

兔业属于典型的劳动密集型产业、外向型农业（兔毛、兔皮以出口为主），具有投资少、见效快、发展迅速、辐射面大、带动能力强的特点，是倍受重视的富民项目，是畜牧业中新的快速增长点。

五、开发养兔资源

我国的兔业，提倡中、小规模生产，资源十分丰富。例如云南可利用大量的冬闲田、地种草；果树地、林地可间、套种牧草；农作物秸秆可作为兔的饲料原料；仅云南的6万平方千米的荒山荒坡，如果全部用优质牧草绿化，每年可给畜牧业提供百亿元产值的饲草资源；同时又给植树造林提供先锋植被，获得巨大的生态、经济和社会效益，直接服务新农村建设。

云南农业职业技术学院近年来，通过开展《东非狼尾草替代紫茎泽兰的研究》、《用优质牧草绿化荒山的研究》，为退化和沙漠化的地区建设人工草场提供了依据[23]。建立了《荒山养兔，发展畜牧生态经济》[24]等方法，为发展生态经济型兔业积累了经验。《东非狼尾草组合喂肉兔的试验》、《楚雄南苜蓿饲喂肉兔的试验》、《齐卡肉兔对不同饲草消化代谢的研究》为荒山绿化后提供的优质牧草喂兔提供了数据。

目前继续进行《东非狼尾草营养价值变化规律的研究》,《云南牧草营养四季变化规律的研究》等课题，为进一步寻找“兔吃露水草腹泻”的机理，自然草场和人工草场放牧过程中，牛羊营养状况的变化规律，为提高草食动物的生产性能作理论探索[25]。下一步还要进行雨季青饲料的开发利用的研究，为具有云南特色、切合草食动物需要的草产品的开发，更好地充分利用云南的饲草资源作准备。

六、结论

兔业是现代畜牧业发展的一个方向。充分利用闲置的田、地，减少水土流失，增加植被覆盖；用优质牧草绿化荒山，开发兔业饲料资源，建设持续发展经济；科学养兔，粪、尿资源化利用，实现单项循环，建设畜牧生态经济，是促进生态文明的好举措。

参考文献

[1] 董仲生，张洪富，尹伟，杨明华，李锦峰．将兔业发展为生态经济型畜牧业的典范［J］．中国养兔杂，2006，(5)：21－23

[2] 董仲生，杨国荣，申光华．东非狼尾草的特征特性及应用．草业科学，2005，(1)：36－39

[3] 裴晓菲．西藏昌都地区畜牧业生态经济分区研究［J］．家畜生态，1998.19 (3)：16－2

[4] 张继先．畜牧业环境污染与生态保护对策［J］．中国动物保健.2002，(11)：12－14

[5] 李生明，王有良，韩显忠．门源县草地生态环境治理与发展生态畜牧业的对策［J］．草业与畜牧.2009，(6)：46－48 (52)

[6] 罗富成．云南草地资源的合理开发与利用［J］

. 四川畜牧兽医, 2001, (6): 25—26.

[7] 黄增利, 李永娥. 畜牧业与生态环境保护 [J]. 黑龙江畜牧兽医, 2003, (1): 8-9

[8] 袁磊, 张璐. 生态环境保护与生态饲料开发 [J]. 中国饲料, 2002, (12): 30-31

[9] 张继先. 发展生态型畜牧业 [J]. 青海畜牧业, 2002, (2): 8-8

[10] 中华人民共和国国家标准: 封山 (沙) 育林技术规程 [J]. 林业工作参考, 2005, (2): 48-63

[11] 中华人民共和国防沙治沙法. 中华人民共和国国务院公报, 2001, (30)

[12] 张殿发, 王世杰, 李瑞玲. 贵州省喀斯特山区生态环境脆弱性研究 [J]. 地理学与国土研究, 2002, l8 (1): 77-79.

[13] 赖兴会. 云南的石化土地及其治理策略 [J1. 林业调查规划, 2002, 27 (4): 49. 51.

[14] 赖兴会. 云南石化的生态特征及其危机表现 [J]. 林业调查规划, 2004, 29 (2): 80-82.

[15] 谭继中, 张兵. 云南省土地石化特征初步研究 [J]. 地质灾害与环境保护. 2003, 14 (1): 32. 37.

[16] 干安生, 高凤玲. 城郊畜牧业对生态环境的影响 [J]. 生态经济, 2001, (12): 119-122

[17] 颜景辰, 张俊飚, 罗小锋, 刘歆海. 世界生态畜牧业的发展现状、趋势及启示 [J]. 世界农业, 2007, (9): 7-10

[18] 胡后银, 刘广海, 李长庚, 徐建. 发展生态循环畜牧业实现畜牧经济可持续发展 [J]. 山东畜牧兽医, 2006, (1): 35-37

[19] 娄佑武, 徐桂花, 魏晓玫. 浅谈牧草在生态畜牧业中的意义 [J]. 江西畜牧兽医杂志, 2006, (5): 21-22

[20] 富相奎, 刘娣. 发展绿色生态畜牧业实现可持续发展 [J]. 黑龙江畜牧兽医, 2006, (1): 53-54

[21] 李伟忠. 生态营养饲料 [J]. 饲料世界, 2003, (7): 23-28

[22] 董仲生, 刘敏, 俞浩, 陈平, 何彬, 王胜. 培育獭兔养殖为云南畜牧业新的增长点 [J]. 中国养兔 2009, (2): 21-23

[23] 董仲生, 杨国荣, 俞浩. 用东非狼尾草替代紫茎泽兰的建议. 中国草地学报 [J], 2006, 28 (4): 118-120

[24] 董仲生, 张成基, 杨明华, 李锦峰, 尹伟, 郑锦玲. 荒山养兔, 发展畜牧生态经济 [J]. 草业与畜牧, 2006, (8): 47-49

[25] 周泽建, 周美兰, 刘万学. 三种植物在不同肥力下对紫茎泽兰的生态控制效果 [J]. 中农学通报, 2006, 22 (6): 361-364

(云南农业职业技术学院　董仲生)

澜沧江上游水电开发补偿机制的探讨

摘　要　水电开发补偿主要涉及移民安置补偿和生态补偿。金沙江中游水电工程移民主要采用“16118”政策, 其重点是以移民为核心的补偿机制; 而澜沧江上游与金沙江中游情况有很大差异, 水电开发补偿应该在保证移民补偿的基础上, 将重点放在生态补偿机制的构建上。

关键词　澜沧江　水电开发　补偿机制　探讨

澜沧江、怒江、金沙江是云南水能资源的“富矿”, 其中澜沧江开发条件尤为优越。云南省提出加快澜沧江水电开发和加快“三江”水电开发, 加快把云南建设成为“西电东送”的重要基地。2004 年 7 月, 澜沧江上游水电开发前期工作开始启动, 规划建设 14 座水电站, 其中规划建设的 7 座水电站在上游, 即: 古水、乌弄龙、里底、黄登、苗尾、托巴、大华侨“一库七级”, 古水为龙头电站, 总装机容量共 781 万千瓦。

根据云南和西藏人民政府的联合审查意见, 上游的开发方案涉及和影响到云南省少数民族地区的三州四县: 大理州的云龙县、怒江州的兰坪县、迪庆州的维西县和德钦县, 四县均是云南省 73 个国家级扶贫攻坚县, 脱贫致富的难度较大, 贫困面宽、程度深。更重要的是, 该区域还处于我国“三江并流保护区”的核心区域, 生态保护和发展的矛盾非常突出。根据国家发展改革委员会的要求, 澜沧江上游的水电开发要实现生态保护和移民脱贫致富相结合的原则, 针对水电站移民、环保方面存在的问题, 以合理开发澜沧江水能, 满足经济社会发展对能源的需求; 以水电项目外部移民成本内部化为手段, 将移民脱贫致富和库区生态环境保护工作纳入各水电项目, 与项目装机容量、年平均发电量、防洪库容等其他项目开发目标同时完成、同时考核、同时验收, 促进流域地区经济和社会的发展。

一、澜沧江上游水电开发的移民与生态状况

澜沧江发源于青海省玉树藏族自治州杂多县境内唐古拉山南麓海拔5167米的拉赛贡玛山冰川，流经西藏昌都、察雅、芒康、盐井等地，从德钦县佛山乡的布衣进入云南境内，入境江面海拔2300米，流经德钦、维西、兰坪、云龙等17个县、市、区，从勐腊县与缅甸交界的关累镇南腊河口流出国境后称湄公河，在云南省境内长1 170 km。在上游的德钦、维西、兰坪、云龙4个县境内的澜沧江干流总长556千米，其中流经德钦县境内150千米，维西县境内165千米，兰坪县境内131千米，云龙县境内110千米。

（一）澜沧江上游水电开发的移民情况

澜沧江上游7个水电站库区涉及3个民族自治州的4个县所属16个乡镇。这4个县地处怒江和澜沧江与金沙江的分水岭，这里居住着藏、傈僳、怒、普米、独龙、彝、白、傣、回、汉等十多个民族，其中，怒、独龙、普米为人口较少的特有民族。据统计，2008年4县总人口为63.81万人，其中，乡村人口为55.34万人。这次水电站开发共需要移民19 596人（农业人口），其中古水水电站约有2 810人属于西藏自治区的移民，剩下的16 786人属于云南移民。据初步估算，澜沧江上游水电站每万千瓦装机容量移民人数只有34人（含农业及非农业人口），只相当于三峡电站同指标的4.42%。本文主要从云南省角度分析移民补偿安置问题。

表1　澜沧江上游7个干流梯级水电站移民人数

电站名称	古水	乌弄龙	里底	托巴	黄登	大华侨	苗尾	人数合计
移民人数	4 816	579	575	3 073	4 077	1 578	4 898	19 596

（二）澜沧江上游的生态情况

澜沧江上游海拔高差悬殊、区域差异大。库区及周边属青藏高原南延的横断山脉纵谷区，具有举世罕见的高山与大川相间排列奔驰南下的三江并流奇观。由于地理环境的复杂性和多样性，加上长期以来对资源的不合理利用等多种原因，导致该地区生态系统十分脆弱，生态环境和生物多样性保护的任务十分繁重。

1.“三江”并流世界自然遗产地

德钦、维西、兰坪、云龙4县境内海拔2500米以上区域都已划为“三江并流”世界自然遗产地范围。重点区域有德钦县和维西县境内的白马雪山国家级自然保护区，总面积2 764平方千米，其中，维西县塔城、攀天阁、康普、巴迪等4个乡镇境内650.34平方千米。德钦县的梅里雪山景区面积762.4平方千米，维西县的老窝山景区面积606.9平方千米，聚龙湖景区面积269.3平方千米等，总面积达4 402.6平方千米。这些景区集高山峡谷、雪峰冰川、高原湿地、森林草甸、珍稀动植物为主要特点的国家级著名风景名胜区。4个县境内自然保护区和风景名胜区状况如表2所示。

表2　4个县境内自然保护区和风景名胜区状况

保护区名称	所在县	面积（公顷）	保护类型	保护级别
白马雪山	德钦、维西	27.64万	森林生态	国家级
梅里雪山景区	德钦	762.4	“三江并流”风景区	世界自然遗产地
老君山景区	兰坪、玉龙	1 175.2	“三江并流”风景区	世界自然遗产地
天池	云龙	1.45万	野生动植物	省级
老窝山景区	维西	606.9	“三江并流”风景区	世界自然遗产地
聚龙湖景区	维西	269.3	“三江并流”风景区	世界自然遗产地
富合山	兰坪		森林生态	县级

2. 土壤侵蚀面积大，强度高，石漠化发展趋势加剧

据2004年全省土壤侵蚀现状遥感调查，4县土壤侵蚀面积为6 914.53平方千米，占土地总面积34%，其中，德钦县为36%，兰坪县为37%，云龙县38.5%，维西县23%；4县按土壤侵蚀强度分级状况如表3所示。另外，4个县石漠化程度加深，岩溶面积达5 384.4平方千米，占土地总面积26.2%；其中，德钦县岩溶面积占土地总面积33%，石漠化面积843平方千米，石漠化率35%；维西县岩溶面积占土地总面积37%，石漠化面积541平方千米，石漠化率达32%；

石漠化发展加剧。

表3　4县土壤侵蚀强度分级状况

县　名	轻度%	中度%	强度%	极强度%	剧烈%
德钦县	37.13	54.04	5.18	3.6	0.05
维西县	57.14	36.3	5.56	0	0
云龙县	49.38	42.13	7.83	0.65	0
兰坪县	31.23	48.34	20.3	0.14	0

3. 泥石流滑坡等地质灾害多发区

上世纪90年代以来，德钦和维西县城，兰坪县金鼎镇、营盘镇，云龙县果郎乡等地先后发生不同程度的泥石流滑坡灾害，造成较大损失。每年雨季和冬春降雪季节都会诱发泥石流和滑坡，阻断公路等设施，淹没农田村庄，危及人畜安全。德钦县2008年对全县地质灾害全面排查，全县有地质灾害和地质灾害隐患点149处，灾害类型有泥石流、滑坡、崩塌三类，灾害规模有特大型、中型、小型等，危险等级有危险和极危险两级。地质灾害隐患点涉及7个乡镇38个自然村（社区），涉及人口7 827人，占全县总人口的12%左右。

二、澜沧江上游水电开发补偿机制的一种选择

在云南金沙江中游水电开发移民安置补偿补助意见中，创新性地提出“16118”水电移民安置办法。目前，云南省相关部门正在推动“16118”移民安置办法在全省范围推广，也试图将之推广至与澜沧江上游水电开发相关的补偿问题上。“16118”政策的具体内容是什么？它有什么特征？能够照搬到澜沧江上游水电开发中来吗？

（一）“16118”政策的具体内容

2007年，针对金沙江中游水电开发，云南省发布了《云南金沙江中游水电开发移民安置补偿补助意见》，提出移民安置“16118”政策，即：立足长效补偿机制，实行六种安置并举，建立产业发展资金，享受统一后期扶持。该政策坚持“前期补偿补助、后期扶持和实行开发性移民”的方针，坚持按照“原规模、原标准或者恢复原功能”的原则，坚持确保“移民生活达到或者超过原有水平”的要求。

1. 立足长效补偿机制

根据“淹多少、补多少”的原则，以被淹法定承包耕地前三年的谷物平均产量为基础，依据所对应年份省粮食主管部门公布的粮食交易价格确定耕地平均亩产值，按照《大中型水利水电工程建设征地补偿和移民安置条例》（国务院令第471号）规定的土地补偿补助标准，以货币形式对移民实行逐年长效补偿，长效补偿期限与电站运行期限相同。

2. 实行六种安置并举

六种安置方式指的是城市（县城）安置、城乡结合安置、农业生产安置、分散分置、货币安置和就业安置。

3. 建立产业发展资金

“支持库区特色产业发展，千方百计扩大移民就业，实现库区经济社会协调发展，人民生活逐步改善目标”是建立产业发展资金的宗旨，目的是为了做好移民后期扶持工作。金沙江中游“一库八级”电站发电后，当地人民政府将按照《金沙江中游库区优势产业及移民可持续发展规划报告》，将国家规定缴纳的库区基金统筹用于库区特设产业发展。

4. 享受统一后期扶持

对采取不同方式安置的农村移民，每人每年享受统一的后期扶持补助人民币600元，该项费用直接发放到移民户。

（二）以“移民”为核心的补偿机制

“16118”政策主要是针对金沙江中游水电工程移民的几个特征拟定的，具有一定程度的个性。这几个特征是：

1. 金沙江中游水电工程移民数量庞大

金沙江中游水电工程需要搬迁安置的移民人数达到15万人，占云南省2020年大中型水电工程建设规划移民安置总数的三分之一。而且，水库淹没区70%以上是纳西族、傈僳族、藏族等少数民族居民，非常敏感。在存在如此大数量移民的情况下，不搞好移民的安置、长期生存等问题，可能会导致大面积的群体事件，影响社会和谐。

2. 库区所在州（市）耕地资源十分有限

人地矛盾高度集中，仅靠“以土安置”方式安置移民，资源环境容量无力承载，因此就创新其他安置方式，共有6种安置方式。同时，为了确保移民以后的生活，开始考虑对移民的后期扶持，提出产业发展资金也就顺理成章了。作为基本保障，享受一定数额的统一后期扶持，也就可以理解了。

3. 生态补偿也是以移民为基础

国家将原库区维护基金、原库区后期扶持基金及经营性大中型水库承担的移民后期扶持资金进行整合，设立大中型水库库区基金，其主要目的有三方面：①支持实施库区及移民安置区基础设施建设和经济发展规划；②支持库区防护工程和移民生产、生活设施维护；③解决水库移民的其他遗留问题。而且规定地方政府在安排库区基金时，应将其中的75%用于支持实施库区及移民安置区基础设施建设和经济发展规划，以及解决水库移民的其他遗留问题，其余部分用于库区防护工程及移民生产、生活设施维护。库区经济发展规划的一个着重点就是大力发展林业等与生态保护相关的产业，将移民转移到这些产业就业，以解决移民后续发展问题，其核心是“移民”。

三、澜沧江上游水电工程补偿所面临的问题与对策

以“移民”为核心的“16118”政策是否符合澜沧江上游水电开发的情况呢？答案还是比较清晰的，不符合。原因有两点：一是澜沧江上游水电工程移民人数大大少于金沙江中游水电工程的移民人数。二是澜沧江上游的生态脆弱性明显强于金沙江中游区域。

（一）澜沧江上游水电工程补偿所面临的问题

金沙江中游水电工程移民数为15万人，而澜沧江上游水电工程移民仅为1.9万人（其中有2千人左右还不属于云南省），如果都采用“16118”移民补偿政策，就会出现下面两方面的问题。

1. 产业发展资金数额有限、生态补偿难以顾及

无论是金沙江，还是澜沧江，在土地赔偿方面、安置方式方面、统一后期扶持方面都不会有太大的差别。但是，在产业发展资金的计算方面就出现问题了。因为，产业发展资金计算的前提是帮助解决移民就业，如果移民数量庞大，那么产业发展资金总额就高，而澜沧江上游水电工程移民人数少，针对移民就业问题的产业发展资金就不可能很高。自然地，产业发展资金中用于保护和完善生态的资金就更少了。在“16118”政策框架内，如果刻意地提高保护和完善生态方面的资金投入，则会出现下面这个问题。

2. 移民与非移民收入之间的巨大差异

根据“16118”政策，对每度电提取0.8分的产业发展资金，初步估算1.8亿元。结合土地赔偿（0.5亿元左右）、统一后期扶持（0.1亿元左右），移民每年共可获收入2.4亿元左右，平均到所有移民身上，每个移民每年收入约为1.2万元。这个收入和现在4个县城镇居民人均可支配收入差不多，高出现今农民人均纯收入4~5倍，相关数据如表4所示。在“16118”政策框架下，移民与非移民之间收入的巨大差异对社会和谐极为不利。

表4　4个县城镇居民人均可支配收入和农民人均纯收入

单位：元

	德钦	维西	兰坪	云龙	云南平均
城镇居民人均可支配收入	13 970	11 668	12 000	7 995	13 250
农民人均纯收入	2 616	2 468	1 709	1 754	3 103

数据来源：相关统计年鉴（2008）

要解决上述问题，只能从构建生态补偿机制角度考虑，既能解决移民与非移民之间收入差距问题，又能更好地解决生态保护问题。

（二）构建以“生态补偿”为主的澜沧江上游水电开发补偿机制

生态补偿可以把水电建设产生的外部不经济性通过生态补偿实现内部化，防止企业私人成本社会化。补偿因水电建设造成的河流生态系统服务功能价值损失，通过生态建设和保护恢复、维持和增加河流生态系统服务功能，并能维持库区自然生态环境的稳定性。构建以“生态补偿”为主的开发补偿机制要明确以下几个问题：谁是生态补偿主体？谁是生态补偿对象？谁来构建生态补偿机制？等等。在这方面已有一些学者在探讨了，本文不再赘述。总之，针对澜沧江上游水电开发的生态补偿机制，是一个复杂的制度安排。需要政府、生态保护专业机构、各利益相关者共同参与、共同协商，在主体功能区划分的大背景，借助澜沧江上游开发的契机，尽快出台长效的生态补偿机制，为更大范围的生态补偿机制的出台提供范本，也为水电开发的可持续发展作出贡献。

参考文献

［1］陈丽晖，何大明。澜沧江－湄公河水电梯级开发的生态影响［J］，地理学报，2000.5.

［2］徐旌，陈丽晖，付保红。澜沧江水电开发移民与生态补偿—以云南漫湾水电站为例［J］，贵州经学院学报，2005.4.

［3］夏峰，洪尚群，叶文虎。云南水电生态化的生态补偿［J］，人民长江，2005.2.

［4］毛显强等．生态补偿的理论探讨［J］．中国人口·资源与环境，2002.2.

（云南财经大学工商管理学院　杨桂红　张肖虎）

云南省生态经济效率及其区域差距实证研究

摘　要：本研究从生态（经济）效率的基本内涵出发，运用生态足迹方法构建区域生态经济效率评价模型，定量评估云南省自1998~2008年的生态经济效率及其变化情况，在此基础上进一步分析云南省与全国和其他省区及其云南省所辖各市州的生态经济效率的区域差距，研究结果表明：①从1998~2008年的11年间，云南省的万元GDP生态足迹呈现较快的波动下降趋势，尤其是进入“十一五”以来，云南省的万元GDP生态足迹则以年均7.7%的速度快速下降，亦即说云南省近11来的生态经济效率呈现较快的上升趋势；②与全国和其他省区相比，云南省目前的生态经济效率仍处于较低状况，在取得较大成效的同时也面临艰巨任务；③从省内差距来看，云南省所辖各市州生态经济效率的区域差距较小，但其生态经济效率均较低，与全省水平、全国水平和其他省区水平相比，差距仍然十分显著。最后，就云南省加快发展生态经济提出相关的对策，并对本研究的研究方法的完善进行讨论。

关键词：生态经济效率　区域差距　云南省　实证研究

一、引言

自20世纪60年代末以来，国家或地区经济发展中出现的一系列人口、资源、环境和生态等问题开始引起世界各国各地区特别是发达国家或发达地区的广泛关注。随后形成并不断完善的可持续发展观和可持续发展理论为解决这些问题提供了强有力的理论支撑，其实践运用也得到了许多国家的大力支持。为了提高经济发展质量，降低经济发展中所付出沉重的资源、环境、生态等代价，国外从上世纪60年代末至本世纪初相继提出的生态经济、绿色经济、循环经济、低碳经济等经济发展观和发展模式，在世界各国引起强烈的响应。

改革开放30多年来，中国以经济的高速增长、社会的快速进步、综合国力的不断增强巍然屹立于世界经济大国之林，中国发展所取得的巨大成就举世瞩目。但成就的背后也付出了沉重的代价，以致我国不同层级的区域存在着一系列诸如经济发展质量较低、社会发展差距拉大、资源利用效率不高、环境污染严重、生态破坏加剧等“经济－社会－资源－环境－生态－发展”问题。为此，近年来我国也大力倡导和发展循环经济、绿色经济、生态经济和低碳经济，其目的是为了提高我国经济发展的质量，实现经济社会与资源环境的全面协调可持续发展。循环经济[1]、绿色经济[2]、生态经济[3]和低碳经济[4]均有其特定内涵，但从范围来看，生态经济所涵盖的内容大体上都包括了循环经济、绿色经济和低碳经济的思想。因此，它是一种全面的经济发展观。生态经济的基本内涵是[3]：在生态系统承载能力范围内，运用生态经济学原理和系统工程方法改变生产和消费方式，挖掘一切可以利用的资源潜力，发展一些经济发达、生态高效的产业，建设体制合理、社会和谐的文化以及生态健康、景观适宜的环境；生态经济是让整个产品的生产、使用和废弃的全过程像生态系统一样形成全封闭循环，最终达到资源的零输入和废弃物的零排放，使生产系统自持，也就是真正的可持续发展。从其内涵可知，生态经济的目标是提高生态（经济）效率，实现生态经济系统的全面协调可持续发展。

关于区域生态经济效率的定量研究，应从其基本定义出发，构建科学合理的评价方法。但目前国内许多学者大都提及“生态效率”，很少有“生态经济效率”的提法，从所参看的文献来看，国内许多学者都将“生态效率”和“生态经济效率”等同使用。目前，世界可持续发展工商业联合会（WBCSD）所提出的生态（经济）效率的定义被广泛接受，即“生态效率是要通过提供能满足人类需要和提高生活质量的竞争性定价商品与服务，同时使整个寿命周期的生态影响与资源强度逐渐降低到一个至少与地球的估计承载能力一致的水平来实现，简单的说就是以更少的环境影响创造更多的价值”[5]。生态效率概念的直观表达式为[6]：

生态效率＝经济价值（增加量）/环境影响（增加量）　　(1)

或者

生态效率＝环境影响（增加量）/经济价值（增加量）　　(2)

在公式（1）和公式（2）中，经济价值（增加量）可以用地区生产总值（总量GDP）或工业增加值等来表达，环境影响（增加量）可以用资源利用或环境污染的负荷来表达。基于此，本研究拟运用地区生产总值即万元GDP作为全国各省区和云南省各市州经济价值（增加量）的测评指标，用地区总量生态足迹作为资源利用的测评指标，用万元GDP生态足迹作为区域生态经济效率的测评指标，在对生态足迹模型的参数进行调整的基础上，定量评估云南省1998~2008年生态经济效率及其变化情况，并进一步评估2008年云南省与全国和其他省区以及云南省所辖各市州生态经济效率的区域差距，以期为云南省更好的发展循环经济、低碳经济、绿色经济和生态经济提供科学依据。

二、研究方法

（一）生态足迹模型

由加拿大生态经济学家 William Rees 于 1992 年提出，并由其博士生 Mathis Wackernagel 于 1996 年进一步完善而被推广应用的生态足迹（Ecological Footprint，EF）模型，是国家或地区自然资源可持续利用评价重要而常用的一种定量研究方法[7]。生态足迹的基本定义为：任何已知（个人、城市、国家、社区）的生态足迹是生产相应人口所消费的所有资源和消纳所产生的废物所需要的生态生产性土地面积（包括陆地和水域）[8~9]，其基本的计算方法为：

$$EF = N * ef = N\sum ea_i * r_j = N\sum (ci/pi)^* r_j \quad (3)$$

其中，EF 为总量生态足迹（hm^2），ef 为人均生态足迹（hm^2/人），N 为地区人口总量（人），eai 为各人均消费项所需的生物生产面积（hm^2/人），rj 为生产某消费品对应生态生产性土地类型的均衡因子，ci 为第 i 种消费品的人均年消费量（t），pi 为对应的生态生产性土地生产第 i 类消费项目的年全球平均生产力（t/ hm^2）。

（二）万元 GDP 生态足迹

人类的任何生产、生活活动都离不开资源的利用，资源利用效率的高低将直接影响到区域经济发展质量和资源的可持续利用。将 GDP 指标与生态足迹相结合，计算万元 GDP 生态足迹，既可以反映生态资源的利用效率，又可以反映生态经济发展的效率。本研究拟用万元 GDP 生态足迹来分析区域生态经济效率，其基本的计算公式为：

$$FG = EF/GDP \quad (4)$$

式中，FG 为地区万元 GDP 生态足迹；EF 为地区总量生态足迹；GDP 为经可比价计算的地区国内生产总值。显然，万元 GDP 生态足迹越小，表明区域生态经济发展效率越高；反之，则区域生态经济发展效率越低。

（三）Gini 系数（G）和 Theil 指数（T）

衡量区域差距的方法很多，但总体来看，这些方法可大体分为两类[10~11]：一类为绝对差距方法，诸如极差和极均差、平均差和标准差等；另一类为相对差距，诸如平均差系数、变异系数、Gini 系数、Theil 指数、GEN 指数等。绝对差距的测评方法其共同的缺点是它们都有量纲，缺乏区域间的直接可比性[11]。因此，在进行区域发展差距的研究中，相对差距测评方法用得较多，而 Gini 系数和 Theil 指数又是相对差距测评方法中最常用的两种方法，本研究拟用该两种方法衡量云南省与其他省区和云南省所辖各市州万元 GDP 生态足迹的区域差距。

1. Gini 系数（基尼系数） Gini 系数的基本计算公式为[12]：

$$G = \frac{1}{2n\ (n-1)\ u}\sum_{j=1}^{n}\sum_{i=1}^{n} |E_j - E_i| \quad (5)$$

式中，G 为 Gini 系数，|Ej - Ei| 为任意两个同级区域（省区或市州）万元 GDP 生态足迹之差的绝对值（i，j = 1，2，3，……，n），n 为省区或市州的总个数，u 为各省区或各市州万元 GDP 生态足迹的平均值。各地区之间万元 GDP 生态足迹的 Gini 系数越大，表明区域间生态经济效率的区域差距越大；反之，则区域间生态经济效率的区域差距越小。据经济学家的研究结论，对 Gini 系数的区间范围作了如下判断：$G < 0.2$，表明区域差距高度平均；$0.2 \leq G < 0.3$，表明区域差距相对平均；$0.3 \leq G < 0.4$，表明区域差距大致合理；$0.4 \leq G < 0.6$，表明区域差距过大；$G \geq 0.6$，表明区域差距极大[10]。

2. Theil 指数 Theil 指数有单变量计算方法和双变量计算方法两种，本研究仅测度云南省与其他省区和云南省所辖各市州万元 GDP 生态足迹的区域差距。因此，用单变量计算方法，其计算公式为[13]：

$$T = \frac{1}{N}\sum_{i=1}^{n}\log\left(\frac{\overline{Y}}{Y_i}\right) \quad (6)$$

式中，T 为泰尔指数，N 为全国省区个数或云南省所辖市州个数，Y_i 为第 i 个省区或市州的万元 GDP 生态足迹，$\overline{Y}$ 为 Y_i 的平均数。泰尔指数越大，表明区域差距越大；反之，则区域差距越小。关于泰尔指数区间范围的界定，学术界至今尚无定论。

三、指标解释和数据来源与预处理

（一）指标解释

在对全国各省区及云南省各市州万元 GDP 生态足迹的计算中，其关键在于生态足迹（EF）的计算，而生态足迹计算的关键在于消费项的选择与划分。本研究从生态足迹的内涵出发，兼顾前人的研究成果和基础数据的可获取性，将稻谷、小麦、玉米、豆类、薯类、棉花、油料、麻类、甘蔗、甜菜、烟叶、蔬菜、茶叶、猪肉、禽蛋、牛肉（86%）、羊肉（57%）和牛奶（72%）①等 18 项消费项目作为耕地生态足迹计算的评价指标；将苹果、梨、柑桔类、香蕉、菠萝、荔枝、龙眼、猕猴桃、桃、葡萄、红枣、柿子等各类水果和橡胶、松脂、生漆、油桐籽、油茶籽、核桃等各类林产品作为林地生态足迹计算的评价指标；将牛肉（14%）、羊肉（43%）和牛奶（28%）等作为草地生态足迹计算的评价指标；结合东部沿海地区和内陆地区的特点，将海水产品和淡水产品作为水域生态足迹计算的评价指标；将建筑用地面积作为建筑用地生态足迹计算的评价指标；将煤、石油、天然气等一次能源消耗所排放的 CO_2 量②折算为生态生产性土地土地面积以计算化石能源用地生态足迹。

（二）数据来源与预处理

本研究的基础数据主要来源于《中国统计年鉴》（2009）和《云南省统计年鉴》（1999 ~ 2009）。计算中对生态足迹的参数进行了调整，主要包括：①将传统生态足迹方法对各消费项的全球平均生态生产力计算缩小到全国平均生态生产力以便于云南省与全国其他省区及其云南省所辖各市州的比较；②生态足迹计算中的均衡因子主要采用刘某承和李文华[14]的研究成果，他们分别计算了各类生态生产性土地的中国平均均衡因子，即耕地为1.74，林地为1.41，草地为0.44，水域为0.35，建筑用地为1.74，化石能源用地为1.41。采用中国平均生态生产力和中国平均均衡因子的目的是为了切实反映我国各类生态生产性土地的生态生产能力，同时便于区域比较。

四、研究结果与分析

（一）1998～2008年云南省生态经济效率及其变化情况分析

在已获取基础数据的基础上，运用公式（3）、公式（4）对云南省自1998年至2008年的万元GDP生态足迹进行了计算，其结果如表1所示。

表1　1998～2008年云南省生态经济效率及其变化情况

年份	地区生产总值（万元）	总量生态足迹（EF）（hm^2）	万元GDP生态足迹（hm^2/万元）
1998	17 940 000	4 4615 251	2.4869
1999	19 230 000	45 238 157	2.3525
2000	20 600 000	46 911 366	2.2773
2001	22 010 000	50 152 979	2.2786
2002	23 990 000	51 992 186	2.1672
2003	26 100 000	58 163 993	2.2285
2004	29 060 000	65 618 312	2.2580
2005	31 680 000	70 436 112	2.2234
2006	35 440 000	76 751 941	2.1657
2007	39 870 000	76 410 912	1.9165
2008	44 260 000	81 658 364	1.8450

注：云南省地区生产总值的数据是以1998年为基期进行的可比价计算而得，其计算公式为：Yi = Y *（Mi/M）*100%，Yi为云南省以1998年为基年进行可比价计算的第i年地区生产总值，Y为云南省1998年的地区生产总值（当年价），M为云南省1998年的地区生产总值指数，Mi为云南省第i年的地区生产总值指数。

从表中数据可以看出，近11年来，云南省的地区生产总值呈现稳步较快上升趋势，按可比价计算，年均增长率为9.45%。与此同时，云南省的生态足迹也呈现稳步上升的趋势，年平均增长率为6.23%。可见，在区域经济取得较快发展的同时，其资源利用的强度也在加大。但从增长的幅度来看，其生态足迹的年均增长率较经济的年均增长率低3.22个百分点，表明经济发展对资源的依赖程度在逐渐减小。从资源的利用效率来看，云南省的万元GDP生态足迹从1998年的2.4869hm^2/万元波动下降至2008年的1.8450hm^2/万元，在经济发展与资源利用不断增长的前提下，其生态经济效率则呈现波动上升的态势，尤其是在进入“十一五”以来，云南省的生态经济效率则以年均7.7%的速度较快上升。这与我国自“十一五”以来大力发展的循环经济、低碳经济密不可分。在国家发展战略和政策的指导下，云南省在节能减排、节资降耗等转变经济发展方式的行动中取得了显著成就，其生态经济发展效率也呈现较快上升，这对实现云南省经济较快发展与资源高效利用和环境有力保护的全面协调可持续具有重要的推动作用。

（二）云南省与全国和其他省区生态经济效率的比较分析

为了进一步弄清云南省与全国和其他省区生态经济效率的差距，我们以2008年的截面数据为基础，定量评估了全国及其各省区万元GDP生态足迹（如表2所示），并进行了比较分析和聚类分析。

从表2中可以看出，2008年，云南省的万元GDP生态足迹为1.8450 hm^2/万元，与全国同期水平相比，其万元GDP生态足迹为全国的2.21倍。如果按照我国目前东部（10省、直辖市）、东北老工业为基地（3省）、中部（6省）和西部（11省、直辖市、自治区）的板块划分[15]，云南省2008年的万元GDP生态足迹是同期东部地区最低省区的10.3倍，仅小于东部最高省区海南省 0.4449 hm^2/万元；与东北三省区相比，云南省的万元 GDP 生态足迹为同期东北最低省区的 2.61 倍，最高省区的 1.86 倍；与中部地区相比，云南省的万元 GDP 生态足迹为同期中部最低省区的 3.61 倍，仅小于中部万元 GDP 生态足迹最高省区山西省 0.004hm^2/万元；与西部地区相比，云南省的万元 GDP 生态足迹为同期西部最低省区的 3.45 倍，与西部最高省区相差 0.7845 hm^2/万元。由此可见，云南省的万元 GDP 生态足迹在全国各省区中位列第二十五位，表明云南省生态经济效率处于较低水平，与全国及东部地区、中部地区和东北地区整体相比，其差距仍较大。据计算，我国各省区 2008 年万元 GDP 生态足迹的 Gini 系数和 Theil 指数分别达到 0.3682 和 0.1017，各省区生态经济效率的区域差异较为突出。

表 2　2008 年云南省与全国和其他省区万元 GDP 生态足迹的比较

（单位：hm^2/万元）

地区	评价值	排序	地区	评价值	排序	地区	评价值	排序	地区	评价值	排序
云南	1.8450	25	吉林	0.8847	14	山东	0.6176	10	四川	0.6655	11
全国	0.8331	*	黑龙江	0.9918	19	河南	0.9896	18	贵州	1.8043	24
北京	0.2654	3	上海	0.1792	1	湖北	0.5106	8	西藏	1.8871	27
天津	0.3574	6	江苏	0.3287	4	湖南	0.9280	16	陕西	1.0747	20
河北	0.9564	17	浙江	0.3287	5	广东	0.2573	2	甘肃	1.3501	23
山西	1.8490	26	安徽	0.6667	12	广西	1.3230	22	青海	1.3207	21
内蒙古	2.2542	29	福建	0.3741	7	海南	2.2899	30	宁夏	2.6295	31
辽宁	0.7076	13	江西	0.8860	15	重庆	0.5352	9	新疆	1.9719	28

*注:“排序”为全国 31 个省、直辖市和自治区万元 GDP 生态足迹大小的排序,全国的万元 GDP 生态足迹不参加排序。

为了能更清楚地认识云南省生态经济效率在我国所处的位置，我们对全国 31 个省、直辖市、自治区的万元 GDP 生态足迹进行了空间聚类（如图 1 所示）。从图中可以看出，生态经济效率高的省区主要集中在我国东部沿海地区，这些地区不仅经济发展较好，其制度、技术条件也较为优越，是我国发展循环经济、绿色经济、低碳经济和生态经济的典型示范区。因此，东部沿海地区的生态经济效率高。生态经济效率较高的省区主要集中在环渤海地区、长江中下游地区，这些地区属于我国发展潜力二级地区，其经济发展的速度和质量正呈现上升态势。生态经济效率较低的地区主要集中在西北、华北、东北和中部的部分省区。而处于生态经济效率最低的地区则主要集中在我国西部边境地区，这些地区的共同特点是：自然条件恶劣、地理环境复杂、区位条件较差、少数民族集中、经济发展落后等，云南省也属于该类地区。从生态环境保护的角度来看，这些地区是发展生态经济的优势区域，但从目前的发展基础和发展条件来看，这些地区并不完全具备发展生态经济的基础。因此，要把云南省等西部民族地区打造成我国生态经济发展的示范区，需要国家和东部发达地区的大力支持和帮助。

（三）云南省各市州生态经济效率的区域差距分析

在分析了云南省与全国和其他省区生态经济效率的基础上，我们也对云南省所辖各市州生态经济及其区域差距进行了评估，其结果如表 3 所示。从表中数据可以看出，2008 年，云南省各市州的万元 GDP 生态足迹要明显高于全省水平，万元 GDP 生态足迹最低的昆明市，其评价值也达到 3.4865hm^2/万元，是全省同期水平的 1.89 倍；万元 GDP 生态足迹最高的丽江市和临沧市，其评价值分别达到 13.7190hm^2/万元和 11.9727hm^2/万元，分别是云南省万元 GDP 生态足迹最低的昆明市的 3.93 倍和 3.43 倍，分别为我国万元 GDP 生态足迹最高的宁夏自治区的 5.22 倍和 4.55 倍。

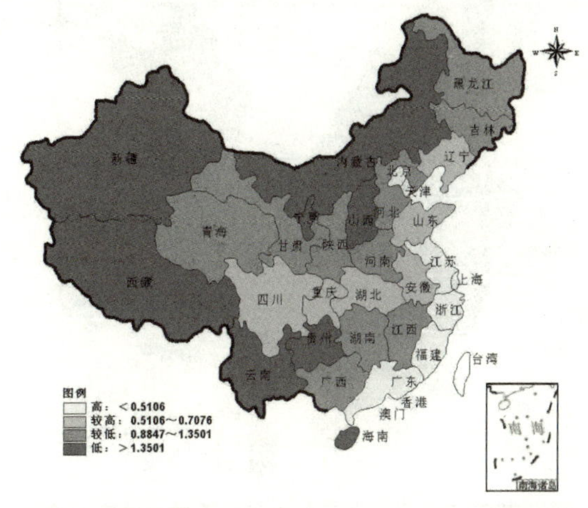

图1 2008年全国各省区生态经济效率的空间格局

表3　2008年云南省各市州万元GDP生态足迹的比较

（单位：hm^2/万元）

地区	昆明市	曲靖市	玉溪市	保山市	昭通市	丽江市	普洱市	临沧市
万元GDP生态足迹	3.4865	7.6463	4.3065	7.5757	7.7951	13.7190	4.9766	11.9727
地　区	楚雄州	红河州	文山州	西双版纳州	大理州	德宏州	怒江州	迪庆州
万元GDP生态足迹	5.8586	4.6932	7.7689	4.7323	6.6923	4.4758	4.8433	7.1970

从其区域差距来看，2008年，云南省各市州万元GDP生态足迹的Gini系数和Theil指数分别为0.2221和0.0303，其区域差距较小。根据其评价值的大小，我们对云南省各市州的万元GDP生态足迹进行了空间聚类，其结果如图2所示。聚类结果显示，处于万元GDP生态足迹一类地区的有昆明市；二类地区的有玉溪市、红河州、普洱市、西双版纳州、德宏州和怒江州；三类地区的有昭通市、曲靖市、文山州、楚雄州、大理州、保山市和迪庆州；四类地区的有丽江市和临沧市。从以上分析可知，云南省各市州的生态经济效率呈现出两个显著特点：其一是多数市州的生态经济效率普遍较高；其二是生态经济效率的市州差距较小。从区域均衡的角度看，缩小区域差距也是发展生态经济的重要内容之一，各市州生态经济效率的区域差距较小，这符合生态经济的发展理念。但从生态经济效率的水平来看，云南省各市州的万元GDP生态足迹不仅高于全省水平、更高于全国水平和其他省区的水平。而导致云南省万元GDP生态足迹较高的原因是由其所辖各市州的万元GDP生态足迹较高所致。因此，要降低云南省万元GDP生态足迹，提高其生态经济效率，不仅要从全省整体发展的角度考虑，也要从市州发展或县区发展的角度考虑。只有从微区域的生态经济高效发展出发，才能实现较大区域生态经济效率的较快提高。

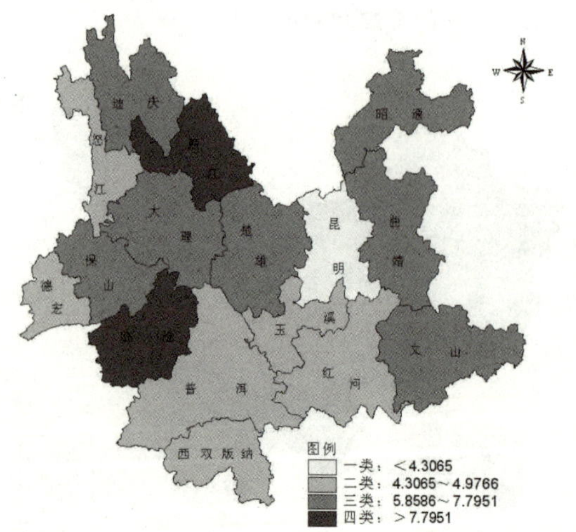

图2　2008年云南省各市州生态经济效率的空间格局

五、结论与讨论

（一）基本结论与对策

从生态（经济）效率的基本内涵出发，运用生态足迹模型，定量评估云南省近年来生态经济效率及其变化情况，在此基础进一步分析云南省与全国和其他省区及其云南省所辖各市州生态经济效率的区域差距，得出如下基本结论：

1.1998～2008年的11年间，云南省的万元GDP生态足迹呈现较快的波动下降趋势，尤其是进入“十一五”以来，云南省的万元GDP生态足迹则以年均7.7%的速度较快下降。亦即说云南省近11来的生态经济效率呈现较快上升趋势，表明云南省在加快发展循环经济、绿色经济、低碳经济和生态经济的进程中成效较为显著。

2. 与全国和其他省区相比，云南省目前的生态经济效率仍处于较低状况，在取得较大成效的同时也面临艰巨任务。

3. 从省内差距来看，云南省所辖各市州生态经济效率的区域差距较小，但其生态经济效率均较低，与全省水平、全国水平和其他省区水平相比，差距仍然十分显著。

基于此，我们提出以下提高云南省生态经济效率的基本对策：第一，从政府层面考虑，云南省及其各级政府部门都要高度关注和认真贯彻落实国家提出的各项关于发展循环经济、绿色经济、低碳经济和生态经济的政策和措施，打造一批对云南省发展生态经济具有示范作用的企业，并结合云南省实际情况，制定出一套符合云南省情的生态经济发展战略，更为重要的是，要通过生态经济立法来确保各项发展政策的顺利实施。第二，从企业的层面来看，生态经济示范企业要认真贯彻落实云南省各级政府制定出台的各项政策和措施，并与非示范企业加强交流，通过示范企业的带头示范作用和非示范企业的借鉴参考，逐步实现云南省企业生态经济的较快发展。。第三，从公众层面考虑，公众要转变思想观念，明确参与资源节约利用和环境保护的行动中来，呼吁政府环境信息公开化，且披露的信息真实可靠。此外，广大公众既要参与到地区发展生态经济的实践中来，监督发展生态经济的效果，又要对生态经济的理念进行广泛宣传，让全社会都树立“循环经济、绿色经济、低碳经济和生态经济”的理念。

（二）讨论

从“生态（经济）效率”的基本内涵可知，环境影响（增加量）可以用资源利用或环境污染的负荷来表达，而基于生态足迹方法构建的区域生态经济效率定量评估，其考虑的资源主要是具有生态生产能力的自然资源，而对于不具有生产能力的自然资源没有考虑到，考虑的环境污染的负荷仅考虑了二氧化碳的排放量，对于“三废”排放以及其他各种污染物的排放也没有考虑到。有学者[16]根据“生态效率”的内涵，也构建了资源环境绩效指数，但其考虑的资源利用类型和环境污染的负荷类型也极为有限。但生态足迹方法自上世纪90年代末被引进到国内以来，广受青睐，基于其构建的生态经济效率评估方法，不失为一种好方法。当然，最理想的是，能将万元GDP生态足迹与资源环境绩效指数综合起来考虑，关于其科学性和合理性，有待进一步研究。

基金项目：国家社会科学基金项目（项目批准号：07BMZ033）和云南省科技计划（软科学）项目“云南省社会发展的大生态安全基础的系统研究”

作者简介：潘玉君（1965～），男，黑龙江齐齐哈尔人，教授，硕士研究生导师，主要从事地理学理论与方法和地理学、经济学、民族学和社会学等跨学科综合研究。E－mail：P17406@ vip. km169. net

注：①有学者认为，牛肉、羊肉和牛奶三个消费项大多是由耕地生产，但也有一部分由草地生产，其具体比例为牛肉、羊肉和牛奶各自消费总量的86%、57%和72%均归到耕地生态足迹的计算，其余的14%、43%和28%则归到草地生态足迹的计算。（谢鸿宇，王羚郦，陈贤生．生态足迹评价模型的改进与应用．北京：化学工业出版社，2008）

②关于煤、石油、天然气的碳排放量计算，首先是将该三类一次能源的消费量折算为吨标准煤，然后根据公式 $Cit = \sum j\ Ej * \eta j\ (j=1,2,3)$ 进行计算，其中，Cit为碳排放量，Ej为第j种能源的消费量，ηj为第j类能源的碳排放系数，其取值：煤炭为0.7476tC/t，石油为0.5825 tC/t，天然气为0.4435 tC/t。（2050中国能源和碳排放研究课题组．2050中国能源和碳排放报告．北京：科学出版社，2009）

参考文献：

[1] 冯薇．循环经济的理论基础、特征及内涵初探［J］．中国产业，2010，（2）：20～23.

[2] 杨美蓉．循环经济、绿色经济、生态经济和低碳经济［J］．中国集体经济，2009，10（下）：72～73.

[3] 苏振锋．低碳经济、生态经济、循环经济和绿色经济的关系探析［J］．科技创新与生产力，2010，(197)：19～22.

[4] 周璐，吴梦宸．低碳经济：内涵、发展必然性与可行途径［J］．现代商贸工业，2010，(5)：58～59.

[5] Björn Stigson. What is Eco－Efficiency?［M］. Sydney：WBCSD，1999.

[6] Björn Stigson. Eco－Efficiency：creating more value with less impact［A］. WBCSD，2000.

[7] 杨开忠，杨咏，陈洁．生态足迹分析理论与方法［J］．地球科学进展，2000，15（6）：630～636.

[8] 徐中明，程国栋，张志强．生态足迹方法的理论解析［J］．中国人口·资源与环境，2006，16（6）：69～78.

[9] 谢鸿宇，王羚郦，陈贤生．生态足迹评价模型的改进与应用［M］．北京：化学工业出版社，2008，1～11.

[10] 杨竹莘，聂彩云．中国地区差距的测度与演变研究综述［J］．吉首大学学报（社会科学版），2006，27（5）：143～148.

[11] 冯海锋．区域经济差距的分析方法研究［D］．北京：北京交通大学，2006.

[12] 潘玉君，袁斌．区域生态安全与经济发展的空间结构（上）［M］．北京：科学出版社，2010. 15～16.

[13] 张成旺．重庆市农村居民收入区域差距侧度［J］．重庆社会科学，2003，(5)：45～47.

[14] 刘某承，李文华．基于净初级生产力的中国生态足迹均衡因子测算［J］．自然资源学报，2009，24（9）：1550～1558.

[15] 中国科学院可持续发展战略研究组. 2009中国可持续发展战略报告——探索中国特色的低碳道路［R］．北京：科学出版社，2009. 384～385.

[16] 黄和平，伍师安，智颖飙，等．基于生态效率的资源环境绩效动态评估——以江西省为例［J］．资源科学，2010，32（5）：924～931.

（云南师范大学旅游与地理科学学院　潘玉君　张谦舵　赵兴国　丁　生）

ANNUAL OF YUNNAN ECOLOGY

云南生态年鉴

2010

倡导绿色和谐　促进生态文明

大事记 IMPORTANT EVENTS

1月

5日

△云南省召开滇池污染防治工作联系会议。会议决定，2009年昆明市在滇池治理中，要重点抓好以下工作：完成《滇池“十一五”规划》；全面实施环湖截污工程；完成10 000亩湖滨生态建设；全面完成自动监测站的建设；建设大中型沼气工程4座；配合实施牛栏江——滇池补水工程，开展征地拆迁及移民安置工作和主城入滇池河道配水前期研究工作；落实排放措施，排放量较2008年削减2%以上。

8日

△省政府召开2009年滇池水污染防治工作会议。会前，省委副书记、省长秦光荣一行先后对盘龙江入湖河口，官渡区海东村，宝象河入湖河口湿地进行调研，并听取省滇池水污染防治专家督导组、昆明市政府、省发展改革委、省环保局关于滇池水污染防治工作的情况汇报。省有关部门、昆明市政府主要负责人及专家督导组成员分别参加了调研。在会上，秦光荣强调2009年是省滇池治理“十一五”规划实施的关键一年，要做好以下工作：一是要加快实施环湖截污和交通工程；二是要加快实施外流域引水及节水工程；三是要加快实施入湖河道整治工程；四是要加快实施农业农村面源污染治理工程；五是要加快实施生态修复与建设工程，加快“四退三还”的步伐是实施生态修复的关键。

省委常委、常务副省长罗正富，省委常委、昆明市委书记仇和，副省长孔垂柱，省政府秘书长丁绍祥，省滇池水污染防治专家督导组组长牛绍尧、副组长高晓宇等出席会议。

13日

△省政府召开第十七次常务会议，研究进一步支持现代新昆明建设的若干政策。讨论《云南省人民政府关于实施农民增收翻番计划的意见（讨论稿）》和《云南省优势生物产业推进计划（送审稿）》等。

14日

△昆明市旅游项目推介会在震庄宾馆举行。省委副书记、省长秦光荣，省委常委、昆明市委书记仇和，省政府秘书长丁绍祥，昆明市市长张祖林等出席推介会。

17日

△省委书记白恩培主持召开省委常委会议，传达中央农村工作会议，十七届中纪委三次会议，全国组织部长会议和宣传部长会议精神，研究部署全省贯彻落实意见。

18日

△省召开旅游工作会议。会议指出，全省将继续推进旅游重大项目开发建设，力争全年接待国内外旅游者达到1.1亿人次以上，实现总收入730亿元以上。

副省长刘平出席会议并讲话。

2月

2日

△省委、省政府组织省级重大文化项目建设调研组在昆明市对云南文苑、省博物馆、云南艺术中心、云南亚广影视信息传媒中心、云南艺术家园区等重大文化项目建设进行调研。

省委常委、常务副省长罗正富，省委常委、省委宣传部长张田欣，副省长高峰率调研组实地查看了这几项重大文化项目规划选址前期工作和工程进度等情况，并听取了汇报。

6日

△省政协十届二次会议隆重开幕。白恩培、秦光荣、李纪恒等到会祝贺，王学仁作常委会工作报告，管国忠主持，陈勋儒作提案工作报告。

7日

△云南省十一届人民代表大会第二次会议在昆明国际展览中心隆重开幕。

白恩培主持，秦光荣向大会作政府工作报告。

8日

△昆明市公布《昆明市城市再生水利用专项资金补助实施办法》，对单位、住宅小区补建的再生水利用设施，给予建设投资30%和40%的资金补助，对正常使用再生水设施的管理单位，按实际利用再生水给予每立方米0.7元的补助。

12日

△省政府发出通知，要求各地要切实增强做好抗旱工作的责任感和紧迫感，牢固树立抗大旱、抗长旱，防大灾的思想，加强领导，广泛动员，积极应对，全力以赴做好抗旱救灾工作，努力减轻灾害损失，确保工农业生产的健康发展和经济社会发展各项目标的实现。

19日

△全省环保工作会议召开，会议提出，2009年全省

环保工作的重点是要深入贯彻落实科学发展观，努力争当全国生态文明建设的排头兵，促进全省生态文明建设迈出新步伐。

副省长和段琪出席会议并讲话。

23 日

△全省农村文化工作会议在昆明召开。会议指出，紧紧围绕建设民族文化强省的目标任务，大力推进文化惠民工程，加快建立覆盖全省的农村公共文化服务体系，掀起云南农村文化建设新高潮，开创农村文化工作新局面，促进农村文化大发展，大繁荣。

文化部党组成员、副部长周和平，省委常委、省委宣传部长张田欣出席会议并讲话，副省长高峰主持会议。

24 日

△省长秦光荣主持召开省政府第十九次常务会议，讨论《云南省道路运输条例（草案）》和《云南省地方公益林管理办法（草案）》等法规规章，并决定在全省开展“促投资、保增长、抓落实”百日调研督查活动，切实推动各项工作的落实。

25 日

△省委书记白恩培主持召开省委常委会，审议通过了《中共云南省委云南省人民政府关于加强生态文明建设的决定》。《决定》提出“十二五”末，“七彩云南保护行动”深入实施，为争当全国生态文明建设排头兵奠定良好基础，到 2020 年，实现争当全国生态文明建设排头兵的目标，让云南天更蓝、地更绿、水更清，人与自然更加和谐，各族人民共享生态文明建设成果。

3 月

1 日

△省滇池水污染防治工作第四次联系会议在昆明召开。省政府滇池水污染防治专家督导组组长牛绍尧、副组长高晓宇，专家督导组全体成员及省九湖领导小组成员单位的相关负责人参加会议。

2 日

国家发改委、国土资源部、财政部联合下发通知，公布第二批 32 个资源枯竭城市名单，昆明市东川区名列其中。

26 日 –27 日

△省政府在大理召开专题工作会议，会议强调，以科学发展观为指导，认真总结近几年大理城市建设取得的成绩和经验，抓住国家扩大内需的机遇，进一步完善发展思路，转变发展方式，提升发展水平，全面推进保护洱海，保护海西和开发海东，开发凤仪的工作，努力把大理建设成滇西地区辐射面广、带动力强、影响力大的中心城市，为全省城市可持续发展作出示范。

省委副书记、省长秦光荣，省委常委、省纪委书记李汉白，省委常委、常务副省长罗正富，省委常委、副省长李江，省人大常委会副主任程映萱，副省长刘平，省政协副主席王学智，省政府秘书长丁绍祥，省级有关部门负责人，大理白族自治州及相关县市领导出席会议。

27 日

△云南省第十一届人民代表大会常务委员会第九次会议通过《云南省宁蒗彝族自治县泸沽湖风景保护管理条例（修订）》、《云南省文山壮族苗族自治州城乡规划建设管理条例（修订）》、《云南省大理白族自治州苍山保护管理条例（修订）》、《昆明市城市供水用水管理条例》。

△全省职工节能减排立功竞赛表彰大会在昆明举行。大会表彰了 36 名节能减排先进个人，10 个先进集体，10 个先进班组。

30 日

△在全国造林绿化和森林防火工作电视电话会议结束之后，省接着召开造林绿化和森林防火工作电视电话会议。

副省长孔垂柱出席并讲话，省级有关部门、各州市政府及相关部门负责人参加会议。

4 月

1 日

△率省政府代表团赴澳门参加“2009 澳门国际环保合作发展论坛及展览”的省委副书记、省长秦光荣与澳门特区行政长官何厚铧在澳门特区政府总部举行会谈。双方就滇澳两地环保、旅游等领域合作达成共识。

云南省政府代表团参加论坛及展览开幕式。同时，云南德林海生物科技有限公司、云南华云天朗环保有限责任公司、云南康泰环保科技有限公司和云南省环境科学研究院将在现场设置展位，与来自“9 + 2”和各省、区及其他欧美国家企业就环保产业创新进行交流。

1 日 –4 日

△中共中央政治局委员、中央书记处书记、中宣部

部长刘云山一行，先后在昆明市、景洪市、勐腊县、腾冲县进行调研考察，深入村寨、农家与民族地区干部、群众亲切交谈，分别召开各级干部座谈会，了解云南宣传思想工作、文化体制改革和文化产业发展情况。刘云山充分肯定近年来云南省经济社会发展，特别是宣传思想，文化工作取得的成绩，并就当前宣传工作提出了要求。

省委书记、省人大常委会主任白恩培主持了4日的座谈会，并介绍了省经济社会发展情况。

2日

△在国际生态界著名华人科学家李百炼倡导主持下，云南省第二期海智创新创业学术沙龙暨专家建言献策咨询座谈会在昆明举行。相关专家学者会聚一堂，就云南生态学和生态经济的发展提出真知灼见。

3日

△省长秦光荣在澳门与中央人民政府驻澳门联络办公室主任白志健举行会谈，希望滇澳加强环保、旅游、经贸、航线四个方面合作。

25日

△云南省生物产业与生物经济发展论坛在昆明举行。参加“百名留学博士云南行活动”的专家学者在深入省8个州市进行为期一周的考察后，共同发表《昆明宣言》，为云南省生物产业，生物经济发展出谋划策。

省委常委、省委组织部长辛桂梓出席论坛开幕式并致词。

30日

△云南旅游产业发展工作座谈会在昆明举行。会上，国家旅游局与省政府商谈将于2009年11月中下旬在昆明举办2009年中国国际旅游交易会的筹备情况，并表示将全力以赴，千方百计办好国际旅交会。

国家旅游局局长邵琪伟，云南省省长秦光荣出席座谈会，并讲话。副省长刘平主持座谈会，全省旅游产业领导小组成员单位的主要负责人，省旅游局相关处室负责人参加座谈会。

5月

1日

△中国昆明国际文化旅游节、昆明狂欢节开幕式暨中国'99昆明世博会10周年庆典活动在昆明世博园隆重举行。

全国政协副主席白立忱宣布开幕。

中共云南省委副书记、省长秦光荣，全国人大常委、科教文卫委员会副主任委员徐荣凯，国家旅游局局长邵琪伟，云南省政协主席王学仁，省委常委、昆明市委书记仇和，省委常委、省委宣传部长张田欣，省人大常委会副主任程映萱、李春林，副省长刘平、顾朝曦，省政协副主席罗黎辉、王学智、顾伯平等出席开幕式和庆典活动。

老挝人民共和国总理府部长兼国家旅游局局长宋蓬·孟空维莱，越南社会主义共和国文化体育旅游部部长黄俊英等贵宾出席开幕式。

应邀出席活动的还有，云南省老领导、部分省市的嘉宾和美国、柬埔寨、印度、印度尼西亚、日本、缅甸、泰国及云南省级有关部门、企业、州市代表、海内外游客。

17日

△省政府在昆明国际会展中心与中国长江三峡开发总公司、中国第一汽车集团公司、中国移动通信集团公司、中国电信集团公司和中国联合网络通信有限公司等中央企业分别签署5项战略合作框架协议。按协议，未来五年将在云南的能源、汽车和通信领域投入数百亿元，建设清洁能源、轻型货车、3G移动，社会信息化等项目。

省政府办公厅、省工信委、省发展改革委、省财政厅、省国资委和省有关企业的领导出席签字仪式。

丁绍祥主持签字仪式。

27日

△国家旅游局和云南省政府在北京签订《关于推进云南旅游产业改革发展试点省建设合作协议》。

云南省省长秦光荣，国家旅游局局长邵琪伟，国家发改委副主任彭森出席签字仪式并致词。

秦光荣、邵琪伟在合作协议上签字。

6月

4日

△云南省生物产业发展大会在昆明召开。会议对全省加快生物产业发展进行总动员部署，提出培育壮大生物产业是实现云南科学发展的重大战略，要理清思路、突出重点、强化措施、精心组织，全面推进云南生物产业上台阶。

省委副书记、省长秦光荣出席会议并讲话。

17日

△由省委宣传部、省七彩云南保护行动领导小组办

公室共同举办的“首届七彩云南保护行动环境保护奖”评选活动正式启动。省委宣传部长张田欣任名誉主任，省人大常委会副主任李春林，省政协副主席白成亮任名誉副主任。

7 月

6 日

△省委、省政府召开驻昆单位支持昆明市城乡规划管理和生态文明建设动员大会。

省委常委、省委秘书长杨应楠，省委常委、昆明市委书记仇和，省政协副主席白成亮，国家住房城乡建设部驻昆明贵阳督查组组长江厥中，省政府秘书长丁绍祥出席动员大会。

9 日

△楚雄彝族自治州姚安县发生 6.0 级地震，震中官屯乡距姚安县城约 16 千米，震源深度 10 千米，大理、丽江、昆明等地震感强烈。

白恩培、秦光荣、李纪恒作出批示，要求立即启动应急预案，迅速组织力量，及时抢救受伤人员，转移安置受灾群众，加强震情监测，预防余震和次生灾害发生。

温总理打电话询问地震灾区受灾情况，要求采取有力措施，做好抗震救灾工作。

秦光荣率工作组连夜赶赴灾区指导抗震救灾。

17 日

△国家节能与新能源汽车示范推广工程昆明启动仪式在世博园举行，昆明市将在 4 年内推广 1000 辆新能源汽车。

全国政协副主席、科技部部长万钢，省委常委、昆明市委书记仇和，副省长和段琪，中国工程院院士戴永年，科技部、财政部、工信部、国家发改委等部委相关负责人参加启动仪式。

25 日 –28 日

△胡锦涛总书记和随行的中共中央书记处书记、中央办公厅主任令计划，中共中央书记处书记、中央政策研究室主任王沪宁，在省委书记、省人大常委会主任白恩培，省委副书记、省长秦光荣等陪同下在云南考察。

中央财经领导小组办公室主任朱云鑫、国家民政部部长李学举，省委常委、常务副省长罗正富，省委常委、省委秘书长杨应楠，省委常委、昆明市委书记仇和，省委常委、省委政法委书记孟苏铁，副省长曹建方、和段琪等分别随同调研。

29 日

△省委召开常委会，传达学习胡锦涛总书记考察云南重要讲话精神，要求全省迅速掀起学习、宣传、贯彻落实胡锦涛总书记重要讲话热潮，以更加奋发向上的精神状态，更加扎实有效的措施办法，更加高效务实的工作作风，把各项工作抓好落实，确保把胡锦涛总书记的各项要求，落到实处，促进云南经济社会又好又快发展。

省委书记白恩培主持会议。

30 日

△省长秦光荣主持召开省政府二十七次常务会议，学习贯彻胡锦涛总书记考察云南重要讲话精神。审议《云南省人民政府关于加快建筑业改革与发展的意见（征求意见稿）》，听取全省 2009 年上半年节能减排、安全生产工作汇报，审议《云南省生产安全事故报告和调查处理规定（草案）》、《云南省安全生产重特大事故应急处置办法》（送审稿），讨论《云南省法律援助条例（草案）》。

8 月

4 日 –5 日

△2009 年全省新农村指导工作座谈会在开远市召开。会议强调，要深入贯彻落实胡锦涛总书记在云南考察时的重要讲话精神，更好地发挥新农村建设指导员在保增长、保民生、保稳定，促进全省经济社会又好又快发展中的重要作用，推进新农村建设工作及指导员工作继续保持良好发展势头。

省委副书记李纪恒出席会议并讲话，省委常委、省委组织部长辛桂梓，副省长孔垂柱出席会议。

6 日

△省委、省政府在开远市召开社会主义新农村省级重点建设村推进会议，进一步掀起新农村建设热潮，促进农村经济社会又好又快发展。

省委副书记李纪恒出席会议并讲话，省委常委、省委组织部长辛桂梓，副省长孔垂柱出席会议。

6 日 –7 日

△省政府在六库召开加快怒江发展专题工作会议。省长秦光荣在会上强调，当前和今后一段时期，怒江州要围绕“抓生态、重民生、促发展、保稳定”四大重点开展工作，努力恢复生态，保护生态，建设生态，再现怒江的青山绿水，要着力关注民生，改善民生，加强民

生，实现各项民生保障措施在怒江州的全覆盖，推动经济发展与环境保护相互促进，努力提高全州各族人民的生活水平。

出席会议的领导对金厂岭至六库二级公路建设项目，怒江木蜡厂，泸水工业园区等进行了实地考察。

副省长曹建方，顾朝曦，和段琪，省政府秘书长丁绍祥出席会议并对怒江州的改革发展提出意见和建议。

12 日

△省政府召开滇池环湖生态建设调研现场会。会议强调，当前滇池治理取得了实质性进展，也进入了最艰难、最关键的时期，必须认真贯彻落实胡锦涛总书记考察云南时对滇池治理提出的要求，进一步坚定信心，下更大决心，采取更有力的措施，尽最大的努力，以一往无前的精神，扎实推进滇池水污染综合治理工作，让滇池“高原明珠”早日重放异彩。

省委常委、昆明市委书记仇和出席会议并讲话，副省长和段琪主持会议，省老领导、省政府滇池水污染防治专家督导组组长牛绍尧汇报滇池水污染防治督导工作情况，省政府滇池水污染防治专家督导组副组长高晓宇，省政府秘书长丁绍祥出席会议。

省市相关部门、单位负责人出席会议。

△以“创新发展、提升能力、加强合作、服务经济”为主题的第十八届全国发明展览会在昆明国际会展中心隆重开幕。在为期 4 天的展览会中，来自全国各地、各行业的 45 个展出团将展出各类发明项目 1 700 多项，涉及机电一体化、电子信息、生物、医药、能源、环保、节能减排、新材料、农业科技及青少年的发明创新，一大批拥有自主知识产权的技术和产品将在展会上亮相。

中国发明协会理事长朱丽兰，中共云南省委副书记、省长秦光荣，省人大常委会副主任杨保健，中国科协副主席、书记处书记齐杜，解放军总装备部电子信息基础部副部长刘成海，副省长和段琪，省政府秘书长丁绍祥等出席开幕式。

24 日

△省文化体制改革领导小组召开专题会议，传达贯彻全国文化体制改革经验交流会精神。会议提出，要加大力度，加快进度，全面推进全省文化体制改革，促进文化事业、文化产业繁荣发展。

省委常委、省委宣传部长张田欣主持会议并讲话。

29 日

△省旅游产业发展大会在腾冲召开。会议全面总结省旅游“二次创业”的工作成效，深入分析全省旅游产业发展面临的形势和任务，研究部署全省旅游产业改革与发展的各项工作。

省委书记白恩培，省长秦光荣对全省旅游改革发展工作专门作出重要批示。

副省长刘平，国家旅游局副局长祝善忠，国家发改委有关部门负责人出席会议。

9 月

2 日

△云南省文明委主办的“迎国庆，讲文明，树新风——云南省精神文明建设成就展”在昆明国际会展中心开幕。

省委副书记、省文明委主任李纪恒，省政协副主席、省文明委副主任顾伯平，省军区副政委、省文明委副主任李炳军出席开幕式。

14 日

△省深化集体林权制度改革领导小组扩大会议在昆明召开。会议传达学习中央林业工作会议精神，总结省集体林权制度改革 3 年来的工作，分析存在的问题，研究部署进一步做好集体林权制度改革的政策措施。会议强调，要努力工作，再接再厉，抓实抓细，坚定不移地推进林权制度改革。

省委副书记、省深化集体林权制度改革领导小组组长李纪恒出席会议并讲话，副省长、省深化集体林权制度改革领导小组第一副组长孔垂柱主持会议。省政协副主席、省深化集体林权制度改革领导小组常务副组长白成亮出席会议。

21 日

△省委书记白恩培主持召开常委会，传达学习党的十七届四中全会精神，讨论研究贯彻落实《中共中央关于加强和改进新形势下党的建设若干重大问题的决定》的实施意见。

28 日

△云南省庆祝中华人民共和国成立 60 周年纪念大会暨歌咏演唱会《盛世华章——给新中国 60 华诞的献礼》在昆明市体育馆举行。

省委书记、省人大常委会主任白恩培在纪念大会上讲话，省委副书记、省长秦光荣主持大会。

10 月

12 日

△云南省与陕西省在昆明举行旅游合作协议签字仪

式，双方将依托各自丰富的旅游资源，本着“优势互补、互利互赢”的合作原则，通过资源整合、联合推广、信息共享等一系列举措，为推动和促进两省旅游产业的发展注入新的活力。

中共云南省委书记、省人大常委会主任白恩培，中共陕西省委副书记、省长袁纯清出席签字仪式。签字仪式前双方进行了会谈。

14 日 – 15 日

△省政协主席王学仁率部分省政协委员就“滇中调水牛栏江——滇池补水和清水海引水工程”实施情况进行视察。在视察中他强调：各级各部门要从对党、对国家、对人民高度负责的精神，切实增强使命感、责任感和紧迫感，紧紧围绕省委、省政府提出的目标任务，咬定青山不放松，坚定信念不动摇，加快工程推进工作。

省委常委、常务副省长罗正富，省委常委、昆明市委书记仇和，省政协副主席白成亮，省政协秘书长车志敏参加视察。

20 日

△由云南省政府主办，上海市政府合作交流办等共同承办的云南（上海）生物产业合作项目推介洽谈会在上海举行，双方共签订 15 个合作项目，协议金额 11.9 亿元。

20 日 – 21 日

△中共云南省委八届七次全会在昆明举行。全会强调，要深入学习贯彻党的十七届四中全会和胡锦涛总书记考察云南时的重要讲话精神，进一步加强和改进新形势下全省党的建设，动员全省广大党员干部和各族群众，更加自觉地深入贯彻落实科学发展观，以更加扎实的工作，全力推动经济社会又好又快发展。

全会由省委常委会主持。省委书记白恩培受省委常委会委托作工作报告，省委副书记、省长秦光荣主持开幕大会，省委副书记李纪恒就《中共云南省委关于贯彻落实〈中共中央关于加强和改进新形势下党的建设若干重大问题的决定〉的实施意见》作说明。

11 月

2 日

△凌晨 5 时 07 分，大理白族自治州宾川县平川镇角山村委会发生 5.0 级地震。震中离县城直线距离 18 千米，震源深度 10 千米。目前地震造成 28 人轻伤，部分房屋倒塌。

白恩培、秦光荣、李纪恒作出重要批示，要求尽快加强对震情的监测、分析，立即启动应急预案，查明灾情，做好救援减灾工作。

9 日

△省政府在昆明向到云南省的国务院督查组汇报整治违法排污企业、保障群众健康环保专项行动情况。

工业和信息化部党组副书记、副部长、国家联合督察组第二组组长苗圩，副省长和段琪出席汇报会并讲话。

△在景洪市举行的“中老跨境保护第四次交流年会”上，西双版纳国家级自然保护区管理局与老挝南塔省农林厅签订了“中国西双版纳尚勇——老挝南塔南木哈联合保护区域”（简称：中老联合保护区域）合作协议，正式启动双方保护跨境区域生物多样性资源的合作机制和行动，开创了云南省自然保护区跨境联合保护的新模式。

△省保护厅召开环境保护宣传教育工作会议，宣布“七彩云南保护行动”环境好新闻评选结果。云南日报报业集团 6 篇作品分获一、二、三等奖。同时命名了第四批云南省绿色学校，并表彰了第四批云南省绿色学校创建优秀教师、优秀组织单位、创建工作先进个人。

14 日

△在迪庆藏族自治州香格里拉举办的“2009 全球旅游度假论坛”上，昆明滇池国家旅游度假区荣获“国际最佳旅游度假胜地”称号。

15 日

△中共云南省委林业工作会议在普洱市召开。会议强调，要在全省集体林权制度主体改革取得阶段性成果的基础上，继续保持思想不动摇、改革不停止、措施不松动，加大集体林权制度改革力度，坚定不移地推进低产林改造，用更有力的措施，推动全省从林业大省向林业强省转变。

省委书记、省人大常委会主任白恩培，全国绿化委员会副主任、国家林业局长贾治邦出席会议并讲话。

19 日

△由国家旅游局，云南省政府，中国民用航空局主办“昆明国际旅游交易会”在昆明开幕。省委书记、省人大常委会主任白恩培为国际旅游交易会击鼓开幕。

本届旅交会组委会主任、国家旅游局局长邵琪伟，省委副书记李纪恒，省政协主席王学仁，省委常委、常务副省长罗正富，省委常委、省委秘书长杨应楠，省委常委、昆明市委书记仇和，省人大常委会常务副主任晏友琼出席开幕式。

萨摩亚副总理兼旅游部部长米萨 · 雷茨拉夫，意大利旅游部部长布兰比拉，库克群岛旅游部部长罗伯特·维格莫，朝鲜国家观光局局长金道俊，牙买加旅游部部长埃德蒙·巴特里特，韩国文化体育观光部部长柳仁村，老挝国家旅游局局长宋蓬·蒙空维莱，马来西亚旅游部部长黄燕燕，瓦努阿图旅游部部长詹姆斯·布来，世界旅游组织秘书长特别代表徐京，PATA 旅游协会首席执行官格雷格·达菲尔，南太旅游组织首席执行官托尼·艾维力等外宾应邀出席开幕式。

柬埔寨、菲律宾、俄罗斯、特立尼达、多巴哥、乌兹别克斯坦、越南等国家和香港、澳门、台湾地区及国际组织的官员，参展企业代表，中国 31 个省区市和部分大型旅游企业的有关负责人及参加“中国——东盟旅游合作论坛”的业界代表、专家学者和云南省有关方面负责人应邀出席开幕式。

24 日

△省文化体制改革和文化产业发展领导小组在昆明召开“推动全省文化体制改革工作会”。会议听取了 16 个州市和省级有关部门贯彻落实全国文化体制改革经验交流会和全国文化市场综合执法改革经验交流会精神，推动文化体制改革的情况汇报，并对下一阶段全省文化体制改革的任务进行了部署。

省委常委、省委宣传部部长张田欣，副省长高峰出席会议并讲话。

12 月

3 日

△省政府城镇污水生活垃圾处理设施建设现场会在弥勒召开。会议总结交流了经验，查找存在的问题，安排部署下一步工作，提出要创新思路，扎实工作，又好又快推进城镇污水生活垃圾处理设施建设。

副省长刘平出席会议并讲话。

10 日

△省政府研究室、省环保厅联合主持召开“七彩云南保护行动”研讨座谈会。

“七彩云南保护行动”领导小组成员单位及有关单位、省经济学、社会学、生态学和环境科学的专家学者、国外非政府环保组织、国内外民间环保组织，以及新闻媒体代表齐聚一堂，总结“七彩云南保护行动”实施 3 年来的成效和经验，为进一步推进全省生态文明建设，促进经济社会科学发展建言献策。

会上，省长秦光荣作了题为《感悟造化天道涤荡尘世心灵——为“七彩云南保护行动计划”实施 3 周年而作》的书面发言，提出人与自然和谐相处新思考。

12 日 – 16 日

△中共中央政治局常委、全国政协主席贾庆林，在省委书记白恩培，省政协主席王学仁等的陪同下，深入西双版纳、保山、曲靖等州市，就学习贯彻中央经济工作会议精神，促进经济社会又好又快发展进行调研。

全国政协机关党组书记、副秘书长杨崇汇，全国政协经济委员会副主任李德水，全国政协常委、人口资源环境委员会委员、中科院院士、清华大学水利系学术委员会副主任王光谦，全国政协社会和法制委员会委员、中国市长协会常务副会长陶斯亮，省委常委、省委秘书长杨应楠，省委常委、省委政法委书记孟苏铁陪同调研。

省委书记白恩培代表省委、省政府作工作汇报。省委副书记、省长秦光荣主持汇报会。省领导李纪恒、王学仁、李汉柏、罗正富、杨应楠、仇和、郎友良、黄毅、孟苏铁、辛桂梓、晏友琼、刘平、和段琪及省政协秘书长车志敏出席汇报会。

19 日 – 20 日

△中共云南省委八届八次全会在昆明召开，全会由省委常委会主持。省委书记白恩培受常委会委托向全委会作工作报告。

省委副书记、省长秦光荣结合学习贯彻十七届四中全会和中央经济工作会议精神，对全省经济社会发展的具体工作提出了建议。

副书记李纪恒主持大会开幕式。

20 日

△在上海闭幕的 2009 年世界休闲旅游发展高层论坛上，大理省级旅游度假区获“中国最佳休闲旅游目的地”荣誉称号。

（魏家骏）

ANNUAL OF YUNNAN ECOLOGY

云南生态年鉴

2010

倡导绿色和谐　促进生态文明

政策法规选辑

SELECTED WORKS OF POLICY AND REGULATION

云南省地震监测管理规定

云南省人民政府令（第152号）

第一条 为了加强对地震监测活动的管理，提高地震监测能力，根据国务院令第409号公布的《地震监测管理条例》（以下简称《条例》），结合本省实际，制定本规定。

第二条 在本省行政区域内实施地震监测台网的规划、建设、运行、监督管理以及地震监测设施和地震观测环境的保护，应当遵守《条例》和本规定。

地震宏观观测网点的规划、保护和监督管理，依照本规定执行。

第三条 本规定所称地震监测台网，包括国家级地震监测台网、省级地震监测台网和市、县级地震监测台网及专用地震监测台网。

第四条 县级以上人民政府应当加强对地震监测工作的领导，将地震监测工作纳入国民经济和社会发展规划。

县级以上人民政府应当支持地震监测的科学研究、技术研发和推广应用，支持地震监测的国际合作与交流，鼓励企业事业单位、社会团体参与地震监测活动，并对在地震监测工作中有突出贡献的单位和个人给予表彰奖励。

第五条 省地震工作主管部门负责全省地震监测的监督管理工作；州市、县（市、区）地震工作主管部门负责本行政区域内地震监测的监督管理工作。

城乡规划、国土资源、公安等部门按照各自职责，配合做好地震监测的监督管理工作。

第六条 下列建设工程应当建设专用地震监测台网：

（一）《条例》第十四条规定的水库和油田、矿山、石油化工等重大建设工程；

（二）坝高80米以上、库容5亿立方米以上，且位于中国地震动参数区划图中峰值加速度0.15g以上区域的水库；

（三）库容1亿立方米以上，经省地震工作主管部门确认的水库正常蓄水区及其外延5 000米范围内有活动断层通过的水库；

（四）库容1亿立方米以上，经省地震工作主管部门确认的受地震破坏后可能对重要城镇、重要基础设施造成严重次生灾害的水库。

前款规定以外的其他建设工程，可以根据实际需要建设专用地震监测台网。

第七条 符合第六条规定的新建水库应当在开始蓄水前1年建设专用地震监测台网并投入运行；油田、矿山、石油化工等重大建设工程应当在投产前建设专用地震监测台网并投入运行。尚未建设专用地震监测台网的已建水库和油田、矿山、石油化工等重大建设工程，应当自本规定施行之日起1年内补建专用地震监测台网并投入运行。投入运行的专用地震监测台网应当正常运行20年以上。

省地震工作主管部门应当对专用地震监测台网的规划和建设工作给予指导。

第八条 下列建设工程应当设置强震动监测设施：

（一）核电站；

（二）库容1亿立方米以上的水库大坝或者装机容量25万千瓦以上的水电站大坝；

（三）总跨度超过1 000米或者单孔跨度超过150米的特大桥梁；

（四）高度超过50米的发射塔；

（五）高度超过100米，且位于中国地震动参数区划图中峰值加速度0.15g以上区域的高层建筑工程；

（六）采用隔震、减震等新技术，且位于中国地震动参数区划图中峰值加速度0.20g以上区域的建筑千程。

设置使用的强震动监测设施应当始终保持正常运行。

第九条 地震监测台网的设计、施千和采用的设备、软件，应当符合国家地震监测的有关技术标准。

市、县级地震监测台网的设计方案、施工情况、验收意见应当报省地震工作主管部门备案。

第十条 地震监测台网的运行应当符合国家地震行业规范要求，地震监测信息应当按照规定实时传送并汇交到省地震工作主管部门。

地震监测台网的管理单位应当将年度运行报告、分析报告等材料，报送省地震工作主管部门。

第十一条 国家级地震监测台网的建设资金和运行经费，按照《条例》和国家有关规定执行。省级地震监测台网的建设资金和运行经费，除中央财政安排的外，由省财政承担；市、县级地震监测台网的建设资金和运行经费以及地震宏观观测网点的保护和管理经费，由州、市、县（市、区）财政承担。

专用地震监测台网、强震动监测设施的建设资金和运行经费，由建设单位承担。

省财政以及州、市财政应当对少数民族地区、边远贫困地区地震监测台网的建设资金和运行经费、地震宏观观测网点的保护和管理经费给予补助。

第十二条 县级以上人民政府及有关单位应当为地震监测台网的建设、运行提供用地、通信、交通、水、电等条件保障；当地震监测台网和地震监测设施的运行受到影响时，应当采取紧急措施，尽快恢复其正常运行。

第十三条 地震工作主管部门应当会同公安等部门按照国家规定在地震监测设施附近设立保护标志。保护标志式样由省地震工作主管部门统一规定。

第十四条 在地震观测环境保护范围内新建、扩建、改建建设工程，可能危害地震监测设施和地震观测环境的，建设单位应当事先征求所在地地震工作主管部门的意见，并采取保护措施，避免对地震监测设施和地震观测环境造成危害。

负责规划和建设项目审批的部门，在审批规划和建设项目时，涉及地震观测环境保护范围的，应当事先征求同级地震工作主管部门的意见；地震工作主管部门应当在10个工作日内反馈意见。

第十五条 建设重点工程，确实无法避免对地震监测设施和地震观测环境造成危害的，建设单位应当按照地震工作主管部门的要求，采取下列措施后方可建设：

（一）增建抗干扰设施。增建的抗干扰设施必须保证地震监测设施发挥正常工作效能，所需费用由建设单位承担。

（二）抗干扰设施无效时，应当新建地震监测设施。新建地震监测设施与原地震监测设施应当进行对比监测，正常运行满1年后，原地震监测设施方可拆除。确需提前拆除原地震监测设施的，应当经地震工作主管部门同意。新建地震监测设施、拆除原地震监测设施和进行对比监测的费用，由建设单位承担。

第十六条 单位或者个人在地震观测环境保护范围内从事活动，可能对地震监测设施造成临时性干扰的，应当将相关情况告知所在地地震工作主管部门；地震工作主管部门应当根据干扰程度要求其采取相应措施。所需费用由造成干扰的单位或者个人承担。

第十七条 单位或者个人违反《条例》及本规定，未依法进行地震监测台网及强震动监测设施建设的，妨害地震监测台网的规划、建设、运行和监督管理的，或者对地震监测设施、地震观测环境造成危害、破坏的，依照《条例》和有关法律、法规追究法律责任。

第十八条 国家工作人员在地震监测管理工作中滥用职权、玩忽职守、徇私舞弊的，依法给予处分；构成犯罪的，依法追究刑事责任。

第十九条 社会地震监测台站（点）的建设、运行、管理参照本规定执行，其建设资金和运行经费由相关单位和个人承担。

第二十条 本规定自2009年7月1日起施行。

（2009年4月28日）

云南省地下水管理办法

云南省人民政府令（第153号）

第一条 为了加强地下水管理，促进地下水的合理开发、利用和保护，根据《中华人民共和国水法》、《云南省实施〈中华人民共和国水法〉办法》等法律、法规，结合本省实际，制定本办法。

第二条 本办法所称地下水，是指存在于地表以下的水体，包括一般地下水和地热水、矿泉水等特殊地下水。

第三条 在本省行政区域内开发、利用、保护和管理地下水，应当遵守有关法律、法规、规章和本办法。有关法规、规章对昆明市行政区域内地下水管理另有严于本办法规定的，依照其规定执行。

在本省行政区域内勘查地下水，适用《中华人民共和国矿产资源法》及其实施细则和有关法规。

第四条 地下水管理应当遵循保护优先、统一规划、合理开发、综合利用、厉行节约、严格管理的原则。

第五条 各级人民政府应当加强对地下水管理工作的领导，加大宣传教育力度，鼓励、支持地下水节约和保护先进科学技术的研究、推广和应用，提高全社会节约和保护地下水的意识，并对节约和保护地下水取得显著成绩的单位、个人给予表彰奖励。

任何单位或者个人都有节约和保护地下水的义务，有权对违法勘查、开采、污染地下水的行为予以制止、检举和控告。

第六条 县级以上水行政主管部门负责本行政区域内地下水的统一管理和监督工作。

县级以上国土资源行政主管部门按照职责分工，负责本行政区域内地热水、矿泉水等地下水的有关矿产资源属性的管理工作。

县级以上城乡建设、环境保护等有关部门按照职责分工，负责本行政区域内地下水的有关管理工作。

第七条 县级以上水行政主管部门应当编制地下水开发利用和保护规划，经征求发展改革、国土资源、城乡建设、环境保护等部门意见后，报本级人民政府批准实施。

地下水开发利用和保护规划应当服从流域、区域水资源规划，并与发展改革、国土资源、城乡建设、环境保护等有关部门编制的有关规划相衔接和协调。

第八条 县级以上水行政主管部门应当会同同级环境保护行政主管部门和有关部门拟定本行政区域内的地下水功能区划，报本级人民政府批准后组织实施，并报上一级主管部门备案。

第九条 省水行政主管部门应当会同省国土资源、城乡建设行政主管部门根据全省地下水的开发利用现状和动态监测情况，在依法划定的地下水严重超采地区范围内，划定地下水禁止开采区或者限制开采区，报省人民政府批准后予以公告。

昆明市水行政主管部门应当会同市国土资源、城乡建设行政主管部门，在依法划定的本行政区域地下水严重超采地区范围内，划定地下水禁止开采区或者限制开采区，报市人民政府批准后予以公告。

第十条 在地下水严重超采地区，不得新建、改建、扩建地下水取水工程或者设施，不得在批准的年度取水量的基础上增批取水量。

在禁止开采区内，不得利用取水工程或者设施开采地下水，已有的地下水取水工程或者设施，应当限期封闭或者拆除。

在限制开采区内，对已有的地下水取水工程或者设施，应当削减取水量。

第十一条 经批准的地下水开发利用和保护规划、地下水功能区划、地下水超采地区和严重超采地区、地下水禁止开采区和限制开采区需要修改或者调整的，应当按照编制程序报经原批准机关批准。

第十二条 县级以上水行政主管部门应当会同同级国土资源行政主管部门和有关部门按照布局合理、信息共享的原则，组织制定本行政区域内的地下水监测站网规划，并按照规划建立和完善地下水监测站点，组织开展地下水动态监测工作，建立地下水监测信息共享平台。

对地下水超采地区和严重超采地区、漏斗区、集中式地下水水源地、地下水污染地区应当实施重点监测。

第十三条 县级以上水行政主管部门应当会同同级国土资源、城乡建设行政主管部门，根据本行政区域内地下水的水文地质条件、地下水动态监测资料、实际开采量及因开发地下水诱发的地质灾害等情况，核定本行政区域内的地下水可开采量，并报上一级主管部门备案。

上一级水行政主管部门应当在核定的地下水可开采量范围内，批准下达可供该行政区域取用的地下水总水量。

第十四条 对地下水依法实行取水许可和水资源费征收管理制度；对地热水、矿泉水同时依法实行采矿许可制度，并依照规定实行矿产资源有偿使用管理制度。

取水许可、采矿许可的审批权限、程序、监督管理和水资源费、矿产资源补偿费等有偿使用税费的征收管理，依照国家和省人民政府有关规定执行。

第十五条 有下列情形之一的，县级以上水行政主管部门和有关机关不得批准开采地下水：

（一）在地下水禁止开采区内开采地下水的；

（二）在地下水严重超采地区新建、改建、扩建地下水取水工程或者设施的；

（三）在城乡公共供水管网覆盖并能够满足用水需求的区域开采一般地下水的；

（四）在有泉眼景观的风景名胜区开采地下水的；

（五）地下水已受到严重污染的；

（六）开采地下水可能引发地质灾害的；

（七）开采地下水可能危害建筑物安全的；

（八）法律、法规规定禁止开采地下水或者经论证不应当开采地下水的其他情形。

第十六条 经批准开采地下水的，施工单位应当具有相应资质，并严格按照地下水取水工程方案施工，保证施工质量，防止地下水污染。

施工单位在地下水取水工程施工中，发现环境地质不宜实施地下水取水工程的，应当立即停止施工，采取防止地质灾害的措施，并通知建设地下水取水工程的单位或者个人；建设地下水取水工程的单位或者个人应当及时向原审批机关报告。

第十七条 建设地下水取水工程的单位或者个人应当按照法律、法规的规定和国家技术标准安装计量设施，保证计量设施正常运行，并按照规定填报取用地下水统计报表。

建设地下水取水工程的单位或者个人应当按照有关主管部门的要求，对地下水的水位、水量、水质进行动态监测，并将监测结果定期向县级以上水行政主管部门和国土资源行政主管部门报告。

第十八条 禁止任何单位或者个人利用渗井、渗坑、裂隙或者溶洞等向地下排放有毒有害的废水、污水，弃置垃圾等污染物。

堆放垃圾、矿渣等废弃物的地点，应当由有关单位和个人采取相应防渗措施，避免渗入地下污染地下水。

第十九条 在进行勘查、采矿、建设地下工程、开凿隧洞或者其他活动时，应当采取防护性措施，防止地下水污染或者水源枯竭；因疏干排水导致地下水位下降、枯竭的，建设单位应当采取补救措施，对其他单位或者个人生活、生产造成损失的，应当依法补偿。

第二十条 在城乡公共供水管网覆盖并能够满足用水需求的区域，应当停止取用一般地下水，并拆除地下水取水工程。已经取得取水许可证的，应当在停止取水的30日内到原审批机关办理取水许可证注销手续。

依照前款规定停止取用一般地下水后确需保留地下水取水工程不必拆除的，应当到原审批机关办理备案，并封闭地下水取水工程。

确需重新启用已封闭的地下水取水工程取用地下水的，应当到原审批机关重新办理取水许可手续。

第二十一条 不再使用的地下水取水工程，取用地下水的单位或者个人应当在停止取水的30日内到原审批机关办理取水许可证注销手续，取得采矿许可证的应当同时办理采矿许可证注销手续，并封闭或者拆除地下水取水工程。

第二十二条 封闭或者拆除地下水取水工程，应当由具有相应资质的施工单位承担，所需费用由取用地下水的单位或者个人承担。封闭或者拆除地下水取水工程，不得污染地下水。

第二十三条 县级以上水行政主管部门及有关机关违反本办法第十五条规定，擅自批准开采地下水的，由其上级主管部门或者本级人民政府责令改正；情节严重的，对直接负责的主管人员和其他直接责任人员依法给予处分；构成犯罪的，依法追究刑事责任。

第二十四条 有下列情形之一的，由有管辖权的县级以上水行政主管部门依照《中华人民共和国水法》的有关规定，责令停止违法行为，限期采取补救措施，处2万元以上5万元以下的罚款；情节严重的，处5万元以上10万元以下的罚款，已经取得取水许可证的，吊销其取水许可证：

（一）未经依法批准擅自开采地下水或者有本办法第十五条规定情形之一开采地下水的；

（二）未依照批准的取水地点、取水量、取水用途、取水期限等取水许可规定条件开采地下水的。

第二十五条 取用地下水的单位或者个人违反本办法第二十条、第二十一条规定，未办理许可证注销手续，并封闭或者拆除地下水取水工程的，由县级以上水行政主管部门责令限期改正；逾期仍不封闭或者不拆除的，由县级以上水行政主管部门组织封闭或者拆除，所需费用由违法行为人承担，可以处1万元以上3万元以下的罚款。

第二十六条 对违反本办法其他规定的违法行为，法律、法规、规章规定应当追究法律责任的，依照有关法律、法规、规章的规定追究法律责任。

第二十七条 本办法自2009年9月1日起施行。

（2009年8月3日）

云南省取水许可和水资源费征收管理办法

云南省人民政府令（第154号）

第一条 为了加强水资源管理和保护，促进水资源的节约与合理开发利用，根据国务院令第460号公布的《取水许可和水资源费征收管理条例》（以下简称《条例》）的有关规定，结合本省实际，制定本办法。

第二条 在本省行政区域内利用取水工程或者设施直接从江河、湖泊或者地下取用水资源的单位和个人（以下简称取水人），应当按照《条例》及本办法的规定，申请领取取水许可证，并依法缴纳水资源费。

第三条 省、州（市）、县（市、区）水行政主管部门依照本办法规定的分级管理权限，负责本行政区域内取水许可制度的组织实施和监督管理。

县（市、区）级以上水行政主管部门、财政部门和价格主管部门依照《条例》及本办法规定和管理权限，负责水资源费的征收、管理和监督。

第四条 《条例》第四条第一款第（二）项规定的少量取水的限额，按照下列规定执行：

（一）家庭生活每户月取水量不超过30立方米的；

（二）零星散养、圈养畜禽饮用等月取水量不超过60立方米的。

第五条 按照《条例》第四条第一款第（三）项规定取（排）水和第（四）项规定取水的，取水人应当自取（排）水之日起5个工作日内报当地县（市、区）水行政主管部门备案，备案材料应当包括下列事项：

（一）取水人的名称（姓名）、地址；

（二）取（排）水的起始时间、地点；

（三）取（排）水目的、理由、数量。

按照《条例》第四条第一款第（五）项规定取水的，应当经县（市、区）级以上水行政主管部门同意。水行政主管部门应当自收到取水人临时应急取水书面意见后24小时内决定是否同意并书面答复。

第六条 取水许可应当遵循先从地表取水、后从地下取水，先从江河取水、后从湖泊取水的原则。

江河、地下的取水许可，按照《条例》第五条第一款规定的各项用水的先后顺序实施。

湖泊的取水许可，应当首先满足城乡居民生活用水，并兼顾生态与环境、农业、工业用水以及航运等需要。

第七条 省水行政主管部门根据国家下达的可供本省行政区域取用的水量，下达各州（市）可供本行政区域取用的水量。

州（市）水行政主管部门根据上级水行政主管部门下达的可供本州（市）行政区域取用的水量，下达各县（市、区）可供本行政区域取用的水量。

第八条 除《条例》第十四条规定由流域管理机构审批的取水外，下列取水由省水行政主管部门审批：

（一）地表水设计流量4立方米每秒以上的农业取水或者日取水量4万立方米以上的工业取水及其他取水；

（二）地下水日取水量3 000立方米以上的取水；

（三）跨州（市）行政区域的取水；

（四）由省人民政府或者省投资主管部门审批、核准的建设项目的取水。

第九条 除本办法第八条规定范围的取水外，下列取水由州（市）水行政主管部门审批：

（一）地表水设计流量2立方米每秒以上不足4立方米每秒的农业取水或者日取水量2万立方米以上不足4万立方米的工业取水及其他取水；

（二）昆明市地下水日取水量不足3 000立方米的取水，其他州（市）地下水日取水量300立方米以上不足3 000立方米的取水；

（三）跨县（市、区）行政区域的取水；

（四）由州（市）人民政府或者州（市）投资主管部门审批、核准的建设项目的取水。

第十条 除本办法第八条、第九条规定范围的取水外，其他取水由取水口所在地的县（市、区）水行政主管部门审批。

第十一条 取水许可的申请、受理、审查和决定程序依照《条例》及国家有关规定执行。

有《条例》第二十条及《云南省地下水管理办法》第十五条规定情形之一的，取水审批机关不予批准取水申请。

第十二条 取水审批机关在审批取水量时，应当在本行政区域的取水许可总量控制指标内，以本省用水定额地方标准核定的用水量为主要依据。本省用水定额地方标准未作规定的，参照国务院有关行业主管部门制定的行业用水定额执行。

第十三条 取水人应当依法缴纳水资源费。

农业生产取水超过本省地方标准规定的用水限额的，取水人对超过部分应当缴纳水资源费。

第十四条 水资源费征收标准由省价格行政主管部门会同省财政部门、水行政主管部门制定，报省人民政府批准。

制定水资源费征收标准，应当遵循《条例》第二十九条规定的原则和下列要求：

（一）从地表取水应当低于从地下取水；

（二）从江河取水应当低于从湖泊取水；

（三）从丰水区取水应当低于从缺水区取水；

（四）农业生产取水应当低于工业、商业等其他行业取水；

（五）粮食作物取水应当低于经济作物取水。

第十五条 取水人应当按照经批准的年度取水计划或者用水定额取水。超计划或者超定额取水的，对超出部分按照下列规定累进收取水资源费：

（一）超计划或者超定额10%以下的部分，按照水资源费征收标准的1.5倍收取；

（二）超计划或者超定额10%至30%的部分，按照水资源费征收标准的2倍收取；

（三）超计划或者超定额30%至50%的部分，按照水资源费征收标准的2.5倍收取；

（四）超计划或者超定额50%以上的部分，按照水资源费征收标准的3倍收取。

第十六条 水资源费由取水审批机关负责征收。

征收水资源费的水行政主管部门应当持有价格行政主管部门核发的行政事业性收费许可证，使用由财政部门统一印制的专用票据，并接受其监督管理。

第十七条 水资源费按月征收，对月缴费额不足1 000元的可以按季征收。

取水人应当于每月（季）结束后的5个工作日内，向取水审批机关报送实际取水量或者实际发电量。

取水审批机关应当自收到报送材料之日起5个工作日内，确定水资源费缴纳数额并向取水人送达水资源费缴纳通知单和一般缴款书。

取水人应当自收到水资源费缴纳通知单和一般缴款书之日起7个工作日内到商业银行办理缴纳手续。

取水人安装和使用电子智能计量设施的，可以根据实际需要预缴水资源费。

第十八条 各级征收的水资源费，除按照规定解缴中央国库的外，按照省财政部门确定的分配比例分别解缴各级地方国库。

第十九条 水资源费应当全额纳入财政预算。水资源费主要用于下列水资源的节约、保护和管理：

（一）水资源调查评价、规划、分配及相关标准制定；

（二）取水许可的监督实施和水资源调度；

（三）江河湖库及水源地保护和管理；

（四）水资源管理信息系统建设和水资源信息采集与发布；

（五）节约用水的政策法规、标准体系建设以及科研、新技术和产品开发推广；

（六）节水示范项目和推广应用试点工程的拨款补助和贷款贴息；

（七）水资源应急事件处置工作补助；

（八）节约、保护水资源的宣传和奖励。

水资源费也可以用于水利基础设施建设资金补助等水资源的合理开发。

水资源费用于水资源节约、保护和管理的比例不得低于60%。

第二十条 水资源费的使用，由县（市、区）级以上水行政主管部门会同有关部门按照本办法第十九条规定的用途和比例编制年度水资源费收支预算并纳入部门预算，由同级财政部门按照部门预算编制的程序核定后执行。

第二十一条 县（市、区）级以上水行政主管部门或者其他有关部门及其工作人员，有下列行为之一的，由其上级行政机关责令改正；情节严重的，对直接负责的主管人员和其他直接责任人员依法给予处分；构成犯罪的，依法追究刑事责任：

（一）审批的取水量超过上级水行政主管部门下达的可供本行政区域取用的水量的；

（二）违法减免水资源费的；

（三）不按照规定解缴、核拨、使用水资源费的；

（四）有其他滥用职权、玩忽职守、徇私舞弊行为的。

第二十二条 取水人违反取水许可和水资源费征收管理规定，应当给予行政处罚以及追究其他法律责任的，依照《条例》的有关规定处理。

第二十三条 本办法自2009年10月1日起施行。1997年3月31日云南省人民政府发布的《云南省水资源费征收管理暂行办法》和1998年11月23日云南省人民政府发布的《云南省取水许可规定》同时废止。

（2009年8月3日）

云南省人民政府关于同意将克木人归属为布朗族的批复

西双版纳州人民政府：

《西双版纳州人民政府关于将克木人归属为布朗族的请示》（西政报［2008］47号）收悉。根据国家民委《关十同意云南省克木人和莽人归属为布朗族的复函》（民委（政法）函［2009］22号）精神，现将有关事项批复如下：

一、同意将克木人归属为布朗族。

二、请你州与省民委、省政府新闻办等有关部门，按照有利于民族团结、促进各民族共同繁荣发展的要求，内外有别，共同做好政策落实和舆论引导等相关工作。

三、请你州在执行民族政策等方面，充分考虑到他们的实际情况，使克木人归属的确定，更有利于增进民族平等团结，促进他们的发展进步。

云南省人民政府

2009年3月18日

云南省人民政府关于同意将莽人归属为布朗族的批复

红河州人民政府：

《红河州人民政府关于金平莽人归族问题的请示》（红政报［2009］43号）收悉。根据国家民委《关于同意云南省克木人和莽人归属为布朗族的复函》（民委（政法）函［2009］22号）精神，现将有关事项批复如下：

一、同意将莽人归属为布朗族。

二、请你州与省民委、省政府新闻办等有关部门，按照有利于民族团结、促进各民族共同繁荣发展的要求，内外有别，共同做好政策落实和舆论引导等相关工作。

三、清你州在执行民族政策等方面，充分考虑到他们的实际情况，使莽人归属的确定，更有利于增进民族平等团结，促进他们的发展进步。

云南省人民政府

2009年3月18日

云南省人民政府关于实施加快推进优势生物产业发展计划的通知

各州、市人民政府，省直各委、办、厅、局：

为进一步促进优势生物产业加快发展，省人民政府决定实施加快推进优势生物产业发展计划。现将《云南省加快推进优势生物产业发展计划》印发给你们，请认真组织实施。

云南省人民政府

2009年2月25日

云南省加快推进优势生物产业发展计划

生物产业是我省的重要支柱产业。为深入贯彻落实党的十七大和十七届三中全会精神，进一步发展生物龙头产业，壮大生物龙头企业，促进优势生物产业加快发展，根据《云南省生物产业发展“十一五”规划》和《云南省人民政府关于加快推进生物产业发展的意见》（云政发［2008］27号）精神，提出如下计划。

一、加快优势生物产业发展的重大意义

（一）生物产业发展取得明显成效。我省生物产业起步早、效果好、贡献大，党的十六大和省第七次党代会以来，全省生物产业发展加快，已成为我省新的经济增长点。2003年到2007年，全省生物产业总产值由1 487亿元增加到2 793亿元，年均增长13.4%，增加值由911亿元增加到1 682亿元，年均增长13%，其中，烟草、畜产品、蔬菜、茶叶、薯类、生物药、蔗糖、花卉、木本油料、橡胶、水果、木竹加工及浆纸等12类生物产业总产值达2 349亿元，占全省生物产业总产值的84%，成为我省生物产业的龙头和核心。生物产业的强劲发展，对我省培育特色经济和支柱产业、加快工业化进程、转变经济发展方式、建设生态文明、统筹城乡发展以及现代农业发展起到了基础性、先导性和关键性的作用，为全省改革发展稳定大局作出了重要贡献。

（二）推动生物产业发展势在必行。当前，我省生物产业还存在产品开发领域不宽、深度不够，产业规模不大、集聚度不高，企业小散弱和创新能力不足、竞争力不强等问题。随着生物技术的发展，生物产业已逐步成为世界经济新的主导产业。大力发展生物产业，符合国民经济发展战略规划，符合发展现代农业的要求，符合云南的资源状况和生产力水平实际。实施优势生物产业推进计划，符合科学发展观要求，是促进企业增效、农民增收和财政增长的客观需要，是新型工业化和农业产业化的重要内容。大力发展生物产业，有利于集中各方力量，提高产业发展水平，突出产业发展重点；有利于拓宽生物产品开发领域，壮大生物产业规模，增强产

业竞争能力；有利于转变发展方式，统筹城乡产业发展和建设现代农业，对于繁荣农村经济、发展特色经济、推行循环经济，实现我省经济又好又快发展具有重大意义。

二、加快推进优势生物产业发展的总体要求、目标任务和基本原则

（一）总体要求。深入贯彻落实科学发展观，紧紧围绕推进社会主义新农村建设和建设绿色经济强省2大战略任务，按照万众一心抓产业、千方百计建产业、依靠科技壮产业、勇往直前推产业的要求，以做强做大生物产业为目标，以培育龙头企业为重点，以体制创新和技术创新为动力，充分发挥我省生物资源优势，努力在引进战略投资者、促进基地规模化、推进产品深加工、增强科技支撑力、扩大市场占有率、提高品牌竞争力等方面取得新的突破，推进优势生物产业成为增长速度快、质量效益好、带动效益强的重要支柱产业，为全省经济社会又好又快发展奠定坚实基础。

（二）目标任务。到2012年，烟草等12类优势生物产业基地建设规模化格局基本形成，原料标准化生产水平明显提高；产品精深加工和资源利用水平明显提高；龙头企业实力明显增强，科技创新能力和产业集中度明显提高；产品市场占有率进一步扩大，名牌创建和品牌效应成效明显；产业实力进一步增强，对全省特色经济发展的支撑作用进一步凸显，总产值突破4 000亿元，其中，加工产值突破2 400亿元，分别占全省生物产业总产值的85%以上、加工产值的90%以上。到2020年，总产值达到10 000亿元左右，年均增速达12%以上，占全省生物产业总产值的90%左右。

（三）基本原则。坚持市场导向、政府推动，充分发挥市场配置资源的基础性作用以及政府的规划引导和产业扶持作用，为生物产业发展营造良好环境；坚持统筹规划、集聚发展，促进企业和资金、技术、人才等要素向优势地区集中，关联企业向优势地区汇集，形成生物产业集群；坚持因地制宜、突出重点，有所为有所不为，发挥比较优势，发展优势产品，推进精深加工，延伸产业链，提高附加值；坚持有效保护、可持续发展，加强生物资源保护与合理开发，高度重视生物安全，确保生物产业可持续发展。

三、突出培育12类优势生物产业

（一）烟草。优化资源配置，积极发展规模、质量、效益协调统一的现代烟草农业，加快现代化烟田基础设施建设，提升烟叶质量水平，突出烟叶风格特色，构建适应卷烟大企业、大品牌要求的原料保障体系。坚持生态型、安全型发展方向，突出研发特色烟草配方组合工艺、推进降焦减害、再造业务流程3个主攻方向。实施集团化、品牌化、国际化发展战略，全面提高烟草企业的现代化管理水平，不断提高科技含量、产品质量、市场占有率、国际竞争力和产业效益。到2012年，使烟叶产量由2007年的75万吨增加到100万吨，加工产值由694亿元增加到900亿元，总产值由784亿元增加到1 000亿元。到2020年，烟草总产值达到1 200亿元。

（二）畜产品。稳定发展生猪、家禽，加快发展以肉牛、肉羊和奶牛为重点的草食畜，确保肉蛋奶基本供给。突出抓好规模化饲养和“畜一沼一肥”循环生态养殖，培养一批科学养殖专业户、重点户。大力开发山区牧草资源，强化作物秸秆综合利用，加强畜禽良种繁育、饲料生产、疫病防控等保障体系建设，推广草料青贮、氨化和科学饲养技术，推进传统粗放养殖向现代科学养殖转变。重点引进畜产品深加工企业，开发即食产品，发展冷链保鲜技术。到2012年，肉类总产量由2007年的335.5万吨增加到500万吨，畜产品加工产值由126亿元增加到300亿元，总产值由585亿元增加到1 000亿元。到2020年，畜产品总产值达到3 000亿元。

（三）蔬菜。按照高产、优质、高效、生态、安全的要求，加快推进蔬菜种植和加工标准化，提升加工、保鲜和储运能力，加强出口基地备案、蔬菜良种繁育中心、蔬菜工厂化育苗中心建设。推进野生食用菌人工促繁基地建设，发展特色人工食用菌，大力发展食用菌深加工。力争到2012年，蔬菜种植面积由2007年的843万亩增加到1 200万亩，产量由1 113万吨增加到1 800万吨，加工产值由30亿元增加到110亿元，总产值由173亿元增加到280亿元；食用菌产量由6.6万吨增加到36万吨，加工产值由5.5亿元增加到20亿元，总产值由25亿元增加到50亿元；蔬菜和食用菌总产值达到330亿元。到2020年，蔬菜和食用菌总产值达到750亿元。

（四）茶叶。加强茶园建设，提高单产和质量，以主产区为重点，集中连片、突出重点、择优发展，形成一批年产茶叶2 000吨以上的产茶大县和重点乡镇。加快行业整合，促进茶叶企业上规模、上档次、上品牌，逐步形成全省茶叶企业规模化、专业化、品牌化、现代化经营的发展格局。不断改进加工工艺，积极发展茶叶精深加工，优化茶类结构，加快发展普洱茶、滇红茶、滇绿茶等名优茶类，积极发展袋泡茶、速溶茶、保健茶等新型茶饮料，大力开发茶药品、茶食品、茶多酚、茶色素等高附加值产品，不断提高茶叶精深加工比重和产品质量。到2012年，使茶园种植面积稳定在500万亩左右，产量由2007年的17万吨增加到25万吨，加工产值由95亿元增加到170亿元，总产值由160亿元增加到270亿元。到2020年，茶叶总产值达到500亿元。

（五）薯类。努力把云南建成全国最大的马铃薯生产、加工、出口和种薯供应基地，稳步发展鲜食品种，积极主攻专用型品种，尽快在优质、抗病、高产种质资源的攻关上取得新突破。发挥区位优势，寻求与周边地区的种植合作，积极扩大木薯种植规模发展燃料乙醇。开展魔芋良种选育和推广应用工作，不断发展深加工产品，拓展多元化应用的市场。积极引进一批薯类即食产品、优质淀粉深加工企业。到2012年，力争薯类种植面积由2007年的990万亩增加到1 200万亩，产量由1 260万吨增加到2 000万吨，其中，马铃薯面积1 000万亩、产量1 200万吨，木薯160万亩、700万吨，魔芋40万亩、100万吨；薯类加工产值由36亿元增加到120亿元，总产值由114亿元增加到200亿元。到2020年，薯类总产值达到400亿元。

（六）生物药。加强地道药材规范化种植和天然药物人工种植基地建设，积极开展重要濒危药用植物的保护与繁育利用研究，做强“云药”产业。加快生物药物有效成分提取技术引进，加强与知名生物制药企业和市场营销企业合作，着力推进新疗效、新剂型的植物药、中药和民族药品种研发，形成一批拥有自主知识产权的创新药物。到2012年，力争使药材种植面积由2007年的100万亩增加到300万亩，产量由5.5万吨增加到16万吨，加工产值由77.8亿元增加到200亿元，总产值由101亿元增加到250亿元。到2020年，生物药总产值达到14.00亿元。

（七）蔗糖。稳定种植面积，应用良种、良法和专用机械，不断提高单产和含糖率。强化蔗糖企业技术更新，加快产品升级换代，促进糖业由以生产原料型初级产品为主向生产终端型高附加值产品转变。培育和引进一批蔗糖深加工企业，合理利用蔗渣、蔗皮、糖蜜等副产品，不断提高糖业综合效益。到2012年，使甘蔗种植面积稳定在470万亩，蔗糖产量由2007年的216万吨增加到250万吨，加工产值由70亿元增加到100亿元，总产值由100亿元增加到150亿元。到2020年，蔗糖总产值达到220亿元。

（八）花卉。充分发挥气候和物种2大比较优势，积极开拓国际、国内两个市场，调整产业结构，丰富花卉品种，形成以鲜切花为主导，观赏苗木、地方特色花卉、花卉育种业和花卉加工业共同发展的产业格局。根据产业规划和区域经济发展格局，优化种植空间，合理布局市场。加快新品种研发，形成一批具有自主知识产权的特色花卉新品种。改善物流条件，形成航空专线和陆路冷链运输相结合的现代花卉物流体系，把云南打造成亚洲乃至世界最大的花卉生产中心、花卉市场中心和花卉物流中心。到2012年，力争花卉种植面积由2007年的34.5万亩增加到70万亩，特色花卉发展实现新的跨越，行业总产值由84亿元增加到300亿元。到2020年，行业总产值达到800亿元。

（九）木本油料。以核桃、油茶、膏桐、油桐、油橄榄和澳洲坚果为重点，分类开发食用油、工业用油、生物柴油等，加强基地建设，加大龙头企业培育，加快产业化经营，重点引进一批种植和油品精深加工企业。到2012年，力争木本油料种植面积由2007年的2000多万亩增加到5 000万亩，加工产值由54.3亿元增加到300亿元，总产值由76.5亿元增加到400亿元。到2020年，木本油料总产值达到1500亿元。

（十）橡胶。稳定种植面积，改造低产低质胶园，大力发展综合利用和精深加工，加快推进行业整合重组，稳步提升产业集约化水平，引进有实力、有品牌营销网络的轮胎、力车胎、胶管胶带等深加工企业。到2012年，橡胶种植面积稳定在600万亩左右，产量由2007年的28.2万吨增加到35万吨，加工产值由48亿元增加到70亿元，总产值由54亿元增加到80亿元以上。到2020年，橡胶总产值达到150亿元。

（十一）水果。以亚热带、温带水果为主，积极利用与东南亚市场的互补性，加强优质品种的选育和推广，加强规模化水果基地建设，积极扶持一批外销能力强的水果营销企业。到2012年，力争水果种植面积由2007年的398万亩增加到450万亩，产量由202万吨增加到350万吨，加工产值由10亿元增加到30亿元，总产值由40亿元增加到90亿元。到2020年，水果总产值达到200亿元。

（十二）木竹加工及浆纸。在我省适宜地区建设木浆、竹浆原料林基地，积极招商引资，发展精深加工产品，培育一批林（竹）浆纸一体化龙头企业。强化木材资源综合利用，坚持走资源消耗低、污染少、可再生的发展道路，由利用天然材为主向利用人工材为主转变，由扩大生产规模的单一模式向扩大生产规模、精深加工与节约利用并举的复合发展模式转变，由利用国内市场、资源向利用国内国外两个市场、两种资源转变，把我省建成全国重要的林纸一体化产业基地。到2012年，木竹加工及浆纸总产值由2007年的53亿元增加到300亿元，其中，林纸种植面积由210万亩增加到1 500万亩，产量由11.6万吨增加到130万吨，加工产值由2.3亿元增加到50亿元，总产值由6亿元增加到180亿元；木竹加工产值由47亿元增加到120亿元。到2020年，木竹加工及浆纸总产值达到550亿元。

与此同时，对目前规模不大但市场前景好的咖啡、蚕桑、油菜、松香松节油等特色产业，也应予以高度重视，积极扶持，促其做大做强。

四、优势生物产业发展的重点任务

（一）积极引进战略投资者。以优势生物资源开发利用为切入点，选准目标客户，积极引进战略投资者参与生物资源开发。针对优势生物产业的特点，组织、设计、包装一批带动面大、关联性强的项目，建立招商引资项目库。精心策划和组织招商引资重大活动，鼓励各地各部门开展专业性、经常性、对应性的招商活动，建立招商项目跟踪服务机制和重大在谈项目督办制度，促进意向项目、在谈项目落实到位。

（二）大力推进精深加工。以龙头企业为核心提升加工装备和技术，以增加产品附加值为重点大力推进生物资源精深加工。鼓励和引导企业通过收购、兼并等方式进行重组，加快产业整合步伐，优化资源配置，形成一批主业突出、核心竞争力强、牵动作用大、关联度高、带动力强的大企业、大集团。认定、培育和壮大一批省级重点生物精深加工企业。围绕主导生物产业建设一批专业性生物产业基地，形成一批专业化生产、社会化协作、创新能力强的产业集群，开发一批市场竞争力强的生物产品。

（三）不断增强科技支撑。依托省内外高校、科研院所、重点龙头企业，加快建设一批公共技术研发平台或重点实验室，积极组织生物技术联合攻关，力争在生物产业关键技术、核心技术和共性技术研发上取得重大突破，加快建立生物产业技术体系。健全和完善扶持龙头企业技术创新的政策措施，鼓励企业引进、消化、吸收国内外先进的专利技术、科技成果，开发新产品，创建一批科技成果转化企业，发展一批高新技术企业。组织实施企业知识产权与标准化战略，鼓励具有实力的龙头企业，加快自主知识产权专利技术和产品开发步伐，积极促进专利技术标准化和产业化。加强高校生物产业学科建设和职业技术教育，培养适应产业发展需要的专业人才，壮大生物产业人才队伍。

（四）加强原料基地建设。稳定和完善农村基本经营制度，积极促进家庭经营向采用先进科技和生产手段的方向转变，统一经营向发展农户联合与合作，形成多元化、多层次、多形式经营服务体系的方向转变，鼓励龙头企业与农民建立紧密型利益联结机制，着力提高组织化程度。围绕特色优势产业和龙头企业，不断改善原料基地配套设施建设。强化良种繁育和技术推广，加快建设与加工能力相配套的集约化、标准化、良种化、规模化优质专用原料基地，促进原料生产由粗放低效向集约高效转变。

（五）努力培育名牌产品。以名牌产品带动产业发展，积极培育名、优、新、特产品，打造一批具有自主知识产权和较强市场竞争力的名牌产品，增强产业竞争力。获得中国驰名商标、中国名牌产品称号，被列为国家外贸出口重点支持的生物企业，省人民政府给予1次性奖励。鼓励生物企业在境外注册商标。发挥行业协会的主体作用，推动地理标志产品保护和地理标志证明商标的申报、管理和实施工作，造就一批在国内外具有影响力的公共品牌。到2010年在生物产业领域培育20个以上中国名牌和中国驰名商标，300个以上云南省著名商标。

（六）积极构建市场营销体系。引导和支持有实力的企业在生物资源产品主产地、集散地、省际边界地区兴建一批专业批发市场。鼓励和支持企业在大中城市建立展销、批发和配送中心，发展连锁经营、直供直销、代理配送、网上交易等新型交易方式。构建新型网络营销体系，推进电子商务，加快生物资源开发信息网络平台建设，建立健全覆盖省、州、县、乡四级及生物企业、合作组织、交易市场的生物资源信息网络，发挥市场开拓、企业宣传和产品信息发布等服务功能，推进有形市场与无形市场的有机结合。

五、加快推进优势生物产业发展计划的政策措施

（一）加大财政支持力度。各级财政要根据财力增长情况和产业发展需要加大对优势生物产业的扶持力度。省级财政要确保每年都新增安排财政预算内资金，重点用于扶持12类优势生物产业重点龙头企业的贷款贴息、科技创新、基地建设、品牌培育和市场开拓。按照“渠道不乱、用途不变，规划先行、突出重点，责任明确、协调配合，循序渐进、重点突破”的原则，省政府发展生物产业办公室要指导各部门按照职能分工提出实施优势生物产业推进计划的年度计划，整合各类资金，统筹组织项目申报实施，使各项资金相对集中、形成合力，提高生物产业发展资金使用效益。各州（市）、县（市、区）要以规划为基础，以项目为纽带，整合各部门、各渠道的相关资金，集中财力支持本地优势生物产业做强做大。

（二）加大金融支持力度。各级金融机构要根据优势生物产业推进计划的需要，创新信贷品种，改进金融服务，对符合条件的发展项目，采取小额贷款、直贷、银团贷款等多种贷款方式，加大有效信贷投入。加大对生物龙头企业上市培育力度，鼓励、支持和培育符合条件的生物企业通过发行股票和集合债券进行直接融资，拓宽企业融资渠道。积极研究组建我省生物产业投资基金，大力支持优势生物产业发展。建立和完善贷款信用担保体系，支持生物企业以专利技术为担保向银行贷款。积极探索产业贷款担保、贷款抵押的有效途径，鼓励担保机构开展产业贷款担保业务。涉农银行要大力发展小额信贷，积极发展适合农村特点和需要的各种微型金融服务，降低贷款门槛，简化贷款手续。商业银行和担保公司要积极建立支农贷款专项资金，积极做好对农民专业合作社的信用等级评定工作，加大对守信农民专业合作社的信贷支持力度。加快建立政策性生物产业与财政补助相结合的保险保障和风险防范机制，充分发挥财政资金的引导作用，稳步推进政策性生物产业保险试点工作。

（三）认真落实税收优惠政策。一般纳税人生产及销售用微生物、微生物代谢产物、动物毒素、人和动物的血液或组织制成的生物制品，可按简易办法，按照6%的征收率缴纳增值税，并准许开具增值税专用发票。企业从事花卉、茶叶、蚕丝、饮料作物、香料作物种植

项目和内陆养殖项目的所得，减半征收企业所得税；符合条件的从事农、林、牧、渔业项目的所得，免征企业所得税。企业为开发新技术、新产品、新工艺发生的研究开发费用，符合条件的可在税前据实扣除的基础上，再按50%加计扣除。企业技术转让所得不超过500万元的部分，免征企业所得税；超过500万元的部分，减半征收企业所得税。对单位和个人从事生物技术转让、技术开发业务和与之相关的技术咨询、技术服务业务取得的收入，免征营业税。

（四）加强用地保障。加强土地承包经营权流转管理和服务，建立健全土地承包经营权流转市场，按照依法自愿有偿原则，允许农民以转包、出租、互换、转让、股份合作等形式流转土地承包经营权，发展多种形式的适度规模经营。鼓励有条件的地方积极发展生物产品生产专业大户、家庭农场、农民专业合作社等规模经营主体。积极落实国家促进现代畜牧业发展的有关用地政策。发展生物产业所需非农建设用地纳入当地土地利用总体规划并优先安排年度建设用地指标。

（五）加强组织领导。各部门要按照各自职能，密切协作，形成上下联动、统筹协调的工作机制，确保优势生物产业推进计划提出的各项目标任务落到实处。省政府发展生物产业办公室负责优势生物产业推进计划的综合协调、规划落实、督促检查和信息统计等工作，省工业信息化委牵头负责优势生物产品加工企业的扶持措施，省发展改革委负责落实扶持优势生物产业基础设施建设和高新技术示范项目，省科技厅负责组织科技研发和重大生物科技公关，省财政厅负责落实财政资金扶持的措施，省农业厅负责落实优势生物产品的规模化种植，省商务厅、供销社要加强优势生物产品的市场流通网络建设，省扶贫办要把发展优势生物产业作为产业扶贫的重要内容，银监会云南监管局要牵头落实信贷支持各项措施。

（六）认真抓好工作落实。各州（市）、县（市、区）人民政府应根据本计划提出的指导思想、发展目标和重点任务，按照因地制宜、扬长避短、突出重点、体现特色的原则，制定各地推进优势生物产业发展的方案和措施，促进当地优势生物产业又好又快发展。

云南省人民政府2009年森林防火命令

各州、市、县（市、区）人民政府，省直各委、办、厅、局：

进入2月以来，各地气温连创历史同期最高记录，旱期比往年提前了1个多月，达到50年一遇的同期旱情，森林火险等级持续偏高，森林火灾呈现来势较猛、境外火频发、损失较重的特点，凸显历史罕见的森林防火严峻形势。为坚决遏制戒严期森林火灾高发势头，确保森林资源和林区人民群众生命财产安全，维护生态文明和社会稳定，特发布如下命令：

一、全面强化森林防火责任。各地要依照《森林防火条例》的规定，全面强化森林防火各级人民政府负总责，林业主管部门担主责，森林防火指挥部成员单位各司其责“三线”责任制，狠抓各级人民政府主要领导是第一责任人、分管领导是主要责任人、林业主管部门领导是重要责任人、单位领导是直接责任人的“4个责任人”制度的落实。各地、各有关部门“一把手”要把戒严期的森林防火作为第一大事、第一职责来抓，进一步健全完善森林防火工作整改机制和森林火灾责任追究制度，使每个片区、每个山头、每片林子都有明确的行政责任人、防控责任人、应急责任人和扑火安全责任人，坚决把“责有人担、山有人管、林有人护、火有人灭”的要求落到实处。

二、全面掀起宣传教育高潮。狠抓3月全省中小学生森林防火宣传周和4月“防森林火灾，保平安清明”宣传周活动，增强重点人群的森林防火意识。在全省各级电视台播出森林防火公益广告，发送手机警示短信，让森林防火深入人心。组织各级森林防火指挥长发表戒严期森林防火电视讲话，进行全民动员。及时向社会通报一批典型火案，公开对火灾肇事者的处罚情况和相关责任人的追究情况，以警示公众，形成声势，增强震慑力。

三、全面加强野外火源管理。进入戒严期，各级人民政府要发布森林防火戒严令，严明森林防火要求，严禁一切野外用火和火种入山。各级森林防火指挥部、林业主管部门、基层林业站以及森林航空消防、武警森林部队、森林公安要立即行动，增加护林员，加大对全省503个重点防区的管控，做好巡山护林、火情监测、火灾处置等工作，做到林区农户100%与村民小组长签订森林防火安全责任书，防火检查站（哨、卡）对进入林区的人员100%进行实名登记，林区生产用火100%执行计划用火许可证制度，痴呆聋哑精神病等五种特殊人群和儿童要100%落实责任监护人，对违规用火要100%进行查处和责任追究，切实把野外火源这个引发森林火灾的祸首牢牢管住。保山、怒江、德宏、临沧、普洱、西双版纳、红河、文山8个州（市）要严防境外火烧入。

四、全面落实应急保障措施。各地要按照应对重大森林火灾的要求，尽快补足扑火救灾物资。加快组建乡、村应急扑火队，与解放军、武警、公安、消防、人武等部门建立联动响应机制，保证有足够的力量应对森林大火。各级森林防火指挥部成员单位要为防灭火工作提供及时、可靠的支持保障。财政部门要负责做好防灭火资金的筹集调度；气象部门要抓住有利天气，实施人工增雨；旅游、城建、环保部门要按照职责，切实抓好责任区的森林防火工作。

五、全面做好火灾应急处置。各地要按照统一领导、分级负责、属地管理、挂牌指挥的原则和“重兵扑救、小火大打”的要求，科学、安全、高效组织扑火救灾工作。要认真落实《云南省处置森林火灾安全规范》，从应急响应到应急结束都要把安全放在第一位，坚决防止发生人员伤亡。严禁安排无扑火经验的干部在一线指挥；严禁组织妇女、中小学生和老弱病残人员参加扑火；严禁组织未经培训的人员直接扑救森林火灾；严禁自发扑火。

六、全面细化应急管理。从3月1日起，各级森林防火指挥部必须进入临战状态，实行24小时双岗值班工作制度，妥善处置卫星热点和森林火情。必须坚持高森林火险警报制度，实行逐级森林火灾日报制度，严格执行森林火灾报告制度和归口管理制度。省级有关部门接到森林火情、火灾报告后，必须及时转省防火办汇总上报。森林防火新闻稿件由各级防火办审核，重大森林火情由省森林防火指挥部审核、发布，坚决防止因新闻报道片面影响正常工作。

七、全面改进薄弱环节。各地、各有关部门要针对专项经费和防火物资储备是否足额到位，地方森林消防队伍建设是否达标，应急响应和处置预案是否健全等薄弱环节开展督查和整改，促进认识、领导、责任、经费、人员、措施、指挥、保障全面到位。凡因工作不到位酿成森林大火和人员伤亡的，要追究有关领导和有关人员的责任，坚决做到事故原因不查清不放过，事故责任者得不到处理不放过，整改措施不落实不放过，教训不汲取不放过。

（2009年2月27日）

云南省人民政府关于农村小型水利工程管理体制改革的意见

各州、市、县（市、区）人民政府，省直各委、办、厅、局：

农村小型水利工程是保障农业农村稳定发展的重要基础设施。新中国成立以来，我省投入大量人力、物力、财力，修建了200多万件农村小型水利工程，为提高农业综合生产能力、改善农民生产生活条件、促进农村经济社会发展发挥了重要作用。1999年以来，全省各地陆续开展了农村小型水利工程管理体制改革试点工作，完成了30%左右的改革任务，取得了显著的经济和社会效益。但全省农村小型水利工程管理权责模糊、主体缺位、老化失修、效益衰减的状况仍较突出，“国家管不了，集体管不好，农民管不到”的工程仍较普遍，极不适应农业和农村发展的新形势和新要求。为进一步规范和加快农村小型水利工程管理体制改革，夯实农业发展基础，促进农业增效、农村繁荣和农民增收，按照国家有关法律、法规和政策，结合云南实际，现就农村小型水利工程管理体制改革提出如下意见：

一、改革的总体要求

（一）指导思想

以邓小平理论、“三个代表”重要思想为指导，深入实践科学发展观，全面贯彻党的十七大和十七届三中全会精神，以明晰工程产权为核心，以保障农民群众的合法权益为根本，以保证工程安全运行为前提，放开建设权，出让资产权，转换经营权，盘活存量资产，优化资产组合，充分调动广大农民群众及社会各界参与农村小型水利工程建设和管理的积极性，发挥好农村小型水利工程效益，提高农业综合生产能力，促进全省农业农村经济的持续、快速、健康发展。

（二）目标任务

通过承包、租赁、股份合作、拍卖、用水合作组织管理和委托管理等多种管理方式，逐步建立起产权明晰化、投入多元化、服务社会化、适应社会主义市场经济体制和农村经济发展要求的工程管理体制和良性运行机制，使农村小型水利工程产权得到明确，经营方式得到搞活，管护责任得到落实，安全运行得到保障，管理水平得到提升，做到建、管、用相一致，责、权、利相统一，力争到2012年，基本完成全省现有农村小型水利工程管理体制改革任务。

（三）基本原则

——坚持责权一致、有机统一的原则，实行“谁投资、谁所有，谁受益、谁负担”，处理好责、权、利的关系。

——坚持因地制宜、分类指导的原则，一切从实际出发，不搞“一刀切”，宜包则包，宜卖则卖，宜租则租，宜股则股，处理好改革、发展和稳定的关系。

——坚持尊重民意、维护权益的原则，广泛征询农民意见，实行民主决策，使改革真正做到公开、公平、公正，处理好维护农民根本利益和经营者积极性的关系。

——坚持政府扶持、民办公助的原则，充分发挥好村级公益事业建设“一事一议财政奖补”的引导作用，处理好政府投入和受益农民投资投劳参与工程建设、管理及改革的关系。

——坚持统筹发展、持续利用的原则，统筹规划和协调城乡水利发展和改革，加强水资源的统一管理，确保防洪、供水和生态环境安全，处理好水资源开发利用和节约保护的关系。

二、改革的主要范围

对符合以下范围标准的已建农村小型水利工程纳入本次改革：

——灌溉面积1万亩、除涝面积3万亩或渠道流量$1m^3/s$及以下的灌溉排水工程，包括小型泵站、机电井、拦河闸坝、输水管道及直接为农田灌溉排水服务的小型河道治理等工程。

——小坝塘、小水池、小水窖等蓄水工程。

——乡（镇）村集中供水、农村人畜饮水工程等。

农垦和华侨农场系统管理的农村小型水利工程参照本《意见》进行改革。

符合改革范围标准的新建农村小型水利工程要按照本《意见》相关要求，在工程建设时就要明晰工程产权，明确管理机制，落实管护责任，建立健全良性运行的工程管理体制。

三、明晰工程产权

——以农户自用为主的小微型工程，包括国家补助资金等所形成的资产，其产权属农户所有，实行“自建、自有、自用、自管”。

——受益农户较多的非经营性工程，包括国家补助、村组集体投资投劳等所形成的资产，要按照工程受益范围组建用水合作组织，其产权属用水合作组织所有。

——乡（镇）村集中供水工程，可按照所有权和经营权相分离的方式确定工程产权。以国家投资为主修建的乡（镇）村集中供水工程产权属国家所有，由当地县（市、区）人民政府授权县级水行政主管部门行使出资人权利进行资产的处置和监管。以国家、集体和群众共同投资投劳为主修建的乡（镇）村集中供水工程产权属工程受益范围内的用水合作组织所有。以社会法人、自然人或股份制等形式投资为主修建的乡（镇）村集中供水工程产权属投资者所有，国家补助部分所形成的资产可由当地县（市、区）人民政府委托县级水行政主管部门持股参与经营管理，也可卖给个人经营。

——经营性农村小型供水工程，指主要向乡（镇）村企业、果园、种植场、养殖场等供水的工程。以国家投资为主修建的工程产权属国家所有，由当地县（市、区）人民政府授权县级水行政主管部门行使出资人权利进行资产的处置和监管。以国家、集体和群众共同投资为主修建的工程产权按照投资比例划分，国有产权可由当地县（市、区）人民政府授权乡（镇）人民政府或村民委员会负责管理。以社会法人、自然人或股份制等形式投资为主修建的工程产权属投资者所有，国家补助部分所形成的资产可由当地县（市、区）人民政府委托县级水行政主管部门持股参与经营管理，也可卖给个人经营。

——社会各界资助捐赠所形成的工程资产，按照资助捐赠者的意愿进行产权划分。对不能确定资助捐赠者意愿的资产，原则上将产权划归工程现有经营管理者。

四、完善管理机制

（一）转换运行机制

在分类明晰农村小型水利工程产权或经营管理权的基础上，可采取承包、租赁、股份合作、拍卖、用水合作组织管理和委托管理等多种形式，灵活转换工程运行管理机制。

——承包。通过签订承包管理合同，由工程所有者将工程委托给承包者进行经营管理。

——租赁。通过招标的办法与承租人签订工程租赁管理合同，由承租人在合同期限内自主进行生产经营活动，按期缴纳租金，并保证租赁期满时重新核定的资产达到合同规定值。承租期内允许继承，但不得擅自转让，如转让须经所有者同意并重新签订租赁合同。

——股份合作。通过资产评估，将工程资产划分为若干股，出售部分或全部股份，由2个或2个以上股东按照章程或协议参与经营管理。股东可用资金、土地、劳务、技术、设备等作为股份参股，共同拥有工程所有权和经营权，实行按股分配，并留出一定比例的公共积累，用于工程维修养护。

——拍卖。工程所有者将工程全部或部分产权、使用权或经营管理权公开竞价出售，由多个参与者公平竞争，按照国家拍卖的有关规定程序，最终拍卖给出价最高的购买者，由购买者自主经营管理。对重要防洪、供水等涉及当地人民群众生命财产安全、群众切身利益和对经济社会发展有重大影响的水利工程，其所有权不允许拍卖，只能拍卖使用权或经营管理权。

——用水合作组织管理。对村内联户、村集体兴建或跨村的工程，可按照受益范围组建用水合作组织行使经营管理权，按照章程民主协商开展投工投资管护工程、供水调度及水费计收等管理工作。

——委托管理。由县级水行政主管部门或乡（镇）人民政府、村民委员会将工程委托给村民小组、用水合作组织、企业和其他社会组织进行管理。

（二）明确管理责任

工程所有者或经营管理者要严格遵守国家有关法律、法规和各级人民政府水利工程管理的政策规定，服从当地经济社会发展大局、水利发展规划和防汛抗旱指挥调度要求，接受水行政主管部门的监管，严格履行改革协议合同，切实加强工程运行管理和维修养护。

已进行工程管理体制改革但尚未明确完善工程安全运行维护管理责任的，须按照本《意见》精神，认真整改完善，补充修订改革协议合同，严格细化责权条款，保障工程安全运行和充分发挥效益。

工程所有者或经营管理者要确保工程安全运行，不得擅自改变工程功能；如因实际情况需要改变的，需逐级报县级水行政主管部门审批后方可实施。当地水行政主管部门要加强检查监督和指导服务，对不能有效保证工程安全运行、发挥工程正常功能效益或不能严格遵守执行改革协议合同的，要及时督促整改，并视情况终止或收回其使用权或经营管理权，另行改革。

以烟草部门投资为主建设的烟水工程的所有者，要按照烟叶生产基础设施建设项目管理有关规定，接受烟草部门的监督检查，不得擅自改变原定工程功能、基本烟田规划和减少烟叶种植面积。

五、健全配套政策

（一）保护支持改革主体

国家依法保护农村小型水利工程所有者或经营者的合法权益。以承包、租赁、股份合作、拍卖、用水合作组织管理等形式经营管理工程者，享有工程使用权和收益权。以委托管理等形式使用管理工程者，享有工程使用权。买断或投资新建工程者，享有工程产权和经营管理权，并可继承和转让。改革后，工程所有者或经营者同样享有获得国家资金补助等有关优惠政策扶持的权利，并可在保障工程公益性功能充分发挥和遵守水资源合理开发保护规定的前提下，进行多种经营。对社会团体、法人、个人投资修建工程的，各地、各有关部门可采取“民办公助”、“一事一议财政奖补”、“以奖代补”等形式给予适当补助或奖励。

（二）严格执行水价政策

改革后的工程供水价格，要严格按照《云南省人民政府办公厅转发省发展改革委关于深化水价改革促进节约用水保护水资源实施意见的通知》（云政办发［2005］170号）及云南省水价改革的有关规定，在当地人民政府的指导监督下，由供需双方在当地物价主管部门和水行政主管部门确定的指导价幅度内商定，按照程序经水行政主管部门审定后，报当地物价主管部门按照规定批准后执行。用水户应依法遵守批准的水价方案和水费计收管理办法。

（三）切实管好回收资金

通过改革所回收的资金，原则上归工程所有者所有，用于工程维修养护、更新改造和新建水利项目，要做到财务公开、公正透明、接受监督。国有工程改革回收资金要作为水利建设专项资金纳入县级财政管理，实行专户存储、专款专用、专项投入农村小型水利工程建设和维修改造。农村小型水利工程改革回收资金使用管理具体办法，由当地县（市、区）人民政府制定。

六、改革的方法步骤

（一）时间阶段要求

全省农村小型水利工程管理体制改革工作，采取试点先行、逐步推开、规范运作、全面实施的方法，总体上分为3个阶段。第一阶段为调查试点阶段，在2009年10月底前完成调查摸底和试点改革工作任务；第二阶段为全面推进阶段，在2009年11月至2011年底前全面实施改革，基本完成改革工作任务；第三阶段为总结验收阶段，在2012年1月至6月底前对改革工作进行评估验收、全面总结。对先期已经开展改革工作的地区，要认真总结完善，规范管理，查缺补漏，巩固提高，可提前完成改革工作任务。

（二）试点工作步骤

各地要结合实际，分类选择不同的区域和工程项目进行试点改革，以点带面，总结推广。在试点改革工作中要遵循以下基本程序步骤：

——调查摸底，制定方案。各地在对农村小型水利工程现状全面调查摸底的基础上，本着简便易行、合理评估、推进改革的原则，由县级水行政主管部门会同财政、国有资产管理等部门，制定当地农村小型水利工程清产核资工作方案，组织乡（镇）人民政府进行资产评估和工程产权界定，并登记造册、张榜公布、接受群众监督。要认真研究制定改革工作方案，明确改革形式等内容。先由乡（镇）人民政府在广泛征求当地群众意见的基础上组织拟定改革草案，再由县级水行政主管部门牵头组织财政、国土、农业、林业等有关部门审核修订，并在广泛征求社会各界意见后形成改革方案，报经县（市、区）人民政府批准后实施。县（市、区）要将审批后的改革方案报州（市）水行政主管部门备案。

——公开实施，签订合同。各地改革方案要在工程受益范围内公示后，在县级有关部门监督下公正进行，在公开招标等方式中公平实施。乡（镇）、村集体所有的工程，由乡（镇）人民政府或村民委员会主持改革；国有工程由县级水行政主管部门主持改革。通过改革确定工程产权或经营管理权后，所有者或经营管理者须依法签订合同，规定工程的性质、用途、管理人员、管理形式，明确双方的权利与义务、违约责任和责任追究、使用或经营期限、工程维护标准和管护制度、防汛抗旱调度和工程安全运行责任等内容。改革后工程的使用或经营管理期限，可根据工程特点和当地情况具体确定，原则上为2年至20年，超期须续签合同。期满后，原使用或经营管理者在同等条件下有优先续签权。实行股份合作改革的，要广泛征求工程现有受益农户的意见，按照股份制企业经营管理的规定，进一步细化明确股东产权，建立健全管理机构，并报县级水行政主管部门备案。

——发证建档，统计信息。改革完成后，要及时登记发放农村小型水利工程产权证或经营管理许可证等相关证照。产权证由县（市、区）人民政府按照省水利厅的要求统一监制，由县级水行政主管部门代表县（市、区）人民政府登记核发工程产权证，并及时汇总整理建档。同时，各地要认真及时总结改革工作，准确统计相关进展信息，逐级整理汇总到县级水行政主管部门，并上报州（市）和省水行政主管部门备案。

七、加强组织领导

（一）加强领导，明确责任。农村小型水利工程管理体制改革是一项政策性强、牵涉面广的系统工程。省级建立农村小型水利工程管理体制改革工作联席会议制度，由省发展改革委、财政厅、国土资源厅、农业厅、林业厅、水利厅、国资委、金融办、扶贫办和省烟草专卖局等部门参加，省水利厅负责日常工作。各州（市）、县（市、区）要进一步提高认识，切实加强组织领导，成立相应的领导机构和工作班子，精心安排实施，结合本地实际，尽快研究制定改革实施细则，具体指导改革工作，务求取得实效。各县（市、区）人民政府是改革的责任主体，要进一步明确领导责任制。各级财政要安排必要的改革工作专项经费，主要用于工程调查统计、清产核资登记造册、改革方案调研制定、改革协议合同和工程产权证及经营管理许可证印制、改革验收考核奖励、改革政策宣传培训等工作开支，确保改革任务如期完成。

（二）加强考核，严格奖惩。各级人民政府要建立改革绩效考核奖惩机制，实行年度考核评比制度，确保改革稳步实施。各级发展改革、财政、水利等部门要在加大对农村小型水利基础设施建设投入力度的同时，对改革工作较好的地区在项目资金上予以倾斜，进行鼓励支持；对改革推进不力的地区，要减少项目资金的安排，并予以通报批评。

（三）加强培训，广泛宣传。农村小型水利工程管理体制改革面广量大、任务繁重。各级人民政府要深入基层、深入群众，切实加大改革的培训、宣传工作力度。县级水行政主管部门要采取多种形式加强对改革后的工程管理人员进行专项业务培训，对重要水利工程的管理人员要经考核合格后方可进行工程使用或经营管理，且要实行年度检查审验制度。各地要充分利用报纸、广播、电视、网络等新闻媒体，开展形式多样、内容丰富的宣传活动，广泛宣传改革的重大意义、政策法规、措施方案，及时总结典型、推广经验，统一广大干部群众的思想认识，充分调动社会各界参与改革的积极性和创造性，营造良好的改革氛围，确保改革深入人心、健康发展。

（四）加强协作，合力推进。各州（市）、县（市、区）人民政府要深入开展调研，及时了解和研究解决改革中出现的新情况、新问题，并不断总结经验、加强交流、典型带动，全面、稳步、深入推动改革。各地、各有关部门要各负其责，各尽其力，强化服务，密切配合，从资金、土地、农业、林业、税收、工商、物价、金融等方面依法制定配套优惠政策，加快“一事一议财政奖补”工作，发挥财政资金的引导作用，积极搭建招商引资平台，拓宽融资渠道，壮大村级集体经济实力，广泛动员社会各界参与和扶持农村小型水利工程建设与改革，确保各项改革工作顺利推进。

云南省人民政府

2009年4月30日

云南省人民政府关于云南省旅游产业发展和改革规划纲要的实施意见

各州、市人民政府，省直各委、办、厅、局：

为贯彻实施国家发展改革委批准的《云南省旅游产业发展和改革规划纲要》（以下简称《规划纲要》），深入推进全省旅游产业综合改革工作，切实加快旅游“二次创业”进程，为全省经济社会发展作出更大贡献，特制定以下实施意见。

一、充分认识《规划纲要》实施的重要意义

（一）《规划纲要》是推动云南旅游产业综合改革试验的纲领性文件。《规划纲要》的实施，有利于充分发挥云南资源、区位优势，加快推进全省旅游“二次创业”，增强云南特色产业经济的竞争实力，从而进一步优化全省产业结构，促进经济发展方式转变；有利于增加群众收入、促进就业增长、统筹城乡发展、促进生态文明、社会文化和和谐社会建设。

（二）实施《规划纲要》是省委、省政府为深入贯彻落实科学发展观的重大举措。抓好《规划纲要》的实施，促进旅游产业加快发展，是我省积极响应党中央、国务院关于扩大内需、发展现代服务业战略部署的重要举措，是全省转变经济发展方式、促进经济结构调整的必然选择，是全省旅游产业提质增效、推进“二次创业”的重要机遇，是全省应对金融危机、确保经济平稳较快发展的重要抓手，同时也是国家交给云南的一项光荣任务。

（三）《规划纲要》的实施是当前和今后一段时期推进全省经济社会发展的一项重大战略任务。《规划纲要》的实施不仅对促进全省经济社会又好又快发展有着极为重要的意义，对于全国以产业类型改革来推动区域经济社会发展也具有十分重要的示范意义，是当前和今后一段时期推进全省经济社会发展的一项重大战略任务，必须举全省之力抓紧抓好并务求抓出成效。

二、明确《规划纲要》实施的工作思路、目标和原则

（一）工作思路。坚持以科学发展观统领《规划纲要》实施工作，紧紧围绕《规划纲要》确定的目标和总体部署，按照“规划先导、试点先行、完善政策、突出重点、注重实效”的总体要求，紧扣“改革、开放、发展”三大任务，加强领导谋合力，明确责任重落实，因地制宜突特色，整合资源优布局，试点先行带全局，完善政策求突破，着力在体制机制创新、改革试点、产业转型升级、扩大对外开放、培育规范市场、重大项目建设等方面取得实质性进展，不断提高旅游产业综合实力和整体竞争实力，充分发挥旅游产业推动全省经济社会又好又快发展的重大作用。

（二）工作目标。建立健全旅游产业改革发展省、州（市）、县（市、区）三级上下协同和部门联动推进机制，努力构建部省合作机制；旅游产业改革发展的任务分解到位，落实工作责任，建立健全工作机制；深入推进综合试点和专项改革，力争旅游产业改革与发展体制机制取得重大突破，政策体系建设有重大进展；实施一批旅游改革和发展的重大项目，进一步完善旅游配套基础设施，旅游产业转型升级取得明显成效，全省旅游产业综合改革试验取得实质性进展，旅游对经济社会发展的贡献突出，旅游产业成为全省重要的支柱产业，把云南建成旅游经济强省和中国一流、世界知名的旅游目的地。

到2012年，接待海内外游客超过1.3亿人次（其中海外旅游者超过400万人次），旅游总收入达1 000亿元，占全省服务业的14%；旅游直接和间接就业人数280万人，占全省就业人数的8.5%；主要旅游县（市、区）农民旅游纯收入力争由现在的243元提高到350元。到2015年，接待海内外游客达2亿人次（其中海外旅游者超过550万人次），旅游总收入达到1 300亿元，占全省服务业的17.5%；旅游直接和间接就业人数300万人，占全省就业人数的10%；主要旅游县（市、区）农民旅游纯收入力争达到486元。

（三）工作原则。一要坚持科学规划、先行先试。各州（市）、各有关部门和单位要根据《规划纲要》，制定旅游产业发展和改革的专项规划，做到全省上下一盘棋。各试点地区（单位）和各有关部门要敢为人先，大胆突破制约旅游产业发展的体制机制障碍，先行先试，创新发展。二要坚持部门联动，上下推动。要健全工作机制，落实工作责任，建立健全省、州（市）、县（市、区）三级上下协同推动机制、部门联动和省部合作的推进机制，充分发挥各地、各部门的积极性、主动性、创造性，形成全省上下齐心协力推动旅游产业大发展的新局面。三要坚持制度创新，政策突破。要大胆探索、勇于创新、善于突破，创新体制机制，逐步建立符合旅游产业发展规律的新型管理体制和运行机制。在用活用足国家现有政策的基础上，积极争取国家有关政策支持，并制定完善省内配套政策。四要突出重点，统筹发展。要进一步优化布局，完善旅游产品体系，抓好以“五个一批”为重点内容的项目建设，开发新产品，培育新业态，延伸产业链，推进产业转型升级和与产业外部各方面的统筹发展。五要注重实效，科学发展。要注重政策措施的科学性、可行性和操作性，确保各项改革和发展举措落到实处，并取得实际效果。旅游产业发展在转变经济发展方式、促进就业和增加群众收入、推进生态文明建设等方面有明显成效。

三、切实抓好《规划纲要》实施的重点工作

围绕《规划纲要》提出的改革发展主要任务，要通过着力抓好以下工作重点来推动《规划纲要》的全面实施。

（一）加快旅游发展五大体制机制的创新。创新旅游管理体制和运行机制。整合旅游发展的行政资源，进一步转变政府职能，强化服务、强化监管，完善旅游公共服务平台，培育中介机构，理顺和探索管理权限下放的途径，进一步简政放权，构建更加高效的“政府主导、市场运作、企业主体”的旅游管理体制和运行机制。努力实现旅游管理由分散向集中转变，旅游试点地区要积极探索实行“统一规划、统一管理、统一保护、统一开发”的集中管理模式，确保旅游管理机构权责对

等、高效运转。创新旅游投融资机制。加大对旅游改革和发展的投入，深化国有旅游企业改革，进一步完善政府投资引导机制。建立健全旅游投融资平台，综合运用产业投资基金等多种投融资工具，创新旅游项目投融资途径。加大旅游项目招商引资力度，引导社会资本跟进，切实破解全省旅游开发建设资金短缺的难题。创新旅游统筹发展机制。建立和完善旅游城乡统筹发展机制，旅游与文化等有关产业互动发展机制。探索和建立以旅游交通、旅游景区、旅游城镇为支撑的旅游线路统筹发展机制。探索和建立以业态和开发模式创新为主体内容，通过延伸旅游产业链带动其产业发展的新机制，减少旅游漏损，不断提高旅游产业的综合效益。创新旅游促进对外开放机制。以建立五大沿边特色旅游开放区为切入点，着力构建“资源互享、客源互送、引资引智、市场无障碍、企业受益”的区域合作机制。深化沿边通关改革创新，探索便利化的游客出入境机制。积极探索发展旅游通道经济和建设特色旅游开放区，创新促进沿边开放的新途径。积极争取航权开放政策，创新支持国际航线发展政策，构建以昆明为中心，丽江、大理、腾冲、香格里拉等为次中心的面向东南亚、南亚、中东的入境游客集散体系。进一步改善投资环境，创新工作方式，拓宽工作渠道，建立更宽准入范围和更少准入限制的旅游对外招商引资工作新机制。加快推进全省旅游业与国际标准和规范对接，全面提高旅游业对外开放水平。创新旅游促进生态环境保护机制。研究制定旅游重大项目设施景观化、垃圾无害化、污水零排放的建设标准，积极开展旅游循环经济试点，探索旅游建设促进生态保护的新机制。加快生态旅游区的建设，在高原湖泊和生物多样性等生态相对脆弱和敏感的地区，大胆探索旅游产业替代发展的新模式。

（二）着力推进“五个一批”的开发建设。为加快云南旅游产品的提档换代和旅游产业的转型升级，要着力推进“一批重点旅游城市和旅游县（市、区）、一批旅游小镇、一批旅游特色村、一批国家公园、一批旅游休闲度假类重大项目”的建设。一是要建设40个重点旅游城市和旅游县（市、区）。按照旅游资源丰富、产业发展基础好、旅游交通便利、发展潜力较大的原则，把昆明市建设成为全省的旅游集散中心和旅游目的地，把大理市、景洪市、丽江古城区一玉龙县、香格里拉县、腾冲县、潞西市、蒙自县、昭阳区、麒麟区、红塔区、楚雄市、思茅区等建设成为区域旅游集散中心和旅游目的地，把江川县、澄江县、元谋县、弥勒县、河口县、元阳县、石屏县、建水县、丘北县、广南县、罗平县、会泽县、水富县、德钦县、剑川县、宾川县、隆阳区、瑞丽市、勐腊县、勐海县、临翔区、沧源县、墨江县、澜沧县、泸水县、贡山县等建设成为旅游目的地和游客集散地。要按照“注重特色、差异发展、突出重点、强化功能”的原则，进一步整合资源，强化旅游城镇的功能，完善城镇基础设施和旅游综合配套服务设施；加快特色旅游资源及产品的开发，加快旅游产业要素的聚合，着力以集群化方式推进一批休闲度假、康体运动、会展商务和新业态项目的实施，形成一批有吸引力和竞争力的休闲度假基地和商务会展基地。挖掘当地民族和历史文化，实施一批游客参与体验性强、具有震撼力的文化旅游精品项目，提升旅游目的地的文化特色和视觉氛围，提高旅游目的地的文化品质，推出一批民族文化旅游示范县（市、区）。加大地方性特色旅游商品开发、生产和销售，重点扶持一批集设计、开发、生产和销售为一体的旅游商品重点企业。鼓励和支持在全省重要的旅游城市改造和建设一批旅游购物精品街区，积极引进国内外知名品牌和企业，开发云南旅游购物市场，进一步丰富云南旅游市场，提升旅游品质。其他未列入的有关县（市、区）也要结合实际，根据《规划纲要》的要求，注重特色，加快发展。二是要建设60个旅游小镇。在巩固和提升官渡区官渡镇、勐罕镇橄榄坝、大理镇、草海镇（新华村）、沙溪镇、和顺镇、大研镇、束河镇、临安镇、建塘镇（独克宗古城）10个云南旅游名镇的基础上，按照“保护提升一批、开发建设一批、规划准备一批”的分类建设原则，推进黑井古镇等60个旅游小镇建设，进一步完善全省旅游小镇保护开发规划并加快实施，加大对旅游小镇开发建设的投融资体制改革，拓宽融资渠道。建立健全旅游小镇建设的激励机制，制定出台旅游小镇的开发建设、旅游服务和规范管理有关标准和办法，加快实施一批特色旅游吸引物和旅游服务设施的建设项目，完善旅游小镇的旅游功能。三是要建设200个旅游特色村。编制完成全省旅游特色村开发建设规划，制定有关开发建设、服务质量和管理标准。在巩固现有西山区龙潭村等50个首批旅游特色村的基础上，继续开发建设呈贡县斗南村等150个旅游特色村。整合农业、住房城乡建设、水利、交通运输、扶贫、环境保护、文化、林业、财政、民政、信贷等有关部门资源和力量扶持乡村旅游发展，构建多元化的投入机制。确立一批乡村旅游产品开发项目，加快建设，形成有特色的旅游产品体系。实施一批乡村旅游基础设施、配套服务设施、村容村貌及生态环境恢复的建设项目，不断完善乡村旅游特色村综合接待功能和服务体系。加强乡村旅游规范管理，加强对乡村旅游人才的培养，探索乡村旅游与社区和谐发展的新途径。四是要建设10个国家公园。借鉴国际旅游产品建设管理的先进理念，结合我省实际，有序加快迪庆普达措、丽江老君山、迪庆梅里雪山、西双版纳热带雨林、大理苍山、昭通大山包、怒江大峡谷、屏边大围山、普洱莱阳河、昆明轿子山10大国家公园建设。高起点、高标准编制好国家公园的规划，出台技术标准，加快地方立法，规范建设和管理，整合管理资源，积极探索国家公园的集中新型管理体制。探索多层次、多渠道的投融资机制，建立和完善国家公园的利益分配机制。重点实施一批国家公园基础设施、生态旅游产品、环境保护等建设项目，积极发展科考科普和探险等专项旅游产品，不断完善旅游服务设施，努力把国家公园打造成全省生态旅游精品。五是要建设50个休闲度假类旅游重大项目。依托旅游重点城市、县（市、区），旅游小镇和国家公园建设，充分发挥云南独特的休闲度假资源优势，规划和建设一批以休闲运动、温泉度假、湖滨度假、森林休闲、度假酒店、特色民族体育竞技等不同类型的休闲度假项目，加大招商引资力度，优化投资结构，积极探索不同类型的开发建设新模式，重点推进石林民族生态运动场、腾冲世纪金源旅游体育休闲中心、景洪江心大沙坝项目等全省50个休闲度假类旅游重大项目的建设。在建设休闲度假项目中，要把引进国际知名品牌，投资建设一批高档次的休闲度假酒店项目作为重中之重的工作来抓实抓好，力争到2015年，引进国际知名品牌酒店管理集团或投资商来我省投资建设和经营管理50家，力争100家高档次的休闲度假酒店，并以此为突破口，加快全省度假产品的建设步伐，推进产品结构的优化升级。同时，要结合各地实际，确立一批除休闲度假类型外的旅游产品开发建设的重大（重点）项目，研究出台全省推进旅游重大（重点）项目建设的指导意见，建立健全旅游重大建设项目推进机制，制定扶持优惠政策，着力破解旅游建设大项目在土地供给、项目审批等方面的政策性难点问题，对重大（重点）项目建设要实施动态管理制度，建立重大（重点）项目的进入和退出机制，稳步推进旅游重大（重点）项目建设。到2015年，力争全省旅游重大（重点）旅游项目投资超过1 500亿元，形成大项目带动大发展的局面。

（三）抓好五大特色沿边开放旅游区的建设。切实加快西双版纳、瑞丽、河口、麻栗坡和腾冲五大特色沿边开放旅游区建设，尽快编制沿边开放旅游区的有关建设方案和规划组织实施，努力在特种旅游产品开发、旅游免税购物、出入境便利化、发展跨国旅游线路等方面取得实质性突破。创新沿边旅游合作模式和途径，加快边境和跨境旅游产品建设，积极推进通道基础设施、旅游城镇、旅游配套服务设施和口岸设施建设。建立高效的口岸协调管理体制，争取国家实施便捷的旅游签证政策，实现游客出入境便利化，形成以旅游为龙头的现代服务业聚集区。

（四）积极推进旅游基础和公共服务设施建设。研究制定全省旅游交通规划并加快推进实施。积极实施一批旅游区公路建设，加快全省干线铁路、湖河航线和西双版纳、丽江、大理、腾冲国际口岸机场的建设，积极开辟面向东南亚、南亚、中东乃至欧美地区和国家的直达航线，不断完善全省快捷、安全、舒适的旅游交通体系和区域性国际旅游集散地的功能。进一步加快全省旅游公共服务设施建设，按照“统一规划、注重配套、政府主导和市场化相结合”的原则，在全省主要旅游城镇建设100个游客服务中心，在旅游交通干线、主要旅游环线规划建设200个旅游休息站和30个自驾车营地，在旅游城镇和旅游交通干线、主要旅游环线及旅游景区规划改造和建设2 000座旅游厕所和一批中英文旅游标识牌，不断完善全省旅游公共服务体系。制定出台一系列优惠政策和鼓励措施，积极引进国际知名品牌加快我省旅游休闲度假设施建设，带动和推进我省旅游产品的换代和结构调整。

（五）大力拓展旅游客源市场。实施市场多元化战略，巩固传统市场、积极开发新兴市场，大力拓展以境外为重点的客源市场。加大旅游宣传促销投入，完善促销资金的筹措机制，建立健全“省级联动、州市配合、省外联合”旅游大联动促销机制和奖励机制。注重旅游宣传促销实效，完善“云南旅游目的地营销专家咨询组”和“云南旅游宣传促销媒体联盟”，加大云南整体旅游形象的塑造和推广的同时，强化旅游产品的宣传促销，在主要国内外客源市场发展一批云南旅游产品海外旅游销售代理和直销商（点），并根据其招徕人滇游客数量和质量进行奖励。加大力度培育旅游节庆活动，打造云南十大节庆会展品牌，进一步发挥节庆会展对拉动旅游消费、树立旅游品牌的积极作用。创新市场促销方式，加大专项市场的开发力度，积极开展网络营销，发展旅游电子商务，鼓励在线旅游服务代理商、中央预订系统提供商、旅游分销系统提供商，积极参与云南旅游的营销体系，支持有关媒体在全国首创旅游电视直销，积极探索专项重点客源市场促销的新途径和新举措，实现由“宣传旅游”向“营销旅游”的转变，逐步形成与全省旅游“二次创业”相适应的旅游产品销售网络和客源市场格局。

（六）进一步规范旅游市场秩序。以标准化管理为切人点，制定出台旅行社、旅游饭店、旅游车船、旅游购物、旅游餐饮等行业的服务质量标准，形成旅游服务标准化体系。创新旅游服务标准化推广机制和监管机制，开展标准化服务的专项市场整治活动，加大各级旅游质量监督管理机构对服务标准执行的监管力度，使旅游服务各项标准成为旅游企业提升产品质量的标尺和从业人员遵守的行为准则。健全和加强全省各级旅游质量监督机构建设，加大联合执法力度，探索建立综合执法机制，强化监管，规范市场行为。进一步建立健全旅行社经营、旅游住宿、旅游景区（点）、旅游购物、旅游运输等企业申报准入制度和旅游企业的评级挂牌制度，完善旅游市场准入与退出机制。建立和规范景点门票定价机制和监督机制，制止恶性竞争；创新旅游保险，扩大保障范围，完善旅游安全保障救援体系；打破区域封锁，推进无障碍旅游；建立健全旅游行业协会和有关中介组织，发挥行业自律作用，实现旅游市场秩序的根本好转，云南旅游服务质量和旅游形象的全面提升。

（七）培育和完善旅游市场主体。要分类制定鼓励和扶持旅游市场主体发展的规划及有关政策，并抓好落实。通过改制和资产重组，培育一批旗舰型的国有旅游企业；通过招商引资，扶持发展一批有实力的龙头民营旅游企业；通过发展新业态，鼓励和培育一批开发休闲度假旅游、文化旅游、乡村旅游、生态旅游、探险旅游、会展商务旅游等产品的专业性公司；发展一批旅游电子商务、旅游咨询、规划设计、旅游营销、旅游职业认证、旅游保险经纪等中介性质的旅游服务公司。通过努力，培育10户以上的旅游综合性的龙头企业集团，发展100户有实力的专业性旅游企业，1 000户为旅游发展和服务的中小型特色旅游企业。

四、全面推进旅游综合试点和专项改革工作

按照试点先行、以点带面、逐步推动的原则，全面推进全省旅游综合改革试点和专项改革，通过改革试验推动全局重点工作的重点突破。

（一）深入推进旅游综合改革试点。在深入推进保山市腾冲县、玉溪市抚仙湖——星云湖、大理苍洱地区等全省旅游产业综合改革试点地区工作的基础上，加快启动昆明世博新区旅游综合改革试点工作，注重试点特色，突出工作重点。保山市腾冲县以提升康体度假、边境旅游和特色购物开展综合改革，探索特色产业带动县域经济发展的新模式；玉溪市抚仙湖——星云湖以发展高原湖泊休闲康体度假产品和新业态、以及创新旅游与生态保护互动发展机制进行探索和改革；大理苍洱地区以传统旅游目的地的提升发展、深化文化与旅游结合和培育休闲度假旅游产品为内容进行改革试验，探索旅游与文化和生态环境保护互动发展新机制；昆明世博新区以建立旅游企业创业基地，发展国际商务休闲、旅游生态居住，探索建立旅游与城市建设互动发展机制为主题进行综合改革试验。进一步制定和完善有关试点工作方案和规划，强化综合改革，强化项目支撑，注重试点效果，着力在旅游改革发展推进和管理机制、产品转型升级、投融资改革、新业态发展、旅游与文化、生态建设和城乡统筹的互动发展、大项目建设等方面取得突破，力争试点一年起步、二年初见成效、三年大见成效。

（二）全面启动专项改革。在全省启动和推广跨境旅游、企业改革、投融资体制、旅游循环经济、旅游与城乡统筹等旅游专项改革工作，逐一破解全省旅游发展突出问题，努力用3年到4年时间取得显著成效。一是抓好跨境旅游专项改革。加快景洪（含磨憨、打洛）、河口、瑞丽等跨境旅游专项改革，积极开展区域旅游合作，加快跨境旅游线路的开发，积极争取国家支持边境旅游异地办证等有关政策试点，简化旅游出入境手续，建立旅游“大通关”运作模式。为特色沿边开放旅游区的建设创造良好条件。二是抓好旅游企业专项改革。加大酒店业国有资本的退出力度，降低非核心旅游资源的市场进入壁垒，推进股份制改造。加快云南世博旅游控股集团、昆明金龙饭店、昆明康辉旅行社有限公司等旅游企业专项改革工作。进一步理顺产权关系，推进以投资主体多元化为目标的股份制改革，探索通过资产重组和资源整合，发展成为跨地区、跨行业的旅游龙头企业的新途径。支持昆明康辉旅行社有限公司等有实力的旅行社进一步探索旅游散客组团的新模式。三是抓好投融资体制专项改革。进一步发挥好省旅游投资公司等国有大型企业的投融资功能，做大省级旅游投融资平台。探索成立旅游创业投融资担保公司，筹建省旅游产业引导基金，争取3户至5户旅游企业集团在海内外上市，2户至3户旅游企业发行企业债券，引入风险投资基金、私募基金进行旅游开发建设，不断提高云南旅游产业发展投融资能力。四是抓好旅游循环经济专项改革。推进以丘北普者黑等地旅游循环经济专项改革工作。建立健全旅游产业与生态环境保护的互动运行机制，积极探索游客容量控制和环境监测体系建设，构建社区参与旅游发展和合理利益分配机制。着力推进旅游生态建设重点项目的实施。加大现代环保技术应用力度，建立评定旅游循环经济的有关技术指标体系，并强化评估和督查。建立旅游开发生态补偿基金和生态质量保障基金，加快生态环境的恢复和建设。五是抓好旅游与城乡统筹专项改革。积极推进鹤庆新华村等一批旅游与城乡统筹专项改革工作，加大政府引导和扶持力度，探索建立旅游促进城乡统筹、旅游与新农村建设互动推进的新机制和合理的利益分配机制。要整合各方资源，加大特色民居客栈、旅游特色餐饮、旅游休闲、旅游购物等服务设施的建设，完善乡村旅游产品体系。加强基础设施建设，提高公共服务能力。鼓励社区群众参与旅游开发，带动群众就业和脱贫致富，构建和谐旅游社区。

各州（市）及县（市、区）人民政府可根据上述改革方向和当地实际，按照《规划纲要》的要求，自行确立不同类型和性质的旅游产业综合或专项改革项目，报省旅游产业改革发展领导小组办公室备案，并推进实施。省人民政府对各地开展改革试验成效突出的地区和单位，将采取以奖代补的方式加大扶持力度，努力形成全省“万马奔腾”的旅游改革发展格局。

五、强化《规划纲要》实施的保障措施

（一）理顺组织机构，切实加强领导。调整充实现有省旅游产业领导小组，更名为云南省旅游产业改革发展领导小组，由省人民政府主要领导任组长。领导小组主要负责协调解决全省旅游改革发展中的重大问题。省旅游产业改革发展领导小组下设办公室，办公室设立在

省旅游局，办公室专设有关处室，负责全省旅游改革发展各项日常工作的推进。各地、各有关单位要结合自身实际，成立务实高效的旅游改革发展领导协调机构和办事机构，尤其是改革试点地区的州（市）、县（市、区）人民政府一把手要亲自抓，并确立1名专职领导主抓旅游改革发展试点工作。同时，要进一步增强旅游行政管理部门的权责和职能，充实力量，不断创新旅游管理体制和工作机制，切实推动各项工作的开展。

（二）实行任务分解，强化责任考核。省旅游产业改革发展领导小组要制定下发《规划纲要》任务分解方案，将任务分解到各地、各部门，并抓好各项旅游综合改革发展工作的协调、督办和检查。各地、各有关部门要认真按照任务分解的有关要求，对所分解的旅游综合改革发展的任务，研究制定具体工作方案，狠抓落实。省旅游产业改革发展领导小组办公室，要根据各任务牵头单位上报的有关实施方案，制定全省旅游产业综合改革发展年度行动计划，报省旅游产业改革发展领导小组批准后下发实施。要建立省与州（市）、有关部门（单位）和州（市）与县（市、区）、部门（单位）推动旅游产业改革发展的目标责任制，把具体任务落实到位，责任到人。对推进旅游改革发展成绩突出的地区和单位实行奖励，对敷衍了事、工作不力的单位和个人进行行政问责。综合改革重大事项要建立督查纠错机制，引导旅游综合改革试验积极稳妥推进。

（三）争取国家支持，推动政策配套。要加强部省合作，争取国家在旅游用地、旅游开发建设审批管理、金融、对外开放等方面的政策支持取得突破。省级责任部门和试点地区要加大与国家有关部委的联系力度，研究制定争取国家政策的具体措施和完成时限，并争取签订共同推进云南旅游改革发展的省部合作协议。同时，要采取“一事一议”的办法，千方百计争取国家给予有力的政策支持。要探索下放管理权限，强化省级有关政策配套。对省级综合改革试点地区，要逐步探索下放州（市）级的经济管理权限和部分社会事务管理权限；尽快制定和出台全省关于推进旅游综合改革发展配套政策，省直有关部门要进一步梳理有关旅游改革发展的有关政策法规，加大对试点工作的政策倾斜和扶持力度。各试点地区要围绕产业改革和发展的难点问题，在用活用足现有政策的基础上，借鉴其他地区经验大胆创新、力求突破。在及时总结试点地区经验和做法的基础上，完善出台一批推进全省旅游改革发展的规范性文件、政府规章和地方性法规，形成较为完善的旅游改革发展政策体系。

（四）整合各方资源，加大资金投入。旅游改革发展重大项目要争取列入国家有关规划，争取一批重大项目（含专项改革项目）获得中央财政资金支持。从2010年起至2012年，省财政每年安排2 000万元旅游宣传促销经费，并视财力状况逐年适当增加省旅游发展专项资金。各州（市）人民政府也要安排相应的旅游改革发展专项资金，加大引导投入的力度。省级重大项目前期工作经费和省预算内贴息资金对旅游改革发展重大项目给予优先安排；省直有关部门对旅游交通为主的基础设施、旅游公共服务设施、“五个一批”建设等项目要优先给予支持。金融机构优先安排旅游项目贷款，金融管理部门要积极推进设立云南省旅游产业引导基金、发行旅游债券和旅游企业上市的工作。各试点地区政府和有关单位也要切实加大对试点项目的引导性投入。

（五）加强宣传工作，营造推动氛围。《规划纲要》是推进旅游产业综合改革试验的行动指南。各地、各有关部门要充分认识《规划纲要》实施的重大意义，认真学习《规划纲要》，真正把思想和行动统一到《规划纲要》上来。各地、各部门和有关媒体要及时跟踪报道旅游综合改革工作进展，要不断创新，采取各种有效方式，加大对省内外的宣传力度。通过努力使全省上下、行业内外形成推进《规划纲要》实施的良好氛围。

附件：

1. 云南省旅游产业发展和改革规划 纲要实施意见任务分解

2. 云南省旅游产业改革发展向国家 争取政策任务分解

云南省人民政府

2009年8月27日

云南省人民政府办公厅关于印发云南省重大投资项目审批核准限时办结规定和云南省重大投资项目审批核准通报规定的通知

各州、市人民政府，省直各委、办、厅、局：

《云南省重大投资项目审批核准限时办结规定（试行）》和《云南省重大投资项目审批核准通报规定（试行）》已经省人民政府同意，现印发给你们，请结合实际，认真贯彻执行。

云南省人民政府办公厅

2009年1月17日

云南省重大投资项目审批核准限时办结规定（试行）

第一条 为了深化行政审批制度改革，完善投资管理体制，加强对全省重大投资项目审批核准等方面的管理，进一步提高工作效率，促进经济又好又快发展，根据《中华人民共和国行政许可法》和《国务院关于投资体制改革的决定》（国发［2004］20号），结合本省实际，制定本规定。

第二条 本规定所称省重大投资项目是指经省人民政府确定对我省国民经济建设和社会发展有显著影响的重大建设项目。主要包括：

（一）农业、水利、能源、交通、通信等基础设施以及重要原材料基础产业和支柱产业项目；

（二）城建、环保和生态环境等项目；

（三）科技、教育、文化、卫生、体育、旅游等社会发展基础设施建设项目；

（四）带动行业技术进步的高新技术产业化项目；

（五）促进少数民族地区进步和区域经济发展的扶贫攻坚项目；

（六）利用外资、扩大对外开放的项目；

（七）省人民政府确定的其他项目。

第三条 下列事项纳入限时办结范围：

（一）省重大投资项目审批核准事项；

（二）省级部门转报国家有关部委审批核准事项；

（三）省重大投资项目需其他部门前置审批的事项。

第四条 限时办结应当遵循规范、高效、及时的原则，以提高公共服务效率、水平和公众满意程度为目标，并接受社会和公众监督。

第五条 省重大投资项目审批核准办理时限总体要求是：

（一）省级部门权限范围内的项目，在正式受理申请后10个工作日内办结；

（二）需省级部门报国家有关部委审批核准的，省级部门在正式受理申请后30个工作日内负责上报，并在上报后60个工作日内负责向国家对口部门汇报，直至获得审批文件。

第六条 省重大投资项目审批核准具体办理时限是：

（一）项目建议书、可行性研究报告、初步设计和项目核准申请报告审批核准10个工作日内办结；

（二）建设项目选址意见书、用地预审意见、水土保持方案批复、征占用林地审核同意书等需其他部门前置审批的事项10个工作日内办结；

（三）建设项目环境影响评价报告书审批40个工作日内办结，建设项目环境影响评价报告表审批20个工作日内办结，建设项目环境影响评价登记表审批12个工作日内办结；

（四）农用地征收和转用的审批，属于省人民政府审批权限范围内的，10个工作日内提出审查意见上报省人民政府审批；

（五）涉及自然保护区、国家重点保护野生动植物及其栖息地的项目，30个工作日内办结或者上报。

第七条 省重大投资项目审批核准办理时限从正式受理申请之日起计算，但不包括法律法规规定的委托咨询评估、征求公众意见和进行专家审议等所需时间。

委托咨询评估、征求公众意见和进行专家评审等应当在15个工作日内完成，法律、法规有规定的，从其规定。

第八条 省重大投资项目审批核准限时办结实行“行政问责制”。未按照本规定时限办结省重大投资项目审批核准的，由有关部门按照《云南省人民政府关于省人民政府部门及州（市）行政负责人问责办法的规定》，实行行政问责。

第九条 其他固定资产投资项目办理时限可参照本规定执行。

第十条 本规定自公布之日起施行。

云南省重大投资项目审批核准通报规定（试行）

第一条 为了提高省重大投资项目审批的透明度，及时解决审批核准中存在的困难和问题，根据《中共中央办公厅、国务院办公厅关于进一步推行政务公开的意见》（中办发［2005］12号）的有关规定，结合本省实际，制定本规定。

第二条 本规定所称重大投资项目是指经省人民政府确定对我省国民经济建设和社会发展有显著影响的重大建设项目。主要包括：

（一）农业、水利、能源、交通、通信等基础设施以及重要原材料基础产业和支柱产业项目；

（二）城建、环保和生态环境等项目；

（三）科技、教育、文化、卫生、体育、旅游等社会发展基础设施建设项目；

（四）带动行业技术进步的高新技术产业化项目；

（五）促进少数民族地区进步和区域经济发展的扶贫攻坚项目；

（六）利用外资、扩大对外开放的项目；

（七）省人民政府确定的其他项目。

第三条 省重大投资项目审批核准通报遵循全面履行行政机关职能职责，服务社会公众的原则，及时通报省重大投资项目审批核准中的重要情况，确保省人民政府重大决策的贯彻执行。

第四条 省发展改革委负责牵头组织省重大投资项目审批核准通报工作。

各州、市、省级有关部门和项目业主应当每月按要求向省发展改革委提供项目审批核准信息。

第五条 省重大投资项目审批核准通报的主要内容是：

（一）省重大投资项目审批核准情况；

（二）省级部门转报国家有关部委审批核准情况；

（三）省重大投资项目需其他部门前置审批情况。

第六条 省重大投资项目审批核准通报一般采用书面通报、会议通报等方式。

第七条 省发展改革委负责汇总省重大投资项目审批核准情况，每月向州、市、省级有关部门和项目业主通报，并专题上报省委、省政府。

省发展改革委每年6月和12月分别召开一次省重大投资项目审批核准情况通报会。根据通报内容，可邀请省委、省人大常委会、省政府、省政协和省法院、省检察院、省军区领导，各民主党派、人民团体负责人，副省级以上领导干部（包括离退休省级干部）及省直部门负责人、项目业主参加通报会。

省发展改革委根据工作需要可临时召开省重大投资项目审批核准情况专题通报会。

第八条 省级有关部门应当将项目审批核准中存在的问题及解决问题的措施和方案及时报送省发展改革委。

第九条 其他固定资产投资项目审批核准通报工作可参照本规定执行。

第十条 本规定自公布之日起施行。

云南省人民政府办公厅关于进一步做好淘汰落后水泥生产能力工作的通知

各州、市、县（市、区）人民政府，省直各委、办、厅、局：

近年来，各地、各部门认真贯彻落实《云南省人民政府办公厅关于做好淘汰落后水泥生产能力工作的通知》（云政办发［2007］135号）精神，加大了淘汰落后水泥生产能力工作力度，已基本实现“十一五”前2年淘汰目标，工作成效显著。截至2008年底，列入淘汰计划涉及88户企业的落后水泥熟料生产能力864万吨，已淘汰（拆除或废毁）821万吨，占计划数的95%以上。淘汰落后水泥生产能力工作有力地促进了水泥工业结构调整和产业升级。2008年，全省有水泥企业254户，水泥生产能力7 014.7万吨，企业平均生产规模27.6万吨，水泥实际产量4 011.98万吨；水泥熟料生产能力5 261万吨，其中新型干法水泥熟料生产能力3 381万吨，占全省水泥熟料生产能力的64.3%。

淘汰落后水泥生产能力对全省水泥产能过剩有一定缓解作用，但水泥市场供大于求的矛盾还没有得到解决，目前全省水泥生产设备利用率仅为57.2%。为进一步做好我省淘汰落后水泥生产能力工作，根据《云南省人民政府关于进一步加强节能减排工作的若干意见》（云政发［2007］141号）要求，经省人民政府同意，现将有关事项通知如下：

一、第二批淘汰落后水泥生产能力目标

到2010年，全省完成淘汰落后水泥生产能力1 066

万吨。具体为：2009年257万吨，2010年809万吨。

二、淘汰重点和时间

根据各地水泥工业发展的实际，坚持分类指导、分步实施的原则，重点淘汰：2008年新型干法水泥比重达到70%以上州（市）及县（市、区）的全部落后水泥生产能力；除怒江州外，其他州（市）人民政府所在县（市、区）的全部落后水泥生产能力；九大高原湖泊流域内的部分落后水泥生产能力；新建新型干法水泥生产线承诺淘汰的落后水泥生产能力；水泥结构调整重点地区玉溪市部分落后水泥生产能力。

昆明市列入淘汰的落后水泥生产能力原则上在2009年12月31日前淘汰；其他州（市）列入淘汰的落后水泥生产能力原则上在2010年12月3）日前淘汰。

三、落实责任

省工业信息化委要按照《云南省淘汰落后水泥生产能力（第二批）目标分解表》，与各州（市）人民政府签订淘汰落后水泥生产能力责任书，加强对责任书落实情况的监督检查，采取有效措施，确保我省淘汰落后水泥生产能力目标任务实现。有关州（市）人民政府要抓紧与有关县（市、区）人民政府签订淘汰落后水泥生产能力责任书，并送省工业信息化委备案。

四、政策措施

（一）各级人民政府要加强对淘汰落后水泥生产能力工作的领导，妥善安置被淘汰落后水泥生产能力企业的职工，有财力的地区应适当进行补贴。

（二）涉及淘汰落后水泥生产能力的企业，经审核同意后，可改为粉磨站。有条件的可优先作为新建水泥项目的业主。

（三）在规定的时限内，没有完成淘汰落后水泥生产能力目标的州（市），不予核准新上水泥项目。

（四）省工业信息化委、发展改革委、地税局、环境保护厅、质监局和省国税局、昆明电监办等部门，要按照各自职责，共同配合做好我省淘汰落后水泥生产能力工作。对在规定的时限内，没有按照要求淘汰落后水泥生产能力的企业，实行差别电价，在原电价基础上，每千瓦时加价0.20元。实行差别电价3个月后，仍没有按照要求淘汰落后水泥生产能力的企业，电力供应企业要依法停止供电；税务机关取消其享受资源综合利用和福利企业税收优惠政策资格；在新一轮换发水泥产品生产许可证时，质量技术监督部门不予换证。环保部门要加强环保监管，对环保不达标的企业，加大环保执法力度，直至依法收回排污许可证。

（五）省级投资主管部门在核准新建新型干法水泥项目时，要坚持上大关小、淘汰落后水泥的原则，项目业主或当地人民政府原则上必须承诺淘汰不低于项目新增产能30%的当地落后水泥生产能力，否则不予核准新建水泥项目。鼓励超量或等量淘汰落后水泥生产能力。

（六）省级财政安排使用的有关专项资金，对属于因淘汰落后水泥生产能力而转产的项目，要优先予以支持。

附件：云南省淘汰落后水泥生产能力（第二批）目标分解表

云南省人民政府办公厅
2009年2月10日

云南省人民政府办公厅关于启动水电铝产业发展模式进一步推进矿电结合工作的通知

各州、市人民政府，省直各委、办、厅、局：

以有色金属为重点的矿产业和以水电为主的电力产业是我省的两大优势产业。为充分发挥我省能源优势，特别是清洁、可再生的水电能源优势，以及有色金属矿产资源优势，推进有色和电力两个优势产业强强结合，形成具有我省独特竞争优势的新型产业发展模式，实现两个产业互惠多赢和长期可持续发展，推动我省产业结构升级，省人民政府决定启动云南省水电铝产业发展模式，进一步推进全省矿电产业发展。现将有关事项通知如下：

一、成立推进矿电结合工作领导小组

（一）领导小组

领导小组统一领导组织全省矿电结合发展工作，启动“水电铝产业发展模式”，研究工作中的重大事项，协调处理重大问题。

组　长：和段琪　副省长

副组长：刘绍忠　省工业和信息化委主任

叶燎原　省政府副秘书长

马晓佳　省发展改革委副主任、能源局局长

成　员：王兴宁　省工业和信息化委副主任

周光灿　电监会昆明电监办副专员

廖泽龙　云南电网公司总经理

田　永　云南冶金集团总经理

（二）领导小组办公室

领导小组办公室设在省工业和信息化委，负责处理日常工作。办公室主任由王兴宁兼任，办公室成员由省工业和信息化委、发展改革委、能源局、物价局、电监会昆明电监办、云南电网公司、云南冶金集团等有关单位相关负责人组成。

二、启动水电铝产业发展模式

我省矿电结合工作遵循“政府主导、企业协同、市场运作”的基本原则，以“水电铝产业发展模式”为突破口，以大用户直购电为基础，择优试点，以点带面，逐步展开，有序推进。

按照工业和信息化部、国家发展和改革委员会、国家电力监管委员会、国家能源局《关于开展电解铝企业直购电试点工作的通知》（工信部联原［2009］62号）确定云南冶金集团云南铝业股份有限公司为直购电试点电解铝企业的精神，我省先期以云南冶金集团云南铝业股份有限公司为试点，试行大用电量用户直接向发电企业购电。由云南冶金集团云南铝业股份有限公司商云南电网公司，负责编制《云南冶金集团云南铝业股份有限公司直购电试点方案》；由省工业和信息化委牵头，省发展改革委、电监会昆明电监办等单位参加，组织对试点方案进行评审，报经省人民政府同意后报送工业和信息化部、国家发展和改革委员会、国家电力监管委员会、国家能源局，争取推动“水电铝产业发展模式”与大用户直购电试点工作步入实质性实施阶段。

三、进一步推进矿电结合工作

在云南冶金集团云南铝业股份有限公司直购电试点成功的基础上，进一步推动其他重点高载能企业实行大用户直购电，鼓励符合国家产业政策和环境保护要求的重点高载能企业和水电企业之间开展投资合作，淘汰落后产能，拓展产业发展空间。在“水电铝产业发展模式”的基础上，进一步推进“磷电”、“硅电”等矿电结合发展模式，提高矿电结合发展层次，把我省资源优势转化为产业优势，进一步提升产业竞争力，促进全省经济可持续发展。

四、近期工作进度要求

各有关部门和单位要采取有效措施抓好落实，务求年内有实质性进展。《云南冶金集团云南铝业股份有限公司直购电试点方案》省内的编制、论证评审和上报工作，争取在上半年正式启动。与此有关的其他工作，各有关部门和单位要积极抓紧推进。

云南省人民政府办公厅
2009年2月23日

云南省人民政府办公厅关于命名第四批云南省生态乡镇的通知

各州、市、县（市、区）人民政府：

为深入贯彻落实科学发展观，全面推进七彩云南保护行动，改善农村生态环境，促进社会主义新农村建设，推动区域经济又好又快发展，建设富裕民主文明开放和谐云南，根据《云南省生态乡镇建设管理规定》，经县（市、区）环境保护行政主管部门初审，州（市）环境保护行政主管部门预验收，省环境保护行政主管部门审核，并报省人民政府最终审定，现命名宜良县马街镇等31个乡镇为第四批云南省生态乡镇。

获得云南省生态乡镇命名的乡镇，要总结经验，发扬成绩，强化创建工作机构和制度建设，狠抓创建规划落实，进一步加强生态环境保护，不断提高资源利用效率，为促进全省城乡统筹发展，实现全面协调可持续发展作出新的更大贡献。

各州、市、县（市、区）人民政府，要从落实科学发展，促进社会和谐的高度出发，强化组织领导，创新工作方法，切实保障生态乡镇创建活动深入持续开展。

附件：第四批云南省生态乡镇名单

云南省人民政府办公厅
2009年4月26日

附件

第四批云南省生态乡镇名单

（共计31个）

昆明市：

宜良县马街镇　安宁市青龙镇　安宁市太平镇　安宁市禄裱镇　安宁市县街镇

曲靖市：

沾益县白水镇　马龙县马过河镇

玉溪市：

新平县平甸乡　新平县平掌乡　峨山县化念镇　峨山县岔河乡　峨山县富良棚乡　峨山县小街镇

保山市：

隆阳区板桥镇　腾冲县猴桥镇

文山州：

文山县古木镇　砚山县阿猛镇　马关县马白镇　西畴县莲花塘乡

西双版纳州：

景洪市勐旺乡　景洪市嘎洒镇　景洪市勐龙镇　景洪市勐养镇　勐腊县勐捧镇　勐腊县勐满镇

勐腊县关累镇　勐海县格朗河乡　勐海县勐满镇

大理州：

洱源县三营镇　洱源县右所镇　洱源县凤羽镇

云南省人民政府办公厅关于印发普洱茶地理标志产品保护管理办法的通知

各州、市人民政府，省直有关部门：

《普洱茶地理标志产品保护管理办法》已经省人民政府同意，现印发给你们，请认真贯彻落实。

云南省人民政府办公厅

2009年4月28日

普洱茶地理标志产品保护管理办法

（2009年4月28日）

第一章　总　则

第一条　为有效保护普洱茶地理标志产品，规范普洱茶地理标志产品专用标志（以下简称专用标志）的申请、使用和管理，保证普洱茶的质量和特色，维护普洱茶的声誉和经营者、消费者的合法权益，根据《地理标志产品保护规定》、《关于批准对普洱茶实施地理标志产品保护的公告》（国家质检总局公告2008年第60号，以下简称《公告》）等有关规定，结合本省实际，制定本办法。

第二条　在本省行政区域内从事普洱茶生产、经营及其他相关活动的单位和个人，应当遵守本办法。

第三条　各级人民政府应当加强对本行政区域内普洱茶地理标志产品保护工作的领导，组织本行政区域内的有关部门做好普洱茶地理标志产品的保护工作。

第四条　省质量技术监督部门会同省茶叶产业主管部门统一负责全省普洱茶地理标志产品的保护管理工作。

商务、卫生、农业、工商管理、检验检疫、知识产权、食品药品监督管理等有关部门在各自职责范围内协助做好相关工作。

第五条　普洱茶地理标志产品保护范围为《公告》批准的范围，即：昆明市、楚雄州、玉溪市、红河州、文山州、普洱市、西双版纳州、大理州、保山市、德宏州、临沧市共11个州（市）75个县（市、区）639个乡（镇、街道办事处）现辖行政区域。

普洱茶的生产、加工应当在保护范围内进行。

第六条　专用标志使用遵循自愿申请的原则。

第七条　对在普洱茶地理标志产品保护工作中取得突出成绩或者作出重大贡献的单位和个人，由县级以上人民政府或者有关部门给予表彰和奖励。

第二章　申请、受理、审核及批准

第八条　州（市）质量技术监督部门负责本行政区域内普洱茶生产单位申请使用专用标志的受理及初审工作。

第九条　普洱茶生产单位申请使用专用标志，应当符合下列条件：

（一）具有食品生产许可证及合法有效的营业执照；

（二）生产茶叶原料全部来自于保护区域范围内；

（三）按照GB/T22111《地理标志产品普洱茶》组织生产，能保持正常生产活动，并建立有完整、可追溯的产品质量档案；

（四）建立起质量管理体系，3年内无重大质量违法记录。

第十条　生产者申请使用专用标志，应当提供以下材料：

（一）《普洱茶地理标志保护产品普洱茶专用标志使用申请书》（见附件1）；

（二）食品生产许可证及相关营业执照；

（三）《普洱茶地理标志保护产品茶园登记证明》（以下简称《茶园登记证明》）或者与拥有《茶园登记证明》的茶叶生产者（基地）签订的原料收购协议；

（四）省级（或者国家级）检验机构出具的产品质量检验合格报告，或者最近3年经国家质监总局或者省质量技术监督部门抽查2次以上合格的检验报告；

（五）生产设备清单、场所平面图和质量体系文件目录；

（六）其他相关证明材料。

第十一条 生产单位应当保证所提供申请材料的真实性。对经查实提供虚假申请材料的单位，3年内不得申请使用普洱茶专用标志。

第十二条 州（市）质量技术监督部门在受理专用标志的使用申请后，应当按照本办法第九条、第十条的要求，于15个工作日内，对申请人的申请材料和具备条件进行初审，必要时可进行实地查勘。

初审合格的，出具初审意见，并将相关材料报省质量技术监督部门复审；复审合格的，由省质量技术监督部门出具复审意见，并将相关材料按季度组报国家质检总局终审；终审合格的由国家质检总局给予注册登记并向社会公告，申请人即可在其产品上使用专用标志，获得地理标志产品保护。

初审、复审、终审不合格的，分别由州（市）质量技术监督部门、省质量技术监督部门、国家质检总局书面告知申请人。

第十三条 《茶园登记证明》作为普洱茶原料（鲜叶或者晒青茶）产自普洱茶地理标志产品保护地域和生产者申请使用专用标志的重要依据。

《茶园登记证明》由省级茶叶主管部门统一制作、编号和监管。

《茶园登记证明》申请的受理、审核及发证由当地县级茶叶主管部门负责。

第十四条 申领《茶园登记证明》的茶叶种植单位或者个人，应当符合下列条件：

（一）在保护范围内拥有茶园（基地）的；

（二）茶园（基地）建设符合GB/T22111《地理标志产品普洱茶》规定的；

（三）茶叶生产符合GB/T22111《地理标志产品普洱茶》规定的。

第十五条 茶叶种植单位或者个人向当地县级茶叶主管部门申领《茶园登记证明》时，应当提交由乡（镇）人民政府出具的证明茶园归属、所在地域、茶园面积、茶树品种等内容的相关材料。

第十六条 县级茶叶主管部门受理茶叶种植单位或者个人的《茶园登记证明》申请材料后，应当于15个工作日内按照GB/T22111《地理标志产品普洱茶》的要求，对申请人所提供的相关材料进行核查，必要时可进行实地查勘。核查合格的，登记发放《茶园登记证明》；核查不合格的，向申请人出具核查不合格书面意见，退还申请材料。

《茶园登记证明》不得转让、出租、出借或者买卖。

第十七条 《茶园登记证明》登记内容发生变化的，持有者应当于30日内到原发证机关申请变更登记，原证由发证机关收回。

第三章　使用和管理

第十八条 普洱茶专用标志由《关于启用新的地理标志保护产品普洱茶专用标志图案的公告》（国家质检总局公告2005年第151号）和《关于发布地理标志保护产品普洱茶专用标志比例图的公告》（国家质检总局公告2006年第109号）所规定的地理标志产品普洱茶专用标志图案和“普洱茶”文字组成（见附件2）。

第十九条 获准使用专用标志的单位可在其生产的普洱茶标签、包装物、说明书、广告和相关经营、展销场所以及茶事活动中使用专用标志。

第二十条 专用标志使用单位应当于每年1月31日前向当地州（市）质量技术监督部门填报本年度《普洱茶地理标志保护产品普洱茶专用标志年度申报表》（见附件3）和上年度专用标志的使用情况。

州（市）质量技术监督部门应当于5个工作日内对专用标志使用单位的专用标志年度使用计划进行核准，并对上年度使用情况进行汇总，一并报省质量技术监督部门备案。

第二十一条 专用标志使用单位可根据需要按比例放大或者缩小专用标志，直接印刷在包装物上或者印制成防伪专用标志粘贴在包装物上。

专用标志使用单位在产品包装物上自行印制专用标志的，其选定的印刷单位应当报当地州（市）质量技术监督部门备案后方可按照核准量印制。

粘贴用专用标志由专用标志使用单位到经省质量技术监督部门招标确定的印制单位按照核准数量印制。

专用标志使用单位应当将印制合同和所印制的包装物图案、规格、数量以及粘贴用专用标志印制的规格、数量报当地州（市）和省质量技术监督部门备案。

第二十二条 专用标志使用单位应当按照GB/T22111《地理标志产品普洱茶》的规定加工制作普洱茶。收购鲜叶或者晒青茶时应验明原料供应者的《茶园登记证明》，或者原料供应者与拥有《茶园登记证明》的单位、个人的收购协议。

第二十三条 专用标志使用单位应当建立普洱茶生产、销售台帐、茶叶基地档案或者相应的原料收购台帐，以备查用。

第四章　保护和监督

第二十四条 县级以上质量技术监督部门应当对普洱

茶专用标志产品的产地范围，产品名称，原材料，生产技术工艺，质量特色，质量等级、数量、包装、标识，专用标志的印刷、发放、数量、使用情况，产品的生产环境、生产设备，产品的标准符合性等方面进行日常监督。

第二十五条 县级茶叶主管部门应当对行政区域内的普洱茶生产情况进行统计、汇总、分析，每年至少对《茶园登记证明》进行1次核查。

对《茶园登记证明》持有者转让、出租、出借、买卖《茶园登记证明》的，由县级茶叶主管部门收回注销《茶园登记证明》；情节严重的，可依法按照相关规定进行处罚。

登记内容发生变更，《茶园登记证明》持有者未及时进行变更登记的，由县级茶叶主管部门责令其于15个工作日内办理变更登记，逾期不再给予变更登记，原证由发证机关收回。

第二十六条 有下列行为之一的，由县级以上质量技术监督部门依据《中华人民共和国产品质量法》、《中华人民共和国标准化法》等有关法律、法规进行查处：

（一）擅自使用、伪造普洱茶名称或者普洱茶专用标志的；

（二）转让、出租、出借、买卖普洱茶专用标志的；

（三）使用与普洱茶专用标志相近、易产生误解的名称或者标识，以及可能误导消费者的文字或者图案标志，使消费者将该产品误认为普洱茶的；

（四）其他违反相关法律、法规的。

社会团体、单位和个人可对上述违法行为进行监督和举报。

第二十七条 获准使用普洱茶专用标志的生产单位，未按照相应标准和管理规范组织生产的，或者在2年内未在受保护的普洱茶地理标志产品上使用专用标志的，由当地质量技术监督部门逐级报请国家质检总局注销其专用标志使用注册登记，停止其使用专用标志并向社会公告。

第二十八条 专用标志使用单位有下列情形之一的，由县级以上质量技术监督部门责令其限期整改并暂停使用专用标志：

（一）未按照GB/T22111《地理标志产品普洱茶》组织生产的；

（二）产品质量连续2次以上（含2次）监督抽查不合格的；

（三）在普洱茶生产、加工、销售过程中，违反本办法规定，情节严重的。

在限期内整改合格的，由县级质量技术监督部门书面通知其继续使用专用标志。

经整改仍不符合本办法规定的，由县级质量技术监督部门逐级报请国家质检总局注销其专用标志使用注册登记，停止其使用专用标志并向社会公告。

第二十九条 从事普洱茶地理标志产品保护管理工作的人员应当遵守以下规定：

（一）忠于职守，秉公办事；

（二）严禁弄虚作假；

（三）不得滥用职权，以权谋私；

（四）不得泄露有关单位的技术和商业秘密。

违反以上规定的，由监察机关或者本单位依法给予行政处分；构成犯罪的，依法追究刑事责任。

第五章 附 则

第三十条 本办法自2009年6月1日起施行。

附件：

1. 普洱茶地理标志保护产品普洱茶专用标志使用申请书

2. 普洱茶地理标志保护产品普洱茶专用标志说明

3. 普洱茶地理标志保护产品普洱茶专用标志年度申报表

云南省人民政府办公厅关于印发云南省公共机构“十一五”后两年节能计划实施方案的通知

各州、市、县（市、区）人民政府，省直各委、办、厅、局：

《云南省公共机构“十一五”后两年节能计划 实施方案》已经省人民政府同意，现印发给你们，请认真组织实施。

云南省人民政府办公厅

2009年5月13日

云南省公共机构“十一五”后两年节能计划实施方案

深入开展全省公共机构节能降耗工作是贯彻落实科学发展观，加快建设资源节约型、环境友好型社会的重要举措，也是我省公共机构加强自身建设、树立良好社会形象的必然要求。2008年国务院颁布实施了《公共机构节能条例》，对公共机构节能降耗工作提出了更高的要求。为进一步明确公共机构节能目标和任务，增强工作的预见性、科学性，确保我省公共机构“十一五”节能目标的顺利实现，制定本方案。

本方案中公共机构是指：全部或者部分使用财政性资金的州（市）、省直行政机关、事业单位和团体组织。教育、科技、文化、卫生、体育等系统在同级管理机关事务工作机构指导下，开展本级公共机构节能工作。

一、总体要求和主要目标

（一）总体要求

以科学发展观为指导，全面贯彻落实《公共机构节能条例》，建立健全公共机构节能管理体系，加强领导、强化管理、深入宣传，切实改善公共机构用能现状，充分发挥公共机构在全社会节能工作中的示范带头作用，努力开创公共机构节能工作的新局面，圆满完成我省“十一五”规划提出的节能目标任务。

（二）主要目标

2009至2010年2年间，我省公共机构节能工作的主要目标是：

1. 节能指标。以2006年为基数，实现总体水平降低20%以上。其中水消耗降低4%，电消耗降低4%，低值易耗品降低4%；

2. 开展用能重点单位能源审计；

3. 完善能耗统计管理制度，健全评价考核体系；

4. 创新节能管理模式，充分认识合同能源管理的重要意义，鼓励有条件的政府机构、医院、学校等用能集中的单位，推行合同能源管理；

5. 在各州（市）、省直机关创建30个能源审计和节水、节电、节油、节材试点示范单位（省直机关22个，州（市）县8个，详见附件）。

二、工作重点和步骤

（一）开展重点用能单位的能源审计

1. 主要内容：在现有各级公共机构能耗统计报表的基础上，对不同类型的重点用能单位开展能源审计和能效公示。将能源消耗大或者能源消费特点突出的单位列入重点用能单位。首批选择30个公共机构，在取得经验的基础上，力争“十一五”最后一年，将开展能源审计的单位扩大覆盖到全省政府机构。

2. 工作安排：2009年6月完成30个能源审计单位的确定。2009年7月至12月，在省政府节能工作领导小组办公室指导下，委托中介机构全面完成30个重点单位的能耗审计，并对有条件的单位实行能效公示工作。

3. 组织单位：省政府节能工作领导小组办公室、省直机关节能办。

4. 实施单位：确定的30个试点示范单位。

（二）抓好公共机构能耗统计、计量、监测、考核工作

1. 主要内容：建立和完善节能降耗指标统计体系、监测体系，省直机关节能办组织有关部门，对各级公共机构的能耗支出进行一次调查摸底，建立能耗统计制度。各级政府部门要督促各级公共机构开展能源消费分户、分类、分项计量，从原始记录和统计台账等基础工作入手，全面加强能耗计量、记录和统计。

2. 工作安排：2009年下半年，省直机关节能办会同有关部门组成考核组，对全省16个州（市）公共机构负责单位和省直机关部分单位的能耗统计、计量、监测工作进行摸底调查，建立健全能耗统计制度。确保每年3月31日前完成本级公共机构上年度能耗统计上报工作。

3. 组织单位：省直机关节能办。

4. 实施单位：各级公共机构。

（三）抓好重点设施、设备节能改造

1. 重点用能设备节能改造

（1）主要内容：逐步改造、淘汰高能耗的中央空调等用电设备。对耗能量大的中央空调、电梯、电热水器、锅炉和燃气灶等用能设备，积极实行节能改造，提高节能水平。

（2）工作安排：2010年年初，由省直机关节能办牵头，会同社会科研机构、技术服务机构督促检查各用能单位用能设施设备。全面推进省级公共机构中央空调、电热水器、燃煤锅炉和燃气灶的节能改造工作。同时鼓励有条件的单位实行合同能源管理。

（3）组织单位：省直机关节能办。

（4）实施单位：各级公共机构。

2. 全面推广高效节能照明灯

（1）主要内容：大力开展公共机构“绿色照明”行动。积极应用节能照明新产品，淘汰高能耗灯具。各单位楼梯、走廊、卫生间等公共场所的照明，应安装节能技术较为成熟的自动控制装置，杜绝长明灯现象。

（2）工作安排：2009年上半年，在省政府节能工作领导小组办公室的指导下，全面统计全省公共机构高能耗白炽灯及其他低效照明产品，制定公共机构节能照明灯推广和实施方案。2009年下半年，全面推广高效节能照明产品。要求各公共机构节能灯使用率达到90%。到2010年彻底消灭高耗能照明灯具。

（3）组织单位：省政府节能工作领导小组办公室、省直机关节能办、各州（市）公共机构节能管理部门。

（4）实施单位：各级公共机构。

3. 用水器具节能改造

（1）主要内容：做好节约用水管理工作，积极推广使用节水器具和设备。鼓励有条件的单位建设中水回收处理系统和雨水收集系统，实现循环用水，一水多用。

（2）工作安排：2010年上半年，全省公共机构基本完成节水器具改造任务。2010年下半年，各级公共机构

节能管理部门组织检查验收。

（3）组织单位：各级机关事务管理部门。

（4）实施单位：各级公共机构。

（四）抓好建筑节能

1. 主要内容：要以贯彻实施《公共机构节能条例》和《民用建筑节能条例》为契机，大力推进公共机构建筑节能。严格执行建筑节能有关规定，加大对公共机构建设项目的节能评估和审查力度。严格控制公共机构建设项目的建设规模和标准，做好新建或大修建筑的节能把关工作，稳步推进既有建筑的节能改造。

2. 组织单位：省住房城乡建设厅和各级机关事务管理部门。

3. 实施单位：各级公共机构。

（五）抓好节能采购

1. 主要内容：充分发挥政府采购的政策导向作用。严格执行政府节能采购产品清单，对国家质监、环保部门推荐和社会公认的节能产品要列入采购目录和范围，从源头上把好节能产品入口关。

2. 组织单位：各级机关事务管理部门和政府采购中心。

3. 实施单位：各级公共机构。

（六）抓好公务车辆节能

1. 主要内容：公共机构应当严格按照编制配备公务用车。优先选用低能耗、低污染、清洁能源的车辆，严格执行车辆报废制度，科学核定单车油耗定额，坚持1车1卡定点加油，推行单车能耗核算制度。鼓励干部职工利用公共交通工具和非机动交通工具出行。

2. 组织单位：各级机关事务管理部门。

3. 实施单位：各级公共机构。

（七）抓好办公用品日常管理

1. 主要内容：规范办公用品的采购、配备、领用制度。选择能耗低、环保、质优、价廉的办公设备，不采购高耗能办公用品。尽量在电子媒介上修改文稿，提倡双面用纸，减少文件印刷数量和次数，注重信封、复印纸再利用。提倡使用钢笔书写，减少圆珠笔或1次性签字笔的使用量。大力提倡修废利旧，延长办公用品使用寿命。不提倡会议上使用1次性纸杯。

2. 组织单位：各级机关事务管理部门。

3. 实施单位：各级公共机构。

三、保障措施

（一）加强领导，强化管理

公共机构节能工作是一项系统工程，需要开展大量的组织协调工作，各部门和单位的一把手是节能工作的第一责任人。省政府办公厅、发展改革委、工业信息化委、财政厅、住房城乡建设厅、国土资源厅、环境保护厅等省直机关节能工作领导小组成员单位，要切实履行职能，在抓好机关自身节能工作的同时，应加强对全省节能工作的指导和服务，创新节能管理模式，加强节能监督，共同完成全省公共机构节能的各项工作任务，为“十二五”节能降耗工作奠定良好基础。

（二）做好重点能耗单位能耗公示

在规范能耗统计报表工作的基础上，将重点单位用水用电和公务车辆用油等耗费指标，在一定范围内进行公示，自觉接受社会的监督，使公示起到应有的监督作用。

（三）加强节能工作检查

省直机关节能办要会同有关部门，加强全省公共机构节能管理工作的经常性检查。加强管理监督，挖掘节约潜力，各级机关事务管理部门要切实履行好职责，加强对节能工作的调研和检查力度，充分调动各单位节能工作的积极性和创造性。

（四）推行能耗定额管理

省直机关节能办要会同有关部门按照管理职责，根据不同单位的能耗综合水平和特点，在充分调查研究和科学论证的基础上，组织制定能源消耗定额。同时会同财政部门根据能源消耗定额，制定能耗支出标准，加强政府机构公用经费的定额管理。

（五）广泛宣传

各级公共机构要组织开展形式多样的宣传活 动，充分利用报纸、电视、广播、简报等媒介广泛宣传建设资源节约型、环境友好型社会的意义，宣传国家资源节约法规和方针政策，普及节能科学知识，表彰先进典型，曝光资源浪费行为，形成“节约光荣、浪费可耻”的良好风尚。各级公共机构节能管理部门要定期编辑节能工作简报，加强信息沟通和经验交流。学习交流节能先进经验和好的做法。不定期开展节能宣传和节能技术管理培训。

节能工作任重道远，公共机构要率先垂范，带头节能，充分发挥公共机构在全社会节能工作中的示范作用，为推进我省经济社会又好又快发展作出新的贡献。

附件：云南省公共机构2009年能耗审计和节 能试点示范单位名单

附件

云南省公共机构2009年
能耗审计和节能试点示范单位名单

一、省级公共机构（共22个）

省政府办公厅　省财政厅　省工业信息化委　省发展改革委省住房城乡建设厅　省农业厅　省交通运输厅　省商务厅省人力资源社会保障厅　省公安厅　省林业厅　省文化厅省教育厅　省民政厅　省科技厅　省审计厅省卫生厅　省环境保护厅　省地税局　省体育局云南

大学　省第一人民医院

二、州（市）、县（共8个）

昆明市人民政府　曲靖市人民政府　大理州人民政府　玉溪市人民政府西双版纳州人民政府　丽江市人民政府　德宏州人民政府　普洱市人民政府

云南省土地利用年度计划管理实施办法

云南省国土资源厅公告（第3号）

第一条　为加强土地管理，严格实施土地利用总体规划，控制建设用地总量，促进节约集约用地，切实保护耕地，保证经济社会的可持续发展，根据《中华人民共和国土地管理法》、《中华人民共和国土地管理法实施条例》、《国务院关于深化改革严格土地管理的决定》（国发［2004］28号）、《国务院关于加强土地调控有关问题的通知》（国发［2006］31号）、《国务院关于促进节约集约用地的通知》（国发［2008］3号）、国土资源部《土地利用年度计划管理办法》（国土资源部第37号令）及《云南省土地管理条例》，制定本办法。

第二条　云南省内土地利用年度计划的编制、报批、执行、监督和考核，适用本办法。

本办法所称土地利用年度计划，是根据土地利用总体规划、国民经济和社会发展计划和土地调控要求，由国家统一下达或省人民政府国土资源管理部门制定的对计划年度内新增建设用地量、土地开发整理补充耕地量、耕地保有量以及相关土地利用计划的具体安排。

第三条　土地利用年度计划管理应当遵循下列原则：

（一）严格依据土地利用总体规划，合理控制建设用地总量，切实保护耕地特别是基本农田；

（二）运用土地政策参与宏观调控，促进经济发展方式转变，提高土地节约集约利用水平；

（三）优先保证省级以上重点建设项目、基础设施项目用地和民生工程用地项目；

（四）建设占用耕地与补充耕地相平衡；

（五）统筹城乡建设用地，实行城镇建设用地增加与农村建设用地减少相挂钩；

（六）保护和改善生态环境，保障土地的可持续利用。

第四条　土地利用年度计划包括：

（一）新增建设用地计划指标，包括新增建设用地总量和新增建设占用农用地及耕地指标；

（二）土地开发整理计划指标，包括土地开发补充耕地指标和土地整理复垦补充耕地指标；

（三）耕地保有量计划指标；

（四）国有土地有偿供应计划指标；

（五）盘活存量建设用地计划指标。

省国土资源厅可根据计划年度的实际需要，在上述分类的基础上增设建设用地周转指标及其他控制指标，发布有关计划使用的具体指导目录。建设用地周转指标的管理使用办法另行规定。

第五条　土地利用年度计划由省国土资源厅依据国土资源部下达本省的土地利用年度计划和本省本年度土地供应、盘活存量土地要求等情况，按照全省国民经济和社会发展计划、土地利用总体规划、国家和省供地政策、土地利用及经济社会发展的实际情况和本年度发布的计划使用的具体指导目录等，确定并分解下达各州、市执行。其中，土地开发整理计划应按照各州、市的土地利用总体规划、土地开发整理规划、建设占用耕地等耕地减少情况、土地后备资源情况，确定并分解；耕地保有量计划应依据省政府向各州、市人民政府下达的耕地保护责任考核目标确定并分解；国有土地有偿供应计划和盘活存量建设用地计划由省国土资源厅根据年度经济社会发展要求和土地供应政策编制。

第六条　需国务院及国家发展和改革、省政府及省发展和改革等部门审批、核准、备案的重点建设项目拟在计划年度内使用新增建设用地的，由省级行业主管部门于上年九月十日前，按项目向省国土资源厅提出年度计划建议，同时抄送项目拟使用土地所在地的州、市国土资源管理部门及发展和改革部门。

第七条　县级国土资源管理部门会同有关部门，按照国家和省的统一部署，根据本地的土地利用总体规划和国民经济和社会发展计划，提出本地的土地利用年度计划建议，经同级人民政府审查后，于上年九月十日前报州、市国土资源管理部门。

州、市的土地利用年度计划建议，应当于上年九月二十日前报省国土资源厅。

第八条 省国土资源厅会同有关部门，在各地和省有关部门提出的土地利用年度计划建议的基础上，根据土地利用总体规划和国民经济和社会发展计划，编制全省土地利用年度计划建议，经省政府审查同意后上报国土资源部，同时抄报国家发展和改革委员会。

第九条 根据国土资源部下达本省的土地利用年度计划和本省编制的土地有偿使用计划、盘活存量建设用地计划，省国土资源厅编制全省土地利用年度计划分解下达方案和年度计划使用的具体指导目录，报经省政府批准后，下达各州、市人民政府执行。土地利用年度计划可实行年初预下达执行，待全国人民代表大会审议通过国民经济和社会发展计划，国土资源部下达正式计划后再调整正式下达的方式分解下达执行。

土地利用年度计划应纳入全省年度国民经济和社会发展计划。

第十条 新增建设用地计划下达城镇村（包括独立工矿区）和由州、市级及县级人民政府、发展和改革等部门批准、核准的能源、交通、水利等独立选址重点建设项目用地。

省政府、省发展和改革等部门批准、核准的能源、交通、水利等独立选址重点建设项目占用新增建设用地计划指标不下达地方，以适当方式告知有关行业主管部门和地方，在建设项目用地审批时，由省直接核销。

国务院及国家发展和改革等部门批准、核准，并由国务院审批用地的重点建设项目占用新增建设用地计划在建设项目用地审批时由国土资源部直接核销。

第十一条 各州、市国土资源管理部门可以将省级下达的土地利用年度计划按照省国土资源厅发布的年度计划使用的具体指导目录分解，经同级人民政府批准后下达执行；也可以由州、市国土资源管理部门统一安排使用，具体分解下达或安排情况应报省国土资源厅备案。

昆明市国土资源管理部门在分解下达计划时，应当将经国务院批准的土地利用总体规划确定的城市建设用地范围内的新增建设用地计划单独列出，并报省国土资源厅备案。

第十二条 新增建设用地计划指标、土地开发整理补充耕地计划指标和耕地保有量计划指标实行指令性管理，不得突破。新增建设用地计划中，城镇村建设占用新增建设用地计划和国家、省安排的能源、交通、水利等独立选址的重点建设项目占用新增建设用地计划不得混用。没有新增建设用地计划指标的，不得批准用地。没有新增建设用地计划指标，擅自批准用地的，按非法批准用地追究责任。擅自突破新增建设用地计划指标用地的，超额部分从下一年度计划指标中扣减。

土地开发整理补充耕地计划应当符合土地开发整理规划，经验收入库的补充耕地面积不得低于计划确定的指标。

耕地保有量计划指标用于耕地保护责任目标的检查和考核。考核年的耕地保有量不得低于下达的耕地保有量计划指标。

国有土地有偿供应计划和盘活存量建设用地计划属于指导性计划指标，各州、市应积极创造条件，确保完成计划任务。

第十三条 分解下达新增建设用地计划时，国土资源管理部门可以预留一定比例的计划指标作为机动计划指标用于本级重点建设项目和不可预见的重点急需建设项目占用新增建设用地。

县（市）人民政府在实施土地利用年度计划时，因不可预见的重点建设项目和特殊情况确需追加新增建设用地计划指标的，可以向上一级国土资源管理部门提出申请。经上级国土资源管理部门审核，可以在预留的机动计划指标内安排追加，也可以在本州、市范围内调剂使用，追加或调剂情况应报省国土资源厅备案。各州、市在本地区计划指标内确实无法安排追加或调剂的，可以按程序逐级上报省人民政府申请追加。省国土资源厅在土地利用计划执行情况中期检查评估后，认为确有必要调剂或在机动指标中追加计划指标的，可报经省人民政府批准后对有关地区的土地利用计划指标进行调剂或追加。确需向国家申请追加新增建设用地计划指标的，由省国土资源厅汇总经省政府同意后向国土资源部提出计划追加申请。

第十四条 建设项目用地单位在建设项目审批（核准、备案）后，可以持建设项目的审批（核准、备案）文件、用地预审文件、落实用地预审意见和建设项目相关的书面材料，向用地预审文件指定的本级或下级国土资源管理部门申请项目建设年度新增建设用地计划指标。

国务院和国家发展和改革等部门批准、核准，并由国务院审批用地的交通、水利、能源等重点建设项目用地涉及新增建设用地的，所需新增建设用地的计划指标按本办法的有关规定申请，由国土资源部安排。

第十五条 县级以上国土资源管理部门受理建设项目用地申请后，应根据上级下达的年度新增建设用地计划数量和省国土资源厅发布的年度计划适用的具体指导目录，统筹考虑计划供需情况，对建设项目已落实用地预审意见要求、基本建设手续齐备、可以安排新增建设用地计划的，由国土资源管理部门向建设用地单位核发《云南省新增建设用地计划指标核拨单》。

《云南省新增建设用地计划指标核拨单》由省国土资源厅统一制定。

第十六条 县级以上国土资源管理部门应当建立土地利用年度计划管理台帐，逐步建立土地利用年度计划管理信息系统，对计划执行情况进行登记、统计，并由州、市国土资源局于每月第五个工作日前将上月的计划核拨、使用和核销情况报省国土资源厅。

土地利用年度计划执行情况，纳入国土资源综合统计，按国土资源综合统计的有关规定定期上报。

第十七条 上级国土资源管理部门对下级土地利用年度计划执行情况定期进行检查、考核和评估。省国土资源厅每年九月份对各州、市计划执行情况进行中期检查和评估，年底进行年度执行情况考核和评估。检查、考核和评估结合国土资源综合统计、建设用地审批备案、建设项目供地备案、土地利用变更调查、土地利用动态监测、土地开发整理项目验收、耕地占补平衡检查等情况进行。

土地利用年度计划以每年一月一日至十二月三十一日为考核年度。

第十八条 土地利用年度计划执行情况考核结果作为分解下达下一年度计划的依据之一。

超计划批准新增用地的，实际新增建设用地面积超过当年下达计划指标的，已实施征地满两年未供地的和没有完成耕地占补平衡任务的，相应减少下一年度的新增建设用地计划。对认真执行新增建设用地计划、补充耕地超额完成任务、推进节约集约用地成效显著的，给予适当增加新增建设用地计划指标奖励。

第十九条 各地节余的新增建设用地计划，由各级国土资源部门于每年年底逐级汇总上报省国土资源厅，由省国土资源厅汇总上报国土资源部核准后，允许在规划期内结转使用。

第二十条 本办法由云南省国土资源厅负责解释。

第二十一条 本办法自发布之日起施行。

（2008 年 11 月 12 日）

云南省建设项目用地预审管理实施办法

云南省国土资源厅公告（第 4 号）

第一条 为严格执行土地利用总体规划，加强土地调控，控制建设用地总量，节约集约利用土地，根据《中华人民共和国土地管理法》、《中华人民共和国土地管理法实施条例》、《国务院关于深化改革严格土地管理的决定》（国发正［2004］28 号）、《国务院关于加强土地调控有关问题的通知》（国发［2006］31 号）、《国务院关于促进节约集约用地的通知》（国发［2008］3 号）、国土资源部《建设项目用地预审管理办法》（国土资源部第 27 号令）及《云南省土地管理条例》，结合本省实际，制订本办法。

第二条 本办法所称建设项目用地预审，是指国土资源管理部门在建设项目审批、核准、备案阶段，依法对建设项目涉及的土地利用事项进行的审查。

第三条 建设项目用地预审应当遵循下列原则：

（一）符合土地利用总体规划；

（二）保护耕地，特别是基本农田；

（三）合理和节约集约利用土地；

（四）符合国家和省供地政策。

第四条 建设项目用地实行分级预审。

需人民政府或有批准权的人民政府发展和改革、经济贸易及行业行政管理等部门审批的建设项目，由同级人民政府的国土资源管理部门预审。

需核准和备案的建设项目，由与核准、备案机关同级的国土资源管理部门预审。

省级以上人民政府依法批准的开发区、边境经济合作区等各类园区范围内的建设项目，由审批（核准、备案）或授权园区审批（核准、备案）建设项目的同级人民政府的国土资源管理部门预审。

应当由国土资源部负责用地预审的输电线塔基、钻探井位、通讯基站等小面积零星分散建设项目用地，由省国土资源厅预审，并报国土资源部备案。

第五条 用地预审由建设用地单位或县、市国土资源管理部门在用地预审阶段提出预审申请。需审批、核准或备案的建设项目，用地预审阶段分别在可行性研究报告批准前、申请核准前或取得备案批准文件后。

第六条 建设项目用地预审申请，由建设项目所在地的县（市）级国土资源管理部门受理，并逐级转报负责用地预审的国土资源管理部门。

依照本办法第四条规定应当由省级以上国土资源管理部门负责用地预审的建设项目，建设用地单位可直接向建设项目所在地的县、市级国土资源管理部门提出预审申请，由县、市级国土资源管理部门受理并提出初审意见，逐级转报负责用地预审的国土资源管理部门。

涉密军事项目和国务院、省人民政府批准的特殊建设项目用地，建设项目用地单位可直接向国土资源部或省国土资源厅提出预审申请。

第七条 申请用地预审时申请单位应当提交下列材料，并对申请材料内容的真实性负责：

（一）建设项目用地预审申请表。使用由国土资源部规定的用地预审申请表。

（二）用地预审申请报告，内容包括拟建设项目建设的必要性、基本情况（建设内容、建设规模）、拟选址情况（含土地利用现状和比选方案论证意见）、拟用地总规模和拟用地类型；拟占用耕地的还需提交补充耕地初步方案。

（三）需审批的建设项目应提供项目建议书批复文件、项目可行性研究报告（含建设项目用地规划总平面布置图）。项目建议书与项目可行性研究报告合一的，只提供项目可行性研究报告（含建设项目用地规划总平面布置图）；需核准的建设项目应提供发展和改革、经济贸易或行业行政管理等部门同意开展前期工作的告知书和拟报发展和改革、经济贸易或行业行政管理等部门核准的项目申请报告；需备案的建设项目应提供发展和改革、经济贸易或行业行政管理等部门的建设项目备案文件和项目申请报告（应达到可行性研究深度）。

（四）根据建设项目具体情况，应提交的其他文件、证明材料和图件。

第八条 负责用地预审初审的国土资源管理部门在转报用地预审申请时，应当提供下列材料：

（一）用地预审初审意见，内容包括拟建设项目用地是否符合土地利用总体规划、是否符合国家和省供地政策、用地规模和投资强度是否符合有关规定、是否确需占用农用地、补充耕地初步方案或资金安排落实方案、建设项目审批（核准、备案）后可否落实土地利用年度计划等。

（二）标注项目用地范围的乡级土地利用总体规划图及相关图件，其中由国土资源部负责用地预审的建设项目，还需提供标注项目用地范围的县级以上土地利用总体规划图及相关图件。

（三）属于《土地管理法》第二十六条规定情形，建设项目用地需修改土地利用总体规划的，应当出具经相关部门和专家论证的土地利用总体规划修改方案、建设项目对规划实施影响评估报告和修改规划听证会纪要。土地利用总体规划修改方案和建设项目对规划实施影响评估报告，应由省级以上国土资源管理部门确认的土地规划专业机构编制，并承担相关法律责任。

第九条 符合本办法第七条规定的用地预审申请和第八条规定的用地预审初审转报材料，有关国土资源管理部门应当受理和接收。不符合的，应当场或在5个工作日内书面通知申请单位和转报单位，逾期不通知的，视为受理。

负责用地预审初审的国土资源管理部门应当自受理之日起20个工作日内完成初审工作，并逐级转报负责用地预审的国土资源管理部门。

第十条 建设项目用地预审的主要内容：（一）建设项目用地选址是否符合土地利用总体规划和经批准的国家、省有关发展规划，是否符合土地管理法律、法规规定的条件；

（二）建设项目是否符合国家和省供地政策；

（三）建设项目用地选址是否合理，包括是否确需占用农用地、可否调整占用非农用地等；

（四）建设项目用地标准、投资强度和总规模是否符合有关规定；

（五）建设项目占用耕地的，补充耕地初步方案或资金安排落实方案是否可行，所需资金是否按法律法规规定的标准计列入投资概预算中并有保障；

（六）建设项目审批（核准或备案）后可否落实土地利用年度计划；

（七）属《土地管理法》第二十六条规定情形，建设项目用地需修改土地利用总体规划的，土地利用总体规划的修改方案、建设项目对土地利用总体规划实施影响评估报告等是否符合法律法规的规定。

第十一条 负责用地预审的国土资源管理部门应当自受理用地预审申请或者收到转报材料之日起20个工作日内，完成审查工作，出具用地预审意见。20个工作日内不能出具用地预审意见的，经负责用地预审的国土资源管理部门负责人批准，可以延长10个工作日。

负责用地预审的国土资源管理部门，可就建设项目是否符合国家和省产业政策及审批（核准、备案）权限等事项书面征询同级投资主管部门或行业行政管理等部门的意见。需征询建设项目是否符合国家和省产业政策等事项和需现场踏勘的，征询和踏勘时间不计入以上规定的时限内。

第十二条 建设项目用地预审意见应当包括对本办法第十一条规定内容的结论性意见和对建设项目用地单位的具体要求。

对因工艺流程、生产安全、环境保护、地质条件、地形地貌等有特殊要求的建设项目，确需突破建设用地控制标准的，需补充提供有关材料。经评审论证确属合理并符合节约集约用地原则要求的，方可通过用地预审。

第十三条 用地预审意见是建设项目前期管理的必备文件，预审意见提出的用地标准和总规模等有关要求，建设项目初步设计阶段应当充分考虑并予以落实。

建设项目用地单位应当认真落实用地预审意见，并在依法申请建设项目实施年度的土地利用年度计划和办理农用地转用、集体土地征收及供地手续时，出具落实用地预审意见的书面材料（含土地利用总体规划修改方案的确定和落实情况）。

第十四条 建设项目用地预审文件有效期为两年，自批准发文之日起计算。已经通过用地预审的建设项目，如需对土地用途、建设内容和建设规模、建设项目选址等进行重大调整的，应当重新申请用地预审。

第十五条 出现以下情况之一的，有关国土资源管理部门出具的用地预审意见自行失效：

（一）建设项目在用地预审意见的有效期内，未能通过审批（核准）的；

（二）有关发展和改革、经济贸易和行业行政管理等部门依法注销建设项目审批（核准、备案）文件的；

（三）城市（村镇）规划行政管理部门依法注销建设项目用地城市（村镇）规划选址意见书的；

（四）因国家和省宏观调控，建设项目不再符合国家和省产业政策和供地政策的；

（五）伪造和提交虚假申请材料，未如实反映建设项目有关内容，骗取通过用地预审的。

第十六条 在有关发展和改革、经济贸易和行业行政管理等部门审批（核准）建设项目前，建设项目用地单位应当依照本办法规定完成建设项目用地预审，并在用地预审意见有效期内，依法办理建设项目的审批（核准）手续；按备案制管理的建设项目，建设项目用地单位应当依照本办法规定在备案批准文件有效期内完成建设项目用地预审。

建设项目通过审批（核准、备案）后，建设项目用地单位持用地预审意见、落实用地预审意见的书面材料和建设项目审批（核准、备案）文件，向用地预审意见指定的本级或下级国土资源管理部门申请建设项目实施年度的土地利用年度计划。

第十七条 本办法由云南省国土资源厅负责解释。

第十八条 本办法自发布之日起施行。

（2008 年 11 月 12 日）

云南省水利厅水文监测资料使用审批办法

云南省水利厅公告（第 8 号）

第一条 为规范水文监测资料使用的审批，促进水文监测资料的合理使用，根据《中华人民共和国行政许可法》、《中华人民共和国水文条例》等法律法规，结合本省实际，制定本办法。

第二条 使用本省境内水文监测资料的审批，适用本办法。

第三条 下列活动所依据的水文监测资料应当依法申请审批：

（一）由州（市）及其以上审批的规划；

（二）由州（市）及其以上审批、核准、备案的建设项目；

（三）由州（市）及其以上水行政主管部门开展的水资源管理工作；

（四）调处水事纠纷、处理水事违法案件。

第四条 云南省水文水资源局负责水文监测资料使用审批及监督管理。

第五条 水文监测资料使用的审批，应当遵循公开、公平、公正、便民、高效的原则。

第六条 从事本办法第三条规定的活动的单位、个人（以下简称申请人），应当向云南省水文水资源局提出书面申请。

申请书格式文本由云南省水文水资源局统一制作。

第七条 申请人申请时，应当提交下列材料：

（一）申请书；

（二）申请审批的水文监测资料及相关资料。

第八条 云南省水文水资源局自收到申请之日起，应当在 5 个工作日内对申请材料进行审查，并根据下列情况分别作出处理：

（一）属于受理范围的，申请材料齐全、符合法定形式的，应当予以受理，并出具书面受理凭证；（二）申请材料不齐全或者不符合法定形式的，应当一次告知申请人予以补正；

（三）不属于受理范围的，应当告知申请人不予受理。

第九条 云南省水文水资源局对受理的水文监测资料使用申请，应当自受理之日起 13 个工作日内作出审批决定。

因水文监测资料使用审批事项重大、复杂或者具有其他正当理由，13 个工作日内不能作出决定的，经本机关负责人批准，可以延长 10 个工作日，并应当制作《水行政许可延期告知书》，将延长期限的理由告知申请人。

依法需要检验、检测、鉴定、评估和专家评审的，所需时间不计算在本办法规定的期限内，但应当将所需时间书面告知申请人。

需要对申请材料进行现场检验、检测、鉴定、评估的，应当指派两名以上技术人员实施。

第十条 水文监测资料符合下列条件的，应当批准同意使用，并出具《准予水行政许可决定书》：

（一）符合有关法规和规范性文件规定；

（二）符合有关技术规范和技术标准；

（三）向国内外提供的水文资料符合保密工作规定；

（四）由具有水文水资源调查评价资质的机构提供。

第十一条 不符合本办法第十条规定之一的，应当出具《不予水行政许可决定书》，说明理由并告知申请人享有依法申请行政复议或者提起行政诉讼的权利和复议机关、受诉法院、时效等具体事项。

第十二条 云南省水文水资源局做出的审批决定，应当自做出决定之日起10个工作日内告知申请人。

《准予水行政许可决定书》有效期3年，不得转让、重复使用。

第十三条 云南省水文水资源局及其工作人员违法实施水行政许可的，依照《行政许可法》第七十二条、第七十三条、第七十四条、第七十五条、第七十七条规定予以处理。

第十四条 使用未经审批的水文监测资料，按照《中华人民共和国水文条例》第四十一条规定给予处罚。

第十五条 本办法由云南省水利厅负责解释。

第十六条 本办法自2009年2月1日起施行。

（2008年12月29日）

云南省林业厅关于加快推进低效林改造工作的意见

云南省林业厅公告（第1号）

为了适应现代林业发展要求，加快森林资源培育和林业产业建设步伐，充分发挥林地生产潜力，提高林分质量，培育优质、丰产和高效的森林资源，为我省经济社会发展提供服务。现就加快推进低效林改造工作提出如下意见。

一、充分认识开展低效林改造工作的重要性和紧迫性

低效林改造是改善林分结构，提高林地生产力，提升林分质量，发挥森林效益的森林经营措施。我省94%的国土面积是山区，现有林业用地面积3.64亿亩，森林蓄积量15.48亿立方米，森林覆盖率近50%。但是，由于人为和自然等因素的影响，导致树种结构不合理、林分质量差、效益低。全省林分平均蓄积量和生长量分别为6.88立方米/亩、0.28立方米/亩，林地生产力较低，制约了我省林业又好又快发展。

省委、省政府高度重视我省林业的改革和发展，实施了生态立省、环境优先的发展战略，明确了“生态建设产业化、产业发展生态化”的林业发展思路。在坚持生态优先的前提下，加快推进低效林改造工作，合理经营商品林资源，是实现林业全面协调可持续发展的客观要求；加快推进低效林改造工作，充分发挥我省自然优势和林地生产潜力，培育优质高效的商品林资源，是彻底改变我省林业“大资源、小产业、低效益”现状的重要途径；加快推进低效林改造工作，是实现生态建设和林产业协调发展、推进我省现代林业发展的必然选择；加快推进低效林改造工作，是深入实践科学发展观、落实省委省政府林业发展战略的重要举措，做好低效林改造工作，对促进我省农民增收、林区发展和巩固集体林权制度改革成果具有十分重要的意义。

二、指导思想和基本原则

（一）指导思想。以邓小平理论和“三个代表”重要思想为指导，深入贯彻落实科学发展观，以培育优质高效商品林为宗旨。以调整树种结构，提高林分质量，最大限度地提高林地生产力，增加单位面积产量和效益为目标。以分类经营为基础，科技支撑为手段，林权所有者和使用者为实施主体，通过科学规划，有计划、有步骤地开展低效林改造，加快我省森林资源培育步伐，促进林产业发展和林区农民增收。

（二）基本原则。坚持分类经营、分区施策的原则；坚持政府引导、群众自愿的原则；坚持资源保护与产业发展并重、推进地方经济发展和农民增收的原则；坚持因地制宜、依靠科技的原则；坚持科学规划、稳步推进的原则；坚持主体明确、多渠道筹资的原则。

三、实施范围和改造对象

（一）实施范围。商品林区符合改造条件的有林地、

灌木林地、疏林地等地类，皆纳入低效林改造实施范围。

自然保护区林地不得纳入改造范围。

（二）改造对象。林地生产力明显低于所在立地条件水平，单位面积林木生长较慢、产量较低的林分，以及受自然、人为等因素影响，林分质量不高的低价值有林地、灌木林地、疏林地等。

（三）低效林评判标准。衡量低效林指标的参考标准由县（市、区）林业主管部门根据当地森林资源调查结果和林业生产水平，参照国家林业局发布的《低效林改造技术规程》（中华人民共和国林业行业标准 LY/T1690－2007）的规定制定，报州（市）林业主管部门审核批准。

（四）改造方式。可采取结构调整、树种更替、补植补造、封山育林、林分抚育、嫁接复壮等多种方式进行。

四、保障措施

（一）明确改造目标，规范实施。低效林改造实行分级管理，各级林业行政主管部门应当根据森林资源情况，结合本地生态建设和林产业发展规划，组织编制低效林改造规划，明确改造区域、规模和目标任务（规划期应为2009～2012年及2012年之后中长期规划）。低效林改造规划由同级人民政府审批后，报省林业厅备案。

县级林业行政主管部门根据批准的低效林改造规划和实施主体的申报情况确定年度改造计划，报州（市）林业行政主管部门审批。县级林业行政主管部门依据批准的年度改造计划，组织具有林业调查设计资质的单位按有关规定编制作业设计。实施主体按县级林业行政主管部门批准的作业设计组织实施改造工作。

（二）积极开展试点，稳步推进。低效林改造是一项政策性、技术性很强的工作。各级要积极探索和大胆实践，积极开展不同区域和类型的试点。省林业厅将选择德宏州为省级试点，各州（市）要选择1个县（市、区）作为试点单位，各县（市、区）要选择1个乡（镇）作为试点单位。

（三）制定优惠政策，加快改造步伐。各地要结合当地的实际情况制定低效林改造的优惠政策，对于符合低效林改造条件和有利于森林资源保护、林产业发展的改造行为要给予大力支持；鼓励各种社会主体通过租赁、承包、联营、转让等形式投资低效林改造。低效林改造任务纳入当年林业生产计划，并作为项目进行考核；省级财政安排的林业产业造林项目投资，可用于低效林改造造林。

（四）强化监管工作，确保改造质量。各级林业行政主管部门要认真履行职责，积极引导实施主体开展改造工作，合理确定改造方式，科学选择林种和树种，明确培育目标。县级林业行政主管部门要加强对低效林改造全过程的监管。

（五）尊重林权所有者的意愿，依法维护林权所有者权益。凡纳入低效林改造的林地，应由林权所有者提出申请，经县级林业行政主管部门同意方可实施改造工作。其中：经过林权制度改革分包到户的林地，须经林权人的同意方可进行改造；属于集体经营的林地，须按《村民委员会组织法》的相关规定，经集体民主决策同意后方可进行改造；国有林地的改造可由国有林经营管理单位组织，未确定使用权主体的国有林地的改造，由县级以上人民政府依法依规组织。权属不清或有争议的林地不得进行改造。

（六）加强低效林改造采伐管理。低效林改造涉及采伐林木的严格实行凭证采伐制度，纳入年森林采伐限额和年度木材生产计划。各地要在省下达的年森林采伐限额和年木材生产计划中优先安排低效林改造所需要的指标，并专项用于低效林改造。各地要加强木材生产计划指标的管理，符合产业发展规划的低效林改造要优先安排木材生产计划。禁止借机采伐正常林分的林木。凡违法采伐、擅自改变林地用途的，由县级以上林业行政主管部门依法处罚；构成犯罪的，依法追究刑事责任。禁止擅自采伐列入国家和省保护名录的树种。

（七）严格低效林改造更新管理。更新造林是低效林改造的重要内容，要严格按批准的作业设计开展更新造林和经营管护工作，认真抓好种苗、林地清理、整地、栽植、抚育和管护等改造更新环节的质量，确保在改造采伐第二年内完成更新造林。

（八）建立健全档案资料。低效林改造的实施主体和县级林业行政主管部门，要建立以小班为单位的低效林改造技术档案，档案包括年度安排计划、合同文本、作业设计及其批复文件和项目施工情况（包括采伐施工、造林施工、用工量、投资决算、检查验收报告）等。

（九）加强组织领导，确保改造成效。各级林业行政主管部门要提高认识，加强领导，广泛宣传，把低效林改造作为促进地方经济发展和农民增收的重要途径来抓。各级林业行政主管部门作为低效林改造工作的管理机构，要制定和完善管理制度，加强对低效林改造的项目管理、监督和检查验收。要建立低效林改造公示制度，将每年上级下达的改造任务，落实的改造地点、实施主体等按规定进行公示。有关林业调查规划设计、科研院校等单位要积极参与低效林改造工作，提供必要的技术指导和服务。

（十）本意见自2009年3月15日起施行，《云南省林业厅关于开展低产林改造工作的意见》（云林造林［2005］35号）同时废止。

（2009年2月27日）

云南省建设工程竣工验收管理办法

云南省住房和城乡建设厅公告（第16号）

第一章　总　则

第一条　为统一和规范建设工程竣工验收工作，确保建设工程质量，根据《中华人民共和国建筑法》、《建设工程质量管理条例》等法律法规，结合我省实际，制定本办法。

第二条　我省行政区域内新建、改建、扩建的建设工程竣工验收及监督管理，适用本办法。

第二章　竣工验收条件

第三条　建设工程的竣工验收，建设单位应在取得城市规划、公安消防、环境保护、城建档案等主管部门出具的认可或准许使用文件后组织进行。

第四条　住宅工程的竣工验收，应在完成了包括室外工程在内的所有建设合同内容后组织进行。

第五条　建设工程的竣工验收，应在水、电、气等配套工程完工，并经检测合格后组织进行。

第六条　建设单位在组织建设工程竣工验收七个工作日前，应将下列资料报送建设工程质量监督机构审查：

（一）城市规划、公安消防等主管部门出具的认可或准许使用文件；

（二）按合同支付工程款或竣工结算书报送签收情况；

（三）建设单位工程竣工验收方案及验收组组成情况；

（四）监理单位工程质量评估报告；

（五）勘察、设计单位工程质量检查报告；

（六）施工（含分包）单位竣工报告、质量控制资料、安全与功能检验资料、建筑节能性能检验资料及验收评定资料（电子版）；

（七）质量检测机构工程质量检测情况报告；

（八）住宅工程质量分户验收情况；

（九）建设工程档案初验认可证；

（十）建设工程竣工验收申报书。

建设工程质量监督机构对以上资料审查后，应于3个工作日内在建设工程竣工验收申报书上明确是否同意建设单位组织竣工验收的意见。

第三章　竣工验收的组织和程序

第七条　竣工验收组织

建设工程竣工验收应由建设单位组织施工（含分包）、勘察、设计、监理等责任主体及有关机构项目负责人成立验收组对单位工程质量进行验收，验收组组成人员资格应符合要求。

第八条　验收内容和程序

（一）验收组应对建设工程的质量控制资料、安全和功能检验资料进行核查验收；

（二）验收组应对建设工程的主要使用功能进行抽查，确认建筑物主要使用功能质量状况；

（三）验收组应对住宅工程质量分户验收情况进行抽查核实；

（四）验收组应对建设工程实体的观感质量进行检查，确定建设工程观感质量等级；

（五）验收组应对建设工程提出明确的验收意见和结论。

第九条　建设工程质量监督机构应对验收组的竣工验收组织、内容、程序进行监督，确认验收组对质量控制资料、安全与功能检验资料、观感质量及实体质量的验收意见。

第十条　参与工程竣工验收各方不能形成一致验收意见时，应协商解决，待意见统一后重新组织验收。

第四章　竣工验收备案

第十一条　建设工程竣工验收合格后，建设单位应在工程竣工验收合格15日内到建设主管部门竣工验收备案机关办理竣工验收备案手续。

办理竣工验收备案手续时应向竣工验收备案机关提交以下资料：

（一）工程施工许可证；

（二）施工图设计文件审查合格书（超限高层建筑结构的抗震专项审查批准书）；

（三）建设单位工程竣工验收报告；

（四）勘察、设计单位工程质量检查报告；

（五）监理单位工程质量评估报告；

（六）施工单位工程竣工报告；

（七）城市规划、公安消防等部门出具的认可文件或准许使用文件；

（八）施工单位签署的工程质量保修书；

（九）住宅工程《住宅工程质量保证书》和《住宅使用说明书》；

（十）工程造价管理机构出具的建设工程结算价备案表（按规定结算价必须备案的项目）；

（十一）建设工程档案初验认可证；

（十二）法规、规章规定必须提供的其他文件。

第十二条 建设工程投入使用前，建设单位应取得建设行政主管部门竣工验收备案机关出具的建设工程竣工验收备案表。

第十三条 建设单位应于竣工验收备案后6个月内将城建档案初验整改后形成的完整的工程竣工档案报送城建档案管理部门。

第十四条 建设单位办理建设工程所有权时，建设工程所有权办理机构应核查建设工程是否通过竣工验收备案，未通过竣工验收备案的建设工程，不得办理建设工程所有权证。

第五章 附 则

第十五条 本办法由云南省住房和城乡建设厅负责解释。

第十六条 本办法自2009年4月1日起实施。

（2009年3月5日）

云南省云药之乡认定管理暂行办法

云南省科学技术厅公告（第9号）

第一章 总 则

第一条 为了促进我省中药材产业和中药现代化科技产业的发展，实现《建设创新型云南行动计划（2008－2012年）》和《中药现代化科技产业（云南）基地第二期建设方案（2008－2012年）》的目标任务要求，根据《中华人民共和国药品管理法》、《中医药创新发展规划纲要（2006－2020）》、《关于切实加强民族医药发展的指导意见》（国中医药发［2007］48号）及《中共云南省委云南省人民政府关于大力发展云药产业的决定》（云发［2003］1号）等法律法规和政策，结合本省实际，制定本办法。

第二条 本办法所称“云药之乡”是指我省行政区域内中药材产地环境良好，龙头企业带动作用强，具有一定规模优势和中药材发展潜力，注重中药材资源保护、规范种植与持续利用，参照国家《中药材生产质量管理规范（试行）》（局令第32号）（GAP）等有关标准和规范要求组织中药材生产，能够起到较好示范作用的中药材种植、养殖（主要以种植为主）的县（市、区）。

第三条 云药之乡建设的责任主体和申报主体为县（市、区）人民政府，牵头承办单位为县（市、区）科技行政主管部门。

第四条 云药之乡认定管理工作由科技厅牵头组织，中药现代化科技产业（云南）基地建设服务中心具体负责申报材料的审核、现场检查、评审推荐和日常管理等工作。各州（市）科技行政主管部门和食品药品监督管理行政主管部门负责本行政区域内云药之乡申报的受理、初审、推荐及日常管理等工作。

第二章 申报和认定

第五条 申报云药之乡应当符合以下条件：

（一）中药材产业为区域经济发展中重点扶持的优势或者特色产业。县（市、区）成立了相关部门、乡（镇）政府参与的中药材产业发展领导小组，业务指导工作由归口部门统一管理，制定了中药材种植（养殖）发展规划，有相应的经费投入、扶持政策及措施等。

（二）产区为中药材种植（养殖）的适宜区，注重中药材道地性和比较效益原则。重视对中药材道地性、适宜性和生产布局研究，坚持科学决策和实施效果与长期发展相统一。

（三）以市场需求为导向，以企业为主体发展中药材种植（养殖），促进中药材科学加工和产业化发展。

区域内中药材种植（养殖）和加工企业实力强，示范带动作用明显，企业或者经济合作组织与当地农民有规范的中药材种植协议，农户种植积极性高。应当以一家年销售收入在300万元以上的规模化龙头企业为依托，建立了较为稳定的销售渠道，拓展省外市场，具有形成中药材产业链的基础条件。

（四）中药材种植（养殖）协会或者经济合作组织的作用得到了较好发挥。政府与协会联动作用强，协会或者经济合作组织与当地农户建立了合理的利益联动机制，县（市、区）具有较强的中药材种植（养殖）方面的组织能力、技术研究和推广力量。

（五）具有较好的技术条件，有高等学校、科研机构和企业作为技术支撑。在中药材种植（养殖）、加工、销售等数据信息收集和整理，中药材优良种源筛选与繁殖、种植（养殖）、病虫害防控、产地加工技术研究，科技培训和示范推广工作等方面有较好的基础。

（六）积极推进《中药材生产质量管理规范（试行）》（GAP），推行科学的种植（养殖）模式，建立相应的质量管理体系。引导企业按照GAP要求组织中药材种植（养殖），建立生产基地，积极支持有条件的企业申请国家GAP认证。

（七）中药材种植（养殖）相对集中，具有一定的规模效应和种植（养殖）历史。主要品种相对稳定，生产规模原则上为种植面积1万亩以上或者产值3 000万元以上，特色鲜明，在国内外或省内有一定影响和知名度，具有品牌发展潜力。

（八）注重对资源、环境的保护，重视中药材产业的可持续发展。自觉遵守《野生药材资源保护管理条例》和《国家野生植物保护条例》等动植物保护法律法规和规定。

第六条 申报云药之乡应该遵循以下程序：

（一）凡符合上述申报条件的县（市、区）均可申报。申报时填写《云南省云药之乡申报书》一式15份上报州（市）科技行政主管部门。

（二）经所在州（市）科技行政主管部门会同食品药品监督管理行政主管部门初审后，由州（市）科技行政主管部门统一报送中药现代化科技产业（云南）基地建设服务中心。

第七条 云药之乡按照以下程序认定：

中药现代化科技产业（云南）基地建设服务中心对申报材料，按本《办法》规定的申报、认定条件进行审核，提出推荐意见，经省科技行政主管部门会同省食品药品监督管理行政主管部门共同审查、专家组评审、省科技行政主管部门批准、云药之乡认定管理工作领导小组审定后，由省科技行政主管部门和省食品药品监督管理行政主管部门联合行文，对认定为云药之乡的县（市、区）予以公示，公示期为30日，公示无异议后，正式授牌。

第三章 扶持措施

第八条 省科技行政主管部门和食品药品监督管理行政主管部门把认定的云药之乡纳入专门管理，列入宣传计划，采取多种方式，促进云药之乡建设发展，提升知名度、影响力。

第九条 推进云药之乡之间以及与区域外的交流与合作，引导相关企业参与云药之乡建设，推动相关高等学校、科研机构给予定点联系、重点指导。

第十条 结合未来三年的工作计划，对获认定的云药之乡，一次性给予区域内具体承担建设任务的企业或者协会20－30万元的经费支持，由牵头承办单位协调安排，用于后期建设中的研究与示范、技术推广、市场开拓和宣传等工作。

第十一条 对云药之乡区域内企、事业单位申报的相关中药材种植（养殖）、加工项目和GAP认证等工作给予优先支持。

第十二条 协调地方政府、相关部门，为云药之乡的建设从多方面创造条件。

第四章 组织管理

第十三条 省科技行政主管部门和省食品药品监督管理行政主管部门组织成立云药之乡认定管理工作领导小组，负责组织、管理和协调工作，云药之乡认定管理工作办公室设在省科技行政主管部门，中药现代化科技产业（云南）基地建设服务中心协助办公室组织开展工作。

第十四条 获批准认定的云药之乡，与省科技行政主管部门、省食品药品监督管理行政主管部门签订云药之乡建设任务书。

第十五条 对云药之乡实行标牌管理。经认定的云药之乡应在中药材种植（养殖）比较集中的地方树立标志牌，以发挥宣传、示范作用并接受监督。

第十六条 州（市）科技行政主管部门、食品药品监督管理行政主管部门负责对本辖区云药之乡的引导与管理。云药之乡认定管理工作办公室组织不定期抽查，受理有关咨询、投诉工作。

第十七条 对省科技行政主管部门支持云药之乡的经费实行专款专用，所在州（市）、县应当给予不低于20万元的配套经费，统一按《云南省科技计划项目经费管理实施细则》的规定进行管理。

第十八条 获认定的云药之乡，每年11月底以前，向云药之乡认定管理工作办公室提交经州（市）科技行政主管部门、食品药品监督管理行政主管部门审核的年度执行情况报告。

第十九条 对云药之乡实行动态管理，积极推进云药之乡的发展。每三年组织一次全面考评，对考评不合格的，取消称号，公告并收回授牌。

第五章 附 则

第二十条 本《办法》自 2009 年 4 月 24 日起施行。

（2009 年 3 月 24 日）

云南省自主创新产品认定暂行办法

云南省科学技术厅 云南省财政厅公告（第 8 号）

第一条 为了贯彻落实《〈国家中长期科学和技术发展规划纲要（2006—2020 年）〉的若干配套政策》（国发〔2006〕6 号）和《中共云南省委云南省人民政府关于大力加强自主创新促进云南经济社会全面发展的决定》（云发［2005］16 号）精神，规范我省自主创新产品认定和管理工作，鼓励和支持企业、事业单位开展自主创新，结合本省实际，制定本办法。

第二条 本办法所称的自主创新产品是指符合国家法律法规、产业技术政策和其他相关产业政策，符合国民经济发展要求和先进技术发展方向，由我省开发生产并具有明晰的自主知识产权和品牌，创新程度高，技术水平先进，并能够促进我省经济、社会发展的产品。

第三条 自主创新产品认定工作遵循公开、公正、公平、科学的原则。

省科学技术厅会同省财政厅负责组织我省自主创新产品认定工作并定期公布《云南省自主创新产品目录》（以下简称《产品目录》）。

自主创新产品认定实行常年受理、分批认定、定期发布制度。

第四条 全省各级政府机关、事业单位和社会团体用财政性资金进行政府采购时，应当优先购买列入《产品目录》的产品。

第五条 省级各部门、各州（市）政府要在高新技术企业认定、创新型试点企业认定、促进科技成果转化和相关产业化政策中对经认定的自主创新产品给予重点支持。

第六条 凡在云南省境内登记注册具有中国法人资格的企业、事业单位（外资、外资控股企业除外）均可自愿申请认定自主创新产品。

第七条 申请认定的云南省自主创新产品，应符合以下条件：

（一）产品具有符合下列条件之一的权益状况明确的自主知识产权：

1. 申请单位经过其主导的技术创新活动，在我国依法拥有知识产权的所有权；

2. 依法通过受让取得的知识产权所有权或使用权。

（二）产品具有自主品牌，即申请单位拥有该产品注册商标的所有权。

（三）产品创新程度高（符合下列条件之一）：

1. 掌握产品生产的核心技术和关键工艺；

2. 产品有突出的实质性特征和显著的进步；

3. 在国内外主导制定技术标准；

4. 产品技术水平先进，在同类产品中处于国内领先水平。

（四）产品质量可靠，通过省级以上法定检测单位的检测。

属于国家有特殊行业管理要求的产品（如食品、医药、医疗器械、农药、计量器具、压力容器、邮电通信等产品），必须具有国家或省相关行业主管部门批准颁发的产品生产许可证；属于国家实施强制性产品认证的产品，必须通过强制性产品认证。

（五）产品具有潜在的经济效益和较好的市场前景或能替代进口。

（六）满足以上条件且列入国家或我省科技计划项目的产品、获国家或我省科技奖励的产品、国家或我省新产品、驰名商标产品、著名商标产品等，将优先认定为自主创新产品。

第八条 申请自主创新产品认定的单位应提交以下材料：

（一）云南省自主创新产品认定申请表。

（二）工商管理部门核发的单位法人营业执照副本或复印件、或机构编制管理部门核发的事业单位登记证书副本或复印件、税务登记证、组织机构代码证；中外合资企业应提供在工商管理部门注册登记的股权结构证明材料。

（三）关于产品自主知识产权和品牌的有效证件或证明（包括专利证书、计算机软件著作权登记证书、集成电路布图设计登记证书、植物新品种登记证书、版权证书、商标权证书等）的复印件。涉及多个单位的，应提交与产品技术归属及权限有关的技术转让、技术许可、授权、合作生产、合作开发的合同或协议。

（四）省级以上法定检测单位提供的产品质量性能检测报告。特殊行业产品生产许可证、强制性产品认证证书。

（五）产品采用标准证明。

（六）经会计师事务所审核的企业上年度财务报表（主要包括资产负债表、损益表及现金流量表），新成立的公司需提交财务状况说明材料。

（七）提供能证明产品具有潜在的经济效益和较好的市场前景或替代进口方面的相关材料。

（八）其他需提供的材料：省级以上有资质的查新单位出具的查新报告、获得科技奖励证明、科技成果评价证书或名牌产品证书、驰名商标证书、著名商标证书、获得国家或省级部门立项支持的证明、生产规模、产品进入市场的证明材料（销售合同、销售发票）、主要用户评价意见等有效证明。

第九条 申请认定自主创新产品，须经所在州（市）科技局、财政局对提交的材料审核，签署意见后上报省科学技术厅。省属单位的申请材料，由主管部门审核后，提交省科学技术厅。

第十条 省科学技术厅委托事业单位或中介机构，具体承担自主创新产品认定评价工作。

（一）承担自主创新产品认定工作的机构和人员（以下简称认定机构）必须符合《科技评估管理暂行办法》对相关机构和人员的要求，具备承担自主创新产品认定工作的能力和条件。

（二）认定机构应组织产品相关领域的研究开发、生产、知识产权、管理、认定评价等方面的专业人员对产品申报材料进行审查与评价，必要时可进行现场考察或要求申请单位进行陈述和答辩。

（三）认定机构出具产品认定报告并对其报告负责，依法保守认定产品的技术秘密，不得非法占有申请单位的科技成果，不得从事认定工作范围内的产品研究开发或生产工作。

第十一条 省科学技术厅对认定机构的认定评价结果进行审定，对经认定的自主创新产品形成初步意见，由省科学技术厅进行公示。公示期为30个工作日，公示期五异议的，由省科学技术厅会同财政厅颁发“云南省自主创新产品认定证书”，产品编入《产品目录》。

第十二条 《产品目录》主要包括产品名称、型号、主要性能与配置、有效期、单位名称等内容。

第十三条 云南省自主创新产品认定证书有效期为3年，有效期满，被授予单位可按本办法的规定申请续展一次。

第十四条 自主创新产品认定结果及认定工作应当接受社会监督。对于有异议的产品，任何单位和个人可向省科学技术厅申请复核，省科学技术厅根据情况会同省财政厅进行调查或组织复核，并反馈调查和复核结果。

第十五条 省科学技术厅对申请单位和认定机构进行信用记录和监督管理。

（一）在申报自主创新产品认定过程中，申请单位隐瞒真实情况、提供虚假材料或采取其他欺诈手段骗取自主创新产品资格的，组织认定部门应当撤消该自主创新产品的认定，从《产品目录》中删除并予以公告，3年内不再受理该企业的认定申请，并取消其自主创新产品认定而获取的各种待遇。

（二）认定机构如泄露认定产品的技术秘密、非法占有申请单位的科技成果、从事认定工作范围内的产品研发或生产、认定工作中弄虚作假、出现重大错误且造成严重影响，将取消其认定资格；造成申请单位经济损失的，责令其赔偿损失；构成犯罪的，依法移送司法机关追究刑事责任。

第十六条 管理部门如泄露认定产品的技术秘密，认定工作出现重大错误或以权谋私，由省科学技术厅依法对有关人员进行处理和问责；构成犯罪的，依法移送司法机关追究刑事责任。

第十七条 对已列入国家自主创新产品目录的产品，可由生产单位直接向省科学技术厅报送本办法规定的申请材料，同时列入《产品目录》。

第十八条 本办法由省科学技术厅会同省财政厅负责解释。

第十九条 本办法自2009年4月24日起施行。

（附件略）

（2009年3月24日）

云南省农业科技示范园认定管理暂行办法

云南省科学技术厅公告（第12号）

第一章　总　则

第一条　为充分发挥农业科技示范园的示范辐射和带动作用，促进农业产业结构调整，加速农业科技成果转化及产业化，提高农业综合生产能力，增加农民收入，结合本省实际，制定本办法。

第二条　农业科技示范园是指在一定区域内，以市场为导向，以先进适用技术为依托，能对不同类型地区农业发展和农村经济结构调整发挥关键作用与示范带动作用的示范园和基地。

第三条　农业科技示范园的基本功能

（一）具有农业科技创新、农业技术组装集成和农业科技试验、示范、推广、培训功能。

（二）具有较强的研发能力。配备必要的设施，创造一个局部优化、适合农业高新技术及其产业发展的环境和条件，发挥科技孵化器的作用，成为当地农业与农村经济发展的重要研发基地。

（三）具有培育农业科技型示范企业，提高农业整体效益，增加农民收入，促进社会主义新农村建设的作用。

（四）具有培养人才、补充完善农村科技服务体系的功能。依托示范园培养和集聚一批优秀人才，建立技术服务队伍，加快现代农业科技的辐射面，使其成为培养农业科技人员和开展技术培训的基地，提高周边地区劳动者科技素质。

第四条　云南省科学技术厅（以下简称“省科技厅”）负责云南省农业科技示范园的认定和管理工作。

第二章　申报条件与程序

第五条　农业科技示范园申报应符合以下条件：

（一）农业科技示范园重点领域

重点领域是种子种苗、设施农业、园林园艺、无公害农艺栽培、特色农产品开发与精深加工、畜禽良种及产业化、健康养殖等产业及相应的高新技术、先进适用技术体系构建与示范推广。

（二）对不同类型地区农业发展和农村经济结构调整具有关键作用与示范带动作用的农业科技试验区（示范区、示范基地、密集区）。

（三）示范园应具有典型性和代表性，对周边地区具有较强的示范、辐射和带动作用。

（四）具有较高的技术水平和较强的科技创新能力，农业技术水平应明显高于当地水平，引导和示范作用明显。

（五）示范园已基本完成基础设施建设，具有完善的管理组织体系。有健全的领导管理机构，规范的管理制度，合理高效的运行机制，科学的发展规划等。

（六）示范园原则上应与国内外科研院所、高等学校有长期、稳定的合作关系。

（七）已经纳入当地经济社会发展规划建设的示范园，同等条件下，优先认定和支持。

（八）专业型示范园应满足的具体条件：

专业型示范园是指以动植物新品种选育、扩繁、试验、示范、推广为目的，地域固定的试验示范基地。示范园建设主体为企业，企业年销售收入应达3 000万元以上且盈利。

（九）综合型示范园应满足的具体条件：

综合型示范园是指以骨干企业为龙头，集标准化生产、加工、销售为一体，在相对固定区域内应用示范推广先进适用技术。示范园内需具有骨干企业1家以上，年销售收入不低于5 000万元且盈利。

第六条　申报、认定程序

（一）凡符合上述申报条件的示范园，由示范园管理机构填写申报书一式六份，由州（市）科技局初审后，上报省科技厅。示范园企业需同时提供上年度经中介机构审计的财务报表。

（二）省科技厅常年受理申报，每年组织一次专家评审，经省科技厅厅长办公会审定通过后，其结果由省科技厅对外公示，公示期为30个工作日，公示无异议的，正式授牌。

第三章　管理与考核

第七条　认定管理工作由省科技厅负责组织，受省科技厅委托的中介机构负责具体事务性工作。各州（市）科技局负责本行政区域内“云南省农业科技示范园”申报材料的受理、初审、推荐、监督、管理工作。

第八条　通过认定的示范园，省科技厅一次性给予综合型示范园牵头承办单位40万元至60万元、专业型示范园主要承担单位20万元至30万元的项目经费资助，用于后期建设中的研究与开发、示范、推广、培训等工作。省级以上农业类高新技术企业及创新型试点企业等已获得省科技厅经费支持的企业不再给予经费支持。

第九条 “云南省农业科技示范园”实行标牌管理。对认定的示范园进行授牌，并在示范园树立标示牌，以发挥宣传、示范作用，并接受监督。

第十条 获“云南省农业科技示范园”认定挂牌园内的企事业单位，在申报省科技计划项目时，同等条件下，给予优先支持。

第十一条 省科技厅与示范园管理机构签订任务书，作为考核验收的主要依据。示范园实行动态管理、复评考核制度。授牌后每3年进行一次复评，复评未通过的取消称号，公告并收回授牌。

第十二条 为加强示范园的管理，对“云南省农业科技示范园”实行年度报告制度。每年11月底前按任务书的要求，由州（市）科技主管部门将本年度示范园工作总结报送省科技厅。

第四章 附 则

第十三条 本办法由省科技厅负责解释。

第十四条 本办法自2009年5月22日起施行。

附件：1. 云南省农业科技示范园申报书；（略）

2. 云南省农业科技示范园标牌样式。（略）

（2009年4月22日）

云南省药品注册申报人登记管理规定

云南省食品药品监督管理局公告（第1号）

第一条 为了加强药品注册管理工作，规范药品注册行为，提高药品注册申报质量和审评审批效率，根据《中华人民共和国药品管理法》、《药品注册管理办法》（SFDA局令第28号）等法律法规规章的规定，结合本省实际，制定本规定。

第二条 本规定所称的药品注册申请人是指提出药品注册申请并承担相应法律责任的机构。

本规定所称的药品注册申报人是指经药品注册申请人授权办理药品注册申报事务的工作人员。

第三条 药品注册申报人应当符合下列条件：

（一）具有药学、医学和生物学等相关专业大专以上学历或药学、医学、生物工程学等初级以上专业技术职称；

（二）具有从事药品研究、生产等相关工作2年以上工作经历；

（三）熟悉药品的政策法规及药品注册的相关技术要求；

（四）了解申报的品种、执行标准、直接接触药品包装材料及执行标准、药品标签及说明书等相关信息；

（五）诚实守信、遵纪守法，具有较强的工作能力。

第四条 药品注册申报人实行登记制度。药品研制机构、生产单位应当确定2名以上药品注册申报人。药品注册申请人指定的药品注册申报人应当到省食品药品监督管理局进行登记，同时提交以下证明性材料：

（一）接受药品注册所需药学、医学、生物学等相关专业知识教育的最高学历、学习经历证书、身份证复印件等证明性材料；

（二）从事药品注册相关的药品研制、临床研究、药品生产工作经历证明性材料；

（三）接受药品研制、临床、生产专业知识培训及药品注册法律法规培训情况及证明性材料；

（四）药品注册申请人授权书。

第五条 药品注册申请人变更药品注册申报人的应当以书面资料及时告知省食品药品监督管理局药品注册处，新确定的药品注册申报人应当重新进行登记。

第六条 药品注册申报人应当定期或不定期的接受与药品注册相关的法律法规知识培训。

第七条 药品注册申请人应当提供必要条件，保障药品注册申报人参加有关药品注册法律法规和技术要求的培训及知识更新学习。

第八条 药品注册申报人代表药品注册申请人实施法律行为，对提交的药品注册申报资料的真实性负责，并对提交的虚假申报资料承担相应的法律责任。

第九条 药品注册申请人在药品研制、临床研究、生产研究过程中弄虚作假，通过药品注册申报人正式提交申请的，对药品注册申请人根据《中华人民共和国药品管理法》的有关规定进行查处；对药品注册申报人责令改正，情节严重的取消药品注册申报人登记。

第十条　药品注册管理部门建立与药品注册申报人的沟通对话机制，对药品注册申报人提供药品注册管理法规及技术要求的指导服务。

第十一条　本规定自2009年7月1日起施行。

（2009年5月15日）

云南省省级风景名胜区总体规划报批管理规定

云南省住房和城乡建设厅公告（第17号）

第一条　为了加强省级风景名胜区总体规划报批管理，根据《风景名胜区条例》等法规，结合本省实际，制定本规定。

第二条　省级风景名胜区总体规划（以下简称总体规划）的报批，应当遵守本规定。

第三条　总体规划的编制，要按照国家有关行政法规、部门规章的规定以及标准规范的要求和本省相关的规定进行。

第四条　总体规划应当与经济社会发展规划、城乡区域规划、土地利用总体规划、林业发展规划及其他有关规划相衔接。

第五条 总体规划由风景名胜区所在地的县级人民政府组织编制。

跨行政区域的总体规划，由其共同的上一级人民政府组织编制。

第六条　编制总体规划，应当采用招标等公平竞争的方式选择具有相应资质等级的单位承担。

第七条　总体规划包括规划文本、规划说明书、规划图纸三个部分内容。

第八条　总体规划文本应以条文方式书写，直接表述总体规划的规划方针、原则和结论，对风景名胜资源的保护应当作出强制性规定，对资源的合理利用应当作出引导和控制性规定。

总体规划文本应当明确简练，利于执行，体现规划内容的指导性、强制性和可操作性。

第九条　总体规划文本应当按照《云南省省级风景名胜区总体规划编制办法》的规定编写。

第十条　总体规划说明书是对总体规划文本的详细说明，是对规划内容的分析研究和对规划结论的论证阐述。

总体规划说明书应在规划文本的基础上增加有关现状分析和说明。

第十一条　总体规划说明书可以将规划编制过程、规划中需要把握的重大问题等作前言或后记予以说明。

编制的总体规划属于新一轮修编的，应当在总体规划说明书前言或后记中说明对上一轮规划实施情况的评述，对存在的问题进行分析和阐述，对修编规划背景、重大调整内容等作出说明。

第十二条　总体规划说明书应阐述风景名胜区地理位置、自然与社会经济条件、发展概况与现状等基本情况，对风景名胜区的发展战略与规划对策进行分析与说明，并对照总体规划文本内容，对现状条件、存在问题等作出分析或说明，对规划确定的原则、目标、规定、结论、措施等内容进行必要的说明。

第十三条　规划工作中涉及的有关主要专题研究成果、重大问题专题研究报告、专业评审意见、有关审批文件等，可以作为附件汇编于规划说明书中。

第十四条　总体规划图纸应当准确表示总体规划文本所规划的风景名胜区地域、空间位置和景区范围，总体规划图纸所表达的内容要求清晰、准确，并与总体规划文本内容相符。现状图、规划图应当分别表示。

总体规划图纸应当图例一致，并应与其他相关的规定图例保持统一。总体规划图纸的内容和深度要求应符合规划规范的要求。

第十五条　总体规划编制完成后，州（市）人民政府风景名胜区主管部门应当会同发展改革、国土资源、水利、环保、林业、旅游、文物、宗教等相关部门并邀请专家，对拟上报的总体规划进行审议和论证，充分听取和协调各有关部门的意见。

州（市）人民政府各相关部门要分别对总体规划提出书面意见，作为总体规划的附件上报省人民政府审批。

第十六条　省风景名胜区主管部门收到报送审批的总体规划后，应当组织专家对总体规划进行审查，并征求省级相关厅、局对总体规划的书面意见。对总体规划符合要求的，应及时召开由省级相关部门和专家参加的总体规划厅际联席审查会议。

第十七条 在综合各有关部门及专家的意见后，将总体规划意见一并反馈给各有关州（市）。各有关州（市）对反馈意见要认真研究落实，予以采纳吸收，对总体规划作出修改，并对修改情况逐一作出说明；对有关意见不能采纳的，应作出必要的说明。

第十八条 修改后的总体规划，由省风景名胜区主管部门上报省人民政府审批。

第十九条 经批准的总体规划，任何单位和个人不得擅自改变。对风景名胜区性质、范围、布局等重大内容进行调整或者修改，应当报原审批机关审查同意。调整或者修改后的规划应当报原审批机关批准后实施。

第二十条 本规定自2009年7月1日起施行。

（2009年6月3日）

云南省省级风景名胜区总体规划编制办法

云南省住房和城乡建设厅公告（第18号）

第一章 总 则

第一条 为了科学合理编制我省省级风景名胜区总体规划（以下简称总体规划），根据《风景名胜区条例》、《风景名胜区规划规范 GB50298－1999》、《 管理条例》等有关法规和规范，结合本省实际，制定本办法。

第二条 总体规划应当与经济社会发展规划、城乡区域规划、土地利用总体规划、林业发展规划及其他相关规划相衔接。

第三条 总体规划应当体现人与自然和谐相处、区域协调发展和经济社会全面进步的要求，突出风景名胜区资源与环境的自然特性、文化内涵和地方特色。坚持科学规划、统一管理、严格保护、永续利用的原则。

第四条 风景名胜区范围界限的划定应当保证景观和生态环境的完整性，地域单元相对独立，尽量减少居民聚居区，便于进行集中保护、管理和开展游览活动。

范围确定应当以明确的地形地物为依托，既能在地形图上标出，又能在现场立桩标界。

第二章 现状分析与资源评价

第五条 现状分析应当包括自然和历史人文特点；各种资源的类型、特征、分布；资源开发利用的方式、程度、条件与利弊；土地利用结构和矛盾的分析；风景名胜区的区域、生态、环境、社会等方面要素；提出风景名胜区优势、存在问题与发展潜力等内容。

第六条 风景名胜资源评价应当包括：景源调查、景源筛选与分类、景源评分与分级和评价结论四部分。

风景名胜资源评价应当采取定性概括与定量分析相结合的方法，综合评价景源的特征。

风景名胜资源调查内容的分类应当符合《风景名胜区规划规范》表3.2.3的规定。评价单元应当以相对完整的景点为基础，并作出等级评价。

应当加强对风景名胜资源的科学价值评价，包括对地质地貌、生态环境、生物多样性、文化资源等的科学研究和评价。

主体资源应当与省内外类似风景名胜区进行比较研究和评价。

第七条 景源评价分级一般分为两级：

（一）一级景源应当具有重要、特殊，有省级和省级以上重点保护价值和代表性作用；

（二）二级景源具有州（市）级或者地方性保护价值和代表性，起到游线的辅助作用。

第八条 风景名胜资源综合评价应当综合描述资源的特征、科学价值、美学价值、文化价值、开展游览的优势和主要存在问题。

第三章 性质、发展目标、景区与结构规划

第九条 风景名胜区性质应当明确表述主体特征、主要功能，定性用词应当突出重点、准确精炼。

第十条 总体规划确定的风景名胜区发展目标包括定性发展目标和定量发展目标，内容应当包括社会、经济、环境及建设发展等综合目标。

第十一条 当风景名胜区由多个景区组成时，为了有效进行景观和游览的组织，可进行景区划分，分景区提出保护、建设和管理的原则与措施。

第十二条 总体规划应当有效调节控制点、线、面等结构要素的配置关系；解决各枢纽或者生长点、走廊或者通道、片区或者网格之间的关系。

第四章 保护规划

第十三条 总体规划采用两级保护区划：

（一）根据风景名胜区生态保护、自然景观保护、文化资源保护与开发建设的需要，对具有重要科学价值、美学价值和文化价值的区域，划定为核心景区。

核心景区应当包括禁止开发和限制开发的范围，区内禁止建设宾馆、招待所、培训中心、疗养院以及与风景名胜资源保护无关的其他建筑物。

（二）核心景区以外的区域为一般景区。一般景区范围内不得建设与风景名胜区游览、管理、社区建设无关的项目，不得建设污染环境和破坏景观的项目。

第十四条 核心景区和一般景区应当制定相应的管理措施和建设管理控制性指标导则，控制开发利用强度。

第十五条 总体规划应当制定生物多样性保护规划，主要包括以下内容：

（一）重点保护原生植物种群和区系，对古树名木进行调查登记并提出保护措施；提出外来植物的控制措施。

（二）对区内野生动物的种类、数量、栖息地、分布等进行调查；根据其保护等级提出保护措施。

第十六条 总体规划应当对历史遗迹、文化名胜、历史建筑、特色村落和其他具有文化价值的区域以及非物质文化遗产提出保护措施。属于各级文物保护单位的，保护措施应当与文物保护规划协调。

第十七条 总体规划应当对风景名胜区内的重要景观、景观视廊、天际线等提出保护措施；对风景名胜区内的道路设施、电力电讯线路、通讯塔、水塔等的建设提出保护与管理控制措施。

第十八条 总体规划中应当专门制定环境保护规划，主要包括以下内容：

（一）针对风景名胜区环境质量现状，提出环境保护与控制的措施，以控制和降低各项污染。

（二）环境质量控制指标：大气环境质量标准应当达到GB3095－1996中规定的一级标准；地表水质量应当不低于地表水环境质量标准（GHZBl－1999）中规定的Ⅱ类标准；室外允许噪声级应当达到CB3096－93一类标准；污水排放达到GB8978－1996的规定。

第五章 建设规划

第十九条 总体规划应当确定风景名胜区容量与规模，主要包括以下内容：

（一）风景名胜区容量测算主要针对外来游人。游人容量由日游人容量、年游人容量二个层次表示。

游人容量的计算方法宜分别采用：线路法、卡口法、面积法、综合平衡法。

（二）人口发展规模应当包括外来游人、服务职工、当地居民三类人口。

分析和预测规划期内游人增长率、游人规模及消费结构。

第二十条 总体规划应当制定游览及游览设施规划，主要包括以下内容：

（一）分析风景名胜区游览发展历史与现状、优势与制约因素，提出游览展示内容、游览组织等；

（二）游览设施现状分析，游览服务设施分级规划，确定游览设施项目和规模。

游览设施包括游览、饮食、住宿、购物、交通、娱乐、保健、标识系统和其他相关设施。

（三）对主要景点、观赏设施及节点提出规划建设控制措施。

第二十一条 总体规划应当制定社区调控规划。社区调控规划应当与各级城乡规划相互协调，对已有的城镇和村庄提出调整要求，确定人口发展规模与分布，用地方向与规划布局。

农村居民点可划分为搬迁型、缩小型、控制型和聚居型等四种基本类型，并分别控制其规模布局和提出建设管理措施。

第二十二条 总体规划应当制定基础工程设施规划，包括道路交通、给水、排水、供电照明、能源、景观绿化和生态保育、防洪、安全防灾、环保、环卫等内容。

道路交通规划的内容为：

（一）对外和内部交通规划。

（二）进行各类交通流量和设施的调查、分析、预测，提出各类交通存在的问题及其解决措施等内容。

（三）对内部机动交通的种类选择、交通流量、线路走向、场站码头及其配套设施，均应当提出明确而有效的控制要求和措施。

（四）合理安排停车场和交通转换场地，合理组织交通。

（五）风景名胜区道路规划，应合理利用地形，因地制宜地选线，同当地景观和环境相配合；不得损坏景观环境；避免深挖高填，并应对开挖形成的创伤面提出恢复性补救措施。

给水规划的内容为：给水量预测，包括现状分析，水源地选择与配套设施，水源保护，给水系统组织等。

排水规划的内容为：现状分析，排水量预测，排水系统组织，污染源预测及污水处理措施，中水利用系统等。

供电照明规划的内容为：提供供电及能源现状分析，负荷预测，供电电源点和电网规划三项基本内容。在重要景点和景区内不得安排架空线路穿过。

景观绿化和生态保育规划的内容为：维护原生生物种群和区系，保护古树名木和现有大树，培育地带性树种和特有植物群落；因境制宜地恢复、提高植被覆盖率，以适地适树的原则扩大林地，发挥植物的多种功能优势，改善风景名胜区的生态和环境；植物景观分布应当同其他内容的规划分区相互协调；在旅游设施和居民社会用地范围内，应当保持一定比例的高绿地率或者高覆盖率控制区。

防灾和安全规划的内容为：对地震、滑坡、泥石流、洪水、火灾、病虫害、设施故障、意外伤害等灾害风险，提出相关设施布局与应急措施。

环卫设施规划的内容为：提出垃圾收集、转运、垃圾处理设施与布局；确定公共厕所规模、分布及建设标准。

第二十三条　总体规划应当制定重大建设项目规划，特别确定索道、缆车、铁路、公路、水库、宾馆等重大建设项目布局和规模。

第六章　分期规划

第二十四条　总体规划分为近期规划和远期规划。

近期规划：4－8年（不包括规划编制年份，尽可能包含一个完整的国家五年计划）。近期规划应当提出发展目标、主要内容、重点建设项目、规模、布局、建设用地规模和投资估算等。建设项目可分为基础设施项目和开发类项目。

远期规划：10－15年。远期规划应当提出发展期内的发展重点、主要内容、发展水平、发展步骤与措施等。

第七章　管理规划及保障措施

第二十五条　总体规划应当提出管理规划，对管理现状、管理机构、管理制度现状和存在问题进行分析；描述管理体制建设情况。

结合国家管理体制和市场经济的发展需要，提出设立管理机构与职能的设想，提出实施规划的管理措施和建议，对风景名胜区管理的法规及规章制度建立提出建议。

第二十六条　提出总体规划实施保障措施。

提出风景名胜区的经营方向和管理措施，资金筹措渠道。

第八章　成果与深度要求

第二十七条　总体规划的成果应当包括规划文本、图纸、说明书等三个部分。

规划成果文件应当以书面和电子文件两种方式表达。

第二十八条　规划图纸应当清晰准确，图文相符，图例一致，并应当在图纸的明显处标明图名、图例、风玫瑰、规划期限、规划日期、规划单位及其资质图签编号等内容。图纸比例根据实际情况确定，宜在1：1万至5万之间。

第二十九条　总体规划主要图纸目录

1. 区位分析图
2. 综合现状分析图
3. 景观资源分布及评价图
4. 总体结构规划图
5. 分级保护规划图
6. 道路交通规划图
7. 基础工程设施规划图（包括给水、排水、电力、环卫、照明、景观绿化、安全等设施布局规划）
8. 总体规划图（所有需要在图上表达的规划内容）
9. 近期建设规划图
10. 其他需要表达规划思路的图纸

第三十条　总体规划文本格式

规划文本应当以法规条文方式，直接叙述规划主要内容的规定性要求。

文本格式内容及格式要求：

第一章　总则

1.1　规划依据

1.2　风景区范围

1.3　风景区性质

1.4　规划指导思想

第二章　风景名胜区资源综合评价

2.1　自然资源及价值评价

2.2　文化资源及价值评价

2.3　美学价值评价

2.4　综合评价

第三章　发展目标、分区与结构规划

3.1　规划发展目标

3.2　景区分区规划

3.3　规划结构

第四章　保护规划

4.1　分级保护规划

4.2　分级管理导则

4.3　生物多样性保护规划

4.4　文物及文化保护规划
4.5　景观保护规划
4.6　环境保护规划
第五章　建设规划
5.1　风景区容量
5.2　人口规模预测
5.3　游览规划
5.4　游览设施规划
5.5　社区调控规划
5.6　基础工程设施规划
5.6.1　道路交通规划
5.6.2　给水规划
5.6.3　排水规划
5.6.4　供电规划
5.6.5　绿化种植规划
5.6.6　防灾和安全规划
5.6.7　环卫设施规划
5.7　重大建设项目规划
5.8　环境影响评价
第六章　分期规划
6.1　规划分期
6.2　近期规划
6.3　远期规划
第七章　管理及实施保障措施
7.1　管理体制建设
7.2　实施保障措施
第八章　附　则
8.1　规划实施日期
8.2　规划解释权

第九章　附　则

第三十一条　本办法自2009年7月1日起施行。

（2009年6月3日）

倡导绿色和谐　促进生态文明

ANNUAL OF YUNNAN ECOLOGY

云南生态年鉴

2010

附　录　APPENDIX

公　告

云南省瓶（桶）装饮用水产品质量连续跟踪监督抽查部分合格产品及生产企业名单

序号	受检企业名称	产品名称	商标	规格/型号	连续合格情况
1	云南天外天天然饮料有限责任公司	饮用天然矿泉水	石林天外天	18.9L	连续10年合格
2	云南大山饮品有限公司	饮用纯净水	大山	18.9L	连续8年合格
		饮用天然矿泉水	大山	18.9L	连续8年合格
3	昆明珍茗食品有限责任公司	珍茗金龙山泉水	珍茗金龙	18.9L	连续10年合格
		纯净水	珍茗金龙	18.9L	连续10年合格
4	昆明承龙水业有限责任公司	承龙饮用天然矿泉水	承龙	18.9L	连续10年合格
5	云南航空食品有限责任公司	航空山泉饮用纯净水	云航	18.9L、330ml	连续10年合格
6	昆明戈尔登纯净水有限公司	饮用纯净水	戈尔登	18.9L	连续10年合格
7	云南省安宁市龙箐山泉饮用水有限责任公司	饮用山泉水	龙箐	18.9L	连续10年合格
8	云南省玉溪龙露山泉水有限公司	“龙露”饮用山泉水	龙露	18.9L	连续10年合格
9	大理帝龙矿泉饮料有限公司	饮用天然矿泉水	帝龙	18.9L	连续10年合格
10	云南省鲁布革电力工程实业有限责任公司纯净水厂	鲁布革饮用纯净水	鲁布革	18.9L	连续10年合格
11	云南省以礼河实业有限公司	以礼河饮用纯净水	/	18.9L	连续10年合格
12	富源县宏兴天然矿泉水有限公司	清溪山泉	清溪山泉	18.9L	连续9年合格
13	文山县老君山矿泉水厂	老君山天然矿泉水	老君山	18.9L	连续9年合格
14	大理苍山感通山泉有限责任公司	感通山泉饮用纯净水	感通山泉	18.9L	连续9年合格
15	永胜灵源水业有限公司	录源山泉纯净水	/	18.9L	连续9年合格
16	云南福泉饮料有限责任公司	天然矿泉水	象鼻山惠田	18.9L	连续9年合格
17	云南元江县大明饮料厂	矿泉水	大明	18.9L	连续9年合格
18	云南吉威龙水业有限公司	山泉水	吉威龙	18.9L/桶	连续9年合格
19	云南省建水县文庙矿泉饮料厂	崇圣矿泉	崇圣	18.9L	连续9年合格
20	普洱市思茅区龙泉山泉水厂	山泉水	/	18.9L	连续9年合格
21	云南林业实业有限公司	“林山”矿泉水	新林山	18.9L	连续8年合格
22	会泽龙泉纯净水厂	龙泉山泉	/	18.9L	连续8年合格
23	云南天宝饮料有限公司	玉尔贝矿泉水	玉尔贝	18.9L	连续7年合格
24	龙陵县天潭饮料有限责任公司	“天潭”饮用天然矿泉水	天潭	18.9L	连续7年合格

续表

序号	受检企业名称	产品名称	商标	规格/型号	连续合格情况
25	云南德宏交通运输（集团）德宏运山泉水有限公司	德宏运山泉	德宏运	18.9L	连续7年合格
26	屏边县大围山清清山泉水厂	大围山清清山泉饮用纯净水	大围山清清山泉	18.9L	连续7年合格
27	临沧市天河山泉水厂	天河山泉	/	18.9L	连续7年合格
28	云南省弥勒县山汇矿泉水有限责任公司	“山汇”矿泉水	山汇	18.9L	连续6年合格
29	文山锶乐天然矿泉水有限公司	大瓶装饮用矿泉水	/	18.9L	连续6年合格
30	丽江森龙饮用水有限公司	“东巴森龙”纯净水	东巴森龙	18.9L	连续6年合格
31	弥勒县甘思咪哚水厂	饮用纯净水	甘思咪哚	18.9L	连续6年合格
32	大理西电实业有限责任公司碧波山泉水厂	饮用纯净水	斜阳碧波	18.9L	连续6年合格
33	宣威市伟事达综合贸易公司响水山泉饮用水厂	响水山泉	/	18.9L	连续6年合格
34	施甸县甸阳镇青树龙水厂	青龙饮用山泉水	青龙	18.9L	连续6年合格
35	建水县小龙泉水厂	饮用山泉水	/	18.9L	连续6年合格
36	丽江玉泉纯净水有限责任公司	饮用纯净水	银石	18.9L	连续6年合格
37	云南省石屏县黑龙箐天然山泉水厂	瓶装饮用山泉水	/	18.9L	连续6年合格
38	丘北县玄天古泉饮用水厂	山泉水	玄天古泉	18.9L	连续6年合格
39	楚雄州人民医院工会委员会康健纯净水厂	饮用纯净水	/	18.9L	连续6年合格
40	昭通龙源纯水有限公司	饮用纯净水	龙源	18.9L	连续5年合格
41	玉溪市红塔区北城溪然净水厂	饮用山泉水	溪然	18.9L	连续5年合格
42	云南武定狮山天一矿泉水有限公司	观音洞山泉水	天在上	18.9L	连续5年合格
43	武定益州狮山泉有限公司	益天水氏饮用天然山泉水	益天水氏	18.9L	连续5年合格
44	昆明市呈贡国友工贸有限公司	龙夫饮用天然矿泉水	龙夫	18.9L	连续5年合格
45	腾冲县城乡供水总公司玉泉矿泉水厂	莹镜天然矿泉水	莹镜	18.9L	连续5年合格
46	昆明怡心堂饮料有限公司	饮用天然矿泉水	南野	18.9L	连续5年合格
47	曲靖卿源有限责任公司沙林水厂	沙林饮用山泉水	沙林	18.9L	连续5年合格
48	弥勒县福元纯净水厂	饮用纯净水	/	18.9L	连续5年合格
49	昆明龙池矿泉饮料有限公司	饮用纯净水	大溪谷	560ml	连续4年合格
50	云南太乙工贸有限责任公司	山泉水	太乙	18.9L	连续4年合格
51	昭电实业有限公司龙洞山泉饮用品厂	龙洞山泉饮用纯净水	龙洞山泉	18.9L	连续4年合格
52	大理神野有限公司	矿泉水	神野	18.9L、600ml	连续4年合格
53	弥勒县桂花泉水厂	桂花泉饮用山泉水	桂花泉	18.9L	连续4年合格
54	宣威市宣龙源山泉水厂	宣龙源饮用天然山泉水	宣龙源	18.9L	连续3年合格
55	弥勒县嚐当泉水厂	饮用山泉水	叮嚐泉	18.9L	连续3年合格

续表

序号	受检企业名称	产品名称	商标	规格/型号	连续合格情况
56	曲靖开发区格力康生物科技发展有限公司	鲜泉饮用山泉水	鲜泉	18.9L	连续3年合格
57	临沧五老山饮品有限责任公司	饮用纯净水	五老山	18.9L	连续3年合格
58	畹町回龙山泉水厂	饮用纯净水	畹青	18.9L	连续3年合格
59	昭通市昭阳区乌蒙山泉水厂	乌蒙山泉饮用山泉水	乌蒙山泉	18.9L	连续3年合格
60	云南悦水饮品有限公司	饮用山泉水	松花山泉	18.9L	连续3年合格
61	华宁县自来水厂职工技协技术服务中心	饮用山泉水	/	18.9L	连续3年合格
62	文山天富水业有限责任公司	天富山饮用山泉水	天富山	18.9L	连续3年合格
63	罗平县葡萄山泉水厂	葡萄山泉饮用山泉水	/	18.9L	连续3年合格
64	西畴县昇林山泉水厂	天然含锌山泉饮用水	昇林	18.9L	连续3年合格
65	屏边县甜竹林山泉水厂	饮用山泉水	甜竹林	18.9L	连续3年合格
66	屏边县恒远山泉水厂	饮用山泉水	龙潭门	18.9L	连续3年合格
67	耿马傣族佤族自治县孟定绿叶富氧纯净水厂	饮用纯净水	/	18.9L	连续3年合格
68	云南通印福全酒业有限公司	纯净水	融和	18.9L	连续2年合格
69	宾川县鸡足山明泉有限责任公司	饮用矿泉水	华首门	18.9L、536ml	连续2年合格
70	会泽县竹岩山泉水厂	饮用山泉水	/	18.9L	连续2年合格
71	红河县大地山泉纯净水厂	饮用纯净水	/	18.9L	连续2年合格
72	大理市雪月山泉有限责任公司	饮用山泉水	雪月	18.9L	连续2年合格
73	红塔区金沙山泉水厂	饮用山泉水	金沙	18.9L	连续2年合格
74	武定狮山思源山泉水厂	山泉水	/	18.9L	连续2年合格
75	罗平县葡萄井活水厂	纯净水	清大活水	18.9L	连续2年合格
76	云南滇中山外山天然矿泉水饮料有限公司	饮用矿泉水	/	18.9L	连续2年合格
77	昆明市溪嘻山泉有限公司	饮用山泉水	溪嘻	18.9L	连续2年合格
78	云南博源实业有限公司安宁管理部	饮用山泉水	青武山泉	18.9L	连续2年合格
79	昌宁县自然源水厂	饮用山泉水	自然源	18.9L	连续2年合格
80	景洪市申通实业有限公司月亮河纯净水经营部	饮用纯净水	月亮河	18.9L	连续2年合格
81	勐仑雨林综合门市雨林净水屋	饮用纯净水	雨林	18.9L	连续2年合格
82	玉溪市甘露山泉水厂	饮用山泉水	/	18.9L/桶	连续2年合格
83	景洪市景洪镇自来水厂勐佛山泉水分厂	饮用山泉水	/	18.9L/桶	
84	西双版纳千年茶王矿泉饮料有限公司	饮用矿泉水	延年	18.9L/桶	
85	弥勒县佛饮乐山泉水厂	饮用山泉水	玉元	18.9L/桶	
86	泸西恒源实业开发有限公司	饮用山泉水	/	18.9L/桶	
87	瑞丽市天潭饮料有限责任公司	桶装饮用天然矿泉水	南景里	18.9L/桶	

续表

序号	受检企业名称	产品名称	商标	规格/型号	连续合格情况
88	河口南溪饮料有限公司	饮用山泉水	竹森溪	18.9L/桶	
89	云南孟连水乡卫生饮用水有限公司	桶装山泉饮用水	水乡山泉	18.9L/桶	
90	云南玉溪高龙潭山泉水有限公司	饮用山泉水	高龙潭	18.9L/桶	
91	昆明森泉饮品有限公司	极限饮用纯净水	极限	600ml/瓶	
92	文山县霁晨山泉水厂	饮用山泉水	霁晨	18.9L/桶	
93	华坪县新庄乡松泉水厂	桶装饮用水	松泉	18.9L/桶	
94	华坪电力饮用水厂	桶装饮用水	华怡	18.9L/桶	
95	云南滇南矿泉有限公司	饮用山泉水	滇南	18.9L/桶	
96	云南香格里拉无量藏泉水开发有限公司	无量藏泉天然活水	无量藏泉	400ml/瓶	
97	大理南涧小湾山泉水厂	饮用纯净水	水湾山泉	18.9L/桶	

（云南省质量技术监督局公告）

2009 年云南省饮料、冷冻饮品产品质量监督抽查部分合格产品及生产企业名单

序号	受检企业名称	产品名称	种类	规格/型号	商标
1	昆明品世食品有限公司	玉米浆饮品	饮料	535ml/盒	品世
		核桃脑风暴植物蛋白饮料	饮料	535ml/盒	品世
		黑米乳植物蛋白饮料	饮料	535ml/盒	品世
2	云南大理洱宝实业有限公司	青梅爽饮料	饮料	500ml/瓶	洱宝
3	大理娃哈哈饮料有限公司	营养快线（果汁牛奶饮品）	饮料	500ml/瓶	娃哈哈
		AD 钙奶饮料	饮料	100ml/瓶	娃哈哈
4	云南后谷咖啡有限公司西秦包装分公司	速溶咖啡	饮料	14g/袋×30 袋/盒	后谷
5	昆明瑞丽江食品饮料有限责任公司	芒果汁饮料	饮料	226ml/瓶	瑞丽江
6	昆明森泉饮品有限公司	菠萝味碳酸饮料	饮料	1.5l/瓶	极限
7	云南玉丹食品饮料有限责任公司	芒果汁饮料	饮料	250ml/瓶	玉丹
		诃子汁饮料	饮料	250ml/瓶	玉丹
8	昆明雪兰牛奶有限责任公司	活性乳酸菌乳饮料	饮料	250ml/盒	雪兰
		酸酸乳含乳饮料	饮料	200ml/盒	雪兰
9	昆明前进乳业有限责任公司	核桃花生乳	饮料	225ml/袋	前进
10	昆明威仕饮料有限公司	新酸角汁	饮料	250ml/瓶	威仕康星
11	易门龙锶源酒业有限责任公司	山楂蜜汁饮料	饮料	1 500 ml/瓶	/
12	云南广泰生物科技开发有限公司	乐尼白有机核桃乳	饮料	240ml/瓶	乐尼白

续表

序号	受检企业名称	产品名称	种类	规格/型号	商标
13	云南大理东亚乳业有限公司	原味酸奶饮料	饮料	250ml/瓶	欧亚
14	昆明澳地澳食品有限公司	葡萄糖碳酸饮料	饮料	1.5l/瓶	澳地澳
		芒果汁饮料	饮料	1.5l/瓶	澳地澳
15	丽江生态牛奶有限公司	甜橙含乳酸饮料	饮料	227ml/袋	云杉坪
16	曲靖市麒麟区禽蛋副食品有限公司	纯鲜豆乳	饮料	227ml/袋	绿益
17	昆明市冷云食品饮料有限公司	小奶糕雪糕	冷冻饮品	50g/支	冷云
18	玉溪市红塔区云溪冷食品厂	巧脆筒雪糕	冷冻饮品	40g/支	云溪
19	云南省安宁市太平镇福荣冷饮部	甜心菠萝棒冰	冷冻饮品	80g/支	/
		动舌头雪泥	冷冻饮品	75g/支	/

（云南省质量技术监督局公告）

获得云南省无公害农产品产地认定的单位（企业）名单

序号	单位名称	产地规模	产地名称	产品名称	法人代表	产地证书编号
1	曲靖市麒麟区水产站	40公顷	无公害水产品养殖基地	中华绒螯蟹、草鱼、鳙鱼	林成生	WNCR－YN08－000027
2	马龙县贵明水产养殖场	66.7公顷	无公害水产品养殖基地	鲤鱼、草鱼、鲢鱼、鳙鱼、鲫鱼、青鱼、团头鲂	朱贵明	WNCR－YN08－000028
3	曲靖市开发区利民獭兔开发有限公司	年出栏20万只	无公害养殖基地	獭兔（肉兔）、麟獭兔肉	何彬	WNCR－YN08－000029
4	陆良县七里香食品有限公司	年出栏生猪4万头	无公害养殖基地	猪肉、猪肝、生猪	张云	WNCR－YN08－000030
5	开远市农业环境保护工作站	4000公顷	无公害玉米基地	玉米	卢忠辉	WNCR－YN08－000031
6	开远市农业机械化技术服务中心优质米加工厂	667公顷	无公害优质香软米基地	优质香软米	杨开军	WNCR－YN08－000032
7	富源县睿智经贸有限责任公司大河乌猪养殖基地	年出栏生猪2万头	无公害养殖基地	生猪	宋荣清	WNCR－YN08－000033
8	马龙县上官坝养殖农民专业合作社	年存出栏鸡10万只	无公害养殖基地	鲜鸡蛋、活鸡	李洪春	WNCR－YN08－000034
9	曲靖市麒麟区国有良种二场	33公顷	无公害水果基地	鲜食葡萄	周黎明	WNCR－YN08－000035
10	马龙县经济作物技术推广站	24公顷	无公害水果基地	苹果、丰水梨、油桃、加州李	张彦明	WNCR－YN08－000036

续表

序号	单位名称	产地规模	产地名称	产品名称	法人代表	产地证书编号
11	弥勒县绿海科技发展有限公司	14.33 公顷	无公害水果基地	鲜食葡萄	王振东	WNCR－YN08－000037
12	麒麟区珠街乡经作站	1 333 公顷	无公害粮油基地	稻谷大米	何琼	WNCR－YN08－000038
13	麒麟区珠街乡经作站	67 公顷	无公害水果基地	红提葡萄	何琼	WNCR－YN08－000039
14	弥勒县弥阳镇农业技术推广站	66.67 公顷	无公害草莓基地	草莓	李兰仙	WNCR－YN08－000040
15	富民县净红鸵鸟养殖有限公司	年出栏 0.2744 万只	无公害养殖基地	鲜鸵鸟肉、鸵鸟蛋、鸵鸟	杨俊宏	WNCR－YN08－000041
16	保山市博益养鸡场	年出栏 4 万只	无公害养殖基地	鸡蛋	丁自柏	WNCR－YN08－000042
17	曲靖市麒麟区麒苑青现代农业科技开发有限公司	8 公顷	无公害水产养殖基地	青鱼、美国斑点叉尾鮰	叶青	WNCR－YN08－000043
18	思茅区农业局蔬菜工作站	1 333.33 公顷	无公害蔬菜基地	甜椒、菜椒、水果番茄、人参果、白菜、青菜、普通白菜、鱼腥草、茴香、瓢瓜、黄瓜、丝瓜、南瓜、佛手瓜、缅扁瓜、冬瓜、金南瓜、茄子、番茄、小米辣、结球白菜	牟跃东	WNCR－YN08－000044
19	曲靖市麒麟区水果产业协会	666.7 公顷	无公害梨基地	梨	缪祥勃	WNCR－YN08－000045
20	曲靖市麒麟区麒苑青现代农业科技开发有限公司	年出栏生猪 0.3 万头	无公害生猪养殖基地	生猪	叶青	WNCR－YN08－000046
21	昆明市护苗学生营养食品有限公司	年出栏生猪 2.1 万头	无公害生猪养殖基地	鲜猪肉	张涛	WNCR－YN08－000047
22	寻甸回族彝族自治县农业局蔬菜花卉办公室	666.7 公顷	无公害蔬菜基地	生菜、白菜、辣椒	魏兴国	WNCR－YN08－000048
23	弥勒县唐氏特种养殖有限公司	20 万只	无公害鸡养殖基地	野鸡、野鸡蛋	唐正红	WNCR－YN08－000049

续表

序号	单位名称	产地规模	产地名称	产品名称	法人代表	产地证书编号
24	禄丰县高峰乡农技推广中心	330 公顷	无公害蔬菜基地	白菜、萝卜、马铃薯、大蒜、青花菜、生菜、鲜食玉米、青蚕豆	张晓来	WNCR－YN08－000050
25	蒙自县果蔬技术推广站	10 779.6 公顷	无公害水果、蔬菜基地	蒙自石榴、大枇杷、蒙自小红枣、鹰嘴蜜桃、红提、山里红苹果、大白菜	冯光荣	WNCR－YN09－000001
26	孟连傣族拉祜族佤族自治县农业技术推广中心	446.6 公顷	无公害蔬菜基地	孟连小香蒜、小黄瓜、四棱玉米	武功文	WNCR－YN09－000002
27	嵩明苑坛花卉种植专业合作社	110 公顷	无公害蔬菜基地	西兰花、甘蓝、花椰菜、西生菜、菠菜、奶白菜、大白菜	胡艳芬	WNCR－YN09－000003
28	武定县田心乡农业技术推广服务中心	666.67 公顷	无公害大米、蔬菜基地	优质米、早青蚕豆、早青豌豆	朱兴良	WNCR－YN09－000004
29	开远市华鑫畜禽养殖场	年存栏蛋鸡 20 万羽	无公害畜禽基地	鸡蛋	李庆华	WNCR－YN09－000005
30	曲靖市麒麟区水产产业协会	6.67 公顷 80 吨	无公害水产养殖基地	鲤鱼、鲫鱼	林成生	WNCR－YN09－000006

云南省农业厅公告（2009 年第 18 号）

通过复查换证的云南省无公害农产品产地名单

序号	单位名称	产地规模	产地名称	产品名称	法人代表	产地证书编号
1	西双版纳傣族自治州畜牧兽医工作站	3公顷年出栏生猪0.3万头	无公害畜禽养殖基地	茶花鸡、冬瓜猪	邓妮娟	WNCR－YN03－000004
2	西双版纳傣族自治州畜牧兽医工作站	年存栏1.6万羽　蛋5.5吨	无公害畜禽养殖基地	鸡蛋	邓妮娟	WNCR－YN04－000064
3	云南澄江朝阳净菜有限责任公司	200公顷	无公害蔬菜基地	鲜藕、荷兰豆、白菜心	谢朝栋	WNCR－YN03－000019
4	红塔区锦飞综合养鸡场	年存栏4万羽　250吨	无公害畜禽养殖基地	鲜鸡蛋	赵发坤	WNCR－YN03－000023
5	腾冲县马站乡农业综合服务中心	533.3公顷	无公害果品基地	话梅、话木瓜、多味柯子	张立辉	WNCR－YN03－000082
6	泸西县农业技术推广中心	400公顷	无公害蔬菜基地	大白菜、甘蓝类	程德荣	WNCR－YN03－000097
7	师宗县农业局蔬菜站	1 000公顷	无公害蔬菜基地	大白菜、甘蓝、西葫芦、青花菜、生姜、青刀豆、荷兰豆、萝卜、莴笋、生菜、浅水藕	秦世宏	WNCR－YN04－000002
8	新平县华兴食品有限责任公司	106.67公顷	无公害藕粉基地	藕粉系列、玫瑰、多维、高级营养AD礼品	鲁原	WNCR－YN04－000016
9	昆明华曦牧业集团有限公司	年存栏100万羽　3 200　吨	无公害畜禽养殖基地	鸡蛋、鸡肉	马迅	WNCR－YN04－000018
10	安宁市茶桑果站	240公顷　3 600吨	无公害水果基地	红色梨、黄冠梨	徐海晶	WNCR－YN04－000035
11	开远市农业技术推广中心	333.3公顷	无公害藠头基地	珍珠玉藠头	王智德	WNCR－YN04－000046
12	江川县宏丰养殖有限公司	年存栏3万羽	无公害畜禽养殖基地	鸡	张七五	WNCR－YN04－000056
13	红塔区春和镇新秀养殖场	年出栏3万只	无公害畜禽养殖基地	蛋鸡	王秀琼	WNCR－YN04－000062
14	开远市振东林果种植场	333.33公顷	无公害水果基地	鹰嘴桃、龙眼、杨梅	李发启	WNCR－YN04－000072

续表

序号	单位名称	产地规模	产地名称	产品名称	法人代表	产地证书编号
15	大理市园艺工作站	466.7 公顷	无公害蔬菜基地	甘蓝、胡萝卜、西兰花、茄子、番茄、莴笋、辣椒、白菜	奚永新	WNCR－YN04－000074
16	大理市园艺工作站	743 公顷 33 400 吨	无公害蔬菜基地	大蒜、萝卜、青花菜和冬瓜	奚永新	WNCR－YN05－000044
17	大理市园艺工作站	757 公顷 28 900 吨	无公害蔬菜基地	大蒜和萝卜	奚永新	WNCR－YN05－000045
18	大理市园艺工作站	300 公顷 23 875 吨	无公害蔬菜基地	大蒜、香葱、番茄和马铃薯	奚永新	WNCR－YN05－000046
19	大理市园艺工作站	400 公顷 12 500 吨	无公害蔬菜基地	茭白	奚永新	WNCR－YN05－000057
20	永仁县林业局维的林业站	66.67 公顷	无公害水果基地	樱桃	林清	WNCR－YN04－000077
21	永仁县林业局维的林业站	973.33 公顷	无公害板栗基地	板栗	林清	WNCR－YN04－000078
22	红河州和源商贸有限公司	533.33 公顷	无公害蔬菜基地	莲藕、香芋	李跃标	WNCR－YN04－000085
23	云南满好农产开发有限公司	666.7 公顷	无公害蔬菜基地	甜玉米、糯玉米、小米辣、甜椒、荷兰豆、花椰菜、西兰花、番茄等	刘禹文	WNCR－YN04－000087
24	保山市隆阳区果树蔬菜技术推广站	1000 公顷	无公害蔬菜基地	青椒、茄子、番茄、黄瓜、白菜	邱有尚	WNCR－YN04－000099
25	曲靖市麒麟区腾飞禽蛋有限公司	年存栏蛋鸡3 万羽	无公害蛋鸡养殖基地	蛋鸡	宋玉飞	WNCR－YN04－000111
26	丽江市华坪县洪全鲜玉米有限责任公司	467 公顷	无公害鲜玉米基地	鲜玉米系列	李洪全	WNCR－YN05－000001
27	云南曲辰种业有限公司	20 公顷	无公害蔬菜基地	西葫芦、鲜食玉米、萝卜、白菜	苏小元	WNCR－YN05－000010
28	鲁甸县农业技术推广中心	3 333.33 公顷	无公害马铃薯基地	马铃薯	蒋德庆	WNCR－YN05－000011
29	鲁甸县蔬菜研究协会	1 000 公顷	无公害蔬菜基地	大白菜、甘蓝、萝卜、辣椒、番茄和大蒜	蒋德庆	WNCR－YN05－000012
30	鲁甸县水果协会	1 333.33 公顷	无公害水果基地	苹果	赵升文	WNCR－YN05－000013
31	嵩明县小新街乡无公害蔬菜协会	133.33 公顷	无公害蔬菜基地	苕菜、豌豆、莴苣	杨成安	WNCR－YN05－000015

续表

序号	单位名称	产地规模	产地名称	产品名称	法人代表	产地证书编号
32	马龙县藏龙绿色产业有限责任公司	333.33 公顷	无公害蔬菜基地	生菜、西兰花、荷兰豆、花椰菜、辣椒、西芹和甜脆豌豆	高华彬	WNCR-YN05-000019
33	马龙县云昆养殖有限公司	年出栏 10 万羽	无公害蛋鸡养殖基地	蛋鸡	王云昆	WNCR-YN05-000022
34	丽江市农业技术推广中心	666.67 公顷	无公害蔬菜基地	大白菜、白萝卜、西兰花、荷兰豆、甘蓝	和忠	WNCR-YN05-000025
35	寻甸回族彝族自治县昌隆实业有限公司	3 公顷	无公害水产养殖基地	虹鳟鱼、金鳟鱼、溪红点鲑、鲟鱼	廖昆生	WNCR-YN05-000029
36	孟连傣族拉祜族佤族自治县农业局种子管理站	2 333.33 公顷	无公害水稻基地	水稻	谢应学	WNCR-YN05-000030
37	西盟佤族自治县兴农有限责任公司	1 333.33 公顷	无公害米荞基地	西盟米荞	白建成	WNCR-YN05-000033
38	云南省丘北县达平食品有限责任公司	667 公顷	无公害辣椒基地	辣椒	刘达平	WNCR-YN05-000037
39	个旧市农业技术推广中心	667 公顷 15 000 吨	无公害蔬菜基地	芦笋、马铃薯、甘蓝	陈美兰	WNCR-YN05-000039
40	云南省国营弥勒东风农场	1 000 公顷	无公害水果基地	鲜食葡萄、酿酒葡萄	施红庆	WNCR-YN05-000040
41	禄丰县康源农产品加工发展有限公司	800 公顷	无公害蔬菜基地	萝卜、辣椒、大葱	李琼珍	WNCR-YN05-000041
42	安宁市蔬菜花卉管理站	666.7 公顷 58 300 吨	无公害蔬菜基地	大白菜、萝卜、辣椒、蜜本南瓜、食用玫瑰	袁学友	WNCR-YN05-000051
43	宣威市得禄乡农业技术服务中心	666.7 公顷 31 600 吨	无公害蔬菜基地	鲜食玉米、百合、魔芋、马铃薯、辣椒、白菜	徐永珊	WNCR-YN05-000053
44	陆良县经济作物推广中心	1 333 公顷	无公害蔬菜基地	花椰菜、大白菜、甘蓝、食荚菜豌豆	武利航	WNCR-YN05-000055
45	维西傈僳族自治县农牧局农技推广中心	2 000 公顷	无公害白云豆基地	白云豆	施春明	WNCR-YN05-000058
46	维西傈僳族自治县科学技术协会	400 公顷	无公害蔬菜基地	白菜、番茄	彭利民	WNCR-YN05-000059
47	曲靖市种鸡场	年存栏蛋鸡 6 万羽	无公害蛋鸡养殖基地	蛋鸡	马维英	WNCR-YN05-000064
48	曲靖市种猪场	年出栏 1 万头	无公害生猪养殖基地	生猪	马维英	WNCR-YN05-000065

续表

序号	单位名称	产地规模	产地名称	产品名称	法人代表	产地证书编号
49	玉龙纳西族自治县农业环境保护监测站	667 公顷 84 000 吨	无公害蔬菜基地	大白菜、辣椒	杨新旺	WNCR - YN05 - 000068
50	砚山县振兴蜜梨种植场	133 公顷 4 000 吨	无公害水果基地	晚蜜梨	刘振兴	WNCR - YN05 - 000069
51	陆良县农业环境保护监测站	667 公顷	无公害蔬菜基地	莲藕、茨菰	秦耀轩	WNCR - YN05 - 000070
52	陆良县农业环境保护监测站	1 333. 33 公顷	无公害水稻基地	水稻	秦耀轩	WNCR - YN05 - 000071
53	云南省宣威市海璇实业有限责任公司	年出栏 12 万头	无公害畜禽养殖基地	生猪	李璇	WNCR - YN05 - 000072
54	武定县狮山镇农业技术推广服务中心	133. 3 公顷 3 250 吨	无公害蔬菜基地	山药、莲藕、白菜	邱森	WNCR - YN05 - 000073
55	武定县狮山镇农业技术推广服务中心	867 公顷 7 800 吨	无公害粮油基地	大米、油菜、蚕豆	邱森	WNCR - YN05 - 000074
56	呈贡县七甸乡农科站	733 公顷 23 950 吨	无公害蔬菜基地	硬壳甜豆、荷兰豆、白菜、花椰菜	宋志明	WNCR - YN05 - 000075
57	云南省农科院富源魔芋研究所	1 833 公顷	无公害魔芋基地	魔芋	董永生	WNCR - YN05 - 000076
58	云南省文山壮族苗族自治州畜牧兽医学会	年出栏 3. 9837 万头	无公害生猪养殖基地	生猪	王云德	WNCR - YN05 - 000077
59	会泽县经济作物技术推广站	2 000 公顷	无公害蔬基基地	青花菜、花椰菜、甜玉米、弯葱、结球甘蓝	陈坤发	WNCR - YN05 - 000079
60	陆良县经济作物推广中心	666. 7 公顷	无公害蔬菜基地	萝卜	武利航	WNCR - YN05 - 000080
61	盈江县农业局土肥站	2 000 公顷 45 000 吨	无公害马铃薯基地	马铃薯	刘克冠	WNCR - YN05 - 000083
62	云南省永善县农业技术推广中心	6 666. 7 公顷 172 450 吨	无公害蔬菜基地	马铃薯	杨仕明	WNCR - YN05 - 000084
63	云南省永善县农业技术推广中心	666. 7 公顷 23 500 吨	无公害蔬菜基地	番茄、黄瓜、南瓜、茄子、白菜、萝卜	杨仕明	WNCR - YN05 - 000085
64	腾冲县晓红食品加工厂	333. 3 公顷 1 100 吨	无公害蔬菜基地	青菜	李祖德	WNCR - YN05 - 000086
65	会泽县农业技术推广中心	10 000 公顷	无公害粮油、蔬菜基地	燕麦、玉米、荞麦、花生、菜豆	黄吉美	WNCR - YN05 - 000087
66	会泽县农业技术推广中心	3 333 公顷	无公害粮油基地	马铃薯、水稻、蚕豆	黄吉美	WNCR - YN05 - 000088

续表

序号	单位名称	产地规模	产地名称	产品名称	法人代表	产地证书编号
67	泸西农业环境监测保护站	2 333 公顷 80 850 吨	无公害蔬菜基地	生姜、藠头、青刀豆、蒜苗、大白菜、甘蓝、莴笋、花椰菜、小米辣、梨、荞麦	熊菊芬	WNCR - YN06 - 000001
68	水富县农业技术推广中心	533.3 公顷 48 000 吨	无公害蔬菜基地	玉米、生姜、西红柿、辣椒、茄子	胡万友	WNCR - YN06 - 000020
69	大理鸡鸣江种鸡有限公司	年出栏 10 万羽	无公害畜禽养殖基地	鸡蛋	张凯	WNCR - YN06 - 000033
70	武定县猫街镇农村经济经营管理站	333.33 公顷	无公害蔬菜基地	大白菜、大蒜	陈建华	WNCR - YN07 - 000057
71	石屏县杨梅协会	66.7 公顷	无公害水果基地	杨梅	王俊	WNCR - YN04 - 000093
72	云南宏斌绿色食品有限公司	133 公顷	无公害蔬菜基地	黄姜、鱼腥草	任洪冰	WNCR - YN04 - 000055

云南省农业厅公告（2009 年第 18 号）

获得云南省无公害农产品产地认定的单位（企业）名单

序号	单位名称	产地规模	产地名称	产品名称	法人代表	产地证书编号
1	绥江县九龙水果专业合作社	600 公顷	无公害水果产地	油桃、李子	任贤云	WNCR - YN09 - 000007
2	绥江县新滩镇天宝山龙李专业合作社	240 公顷	无公害水果产地	半边红李子	夏蓝宁	WNCR - YN09 - 000008
3	富民县垦业畜禽有限公司	5.6 万羽	无公害禽蛋产地	鲜鸡蛋	何朝周	WNCR - YN09 - 000009
4	绥江县南岸镇真武山果蔬专业合作社	533 公顷	无公害水果产地	玫瑰柑、脐橙、碰柑	杨蕊铭	WNCR - YN09 - 000010
5	马关县农村经济经营管理站	6 666.7 公顷	无公害草果产地	草果	陈正清	WNCR - YN09 - 000011
6	开远市卧龙谷荣祥优质米加工厂	1 666.67 公顷	无公害大米产地	优质香软米	王菊荣	WNCR - YN09 - 000012
7	峨山彝族自治县化念镇农业技术推广站	466.67 公顷	无公害蔬菜产地	番茄、茄子、辣椒、苦瓜、南瓜	柏文兴	WNCR - YN09 - 000013
8	曲靖市麒麟区黄家庄葡萄种植专业合作社	33.33 公顷	无公害葡萄产地	鲜食葡萄	李政	WNCR - YN09 - 000014
9	保山市隆阳区农业技术推广所	25 733.3 公顷	无公害粮油产地	水稻、玉米、油菜、透心绿豆、小麦	张朝钟	WNCR - YN09 - 00015

续表

序号	单位名称	产地规模	产地名称	产品名称	法人代表	产地证书编号
10	保山市隆阳区果树蔬菜技术推广站	26 082 公顷	无公害农产品茶叶、水（干）果、咖啡、蔬菜产地	茶叶、核桃、甜柿、大白菜、番茄、青椒、花椰菜、黄瓜、咖啡	邱有尚	WNCR－YN09－00016
11	保山市隆阳区畜牧工作站	370.28 万头、只、羽	无公害农产品畜禽产地	生猪、鸡、羊、肉牛	孙志强	WNCR－YN09－00017
12	宜良县花卉茶果技术推广站	8 666.67 公顷	无公害农产品茶果产地	板栗、核桃、梨、桃、樱桃、茶叶、杨梅	保自乔	WNCR－YN09－00018
13	宜良县蔬菜技术推广服务站	5 868 公顷	无公害农产品蔬菜产地	大白菜、甘蓝、豌豆、南瓜、蚕豆、茭瓜、萝卜、马铃薯、甜椒、甜玉米、番茄、云参	张国良	WNCR－YN09－00019
14	宜良县农业技术推广服务中心	8 267 公顷	无公害农产品粮油产地	水稻、玉米、小麦、蚕豆、油菜、杂豆类	申海滨	WNCR－YN09－00020
15	宜良县畜禽管理所	1 322.82 万头、只、羽	无公害农产品畜禽产地	生猪、鸡、鸭、肉牛、羊、奶牛	杨明钊	WNCR－YN09－00021
16	宜良县水务局水产发展服务中心	827 公顷	无公害农产品水产产地	鲤鱼、白鲢、草鱼、鳙鱼、鲫鱼、青鱼	肖湘	WNCR－YN09－00022
17	蒙自县果蔬技术推广站	5 612.89 公顷	无公害农产品水果产地	蒙自石榴、蒙自大枇杷、蒙自小红枣、蒙自水蜜桃、葡萄、苹果	冯光荣	WNCR－YN09－00023
18	蒙自县果蔬技术推广站	3 926.6 公顷	无公害农产品蔬菜产地	辣椒、大白菜、马铃薯	冯光荣	WNCR－YN09－00024
19	蒙自县农业技术推广中心	14 145.2 公顷	无公害农产品粮食产地	水稻、玉米	王世龙	WNCR－YN09－00025
20	蒙自县畜牧技术推广站	64.9788 万头、只、羽	无公害农产品畜禽产地	猪、牛、羊、鸡、鸭	李宏蛟	WNCR－YN09－00026
21	石屏县畜牧技术推广站	13.3 万头、只、羽	无公害农产品畜禽产地	猪、鸡、羊、肉牛、鸭、鹅	柳云华	WNCR－YN09－00027
22	石屏县农业环保工作站	6 333.4 公顷	无公害农产品粮油产地	水稻、玉米	李功武	WNCR－YN09－00028

续表

序号	单位名称	产地规模	产地名称	产品名称	法人代表	产地证书编号
23	石屏县农业环保工作站	5 333.33 公顷	无公害农产品蔬菜产地	辣椒、马铃薯、黄瓜、甘蓝、西葫芦、白萝卜	李功武	WNCR－YN09－00029
24	石屏县农业环保工作站	2 666.67 公顷	无公害农产品水果产地	杨梅、柑桔、枇杷、火龙果	李功武	WNCR－YN09－00030
25	会泽县经济作物技术推广站	9 866.7 公顷	无公害农产品蔬菜产地	大白菜、生菜、黄瓜、豇豆、青菜、西葫芦、辣椒、甘蓝、萝卜、葱、大蒜、番茄、花椰菜、鱼腥草、青花菜、生菜、茄子、菜豌豆、早玉米	陈坤发	WNCR－YN09－00031
26	会泽县水果工作站	14 800 公顷	无公害农产品水（干）果产地	苹果、桃、梨、猕猴桃、石榴、核桃、板栗、柑桔	何志山	WNCR－YN09－00032
27	会泽县畜牧局饲草饲料监理站	247 万头、只、羽	无公害农产品畜禽产地	猪、肉鸡、羊、肉牛、肉鸭	秦浩	WNCR－YN09－00033
28	沾益县动物疫病预防控制中心	61.65 万头、只、羽	无公害农产品畜禽产地	生猪、鸡、羊、肉牛	吴克安	WNCR－YN09－00034
29	沾益县果茶站	15 073 公顷	无公害农产品水（干）果产地	苹果、桃、梨、核桃	陈惠琼	WNCR－YN09－00035
30	沾益县蔬菜技术推广站	3 589 公顷	无公害农产品蔬菜产地	大白菜、西葫芦、大蒜、辣椒、魔芋、萝卜、甘蓝	伏晓	WNCR－YN09－00036
31	沾益县农业技术推广中心	39 284 公顷	无公害农产品粮油产地	玉米、马铃薯、水稻	郑红英	WNCR－YN09－00037
32	巧家县农业技术推广中心	3 000 公顷	无公害农产品蔬菜产地	番茄、辣椒、黄瓜	林世金	WNCR－YN09－00038
33	巧家县农业技术推广中心	24 333 公顷	无公害农产品粮油产地	马铃薯、苦荞、水稻、玉米	林世金	WNCR－YN09－00039

续表

序号	单位名称	产地规模	产地名称	产品名称	法人代表	产地证书编号
34	巧家县农业技术推广中心	9 334 公顷	无公害农产品水（干）果产地	核桃、花椒、芒果	林世金	WNCR－YN09－00040
35	巧家县畜牧站	118 万头、只、羽	无公害农产品畜禽产地	生猪、鸡、羊、肉牛	袁连成	WNCR－YN09－00041
36	南涧彝族自治县畜牧站	30.57 万头、只、羽	无公害农产品畜禽产地	生猪、鸡、羊、肉牛	杨进成	WNCR－YN09－00042
37	南涧彝族自治县园艺经果站	14 086 公顷	无公害农产品粮油、蔬菜产地	水稻、玉米、大豆、蚕豆、大麦、油菜、小麦、马铃薯、豌豆、辣椒、白菜、白云豆、四季豆、番茄、大蒜、茄子	邹智斌	WNCR－YN09－00043
38	南涧彝族自治县茶叶生产工作站	4 080 公顷	无公害农产品茶叶基地	茶叶	赵尹强	WNCR－YN09－00044
39	南涧彝族自治县林业局经济果木站	30 827 公顷	无公害农产品核桃产地	核桃	茶应清	WNCR－YN09－00045
40	镇沅彝族哈尼族拉祜族自治县农业技术推广中心	15 811.1 公顷	无公害农产品蔬菜、粮油产地	水稻、玉米、大豆、油菜、辣椒、南瓜、菜豆、白菜、番茄、黄瓜	李崇刚	WNCR－YN09－00046
41	镇沅彝族哈尼族拉祜族自治县农业技术推广中心	5 244.73 公顷	无公害农产品水（干）果产地	柑桔、核桃、芒果、桃、李、板栗	李崇刚	WNCR－YN09－00047
42	镇沅彝族哈尼族拉祜族自治县茶叶技术服务中心	3 407 公顷	无公害农产品茶叶产地	茶叶	杨元峻	WNCR－YN09－00048
43	镇沅彝族哈尼族拉祜族自治县畜牧兽医站	11.8907 万头、只、羽	无公害农产品畜禽产地	生猪、肉牛、羊、鸡	纪永贵	WNCR－YN09－00049
44	禄劝彝族苗族自治县蔬菜生产办公室	45 万头、只、羽	无公害农产品畜禽产地	生猪、肉牛、羊、鸡	李递进	WNCR－YN09－00050
45	禄劝彝族苗族自治县蔬菜生产办公室	35 666.67 公顷	无公害农产品粮油产地	玉米、水稻、白云豆、马铃薯、油菜、小麦、蚕豆	李递进	WNCR－YN09－00051

续表

序号	单位名称	产地规模	产地名称	产品名称	法人代表	产地证书编号
46	禄劝彝族苗族自治县蔬菜生产办公室	27 000 公顷	无公害农产品林果产地	板栗、核桃、花椒、甜橙、梨、桃、甜杏	李递进	WNCR－YN09－00052
47	禄劝彝族苗族自治县蔬菜生产办公室	3 666.67 公顷	无公害农产品蔬菜产地	白菜、辣椒、大蒜、萝卜、甜脆玉米、番茄、甘蓝	李递进	WNCR－YN09－00053
48	玉龙纳西族自治县园艺技术指导站	4 000 公顷	无公害农产品蔬菜产地	大白菜、辣椒、大蒜、甘蓝、菜豆、萝卜、茄子、番茄、莴苣	杨志辉	WNCR－YN09－00054
49	玉龙纳西族自治县园艺技术指导站	6 397 公顷	无公害农产品林果产地	核桃、花椒、苹果、青梅、雪桃、梨、海棠	杨志辉	WNCR－YN09－00055
50	玉龙纳西族自治县农技推广中心	16 665 公顷	无公害农产品粮油产地	水稻、玉米、白云豆、蚕豆、小麦、油菜、马铃薯	和雪华	WNCR－YN09－00056
51	玉龙纳西族自治县畜牧生产工作站	21.3 万头、只、羽	无公害农产品畜禽产地	生猪、鸡、羊、肉牛	婕段	WNCR－YN09－00057
52	禄劝彝族苗族自治县蔬菜生产办公室	333.33 公顷	无公害农产品水产产地	鲤鱼、鲢鱼、草鱼	李递进	WNCR－YN09－00058
53	禄丰县水产工作站	509 公顷	无公害农产品水产产地	鲤鱼、草鱼、鲢鱼、鳙鱼、鲫鱼、罗非鱼、青鱼、黄颡鱼、团头鲂	吴家荣	WNCR－YN09－00059
54	禄丰县农业技术推广中心	14 800 公顷	无公害农产品粮油产地	水稻、小麦、玉米、油菜、蚕豆	毕用	WNCR－YN09－00060
55	禄丰县经济作物工作站	6 800 公顷	无公害农产品蔬菜产地	大白菜、萝卜、辣椒、黄瓜、马铃薯、山药	李桂红	WNCR－YN09－00061
56	禄丰县经济作物工作站	6 000 公顷	无公害农产品水（干）果产地	梨、桃、葡萄、板栗、核桃、枣、石榴	李桂红	WNCR－YN09－00062
57	禄丰县畜牧科技推广站	37.0941 万头、只、羽	无公害农产品畜禽产地	生猪、肉鸡、肉羊、肉牛	李枝文	WNCR－YN09－00063

续表

序号	单位名称	产地规模	产地名称	产品名称	法人代表	产地证书编号
58	南华县农田建设工作站	73.11 万头、只、羽	无公害农产品畜禽产地	生猪、肉、鸡	关林祖	WNCR－YN09－00064
59	南华县农田建设工作站	29 043 公顷	无公害农产品水（干）果、茶叶产地	核桃、板栗、梨、柑桔、杨梅、茶叶	关林祖	WNCR－YN09－00065
60	南华县农田建设工作站	15 123.8 公顷	无公害农产品粮油产地	水稻、玉米、小麦、蚕豆、马铃薯、油菜	关林祖	WNCR－YN09－00066
61	南华县农田建设工作站	2 666.67 公顷	无公害农产品蔬菜产地	大白菜、萝卜、结球甘蓝	关林祖	WNCR－YN09－00067
62	文山县农业环境保护监测站	36 800 公顷	无公害农产品果蔬产地	石榴、梨、西瓜、葡萄、大白菜、结球甘蓝、辣椒、番茄、核桃、花椒	张跃江	WNCR－YN09－00068
63	文山县农业环境保护监测站	23 666.68 公顷	无公害农产品粮油产地	水稻、玉米、马铃薯、花生、小麦、大豆	张跃江	WNCR－YN09－00069
64	文山县农业环境保护监测站	58.3363 万头、只、羽	无公害农产品畜禽产地	猪、奶牛、蛋鸡、肉鸡、肉牛	张跃江	WNCR－YN09－00070
65	文山县农业环境保护监测站	406.67 公顷	无公害农产品水产产地	鲤鱼、草鱼、鲢鱼、鲫鱼、鳙鱼、叉尾鮰、罗氏沼虾	张跃江	WNCR－YN09－00071
66	勐腊县农业局经济作物管理站	4 333 公顷	无公害农产品水（干）果产地	龙眼、芒果、菠萝、香蕉、荔枝、柚子、西番莲、咖啡	刘忠平	WNCR－YN09－00072
67	勐腊县农业局经济作物管理站	4 666 公顷	无公害农产品茶叶产地	茶叶	刘忠平	WNCR－YN09－00073
68	勐腊县菜篮子工程办公室	6 000 公顷	无公害农产品果蔬产地	西瓜、甜瓜、辣椒、茄子、番茄、苦瓜、豇豆、菜豆、黄瓜、马铃薯、西兰花、生菜、白菜、南瓜	鲁德顺	WNCR－YN09－00074
69	勐腊县农业技术推广中心	8 000 公顷	无公害农产品粮食产地	水稻、玉米	夏云泰	WNCR－YN09－00075

续表

序号	单位名称	产地规模	产地名称	产品名称	法人代表	产地证书编号
70	勐腊县畜牧兽医站	15 万头、只、羽	无公害农产品畜禽产地	猪、肉牛、鸡、鸭、鹅、羊	孙逸平	WNCR－YN09－00076
71	华宁县农业环境保护监测站	26.9311 万头、只、羽	无公害农产品畜禽产地	生猪、肉鸡、蛋鸡、肉羊、肉牛	柯川清	WNCR－YN09－00077
72	华宁县农业环境保护监测站	12243.51 公顷	无公害农产品水（干）果产地	柑桔、甜柿、梨、葡萄、冬桃、核桃	柯川清	WNCR－YN09－00078
73	华宁县农业环境保护监测站	7400 公顷	无公害农产品粮油、蔬菜产地	稻谷、小麦、玉米、蚕豆、油菜、萝卜、荷兰豆、洋葱、大蒜、花椰菜、西兰花、西葫芦、苦瓜、辣椒、马铃薯、番茄、茄子、结球甘蓝	柯川清	WNCR－YN09－00079
74	华宁县农业环境保护监测站	221.33 公顷	无公害农产品水产产地	草鱼、鲤鱼、鲢鱼、鳙鱼、鲫鱼、鲟鱼、罗非鱼、虹鳟鱼	柯川清	WNCR－YN09－00080
75	江川县农村环保能源工作站	10 835.46 公顷	无公害农产品水产产地	青鱼、草鱼、鲫鱼、鲤鱼、鲢鳙鱼、大头鱼、团头鲂、星云白鱼、抗浪鱼、银鱼	侯正能	WNCR－YN09－00081
76	江川县农村环保能源工作站	2 856.6 公顷	无公害农产品水（干）果产地	桃、梨、板栗、核桃	侯正能	WNCR－YN09－00082
77	江川县农村环保能源工作站	14 391.6 公顷	无公害农产品粮油、蔬菜产地	水稻、小麦、玉米、蚕豆、油菜、萝卜、芫荽、洋葱、青蒜苗、花椰菜、西兰花、大白菜、胡萝卜、辣椒、马铃薯	侯正能	WNCR－YN09－00083
78	江川县农村环保能源工作站	72.642 万头、只、羽	无公害农产品畜禽产地	猪、鸭、肉鸡、蛋鸡	侯正能	WNCR－YN09－00084
79	潞西市畜牧站	5.5 万头、只、羽	无公害农产品畜禽产地	奶牛、生猪	汤守昆	WNCR－YN09－00085

续表

序号	单位名称	产地规模	产地名称	产品名称	法人代表	产地证书编号
80	潞西市土壤肥料工作站	15 867.3公顷	无公害农产品粮经产地	水稻、玉米、马铃薯、茄子、辣椒、番茄、黄瓜、柑桔、菠萝、西瓜、甜瓜	杨保住	WNCR－YN09－00086
81	潞西市茶叶技术推广站	6 396公顷	无公害农产品茶叶产地	茶叶	杨占旭	WNCR－YN09－00087
82	潞西市甘蔗技术推广站	9 560公顷	无公害农产品甘蔗产地	甘蔗	揭曙彦	WNCR－YN09－00088
83	潞西市水产技术推广站	96.7公顷	无公害农产品水产产地	罗非鱼、鲤鱼	何忠品	WNCR－YN09－00089
84	云县农业技术推广中心	1 333.33公顷	无公害农产品水产产地	罗非鱼	鲁新明	WNCR－YN09－00090
85	云县农业技术推广中心	8 466.7公顷	无公害农产品茶叶产地	茶叶	鲁新明	WNCR－YN09－00091
86	云县农业技术推广中心	59 666.7公顷	无公害农产品茶叶产地	核桃	鲁新明	WNCR－YN09－00092
87	云县农业技术推广中心	19 666.7公顷	无公害农产品粮经产地	水稻、玉米、甘蔗、番茄、大白菜	鲁新明	WNCR－YN09－00093
88	云县农业技术推广中心	66.004万头、只、羽	无公害农产品畜禽产地	猪、鸡、牛、羊	鲁新明	WNCR－YN09－00094
89	丘北县经济作物工作站	58万头、只、羽	无公害农产品畜禽产地	生猪、肉牛、奶牛、肉鸡、蛋鸡	王兆逢	WNCR－YN09－00095
90	丘北县经济作物工作站	17 506.63公顷	无公害农产品粮油产地	水稻、玉米、小麦、油菜、花生、马铃薯	王兆逢	WNCR－YN09－00096
91	丘北县经济作物工作站	15 560公顷	无公害农产品果蔬产地	辣椒、大白菜、结球甘蓝、番茄、莲藕、核桃、葡萄、桃、雪莲果、梨、西瓜	王兆逢	WNCR－YN09－00097
92	弥渡县农业技术推广中心	12 245公顷	无公害农产品林果茶产地	核桃、梨、桃、柑桔、茶	宋福东	WNCR－YN09－00098
93	弥渡县农业技术推广中心	1 987公顷	无公害农产品蔬菜产地	大蒜、马铃薯、青菜、青笋、花菜、四季豆、番茄、苦瓜	宋福东	WNCR－YN09－00099
94	弥渡县农业技术推广中心	13 773公顷	无公害农产品粮油产地	水稻、大麦、玉米、油菜	宋福东	WNCR－YN09－000100

续表

序号	单位名称	产地规模	产地名称	产品名称	法人代表	产地证书编号
95	丽江旭辰粮品有限公司	1 333.33 公顷	无公害农产品蔬菜产地	玉米、辣椒、黄瓜、青花菜、西葫芦、结球甘蓝、大白菜、茄子、豌豆、番茄、莴苣	李曾喜	WNCR－YN09－000101
96	丽江丽明生态农产品开发有限公司	2.1 万头	无公害猪养殖基地	丽明香猪	李文丽	WNCR－YN09－000102
97	丽江市古城区玉鑫畜牧科技开发有限公司	0.5 万头	无公害猪养殖基地	生猪	张玉生	WNCR－YN09－000103
98	华坪县顺祥家禽养殖专业合作社	30 万羽	无公害畜禽基地	鸭	王定洪	WNCR－YN09－000104
99	云南新海丰食品有限公司	25.15 公顷	无公害水产产地	罗非鱼、花白鲢、斑点叉尾鮰、黄颡鱼	王汝智	WNCR－YN09－000105
100	曲靖市麒麟区芗村土鸡养殖场	3 万羽	无公害畜禽产地	活鸡、鲜鸡蛋	张丽梅	WNCR－YN09－000106
101	富源县信发牧业有限责任公司	1 万头	无公害生猪产地	生猪	赵龙	WNCR－YN09－000107
102	会泽县农业技术推广中心	28 666.7 [ ] 公顷	无公害农产品粮油产地	玉米、马铃薯、水稻、蚕豆、豌豆、荞麦	黄吉美	WNCR－YN09－000108

云南省农业厅公告（2009 年第 23 号）

通过复查换证的云南省无公害农产品产地名单

序号	单位名称	产地规模	产地名称	产品名称	法人代表	产地证书编号
1	宾川县绿色果品开发有限责任公司	400 公顷	无公害水果基地	宾川石榴	唐军	WNCR－YN03－000036
2	南涧彝族自治县罗伯克茶场	37.3 公顷	无公害菜叶基地	绿茶	李正林	WNCR－YN03－000079
3	云南欣农科技有限责任公司	266.7 公顷	无公害蔬菜基地	白菜、甘蓝、莴笋、辣椒、番茄、黄瓜	李美瑛	WNCR－YN04－000036
4	云南欣农科技有限责任公司	400 公顷	无公害蔬菜基地	白菜、萝卜、甜椒、番茄、生菜、西葫芦、黄瓜、苦菜	李美瑛	WNCR－YN04－000038
5	弥渡县农业技术推广中心	4 000 公顷	无公害蔬菜基地	大蒜、苦瓜、扁豆、马铃薯、小香芋、蚕豆、水晶豌豆	宋福东	WNCR－YN05－00016
6	江川县植物保护技术咨询服务部	666.7 公顷	无公害蔬菜基地	青蒜苗	普华明	WNCR－YN05－00023

续表

序号	单位名称	产地规模	产地名称	产品名称	法人代表	产地证书编号
7	玉溪市红塔区种子站工会计协技术服务部	300公顷	无公害蔬菜基地	油菜	刘庆荣	WNCR－YN05－00048
8	呈贡芳新养殖有限公司	8万羽	无公害畜禽基地	蛋鸡	何桂芳	WNCR－YN05－00050
9	昆明市官渡区农业局农业产业发展科	1 000公顷	无公害蔬菜基地	大白菜、辣椒、青笋、瓜、萝卜、菜豌豆、马铃薯	董琳	WNCR－YN05－00082
10	楚雄民宝果业有限责任公司	26.7公顷	无公害梨基地	梨	董自贵	WNCR－YN05－00090
11	麻栗坡县明宏茶叶加工厂	666.7公顷	无公害茶叶基地	瑶君山绿茶、普洱茶（熟茶）、普洱茶（生茶）	盘道恩	WNCR－YN05－00094
12	曲靖市大明有限责任公司	10万羽	无公害畜禽基地	鸡、鸡蛋	杨建林	WNCR－YN06－00004
13	昆明市东隆农业技术服务有限公司	1 240公顷	无公害蔬菜基地	洋葱、大蒜、油菜	王国清	WNCR－YN06－00005
14	巧家县农业技术推广中心	1 333.3公顷	无公害蔬菜基地	马铃薯、番茄、茄子、豌豆	林世金	WNCR－YN06－00006
15	巧家县农业技术推广中心	3 333.3公顷	无公害马铃薯基地	马铃薯	林世金	WNCR－YN06－00007
16	楚雄市九龙农业发展有限公司	207公顷	无公害水果基地	苍溪雪梨、翠冠梨、云南红梨、黄金梨	杨庆芳	WNCR－YN06－00012
17	龙陵县小田坝绿茶厂	233.3公顷	无公害茶叶基地	茶叶	范玉龙	WNCR－YN06－00015
18	龙陵县镇安镇振兴茶厂	200公顷	无公害茶叶基地	绿茶、普洱茶、滇红	李恩全	WNCR－YN06－00016
19	昌宁县柯街镇农业综合服务中心	400公顷	无公害蔬菜基地	辣椒、番茄、苦瓜	杨良	WNCR－YN06－00017
20	昌宁县柯街镇农业综合服务中心	266.7公顷	无公害水果基地	柑桔、香蕉、人参果	杨良	WNCR－YN06－00018
21	楚雄市新村供销社有限责任公司	100公顷	无公害茶叶基地	绿茶、碧螺春茶	王新堂	WNCR－YN06－00025
22	宁洱哈尼族彝族自治县农业局农业技术推广中心	1 333.3公顷	无公害粮油、蔬菜基地	水稻、蔬菜	杨维斌	WNCR－YN06－00040
23	昆明正大有限公司	12万头、羽	无公害畜禽基地	猪、鸡、鸡蛋	黄业夫	WNCR－YN06－00048

云南省农业厅公告（2009年第23号）

文物保护单位

国家级文物保护单位（76个）

石钟山石窟（剑川县）
崇圣寺三塔（大理市）
爨宝子碑（曲靖市）
爨龙颜碑（陆良县）
段氏与三十七部会盟碑（曲靖市）
太和城遗址（大理市）
太和宫金殿（昆明市）
地藏寺经幢（昆明市）
元谋猿人遗址（元谋县）
云南陆军讲武堂（旧址）（昆明市）
聂耳墓（昆明市）
广允缅寺（沧源县）
景真八角亭（勐海县）
曼飞龙塔（景洪市）
袁滋题记摩崖石刻（盐津县）
南诏铁柱（弥渡县）
腊玛古猿化石地点（禄丰县）
石佛洞遗址（耿马县）
妙湛寺金刚塔（昆明市）
大宝积宫与琉璃殿（玉龙县）
中心镇公堂（香格里拉县）
纳楼长官司署（建水县）
南甸宣抚司署（梁河县）
国殇墓园（腾冲县）
汉庄城址（保山市）
石寨山古墓群（晋宁县）
李家山古墓群（江川县）
喜洲白族古建筑群（大理市）
建水文庙（建水县）
筇竹寺（昆明市）
元世祖平云南碑（大理市）
沧源崖画（沧源县）
白羊村遗址（宾川县）
“山龙”“山于”图山城址（巍山县）
八塔台墓群（曲靖市）
营盘村墓群（永胜县）
水目寺塔（祥云县）
惠光寺塔和常乐寺塔（昆明市）
佛图寺塔（大理市）
大姚白塔（大姚县）
曹溪寺（安宁市）
秀山古建筑群（通海县）
指林寺大殿（建水县）
宝山石头城（玉龙县）
安宁文庙（安宁市）
州城文庙和武庙（宾川县）
真庆观古建筑群（昆明市）
黑龙潭古建筑群（丽江市）
龙华寺（姚安县）
保山玉皇阁（保山市）
朝阳楼（建水县）
西门街古建筑群（剑川县）
沙溪兴教寺（剑川县）
金龙桥（丽江市）
孟连宣抚司署（孟连县）
曼短佛寺（勐海县）
双龙桥（建水县）
长春洞（巍山县）
寿国寺（维西县）
会泽会馆（会泽县）
孟孝琚碑（昭通市）
王仁求碑（安宁市）
马哈只墓碑（晋宁县）
五家寨铁路桥（屏边县）
茨中教堂（德钦县）
石龙坝水电站（昆明市）
蒙自海关旧址（蒙自县）
鸡街火车站（个旧市）
企鹤楼（石屏县）
陈氏宗祠（石屏县）
和顺图书馆旧址（腾冲县）
允燕塔（盈江县）
国立西南联合大学（旧址）（昆明市）
松山战役旧址（龙陵县）
抗战胜利纪念堂（昆明市）
民族团结誓词碑（普洱市）

云南省省级文物保护单位

大理国经幢
朱德赠映空和尚诗文碑
赛典赤·赡思丁墓（包括五里多“咸阳王赡思丁墓”）
人民胜利堂
真庆观
护国桥
昆明聂耳故居
“一二·一”运动四烈士墓
王德三、吴澄、马登云三烈士墓
筇竹寺五百罗汉塑像
云南陆军讲武堂旧址
东、西寺塔
中共云南省委建党旧址
朱德旧居
唐继尧墓
云南贡院（含会泽楼映秋院）
云南第一天文点
西南联大纪念碑
圆通寺
卢汉公馆
金刚塔
太和宫金殿
龙泉观
钱沣墓
官渡土主庙及法定寺
聂耳墓
大观楼
升庵祠
一得测候所
西山龙门
金沙江树桔渡口
茂麓厂冶铜遗址
法华寺石窟
王仁求碑
曹溪寺
连然文庙
石龙坝水电站
温泉摩崖石刻群
龙潭山遗址
石寨山遗址及古墓群
马哈只墓碑
观音洞壁画
盘龙寺
法明寺
张口洞遗址
兰茂墓及兰公祠
嘉丽泽洪痕海拔石刻
彝、汉文摩崖
金沙江皎平渡口
三台山石刻
木克乡红军壁画
普渡河铁索桥及红军烈士墓
丹桂村中央红军总部驻地旧址
战斗水库纪念碑
爨宝子碑
段氏与三十七部会盟碑
八塔台古墓群
罗汉山古墓群
可渡关驿道
浦在廷故居
尖角洞遗址
播乐起义纪念址
胜境关界坊
中山礼堂及文庙建筑群
大河遗址
中共罗盘地委指挥部
窦垿故居
何辅龙墓
爨龙颜碑
大觉寺塔
万寿宫
寿福寺
蒙姑坡铜运古道
水城古墓群
唐继尧故居
玉溪古窑址
聂耳故居
九龙池古建筑群
文兴祥商号
江川文庙
秀山古建筑群
三圣宫
聚奎阁
园明寺
通海文庙
河西文庙
杨广法明寺
河西大福寺
“陇西世族”庄园
它克崖画
妙莲寺大殿

兰津渡及霁虹桥
杨振鸿墓
玉皇阁
塘子沟遗址
诸葛营遗址
双虹桥
光尊寺
恤忠祠记碑及恤忠祠
艾思奇故居
张文光墓
和顺图书馆
西山坝南诏遗址
腾冲文庙
绮罗文昌宫
英国领事馆
滇西军都督府及迭园集刻
李根源旧居
惠通桥
松山战役遗址
龙陵日军侵华罪证遗迹
孟孝琚碑
霍承嗣壁画墓
过山洞遗址
清官亭
龙云故居
野石山遗址
拖姑清真寺
袁滋题记摩崖
罗炳辉故居
扎西会议旧址
水田寨中央红军总部驻地旧址
观斗山石雕群
铁炉红军标语
瓦石悬棺
琉璃殿与大宝积宫
福国寺五凤楼
金沙江石鼓渡口
普济寺铜瓦殿
金龙桥
红太阳广场毛泽东塑像
灵源箐观音阁
六德他留人墓地及城堡
清水古建筑群
北岳庙
宝山石头城
指云寺
大觉宫
文峰寺
扎美戈喇嘛寺
民族团结誓词碑
墨江文庙
景东文庙
景东卫城遗址
林街清真寺
迁糯佛寺
勐卧佛寺双塔
芒岛佛寺
大石寺
孟连宣抚司署
芒中佛寺
中城佛寺
糯福教堂
整控渡摩崖
佛殿山佛房遗址
勐旺塔及西北塔
凤庆文庙
石佛洞遗址
沧源崖画
广允佛寺
班洪人民抗英盟誓碑
菩提寺
等喊弄奘寺
平麓城址
南甸宣抚司署
李根源故居
曼勐町塔
刀安仁墓
马嘉理事件发生地
帮角山官衙署
户撒皇阁寺
片马人民抗英斗争遗址
白汉洛教堂
兔峨土司衙署
杨玉科家祠建筑群
中心镇公堂
归化寺
白水台东巴胜迹
东竹林寺
茨中教堂
茶马古道梅里段
飞来寺
奔子栏佛塔殿壁画
叶枝土司衙署
达摩祖师洞

寿国寺
太和城遗址
元世祖平云南碑
崇圣寺三塔
杜文秀墓
弘圣寺塔
佛图寺塔
喜洲白族民居建筑群
圣源寺观音阁
苍山神祠
法藏寺董氏宗祠
阳苴咩城遗址
周保中故居
杜文秀元帅府
大唐天宝战士冢
凤仪文庙
水目山塔
王复生、王德三故居
东城门及钟鼓楼
董友弟墓石雕造像
祝圣寺
白羊村遗址
上沧本主庙
宾川文庙及武庙
杨氏宗祠名人题刻
李文学彝族农民起义遗址
南诏铁柱
永增玉皇阁
白崖城遗址及金殿窝遗址
通京桥
顺荡火葬墓群
德源城遗址
段信苴宝摩崖碑
石钟山石窟
兴教寺
景风阁
金华山石刻
宝相寺
赵藩墓
鹤庆文庙
鹤庆云鹤楼
云龙桥
苍山崖画
巍宝山古建筑群
拱辰楼
垄圩图山遗址
玉皇阁及文华书院
圆觉寺及双塔
护法明公德运碑摩崖
楚雄文庙
牟定文庙
德丰寺
李贽桥
白塔
石羊文庙
妙峰德云寺
赵祚传烈士墓
菜园子遗址
元谋猿人遗址
大墩子遗址
元谋古猿化石地点
狮山正续寺
星宿桥
禄丰古猿化石产地
大洼恐龙山
阿纳恐龙化石地点
南湖瀛州亭
蒙自租界址
碧色寨车站
中共云南第一次代表会议会址
缘狮洞
玉皇阁古建筑群
周家旧宅
云庙
个旧鸡街火车站
云窝寺
大庄清真寺
双龙桥
建水文庙
指林寺
朱家花园
建水古窑
朝阳楼
天缘桥
学政考棚
团山民居
玉皇阁及崇文塔
建水土主庙
陈氏宗祠
袁嘉谷故居
来鹤亭
郑氏宗祠及陈氏民居
石屏秀山寺
石屏文庙及玉屏书院

企鹤楼建筑群
孙髯翁墓
熊庆来故居
弥阳文昌宫及建国楼
虹溪石牌坊
张冲故居
云鹏图书馆
万寿寺三佛殿
东门楼及迤萨民居
河口对讯督办公署旧址
河口海关旧址
莲花洞石刻
滇越铁路五家寨人字桥
楚图南故居
大兴寺
五子祠
中共桂滇黔边区工委扩大会议会址
鲁都克天主教堂
牛羊太平桥
大王岩崖画
象鼻岭古水利工程
雁塔
昊天阁
依氏土司衙署
王氏宅院
都天阁
曼飞龙塔
周恩来视察热作所及中缅会谈纪念碑
曼春满佛寺
曼阁佛寺
景真八角亭
曼短佛寺
李定国祠

社团活动

以科学发展观为指导繁荣生态经济学理论研究

一

云南省生态经济学会成立至今已经二十八年了，今天召开第七次会员代表大会和首届学术大会，我表示热烈祝贺。在二十多年的时间里，学会和学会的专家、学者为研究、宣传、普及生态经济学的理论与知识，在实践中宣传、推广生态经济学的思想理念及技术，进行了坚持不懈的努力，研究成果很多，指导实践有成效，出了近二十部有很高学术价值的论文集和图集，这些工作，已经直接间接地产生了巨大而深远的影响，为推动全省经济社会的协调发展作出了应有的贡献。二十年来，生态意识、环境意识开始逐步深入到各级领导干部和广大人民群众中，改善生态、保护环境逐步成为各级党委政府在谋划经济社会发展中必须正视的重要课题。从“两个文明建设”到现在的“四大文明建设”，党中央正式把生态文明与物质文明、精神文明和政治文明放在一起作为我们党和国家社会主义现代化建设的方向和目标，这是指导思想和执政理念的重大发展与突破。省委、省政府提出“生态立省”的方针，号召全省努力争当生态文明建设排头兵，并提出生态文明建设的基本框架和基本任务，规划建设生态文明的产业支撑体系、环境安全体系、道德文化体系，建立生态文明建设保障体系和长效机制。过去搞建设，先发展后治理，也就形成先污染先破坏，后来逐步把经济建设与生态、环境的保护建设结合起来，形成党委政府强有力的指导和推动并开始出现社会生态意识和环保行动，在这样的条件下，生态经济学的理论研究和实践探索必将迎来又一个大好时机。

二

云南是较早开展生态环境保护的省份之一，是最早提出七彩云南保护行动的省份。云南各种自然保护区最多、面积最大，生物多样性最完善，率先建立了生物物种种质资源库，云南的生态环境状况和生态环境的保护总体是好的。当然，云南也面临着生物多样性遭到威胁、“三废”污染、水质恶化、水资源、能源利用不合理、局部地方环境恶化等严重问题。云南在资源、环境、生态方面的一些重大行动都受到全社会甚至国际社会的关注，如野生动植物的保护，滇池、怒江的水电开发，思茅的林纸开发等。最近大理洱海的综合治理与保护的成功经验得到国家有关部门的肯定，近几年滇池的治理工作取得重大进展，得到上级的肯定，使昆明人民看到了希望，增强了信心。在科学发展观的指导下，在省委省政府的正确领导下，经过全省人民的艰苦努力，云南经济社会与生态环境协调发展得最好的形象是完全能够做到的。

2008 年 9 月我参加了省政府滇池水污染治理专家督导组的工作，围绕省委省政府对滇池治理提出的环湖截污、环湖公路、环湖生态、入湖河道治理、底泥疏浚、外流域引水六大工程和滇池治理“十一五”规划开展督导检查。深感有一些问题需要从生态与经济的结合上进行研究和探索，这是从事生态经济学研究的专家学者的重要任务。环境建设、生态保护和经济发展的关系怎样才能处理得更好一些，生态与经济的结合怎样体现在发展和治理的实践中。比如，在滇池“四退三还”工作中对湿地建设问题就有不同的意见，一种是赞成搞湿地，一种认为湿地的作用不如预期的那么大，而且还有后期管理中的很多问题，不如多建几座污水处理厂好，还有一些意见是要研究湿地生态系统的多种类型多种模式，使它既有生态效益又有经济效益，不能只有景观保护类型的湿地，稻田和其他水生植物（作物）也是一种湿地生态系统。现在滇池管理局搞了一小片实验基地，种水稻不施农药、化肥，产量低一些，经过一段时间的有机转换，可成为有机稻作农业，这是一个有推广意义的实验。又如，农业生产的面源污染占有相当比重，布局和结构调整是滇池治污的必要手段，因为除了沿湖需要进行“四退三还”、全面禁养之外，其它地方种植业、畜牧业都还要保持稳定发展，还要帮助指导农民广辟就业和其他致富的门路，依据生态经济学的原理调整农业生产的区域布局和结构，依靠科技大力建设现代农业，是一个非常重要的课题。还有，现在滇池治理以河道整治、环湖截污干渠、城市地下雨污水管网、污水处理厂修建等工程项目为主，任务较繁重，投资也大，工程治理先行，这是必要的，然而在生态修复中就需要有生物学、生态经济学和其他科学技术的进入。工程项目的长期管理和运行，进一步提高水质等都需要依靠科学技术。总之，现实生态环境保护和建设的实践向生态经济学者已经提出了很多课题，生态经济工作者大有用武之地。

三

要以科学发展观指导生态经济学的理论研究与实践探索。胡锦涛同志在党的十七大报告中对科学发展观精辟地指出：“科学发展观，第一要义是发展，核心是以人为本，基本要求是全面协调可持续，根本方法是统筹兼顾。”这对生态经济学科的繁荣有重要的指导意义。

要坚持以人为本，用以指导现在的实践。我们所要研究的是如何恢复、建立和保护良好的生态系统，保护好的环境，改善差的环境，实现人与自然的和谐共生、协调发展，实现人类社会的可持续发展。生态经济学者从事的研究是为民生，不是为生态而生态、为环保而环保。我们既要为长远的发展研究生态环境的恢复重建和保护，又要考虑促进当地人民群众在参与生态环保建设中收入水平、生活水平的提高。离开了以人为本，生态经济学也就失去了根本。

中共党的十七大报告在全面建设小康社会的新要求中对生态文明建设提出：“基本形成节约能源资源和保护生态环境的产业结构、增长方式、消费模式。循环经济形成较大规模，可再生能源比重显著上升。主要污染物排放得到有效控制，生态环境质量明显改善。生态文明观念在全社会牢固树立。”这几乎涵盖了生态经济学研究的主要内容。生态经济学研究的目标就是要实现生态、经济、社会三个效益的统一，基本的方法就是统筹兼顾，这些，我们在学习实践科学发展观的过程中会有更加深刻的认识。生态经济学是生态学与经济学相互渗透、有机结合形成的边缘学科，横跨社会科学和自然科学的各个领域，也是整个生态文明建设理论的重要组成部分。它重在经济，但它的理论研究和实践探索必然涉及社会意识形态（如人口意识、生态环保意识、绿色消费意识、为人类的发展即长远后代负责的意识等）。我们的研究也还必须兼收并蓄，广泛吸收各门学科之长，吸收最新的研究成果，来丰富自己、发展自己，为国家的经济社会发展作出应有的贡献。

（云南省生态经济学会第六届理事会理事长　潘政扬）

云南省生态文明建设研究会赴滇池调研

2009年11月11日，云南省生态文明建设研究会一行七人在调研组组长潘政扬（省滇池治理专家督导组成员）的带领下，来到滇池管理局富善基地考察调研。昆明市滇池管理局王延春副局长及项目处、执法总队、生态所、局办公室有关同志参加了座谈。在座谈会上，昆明市滇池管理局王延春副局长介绍了滇池水污染防治的有关情况，考察组一行就滇池治理的现状与前瞻、意见、建议与难点以及生态保护等情况进行了深入的了解，并实地考察了富善湿地的建设情况。

云南省生态文明建设研究会赴滇池调研组组长潘政扬（省滇池治理专家督导组成员）（左）、昆明市滇池管理局副局长王延春（右）在座谈会上

云南省生态文明建设研究会调研组一行深入富善湿地调研

昆明市滇池管理局项目处、执法总队、生态所等有关同志参加座谈会

小资料

2009年云企百强名单前10名

排名	企业集团名称	营业收入（万元）	排名	企业集团名称	营业收入（万元）
1	红塔烟草(集团)有限责任公司	5 590 222	6	中国石油化工股份有限公司云南石油分公司	2 454 992
2	红云红河烟草(集团)有限责任公司	5 023 748	7	云南铜业(集团)有限公司	1 920 137
3	昆明钢铁控股有限公司	4 100 070	8	云南建工集团有限公司	1 773 102
4	云南电网公司	3 959 157	9	云南煤化工集团有限公司	1 453 644
5	云天化集团有限责任公司	2 572 623	10	昆明铁路局	1 272 918

2009 年云企百强行业分布

行业	户数	营业收入（亿元）
烟草及其配套产业	4 户	1 100
能源	13 户	866
钢铁	10 户	691
有色金属	8 户	516
化工	7 户	502
建筑施工	9 户	417
物流业	6 户	236
机械及电子工业	10 户	220
电信业	3 户	192
投资公司	6 户	147
医药及其流通	3 户	99
农业产业化及食品	5 户	89
商贸业	7 户	86
房地产开发	4 户	72
新闻及出版产业	1 户	28
旅游业	2 户	24
建材	1 户	22
其他	1 户	26

低碳生活常识

低碳经济

所谓低碳经济，是指在可持续发展理念指导下，通过技术创新、制度创新、产业转型、新能源开发等多种手段，尽可能地减少煤炭石油等高碳能源消耗，减少温室气体排放，达到经济社会发展与生态环境保护双赢的一种经济发展形态。

发展低碳经济，一方面是积极承担环境保护责任，完成国家节能降耗指标的要求；另一方面是调整经济结构，提高能源利用效益，发展新兴工业，建设生态文明。这是摒弃以往先污染后治理、先低端后高端、先粗放后集约的发展模式的现实途径，是实现经济发展与资源环境保护双赢的必然选择。

低碳经济是经济发展的碳排放量、生态环境代价及社会经济成本最低的经济，是一种能够改善地球生态自我调节能力的可持续性很强的经济。

低碳生活

是指生活作息时所耗用能量要减少，从而减低碳，特别是二氧化碳的排放。低碳生活，对于我们普通人来说，是一种态度，而不是能力，我们应该积极提倡并去实践“低碳”生活，注意节电、节油、节气，从点滴做起。如果说保护环境，保护动物，节约能源这些环保理念已成行为准则，低碳生活则更是我们急需建立的绿色生活方式，低碳生活就是返璞归真地进行人与自然的活动。

低碳计算

以下就是我们每天基本生活中的二氧化碳情况，数字代表排放二氧化碳的重量，单位都以千克进行对比，你完全可以由此发现我们的生活细节，更可以由此考虑我们的生活可以做何改变，以下只是关于生活的点滴建议，关于低碳生活，更多的方式等你发现。

每人每年少买一件衣服可相应减排二氧化碳 6. 4 千克；

少使用 1 立方米装修用的木材，可减排二氧化碳 64 千克；

如果每台空调在 26 度基础上调高 1 度，每年可减排二氧化碳 21 千克；

11 瓦节能灯和 60 瓦白炽灯每天照明 8 小时，前者 1 年可相应减排二氧化碳 137. 2 千克；

液晶屏幕与传统 CRT 屏幕相比，每台每年可相应减排二氧化碳 19. 2 千克；

在饮水用闲置时关掉电源，每年每台可相应减排二氧化碳 351 千克；

1 平方米的太阳能热水器 1 年减少二氧化碳排放 308 千克；

如果中国 5% 的食物用微波炉制作，每年可相应减排二氧化碳 154 万吨；

步行或坐公交车代替自驾车出行 1000 千米，每人相应减排二氧化碳 184 千克。

计算你的碳排量

有人形容我们每个人就如同一座制造二氧化碳排放的小工厂，在每天的生活过程中留下一个又一个的碳足迹。也许微小，但你可以试想，当无数的碳足迹联合在一起的时候，那会是怎样的景象。

自哥本哈根全球气候会议之后，降低碳排放量，测量碳足迹成为热门的话题。不少媒体和环保网站，都提供出碳足迹计算的平台，换算的就是生活点滴排放的二氧化碳数量。搭电梯上下一层楼排放 0. 218 千克二氧化碳，开冷气机一小时排放 0. 621 千克二氧化碳，看电视一小时排放 0. 096 千克二氧化碳……一项项地计算下去，你会如实发现，我们确实如同碳足迹所形容的那样，每一人生活细节，都在地球上留下了一个碳足迹。

也许有人会说，人类生存必然要排出二氧化碳，但这不代表我们可以挥霍无度。现实中，全球变暖，气候异常都是我们那么多年来挥霍无度的代价！

从生活点滴开始低碳

面对现实我们也许无能为力。但对于生活我们能做的还有很多。正如演艺明星李连杰，在参加哥本哈根全球气候会议中所说的："希望我们大家，都能够从'骑车出行'这样的小事开始做起，从身边做起，保护我们的地球、我们的家。"

就拿办公室的一台电脑来说，如果每晚都处于待机状态，那么一年中就会多排放出约 50 千克二氧化碳，而在不使用时，关掉电脑就可以减少 45% 的二氧化碳排放。还有你更想不到的，根据诺基亚公司提供的数据，如果手机充电器在不使用时，一直不从电源上拔下来，那么一年就会增加 20 千克的碳排放量，若你知道这一点，就会无形间减少了二氧化碳的排出。交通产生的二氧化碳占温室气体排放量的 30% 以上，减少此类排放量的最好办法之一是乘坐公交车或骑自行车。就是这些举手之劳的生活细节，我们就为降低碳排量作出了自已的一份努力，我们能做的还有很多，虽然微小，但若将每一个微小的点滴融合，那将是无尽的能量。

低碳生活小贴士

1. 随手关灯、关水、拔插头。
2. 每张纸都双面打印，相当于保留下半片原本将被砍掉的森林。
3. 不坐电梯爬楼梯，省下大家的电，换自已的健康。
4. 绿化不仅是去郊区种树，在家也可以种些花草。
5. 一个塑料袋仅 5 毛钱，但它造成的污染可能是 5 毛钱的 50 倍不止。
6. 完美的浴室未必一定要有浴缸；已经安了，未必每次都用；已经用了，请用积水来冲洗马桶。
7. 关掉不用的电脑程序，减少硬盘工作量，既省电也维护你的电脑。
8. 相比开车来说，骑自行车上下班的人一不担心油价上涨，二不担心体重上升。
9. 没必要一进门就把全部照明打开。
10. 坐公交车可为环境保护做贡献。
11. 请相信，痴迷皮草不过是一种返祖冲动。
12. 气候变暖一部分是出于对过度使用空调/暖气的报复。
13. 尽量少使用一次性牙刷、一次性塑料袋、一次性水杯……
14. 如果你知道西方一些海洋博物馆里展出中国生产的鱼翅罐头，还会有这么好的食欲吃鱼翅捞饭吗?
15. 建议使用竹制家具，因为竹子比树木长得快。
16. 利用太阳能最简单的方式，就是尽量把工作放在白天做。
17. 过量食肉至少伤害三个对象：动物、你自己和地球。
18. 举行婚礼不是家底积累的 PK，简约、低碳才是甜蜜爱情的附加值。
19. 把水龙头开到最大才能把蔬菜碗盘洗得更干净只是心理作用。
20. 衣服攒够一桶再洗是为了节省水电。
21. 只要干净，孩子的玩具、衣物、书籍可转赠他人。
22. 拼车可同时达到省钱、省能源、减轻交通负担及增进人际关系的作用。
23. 如果堵车的队伍太长，请先熄火等一会儿。
24. 轮胎气压过低或过高都会增加油耗。
25. 定期清洗空调，既健康又省电。
26. 一般的车用 93# 油就够了，盲目使用 97# 可能既费油，还伤发动机。
27. 跟老公交司机学习如何省油：快到目的地时可把油门松了，靠惯性滑过去。
28. 有些人洗澡竟用四五十升水，大可不必。
29. 剩菜应冷却后再放进冰箱。
30. 空调外机都有防水装置，多加"外套"降低散热且费电。
31. 低泡洗衣粉洗衣可比高泡洗衣粉少漂洗几次，省水省电省时间。
32. 洗衣机开强档比弱档更省电，还能延长机器寿命。
33. 电视机在待机状态下耗电量一般为其开机功率的 10% 左右，不用时应关机。
34. 用电脑听音乐时可将显示器关闭。
35. 如果热水用得多，不妨让热水器始终通电保温，这比将一箱凉水烧到相同温度还省电。
36. 洗净同样一辆车，用桶盛水擦洗只是用水龙头冲洗用水量的 1/8。
37. 把马桶水箱的浮球调低 2 厘米，一年可以省下 4 立方水。
38. 为每月消耗的水电煤气建立节能档案。
39. 买电器时要留意节能标识。
40. 实验证明，中火烧水最省气。
41. 10 年前乱丢电池可能是因为无知，现在就完全是不负责任了。
42. 随身常备筷子或勺子，是关爱环保的一种标志。
43. 冰箱存放食物以冰箱容积 80% 为宜，过多过少都会费电。
44. 开短会也是一种节约——照明、空调、音响等等。
45. 没事多出去走走，"宅家"是很费电的。
46. 尽量买本地或当季的产品，运输和包装常常比生产更耗能。
47. 植树为你排放的二氧化碳埋单，排多少，吸多少。
48. 衣服多选棉质、亚麻和丝绸，既环保、时尚，又优雅、耐穿。
49. 没必要将衣服烘干，让它在太阳下风干更环保卫生。

50. 美国有统计表明：离婚后人均资源消耗量比离婚前高出42% ~61%，让我们用婚姻保护地球吧！

云南26个民族的识别和确认

我国共有56个民族，其中5 000人口以上的民族有26个。除汉族外，其余的少数民族分别是：彝、白、哈尼、壮、傣、苗、回、傈僳、拉祜、佤、纳西、瑶、景颇、藏、布依、布朗、阿昌、普米、蒙古、怒、基诺、德昂、水、满、独龙族。其中白、哈尼、傣、傈僳、拉祜、佤、纳西、景颇、布朗、阿昌、普米、怒、基诺、德昂、独龙15个民族为云南所特有的少数民族。

这些少数民族是怎样识别并确认的？

中华人民共和国建立后，国家推行民族平等的政策，少数民族的民族平等意识逐渐觉醒，他们纷纷提出确认自己的族称和公开自己的民族成分。正是在这种背景下，1953年第一次全国人口普查时，汇总登记的民族多达400多个，仅云南省就有260多个。如此之多的族称，到底哪些是汉族的一部分，哪些是少数民族？哪些是单一民族，哪些是某一少数民族中的一部分？

从新中国建立到1954年，民族识别工作拉开了序幕。通过利用文献史料、传说、语言和其他各种有关资料，借用历史学、民族学、社会学、经济学、语言学、文化学、宗教学等多学科的分析研究，中央民委从400多个民族名称中，初步确认了38个少数民族的族称。除历史长河中已公认的蒙古、回、藏、维吾尔、苗、瑶、彝、朝鲜、满等9个民族外（9个民族中属于云南民族家庭成员的有蒙古、回、藏、苗、瑶、彝、满7个民族），新确认的族称有29个，其中属于云南民族家庭成员的有：壮、布依、白、哈尼、傣、傈僳、佤、纳西、拉祜、水、景颇11个民族。

从1954年开始，中央对1953年人口普查登记所剩183个民族名称再度进行识别。针对云南民族的特殊情况，中央民委专门派出了云南识别调查小组，调查小组首先对在云南使用彝语、并拥有各自不同的他称或自称的族体约300万人进行识别，通过对其历史、语言、经济生活、风俗习惯、宗教信仰等方面进行调查研究，调查小组认定“土家”、“倮”、“水田”、“支里”、“子彝”、“黎明”、“莨莪”、“他谷”、“纳查”、“大得”、“他鲁”、“水彝”、“咪哩”、“密岔”、“罗武”、“阿车”、“山苏”、“车苏”等数十种族体，基本相同或相近于彝族所具有的普遍特点，因而确定他们均为彝族的支系，而不是单一的少数民族。同时，调查小组还认定了文山地区的“侬人”、“沙人”、“天保”、“黑衣”、“隆安”、“土佬”等不同称呼的族体，属于壮族支系；确认了“糯比”、“梭比”、“卡都”、“碧约”、“拉乌”等属于哈尼族支系；也确认居住在洱源的自称“白夥”的“土家”人属于白族支系并确认“黑浦”（摆彝）属于傣族支系。

直到1964年，这一阶段的识别工作才基本结束。就在这一年，中央公布了新确认的15个少数民族，云南民族家庭成员中又增添了布朗、阿昌、普米、怒、德昂、独龙6个民族。

基诺族的认定是一个特例。基诺古称“攸乐”，新中国建立后，居住在西双版纳傣族自治州景洪县攸乐山上的1万余人，自称“基诺”。1979年中央经过调研后认定基诺族为单一的少数民族。基诺族这个“太阳部落”成为新中国建立后最后认定的少数名族。至此，云南民族家庭成员又添加一个。

值得一提的是：1982年以后，云南的“苦聪人”和“摩梭人”，经过重新调查识别，仍维持原来的意见，“苦聪人”为拉祜族的支系，“摩梭人”为纳西族的支系。

最后，再加上历史上早已公认的汉族，云南成为了26个民族成员的大家庭。

（孟端星　严胜波）

ANNUAL OF YUNNAN ECOLOGY

云南生态年鉴

2010

倡导绿色和谐　促进生态文明

索　引　INDEX

说　明

一、本索引采用主题分析法编制。索引范围包括全书专文、条目、统计表格。“特载”、“专文”、“生态建设研究”、“大事记”、“政策法规选辑”等编，具体内容未做索引，仅以其文献标题或编目名称标引。

二、本索引按主题词首字汉语拼音音序（同音字按音调）排列；首字为阿拉伯数字或外文字母者，以“非音序”集中排列在本索引末。

三、索引款目由主题词、修饰词或说明词组成，并采取主题在前的形式。索引款目中的阿拉伯数字表示该主题内容在书中的页码；a、b 字母则表示该主题内容在该页码的栏目（从左至右）。

四、同一主题的内容采用“附见”或“参见”的形式标引，其中在主题词下各占一行排列的为“附见”，在主题词后出现的两个以上的页码为“参见”。

五、文中的篇目题、类目题、分目题用黑体字标明，其余用宋体字排印。表格在其款目后注明“表”；彩色插页未做索引。

B

C

D

J

K

L

M

N

P

Q

R

S

T

W

X

Y

Z

非音序

ANNUAL OF YUNNAN ECOLOGY

 云南生态年鉴

2010

倡导绿色和谐
促进生态文明

云南省生态文明建设研究会

七彩云南

福贡县落实科学发展观　建设生态文明

▲福贡县委书记和丽川（右一）、县长胡荣才在基层调研生态文明建设

▲副县长何玉昆（左三）在福贡县2009年环境保护工作会议上讲话

近年来，福贡县委、县政府以科学发展观统揽经济社会发展全局，大力实施生态立县战略，进一步强化生态文明观念，高度重视生态文明建设，把遏制环境污染，加强生态环境保护与建设作为全局性、战略性的大事来抓。2009年，全县以科学发展观为指导，以改善环境质量为目标，以污染防治为重点，以开展重点流域、区域和行业环境综合整治为突破口，全面推进生态文明建设，争做全省的排头兵，取得了一定成绩。主要做法：一是强化组织保证和制度体系建设。围绕生态县创建，积极组织编制《生态县建设规划》，明确了各部门各单位的工作职责；建立了生态文明建设组织领导机制、监督考核机制、公众参与机制，形成各级、各部门共同参与生态文明建设的格局；在重大决策上，环保部门全程参与，体现环保优先，对各乡镇实行经济指标和环境指标“双重考核”。二是大力培育和发展生态经济，建设资源节约型社会。积极调整优化产业结构和产业布局，强力推行清洁生产，促进产业生态化。三是着力改善生态环境，建设环境友好型社会。加强环境基础设施建设，城镇污水处理厂等一批环保项目正在积极筹建中；推动生态环境工程建设，对现有自然资源实施严格的保护措施，加快建设生态景观、生态廊道，城市绿化率超过40%；大力进行污染整治，全县空气质量优于国家二级标准，生活饮用水水质达标率98%；开展绿色系列创建，已有两所学校成功申报了县级绿色学校，带动了其他更多的学校、社区和乡镇、企业等争绿、创绿的积极性和主动性。四是统筹城乡环境整治和生态文明建设。加强农村生态建设和污染控制，以农村环境综合整治示范村为重点，积极开展“三清”、“三改”、“三绿”等生态工程，大力推行“以奖促治”政策，农村环境逐年好转。五是强化生态教育，培育生态文化。广泛开展形式多样、寓教于乐的生态文明宣传教育活动，提高人们的生态意识，在发展生态文化中弘扬生态文明。

▲福贡县环境保护局全体干部职工

文山县——“中国三七之乡”

2008年，全县生产总值完成74.3亿元，比上年增长14.6%。一、二、三次产业结构由上年的13.2 : 44.2 : 42.6调整为12.0 : 45.6 : 42.4。工业总产值完成58.84亿元，比上年增长18.7%。农业总产值完成13.5亿元，增长5.43%。粮食总产量13.80万吨。年末，全县拥有公路总里程2 483.51千米，全年完成货运量362万吨；货物周转量4.76亿吨千米；旅客周转量6.69亿人千米。普通固定电话用户累计达7.7万户、国际互联网用户2.24万户。财政总收入7.54亿元，增长26.3%。完成财政总支出9.12亿元，增长31.3%。

农民人均纯收入2 476元，增长20%；全县职工年平均工资24 574元，比上年增长22.9%；城镇居民可支配收入12 740.38元，比上年增长15.25%。城镇居民人均消费性支出8 157.4元，比上年增长8.8%。城镇登记失业率3.45%。

文山县是国内三七的主要产地，文山三七产量和质量均居全国之首，被誉为“中国三七之乡”。全县三七年种植面积保持在3万亩以上。以三七为原料的药品、保健品等系列产品加工企业25户，品种36种，三七开发已具一定规模，为文山县的发展发挥着日益重要的作用。

文山县位于云南省东南部，文山壮族苗族自治州西部偏南。辖区总面积2 972平方千米，其中：丘陵半山区、山区占总面积的80.0%；坝区、高山区各占10.0%。县城开化镇为州府驻地。距省府昆明325千米。县辖8镇7乡，121个村民委员会，16个社区，233个居民小组，1 379个村民小组。全县总人口45.1万人。其中：农业人口34.26万人，非农业人口10.84万人。少数民族人口24.37万人。人口自然增长率7.09‰。

双江县打造蓝天碧水 提升群众的“绿色幸福指数”

双江县位于云南省西南部，因澜沧江和小黑江交汇于县境东南而得名。全县国土面积2 165.03平方千米，辖6个乡（镇）、72个村民委员会、3个居民委员会和勐库华侨农场，另驻有国营双江农场，总人口16.5万人，其中，少数民族人口占全县总人口的44.5%，是由拉祜族、佤族、布朗族、傣族等共同自治的民族自治县，被誉为中国多元民族文化之乡；北回归线横穿县境，其特殊的地理区位孕育了独特的物产：被称为“世界第一野生古茶树群落”在这里被发现，经普查，有植物药材81科195种，菌类药材4科7种等等，因此，双江是北回归线上一颗璀璨的“绿色明珠”。

▲大浪坝水库碧水旖旎

▲全县已建成有机茶园10953.15亩

▲大雪山风光如画，这里栖息着世界上海拔最高、分布最广、原始植被保存最完整的野生古茶树群落

▲渣水分离器，通过该设备进行渣水分离

2008年双江自治县委、县人民政府出台了《双江自治县节能减排综合性工作方案》，提出，3年内全县规模以上工业万元增加值能耗比2005年下降19.32%。到“十一五”末，年均下降4.2%；全县化学需氧量（COD）排放总量控制在2 498吨以内，在2005年的基础上削减210吨，削减率7.76%；二氧化硫（SO2）排放总量控制在766吨以内，在2005年的基础上削减38吨，削减率4.73%。为确保实现节能减排目标，县人民政府还将各项工作任务分解到相关部门，做到目标明确、任务具体、责任落实。在县委县政府的号召下，各级各部门采取了一系列美化靓化、限排限放、节能降耗措施。现在群众的“绿色幸福指数”迅速提升，认为“双江是天然氧吧，到处蓝天白云、山清水秀，既有利于健康，又是一种绿色的享受。”

▲株高16.8米，基围3.25米的勐库大雪山1号千年古茶树

宾川县——兴果富农工程百强示范县

宾川县位于云南省西部，大理白族自治州东北部。辖区总面积2 562.67平方千米。其中：山区面积2 135.63平方千米，占总面积的83.3%；坝区面积427.04平方千米，占总面积的16.7%。县人民政府驻地金牛镇，距省会昆明340千米，距州府驻地大理市（下关）56千米。海拔1 430米。2008年，年末总人口33.61万人。其中：非农业人口2.40万人，占总人口7.13%；少数民族人口7.44万人，占总人口22.14%。人口自然增长率3.87‰。

2008年，全县农民人均纯收入3 083元，扣除物价因素，实际增长8.63%；居民消费价格指数104.84%。全县各项存款余额22.01亿元，比上年增长30.31%；各项贷款余额14.65亿元，增长17.72%。参加五大险种人数3.58万人，比上年增加3.53%；城镇居民最低生活保障人数6 575人，比上年增加3.14%；农村合作医疗参合人数28.55万人，参合率93.97%，比上年增长1.56%。实现就业和再就业人数1 278人，比上年增长1.5%，城镇登记失业率2.16%。

县委县政府十分注重蔬菜水果产业培育。2008年，全县优质水果和特色蔬菜产业基地建设成效明显，农业产业化建设稳步推进，优质水果产业发展迅速。全县优质水果面积14.49万亩，其中：柑橘7.6万亩，葡萄3.1万亩，石榴0.77万亩，枣子0.7万亩，枇杷等其他水果2.32万亩；挂果面积10.4万亩，其中：柑橘5.05万亩，葡萄2.3万亩，石榴0.61万亩，枣子0.39万亩，其他2.05万亩，总产量24.02万吨，总产值5.47亿元。全县通过无公害农产品生产基地认定面积6.77万亩，通过出口基地登记备案的企业10家，面积1.30万亩。宾川继获得“中国柑橘之乡“后又荣获“中国葡萄之乡”、“全国兴果富农工程果业发展百强示范县”称号，宾居华侨农场被评为“中国优质柑橘基地”。以葱、蒜、番茄为主的特色蔬菜产业稳步发展，全年特色蔬菜种植面积13.89万亩，总产量27.54万吨，产值3.04亿元，其中：大蒜4.03万亩，产量7.33万吨，产值8 970万元；香葱3.49万亩，产量8.07万吨，产值6 467万元。宾川县被省农业厅列为全省中央财政支特现代农业发展蔬菜产业项目示范县之一。

云龙县——高度重视生态文明建设

云龙县位于云南省西部澜沧江纵谷区，地处大理白族自治州、保山市、怒江傈僳族自治州的结合部。辖区总面积4400.95平方千米，属山区地形，县人民政府驻地诺邓镇，东距州府大理市158千米，距省会昆明市518千米。县城海拔1640米。年末总人口20.53万人。其中：非农业人口1.90万人，占9.27%；少数民族人口17.93万人，占87.35%。人口自然增长率1.98‰。

2008年，全县农民人均纯收入1 754元，增长16.6%；职工年平均工资2.31万元，其中国有单位2.43万元，增长12.4%；城镇居民人均可支配收入7 995元，比上年增长7%。农民人均生活消费支出1 635元，增长23.2%。居民储蓄存款余额6.16亿元。城镇居民人均住房面积15.8平方米，农村人口平均住房面积17平方米。城镇登记失业率3.7%。

注重县城市政建设。县委县政府积极实施“城镇活县”战略，坚持“规划指导建设，建设服从规划”的原则，始终把民生问题放在首位，广泛招商引资，狠抓城镇基础设施建设。加强规划编制管理工作。

狠抓生态茶原料基地建设。云龙县团结彝族乡立足山区资源优势，走生态建设产业化，产业发展生态化的高效生态农业路子，大力发展生态茶产业。截至2008年末，全乡已经建成6 000亩生态茶原料基地。种植农户156户，年加工茶叶4 000千克，产值达25万元。

建设生态文明村。检槽乡清朗村在整村推进工作中，共投入246万元。完成安居工程建设470户；建成灶350口，沼气池205口；建成10条三面光沟、小水沟125个，水窖10口；年内完成红场、麦园、川子山、金海登4件人饮工程；建成105间卫生厩，250座卫生厕，5座公厕；全村除麻骨登组外，其余22个村民小组均通公路。目前，全村拥有卫生路面8 790平方米；稳产田地1 000亩；为保证种养殖业的增产增收对泡核桃、烤烟种植管护、畜牧养殖等方面的生产管理知识和技能培训共开展了5场次，累计1 500人次受训。整村推进工作全面结束后，村民生活环境有了很大改善，成为一个名副其实的生态文明村。

祥云县——云南省无公害农产品基地

祥云县位于云南省中部偏西北，大理白族自治州东部边缘。辖区总面积2 425千米。其中：山区面积1 982.5平方千米，点总面积的86.33%；坝区331.5平方千米，占总面积的13.67%。县人民政府驻祥城镇，东距省会昆明298千米，西距州府驻地大理45千米，海拔1 996千米。辖8镇、2乡，136个村（居）民委员会。年末总人口45.83万人。其中：非农业人口3.73万人，占总人口8.14%；少数民族人口8.06万，占总人口17.59%。人口自然增长率3.17%。

2008年，全县实现生产总值45亿元，增长12.10%。一、二、三产业比由30.4：46.0：23.6调整为30.2：45.9：23.9。其中：第一产业增加值13.61亿元，比上年增长9.69%；第二产业增加值20.64亿元，增长13.17%；第三产业增加值10.75亿元，增长13.05%。农村经济总收入30.13亿元，比上年增长12.23%。粮食总产量16.39万吨，增长2.35%。工业总产值（现价）完成60.07亿元，比上年增长18.10%。年末，公路通车总里程2368.5千米，全年客运量176万人次，客运周转量1.05亿人千米，完成货运量171万吨，货物周转量1.71亿吨千米。年底固定电话机总数7.99万部，移动电话用户15.6万户，电话普及率51.5部/百人。互联网用户0.56万户。2008年，全县财政总收入4.91亿元，增长20.20%；财政总支出6.79亿元，增长29.06%。

农民人均纯收入2 909元，比上年增长13.90%；在职职工年平均工资2.16万元，比上年增长8.75%。居民人均储蓄存款4 836元，增长21.66%。城镇登记失业率2.2%。

公路沿线村庄美化工程。2008年3～10月，投资795万元实施楚大高速公路沿线5个镇32个村的青瓦、白墙、绿树美化工程，粉刷墙体85万平方米，墙壁立面上绘制反映民族风情、地方特色的壁画。

被认定为省无公害农产品产地。2008年5月，云南省农业厅颁发证书，认定祥云57万亩农产品产地为无公害产地，其中：粮油产地39万亩，蔬菜产地15万亩，淡水养殖产地3万亩，无公害畜禽养殖规划120万只（头）。

8个工业项目建成投产。2008年，飞龙公司技改扩建投产12.5万吨电解锌和二期污水处理厂、龙云公司年产5万吨农产品精深加工、润凯公司年产6万吨变性淀粉加工、煤化工集团一期50万吨复合肥、明祥公司年处理30万吨原煤水洗等8个项目建成投产。

洱源县——生态文明建设试点县

洱源县位于云南省西北部，大理白族自治州北部。辖区总面积2 533平方千米。县人民政府驻地茈碧湖镇，距省会昆明389千米，距州府驻地下关69千米。海拔2060千米。辖乡镇9个，其中乡3个、镇6个、村（居）民委员会88个，村民小组1211个，自然村667个。年末总人口27.83万人。其中：非农业人口2.09万人，占总人口7.5%；少数民族人口19万人，占总人口68.3%；白族17.20万人，占总人口61.8%，占少数民族人口90.5%。人口自然增长率3.77‰。

2008年，全县实现生产总值19.2亿元，增长12%。一、二、三产业比由40：27：33调整为37.5：29.2：33.3。农村经济总收入12.98亿元，比上年增长11.2%；粮食总产量14.18万吨，比上年增长2.4%。工业总产值（现价）完成23.1亿元，增长21.7%。年末公路通车总里程1 457.39千米，全年客运量170.6万人次，客运周转量9 993.9万人千米，完成货运量249.3万吨，货物周转量1.34亿吨千米。年底固定电话机总数2.98万部，移动电话用户8.68万户，电话普及率42部/百人。互联网用户2 509户，比上年增长55.7%。全县财政总收入1.68亿元，增长18%；财政一般预算支出完成4.65亿元，增长24%。

农民人均纯收入2 684元，同比增长12%；在职职工年平均工资2.41万元，比上年增加4130元。城镇居民人口平均住房面积32平方米，农村人口平均住房面积34.7平方米。城镇登记失业率2.78%。

县委县政府十分注重生态文明建设。2008年7月22日，中共大理州委、州人民政府建设洱源生态文明试点县现场办公会在洱源召开，标志着洱源生态文明试点县建设正式启动。此后，县委、县政府紧紧围绕以洱海保护为中心，以弥苴河、永安江、罗时江等主要入洱海河流水质改善为目标，狠抓新“六大工程”建设，申报了80个生态文明示范村建设、50个农业循环经济示范区、

循环型生态示范村建设工程、洱海水源区奶牛厩肥循环利用建设工程、邓川污水处理厂及配套管网建设工程、弥苴河水环境综合整治工程、永安江河道生态修复建设工程、洱海流域垃圾中心建设以及相关生态文明建设等19个项目，储备了6个项目。成立生态文明试点县建设工作领导小组及其办公室。同时，抓好宣传教育，开展“保护洱海——洁净·绿化家园”活动月活动，人民群众的生态文明意识得到强化，生态文明理念在全社会逐步确立，呈现出良好的生态文明建设氛围。

丽江市华坪县乌木春茶业有限责任公司

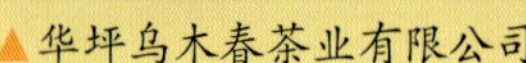
▲华坪乌木春茶业有限公司

“乌木春”茶叶有限公司诞生于1998年，2001年改制为丽江市华坪县乌木春茶叶有限公司。现拥有固定资产3 128万元，定点茶园和辐射的茶叶基地2.5万亩，是丽江市农业产业化的重点龙头企业、云南省绿茶生产骨干企业。目前，公司已成为集茶园栽培管理，粗制生产，精制加工，销售为一体的经济实体。

“乌木春”茶产于海拔1 600～2 200米的乌木河畔，常年雨水浸润，深居大山深处，是云南省少有的高海拔茶区和高香绿茶产区之一。公司生产的乌木春产品先后荣获云南省茶叶评比“银婴奖”、云南省“著名商标”等荣誉。

乌木春茶业有限公司作为丽江市农业产业化重点龙头企业、丽江高香绿茶生产和研究单位，有信心将“乌木春”品牌建设成为中国知名品牌。

“云雾山中茶、乌木河畔春”，如今，“乌木春”因芽叶俊秀，色泽润绿，香高持久，回味甘甜，汤色嫩绿明亮，享誉滇西。

昆明自来水集团公司清水海水源开发公司

▲清水海供水工程项目开工仪式

▲清水海二期隧洞工程开工

2007年10月29日，这是一个在昆明供水史上值得纪念的日子。随着云南省委书记、省人大常委会主任白恩培一声令下，清水海供水及水源环境管理项目正式拉开了开工建设的序幕。四年后，清水海的优质水将流入昆明市的千家万户。

云南省委副书记、省长秦光荣，省委副书记李纪恒，省政协主席王学仁，省委常委、省纪委书记李汉柏，省委常委、常务副省长罗正富，省委常委、省委秘书长杨应楠，副省长孔垂柱，省政府秘书长丁绍祥等领导出席了开工仪式。

省、市各有关部门负责人，寻甸县、嵩明县、官渡区、呈贡县的负责人，人大代表，政协委员代表，业主昆明自来水集团有限公司和清水海分公司领导和代表，工程涉及的移民代表和施工、设计、监理单位的代表参加了开工仪式。

清水海项目是通过工程措施将清水海、板桥河、石桥河、新田河水库、清水河左支和右支、恩则河及罗白河等水源的部分水量调往昆明，供昆明市主城、呈贡新城及空港经济区的工业及城市生活用水。该项目总供水量1.7亿立方米，分两期建设，一期工程供水1.04亿立方米，工期4年。工程各水源点和输水线路位于寻甸县和嵩明县境内。

水源工程总库容为1.69亿立方米，主要由板桥河水库、新田河水库、清水海多年调节水库、金钟山末端水库以及石桥河取水枢纽等组成。以清水海水库作为多年调节水库，以金钟山水库作为安全调节水库，实现稳定供水。

输水工程线路全长63.18千米。包括隧洞、渡槽、倒虹吸、箱涵等建筑物。

本项目不含净配水工程，金钟山分水口为净配水工程起点，净配水工程另项报批。

工程初步设计概算总投资为18.63亿。省、市资本金占30%，利用亚行贷款8000万美元，项目业主国内银行贷款6.96亿。

云南城投置业股份有限公司

云南城投置业股份有限公司（以下简称“公司”）是经云南省城市建设投资有限公司收购重组云南红河光明股份有限公司，于2007年11月30日在上海证券交易所复牌上市的国有上市股份有限公司（股票简称：云南城投）。公司主营业务为房地产开发与经营、商品房销售等。公司麾下拥有云南红河房地产开发有限公司、云南城投置地有限公司、云南城投大理置地有限公司、云南城投铜都置地有限公司、云南云岭天籁投资有限公司、云南南亚汽车商城有限公司、云南城投物业服务有限公司等多个子公司。

作为以经营性房地产开发为主营业务的上市公司，公司将充分发挥自身优势，坚持立足云南、面向全国、辐射东南亚的发展方向，以大众居住产品为主要开发内容，以旅游文化环境及建筑美学为产品特色，以城市品质的提升者及大众房价的平抑者为己任。

面对未来，本着“积极进取、开拓创新”的精神，公司将着力于树立以高品质为导向的企业形象。坚持以房地产开发为主业，严格控制开发质量、不断扩大开发规模、形成品牌优势、拓展更为广阔的市场空间，使云南城投置业股份有限公司逐步成长为国内一流的房地产企业开发集团公司。

云南省城市建设投资有限公司

YUNNAN METROPOLITAN CONSTRUTION INVESTMENT CO.,LTO

公司定位

云南省城市基础设施建设投融资及运营主体；云南省人民政府授权的城建投资项目出资人代表及实施机构。

核心价值观

正直 勤勉 健康向上 创新 高效 勇于承担

先做人后做事。思想健康，才能保证员工之间关系健康，才能保证干部队伍的行为健康，才能保证城投事业的健康发展。

勇于担责任、敢于负责任是干事业的精神动力，是高效率、高效益的重要基础，是创新的不竭源泉。

公司使命

致力城市建设 服务社会发展

根据省政府对公司的功能定位，不断扩大投融资能力，不断提供城市基础设施服务，不断提高改善城市生活质量。紧跟社会发展步伐，并适度超前，为云南省城市化建设作出新的贡献。

共同愿景

成为区域性城市建设投资行业的领跑者

用5-10年的时间，按照“政府引导、市场机制、企业运作”的指导思想，高起点、高速度、高质量、高效益做好每个项目。做大做强、做精做细，致力于成为“管理创一流、投资上规模、发展超常规”的城市建设投资行业的领跑者。

核心能力

多渠道融资能力 多元化投资能力

多模式运营能力 多层次执行能力

立足城市基础设施建设主业，在城市水务、城市燃气、城市交通、城市环境、旧城改造、新城开发、城市服务性项目等领域打造专业化的融资、投资、运营、执行能力，与公司的资源与定位相匹配。

用人理念

人才成就城投 城投造就人才

人才是云南城投的核心资源。

云南城投永远为人才提供三个机会：进入团队的机会，发展进步的机会，出去创业的机会。

员工风貌

一颗感恩的心

一个平和的心态

一种干事业的激情

一股不断学习的力量

员工关系准则

尊重：尊重人格、尊重能力、尊重付出、尊重习惯；

理解：人无完人、相互理解、换位思考、宽以待人；

包容：包容差异、包容个性、求同存异、融而不同；

支持：团队协作、相互支持、形成合力、服务大局。

中国水电顾问集团贵阳勘测设计研究院

HYDROCHINA GUIYANG ENGINEERING CORPORATION

中国水电顾问集团贵阳勘测设计研究院（以下简称“中国水电顾问贵阳院”）成立于1958年，隶属于中国水电工程顾问集团公司，是全国勘测设计百强设计院、贵州省政府审定的贵州省水利水电工程人才基地。现有员工1 015人，其中各类专业技术人员 832人，主要承担大中型水电站勘测、设计、科研、监理、咨询等工作，持有国家颁发的工程勘察综合甲级、工程设计综合资质甲级、工程咨询、工程造价、工程监理、工程总承包、环境评价、水土保持、工业与民用建筑、建材试验等22个甲级资格证书。

在50年的发展历程中，作为国家水电水利勘察、设计、规划的主力军之一，中国水电顾问贵阳院秉持“责任、务实、创新、进取”的企业核心价值观，为西部大开发、贵州的水电水利建设和经济社会发展做出了重要贡献，完成了乌江、南盘江、北盘江等30余条大中型河流的水能开发规划和120座大中型水电站的勘测设计，已建和在建水电站装机容量达1 100万千瓦。“十五”期间承担国家“西电东送”首批项目洪家渡、引子渡、索风营三座大型水电站顺利建成投产发电。“十一五”期间继续承担第二批“西电东送”项目光照、思林、沙沱、董箐、马马崖等水电站的勘测设计工作。中国水电顾问贵阳院积极投身于国家新能源建设，承担完成的风电勘测设计项目装机容量已达30万千瓦。与此同时，中国水电顾问贵阳院深化改革，一业为主，多元发展，在

工程总承包、工程监理、工民建工程设计、环保工程、岩土工程等方面取得长足发展。

中国水电顾问贵阳院在勘测设计工作中始终坚持“科学求实，技术创新和设计创优”，先后获得了各级各类科技奖164项，其中，国家、省部级科技进步奖 64项；国家科技进步一等奖2项、二等奖5项，国家优秀工程勘察和设计金奖4项。

中国水电顾问贵阳院将一如既往地以先进的技术，精良的产品，良好的信誉，优质的服务，心系工程，追求更好，竭诚为社会各界服务。

大自然保护协会

20世纪50年代一批志同道合、充满激情、热爱自然的生态学家成立了美国大自然保护协会（THE NATURE CONSFRVANCY）简称TNC。

在50多年之后的今天，协会的100多万会员遍布美国各州，3 000多名员工参与管护着总面积达326万公顷的1 600多个自然保护区。在拉美、加勒北海、亚太地区和非洲的32个国家，协会与合作伙伴一起保护着近5 000万公顷的生物多样性热点地区。

不同民族、不同信仰、不同肤色的人们追寻着协会共同的使命：保护重要陆地和水域，使具有全球生物多样性代表意义的动物、植物和自然群落得以永续生存繁衍。TNC已成为全球最重要的生态环境保护国际组织之一，同时也位居美国十大慈善机构前列。

应云南省政府的邀请，协会于1998年开始了在中国的保护之路，与云南省首次共同合作编制的《滇西北保护与发展行动计划》，成为云南省“十五”计划的专项规划之一。

依此《行动计划》，协会在中国西南山地生物多样性最具代表性的滇西北，相继成立了昆明、丽江、香格里拉、德钦和贡山5个办公室，选定了5个生物多样性区域，与当地政府和合作伙伴携手广泛合作，开展了一系列实地保护项目。

▲可爱的滇金丝猴

在丽江市的拉什海、德钦县的梅里雪山、横跨滇西北4个州市的老君山、香格里拉县的香格里拉大峡谷，以及贡山县的高黎贡山自然保护区北段，你都能看到充满热情、敬业和专业的协会工作人员、合作伙伴和志愿者。

目前，协会正与云南省政府相关部门积极合作，尝试以创新的模式协调好保护与发展的关系，并使当地社区受益。

《云南生态年鉴》（原《云南生态经济年鉴》）简介

▲《云南生态经济年鉴》（首卷）刊载云南省人民政府省长秦光荣的文章《云南省环境优先全面推进七彩云南保护行动》

《云南生态年鉴》前身为《云南生态经济年鉴》，由云南省人民政府研究室于2006年开始组织编撰。2008年，《云南生态经济年鉴》（首卷）由线装书局公开出版发行。从2009年起，《云南生态经济年鉴》由云南省人民政府研究室主管主办，变更为云南省生态文明建设研究会主管主办，云南省生态经济学会协办。2010年更名为《云南生态年鉴》。

生态问题是一个全球性的大问题，是一个直接关系到人们生存环境的近距离问题。早在20世纪90年代，云南省委、省政府就将“建设绿色经济强省”作为云南省三大发展战略之一。2007年初，云南省委、省政府制订了“七彩云南保护行动计划”。时任省政府研究室的主要领导明确指出：应当以年鉴的形式去书写、记录有关重视资源保护、重视环境污染治理、倡导人与自然和谐等重要情况。为此，《云南生态年鉴》应运而生。

《云南生态年鉴》坚持以中国特色社会主义理论体系为指导，努力践行科学发展观，以生态文明建设为中心内容，通过全面系统收载云南省生态文明建设、生态经济发展等方面的重要资料信息，为社会各界人士了解云南省的资源环境状况、生态经济发展、生态文明建设进程提供一个窗口；为宣传生态文明思想，提高公民的生态文明意识搭建一个平台；为推动云南生态立省、环境优先发展战略，构建生态云南和谐云南服务。

《云南生态年鉴》坚持解放思想、实事求是的原则，以存史鉴今为己任，结合云南的实际，努力形成自己的品牌特色。

一是在框架结构上突出云南的地域和资源特色。框架结构是年鉴的纲要，既体现了总体的编纂思路，也是读者阅读时的第一视点。经过比较分析，我们围绕生态建设这个主题，从“大生态”的视角，设置“自然保护区”、“珍稀濒危动植物”、“国家级风景名胜区”等具有云南地域、资源特色的编目。

二是在篇目内容上着力体现生态建设、环境保护的发展特点。主题年鉴必须根据所确定的主题去过滤、筛选、整合相关的资料，进行专、深、精的筛选。我们认为“七彩云南保护行动”是近几年云南省委、省政府在生态建设、环境治理保护方面采取的重大举措，全省各州、市、县及企事业单位根据省委省政府的部署，先后从不同的角度，以不同的方式，经过不懈努力，取得了一定的成效。因此，我们在“七彩云南保护行动”、“典型展示”、“环境保护”等栏目内，收录了相关方面的资料，形成生态建设、环境保护、节能减排等特点突出的条目内容，以展示云南生态、环保的发展趋势和特点。

《云南生态年鉴》面世以后，受到社会的普遍关注。云南省出版工作者协会副秘书长西天锡在《云南日报》（2009年2月2日第八版）上撰写文章认为“《云南生态经济年鉴》（首卷）是云南省年鉴出版园地里新绽放的一支艳丽的鲜花”。《年鉴信息与研究》2009年第一期“本期导读”中指出：“创新是年鉴永恒的主题。《云南生态经济年鉴》创刊本身就是一次创新。因为生态经济是践行科学发展观的必行之路，是‘可持续发展’的重要保证。抓住这一点，就是抓住了根本。这反映了编者的政治敏感和思想前瞻，反映了他们的创新思维。”

《云南生态年鉴》（原《云南生态经济年鉴》），在云南省第八届年鉴评奖中，被评为综合特等奖；在第四届全国年鉴编纂出版质量评比中，被评为综合一等奖及框架设计一等奖、条目编写一等奖、装帧设计二等奖等三个专项奖。

在荣誉面前，我们深知《云南生态年鉴》（原《云南生态经济年鉴》）才刚刚起步，还存在诸多不足，我们将一如既往地努力工作，虚心向兄弟年鉴学习，与年鉴界的同仁们携手，为中国年鉴事业的繁荣发展尽自己的绵薄之力。

编辑部地址：昆明市五一路164号省工商银行大厦801室
邮政编码：650031
联系电话：0871－3625663（传真）
E－mal：ynstnj@163.com

★ 荣获第四届全国年鉴编纂出版质量评比综合一等奖

★ 云南省第八届年鉴评比（2008）综合特等奖